MICHAEL JORDAN
ŻYCIE

ROLAND LAZENBY

MICHAEL JORDAN
ŻYCIE

tłumaczenie
MICHAŁ RUTKOWSKI

KRAKÓW 2014

MICHAEL JORDAN
THE LIFE

Redakcja – Joanna Mika-Orządała, Agnieszka Luer-Mika
Korekta – Piotr Królak, Michał Wachuła
Opracowanie typograficzne i skład – Joanna Pelc
Okładka – Paweł Szczepanik / BookOne.pl

Front cover photograph – Steve Lipofsky / Basketballphoto.com

Wydanie I, Kraków 2014
ISBN: 978-83-7924-290-0

Dedykowane pamięci Tony'ego Travisa,
Roya Stanleya Millera, Lacy'ego Banksa,
L.J. Beaty'ego i Eda McPhersona, moich
braci na zawsze.

Prolog

Oczy obrońcy otwierają się coraz szerzej, dokładnie tak jak powinny. Zaraz spotka się z tym rodzajem doskonałości kinestetycznej*, który zmotywował ludzkość do wynalezienia technologii zwalniania tempa (*slow-motion*), a to z kolei dało możliwość dokładnego przeanalizowania tego, co się dzieje, kiedy ruch rozgrywa swoje sztuczki z umysłem.

Scenografia wygląda boleśnie znajomo. Coś nie zadziałało w ofensywie po drugiej stronie parkietu, rozpoczął się kontratak. Cała obrona się cofa. Obrońca pędzi z powrotem pod własny kosz, ale kiedy się odwraca, widzi tylko niewyraźną plamę. Mężczyzna w czerwonym stroju, nie zważając na wszechobecny chaos, z ogromną prędkością kozłuje piłkę i toruje sobie drogę. Przekłada piłkę z prawej na lewą stronę, po czym w momencie, gdy znajduje się ona na wysokości jego lewego biodra, chwyta ją obiema rękami.

Dokładnie w tej chwili wystawia język. Poprzednio można było dostrzec tylko jego koniuszek, ale tym razem jest widoczny w całej okazałości, jakby jakaś kabaretowa lalka po cichu nabijała się z obrońcy. Jest w tym coś obscenicznego, tak jakby dunk, który za chwilę nastąpi, nie był wystarczająco upokarzający. Wojownicy od wieków przybierali taki wyraz twarzy, żeby jeszcze bardziej wystraszyć przeciwnika. Może to stanowi genezę, a może jest tak, jak twierdzi on sam: że ten wyjątkowy przejaw koncentracji odziedziczył po ojcu.

22-letni Michael Jordan jest już w pełni widoczny, a jego język straszy obrońcę, jakby to Sziwa, starożytne bóstwo śmierci i zniszczenia, gnał pod

* Kinestezja – czucie pozycji i ruchu części ciała (jeśli nie zaznaczono inaczej, wszystkie przypisy pochodzą od tłumacza).

kosz. Język znika równie szybko, jak się pojawił, a Jordan, zbliżając się do kosza, unosi piłkę ponad lewe ramię, po czym porusza nią oburącz przed swą twarzą i jednocześnie odbija się od parkietu tuż za linią rzutów wolnych. Obrona zostaje z tyłu, a charakterystyczna sylwetka już znajduje się w powietrzu. Michael, bliski celu, przekłada piłkę do swojej ogromnej prawej dłoni i przez ułamek sekundy jego odgięta ręka przypomina gotową do ataku kobrę. Jordan, szybując samotnie w kierunku obręczy, zawisa na mgnienie, jakby czas się zatrzymał. Niezwykły dźwięk towarzyszący jego wsadom jest porywający. Wywołuje u kibiców odruch Pawłowa – ślinią się, jakby obserwowali lwa pożerającego antylopę.

Łuk tego ataku tworzy doskonałą parabolę. Z czasem profesorowie fizyki, a nawet pewien pułkownik amerykańskich sił powietrznych, rozpoczęli studia nad tym fenomenem, próbując znaleźć odpowiedź na pytanie, które nurtowało publiczność na całym świecie: „Czy Michael Jordan naprawdę lata?". Wszyscy prowadzili badania nad tym, jak długo trwało zawiśnięcie w powietrzu (*hang time*) i dochodzili do wniosku, że jego lot był tak naprawdę tylko iluzją, możliwą dzięki pędowi nadanemu przez siłę wybicia. Ale im więcej mówiono o niesamowitych mięśniach uda i łydki, o szybkości skurczów mięśniowych jako jego „centrach równowagi", tym bardziej brzmiało to jak próba zrozumienia i okiełznania wiatru.

Powietrzna podróż Jordana od linii rzutów wolnych do obręczy trwa podobno około sekundy.

Owszem, Elgin Baylor i Julius Erving też potrafili długo trwać w powietrzu – ale robili to głównie w czasach, kiedy technologia wideo nie stwarzała jeszcze możliwości podziwiania ich osiągnięć. Air Jordan był czymś zupełnie innym, był fenomenem swoich czasów, fenomenem wszech czasów.

Z milionów ludzi, którzy grali w koszykówkę, tylko on jeden potrafił latać.

Sam Jordan, po obejrzeniu kasety wideo ze swoim występem, zadał to pytanie: „Czy ja leciałem? Bo tak to właśnie wyglądało, przynajmniej przez chwilę".

Tak rzadki talent jest jak kometa, która przemyka po niebie i po której pozostaje tylko błysk doskonałości. Fascynująca kariera Michaela Jordana sprawiła, że kibice, dziennikarze, jego byli trenerzy i koledzy z drużyny, a nawet sam Jordan, jeszcze wiele lat po jej zakończeniu, musieli się zmagać z próbą pojęcia tego, czego byli świadkami.

„Czasami się zastanawiam, jakby to było: spojrzeć na to wszystko... – powiedział kiedyś Michael. – Czy to w ogóle wydawałoby się możliwe?".

Czy to wydarzyło się naprawdę? Z pewnością można tu dostrzec jakiś paradoks. Po latach nadeszły wszak czasy, kiedy grubszy Jordan ze swoją poważną miną stał się tematem wielu żartów i internetowego hejtu – że marnie się sprawdza jako menedżer, że nie radzi sobie z życiem osobistym. Ale nawet to nie przesłoniło jego sławy, którą zyskał jako zawodnik, kiedy był niczym istota z innej planety.

Na początku był zwykłym Mikiem Jordanem, chłopakiem z Karoliny Północnej, niepewnym jutra, który po zakończeniu liceum zastanawiał się, czy swej przyszłości nie związać z lotnictwem wojskowym. Początek lat 80. to czas zadziwiającej przemiany w Michaela, giganta koszykówki. W tym czasie jego osoba napędzała imperium biznesowe Nike, dzięki czemu on sam mógł się stać młodziutkim cesarzem, która to rola jednocześnie go zamroziła i uwięziła. Stał się symbolem wielkich umiejętności. Wydawało się wtedy, że nikt nie jest w stanie robić czegokolwiek tak dobrze, jak Michael był w stanie grać w koszykówkę. „Tylko pewność siebie, z jaką grał, robiła większe wrażenie od jego umiejętności", mówił wieloletni dziennikarz sportowy z Chicago, Lacy Banks.

Amerykański sport zawodowy zawsze miał problemy wizerunkowe: dorośli faceci uganiający się po boiskach i stadionach, ubrani w coś przypominającego bieliznę. Jordan i jego „loty" nadały temu wszystkiemu nowy wymiar. Z początku zmiana była subtelna, ot – udało się wnieść do sportu trochę luzu, bycia *cool*. Ale bardzo szybko zmieniło się to w ogromną namiętność międzynarodowej publiczności. Dla całego pokolenia jego urocze nucenie w reklamie Gatorade z 1991 roku: „Czasem marzę o tym, że to ja. Sam widzisz, że o tym marzę... Tak bardzo chciałbym być jak Mike..." stało się życiowym mottem.

Połączone siły kultury i technologii ustawiły go w bezprecedensowej roli wielkiego bożyszcza światowego sportu i lidera marketingowego imperium, którego *show* nikogo nie pozostawi obojętnym. Art Chansky, dziennikarz specjalizujący się w koszykówce, który śledził karierę Jordana, kiedy ten był jeszcze zwykłym młodym chłopakiem na Uniwersytecie Karoliny Północnej, zwraca uwagę na przemianę, która nastąpiła w Chicago: „Byłem pod wielkim wrażeniem, gdy widziałem, co się dzieje w starej hali Chicago Stadium, jak Michael działa na ludzi, kiedy ich mijał, przechodząc przy linii bocznej, żeby wejść na parkiet. Dorośli mężczyźni i kobiety. Zastanawialiście się, ile oni w ogóle zapłacili za te miejsca? Tylko za to, żeby znaleźć się o kilka metrów od Michaela. Obserwowałem, jak się zmieniały ich twarze. Jakby mijał ich Mesjasz. A potem tak samo reagowali dziennikarze, w szatni, po meczu".

Mesjasz, coś w tym jest. Kult stawał się z czasem nie do zniesienia, a wieloletni specjalista PR w Bulls zaczął nazywać Jordana Jezusem. Zwracał się do swojej asystentki z pytaniem: „Widziałaś dziś Jezusa?".

Oczywiście, żeby taka transformacja mogła mieć miejsce, potrzeba było trochę szczęścia. Podczas studiów Ralph Sampson stoczył z Jordanem kilka pamiętnych pojedynków – obaj walczyli wtedy o tytuł najlepszego zawodnika. Sampson z podziwem obserwował potem, jak w kolejnych dziesięcioleciach jego rywal nieprawdopodobnie się rozwija. Przyznawał, że Jordan miał niesamowite warunki fizyczne i był tytanem pracy, ale uważał, że miał też mnóstwo szczęścia, bo trafił na idealne czasy, na najlepszych trenerów i świetnych kolegów z drużyny.

„Chodzi mi o to, że ciężko pracował i jak coś nie wychodziło mu najlepiej, to znajdował w sobie motywację, żeby stać się w tym najlepszym – powiedział Sampson w 2012 roku w wywiadzie, którego udzielił na dzień przed przyjęciem do Galerii Sław NBA. – Ale nie można zapominać, że trafił na właściwe okoliczności, do właściwej drużyny, na właściwych trenerów, którzy dostrzegali jego talent i umiejętności, umieli zbudować wokół niego drużynę i wszystko działało jak należy. Myślę, że to kombinacja tych wszystkich czynników go wykreowała".

Nikt jednak nie był bardziej świadomy tego niesamowitego łańcucha zdarzeń, który ukierunkował życie Jordana, od niego samego. „Timing jest wszystkim", powiedział, kiedy już zbliżał się do pięćdziesiątki.

Ale timing i szczęście to tylko ułamek tajemnicy. Psycholog sportowy George Mumford był porażony, kiedy rozpoczął pracę w sztabie Byków i zobaczył, jak 32-letni Jordan podchodzi do treningu. Wcześniej już słyszał, że Michael dużo je i mało sypia, i zaczął podejrzewać, że będzie miał do czynienia z osobowością dwubiegunową albo maniakalno-depresyjną. „Był żywiołowy, wszędzie było go pełno, tak jak i otaczającej go hiperenergii – wspomina pierwszy trening Mumford. – Myślałem wtedy, że nie ma szans, żeby to na dłuższą metę utrzymał".

Mumford uznał, że w pewnym sensie można tu mówić o osobowości maniakalnej. Tyle że w takim przypadku, po okresie ekstremalnie wysokich osiągów, nastąpiłby wyraźny spadek formy. Przez kilka następnych tygodni psycholog szukał pierwszych objawów depresji, które powinny się pojawić po świetnych występach Jordana. Ale po pewnym czasie Mumford uświadomił sobie, że maksymalne ożywienie i hiperambicja to standardowe stany Michaela. Mumford grał kiedyś w koszykówkę na Uniwersytecie w Massachusetts, gdzie mieszkał w pokoju razem z Juliusem Ervingiem, miał więc sporo doświadczenia w obcowaniu z koszykarzami wyjątkowo utalentowanymi. Jednak szybko doszedł do wniosku, że ma do czynienia z kimś szczególnym. Szczyt możliwości, do którego dążyli inni sportowcy, był osiągany przez Jordana regularnie. „Michael znalazł coś, co motywowało go do tego, żeby ten szczyt stale zdobywać – tłumaczy Mumford. – Im częściej się takie szczyty osiąga, tym bardziej się ich pragnie. Większość ludzi nie jest w stanie utrzymać takiego poziomu. Ale jego umiejętność odnajdywania w sobie tego stanu, zdolność do koncentracji i determinacja były prawie nadludzkie. Był jak superbohater z innego świata".

A w meczach? „Był jak oko cyklonu – mówi psycholog. – Im bardziej robiło się gorąco, tym bardziej on się uspokajał".

W ciągu pierwszych lat swej kariery Jordan usilnie starał się wykorzystać swój talent dla dobra drużyny, ponieważ bardziej niż czegokolwiek pragnął wygrywać. Początkowo uwagę opinii publicznej przykuwały jego spektakularne „loty", ale był w stanie ją zatrzymać tylko dzięki swej niewiarygodnej ambicji. Bardzo szybko fascynacja ogółu przeniosła się na jego niepohamowaną żądzę zwycięstwa, która sprawiała, że do końca kariery chciał się ze wszystkimi mierzyć i… chciał ich testować. Sprawdzał lojalność swoich przyjaciół i najbliższych, egzaminował siłę serc i umysłów trenerów i kolegów z drużyny – czy są wystarczająco silni, żeby dzielić z nim miejsce w zespole. Im bliżej z kimś był, tym bardziej poddawał go próbom. Nikt nie był w stanie mu w tym dorównać. James Worthy, jego przyjaciel i kolega z drużyny w Karolinie Północnej, nazwał go tyranem.

Sam Jordan się tego nie wstydził. „Bywam trudny", przyznał w 1998 roku.

Ale najbardziej testował samego siebie.

Wydawało się, że bardzo wcześnie odkrył tajemnicę swojej ambicji: im więcej presji na siebie wywierał, tym lepsze osiągał efekty.

Wszystko to budowało jego niesamowicie złożoną osobowość.

Tex Winter, wieloletni asystent trenera w Chicago Bulls, pracował z Jordanem dłużej niż z kimkolwiek innym. Twierdzi, że przez 60 lat bycia trenerem, a wcześniej zawodnikiem koszykówki, nie zdarzyło mu się spotkać kogoś bardziej skomplikowanego. „Biorąc pod uwagę osobowość, można by o nim pisać prace magisterskie, naprawdę – powiedział Winter o Jordanie, kiedy ich współpraca dobiegała końca. – Wydaje mi się, że nie jestem wystarczająco inteligentny, żeby pojąć wszystkie uwarunkowania, które czynią go takim, jaki jest. Niby przeanalizowałem go całkiem solidnie, ale jest w nim tak wiele tajemnic, nawet dla niego samego, że nie da się tego zrobić w pełni".

Wielu kibiców zdało sobie z tego sprawę w 2009 roku, kiedy usłyszeli ostrą przemowę Jordana z okazji przyjęcia do Galerii Sław NBA. Surowo wtedy potraktował mnóstwo ludzi, którzy przewinęli się przez jego karierę, między innymi trenera z Karoliny Północnej, Deana Smitha. Starzy koledzy, dziennikarze, kibice, wszyscy byli zaskoczeni tym kontrowersyjnym przemówieniem. Nie był tym, za kogo uważali go wtedy, we wczesnych latach, kiedy jego wizerunek wydawał się taki idealny.

Myśleli, że go znają. Mylili się.

CZĘŚĆ I

PRZYLĄDEK STRACHU*

* Ang. *Cape Fear* – tytuł nawiązuje zarówno do słynnego filmu, jak i rzeki Northeast Cape Fear River, nad którą pracował pradziadek Michaela.

Rozdział 1

Holly Shelter

„Bóg koszykówki", jak nazywali go później kibice na całym świecie, narodził się z zakrwawionym nosem, w szpitalu Cumberland na Brooklynie, w zimną lutową niedzielę 1963 roku. Guru koszykarskiego świata, Howard Garfinkel, lubił potem przypominać, że w tym samym szpitalu urodzili się bracia Bernard i Albert King*, co może oznaczać, że mamy do czynienia z jakimś wyjątkowym, zaczarowanym miejscem.

Ale pomimo aury towarzyszącej tym brooklyńskim początkom, pierwsze sygnały niesamowitego życia Jordana pojawiły się gdzie indziej i znacznie wcześniej, niedługo przed nadejściem XX stulecia, kiedy na wybrzeżu Karoliny Północnej przyszedł na świat jego pradziadek.

W tamtych czasach miało się wrażenie, że śmierć czai się w powietrzu zawsze i wszędzie. W tych rozbrzmiewających szantami małych miasteczkach, w których było się szczęśliwym, jeśli udało się przeżyć kolejny dzień, mewy wrzeszczały niczym upiory. I właśnie tam, w tym tajemniczym miejscu, w maleńkiej chatce („shotgun shack")**, na brzegu czarnej rzeki, gdzie po

* Bernard King – koszykarz NBA, w latach 80. był gwiazdą New York Knicks, czterokrotnie zagrał w Meczu Gwiazd, w 2013 roku przyjęty do Galerii Sław NBA. Albert King również był koszykarzem, w latach 80. grał w New Jersey Nets.

** *Shotgun shack* – nazwa wzięła się stąd, że drewniany domek, buda (shack) jest tak mały, że gdyby ktoś w niego wypalił ze strzelby (shotgun), to wszyscy znajdujący się wewnątrz zginęliby albo odnieśli rany.

cichutku sączył się bimber, zaczęła się historia wspaniałego życia Michaela Jordana.

Wydarzyło się to w roku 1891, 26 lat po zakończeniu pełnej przemocy i absurdu wojny secesyjnej. Miejsce nazywało się Holly Shelter. Była to malutka wioska nad rzeką w Pender County, blisko 50 kilometrów lądem na północny zachód od Wilmington, a jeśli – tak jak robili to często przodkowie Jordana – płynęło się tratwą po Northeast Cape Fear, to 40 mil. Nazwa wioski („holly shelter" – schronienie pod ostrokrzewem) wzięła się podobno stąd, że podczas wojny o niepodległość Stanów Zjednoczonych żołnierze chronili się w zimne zimowe noce pod krzewami ostrokrzewu. Sawannę otaczają tam bagna, w których w czasach niewolnictwa ukrywali się uciekający niewolnicy. Właścicielem jednej z największych plantacji w regionie był podobno biały kaznodzieja z Georgii, o nazwisku Jordan. Wraz z wyzwoleniem wielu byłych niewolników osiadało w Holly Shelter. „Zasiedlili bagnisko – tłumaczy Walter Bannerman, daleki krewny Jordana. – Holly Shelter wcześniej nie było niczym innym jak tylko bagniskiem".

Ale niedługo potem nastały ciężkie czasy, które pozbawiły tę nazwę wszelkiego sensu, bo nie mogło już być już mowy o żadnej kryjówce.

I to była pierwsza ważna rzecz związana z tym małym chłopcem.

Pojawił się na świecie w duszny dzień, pod koniec czerwca, niedługo po kolejnej fali sztormów, które często zakłócały życie mieszkańców wioski. Koronerzy odnotowali tam wtedy szokująco wysoką liczbę martwych porodów i śmierci noworodków, w związku z czym wiele rodzin czekało długie dni, a nawet tygodnie, zanim nadało swoim nowo narodzonym dzieciom imiona. Ale akurat to dziecko było bardzo żywotne, a jego wrzaski nie pozwalały matce zasnąć. Wiele lat później zmieniły się one w głęboki, dudniący bas, który sprawiał, że ruchliwy, szalejący sześcioletni prawnuk jego właściciela, Michael Jordan, potrafił się skoncentrować i zaczynał się grzecznie zachowywać.

Era praw Jima Crowa* i polityka supremacji białych zaczynały się rozprzestrzeniać po całej Karolinie Północnej z tak ogromną siłą i zaciekłością, że odczuwało się je jeszcze wiele lat po tym, jak przeszły do historii. W tych czasach bezlitosnego rasizmu, w których okrucieństwo było rutyną, przyszło żyć

* Jim Crow – pogardliwe określenie czarnoskórych; prawa Jima Crowa to lokalne przepisy wprowadzane po wojnie secesyjnej w południowych Stanach, ograniczające prawa byłych niewolników i pogłębiające segregację rasową.

pradziadkowi Michaela Jordana. Ale jeszcze gorsza była bezwzględna śmierć, zabierająca kolejnych ludzi, których kochał, przyjaciół i kuzynów, wszystkich – poczynając od noworodków i małych dziewczynek, a kończąc na młodych, silnych mężczyznach.

To wszystko miało czekać naszego małego bohatera w przyszłości. Gdy się urodził, jego 21-letnia matka, Charlotte Hand, znalazła się w trudnej sytuacji. Nie miała męża, a dziecko było efektem romansu z niejakim Dickiem Jordanem. Pojęcie małżeństwa było w tym małomiasteczkowym świecie w ogóle czymś obcym – prawo Karoliny Północnej przez wiele lat zabraniało niewolnikom legalizacji związków, byli oni zresztą pozbawieni też wielu innych praw i przywilejów. Prawo stanowe było wyjątkowo brutalne, kiedyś na przykład zezwalało właścicielom niewolników karać ich za nieposłuszeństwo kastracją.

W pełnych zamętu latach 90. XIX wieku miłość matczyna była jedyną rzeczą, której mogło być pewne małe dziecko. Charlotte nie miała już więcej potomstwa, więc ją i jej synka na wiele lat połączyło szczere i trwałe uczucie. Pradziadek Michaela przez pierwsze dwadzieścia lat życia występował w oficjalnych dokumentach jako Dawson Hand. Po jego narodzinach Charlotte znalazła schronienie w rodzinie swoich braci Handów i tam, wraz z kuzynami, wychowywał się jej syn. Krewni przyjęli ich z otwartymi rękami, ale Dawson dość szybko zaczął zauważać różnice.

Handowie mieli jasną karnację – tak bardzo, że niektórych członków ich rodziny uznawano za białych albo Indian. Jordanowie tymczasem mieli skórę koloru ciemnej czekolady. Członkowie rodziny wspominali po latach, że z całego pokolenia rodzeństwa i kuzynostwa Handów tylko jeden był taki ciemny. Jedną z tamtejszych prominentnych rodzin, posiadaczy niewolników, byli biali Handowie z Pender County, a ich czarny potomek długo wspominał moment, kiedy któryś z białych Handów zdał sobie sprawę z tego, że czarny Hand jest jego bratem. To być może tłumaczy fakt, że jako nastolatek chłopak przyjął nazwisko ojca i w oficjalnych aktach figuruje jako Dawson Jordan.

Nie zmienia to faktu, że gdy chłopiec wyrósł na młodego mężczyznę, raczej trudno byłoby doszukać się podobieństwa między nim a jego słynnym prawnukiem. Dawson Jordan był krępy i niski – podobno miał tylko 165 centymetrów wzrostu. No i był kaleką, przez całe długie życie powłóczył chorą nogą.

Jednakże, tak jak później Michael, był niesamowicie silny. I tak jak on, niczego się nie obawiał, był twardzielem i od najmłodszych lat dokonywał rzeczy, które w jego społeczności wspominano jeszcze przez dziesięciolecia. W starciu z wrogami Dawson Jordan pozostawał zawsze niepokonany.

Ponieważ Michael Jordan był tak wyjątkowy, to łatwo dziś zapominamy o czynniku, który być może ukształtował jego charakter bardziej niż cokolwiek innego. Przez większość dzieciństwa mieszkał on wśród czterech męskich pokoleń Jordanów, co jest sporym osiągnięciem, biorąc pod uwagę problemy społeczne, które od tak dawna zagrażały życiu czarnoskórych mężczyzn.

Jego pradziadek, nazywany czasem „Dassonem", wyłania się jako tajemnicza postać i autorytet pierwszych lat życia przyszłego mistrza. Cała rodzina mieszkała razem przez blisko dziesięć lat w rolniczej społeczności w miasteczku Teachey w Karolinie Północnej. Co prawda były to już czasy samochodów i czteropasmowych autostrad, ale Dawson Jordan upierał się, że jego ulubioną metodą transportu pozostanie muł, dumnie zaprzężony do wozu. Nawet gdy był w podeszłym wieku, owijał kopyta muła poduszkami, oliwił oś wozu, żeby móc spokojnie, i nie sprawiając nikomu kłopotu, udać się nocą w podróż. A w ciągu dnia jego prawnuki uwielbiały wskakiwać na furę i jechać razem z nim na przejażdżkę do miasta albo drażnić świniaki, które hodował aż do śmierci w 1977 roku, niedługo po 14. urodzinach Michaela.

Chłopcy nie do końca zdawali sobie sprawę z tego, że te proste i wyglądające na śmieszne rzeczy – muł i świniaki – stanowiły dorobek jego życia. Michael opowiadał, że pradziadek niechętnie mówił o przeszłości, więc nie wytłumaczył młodym, jak ważna była kiedyś hodowla zwierząt. Ale po latach nawet przypadkowa wzmianka o Dawsonie Jordanie wywoływała wzruszenie jego prawnuka.

„Był twardy – wspomina staruszka Michael. – Oj, był. Twardy jak cholera".

Rzeka

Może lepiej zrozumielibyście świat Dawsona Jordana, gdybyście mogli stanąć rano nad brzegiem rzeki Northeast Cape Fear w Holly Shelter. Dzisiaj okolica się rozwinęła – nowoczesne domy, restauracje i sklepy. Ale światło wciąż jest takie jak kiedyś – przez większość dnia drażniące i oślepiające, tańczące po wodzie i odbijające się od niej, przenikające przez poranną mgłę. Jeśli chce się poczuć ulgę, trzeba udać się w głąb lądu, żeby, po minięciu bagien i potoków, móc odnaleźć samotność w cieniu wielkich sosen.

To tu spędził młodzieńcze lata Dawson Jordan – pracował jako drwal w tartaku, ścinał największe z majestatycznych drzew, układał bale drewna i umieszczał je na tratwach, którymi były spławiane w dół Northeast Cape Fear do stoczni w Wilmington.

Nie, to nie była praca dla tchórzy.

Dawson Jordan wkroczył w dorosłość tuż po przełomie stuleci, dokładnie wtedy, kiedy dotychczasowy styl życia nad rzeką zaczął odchodzić do lamusa, wraz z ostatnimi wielkimi sosnami i pojawieniem się ciężarówek. Stara rzeka i otaczające ją lasy definiowały jego młode życie. Potrafił polować, umiał sprawić zwierzynę, a potem ją ugotować. Po latach, kiedy był już stary, okoliczne organizacje łowieckie zatrudniały go, żeby przyrządzał dla ich członków pyszne potrawy z dziczyzny.

Kiedy Dawson miał dziewięć lat, był na tyle wysoki, że udało mu się przekonać władze, iż jest już 11-latkiem i może pracować. Umiał czytać i pisać – wcześniej uczęszczał do tak zwanej „społecznej szkoły dla kolorowych", gdzie czteromiesięczny semestr był często przerywany, żeby dzieci mogły pracować na polu albo w pobliskich tartakach. „Moi rodzice opowiadali mi, jak ciężka była praca przy produkcji gontów w tartaku", wspomina Maurice Eugene Jordan, daleki krewny, który mieszkał i uprawiał ziemię w Pender County. Uczniowie sami musieli zadbać o drewno na opał i pilnowanie kuchenki, na której pichcili sobie w szkole jedzenie, co było standardem nawet dla ich białych, uczęszczających do lepszych szkół rówieśników.

W pierwszych dziesięcioleciach XX wieku nie było elektryczności, bieżącej wody, kanalizacji czy utwardzonych dróg, a także, co raczej nie dziwi, nie było praktycznie klasy średniej. To oznaczało, że prawie każdy mężczyzna, czarny czy biały, utrzymywał się, uprawiając rolę na ziemiach dzierżawionych od wielkich właścicieli ziemskich.

Z badań rodzin rolniczych przeprowadzonych przez Wydział Rolnictwa Karoliny Północnej w 1922 roku wynika, że dniówka dzierżawcy wynosiła wtedy poniżej 30 centów, a czasem nawet 10 centów, pomimo nielimitowanych godzin pracy. Większość dzierżawców nie mogła uprawiać własnej żywności, w związku z czym musiała często zapożyczać się na jedzenie i zapłatę rachunków. Aż 45 tysięcy nieposiadających własnej ziemi rodzin rolniczych mieszkało w ciasnych jedno- albo dwupokojowych chatkach, bez instalacji wodno-kanalizacyjnej, gdzie pęknięcia i dziury w ścianach i sufitach trzeba było wypełniać gazetami. Toalety albo wychodki znajdowały się tylko w co trzecim domu.

Według raportu, fatalne warunki sanitarne panujące wśród takich rodzin przekładały się na wysoki poziom zachorowań i śmiertelność noworodków. Statystyki dotyczące czarnoskórych były dwukrotnie gorsze niż analogiczne dla białych.

Dawson i jego matka jakoś w tych ciężkich warunkach przetrwali, głównie dzięki pomocy Handów. Ze spisu powszechnego wynika, że Dick Jordan żył w pobliżu i wkrótce założył własną rodzinę. Zdaje się, że tak jak wielu Jordanów przed nim pracował na roli, ale łączył to z pracą w tartaku nad rzeką. Handowie też tam pracowali i to prawdopodobnie oni nauczyli Dawsona spławiać drewno – podobno szło mu to bardzo dobrze, zwłaszcza biorąc pod uwagę jego młody wiek. Budowanie tratwy z wielkich bali drewna i spławianie ich w dół zdradliwej rzeki, pośród węży, aligatorów, nagłych burz i zmieniających się prądów – to nie było łatwe. Sterowanie balami po zakrętach rzeki wymagało ogromnej siły fizycznej i było niebezpieczne, ale Dawson bardzo to zajęcie polubił.

Pracował razem z kuzynem, Gallowayem Jordanem, który również był kaleką. Maurice Eugene Jordan, który mieszkał i uprawiał ziemię w Pender County, przypomina sobie, jak ojciec, Delmar Jordan, opowiadał mu o Dawsonie. „Podobno świetnie sobie radził ze spławianiem tych bali drewna. Galloway, tak jak Dawson, kulał na jedną nogę. Byli ze sobą bardzo zżyci".

Northeast Cape Fear była rzeką pływową, przez co wyzwanie było jeszcze trudniejsze. „Musieli uważać na przypływy i odpływy, przychodziły i odchodziły, zgodnie z fazami księżyca – tłumaczy Maurice. – Żeby móc wykonać ruch, musieli czekać, aż prąd będzie wystarczająco silny. Ale jeśli nurt rzeki robił się słabszy, musieli przywiązywać bale do drzew i czekać, aż powróci". Takie oczekiwanie mogło trwać nawet kilka godzin. „Mieli ze sobą garnki i jedzenie i kiedy nurt był wolniejszy, przywiązywali bale, szli na wzgórze i pichcili coś do jedzenia", dodaje Maurice.

W pracy było zimno i niebezpiecznie, od czasów kolonialnych zatrudniano do niej byłych niewolników, drwali i typy spod ciemnej gwiazdy. Osoby pracujące na rzece były z definicji najniższą i najgorzej opłacaną grupą społeczną, często zarabiali nie więcej niż kilka centów dziennie, czyli tyle, co najbardziej podrzędni dzierżawcy. Ale Dawson Jordan lubił niezależność, która wiązała się z tym zawodem. W spisie powszechnym figuruje jako osoba „samozatrudniona", a nie jako czyjś pracownik. No i dzięki takiemu zajęciu mógł regularnie bywać w egzotycznym miasteczku portowym w Wilmington, pełnym statków i marynarzy z całego świata, z mnóstwem barów i burdeli.

Możemy sobie wyobrazić Dawsona Jordana, jak sto lat temu siedzi na swojej tratwie w jakimś spokojnym miejscu na rzece w zimną księżycową noc i wpatruje się w piękne gwiazdy. Te noce na rzece były pewnie jedynymi prawdziwymi chwilami ucieczki od codziennych trosk, być może najlepszymi w życiu pradziadka Michaela Jordana.

Minęły dziesięciolecia i jedyną przystanią dla jego prawnuka, jedynymi momentami prawdziwego spokoju i ucieczki od otaczającego go świata, który był dla niego znacznie bardziej frustrujący, niż jesteśmy sobie w stanie wyobrazić, stały się chwile spędzane na koszykarskim parkiecie. I pomimo dzielącego ich stulecia i tego, że żyli w zupełnie innych światach, tych dwóch Jordanów łączyło znacznie więcej, niż można by się spodziewać. A Dawson Jordan pewnie w najtrudniejszych chwilach oddałby wszystko, żeby móc posmakować świata swojego prawnuka.

Clementine

W przeciwieństwie do Michaela, który mógł wybierać z zastępów najatrakcyjniejszych i najbardziej wyrafinowanych kobiet świata, kulawy Dawson żył wraz z matką w małej odizolowanej społeczności, spędzając całe dnie na rzece. Mógł dowiedzieć się trochę więcej o miłości, kiedy w końcu jego matka związała się ze starszym dzierżawcą w Holly. Isac Keilon był od niej o 20 lat starszy – kiedy w maju 1913 roku się pobrali, był już po sześćdziesiątce. Ich szczęście musiało wywrzeć wpływ na plany Dawsona.

Z czasem, wbrew przeszkodom, Dawson zaczął się spotykać z jedną z okolicznych dziewcząt, Clementine Burns. Jej imię pochodziło pewnie z piosenki *Oh My Darling, Clementine*, która zdobyła popularność w roku 1884. Clementine była od Dawsona o rok starsza, mieszkała z rodzicami i siódemką młodszego rodzeństwa. Jej przyszłość była naznaczona takimi samymi ograniczeniami jak jego. Ich flirt rozpoczął się tak, jak w większości tego typu związków – od nieśmiałych rozmów, które z czasem robiły się coraz odważniejsze i dłuższe. No i Dawson szybko się zakochał.

Pobrali się w styczniu 1914 roku i zamieszkali razem. Mniej więcej osiem miesięcy później Clemmer zaszła w ciążę. W kwietniu 1915 roku urodziła silnego i zdrowego chłopca. Nazwali go William Edward Jordan. Wszystkie znaki na niebie i ziemi wskazują na to, że młody ojciec był bardzo szczęśliwy.

Gdyby tylko to szczęście mogło trwać dłużej…

Problemy zaczęły się zaraz po porodzie – u młodej matki wystąpiły nocne poty i trudności z oddawaniem moczu. Potem Clemmer zaczęła kaszleć krwią. Najbardziej widocznym objawem było pojawienie się małych guzków na kościach i ścięgnach.

„To była gruźlica, choroba czarnych – wspomina Maurice Eugene Jordan. – Wtedy nie było na to ratunku".

Choroba była bardzo zaraźliwa i chociaż Karolina Północna była jednym z pierwszych południowych Stanów, który (w 1899 roku) otworzył izolatki dla czarnych, to łóżek było kilkanaście, a koszty – kosmiczne. Jedyną alternatywą było zbudowanie namiotu z białymi zasłonami albo prowizorycznego budynku na dziedzińcu poza domem, gdzie bliscy mogli spędzić z chorą osobą ostatnie chwile, mając nadzieję, że sami się nie zarażą. Agonia mogła trwać miesiącami lub nawet latami. Clemmer Jordan trafiła do lekarza we wczesnej fazie choroby, a zmarła jakiś rok później, pewnego kwietniowego poranka 1916 roku, niedługo po pierwszych urodzinach syna.

W tamtych czasach często zdarzało się, że młody wdowiec porzucał swoje dzieci. Dawsonowi byłoby łatwiej pozostawić obowiązek wychowania chłopca rodzinie Clementine, zwłaszcza że sam mógł inaczej pokierować swoją przyszłością – w porcie Wilmington miał możliwości zamustrowania się na jeden ze statków. Jednak prawdopodobnie zbyt mocno kochał swoją matkę i maleńkiego synka, by się na to zdecydować. A determinacja, z jaką budował swoją rodzinę, stanowi pierwszy przykład siły w historii, która stworzyła Michaela Jordana.

Kilka miesięcy później Dawsona dotknęła kolejna tragedia, kiedy dowiedział się, że jego ponad 40-letnia matka umiera na chorobę nerek. Śmierć nie była na nabrzeżach niczym nowym, ale w latach 1917–1918 do Pender County dotarła epidemia hiszpańskiej grypy, a statystyki śmiertelności najpierw się podwoiły, potem potroiły, aż wreszcie wzrosły czterokrotnie. Dawson był świadkiem odejścia wielu członków rodziny Handów, swoich kolegów z pracy i ich bliskich. W ciągu 90 dni, od września do listopada 1917 roku, pandemia grypy zabiła ponad 13 tysięcy mieszkańców Karoliny Północnej.

Pogarszający się stan zdrowia zmusił matkę Dawsona do przeprowadzki z własnego domu do syna. Zbliżał się koniec, nie była już w stanie pomagać mu w opiece nad dzieckiem, więc przyjęli sublokatorkę, Ethel Lane, z małą córeczką. Młoda kobieta mogła jednocześnie opiekować się Williamem i jego umierającą babcią. Wtedy nieoczekiwanie, wcześniej niż ona, zmarł jej mąż Isac. Trzy miesiące po jego pogrzebie, pewnego wiosennego poranka zakończyła życie Charlotte Hand Keilon.

Dawson pochował matkę nad rzeką. Zawsze tak bardzo rodzinny, teraz został na świecie prawie sam, jedynie z malutkim synkiem. Mieli spędzić resztę życia razem, w jednej społeczności, w jednym skromnym domku, wspólnie zmagając się z biedą.

Żaden niczego wielkiego w życiu nie osiągnął, ale z czasem okazało się, jak wiele obaj pozostawili w spadku kolejnym pokoleniom Jordanów.

Rozdział 2

CHOLERNE WILMINGTON

Sam Michael Jordan wielokrotnie odbywał taką podróż w przeszłość, przez wiejskie drogi i wspomnienia związane z wybrzeżem Cape Fear. Jeśli jedzie się z Chapel Hill na wschód autostradą międzystanową numer 40, widać nabrzeżne równiny, pola otoczone ponurymi sosnami i starymi oborami. I szybko mija się tablice oznaczające kolejne miejscowości – Teachey, Wallace, Burgaw i Holly, społeczności rolnicze. To tam narodziła się marka Jordan.

W dzisiejszych czasach system autostrad pokrył już większość dziedzictwa Cape Fear kilometrami chodników, stacjami benzynowymi i sieciowymi restauracjami. Tylko raz na jakiś czas można napotkać przydrożny grill, który przypomina o przeszłości. Nie znajdziemy już nawet najmniejszej wzmianki o ruchu w ramach Partii Demokratycznej, głoszącym wyższość białej rasy, co w ostatniej dekadzie XIX stulecia, kiedy Dawson Jordan był jeszcze dzieckiem, było na porządku dziennym. Później okaże się, że te zamierzchłe dzieje, powiązane z dawnymi wydarzeniami w starym Wilmington, powrócą w dziwny, pełen ironii sposób, w życiu Michaela Jordana.

W latach 90. XIX wieku Dixiekraci* sprawowali kontrolę nad większością Karoliny Północnej, ale Wilmington i nabrzeżne równiny pozostawały poza ich wpływami, głównie dzięki 120 tysiącom zarejestrowanych czarnoskórych wyborców. Miasto znajdowało się na dobrej drodze, żeby dołączyć do Atlanty ze swą rozwijającą się czarną klasą średnią, z dwiema wydawanymi przez czarnoskórych gazetami, z czarnym burmistrzem, zintegrowanymi siłami policyjnymi

* Dixie Democrats – partia, która opierała swój program polityczny na segregacji rasowej.

i sporą liczbą biznesów prowadzonych przez czarnoskórych. Niestety, 11 listopada 1898 roku doszło do zamieszek na tle rasowym – biali, podżegani przez retorykę polityczną Dixiekratów, wyszli na ulice i podpalili biura prowadzonej przez czarnych gazety, która odważyła się przeciwstawić rasistowskiej partii.

Jeszcze tego samego dnia uzbrojeni biali mężczyźni, nazywani Czerwonymi Koszulami, otworzyli na ulicy ogień. Nekrologi donoszą o 14 zabitych, w tym 13 czarnych, ale według innych raportów ofiar śmiertelnych miało być aż 90. Przemoc rozprzestrzeniała się na całe miasto, przerażeni czarnoskórzy zabierali swoje rodziny i uciekali na okoliczne bagna, gdzie Czerwone Koszule miały dokonać wielu egzekucji, a ciał zamordowanych ofiar nigdy nie odnaleziono.

Kolejny etap zaplanowanej ze szczegółami akcji rozpoczął się dzień później, kiedy biali pojmali czarnych prominentów – pastorów, biznesmenów, polityków – zapędzili ich na lokalny dworzec kolejowy i na dobre usunęli z miasta.

Spektakularne zwycięstwo doktryny o wyższości białej rasy miało ją utrwalić na wiele lat. Charles Aycock, który w 1900 roku został wybrany gubernatorem, ustanowił nowe prawa, będące konsekwencją krwawej rewolty. „Na Południu żadna rasa nie będzie się w stanie rozwijać, jeśli Murzynów nie usunie się z procesu politycznego", deklarował Aycock. Jego plan opierał się na ograniczeniu praw wyborczych: mieli je zachować ci, którzy pomyślnie przejdą test z umiejętności czytania i pisania. To sprawiło, że liczba mogących głosować czarnych mężczyzn gwałtownie spadła – z ponad 120 tysięcy sprzed rewolty do sześciu tysięcy.

Takie nierówności i przemoc spotykały się z cichym przyzwoleniem stanowych i lokalnych sił policyjnych. W latach 40. i 50. w Duplin County, gdzie mieszkała rodzina Jordana, zarejestrowanych było tylko dwóch czarnych wyborców (tak przynajmniej twierdzi Raphael Carlton, jeden z tej dwójki). Carlton był rówieśnikiem Jordanów, a jego ojciec nalegał, żeby znalazł czas na naukę. W końcu rozpoczął studia na pobliskim Uniwersytecie Shaw, w latach 40. uzyskał tam dyplom nauczyciela i powrócił do domu z misją edukowania czarnoskórych. Wspomina jedno ze spotkań grona pedagogicznego w szczytowym okresie segregacji rasowej, na którym jeden z białych dyrektorów powiedział czarnym nauczycielom: „No, czarnuchy, musicie się lepiej zorganizować".

„W dzisiejszych czasach ludzie nie rozumieją, jak mogliśmy pozwolić tak dać się zastraszyć – mówi Carlton. – Problem w tym, że zastraszenie już się dokonało. Nikt by się nie odważył temu przeciwstawić".

Zmiana sposobu myślenia

W 1937 roku, kiedy młody John McLendon, w przyszłości członek Galerii Sław, został zatrudniony jako trener na Uniwersytecie Karoliny Północnej dla czarnych, był pod wrażeniem tego, jak bardzo rozbici psychicznie są jego młodzi zawodnicy. „Moje największe trenerskie wyzwanie polegało na tym, żeby ich przekonać, że nie są kimś gorszym", wspomina McLendon.

Sama obecność McLendona w drużynie Karoliny Północnej stanowi jeszcze jeden ważny element biografii Michaela Jordana. W 1891 roku, pięć miesięcy po narodzinach pradziadka Michaela, James Naismith zawiesił dwa kosze w gimnazjum w Springfield w stanie Massachussets, rozpoczynając historię koszykówki. Po latach Naismith przeniósł się na Uniwersytet w Kansas, przez jakiś czas trenował tamtejszą drużynę, po czym przekazał stery Phogowi Allenowi, uważanemu później za „ojca" koszykarskich trenerów.

John McLendon trafił do Kansas na początku lat 30. jako jeden z pierwszych czarnoskórych studentów, jednak Allen zakazał mu gry w drużynie koszykarskiej i nie pozwolił pływać w uniwersyteckim basenie. I pewnie skończyłoby się to dla niego jeszcze gorzej, gdyby nie odszukał go Naismith, który załatwił mu stanowisko trenera lokalnej szkolnej drużyny. McLendon mógł spokojnie kontynuować studia, a w 1936 roku Naismith pomógł mu w uzyskaniu stypendium magisterskiego na Uniwersytecie w Iowa. Po roku został trenerem w North Carolina College, gdzie jako pierwszy wprowadził program edukacji fizycznej, który wychował pokolenia czarnoskórych nauczycieli i trenerów w Karolinie Północnej. I właśnie z tego programu wyrósł Clifton „Pop" Herring, szkolny trener Jordana.

Z początku czarnoskóre drużyny uniwersyteckie działały w oparciu o śmiesznie niskie budżety w niebezpiecznym klimacie segregacji rasowej. Koszykarze osiągali sukcesy pomimo tego, że nie mogli się praktycznie przemieszczać, nie mogli korzystać z publicznych toalet, ujęć wody pitnej, restauracji ani hoteli. „Prosta podróż z jednej szkoły do drugiej była jak planowanie drogi przez pole minowe", mówi McLendon.

Przez następne kilka lat McLendon zbudował tak imponujące drużyny koszykarskie, że oficjele z pobliskiego Uniwersytetu Duke'a postanowili zaprosić go, żeby w najbliższym meczu zasiadł na ławce trenerskiej ich drużyny Blue Devils. Jedynym warunkiem było to, żeby założył białą marynarkę, przez co dla kibiców będzie wyglądał jak steward.

McLendon grzecznie odmówił.

Starał się nigdy nie narażać ani siebie, ani swoich zawodników na upokorzenie albo brak szacunku. „Nie chciałem, żeby znaleźli się w sytuacji, w której widzą, że moja godność jest zagrożona". Utrzymanie szacunku zawodników było kluczowe dla celu, jaki sobie postawił: podbudować ich morale i przekonać, że są tak samo dobrzy jak ich biali przeciwnicy.

Przełom nastąpił podczas II wojny światowej, kiedy armia wykorzystała szkołę medyczną Uniwersytetu Duke'a do wyszkolenia lekarzy wojskowych, z których kilku było też czołowymi białymi koszykarzami uniwersyteckimi. Prasa w Durham codziennie trąbiła o ich zwycięstwach, podczas gdy o niepokonanej drużynie McLendona nie napisano ani słowa. Zdenerwowany takim niesprawiedliwym traktowaniem, menedżer drużyny McLendona, Alex Rivera, zaaranżował mecz pomiędzy oboma zespołami. Trener ekipy z Duke'a powiedział, że mogą zagrać tylko „cichy mecz", w niedzielę rano, bez kibiców i bez mediów. W połowie spotkania agresywnie broniąca drużyna McLendona miała na swoim koncie dwukrotnie więcej punktów od swoich słynnych przeciwników. Wtedy biali gracze zaproponowali McLendonowi, żeby dla wyrównania szans w drugiej połowie wymieszać drużyny białych i czarnych.

Tamten mecz był wielkim zwycięstwem McLendona nad rasizmem i otworzył oczy zawodnikom. Wpływ trenera odczuwano w Karolinie Północnej jeszcze długo po jego odejściu – zarówno w czarnych społecznościach w całym stanie, jak i na samym uniwersytecie. Jako innowator, McLendon został zaproszony przez Converse Shoe Co. na wykłady w ich akademiach koszykarskich. I to właśnie w jednej z nich wykład McLendona usłyszał młody asystent trenera, niejaki Dean Smith, późniejszy twórca słynnego systemu ataku – *spread offense** na Uniwersytecie Karoliny Północnej.

McLendon wraz ze swoim przyjacielem, „Big House" Gainesem z Winston-Salem State, są dziś uznawani za wielkich trenerów, ale w tamtych czasach żaden z nich nie przypuszczał, że ich dyscyplina sportu pomoże przełamać stanowe bariery rasowe. Do głowy by im nie przyszło, że biali i czarni mieszkańcy Karoliny Północnej będą kiedyś uwielbiali czarnego koszykarza, tak jak uwielbiali Michaela Jordana.

* *Spread offense* albo *four corners offense* – system ataku polegający na rozstawieniu czterech zawodników atakujących na wierzchołkach prostokąta, podczas gdy rozgrywający wchodzi środkiem.

Żaden z nich nie przypuszczał też, że któregoś dnia stanie się członkiem Galerii Sław Koszykówki imienia Jamesa Naismitha.

Kukurydza

Dawson Jordan nie miał szczęścia, które towarzyszyło potem jego prawnukowi. Kiedy w 1919 roku skończył 28 lat, był już mocno doświadczony przez życie – stracił najbliższych, a potem musiał zmienić pracę, kiedy po pojawieniu się ciężarówek upadł przemysł flisacki. Nadal pracował w tartaku, ale tak jak większość mieszkańców Południa, zaczął to łączyć z pracą dzierżawcy, rolnika bez ziemi, członka najniższej klasy społecznej.

Najważniejszą rzeczą, umożliwiającą przetrwanie na dzierżawionej ziemi, było posiadanie muła. Zdaniem Williama Henry'ego Jordana, wiązało się to też z wyższym statusem: „Kiedy byłem dzieckiem, muł kosztował więcej niż samochód, bo dzięki mułowi zarabiało się na życie".

Podobnie jak w kolejnych pokoleniach rolnicy pozyskiwali sprzęt rolniczy, tak dzierżawcy i najemcy kupowali albo wypożyczali muły od dealerów, takich jak Porter Newton. Maurice Eugene Jordan wspomina: „Można było od niego dostać muła, ale jeśli potem miałeś gorszy rok, to ci go odbierał. To samo robili ludzie, od których wypożyczałeś nasiona i nawóz. Po gorszym sezonie wpadałeś w dołek, z którego wyjście mogło zająć rok albo dwa".

„Nie było wyjścia – tłumaczył William Henry Jordan. – Nie było innych możliwości".

Ludzie tacy jak Dawson i jego syn nie mieli jak od tego uciec, jednak jakoś udawało im się utrzymać na powierzchni. Czasami pracowali od świtu, dojąc krowy na pobliskiej farmie, kiedy indziej – wyprowadzając je na pastwisko. W zależności od roku, wynajmowali albo dzierżawili ziemię*. „Tak właśnie wyglądała wtedy praca – właściciele farmy dostarczali muła, nasiona i nawóz. A kiedy kończył się sezon, to zostawałeś tylko z jedną trzecią, góra z połową plonów. A czasem zostawałeś z niczym", tłumaczył William Henry Jordan.

Dlatego właśnie tylu rolników szukało innych możliwości dochodu i dlatego tak ważne stało się bimbrownictwo. Biali i czarni rolnicy z tamtych okolic

* Subtelna różnica pomiędzy najmem a dzierżawą polega na tym, że najemca wynajmuje ziemię i sprzęt za gotówkę albo udział w plonach, natomiast w przypadku dzierżawy wszystkie wydatki związane z uprawą ponosi wydzierżawiający w zamian za połowę albo nawet większość plonów.

przyrządzali własną kukurydzianą whiskey już w czasach kolonialnych. Większości nie było stać na zakup trunku, więc robili go sami. „W tamtych czasach było tylko to, kukurydziana whiskey – wyjaśnia Maurice Eugene Jordan. – Tak zaczęło się bimbrownictwo. Destylatory były wszędzie, na rzece, w lesie, na bagnach, wszędzie, gdzie można było znaleźć dobrą wodę".

To, że Dawson Jordan stał się bimbrownikiem z wyboru, jest mało prawdopodobne, szybko jednak zyskał opinię ważnego gracza w świecie przemytników w Pender County. Być może rozpoczął swoją przygodę z bimbrem, kiedy jeszcze pracował na rzece przy spławie drewna. „Te tratwy mogły być pełne whiskey i nikt by się nie zorientował", śmiał się Maurice Jordan.

Whiskey kukurydziana być może trochę pomagała w niedoli. Na pewno mogła rozluźnić atmosferę w długie wieczory i sprawiała, że farmerzy mieli większą ochotę na hazard. Robotnicy z Pender County chętnie obstawiali kilka centów, grając w kości, co w niczym nie przypomina ogromnych sum, które po dziesięcioleciach wydawał na hazard MJ.

„Nie było pieniędzy na hazard. Najwyżej kilka groszy na kości", mówił Maurice Eugene.

Taki był charakter Jordanów. Ciężka praca, potem chwila rozrywki. Z tego punktu widzenia Dawson był pierwszym z Jordanów. Lubił się napić, zapalić, czasem nawet odrobinę zaszalał.

Nowe pokolenie

Kiedy w latach 30. syn Dawsona, William Edward (nazywano go Medward), wkroczył w dorosłość, rozpoczął pracę jako kierowca ciężarówki. Nadal pomagał ojcu w pracy na roli, ale jego pensja, nawet niewielka, pozwalała im uniezależnić się od kapryśnych plonów. Praca za kółkiem dała mu też nowe możliwości poznawania ludzi w okolicy, co było radykalną odmianą w samotnym życiu farmera. Zdaniem członków rodziny, Medward dał się wtedy poznać jako bawidamek.

Jeszcze jako nastolatek, związał się z młodą dziewczyną, Rosabell Hand, daleką krewną rodziny swojej matki. Rosabell była słodka i delikatna. W 1935 roku, kiedy młodzi zbliżali się do dwudziestki, pobrali się, a dwa lata później urodził im się syn – ojciec Michaela. Nazwali go James Raymond Jordan.

Małżonkowie do końca życia mieszkali razem z Dawsonem i nigdy nie przeszkadzała im jego odczuwalna obecność we wspólnym, zatłoczonym gospodarstwie, tym samym, w którym potem wychowywali się Michael Jordan i jego rodzeństwo. Dawson dobiegał pięćdziesiątki, chodził, podpierając się laską, ale to on tak naprawdę rządził gospodarstwem.

Tak jak większości rolników, towarzyszyły im stałe problemy finansowe, ale – jak wspominają członkowie rodziny – nie zamierzali się poddawać. Może dlatego, że dotychczasowe doświadczenia nauczyły Dawsona, że w życiu mogą się przytrafić poważniejsze problemy niż brak kasy na opłacenie rachunków. A kiedy kłopoty finansowe stały się naprawdę poważne, zrobił to, co w takiej sytuacji robili także inni dzierżawcy i najemcy. Zapakował wóz, zaprzągł do niego muła i ruszył w drogę.

Nie musiał jechać daleko, żeby rozpocząć wszystko od nowa. Dawson, jego syn i ciężarna synowa osiedli w społeczności farmerskiej w Teachey, około 25 mil od Holly Shelter. Niedługo po przeprowadzce Rosabell urodziła drugiego syna, Gene Jordana.

Rosabell i Medward mieli w sumie czworo dzieci, od których doczekali się 12 wnuków, często pomieszkujących w ich skromnym gospodarstwie. Dzięki pracy Medwarda Jordanom udało się trochę zaoszczędzić i mogli kupić mały, niedrogi domek przy Calico Bay Road na peryferiach Teachey. Miał wprawdzie tylko trzy niewielkie sypialnie i wychodek, ale dla Dawsona i jego rodziny był niczym pałac. Stał się on później centralnym miejscem w życiu młodego Michaela Jordana.

Wkrótce zarobki Medwarda i dochody z działalności bimbrowniczej Dawsona pozwoliły Jordanom na zakup kolejnych parceli przy Calico Bay Road, a okolica stała się siedzibą małej społeczności. Emocjonalne znaczenie posiadłości podkreśla fakt, że nawet po upływie dziesiątek lat Jordanowie, pomimo bogactwa Michaela, nie sprzedali domu, tylko zaczęli go wynajmować.

Najważniejszą – obok pojawienia się dobrej koniunktury – zmianą w życiu Dawsona i jego syna była obecność głęboko uduchowionej Rosabell. Sprawiedliwie rozdzielała swoje pokłady miłości pomiędzy wszystkie dzieci i wnuki – a nawet dzieci będące wynikiem romansów jej męża w obrębie lokalnej wspólnoty. „Pani Bell", jak ją często nazywano, była chyba szczególnie dumna ze swojego najstarszego syna. James Raymond Jordan wyróżniał się spośród rodzeństwa – był sprytny, szybko się uczył i miał w sobie mnóstwo energii. Już w wieku dziesięciu lat umiał kierować traktorem, dzięki czemu mógł pomagać ojcu na polu. Potrafił nawet go naprawić. Jako młody człowiek robił na okolicznych mieszkańcach wrażenie swoją zręcznością i talentami do mechaniki. Medward był podobno krytycznie nastawiony do Jamesa, za to idolem chłopca był jego dziadek, Dawson. Jedną z nietypowych cech Jamesa było to, że kiedy się na czymś koncentrował, w charakterystyczny sposób wystawiał język. Niektórzy członkowie rodziny twierdzą, że James nauczył się tego właśnie od Dawsona.

Kiedy z dziecka stawał się nastolatkiem, James – dzięki pracy wraz z ojcem i dziadkiem – sprawnie poruszał się zarówno w Holly, gdzie się urodził, jak i w Teachey, gdzie dorastał. „Był raczej spokojny – wspomina Maurice Eugene Jordan, który razem z Jamesem uczęszczał do Charity High School w Rose Hill. – Jeśli cię nie znał, to prawie się nie odzywał". Ale po zawarciu znajomości potrafił być czarujący, zwłaszcza w stosunku do kobiet, dokładnie tak jak jego ojciec Medward. Podobnie jak wielu nastolatków, uwielbiał silniki, baseball i samochody, z tym, że on, w przeciwieństwie do rówieśników, był w tym wszystkim naprawdę dobry. A to oznaczało, że jego auto zazwyczaj było na chodzie, co w latach 50. wcale nie było takie oczywiste. Miał też dobry smak w kwestii rozrywek i wiedział, gdzie w okolicy można dobrze spędzić wieczór. Podczas gdy większość mieszkających tu czarnoskórych unikała białych na tyle, na ile się dało, to James – podobnie jak jego dziadek Dawson – wręcz przeciwnie.

Nadal jednak były to ciężkie czasy dla czarnych. Wielu z nich dzielnie służyło swojej ojczyźnie podczas II wojny światowej, co trochę złagodziło rasistowskie poglądy części białych obywateli. Ale w społeczeństwie Karoliny Północnej stare nawyki pozostawały na porządku dziennym, co udowodniła nadchodząca walka o prawa obywatelskie. Dick Neher, młody biały żołnierz marines z Indiany ożenił się i w 1954 roku osiadł w Wilmington. Neher uwielbiał baseball, podobnie jak mieszkańcy pobliskiego miasteczka Wallace, więc czasami skrzykiwał kilku znajomych czarnoskórych i jechali sobie razem pograć. Prawdopodobnie mógł wtedy grywać z Jamesem Jordanem. Ale długo to nie potrwało. Któregoś wieczora wrócił do domu i zobaczył zaparkowanego na podjeździe pick-upa. Przyjechali członkowie Ku-Klux-Klanu, żeby go ostrzec przed prowadzaniem się z czarnymi i organizowaniem mieszanych meczów. Neher zignorował ostrzeżenie, więc członkowie Klanu wrócili pod jego dom. Tym razem powiedzieli, że kolejnego ostrzeżenia już nie będzie, i Neher zaprzestał wycieczek do Wallace na mecze baseballowe. Nie opuścił Wilmington i po latach został młodzieżowym trenerem baseballowym Michaela Jordana.

Dawson Jordan i jego bliscy mieli na co dzień zbyt dużo zmartwień, żeby zajmować się snuciem planów na przyszłość. Jednakże zarówno rodzina, jak i sąsiedzi dostrzegali w Jamesie nowe pokolenie, które być może będzie w stanie uciec od porządku starego świata ku czemuś nowemu i lepszemu.

Na początku lat 50. mało kto był w stanie wyobrazić sobie, jak ten nowy świat może wyglądać, jak w niepojęty sposób będzie łączył nadzieję i ból. Najłatwiej jest dojść do wniosku, że gdyby Jordanowie choć w minimalnym stopniu wiedzieli, co ich czeka, pognaliby w kierunku tego świata. Ale równie prawdopodobne jest to, że chcieliby przed nim uciec.

CZĘŚĆ II

MŁODE LATA

Rozdział 3

WPŁYWY

Jeśli pierwszą osobą, która wywarła wpływ na życie Michaela, był Dawson Jordan, to jego matka, Deloris Peoples, nadała temu życiu bieg. Urodziła się w 1941 roku, we względnie zamożnej rodzinie w Rocky Point w Karolinie Północnej. Jej ojciec, Edward Peoples, zawsze zachowywał dystans, niektórzy powiedzieliby, że nie miał poczucia humoru, ale ceniono go za ambicję i ciężką pracę. Pośród generacji sfrustrowanych czarnych farmerów pozbawionych grosza, ludzi, którzy spędzili całe życie w roboczych uniformach, zamknięci w systemie, który praktycznie skazywał ich na klęskę, Edwardowi Peoplesowi udało się odnieść sukces.

„Znałem jej ojca – wspomina Maurice Eugene Jordan. – Stary Edward Peoples nie dzierżawił ziemi. Miał własną farmę".

Uznał, że skoro nie ma dostępu do ówczesnej polityki, to spróbuje uzyskać awans ekonomiczny. W pobliskim Durham rozwijała się „Czarna Wall Street", założona przez Johna Merricka, który utworzył tam kilka towarzystw ubezpieczeniowych i banków. Peoples oczywiście aż takich sukcesów nie osiągnął, jednak nie ustawał w wysiłkach, aby poprawić swoją sytuację materialną. Poza pracą na roli, ojciec Deloris zatrudnił się też w tartaku Casey Lumber w Rocky Point, a jego żona Inez zarabiała jako pomoc domowa. Peoplesowie nie byli wprawdzie bogaci, ale nie można też było powiedzieć, że są biedni. Pomimo niebezpieczeństw i pułapek, które na początku XX wieku czyhały na wszystkich famerów, niezależnie od koloru skóry, powiodło im się. A przecież, podobnie jak Jordanów, ich też nie omijały nieszczęścia związane z chorobami czy śmiercią. Jednak ciężką pracą doszli do posiadania własnego kawałka ziemi, który mogli uprawiać bez konieczności dzielenia się plonami. Mało o nich wiemy, ale nie ma wątpliwości, że ich determinacja i etos pracy miały wpływ na podejście matki Michaela do jej własnego życia, a co za tym idzie – na postawę samego Michaela.

Bajkę o rodzinie Jordanów opowiadano wielokrotnie ale – co zrozumiałe – mijała się ona z prawdą w wielu kluczowych punktach. Zawsze kiedy rodzina staje się sławna, narastają wokół niej przeróżne mity. Czasami tworzą je sami jej członkowie, żeby uchronić siebie przed wszechobecnością popkulturowych mediów.

Deloris Jordan musiała tak chronić rodzinę, kiedy w latach 80. jej syn stał się sławny. Trudno się więc dziwić, że w swoich opowieściach pomijała lub tuszowała wiele faktów. Zaczęło się od wywiadów i książki *Family First* („Po pierwsze rodzina"), w której radziła, jak wychowywać dzieci, czyli – tak naprawdę – co robić, żeby dzieci „były takie jak Mike". Dzięki bestsellerowi pani Jordan mogła podróżować po świecie i występować publicznie, wypowiadając się na tematy związane z polityką rodzinną.

Jednak rzeczywistość przemówiła silniej niż wszystkie te zmyślone historie, bo pokazała charakter Deloris Jordan i jej umiejętność przeprowadzenia rodziny przez życie wbrew brutalnym okolicznościom. Trudności, które napotykała, z pewnością tylko ją umacniały w wychowawczych wysiłkach. A w efekcie stały się siłą napędową powstania linii Air Jordan.

Rocky Point

Para, która miała w przyszłości stworzyć geny Michaela Jordana, poznała się tak, jak należy – w zatłoczonej sali gimnastycznej pełnej kibicujących uczniów. Według wspomnień rodzinnych James i jego młodszy brat Gene, grali w drużynie szkolnej Charity High. Z kolei bracia Deloris, Edward i Eugene występowali w barwach Rocky Point Training School z Pender County. Obie drużyny ostro ze sobą rywalizowały, a członkowie wspólnoty twierdzą, że obaj Peoplesowie byli całkiem dobrymi zawodnikami.

Wspominają też, że uczniowie i nauczyciele bardzo kochali Rocky Point. Szkołę otwarto w 1917 roku jako jeden z pięciu tysięcy obiektów – szkół, sklepów i domów nauczycielskich – wybudowanych dla Afroamerykanów w całym kraju przez Fundację Rosenwalda*. Sprzęt może nie był najlepszy: używane

* Fundację założył Julius Rosenwald, biznesmen i filantrop, prezes sieci domów towarowych Sears, Roebuck and Company.

meble i książki, często z powyrywanymi kartkami, otrzymywano z okolicznych szkół dla białych. „Dostawaliśmy to, co oni zużyli", wspomina jeden z krewnych, William Henry Jordan. Ale w czasach, kiedy edukacja czarnych była w najlepszym razie tematem do namysłu dla lokalnych zarządów szkół, nauczyciele w Rocky Point przygotowali swoich uczniów na wszelkie wyzwania, dzięki czemu szkoła stała się ważnym ośrodkiem dla całej czarnoskórej populacji Pender County – aż do integracji z końcem lat 60.

Mecze koszykarskie były wtedy rozgrywane po zakończeniu zajęć w szkole i trwały zazwyczaj do wieczora. Początkowo Deloris mówiła dziennikarzom, że mecz, przy okazji którego poznali się z Jamesem, miał miejsce w roku 1956, kiedy miała 15 lat. Potem sprostowała tę informację w *Family First*: okazało się że poznała przyszłego męża jako 13-latka, podczas meczu rozegranego w 1954 roku. Była zadziorną i łobuzerską, ale dobrą dziewczyną. Często się modliła i regularnie chodziła z rodziną do kościoła.

„Była dobrą uczennicą", wspomina Mary Faison, dawna nauczycielka w Rocky Point.

Nie jest do końca jasne, czy James zagrał tamtego wieczora w drużynie Charity. Miał 17 lat, przyjechał samochodem, co było dowodem coraz lepszej sytuacji finansowej i jego smykałki do mechaniki.

Jak to często bywa w historiach miłosnych nastolatków, to ona pierwsza zwróciła na niego uwagę. Miał słodkie oczy i wysokie kości policzkowe, ale nie to jej się w nim spodobało. „Przyciągnęła mnie jego osobowość – mówiła. – Wyglądał tak jak wielu chłopców w jego wieku. Był towarzyski, ciepły i miły, miał poczucie humoru".

Po meczu Deloris i kilka jej kuzynek wskoczyło na tylne siedzenie jego samochodu, żeby podrzucił je do domu. Kiedy wydawało się, że minie jej dom, poprosiła, żeby się zatrzymał.

– Ojej, nie wiedziałem, że ktoś jeszcze ze mną jedzie – zażartował. – Jesteś całkiem ładna.

– A ty jesteś jeszcze bardzo młody – odparowała.

– Może i tak. Ale pewnego dnia się z tobą ożenię.

Dziewczyna pognała do domu i trzasnęła za sobą drzwiami, jak tylko 13-latki potrafią.

„Wiedziałam, że chodzi z kimś innym. Postanowiłam, że będę się od niego trzymać z daleka", wyznała później.

To była mała społeczność, więc James Jordan pewnie wiedział, że Edward Peoples uprawia własną ziemię i na pewno zwrócił uwagę na dom dziewczyny – dwupiętrowy, tuż przy drodze, jeden z największych w okolicy. „Na podwórzu rosło dużo wysokich starych drzew", wspomina Maurice Eugene Jordan.

„Większość kolorowych pracowała wtedy tylko na roli", dodaje. Zaradny Edward Peoples łączył całoroczną pracę w polu z zajęciami w Casey Lumber Company, a poza tym poświęcał dużo czasu i pieniędzy na inny biznes, popularny w sąsiedztwie, czyli bimbrownictwo. Podobno blisko współpracował z Davidem Jordanem, jednym z wielu pędzących bimber kuzynów Dawsona. Maurice Eugene Jordan tak o tym opowiada: „Mieli kilka wspólnych bimbrowni. Agenci federalni ich łapali, równali ich meliny z ziemią, ale oni się odbudowywali. Wtedy najważniejsze było to, żeby nie dać się złapać".

Nie minęło wiele czasu i James pojawił się u Edwarda Peoplesa, żeby go zapytać, czy może umówić się na randkę z „Lois", jak ją nazywał. Ojciec Deloris nie zastanawiał się zbyt długo nad odpowiedzią. Oświadczył, że jest za młoda. Ale zakochani, powodowani zarówno młodzieńczą miłością, jak i młodzieńczą ambicją, mieli na ten temat inne zdanie. Para zaczęła się wkrótce spotykać, mimo że rodzice byli niechętni ich uczuciu. „Szybko się w sobie zakochaliśmy i przez kolejne trzy lata umawialiśmy się na randki", wspomina Deloris.

Związek stracił trochę rozpędu, kiedy w 1955 roku James skończył szkołę i wstąpił do lotniczych sił zbrojnych, z czego i ojciec, i dziadek byli bardzo dumni. Rozpoczął kursy szkoleniowe w Teksasie, podczas gdy rodzina Deloris wysłała ją do Alabamy, gdzie miała zamieszkać z wujkiem i zrobić dwuletni kurs kosmetyczny. Jej zdaniem, przeprowadzka miała na celu spowolnienie uczucia, kwitnącego pomiędzy nią i młodym lotnikiem, tyle że związek nabrał już własnej prędkości. Na początku 1957 roku Deloris miała 15 lat i była w ciąży (do czego nie przyznała się w swoich wspomnieniach). Rodzice nie byli tym zachwyceni. Pospieszny wyjazd do Alabamy wygląda na typowe dla takich sytuacji rozwiązanie, kiedy ciężarną nastolatkę odsyłało się, żeby mogła spokojnie, z dala od plotek, urodzić dziecko.

W kwietniu tamtego roku James i Deloris wrócili do Pender County i ostentacyjnie poszli razem do kina, żeby jakoś wyprostować niezręczną sytuację. Po filmie James oświadczył się jej w samochodzie. A skoro zrobił to, co należało, Deloris poinformowała rodziców, że nie zamierza wracać do Alabamy. Po latach przyznała, że nie było to zbyt mądre i że matka powinna była bardziej nalegać na jej powrót do szkoły. „Mogła zapakować mnie z powrotem do pociągu", powiedziała w jednym z wywiadów.

Zamiast tego Deloris wprowadziła się do zatłoczonego domu rodzinnego swojego narzeczonego w Teachey, gdzie nadal rządził 66-letni już Dawson Jordan. Ciężarna nastolatka szybko zaprzyjaźniła się z mającą wówczas 40 lat Rosabell. Matka Jamesa, która była religijną i światową kobietą, uwielbiała dzieci i cieszyła się, że dom jest pełen krewnych i przyjaciół we wszystkie święta i weekendy. Deloris szybko zaczęła ją nazywać „Pani Bell" i mając napięte stosunki z własnymi rodzicami, znalazła w niej mądrą i troskliwą bratnią duszę. Przyjaźń pomiędzy dwiema paniami rozwinęła się w solidną więź rodzinną, która w przyszłości pomogła zbudować bazę dla sukcesów Michaela Jordana.

Wkrótce, we wrześniu, James i Deloris mogli się cieszyć z narodzin pierwszego dziecka, Jamesa Ronalda. Matka, która dopiero co skończyła 16 lat, była ze swym pierworodnym bardzo związana. Z czasem wyrósł na pracowitego młodego człowieka, takiego jak jej ojciec. Ronnie, jak go nazywali, pracował w liceum na dwóch posadach – był kierowcą szkolnego autobusu, a wieczorami zarządzał lokalną restauracją – i nie przeszkadzało mu to w osiąganiu świetnych wyników w szkole. Rodzice mogli być z niego dumni. Pierwszy syn wiele skorzystał też na obcowaniu z Dawsonem Jordanem. Zrobił karierę jako starszy sierżant w armii amerykańskiej, kilkakrotnie brał udział w działaniach wojennych.

Dziecko Deloris i Jamesa musiało się jakoś odnaleźć w zatłoczonym domostwie Jordanów. James został oddelegowany do bazy wojskowej w Tidewater w Wirginii, oddalonej o dwie godziny drogi, i mógł widywać się z synkiem tylko w weekendy. Deloris przyznała później, że to wtedy zaczęła po raz pierwszy mieć wątpliwości i oskarżać się, że dokonała niewłaściwych wyborów. Chciała częściej widywać się z własną rodziną, ale ta mieszkała w odległości prawie pół godziny drogi, w Rocky Point. Nie traciła jednak otuchy, a teściowa wpierała ją w pozytywnym myśleniu. James też się starał i miał nadzieję, że jego służba to początek drogi, żeby zapewnić swoim dzieciom warunki godne klasy średniej.

Brooklyn, potem Teachey

Drugie dziecko młodego małżeństwa, córeczka Deloris, urodziła się w 1959 roku. Początkowo nosiła imię Delores, dopiero będąc już dorosłą, została Deloris. Żeby nie mylić jej z matką, rodzina nazywała ją Sis. W tym samym roku James opuścił lotnictwo USA, powrócił do Teachey i zaczął pracę w lokalnym zakładzie włókienniczym. Na razie młodzi wciąż musieli się tłoczyć z rodzicami w jednym domu, ale jednocześnie zaczęli budować mały domek po drugiej stronie Calico Bay Road.

Wygodnie było mieszkać blisko dziadków, zwłaszcza że Deloris miała urodzić piątkę dzieci przed ukończeniem 23. roku życia. W pierwszych latach główny ciężar ich wychowywania spadł na babcię, Rosabell Jordan, która miała w sobie nieskończone pokłady miłości dla każdego nowo narodzonego dziecka. Rodzinę Jordanów łączyła bardzo silna więź, ale miesiące spędzone przez Deloris w Alabamie i przygoda Jamesa z lotnictwem otworzyły im oczy na świat poza Karoliną Północną. I chociaż budowali dom naprzeciwko domu rodziców, to zaczęło do nich docierać, że oczekują od życia czegoś więcej, niż oferują małe społeczności farmerskie w Teachey i Wallace.

Nie różnili się w tym względzie od milionów swoich rówieśników. Afroamerykanie, po tylu latach życia w niedoli, tym bardziej zaczynali chwytać się pierwszych oznak zmieniającej się rzeczywistości. Po Wielkim Kryzysie i II wojnie światowej, które zwłaszcza na północy doprowadziły do wielomilionowej migracji czarnoskórych ze wsi do miast w poszukiwaniu innych możliwości przetrwania, poddańczy system dzierżawców i najemców ziemi przechodził powoli do historii.

Apogeum tego marszu ku wolności miało miejsce 1 lutego 1960 roku, kiedy czterej czarni studenci Stanowego Uniwersytetu Rolniczo-Technicznego w Greensboro weszli do sklepu Woolwortha, zrobili drobne zakupy, po czym zasiedli przy ladzie i zamówili kawę. Ten prosty gest odbił się szerokim echem w całej Karolinie Północnej. Kierownictwo sklepu zignorowało studentów, więc siedzieli tak w milczeniu, aż do zamknięcia. Ale następnego dnia wrócili z pięcioma kolegami i znów czekali przy ladzie, dopóki nie zostaną obsłużeni. Ponieważ znowu ich zignorowano, rozpoczęli cichą, pozbawioną przemocy demonstrację „okupacyjną". Wkrótce pojawiła się biała młodzież, z demonstrantów zaczęto drwić, rzucać w nich niedopałkami papierosów. Ale podobne protesty zaczęły się powtarzać w Winston-Salem, Durham, Charlotte, Raleigh i High Point. W ciągu następnych dwóch tygodni rozprzestrzeniły się na kolejnych 15 miast i mnóstwo innych sklepów Woolwortha. Ich właściciel, który miał sieć swoich placówek w całych Stanach, musiał ustąpić i zaczęto obsługiwać czarnoskórych klientów również przy stoiskach lunchowych. Woolworth nie mógł sobie pozwolić na publiczne wspieranie rasizmu przed kamerami telewizji.

Ruch w obronie praw człowieka, który za tym podążył, był częścią wielkiej rewolucji kulturowej, wywierającej wpływ na cały kraj. Wraz ze zmianami również dla Jamesa i Deloris pojawiły się nowe możliwości. To były fascynujące, choć nadal trudne i dosyć niebezpieczne czasy.

Na początku 1962 roku Deloris urodziła drugiego syna, Larry'ego, a już dwa miesiące później znowu była w ciąży. Niedługo potem wyjechała wraz z mężem i synkiem do Nowego Jorku, na Brooklyn, gdzie mieszkali przez blisko dwa lata. James uczył się tam hydrauliki. W tym czasie dwójką ich starszych dzieci zajmowali się dziadkowie. Potem Deloris przyznała, że mieli z Jamesem jakby dwie rodziny – starsze dzieci, które zostały z dziadkami, i dwójkę młodszych przy sobie.

Niestety nie wszystko układało się pomyślnie. Po kilku tygodniach pobytu Jordanów w Nowym Jorku, Deloris otrzymała smutną wiadomość – nagle zmarła jej matka, Inez. Szok i rozpacz wywołane tą stratą mogły stanowić zagrożenie dla nienarodzonego jeszcze dziecka. Lekarz zalecił jej tydzień leżenia.

„Do poronienia było bardzo blisko", wspominał po latach James.

Od czasu wczesnej ciąży i małżeństwa, relacje pomiędzy Deloris i jej matką poprawiły się, ale – jak to często bywa w przypadku przedwczesnej śmierci kogoś bliskiego – wiele rzeczy pozostało niedopowiedzianych. Smutek Deloris był dodatkowo spotęgowany przez zagrożoną ciążę i całą jej sytuację – z dala od domu, w tłocznym, obcym mieście. Narodziny Michaela – w niedzielę, 17 lutego 1963 roku – odbywały się w wyjątkowym stresie. Deloris zaczęła rodzić przed terminem, w związku z czym trafiła do szpitala Cumberland na Brooklynie, mimo że doktor prowadzący ciążę pracował na Manhattanie. Zanim pielęgniarki zdążyły położyć Deloris na łóżku, wielki, dobrze zbudowany chłopczyk już był na świecie, cały pokryty śluzem. Miał problemy z oddychaniem.

„Kiedy Michael się urodził, myśleliśmy, że coś jest z nim nie tak – opowiadał po latach w wywiadzie dla „Chicago Tribune" James Jordan. – Urodził się, krwawiąc z nosa. Deloris wypisano ze szpitala, ale jego trzymali jeszcze przez trzy dni. Do piątego roku życia zdarzało się, że krew bez powodu leciała mu z nosa, potem nagle mu to przeszło".

„Po porodzie lekarze pozostawili Michaela w szpitalu przez kilka dni, żeby mieć pewność, że w jego płucach nie ma wydzieliny", wspominała Deloris.

Ponowne macierzyństwo pomogło jej przezwyciężyć trwającą od miesięcy depresję. „Zawsze mówiłam, że narodziny Michaela były jak znak – tłumaczyła potem. – Straciłam nagle matkę, nosząc go w łonie, więc jego pojawienie się było jak wybawienie. Michael był szczęściem, które Bóg mi zesłał po bardzo trudnych i smutnych chwilach".

Po latach Michael sam poznał kilka szczegółów swego przyjścia na świat od dziennikarzy z Chicago, którzy zebrali je od jego rodziny. „Nadal się zdarza, że krew leci mi z nosa – powiedział Bobowi Sakamoto z »Chicago Tribune«. – Mama nigdy mi o tym nie mówiła. Twierdziła tylko, że spadłem z łóżka i że prawie się udusiłem. Od początku życia bywałem o włos od niebezpieczeństwa".

Te przygody Michaela w pierwszych chwilach życia tylko spotęgowały obawy i troskę matki o los tego wyjątkowego daru od Boga. „Był takim wesołym dzieckiem – wspomina. – Nigdy nie płakał. Wystarczyło go nakarmić i dać mu coś do zabawy".

Kiedy Michael miał pięć miesięcy, rodzina wróciła z Brooklynu do domu w Teachey. Deloris była wtedy po raz ostatni w ciąży (z córeczką Roslyn), a James zaczął wykorzystywać swoje wykształcenie, pracując jako konserwator w zakładzie General Electric w Castle Hayne, w pobliżu Wilmington.

Niedługo potem młoda matka zamieszkała wraz z piątką dzieci, z których czworo nie ukończyło jeszcze pięciu lat, w małym domku. Mąż, podobnie jak reszta rodziny, nazywał ją Lois. Ona czule mówiła do niego: Ray. Dzięki lotniczemu doświadczeniu i pracy w General Electric, był w farmerskiej społeczności kimś znaczącym. Zwykle ciepły i przyjacielski, zaczął też pokazywać bardziej szorstkie oblicze. Surowo wychowywał dzieci i był wymagający – zarówno dla nich, jak i dla dzieci sąsiadów. W sąsiedztwie szybko rozeszła się plotka, że z Rayem nie ma żartów. „Bo od razu spierze wam tyłek".

Młody Michael wychowywał się w sennej okolicy przy Calico Bay Road. Według wszystkich relacji, często się śmiał, cieszył i uwielbiał psocić, przez co zdarzało się, że musiał dostać klapsa.

„Trzeba go było czasem skarcić – wspominała Deloris Jordan. – Sprawdzał, na jak wiele może sobie pozwolić. I zawsze przekraczał granice".

Któregoś popołudnia dwuletni Mike spacerował przed domem. Ojciec akurat reperował tam samochód, przyświecając sobie lampą podłączoną do prądu za pomocą dwóch przedłużaczy, ciągnących się z kuchni po mokrym podjeździe. Zanim James zdążył zareagować, maluch złapał przewody w miejscu, w którym się łączyły. Wstrząs odrzucił chłopca prawie o metr. Był w szoku, ale na szczęście poza tym nic mu się nie stało.

Jordanowie już wcześniej rygorystycznie podchodzili do wychowania, ale po tej historii dodatkowo przykręcili śrubę. Dzieci nie mogły wychodzić z domu bez pozwolenia, a wieczorem musiały być w łóżkach najpóźniej o ósmej, nawet jeśli dzieci sąsiadów nadal bawiły się na dworze. Szybko miało się okazać, że natury Michaela nie da się tak łatwo ujarzmić.

Kłopoty były jego specjalnością. Kiedyś natrafił na gniazdo os pod wozem pradziadka Dawsona i próbował polać je benzyną. Kiedy indziej starał się ułożyć wielki stos ze składanych krzesełek, żeby móc zademonstrować swoje umiejętności lotnicze, co skończyło się głębokim skaleczeniem ręki.

James Jordan nie mógł się doczekać, kiedy dzieciaki będą na tyle duże, żeby móc utrzymać kij baseballowy. Zawsze pragnął zabrać je na podwórko, rzucać w ich kierunku piłkę i uczyć ich odbijania. Któregoś dnia Michael walił kijem w kłodę, w którą był wbity gwóźdź, i nagle zobaczył, że ten niczym pocisk uderzył jego siostrę w głowę i utkwił w niej.

Najgroźniejszy był chyba incydent, który miał miejsce, kiedy czteroletni Michael wymknął się z domu rodziców i przeszedł na drugą stronę ulicy do dziadków, gdzie jeden ze starszych kuzynów akurat rąbał drwa. Mały Mike dźwignął siekierę raz czy dwa, a kuzyn powiedział, że zapłaci mu dolara, jeśli utnie sobie palec u nogi. Chcąc zaimponować starszemu, podniósł siekierę do góry i opuścił ją dokładnie na czubek stopy. Zawył z bólu i zakrwawiony pognał z powrotem do mamy, skacząc i wrzeszcząc.

„Uwielbiał broić", wspominał potem z uśmiechem jego ojciec.

Sis przyznaje, że każde z rodziców miało swoich ulubieńców. Ona i Larry byli dziećmi tatusia, a Ronnie i Mike – urodzeni na przestrzeni 11 miesięcy – dziećmi mamusi. Najmniejszą Roz wszyscy uwielbiali tak samo. Młody Michael musiał w tym towarzystwie nieustannie walczyć o uwagę rodziców, co z czasem weszło mu w krew. Zawsze chciał kogoś zadowolić – najpierw matkę i ojca oraz resztę rodziny, potem trenerów i uwielbiających go kibiców.

„Stał się mistrzem zabawy i godzinami nas rozśmieszał – wspomina te wczesne lata Sis. – Tańczył, śpiewał, droczył się, był w stanie zrobić cokolwiek, byle nas rozśmieszyć. I nigdy nie wystarczały mu samotne zabawy, zawsze musiał mieć publiczność. Nie dawał nam się zignorować, niezależnie od tego, jak bardzo się o to staraliśmy".

Kolejna przeprowadzka

Sielankowe dzieciństwo Michaela w Teachey nie było wcale oczywistością w Ameryce lat 60. Okoliczności zmieniły się dramatycznie, kiedy jesienią 1968 roku poszedł do przedszkola. W styczniu James i Deloris sprzedali dom w Teachey i przeprowadzili się do Wilmington. Jedną z przyczyn przeprowadzki było to, że James miał już dość codziennego, trwającego 40 minut dojazdu do pracy w fabryce General Electric w Castle Hayne, jednak zaważyło coś innego: jak przyznała potem Deloris, rodzina pragnęła czegoś więcej niż zwykłego życia na wsi. Zwłaszcza dla dzieci. Pozostali blisko z dziadkami i planowali często odwiedzać Wallace i Teachey. Obiecali, że co najmniej w jeden weekend w miesiącu będą przyjeżdżać na mszę w lokalnym Rockfish African Methodist Episcopal Church, tradycyjnym miejscu kultu rodziny Jordanów.

Ledwo zdążyli się rozpakować w Wilmington, kiedy w zamachu zginął Martin Luther King Jr., co spowodowało zamieszki na tle rasowym w całym kraju. Wkrótce po zabójstwie doszło do bójek pomiędzy białymi i czarnymi nawet w Wallace i Teachey. W Wilmington nie było oczywiście lepiej, choć w porównaniu z poprzednią dekadą relacje rasowe uległy tam poprawie, od kiedy lokalni liderzy dostrzegli, że pojawienie się biznesu wymusza konieczność pozbycia się starych nawyków. Miasto było ważnym węzłem kolejowym do momentu, kiedy Atlantic Coast Line Railroad przeniosło w 1955 roku swoje biura do Jacksonville, więc aby uniknąć bezrobocia, trzeba było szukać nowych gałęzi przemysłu. A firmy takie jak General Electric stały na stanowisku, że mogą przenieść fabryki do Wilmington tylko pod warunkiem równego, niezależnego od koloru skóry dostępu do pracy.

Mimo to atmosfera w Wilmington pozostawała napięta. Jordanowie przybyli akurat wtedy, gdy szkoły wprowadziły nakazany sądownie program desegregacji, który budził kontrowersje i niezadowolenie. Temat wspólnych szkół dla białych i czarnych wypełniał nagłówki gazet i rozpalał emocje. Ponieważ podstawówki miały być objęte programem na końcu, Michael i jego rówieśnicy zaczęli tamtej jesieni naukę w szkołach, które wciąż jeszcze były rasowo podzielone.

Napięcie rosło i w końcu wybuchło w lutym 1971 roku, kiedy podłożono bomby pod sklepy spożywcze prowadzone przez białych właścicieli w okolicy zamieszkiwanej głównie przez czarnych. W związku z incydentem aresztowano i zasądzono wieloletnie wyroki dla dziesięciu osób – dziewięciu czarnych mężczyzn i białej kobiety. Dziesiątka z Wilmington („Wilmington Ten"), jak nazwali ich dziennikarze, przez lata odwoływała się od wyroku, aż w końcu został on uchylony przez sąd federalny.

Atmosfera konfliktu potęgowała niepokój Deloris Jordan, pełnej obawy o to, jak jej dzieci przystosują się do nowej szkoły w nowym środowisku.

Po jakimś czasie mogli się wprowadzić do dużego domu wybudowanego przez Jamesa Jordana na Gordon Road w Weaver Acres, położonego w pobliżu podmiejskiej szkoły w New Hanover County, z wygodnym dojazdem do centrum. James i Deloris czasami spędzali letnie wieczory nad pobliskim oceanem. Michael szybko znienawidził wodę. Kiedy miał siedem lat, pływał w oceanie z kolegą, który w pewnym momencie wpadł w panikę, zaczął się topić, próbując jednocześnie pociągnąć Michaela za sobą. Młodemu Jordanowi udało się jakoś wyrwać, ale jego towarzysz utonął. Kilka lat później Michael sam zaczął się topić w basenie i trzeba było go ratować. Po latach utonęła też jego koleżanka ze studiów.

„Nie igram z wodą", mawiał potem Jordan.

Weaver Acres było nową, w większości czarnoskórą dzielnicą, ale żyły tam obok siebie rodziny o różnym kolorze skóry. I James, i Deloris zawsze uczyli dzieci, że należy szanować wszystkich ludzi i nie ulegać stereotypom. Tłumaczyli, że ludzi trzeba traktować jak ludzi, niezależnie od tego, jaki mają kolor skóry. I rzeczywiście – w pobliżu Jordanów jeszcze na Calico Bay Road mieszkała biała rodzina i dzieci bawiły się bez żadnych incydentów.

Tolerancja towarzyszyła Jordanom w pierwszych latach pobytu w Wilmington. Kiedy Michael był w trzeciej klasie, zaprzyjaźnił się z Davidem Bridgersem, białym sąsiadem i kolegą ze szkoły. Utrzymywali kontakt jeszcze przez wiele lat, nawet wtedy, gdy jeden z nich stał się światową sławą. Grali razem w baseball, jeździli na rowerach, eksplorowali okoliczne lasy i potoki Weaver Acres. David był synem taksówkarza, a jego rodzina przeprowadziła się tu niedawno z Dakoty Południowej. Kiedy jego rodzice się rozwiedli, jeszcze bardziej zaprzyjaźnił się z Jordanem. Z ojcem Michaela, który przywitał Davida z otwartymi ramionami, łączyła go miłość do baseballu. Obaj chłopcy na zmianę byli rzucającymi w szkolnej drużynie baseballowej i bardzo się nawzajem wspierali.

„Przed każdym rzutem patrzyłem na Michaela, a on podnosił kciuk w górę. A kiedy on rzucał, ja robiłem to samo", wspomina Bridgers.

Pewnego popołudnia, kiedy Michael jeszcze nie bał się wody, wślizgnęli się razem na podwórze sąsiada, żeby wykąpać się w basenie. Sąsiadów miało nie być w domu, niestety byli i wygonili chłopców, a sposób, w jaki to zrobili, ewidentnie ujawnił, że kierują nimi rasistowskie motywy.

„Zobaczyli Mike'a i dopiero wtedy nas wyrzucili – opowiada Bridgers. – Przez dalszą część drogi się nie odzywał. Zapytałem, czy wie, dlaczego nas wyrzucili. Powiedział, że tak. Zapytałem, czy jest mu z tego powodu przykro. Powiedział, że nie. Potem się uśmiechnął. Nigdy tego nie zapomnę. Powiedział: »Ja się wystarczająco ochłodziłem. A ty?«".

Rozdział 4

ZAWODNIK

Nie trzeba było wiele mówić, żeby go nakręcić, czasem wystarczał lekki uśmieszek, czasem sam coś sobie wymyślił albo dorabiał ideologię do jakiejś wyimaginowanej zniewagi. Wykorzystywał nieistotne gesty czy pojedyncze słowa, chował je głęboko w sercu, aż zaczynały pulsować, by w końcu wybuchnąć z siłą energii jądrowej.

Dużo później do publiczności dotarło, że Jordan nie jest w stanie zapomnieć nawet o najdrobniejszych szczegółach. Wielu obserwatorów popełniało błąd, myśląc, że te „minizniewagi" są śmiechu wartymi wytworami wyobraźni Michaela, narzędziami, które mają rozpalić jego ambicję, i że jak już się z nimi upora, to po wyrwaniu kolejnego zwycięstwa po prostu o nich zapomni. Ale prawda była zupełnie inna. Michael nie był w stanie o nich zapomnieć. Były tak samo silnie wpisane w jego tożsamość, jak słynny wywalony język. Potrafiły go wyprowadzić z równowagi nawet drobne rzeczy, ale pierwszy taki incydent, który najbardziej zapadł mu w pamięć, był poważniejszy.

„Wracaj do domu, do kobiet".

Spośród milionów zdań wypowiedzianych przez Jamesa Jordana do najmłodszego syna, to jedno Michael zapamiętał na lata.

„Ojciec był mechanikiem – wspominał po latach Jordan. – Starał się zaoszczędzić pieniądze, naprawiając wszystkim samochody. Starsi bracia często pracowali razem z nim. Leżał pod podwoziem, prosił, żeby mu podali klucz 9/16, a oni to robili. Ale kiedy trafiało na mnie, nie miałem pojęcia, o czym mówi. W końcu zaczął się na mnie złościć i powiedział: »Nie masz zielonego pojęcia, o co w tym chodzi. Wracaj do domu, do kobiet«".

Te słowa na długo pozostały mu w pamięci jako wyzwanie dla jego nastoletniej męskości. I nawet wtedy, kiedy po pierwszych burzach hormonalnych zaczął nabierać masy, nadal miał raczej figurę cherubinka. Starsze rodzeństwo go uwielbiało, mama często przytulała. Było to jednak tylko przebranie.

Okrutne słowa ojca aktywowały ukryty gdzieś głęboko zbłąkany szczep DNA, odpowiedzialny za niebywale silnego, wręcz tytanicznego ducha rywalizacji. Odzwierciedlały lekceważenie, z którym Jordan spotykał się jako dziecko w swoim domu na co dzień.

„Po latach, na początku kariery w NBA, przyznał, że to właśnie lekceważące traktowanie i tamte słowa taty, z których wynikało, że jego zdaniem Michael jest bezwartościowy, bardzo go napędzały i motywowały – wspomina jego siostra Deloris. – Każdy sukces, jaki osiągał, był okrzykiem bojowym, który pokazywał, że znów udało mu się przezwyciężyć negatywną opinię ojca".

Michael przyznał potem, że jako dziecko miał pełną świadomość tego, że ojciec faworyzuje jego brata, Larry'ego.

Ale James Jordan był tak samo traktowany przez własnego ojca. Lekceważenie go przez Medwarda było stałym elementem rodzinnej tradycji. To właśnie ono skłoniło go do wyjazdu z Teachey – chciał udowodnić światu, że sprawdzi się jako lotnik. Członkowie rodziny twierdzą, że Medward był z syna bardzo dumny, ale że nigdy nie potrafił mu tego powiedzieć wprost.

James odpłacił mu się, osiągając w życiu tak wiele, że ojciec nawet o czymś podobnym nie marzył.

Tak często bywa z dziećmi ojców, którzy nie potrafią chwalić. Podświadomie koncentrują się na nieustannym udowadnianiu, że wcale nie muszą „wracać do domu". Robią to nawet wówczas, kiedy ojciec spoczywa już w grobie, jakby bezwiednie chciały wejść ze staruszkiem w kłótnię.

Mniej więcej wtedy, kiedy zranił Michaela swymi słowami, James Jordan zawiesił na podwórku kosz do koszykówki. Wcześniej sportowe życie rodzinne ojca koncentrowało się na trenowaniu z synami rzutów i wzbudzaniu w nich miłości do baseballu. Zaczęli w wieku pięciu–sześciu lat od T-balla (uproszczona wersja baseballu dla przedszkolaków). Gdy byli o rok starsi, przenieśli się do ligi *machine-pitch**. W meczach przeciwko normalnym miotaczom zaczęli grać

* *Machine-pitch* – szkolna odmiana baseballu, w której ćwiczy się odbijanie kijem baseballowym wyrzucanej przez maszynę piłki.

w wieku dziewięciu–dziesięciu lat, wtedy też okazało się, że prezentują różne style: Larry starał się zaliczać single*, a Michael celował w asy**.

Jako pierwszy pokochał koszykówkę Larry. Kiedy na podwórzu domostwa Jordanów powstało odpowiednie boisko, Michael zaczynał odnosić sukcesy w małej lidze baseballowej. Aż nagle wszystko potoczyło się w innym kierunku.

Być może to instynkt podpowiedział Jamesowi, że skoro Michael ma zostać gwiazdą baseballu, to zainstaluje dla Larry'ego kosz do koszykówki. Ale młodszy syn też dość szybko wciągnął się w tę dyscyplinę. W wieku dziewięciu lat z zapałem oglądał w telewizji pojedynek reprezentacji USA, prowadzonej przez młodego, euforycznego obrońcę Douga Collinsa, z drużyną Rosji, rozegrany podczas letnich igrzysk olimpijskich w 1972 roku. Amerykanie przegrali w kontrowersyjnych okolicznościach, a Michael poszedł do kuchni i powiedział do mamy: „Kiedyś pojadę na igrzyska i zapewnię naszej drużynie zwycięstwo". „Uśmiechnęłam się do siebie i odpowiedziałam: »Kochanie, nawet sobie nie wyobrażasz, jak wiele trzeba przejść, żeby zdobyć złoto«", wspomina Deloris.

Ale historia już się rozpoczęła. Od tamtego czasu Michael chłonął wszystkie dostępne transmisje koszykarskie, których wtedy nie było zbyt wiele – były to czasy sprzed ery telewizji kablówek i stałej obecności tego sportu na ekranach telewizorów, a meczów NBA nie transmitowano. Na szczęście w lokalnych stacjach Michael mógł oglądać co tydzień grę Atlantic Coast Conference (ACC), dzięki czemu zobaczył podniebne pojedynki derbowe Davida Thompsona i jego North Carolina State Wolfpack z drużyną Tar Heels z Uniwersytetu Karoliny Północnej. Na NBC można było obejrzeć między innymi mecze jednej z ulubionych drużyn Michaela, UCLA Bruins z Uniwersytetu w Kalifornii. Wiele lat później jej były gwiazdor, Marques Jordan, zdziwił się, widząc swój plakat w pokoju Jordana, kiedy ten studiował na Uniwersytecie Karoliny Północnej. Okazało się, że dla dorastającego Michaela był idolem.

Kiedy Jordan miał 11 lat, ojciec kupił pierwszą piłkę do koszykówki i niedługo potem dokończył prace nad boiskiem. Na ich podwórko przychodzili koszykarze z sąsiedztwa, ale wszystko musiało się toczyć zgodnie z zasadami ustalanymi przez rodzinę Jordanów. Przed rozpoczęciem gry każdy musiał

* Singiel – uderzenie pozwalające pałkarzowi dostać się na pierwszą bazę.

** As (ang. *home run*) – takie odbicie piłki, po którym pałkarz zdobywa cztery bazy i tym samym punkt dla swojego zespołu; najczęściej zdobywany wtedy, gdy piłka zostaje wybita poza ogrodzenie boiska, nie dotykając pola gry.

mieć odrobione lekcje, a godzina ósma jako pora na spanie nadal obowiązywała. Główną atrakcją wieczoru stały się starcia jeden na jednego: Michael kontra Larry.

Mike był wprawdzie o rok młodszy, ale za to wyższy od silniejszego brata. Obaj próbowali nawzajem trash-talkingu, ale to Michael był bardziej wygadany. Z czasem pojedynki stawały się coraz bardziej siłowe i burzliwe. Kiedy bracia zaczynali się za bardzo kłócić i wrzeszczeć na siebie, w roli mediatora występowała Deloris. Niekiedy przerywała grę i nakazywała powrót do domu. Dzień po dniu rozgrywali kolejne mecze, a Larry wykorzystywał swoją siłę, żeby wygrywać z młodszym bratem.

Codzienne lanie zbierane od niższego, ale potężniejszego brata wywarło wpływ na psychikę dojrzewającego Michaela. Przegrywał regularnie przez ponad półtora roku.

„Myślę, że Michael stał się taki dobry właśnie dlatego, że ciągle zbierał cięgi od Larry'ego – tłumaczył potem James Jordan. – Źle to znosił".

„Dorastaliśmy tak, ćwicząc jeden na jednego", wspominał Larry.

„Zawsze grałem ostro – mówił Jordan. – Codziennie mierzyliśmy się z bratem, dopóki matka nas nie zawołała. Nie myśleliśmy wtedy o tym, że jesteśmy braćmi. I czasem kończyło się bójką".

Michael był chudy jak patyk, brakowało mu siły fizycznej, ale z czasem nauczył się, jak wykorzystać przewagę wzrostu. Długo toczyli bardzo wyrównane pojedynki, jakby byli swoimi lustrzanymi odbiciami. „Kiedy widzisz, jak gram, to widzisz Larry'ego", stwierdzał Michael.

„Zanim mnie nie przerósł, wygrałem większość tych pojedynków, potem to się skończyło", przyznał Larry.

Kiedy na podwórko Jordanów trafił trener młodzieżowego baseballu, Dick Neher, Michael był nastolatkiem. Obręcz od kosza – poobijana i wygięta w jedną stronę w wyniku slam dunków Larry'ego – była dla niego niczym świadectwo porażek poniesionych w zmaganiach ze starszym bratem, co z pewnością odcisnęło piętno na ego.

Tamte podwórkowe pojedynki ukształtowały też charakter dorosłej relacji pomiędzy braćmi – bliskość zahartowaną braterską rywalizacją. Wpłynęły również na sposób, w jaki Michael traktował później kolegów z boiska. James Worthy wspomina, jak Jordan, debiutujący w koszykarskiej reprezentacji Uniwersytetu Karoliny Północnej, zaczął go zamęczać prośbami o pojedynek jeden na jednego. „Zawsze dążył do tego, żeby znaleźć sobie najlepszego zawodnika w drużynie. Rok wcześniej kimś takim byłem właśnie ja. Był zabijaką i próbował mnie zastraszyć".

Taką strategię Jordan stosował już wcześniej, w Empie Park w Wilmington i w miejskim centrum wspólnotowym Martina Luthera Kinga. „Doszliśmy do takiego punktu, że musiałem go prosić, aby nie przychodził grać – wspomina William Murphy, dyrektor placówki. – Bałem się, że ktoś powyrywa mu nogi. Prowokował każdego". Jego ataki spotykały się z instynktowną reakcją.

George Mumford, psycholog, który pracował z Jordanem w trakcie jego kariery, tłumaczy, że gdziekolwiek Michael by nie trafił, wszędzie było tak samo. W każdym rywalu widział bowiem Larry'ego, którego musiał pokonać. Po wielu latach, najpierw na studiach, potem w Chicago, opowieści o tamtych pojedynkach z bratem wzmocniły status Larry'ego jako człowieka, który miał ogromny wpływ na osobowość Michaela.

„W dzieciństwie Michael i Larry rywalizowali jak szaleni i Larry ciągle się przewijał w opowieściach Michaela – opowiada David Hart, kolega z pokoju i menedżer drużyny na Uniwersytecie Karoliny Północnej. – Michael uwielbiał brata i bez przerwy o nim opowiadał, naprawdę go szanował. I chociaż jako sportowiec znacząco przerósł Larry'ego, to nigdy nie wpłynęło to na jego uczucia, więź emocjonalną i szacunek dla brata. Kiedy Larry był w pobliżu, Michael zapominał o sławie i osiągnięciach i stawał się kochającym młodszym bratem".

Po latach, w Chicago, Larry Jordan dołączył do zawodowej ligi koszykarskiej, do której dopuszczano zawodników poniżej 193 centymetrów wzrostu, niestety wkrótce doznał kontuzji ramienia i zrezygnował. „Nigdy nie czułem się w cieniu, bo widziałem, jak ciężko Michael pracuje – powiedział Larry w wywiadzie udzielonym w 2012 roku. – Przez całe życie uprawiałem sport, ale koszykówka nie była moją pasją w takim stopniu jak u Michaela. Miałem większą smykałkę do majsterkowania i do mechaniki, jak ojciec".

„Był mocarzem – powiedział kiedyś o Larrym Doug Collins, pierwszy trener Michaela w Chicago. – Pamiętam, jak go po raz pierwszy zobaczyłem: niski, mierzący 170 centymetrów, niesamowicie umięśniony młody człowiek, z fantastyczną muskulaturą, z figurą pasującą raczej do futbolu amerykańskiego niż do koszykówki. Kiedy go ujrzałem, zrozumiałem, skąd się wziął ten *drive* Michaela".

Pop Herring trenował obu braci w liceum Laney w Wilmington, gdzie Michael stał się gwiazdą a Larry rzadko pojawiał się na parkiecie. Herring powiedział kiedyś, że Larry był tak nakręconym i ambitnym sportowcem, że gdyby miał 187 centymetrów wzrostu, to Michael pozostałby na zawsze tylko bratem Larry'ego, a nie odwrotnie. Część z tych pochwał jest pewnie przesadzona i wynika z ciepłych uczuć, które rodzina i przyjaciele mieli dla Larry'ego Jordana. Opisywali go często jako szczerego, skromnego, kulturalnego gościa, który po prostu miał trochę mniej szczęścia. Jako nastolatek miał bardzo podobne umiejętności jak brat, ale potem już do końca był w cieniu Michaela. Deloris Jordan zawsze się tym martwiła i nawet czasem z tego powodu zakłócała wspólne wesołe chwile dorosłych już synów. Kiedy Michael był już gwiazdą NBA, raz jeszcze rozegrali swój rytualny pojedynek. W pewnym momencie Michael przerwał, spojrzał na nogi Larry'ego i powiedział: „Nie zapominaj tylko, czyje nazwisko jest na twoich butach".

Bill Billingsley pamięta, jak obaj bracia stawiali pierwsze kroki w zorganizowanej koszykówce. Miało to miejsce na początku 1975 roku, w starej szkolnej hali przy Chestnut Street w Wilmington, gdzie odbywały się rozgrywki młodzieżowej ligi koszykówki. Billingsley, który miał wtedy 24 lata, trenował drużynę rywali zespołu, w którym grali obaj Jordanowie. „Kiedy się na nich patrzyło, to wydawało się, że Larry jest tym młodszym – wspomina. – Michael był dużo wyższy. Ale już wtedy było widać różnicę pomiędzy nimi: Michael był o niebo lepszy".

Larry przypomina sobie, że to trener ich drużyny pomógł im przejść o szczebel wyżej. Dick Neher kompletował reprezentację młodzieżową i zadzwonił do Neda Parrisha, który uczył Michaela baseballu. Parrish od razu zasugerował powołanie obu Jordanów.

W wywiadzie z 2012 roku Neher śmiał się na wspomnienie młodszego z braci Jordanów. „Był strzelcem – mówi trener. – Nigdy nie grał zorganizowanej koszykówki. Miał jakieś doświadczenie z ligi baseballowej, nieźle kozłował, utrzymywał się przy piłce, był szybki. Ale jeśli dostawał piłkę, to więcej go nie widzieliśmy. Kierował się prosto do kosza. Zawsze nas to bawiło".

Drużyna Billingsleya rozegrała trzy mecze przeciwko tym pierwszym koszykarskim Jordanerom (jak lekceważąco określiły po latach pomocników Michaela chicagowskie media), dwukrotnie wygrywając głównie dzięki agresywnej obronie jeden na jednego.

Billingsley zdecydował, że Jordana będzie krył gwiazdor jego drużyny, Reggie Williams, w przyszłości zawodnik w lidze uniwersyteckiej. „Michael był ich najlepszym zawodnikiem. Potrafił minąć Reggiego i trafić z wyskoku spod kosza – wspomina trener. – Już jako 12-latek miał rozwinięte umiejętności i mądrość koszykarską". Billingsley uważa, że ruchy Michaela były instynktowne, bo żaden trener młodzieżowy nie byłby w stanie w tak krótkim czasie nauczyć go tak wiele.

„Kiedy miałem 12 lat, graliśmy z bratem w pierwszej piątce jako para obrońców w lidze młodzików Pee Wee League – wspomina to doświadczenie Jordan. – Larry był specjalistą od obrony, a ja od zdobywania punktów. Zdobywałem więc zwycięskie punkty, a kiedy wracaliśmy samochodem do domu, ojciec mówił: »Larry, super się spisałeś w obronie«. Na co ja się wtrącałem: »Kurde, przecież odebrałem przeciwnikowi piłkę i trafiłem decydujący rzut«. Myślałem, że ojciec tendencyjnie nie dostrzegał na parkiecie tego, co ja, więc muszę mu to sam pokazać. Kiedy dziś o tym myślę, wydaje mi się to śmieszne, ale przecież to wszystko kształtowało moją ambicję i wolę walki".

Zresztą z baseballem było podobnie. Michael zaliczał asa, Larry skupiał się na zdobyciu pierwszej bazy, a ojciec mówił potem: „Larry, bardzo mi się podoba, kiedy tak konsekwentnie dążysz do kolejnej bazy".

Doświadczenia chłopców w lidze młodzików miały miejsce, zanim AAU* zaczął organizować rozgrywki dla młodych koszykarzy. Baseball, który uprawiali wówczas głównie biali, był wtedy w Wilmington wspierany bardziej niż koszykówka. Dobrych młodych koszykarzy było w związku z tym mniej.

Na koniec sezonu Michael został wybrany do drużyny gwiazd, choć był najmłodszym zawodnikiem ligowym. Ligę wygrała drużyna prowadzona przez Billingsleya i to on został uznany za najlepszego trenera. Zaczął przygotowywać swoich podopiecznych na turniej stanowy i po raz pierwszy spotkał się z Jamesem i Deloris Jordanami. „Rodzice oglądali każdy mecz, w którym grał Michael – wspomina trener. – To byli naprawdę oddani rodzice, dzieci były dla nich wszystkim. Pan Jordan był człowiekiem spokojnym. To pani Jordan była w ich związku osobowością dynamiczną. Każdy, kto spędził z nimi trochę czasu, był pod wrażeniem jej siły. Była bardzo opiekuńcza w stosunku do dzieci. Niektórzy rodzice po prostu odstawiali dzieci na trening albo mecz i zostawiali

* AAU – Amateur Athletic Union (Amatorski Związek Sportowy).

je w hali. Ale nie oni. Oni byli tam przez cały czas, ale się nie narzucali i nie próbowali wpłynąć na moje decyzje". Rzeczywiście ani razu nie skomentowali tego, w jaki sposób trener prowadzi zespół.

Wiosną 1975 roku drużyna gwiazd z Wilmington pojechała do Shelby, koło Charlotte, na stanowy turniej koszykarski. Jednym z grupki rodziców, która towarzyszyła drużynie, był James Jordan. Billingsley pamięta, że w ciągu dwóch dni rozegrali cztery mecze i awansowali do półfinału, gdzie przegrali z drużyną z Chapel Hill, mającą w składzie wysokich, potężnych zawodników podkoszowych.

„Ostatnią noc spędziliśmy w hotelu – wspomina trener. – Dzieci bawiły się w pokojach. Kilku rodziców i trenerów grało w karty. Nic wielkiego, ot zwykłe zabijanie czasu. Ktoś powiedział: »Może skoczymy po piwo?«".

Billingsley był pod wrażeniem, kiedy James Jordan przypomniał, że są w stanie, w którym panuje prohibicja.

„Pan Jordan od razu wiedział, gdzie będzie można kupić piwo. Przejechał granicę stanu i wrócił z dwoma czy trzema sześciopakami – opowiada Billingsley. – Siedzieliśmy do późna, żaden hazard, po prostu miło spędziliśmy czas. Pan Jordan był bardzo porządnym gościem".

To była pierwsza z wielu wspólnych koszykarskich wypraw ojca i syna. I każdy, kto poznał Jamesa Jordana, mówił o nim to samo. Jaki miły facet, bezpośredni, otwarty, serdeczny, brat łata, wiecznie uśmiechnięty, wspaniałomyślny, pozytywnie nastawiony, serdeczny nawet w stosunku do takich ludzi, jak menedżer Bulls, Jerry Krause, który popadł po latach w poważny konflikt z Michaelem.

„Był taki przyjacielski", mówi Billingsley.

Ale najważniejsze było co innego. Michael mógł być wreszcie pewny uczuć ojca. Jednak w niczym nie zmieniło to jego podejścia do gry i motywacji.

To, co się działo, nikogo nie dziwiło bardziej niż samego Jordana. Z czasem odnosił kolejne sukcesy i nigdy nie wiedział, gdzie leży kres jego możliwości. I zawsze zadawał sobie to samo pytanie: „Co jeszcze mnie czeka?".

Ciemność

Wbrew pozorom związek Jamesa i Deloris nie był idealny i w połowie lat 70. znalazł się na granicy rozpadu. Na zewnątrz wyglądało, że są szczęśliwi, ale w rzeczywistości często się kłócili, a czasem dochodziło nawet do rękoczynów. Najgorszy incydent miał miejsce jeszcze na Calico Bay Road, kiedy oboje naskoczyli na siebie w obecności dzieci, które pobiegły na druga stronę ulicy, prosząc dziadków, żeby przerwali bijatykę. Przeprowadzka do Wilmington nic nie zmieniła. Nie robili tego codziennie, ale kiedy już się kłócili, to emocje szybko wymykały się spod kontroli. Ich córka Sis pamięta sytuację, kiedy matka rzuciła się na ojca, a ten uderzył ją tak, że straciła przytomność. Dzieci były przerażone, sądząc, że mama nie żyje, ale następnego ranka Deloris wyszła z sypialni, jak gdyby nigdy nic. Kolejny incydent miał miejsce na ulicy w pobliżu domu – rodzice ścigali się jak szaleni samochodami, nie bacząc na to, że w jednym z aut są dzieci. Te awantury regularnie burzyły codzienny spokój – rodzina trwała, posuwała się do przodu, ale zawsze gdzieś z boku czaił się strach.

Dzięki pracy Jamesa w General Electric żyli w miarę dostatnio, a dzieci miały szansę na lepszą przyszłość. Wszystkie brały udział w zajęciach pozaszkolnych, a starsze imały się już jakichś zajęć zarobkowych. Ale nawet przy przyzwoitej pensji Jamesa często byli pod finansową presją. Kiedy Roslyn, ich najmłodsze dziecko, poszła do szkoły, Deloris zatrudniła się przy taśmie w lokalnej fabryce Corning. Praca była zmianowa, harmonogram niestabilny, co tak bardzo burzyło rodzinną rutynę, że któregoś dnia Deloris zaczęła mieć tego dość i zrezygnowała. Nie konsultowała decyzji z Jamesem, ale on przyjął to spokojnie. Kilka miesięcy później znalazła pracę jako kasjerka w jednym z oddziałów United Carolina Bank.

Jakby zarządzanie tym wszystkim nie wystarczało, państwo Jordanowie postanowili otworzyć nocny klub o nazwie Club Eleganza. Wówczas wydawało się to dobrym pomysłem. Oboje byli trzydziestoparolatkami i większość swej młodości spędzili na wychowywaniu dzieci. W późniejszych wywiadach dotyczących wychowywania Michaela żadne z nich nie wspomniało o klubie, ale to, że odegrał on swoją rolę w ich problemach małżeńskich, wydaje się dość oczywiste. Tego typu przedsięwzięcia wiążą się zazwyczaj z koniecznością zainwestowania mnóstwa czasu i pieniędzy, a przecież małżonkowie i bez klubu mieli na głowie masę obowiązków związanych z pracą i z dziećmi.

Sis uważa, że to z powodu nieszczęśliwego życia rodzinnego Ronnie zaciągnął się do armii już dwa dni po ukończeniu liceum, w 1975 roku. Inni twierdzą, że od zawsze marzył, żeby zostać żołnierzem, i że przecież już w szkole został rezerwistą. Niezależnie od rzeczywistych przyczyn, odejście Ronniego pogłębiło rodzinne napięcia i problemy. Kiedy rodzina żegnała go na przystanku, Deloris cicho popłakiwała.

„Czułam się, jakby umarł ktoś bliski – opowiada o odejściu syna. – Przez wiele, wiele lat nie byłam nawet w stanie wejść do jego pokoju. Opuścił nas jako pierwszy".

Tak jak wiele kobiet, zmagających się ze stresem i z wyzwaniami macierzyństwa, Deloris bardzo przytyła. Mimo że potem udało jej się te kilogramy zrzucić, to w tamtym okresie do wszystkiego podchodziła bardzo emocjonalnie. Mając w pamięci własne problemy z wczesnej młodości, czuła się bardzo zaniepokojona tym, że Sis zaczyna przejawiać aktywność seksualną. Matka i córka nigdy nie były ze sobą specjalnie blisko, ale teraz prawie codziennie dochodziło między nimi do ostrych sporów. Jedna z takich awantur miała miejsce w 1975 roku. Był letni poranek, Deloris odwoziła córkę do pracy. Kłótnia osiągnęła apogeum, kiedy zaparkowały pod sklepem Gibsonsa, gdzie pracowała Sis. Podobno Deloris nazwała córkę dziwką, na co ta odkrzyknęła: „Jeśli jestem dziwką, to może byś zadbała, żeby twój mąż przestał przychodzić do mnie do łóżka?". Sis opisała potem ten incydent w książce *In my family's shadow* („W cieniu mojej rodziny"), którą sama wydała. Deloris opadła szczęka. Była wstrząśnięta, ale zanim zdążyła odpowiedzieć, córka wyskoczyła z samochodu i pobiegła do pracy. Wtedy Deloris zaczęła gwałtownie trąbić klaksonem, by przywołać córkę z powrotem. Sis próbowała to zignorować, ale w końcu kierownik sklepu polecił jej pójść i wyjaśnić sprawę.

Kiedy Sis wróciła do samochodu, Deloris kazała jej wyjaśnić, o co chodzi. Matka w milczeniu słuchała opowieści Sis o tym, jak przez ostatnie osiem lat była molestowana – ojciec przychodził późno wieczorem do łóżka, w którym spała razem z Roslyn. Kiedy rzekome molestowanie miało swój początek, Roz jeszcze nie chodziła do szkoły. Sis opisywała, jak ojciec najpierw tłumaczył jej, jak to jest całować się tak jak dorośli. Mówiła, jak niekomfortowo się z tym czuła, i jak z czasem molestowanie się nasilało, przybierając coraz poważniejszą formę. Według opowieści Sis, po tym wyznaniu nastąpiło coś okropnego. Pojechali do klubu Eleganza, gdzie James wykonywał jakieś prace konserwacyjne. Żona kazała mu wsiąść do samochodu, po czym pojechali na jakąś rzadko uczęszczaną drogę, zatrzymali się, a Deloris poprosiła córkę, by ta powtórzyła swoje oskarżenia. Kiedy Sis skończyła opowiadać swoją wersję, Deloris powiedziała mężowi, że teraz zaczęła rozumieć pewne rzeczy, które działy się w ich małżeństwie. James wpadł w furię i zaczął dusić córkę, wrzeszcząc przy tym: „Komu wierzysz – tej zdzirze czy mnie?". Sis pamięta, że była w szoku, gdy ojciec nazwał ją zdzirą.

Podczas gdy z trudem próbowała złapać powietrze, Deloris krzyknęła, że jeśli James natychmiast nie przestanie, to go zabije.

W końcu – jak wspomina w swojej książce Sis – wszyscy się jakoś uspokoili. Pojechali do domu, córka szybko uciekła i zamknęła się w sypialni. Po około godzinie przyszła matka i oświadczyła, że w związku z tym, co się stało, nie mogą już mieszkać razem, a ponieważ Sis zostały jeszcze dwa lata do zakończenia szkoły, będzie musiała się wyprowadzić i zamieszkać w internacie dla dziewcząt. Powiedziała, że James wszystko wytłumaczył, że „tylko próbował jej pomóc", a ona źle zrozumiała jego uczucia.

Deloris zażądała też, by Sis pod żadnym pozorem nie powtórzyła tych oskarżeń ani członkom rodziny, ani nikomu innemu. Córka nie przyznała się matce, że jest już na to za późno – kiedy miała 12 lat, wyznała wszystko swojemu rówieśnikowi, kuzynowi. Ten opowiedział o tym jej bratu, ale jeśli rozeszło się to dalej, to tylko po cichu. Wyglądało na to, że nikt nie odważył się skonfrontować oskarżeń z wersją Jamesa Jordana, którego wszyscy podziwiali, ale jednocześnie się go bali.

Jordanowie nigdy nie spełnili swojej groźby i nie wysłali córki do internatu. Incydent jakoś rozszedł się po kościach, małżeństwo przetrwało, robiąc dobrą minę do złej gry, a James Jordan nadal zyskiwał rozgłos jako przemiły ojciec wyjątkowego sportowca.

Kiedy kilkadziesiąt lat później, w 2001 roku, oskarżenia Sis przestały być tajemnicą, ich ocena była właściwie niemożliwa. Nigdy nie zostały zgłoszone – ani na policji, ani w organizacjach społecznych, więc nie przeprowadzono żadnego śledztwa. Nawet jeśli Deloris w przeszłości rozważała prawdziwość oskarżeń córki, to doszła do wniosku, że skierowanie sprawy na drogę sądową doprowadzi do zniszczenia rodziny, na czym ucierpią pozostałe dzieci. Efektem postawienia Jamesowi zarzutów kryminalnych byłaby pewnie utrata pracy i podstawowego źródła przychodów ich rodziny.

Dziesięć lat po ujawnieniu matce swoich przeżyć Sis skontaktowała się z adwokatem z Charlotte, pytając o możliwość wytoczenia sprawy przeciwko rodzicom. W swojej książce wspomina, że prawnik odesłał ją do organów ścigania w Wilmington, gdzie dowiedziała się, że ewentualne roszczenia są już przedawnione.

Michael miał wtedy 12 lat, nie miał o niczym pojęcia i jeszcze przez wiele lat nie dowiedział się o zarzutach siostry. Sis opuściła dom rodzinny w 1977 roku, wyszła za mąż i założyła własną rodzinę, ale jej życie już na zawsze było naznaczone przez depresję i dziwaczne zachowania, które potem niektórzy bliscy wykorzystywali, żeby zdyskredytować jej zarzuty. Adwokaci ofiar przemocy seksualnej twierdzą, że takie objawy bardzo często towarzyszą potem poszkodowanym.

Choć wszyscy próbowali o nich zapomnieć, oskarżenia o molestowanie seksualne stały się na lata cichą kością niezgody wewnątrz rodziny. Niewiarygodna wola walki Michaela Jordana wzięła się przecież między innymi z uczuć miłości i lojalności, jakie żywił w stosunku do rodziców. Były one znacznie głębsze, niż jesteśmy sobie w stanie wyobrazić. Przez wiele lat jego wychowanie wydawało się idealną historią, opowiadaną z perspektywy matki, która kształtowała wizerunek Jordanów jako normalnej rodziny wywodzącej się z klasy średniej.

Okazało się jednak, że podobnie jak informację o swej nastoletniej ciąży, próbowała ukryć coś znacznie gorszego. Jej obrońcy powiedzieliby oczywiście, że tamtego strasznego dnia w 1975 roku podjęła decyzję, która – jak sądziła – była najlepsza dla rodziny.

Prawdziwa historia pozwala lepiej zrozumieć, dlaczego później, kiedy Deloris była już grubo po siedemdziesiątce, wciąż jeździła po świecie i na prelekcjach w różnych krajach opowiadała o sprawach rodzinnych. Niechętnie mówiła o konfliktach, które targały jej własną rodziną, ale często opowiadała o tym, na czym znała się najlepiej: o przetrwaniu.

Rozdział 5

DIAMENT

Podczas gdy w 1975 roku w jego rodzinie rozgrywał się dramat, Michael Jordan przeżywał świetne chwile jako 12-letni zawodnik młodzieżowej ligi baseballowej. Został wybrany najlepszym graczem stanu, jako rzucający dwukrotnie nie dopuścił przeciwników do zdobycia bazy i poprowadził swoją drużynę do mistrzostwa stanowego. Potem, w regionalnym meczu w Georgii, Michael zaprezentował swoje umiejętności jako pałkarz, w kluczowym momencie zaliczając widowiskowy *home run*. Jeszcze przez wiele lat ojciec uśmiechał się na wspomnienie tamtego wydarzenia.

„Cieszył się, że moja drużyna z Little League zagra kiedyś w World Series – wspomina Jordan. – Graliśmy w Georgii, mieli tam ofertę specjalną, która polegała na tym, że jeśli ktoś zaliczy *home run*, to będą rozdawać darmowe steki. Akurat od dawna nie jadłem steka, więc ojciec powiedział, że jeśli zaliczę *home run*, to sam kupi mi jeszcze jednego. To był duży stadion, ale w czwartej rundzie udało mi się walnąć tak mocno, że piłka przeleciała nad ogrodzeniem i wyrównaliśmy na 3:3. Potem niestety przegraliśmy 4:3, ale i tak było to coś niesamowitego".

James Jordan już wtedy zaczął się zastanawiać, czy jego syna nie czeka kariera w wyższych ligach. Potencjał Mike'a dostrzegał również jego kuzyn, William Henry. „Michael rzucał w meczu gwiazd przeciwko mojemu synowi, kiedy miał ledwie 12 lat – opowiada. – Zgodnie z ówczesnymi przepisami, zawodnik mógł wtedy rzucać tylko w czterech inningach*. Z tego co pamiętam, wyautował

* Inning – jednostka meczu baseballowego; standardowy mecz baseballowy składa się z dziewięciu inningów.

kolejno wszystkich 12 pałkarzy. Rzucał niebywale mocno. Grał w drużynie New Hanover, a mój syn w Pender County. Już wtedy byliśmy pewni, że kiedyś będzie zawodowym sportowcem".

Jordan był nie tylko miotaczem. „Kiedy miał 12 lat, grywał na różnych pozycjach – wspomina Dick Neher, który trenował Michaela w Babe Ruth League*. – Był chudy, grał też na pozycji obrońcy między drugą i trzecią bazą. Grał jak Derek Jeter. Przechwytywał piłkę w powietrzu i odrzucał ją do pierwszej bazy. W Karolinie Północnej nazywano go »Pan Baseball«".

Oprócz nagrody Jordan otrzymał tamtego lata dwutygodniowe stypendium na obozie baseballowym w Missouri. Był to wielki zaszczyt. Nagrody z Little League jeszcze przez wiele lat dumnie prezentowały się w rodzinnych gablotach. „Michael zaliczył ponad osiemdziesięciometrowy *home run* w meczu w Georgii – opowiadał gościom James. – Od początku występów w Little League uwielbiał ją i osiągał sukcesy".

Okazało się, że młody Michael jak szybko wszedł na szczyt, tak szybko z niego spadł. Neher wybrał go tamtej wiosny, wraz z czwórką innych 13-latków, w drafcie do Babe Ruth League. Grali tam chłopcy od 13. do 15. roku życia. „W Little League był supergwiazdą, ale zawsze tłumaczyłem rodzicom, że w nadchodzącym roku pewnie wiele sobie nie pograją", wspomina Neher.

Michael nie grał zbyt dużo z jeszcze jednego powodu. W tej lidze rozgrywki odbywały się na większym boisku i młody Jordan nie był wystarczająco silny, żeby dominować. „Nie mógł już grać między drugą i trzecią bazą – Neher wspomina pierwszy rok Jordana w Babe Ruth League. – Nie był w stanie dorzucić. W wieku 13 lat zagrał ledwie w czterech meczach. W ogóle w tamtym sezonie chyba tylko kilka razy miał w ręku kij baseballowy".

Nawet jeśli Jordanów to irytowało, nie dali tego po sobie poznać. James Jordan pomógł nawet trenerowi wybudować boisko do baseballu. „Rodzice Michaela nie mieli z tym problemu – mówił trener w wywiadzie w 2012 roku. – Byli poczciwymi ludźmi. James nigdy nie był typem wtrącającego się ojca i przez te trzy lata zawsze chętnie we wszystkim pomagał".

Nasz 13-latek też nigdy nie narzekał. „Dobrze wspominam tamte doświadczenia z Michaelem, bardzo dobrze się z nim pracowało. Zależało mu tylko na tym, żeby grać", mówi Neher.

* Babe Ruth League – liga baseballowa młodzików.

Bill Billingsley, który obserwował grę drużyny, często był pod wrażeniem, widząc, jak Mike stoi przy ławce rezerwowych i analizuje zagrania na pierwszej bazie. Ewidentnie miał ograniczone możliwości. Sport młodzieżowy bywa okrutny – w pewnym wieku chodzisz w glorii, a po chwili przypada ona komu innemu.

Niewiele grał, więc zaczął rozśmieszać innych. „Robił sobie jaja – mówi Neher. – Budował luźną atmosferę w drużynie". Młody Jordan zawsze był żartownisiem – jednemu z kolegów napakował do kasku pianki do golenia, innego klepnął w ramię i się schował, zawsze coś wymyślił. Członkiem drużyny był też jego stary kumpel, David Bridgers. „Był największym fanem Mike'a – wspomina Neher. – Nazywali go »białym Michaelem Jordanem«. Byli najlepszymi przyjaciółmi, ale prawie na każdym treningu się ze sobą ścierali. Obaj byli cholernie ambitni, a Bridgers też był dobrym zawodnikiem".

Któregoś dnia podczas treningu odbijania piłki Neher zobaczył Bridgersa siedzącego na Jordanie i szamoczącego się z nim. Michael, który był łapaczem, zaczął obrażać Davida, któremu nie wyszło kilka odbić. Zaproponował, żeby kumpel zaczął odbijać piłkę swoimi wielkimi uszami, to może mu się uda. „Mike leżał na boisku w pełnym rynsztunku, a David na nim siedział i walił go w maskę – wspomina Neher. – Jak hokeiści. Bez przerwy się tłukli".

Trener rozdzielił ich. Pamięta łzy płynące po twarzy Bridgersa. Kiedy się dowiedział, o co poszło, zaczął się śmiać i zapytał Jordana, czy widział się ostatnio w lustrze. Dziwaczne uszy Michaela były tematem docinków Larry'ego, kiedy toczyli swoje pojedynki na podwórku. Neher nadał przydomki wszystkim zawodnikom i Jordana nazwał „Zając" właśnie ze względu na kształt uszu. „Dzieciakom się to podobało – mówi trener. – Nabijaliśmy się z Michaela. Jego uszy dziwnie przylegały do głowy, zupełnie jak u zająca. Staliśmy tak któregoś dnia i zastanawialiśmy się, jak go przezwać. Wtedy przyszedł mi do głowy ten »Zając«. Wszyscy zaczęli się śmiać, Mike też. Kiedy był już w Chicago, jego ojciec powiedział dziennikarzom, że nazywaliśmy go tak, bo był bardzo szybki. Nic z tych rzeczy".

Już będąc na pierwszym roku, Michael zagrał w ważnym meczu. Na drodze niepokonanej drużyny Dicka Nehera stanął wtedy równie niepokonany klub Mutual of Omaha. Dwóch łapaczy z podstawowego składu ekipy Nehera nie mogło wystąpić, więc Jordan namówił trenera, żeby ten pozwolił mu zagrać na tej pozycji, choć był w stanie dorzucić tylko do drugiej bazy. „Mike powiedział:

»Trenerze, będę łapał«. Był mały i chudy, ale miał wielkie ręce – wspomina Neher. – Odpowiedziałem: »Dobra, Zając, nie mamy wyjścia. I tak pewnie nie dorzucisz nawet do drugiej bazy. To jest prawie 40 metrów stąd«. »Dam radę, trenerze«, odpowiedział. Taki był z niego dzieciak".

Jeden z asystentów Nehera zasugerował, żeby nauczyć Jordana podawać na drugą bazę, wykorzystując odbicie kozłem. Miał przerzucić piłkę mocno, tuż nad głową miotacza. Szybko opanował tę sztukę.

Neher wspomina rozgrzewkę przed tamtym wielkim meczem. „Zajmowaliśmy pozycje na polu wewnętrznym, a zawodnicy przeciwnika przyglądali się nam zza płotu. Kiedy zobaczyli, że Jordan rzuca, odbijając piłkę od boiska, zaczęli się śmiać. Zaczęli się z niego nabijać: »Spójrzcie na tego mięczaka z kluskowatymi rękami. Rozjedziemy cię dzisiaj panie Kluskowata Ręka«. Mike zdjął maskę, spojrzał na nich, uśmiechnął się i odpowiedział: »Jedźcie sobie, a ja będę napierniczał«. Zaczęliśmy się śmiać. W drugim inningu Michael wyautował trzech zawodników rywala z rzędu. A po meczu powiedział: »Mówiłem, że dam radę«".

Wiele lat później, już w Chicago, Jordan przyznał się asystentowi trenera Bulls, Johnny'emu Bachowi, że było mu wtedy trudno, że czuł się samotnie jako jeden z dwóch czarnoskórych zawodników w młodzieżowej drużynie baseballowej. W ciągu 37-letniej kariery trenerskiej Nehera przez jego drużyny przewinęło się tylko trzech czarnoskórych, w tym Jordan. „Możecie sobie wyobrazić, jak to wyglądało – opowiada trener. – Nasłali na mnie NAACP*, bo nie miałem w drużynie czarnoskórych. Ale trudno, żeby było inaczej, skoro na 250 zawodników starających się o miejsce w drużynie było ich tylko trzech".

Przez pierwsze dwa lata w Babe Ruth League jedynym czarnym kolegą z drużyny Jordana był Terry Allen, a na ostatnim roku – Clyde Simmons, który potem grał jako zawodowiec w Philadelphia Eagles. Kiedy zawodnicy jechali na mecz wyjazdowy z noclegiem, Jordan spał u lokalnych rodzin czarnoskórych. Poznał wtedy sporo nowych ludzi, zawiązał nowe przyjaźnie, co nie zmienia faktu, że sytuacja była dość niezręczna. Jordanowie nigdy nie narzekali na skład rasowy drużyny. „Nigdy nie miałem wrażenia, że Michael miał o coś żal", mówi Dick Neher.

* NAACP (The National Association for the Advancement of Colored People) – Krajowe Stowarzyszenie Postępu Ludzi Kolorowych.

Trener wspomina jeden z treningów w niebezpiecznej okolicy. W pewnym momencie do ławki rezerwowych podeszło dwóch mężczyzn i zaczęło gmerać w rzeczach zawodników. Neher poprosił, żeby przestali, na co oni zaczęli bluzgać i grozić. Ktoś z drużyny zadzwonił po policję i kiedy czekali na jej przyjazd, Jordan nazwał intruzów „czarnuchami". To obrazowało złożoność problemu. Młodzieżowy baseball, w który bawili się głównie biali, znalazł się w kłopotliwej sytuacji, bo treningi odbywały się na polach znajdujących się przede wszystkim w okolicach zamieszkiwanych przez czarnoskórych, a animozje rasowe były wówczas bardzo poważne. To logiczne, że dorastającemu Jordanowi trudno się było w tej rzeczywistości odnaleźć.

Tamtej zimy, w styczniu 1977 roku, ABC wyemitowała słynny serial *Korzenie*, na podstawie powieści Alexa Haleya, opowiadający o doświadczeniach Afroamerykanów i bestialstwie czasów niewolnictwa. Jordan był pod ogromnym wrażeniem tej historii. „Przeszliśmy przez setki lat cierpienia i po raz pierwszy mogłem to zobaczyć, właśnie oglądając *Korzenie* – mówił po latach. – Wcześniej byłem w tym względzie ignorantem, ale ten film otworzył mi oczy na losy moich przodków i wszystko to, przez co musieli przejść".

Jak później tłumaczył, on sam nie miał jakichś przykrych doświadczeń na tle rasowym, ale świadomość smutnej przeszłości Ameryki doprowadzała go do szału. Gdziekolwiek się nie obejrzał, widział rzeczy, których wcześniej nie dostrzegał, i które sprawiały, że zaczął się zastanawiać nad problemem rasizmu i niesprawiedliwości, mającymi przecież ogromny wpływ na jego własną rodzinę.

Klub myśliwski

Chłopcy z klubu myśliwskiego Wallace jeszcze kilkadziesiąt lat później pamiętali tę twarz, choć nie mieli pojęcia, że jest pradziadkiem przyszłej sportowej legendy. Dawson Jordan, zatrudniony przez nich jako kucharz, zapadał w pamięć. Starszy pan z kulą, który przemieszczał się zaskakująco szybko, chwiejąc się, jakby miał zaraz upaść (co jednak nigdy nie następowało), ubrany w farmerki i kuchenny fartuch, z siwą brodą i pomarszczoną twarzą. Mistrz kuchni, który przyrządzał wystawne dania. Jego ciastek nie sposób było zapomnieć. Ale najbardziej uderzający był smutek, który przebijał z jego zmęczonych, przekrwionych oczu. Zdradzał, jak wiele w życiu przeszedł.

„To była twarz twardziela – wspomina Mike Taylor, który wraz z ojcem co tydzień odwiedzał klub. – Dawson Jordan był barwną postacią i członkowie klubu go uwielbiali, zarówno za pyszne jedzenie, które przyrządzał, jak i za jego zrzędliwy charakter". Ken Roberts, który też spędził tu dzieciństwo, był przede wszystkim pod wrażeniem życzliwości Dawsona. Podczas jednego z pierwszych spotkań Roberts zapytał, jak ma się do niego zwracać. „Powiedział, żebym mówił do niego po prostu Dawson", wspomina Roberts.

Klub mieścił się w podupadłych barakach znajdujących się na działce przy rzece Northeast Cape Fear w Pender County. Został potem wyburzony i zastąpiony przez nowy budynek, a w końcu zamknięty. „Dzisiaj uznalibyśmy go za ruinę, jakieś obrzydliwe miejsce – opowiada Mike Taylor. – Jednopiętrowa konstrukcja z dużym gankiem, zbudowana ze starych desek, niepomalowana, zapadająca się. W środku wspólne leżanki i metalowe łóżka, długi stół w jadalni. Zdaje się, że Dawson gotował na kozie".

Nawet drzwi nadawały się do remontu. To o tyle ważne, że jeden z psów myśliwskich, który zazwyczaj wylegiwał się na podwórzu, dostał się którejś soboty przez zepsute wejście do środka i porwał z kuchni świński łeb, który Dawson zamierzał ugotować jako jeden ze swoich sekretnych przysmaków.

Główną postacią w klubie był Robert Carr, znany w towarzystwie jako „Pan Robert". Był ważną personą w Pender County, właścicielem stacji benzynowej i prezesem lokalnego związku łowieckiego. Bywał apodyktyczny, ale Dawsona Jordana uwielbiał. Ich zażyłość była jednym z paradoksów pozostałych z dawnych lat.

„Pan Dawson był bardzo dobry dla Pana Roberta, więc Pan Robert był bardzo dobry dla Pana Dawsona – wyjaśnia Ken Roberts, dodając, że szacunek, którym Carr darzył Dawsona Jordana, przełożył się również na innych członków klubu. – Każdy szanował pana Dawsona. Nikt nie chciał z nim zadzierać, wszyscy wiedzieli, że Robert Carr może im potem skopać tyłek". Roberts tak uzupełnia te wspomnienia: „Pan Robert go wybrał i podwoził do klubu w każdą środę. Nawet gdy nie było sezonu na jelenie, to przyjeżdżali. Chyba po prostu lubili wyjeżdżać".

Obaj jechali autostradą numer 50 do klubu, gdzie przygotowywali się do zwykłego spotkania starych kumpli, którzy przyjechali się najeść, napić, pogadać i – od czasu do czasu – zapolować albo pójść na ryby.

Legendarne przysmaki Jordana były główną atrakcją tych spotkań. „Śniadanie było tradycyjne dla Południa: szynka, ciastka, sos, jajka, kasza i tym podobne dania z dużą ilością soli, masła i boczku – wspomina Mike Taylor. – Jestem pewien, że lunch był tak samo pyszny, jak niezdrowy. Była kawa, ale mężczyźni przywozili własne trunki, które też pili w sporych ilościach". Chłopcy w klubie, tak jak rodzina Dawsona, byli pod wrażeniem tego, jak pracuje, kuśtykając po kuchni i jadalni. „Pamiętam, że martwiłem się, jak on sobie z tym wszystkim radzi: przygotowanie posiłków, zmywanie naczyń i wszystko inne – wspomina Taylor. – Zapytałem ojca, czy ktoś mu pomaga, a on odpowiedział, że dlatego zdecydowali się na szwedzki stół, żeby każdy brał to, na co ma ochotę. Jedzenie było podawane jak w rodzinie, duże półmiski i wazy przekazywane z rąk do rąk wzdłuż stołu".

Ken Roberts, który miał wtedy około dziesięciu lat, też przyznaje, że współczuł kalekiemu staruszkowi i próbował mu pomagać, stawiając na stole codziennie rano słoiki z melasą i wyręczając przy zmywaniu.

„Budziłem się rano, było zimno jak cholera – wspomina Roberts. – Pan Dawson rozpalał kozę. Był spokojnym człowiekiem i lubił mnie, bo byłem jednym z najmłodszych".

Roberts opowiada o pamiętnym dniu, w którym po raz pierwszy w życiu usłyszał przekleństwo. Robert Carr zorganizował wtedy spotkanie dla członków związku łowieckiego. Ludzie sukcesu z całej Karoliny Północnej zasiedli przy długim stole, czekając, kiedy Jordan przyniesie jedno ze swoich słynnych dań.

„Były to ciasteczka – wspomina Roberts. – Bez przerwy je donosił".

Jordan wychodził z kuchni z kolejnym talerzem pełnym gorących, świeżutkich ciasteczek, kiedy nagle się potknął i rozsypał wszystkie po brudnej podłodze klubu. Przez chwilę wszyscy siedzieli w ciszy. „A potem Pan Robert powiedział: »Dawson, połóż ciasteczka na stole«. To byli wytworni ludzie z miasta – ciągnął Roberts. – Pan Robert rozejrzał się i powiedział: »To są ciasteczka Dawsona. Jeśli ktoś ich nie spróbuje, to znaczy, że jest skurwysynem«. I ciasteczka zniknęły. Wszystko zjedli".

Jeśli Dawson akurat nie gotował, wycofywał się do pobliskiej stróżówki i kładł się spać. Roberts, który go tam czasem odwiedzał, mówi: „Pamiętam, że miał takie stare łóżko z pierzem. Stała tam mała lampa naftowa i niewielka kuchenka. Zawsze siedział na łóżku i czytał. Raczej nie spędzał czasu z facetami w klubie. Był miłym gościem, ale chyba czuł się mało komfortowo w towarzystwie białych".

Późną zimą 1977 roku, trzy tygodnie po tym, jak Michael obejrzał w telewizji *Korzenie*, jego pradziadek zmarł w Teachey, niedługo przed swoimi osiemdziesiątymi szóstymi urodzinami. Wiele w życiu przeżył – narodziny w Holly Shelter, tartak, flisactwo, ciężka praca na roli, pędzenie bimbru, karmienie głodnych gości w klubie myśliwskim. Udało mu się stworzyć rodzinę, którą dotknęło mnóstwo nieszczęść, niezależnie od późniejszej sławy i bogactwa. Jego wnuki i prawnuki nigdy nie zapomniały o wspaniałym czasie spędzonym w jego towarzystwie, a Dawson Jordan wywarł wpływ nawet na ludzi z klubu myśliwskiego Wallace. Ken Roberts wspomina, że jego rodzina była poruszona wiadomością o śmierci Dawsona: „Pamiętam, jak dziadek mi powiedział, że Dawson umarł. Było to dla niego duże przeżycie". Rodzina Jordanów opłakiwała Dawsona przez cały dzień. Pradziadek miał świadomość baseballowych sukcesów Michaela, ale koszykarska sława miała dopiero nadejść. „Pamiętam, jak MJ zaczął wymiatać – opowiada, śmiejąc się, Ken Roberts. – Mój teść powiedział wtedy: »Stary Dawson bardzo by się cieszył...«".

Głęboki smutek po śmierci Dawsona Jordana być może wzmocnił w Michaelu odkryte przez siebie na nowo pokłady rasowego buntu. Nie znał wszystkich szczegółów życia pradziadka, ale dostrzegał w jego smutnej twarzy, ile bólu i cierpienia musiał znieść i ile bezsensownych barier pokonać.

Kilka miesięcy później jakaś dziewczyna w szkole nazwała Michaela czarnuchem.

„Oblałem ją oranżadą – wspomina. – To był ciężki rok. Zaczynałem się buntować. Uważałem się wtedy za rasistę. Byłem przeciwny wszystkim białym".

Po tym incydencie Jordana zawieszono w prawach ucznia. Nie chcąc pozostawiać go w domu, matka kazała mu czekać na siebie na parkingu przed bankiem, w którym pracowała, żeby przez okno móc mieć na niego oko. Dzięki temu miała pewność, że odrabia lekcje i nie wpada w kłopoty. Michael był wściekły i po latach opisywał tę historię, żartując, że to ewidentny przykład łamania praw dziecka. Ale Deloris była konsekwentna. W ciągu kolejnych kilku miesięcy powtarzała mu, że rozgoryczenie i gniew o podłożu rasowym marnują energię, którą można spożytkować na coś pozytywnego. Tłumaczyła, że nie chodzi o to, żeby zapomnieć, a o to, by wybaczyć.

Musiał minąć rok, aby te argumenty dotarły do Michaela, a jego emocje opadły. „Rodzice wiele mnie nauczyli – przyznaje Jordan. – Trzeba nauczyć się mówić: »Trudno, stało się, trzeba z tego wyciągnąć wnioski«. Najłatwiej jest kogoś znienawidzić, niektórzy ludzie tak właśnie robią. Ale sztuka polega na tym, żeby nauczyć się radzić sobie z tym, co się dzieje, i próbować to poprawić".

Próbując wpłynąć na zachowanie syna, Deloris bazowała na własnych doświadczeniach. Chodziło jednak o coś więcej. Skupiała się na przyszłości, na pozytywach, na możliwych osiągnięciach i nie miała zamiaru pozwolić na to, żeby niesprawiedliwość społeczna albo oskarżenia córki o molestowanie seksualne w tym przeszkodziły. Postanowiła nie skupiać się na pojedynczych sprawach, niezależnie od tego, jak byłyby okropne, jeśli nie zawierałoby się w nich coś pozytywnego. Zatrzymanie się oznaczało dla Deloris Jordan porażkę. Sama przeżyła we wczesnych latach życia tyle rozczarowań, że już nie zamierzała dać się pokonać.

Nadchodzi

W marcu 1977 roku Jordan oglądał w telewizji niesamowitą walkę drużyny uniwersyteckiej z Karoliny Północnej w turnieju NCAA, ale nie zrobiło to na nim większego wrażenia. Potem przyznał, że był fanem sąsiedzkiej drużyny NC State i nie cierpiał Tar Heels. Nie zmieniało to faktu, że telewizja odkryła właśnie potencjał koszykówki uniwersyteckiej, znany później jako March Madness*. Wzrost zainteresowania na pewno wiązał się z tym, że po dziewięciu latach zakazu do NCAA powróciły slam dunki (ostatnim dunkującym był w 1968 roku Lew Alcindor z UCLA, znany później jako Kareem Abdul-Jabbar). Wydaje się jednak, że niechęć Michaela do drużyny Tar Heels miała jeszcze jedną przyczynę, którą instynktownie wyczuwał. Tak jak powrót dunków na nowo zelektryzował publiczność, tak Dean Smith i prowadzona przez niego drużyna Karoliny Północnej przyniosła sławę – albo, jak uważają inni, niesławę – systemowi ataku pozycyjnego *four corners*. Cała Karolina Północna żyła tym turniejem. Drużyna UNC-Charlotte prowadzona przez Cedrica „Cornbreada" Maxwella pokonała Michigan w finałach regionalnych i dwa zespoły z jednego stanu znalazły się w finałach. Ostatecznie w meczu o mistrzostwo Karolina Północna zmierzyła się z Marquette. Liderem Tar Heels był Phil Ford, który walczył pomimo kontuzji łokcia, ale nie był w stanie rzucać i nie radził sobie z obroną strefową rywala. Dean Smith znowu nie sięgnął po tytuł, choć prowadzona przez niego drużyna już po raz czwarty awansowała do Final Four. Jordan wraz rodziną z przyjemnością oglądał mecz z w telewizji. „Mojej mamie podobał się Phil Ford, ale ja go

* March Medness – potoczna nazwa finałowych rozgrywek ligi NCAA, rozgrywanych na przełomie marca i kwietnia.

nie cierpiałem, podobnie jak całej drużyny z Karoliny – wspominał Michael. – Kibicowałem wtedy Marquette, mama się wściekła".

Tamtej wiosny i lata 14-letni Jordan zagrał w podstawowym składzie prowadzonej przez Dicka Nehera drużyny baseballowej we wszystkich meczach Babe Ruth League, ale magia, która mu towarzyszyła dwa lata wcześniej, nie chciała powrócić. „Wciąż nie mogłem go wstawiać jako łącznika między drugą i trzecią bazą – mówi Neher. – Nie wychodziły mu rzuty. Raz na jakiś czas wstawiałem go na trzecią bazę. Czasem na pierwszą. Czasem na polu wewnętrznym. Czasem jako miotacza. Kiedy miał 14 lat, wstawiałem go do składu jako jednego z rzucających. Co drugi, trzeci mecz grał jako miotacz".

Ale jego rzuty nie były już tak dominujące. W roli pałkarza też nie sprawdzał się najlepiej. „Odbijał w tamtym roku ze skutecznością 0,270–0,275 – opowiada Neher. – W lidze młodzieżowej co lepsi zawodnicy odbijają ze skutecznością 0,380–0,400. Michael potrafił uderzyć. Był niezawodny. Był pewnie jednym z naszych najlepszych graczy ze skutecznością w okolicach 0,230. Był też jednym z naszych najważniejszych zawodników. Ale w lidze Babe Ruth nigdy już nie był taką gwiazdą jak w Little League. Grał u mnie przez trzy lata i ani razu nie został wybrany do drużyny gwiazd".

Jesienią 1977 roku Jordan rozpoczął naukę w szkole średniej D.C. Virgo, gdzie codziennie wcześnie rano pojawiał się na sali gimnastycznej. Jeden z pracowników, Dave Allen, który otwierał halę, zwrócił uwagę na potężny wyskok Jordana i jego wywalony język, kiedy wchodził pod kosz. „Synu, obawiam się, że go sobie odgryziesz", powiedział mu Allen. I rzeczywiście, jakiś tydzień później Jordan, cały we krwi, wylądował w gabinecie dyrektora. Allen zapytał, czy to język. Michael mógł tylko skinąć głową.

Jednym z jego partnerów w trzech sesjach treningowych przed rozpoczęciem sezonu był Harvest Leroy Smith. Miał dwa metry wzrostu, więc w meczach jeden na jednego byliśmy świadkami pojedynku jego wzrostu z szybkością Michaela. „Trenowaliśmy we dwóch codziennie i zawsze musiało się kończyć tak, że to on wygrywał. Jeśli graliśmy w H-O-R-S-E* i wygrałem, to musieliśmy zagrać raz jeszcze, żeby mógł się odegrać – wspomina Smith. – Graliśmy do upadłego, aż wygrał". Jordan miał wtedy tylko 170 centymetrów wzrostu, ale potrafił znaleźć

* H-O-R-S-E – pojedynek treningowy polegający na tym, że jeden zawodnik rzuca, a drugi musi powtórzyć jego rzut dokładnie w taki sam sposób.

sposób, żeby wejść pod kosz. „Rzucał, trafiał, a ja mogłem tylko zgadywać, jak on to zrobił, mimo że był znacznie niższy – opowiada Smith. – To była kwestia szybkości. Można się było tylko zastanawiać, jak bardzo urośnie i jak bardzo rozwinie swoje umiejętności".

Jordan rozegrał świetny pierwszy sezon w drużynie prowadzonej przez trenera Freda Lyncha. Szybko wpadł w oko okolicznym trenerom uniwersyteckim. „Obserwowałem go w Virgo, podczas debiutanckiego sezonu – wspomina Dick Neher, którego syn Steve grał wtedy z Jordanem w koszykówkę. – Pojechali na mecz reprezentacji szkolnych do Burgaw, Mike zdobył 44 z 54 punktów, które cała drużyna uzyskała w ciągu 24 minut (kwarty trwały po sześć minut)".

Jim Hebron, trener z pobliskiej New Hanover High School, zaczął się uważniej przyglądać Jordanowi. „Pamiętam, jak Hebron powiedział mi wtedy, że Jordan będzie kimś wyjątkowym", wspomina Marshall Hamilton, trener z Southern Wayne High School.

Szum wokół Michaela nie był jeszcze zbyt wielki, nie ma jednak wątpliwości, że to właśnie wtedy, w D.C. Virgo, zaczął narastać. Jordan pojawił się na scenie, zanim jeszcze koszykówka zrobiła się tak popularna. Turnieje AAU miały wkrótce stać się powszechne i młode talenty mogły się w nich pokazać.

W sezonie 1977/78 Jordan miał w koszykówce do dyspozycji tylko ligę szkolną. Turnieje AAU, które pojawiły się później, przynosiły młodzieży mnóstwo doświadczenia, ale związana z nimi harówka i rozpieszczanie talentów pewnie odebrałyby Michaelowi to, co stało się istotą jego sukcesu. „Nie miałby tej pożerającej wszystko woli walki. To był jego najważniejszy wyróżnik, niewiarygodna wola zwycięstwa, w tym sensie zespół miał supersamca – mówił w wywiadzie w 2011 roku Tom Konchalski, dawny koszykarski łowca talentów. – W innych sferach życia pewnie miał przez to problemy, za to w koszykówce właśnie to go zdefiniowało. To wykraczało poza sprawność fizyczną. Gdyby wtedy istniało AAU, tego by nie było, bo tam zawsze jest jakiś kolejny mecz do rozegrania. W tych turniejach grywa się po trzy mecze w ciągu jednego dnia. Jeden mecz możesz przegrać w kompromitującym stylu, ale za dwie godziny masz kolejny mecz. Nie musisz się bez przerwy koncentrować na wygranej. Nie masz obsesji na punkcie zwyciężania, która tak odróżniała Michaela od innych graczy. Gdyby dorastał w kulturze AAU, utraciłby tę swoją obsesję. Utraciłby to, w czym był naprawdę wyjątkowy".

Los sprawił, że Bill Billingsley, który trenował Jordana w drużynie gwiazd 12-latków, został tamtej wiosny zatrudniony na zastępstwo jako nauczyciel w D.C. Virgo. Dostał zadanie poprowadzenia drużyny baseballowej. Doskonale wiedział, jak bardzo Jordan jest już tym sportem sfrustrowany.

„Przestawało go to interesować – mówi Billingsley o podejściu Jordana do baseballu. – Zmieniała się budowa jego ciała, dorastał, no i miał już na koncie pierwsze sukcesy koszykarskie".

Faktycznie, najlepsze wspomnienia prowadzonej przez Billingsleya szkolnej drużyny baseballowej D.C. Virgo wiązały się z koszykówką. Biały chłopak Bud Blanton i Jordan byli na pewno najlepszymi zawodnikami w zespole. Billingsley spotykał ich codziennie na sali gimnastycznej, walczących zaciekle jeden na jednego w kosza. „Wchodzili na parkiet i grali tak, jakby to miała być trzecia wojna światowa – wspomina, śmiejąc się, trener. – Naprawdę szli na całość".

Któregoś dnia Jordan namówił Billingsleya, wówczas dwudziestoparolatka, do wspólnej gry. „Nie grał ze mną tak ostro, jak przeciwko Blantonowi – opowiadał trener. – Stał przede mną na obwodzie i pytał: »Hej, trenerze, naprawdę mnie puścisz?«", Billingsley cofał się, żeby nie pozwolić Jordanowi wejść pod kosz, po czym bezradnie patrzył, jak ten trzy razy trafia z dystansu, i to w czasach, kiedy nie było jeszcze rzutu za 3 punkty.

Billingsley mówi, że młody Jordan już wtedy dolewał oliwy do ognia, stosując trash-talking: „Kiedy miał 14 lat, nie był bynajmniej pokorny. Był gadułą, uwielbiał potyczki słowne". Niektórzy nie radzili sobie z jego komentarzami. „Pokłócił się kiedyś z jednym z chłopców. I trochę mu przywalił – opowiada Billingsley. – Zdaje się, że miał potem problemy, trafił na dywanik do dyrektora. Michael był chłopakiem pełnym szacunku i nie sprawiał problemów wychowawczych, ale gdy chodziło o obronę jego interesów, przestawał być nieśmiały".

W tamtym sezonie Michael kilka razy wystąpił w drużynie baseballowej jako miotacz, lecz zazwyczaj był łapaczem. Bud Blanton wykazywał już wtedy oznaki talentu, który w przyszłości zapewnił mu stypendium miotacza na Uniwersytecie w Kentucky. Tymczasem Jordan jako łapacz w swoich popisach przypominał Micka Jaggera w połączeniu z Richardem Pryorem.

„Kiedy łapał piłkę, zaczynał się śmiać i tańczyć. Trybuny szalały, to był cyrk", opowiada Billingsley o meczach Virgo na własnym boisku.

Blanton, syn nieżyjącego lokalnego szeryfa, był bardzo szybki i miał w swoim arsenale trudnego knuckleballa*. Billingsley wspomina zwłaszcza mecz rozgrywany koło Jacksonville. „Blanton mógł raz oddać rzut z całej siły i po chwili zmienić na knuckleballa. Pałkarze byli skonsternowani i trochę przestraszeni. Zwłaszcza że łapacz ich dekoncentrował, bez przerwy dogadując: »Nie dasz rady odbić tej piłki«. Blanton przygotowywał się do rzutu, a Michael ciągle nadawał: »Uwaga, uwaga, nadchodzi! Nadchodzi!«".

Billingsley obserwował to z daleka, śmiejąc się po cichu: „Wszystko widziałem i wszystko słyszałem. Bud puszczał knuckleheada, a oni nawet nie byli w stanie machnąć kijem. Ich pałkarze byli totalnie speszeni, a Michael był w swoim żywiole. Zamiast patrzeć na boisko, odwracali się i spoglądali na niego. Śmiałem się tak, że prawie spadłem z krzesła. Za każdym razem, kiedy Blanton rzucał, Jordan mówił: »Uważaj teraz. Nadchodzi«".

Tamtego lata Jordan zagrał swój ostatni sezon w Babe Ruth League. „Miał 15 lat i powinien już być jednym z głównych miotaczy – mówi Dick Neher. – Ale nic takiego nie miało miejsca. Mogłem go wstawić na zapole albo czasami na pierwszą bazę". Tak jak rok wcześniej, Jordan nie uderzał wystarczająco dobrze, jednak potrafił być skuteczny. „Graliśmy powoli, lekkie odbicie i do przodu – tłumaczy Neher. – Mike to uwielbiał. Świetnie biegał. Nie chodzi nawet o to, że był szybki, ale że miał długi krok". To wystarczyło, żeby jego drużyna sięgnęła po mistrzostwo.

Do rozstrzygnięcia decydującego meczu potrzebna była dogrywka, lecz i ona zakończyła się remisem. „Wszedł Mike i skradł *show* – wspomina trener. – Zdobył drugą bazę, więc przestawiliśmy go na trzecią. Mieliśmy w składzie 13-latka, który umiał lekko odbijać. Wstawiłem go i kazałem mu odbić lekko, żeby Michael mógł utrzymać trzecią bazę. Ale Mike'owi to nie wystarczało, ruszył, gdy tylko miotacz oddał rzut". Neher dostrzegł, że pałkarz zrezygnował z odbicia.

Zdaniem trenera, wszystko wskazywało na to, że dojdzie do katastrofy. „Łapacz trzymał już piłkę, gotowy do oddania rzutu, Michael znajdował się o 12 metrów dalej. Wyskoczył, facet na trzeciej bazie stał na rozstawionych nogach i nerwowo obgryzał paznokcie, czekając na podanie. Mike się odwrócił

* Knuckleball – w baseballu niezbyt mocny rzut, w którym piłka nie jest przez rzucającego podkręcana i pałkarzowi trudno jest przewidzieć, jak się odbije.

i zamarkował powrót na trzecią bazę, więc łapacz odrzucił piłkę na lewo. Mike ruszył wtedy błyskawicznie w kierunku łapacza, który znajdował się jakiś metr od bazy, przeskoczył nad nim i wylądował dokładnie na bazie. Wszyscy byli pod naprawdę ogromnym wrażeniem. Wygraliśmy mecz 1:0 tylko dzięki zagraniu Michaela".

Neher podkreśla, że Jordan wygrał wtedy nie tylko samymi umiejętnościami, ale również znajomością reguł. „Jedna z zasad mówiła, że jeśli między zawodnikami dojdzie do kontaktu, a łapacz nie ma punktu, to odpadasz. I Mike uniknął kontaktu. Przeskoczył wysoko ponad łapaczem".

Następnej zimy Jordan zagrał jako pierwszoroczniak w futbolowej reprezentacji Laney High School. Był już wyższy niż większość członków jego rodziny, miał 175 centymetrów wzrostu, jednak matka namawiała go, żeby zrezygnował, tłumacząc, że ma za chude nogi i ręce. Błagał, więc w końcu uległa, a on wywalczył miejsce z tyłu w obronie, gdzie szybko został liderem drużyny w przechwytach. Na początku meczu z Brunswick County wysoki, bezpardonowy biegacz z tej drużyny przedarł się przez linię obronną. Szczupły Mike odważnie stanął mu na drodze, po czym błyskawicznie znalazł się na ziemi, zwijając się z bólu i narzekając na bark.

„Jest złamany, trenerze, jest złamany!", krzyczał, podczas gdy trener Fred Lynch szedł w jego kierunku, żeby zobaczyć, co się stało. Lynch był przyzwyczajony do żartów Jordana, więc mu powiedział: „Wstawaj, czas ucieka". Po czym dotarło do niego, że tym razem to nie żarty.

Deloris Jordan spóźniła się i akurat zajmowała miejsce, kiedy zobaczyła, że mecz został przerwany. Przyjaciel powiedział jej, że Michael doznał kontuzji i że karetka odwiezie go do szpitala. Pamięta, że w pierwszej chwili chciała wbiec na boisko, żeby zobaczyć, czy wszystko z nim w porządku, ale przypomniała sobie, że obiecała nie robić mu wstydu. Wróciła więc do auta i pojechała do szpitala, żeby tam na niego zaczekać.

Wypadł mu bark, ale kiedy kilka tygodni później odbywało się klubowe przyjęcie, był już zdrowy. Przed imprezą Michael i Bud rzucali do siebie piłką, po czym przeszli na podwórko, żeby pograć w koszykówkę jeden na jednego. Gdy skończyli, Michael spróbował wbiec pod kosz i zadunkować. Nie udało się, było jednak na tyle blisko, że postanowił spróbować jeszcze raz. I jeszcze raz. I jeszcze. Spocony i wściekły, spędził następną godzinę na kolejnych próbach, z wywalonym językiem. W końcu, po około 30 próbach, znalazł się nad koszem i zapakował. Jego szeroki uśmiech mówił wszystko.

„Był naprawdę podekscytowany – wspominał po latach Blanton. – Był szczęśliwy, że w końcu mu się udało, choć przecież wiadomo było, że to tylko kwestia czasu".

CZĘŚĆ III

OTO JEST

Rozdział 6

POMINIĘTY

15-latkowi, który jesienią 1978 roku starał się o przyjęcie do koszykarskiej drużyny Laney High School, daleko było do superpewnego siebie Michaela Jordana, o którym wkrótce miał usłyszeć świat. Młodego chłopaka nieraz prześladowały chwile zwątpienia we własne możliwości.

Nie uczył się źle, jechał głównie na trójkach i czwórkach, ale nic nie wskazywało na to, że będzie wzorowym uczniem. A że nienawidził pracować, nie kiwnął palcem, żeby zarobić coś ekstra. Nie chciał brać przykładu ze swojego brata Ronniego, który dorabiał sobie po szkole na dwóch posadach. Ojciec wiedział, że Michael zrobi wszystko, aby tego uniknąć, i twierdził, że jest najbardziej leniwym chłopcem, jakiego znał. „Gdyby miał się zatrudnić w fabryce, w której trzeba by było podbijać kartę, to wolałby umrzeć z głodu. Wszystkie zarobione pieniądze rozdałby braciom i siostrom, a nawet okolicznym dzieciakom, byle wykonały za niego jego obowiązki. Zawsze był spłukany".

Jednak kiedy w grę wchodził sport, o lenistwie nie było mowy. Wystarczyła piłka wyrzucona w powietrze czy wyzwanie na pojedynek i następowała zmiana. Michael marzył w swoim nastoletnim umyśle, że może kiedyś zostanie zawodowym sportowcem. Tyle że jego nie interesowało nic innego – i to wyróżniało go spośród innych, snujących marzenia rówieśników. Nie miał jeszcze wtedy pojęcia, jak to zrobić, ale przecież nie istnieje coś takiego, jak jasna i jedynie słuszna droga do sportu zawodowego.

Możliwości zawęził czas. Widział, że jego talenty baseballowe się nie rozwinęły. A matka nalegała, żeby zrezygnował z futbolu. Perspektywy wydawały się dość ponure, więc Deloris zasugerowała, żeby zrobił jakieś kursy, na przykład szycia i gotowania. Twierdziła, że to dobry pomysł, bo nie wydawał się być typem faceta, który łatwo znajdzie sobie partnerkę. Świadomie lub nie, raniła jego samoocenę. Na swój sposób też mu mówiła: „Wracaj do domu, do kobiet".

Zamiast się zdenerwować, Jordan podążył za jej radą i zapisał się na kursy – i nawet mu się to spodobało. „Pamiętam, jak upiekł w szkole ciasto i było tak dobre, że nie mogliśmy uwierzyć, że to on je zrobił – opowiada matka. – Musieliśmy zadzwonić do nauczyciela, żeby to potwierdzić". Nastoletni Jordan był, jak wielu nastolatków, melancholikiem. Prawdę mówiąc, nie miał zbyt wielu przyjaciół. Jedynym światełkiem w tunelu, jedynym jasnym punktem w jego życiu była koszykówka.

Po ostatnim roku podstawówki w Virgo Jordan i jego chudy kumpel, Leroy Smith, pojechali na obóz koszykarski prowadzony przez Popa Herringa, trenera drużyny Laney High School. Szkoła została wybudowana trzy lata wcześniej, sala gimnastyczna błyszczała nowością. Po ciężkich, zakończonych sukcesem walkach o integrację rasową w Wilmington około 40 procent uczniów było czarnoskórych. Problemy o podłożu rasowym czasem się pojawiały, podobnie jak w całym Wilmington, targanym konfliktami od czasów buntu w 1898 roku, kiedy czarnoskórym kazano się wynosić. „Dla wielu Afroamerykanów jedynym sposobem na to, żeby iść do przodu, był wyjazd", mówił Bill Billingsley, który potem napisał doktorat z historii poświęcony lokalnym konfliktom na tle rasowym.

Tymczasem w Laney High School w okresie edukacji Jordana było w miarę spokojnie, między innymi dlatego, że biali i czarni łączyli swoje siły na boiskach. Zintegrowane były bowiem już nie tylko szkoły – różne rasy musiały współistnieć i wzajemnie się szanować również na arenach sportowych. W 1978 roku Jordan był tylko jednym z wielu czarnoskórych chłopców, którzy starali się dostać do szkolnej reprezentacji.

Był ewidentnie najlepszym zawodnikiem w swoim roczniku i tamtego lata, na obozie treningowym u Herringa, zdecydowanie się wyróżniał. Potem zaczął sobie wyobrażać, co będzie wyczyniał zimą, grając w barwach Laney Buccaneers („Korsarze"). Był niemal pewien, że zakwalifikuje się do reprezentacji, zwłaszcza że i Leroy Smith, i inni zawodnicy z jego rocznika uważali, że jest spośród nich najlepszy.

Tu dochodzimy do momentu, w którym legendarna kariera Jordana przecina się z tragedią, jaka na zawsze naznaczyła życie Popa Herringa – do nieporozumienia, które w ciągu najbliższych dziesięcioleci zdążyło urosnąć do Bóg wie jakich rozmiarów. O tej historii rozpisywano się w magazynach, gazetach, przedstawiano ją w programach telewizyjnych, nagraniach wideo, reportażach radiowych, słowem – we wszystkich możliwych mediach, które opisywały, jak to się stało, że Michael Jordan stracił miejsce w reprezentacji szkolnej.

Główną ofiarą tej afery stał się jego trener, Pop Herring. Dumny syn Wilmington, w latach swojej nauki w liceum New Hanover High School, był podopiecznym legendarnego trenera – Leona Brogdena, który w różnych okresach osiem drużyn poprowadził do mistrzostwa. Herring grał w ostatniej mistrzowskiej drużynie Brogdena, potem został futbolowym rozgrywającym w North Carolina Central, gdzie w latach 30. swój słynny program trenerski wprowadzał John McLendon. Pop Herring mógłby pewnie grać w koszykówkę, ale na studiach wybrał futbol, który miał mu ułatwić uzyskanie stopnia naukowego. Potem powrócił do Wilmington i rozpoczął pracę jako asystent Brogdena. Kiedy w połowie lat 70. otwarto szkołę Laney High, miał uprawnienia trenera koszykówki. Ważne, że był trenerem czarnoskórym, co w tamtych czasach nie zdarzało się często. W 1978 roku, gdy do liceum Laney High trafił Michael Jordan, Herring był inteligentnym i ujmującym młodym nauczycielem, przed którym rysowała się świetlana przyszłość. Mieszkał zresztą niedaleko Jordanów i często podrzucał Michaela na poranne treningi. Dokładał szczególnych wysiłków, żeby pomóc swoim zawodnikom po ukończeniu szkoły, pomagał im nawet pisać listy motywacyjne, które wysyłali na uniwersytety. Poza tym, jak to udowodniła jego późniejsza współpraca z Jordanem, wygrywanie nie było dla niego najważniejsze. Najważniejsi byli zawodnicy. Dick Neher, który zwykle przyglądał się z bliska pracy trenerów, miał w drużynie Herringa syna. „Był świetnym facetem – wspomina Neher. – Przeżył załamanie nerwowe. Był zabawny, miły, dobrze traktował dzieciaki, ale miał kryzys".

Niestety, trzy lata po ukończeniu przez Jordana nauki w Laney, karierę Popa Herringa zakończyła choroba psychiczna. Schizofrenia poczyniła straszne spustoszenia w jego osobowości. Dawnego miłego, pełnego energii trenera można było spotkać na ulicy, przemienionego w rozchełstanego zombie, który ściga wyimaginowane demony i mówi sam do siebie jakieś niepojęte rzeczy. Szczególnie przykre było to dla jego dawnych przyjaciół. „Jak to się mogło stać? – dopytywali. – Jak to możliwe, że ten młody, wyjątkowy człowiek stał się kimś takim?". Leki trochę mu pomogły, ale jego życie się posypało – zarówno zdrowotnie, jak i materialnie. Jego przyjaciele trenerzy próbowali go chronić najlepiej, jak potrafili.

Kiedy historia Michaela nabrała tempa, jego relacje z Herringiem wywołały mnóstwo zainteresowania, jako jedna z największych tajemnic początku jego legendarnej kariery. „Jak to – wyleciał z licealnej drużyny?". Od razu nasuwało się logiczne pytanie: „Co za idiota go zwolnił?".

Przez lata społeczność Wilmington była nękana przez kolejnych dziennikarzy, którzy zadawali pytanie: „Jak to było naprawdę?". Mieszkańcy próbowali stawić im czoła, bez zagłębiania się w trudną sytuację Herringa. Pierwszym, który napisał prawdę, był Kevin Sherrington z Dallas. Wiele lat później w temat wgryzł się jeszcze magazyn „Sports Illustrated", który pięknie opisał historię Herringa. Zarówno ta opowieść, jak i wiele innych, zdają się pokazywać, że wersje prezentowane przez Jordana bywają dalekie od prawdy i być może wynikają po prostu z jego ambicji. Prawdziwe przyczyny tego, że Jordan nie załapał się do szkolnej drużyny, znajdują się pewnie gdzieś pośrodku długiej listy nieporozumień i późniejszych sprostowań. Stara prawda sportów młodzieżowych mówi: „Młodzi zawodnicy pojawiają się na testach do reprezentacji. Jedni je przechodzą, inni nie".

Po latach odpowiadania na pytania o historię Jordana, trenerzy zaczęli dochodzić do wniosku, że tak naprawdę, tamtej jesieni nie było poważnych testów do drużyny szkolnej Laney. Ta wersja otwiera oczywiście pole do dalszych pytań. Skoro nie było testów, to na pewno nie mogła się pojawić lista nazwisk zawodników, którzy te testy przeszli. A przecież Herring taką listę wywiesił i znajdowali się na niej, w porządku alfabetycznym, wszyscy ci, którzy selekcję przeszli pomyślnie. Jordan czekał na opublikowanie listy od wielu dni, więc kiedy w końcu się pojawiła, od razu się przed nią znalazł. Przeczytał, potem przeczytał jeszcze raz. I jeszcze. Najpierw pomyślał, że to na pewno jakiś błąd. Wiedział, że jest najlepszym zawodnikiem w swojej kategorii wiekowej. I to zdecydowanie. Ale na liście jedynym z jego rocznika był wieloletni przyjaciel, wysoki Leroy Smith.

Świadomość porażki spadła na Michaela niczym głaz. Ze szkoły wrócił sam, nie miał ochoty na niczyje towarzystwo. „Wróciłem do domu, zamknąłem się w pokoju i płakałem – wspominał potem Jordan. – Przez jakiś czas nie byłem w stanie przestać. Chociaż w domu nikogo nie było, zamknąłem się w swoim pokoju. Nie chciałem, żeby ktoś mnie w takim stanie usłyszał albo zobaczył".

Na usprawiedliwienie Herringa działa ówczesny skład, jaki miał do dyspozycji. W drużynie pozostało 11 czwartoklasistów i dwóch trzecioklasistów. Ośmiu z nich było obrońcami. Potrzebowali kogoś wysokiego i Leroy Smith spełniał ten warunek, choć grywał rzadko. Z czasem Jordan pogodził się z tą decyzją i pojął, że rozmiar ma znaczenie. „Byłem wściekły – powiedział w 1990 roku, w rozmowie z Johnem Edgarem Widemanem. – Mój najlepszy przyjaciel załapał się do drużyny tylko dlatego, że miał dwa metry wzrostu. W szkole średniej to bardzo dużo. Nie był dobry, ale był wysoki. Uważałem, że jestem lepszy, ale to on znalazł się w reprezentacji". Po latach Smith przyznał, że sam był bardzo zaskoczony swoim wyborem, który „z pewnością nie bazował na umiejętnościach".

„Problem polegał na tym, co teraz zrobić z Leroyem Smithem", mówi Ron Coley, asystent trenera Herringa. Coley, który został potem głównym trenerem w Pender County, przyznaje, że nawet nie pamięta testów Jordana, ale też opisywał go jako raczej nieśmiałego zawodnika.

Trenerzy przyznali później, że mogli się w tej sytuacji zachować lepiej. Herring może nawet rozmawiał z Jordanem o jego przyszłości, ale jeśli tak, to do Michaela nic nie dotarło. Zresztą nikt tego nie pamięta. Najbardziej prawdopodobne jest to, że żadnej rozmowy nie było – sytuacja była przecież typowa i obejmowała najważniejszą zasadę szkolnego sportu: to trenerzy trenują i to oni podejmują decyzje. O procesie raczej się nie dyskutuje. Najbardziej bolesnym elementem była sama lista, która podobno pozostawała wywieszona przez większość sezonu. „Przez długi, długi czas tak wisiała, a mojego nazwiska na niej nie było", wspomina Jordan.

Dziennikarze, którzy przyjeżdżali do Wilmington, żeby rozwikłać tajemnicę pominięcia Jordana, usłyszeli od byłych trenerów i kolegów z drużyny, że zrobiono to dla jego dobra, że nie był jeszcze gotowy, że był zbyt niski, za chudy, że pewnie nie dałby sobie rady ze starszymi i silniejszymi zawodnikami, nawet w pojedynkach jeden na jednego. „Zawsze uważałem, że jest pewny siebie – wspomina wieloletni dziennikarz sportowy z Wilmington, Chuck Carree. – Był jednak niski i dopóki nagle nie urósł, na pewne rzeczy po prostu nie był jeszcze gotów". Może to i prawda, trudno dyskutować o tym, co wydarzyło się lata temu. Może wszystko byłoby w porządku, gdyby nie jeden, drobny szczegół. Serce Jordana było złamane. Nosił się z zamiarem rezygnacji ze sportu. Później wielokrotnie podkreślał rolę matki, która motywowała go do przezwyciężenia tego kryzysu. Na szczęście tamtej zimy nie udało się złamać jego ducha walki.

„Uznaliśmy, że lepiej będzie, jeśli zagra w drugiej, młodszej drużynie* – mówi Fred Lynch, który prowadził właśnie młodszych chłopców i był asystentem w drużynie głównej. – Nie dąsał się, pracował. Wiedzieliśmy, że jest dobry, więc chcieliśmy, żeby grał więcej".

Lynch tłumaczy, że wejście do składu pierwszej drużyny oznaczało bycie rezerwowym, mniej czasu gry i wolniejszy rozwój. W drugiej drużynie Michael rządził, ale i musiał znosić różnego rodzaju upokorzenia. Zawodnicy z pierwszej drużyny zauważyli charakterystyczny kształt jego głowy i zaczęli go nazywać „Orzeszek" albo „Włochacz". A Michael już w czasach baseballu nie lubił, kiedy to inni wymyślali mu ksywki.

„Nigdy na to nie zareagował – zwraca uwagę Michael Bragg, który grał wtedy w pierwszej drużynie Laney. – Chciał się sprawdzać w potyczkach ze starszymi, ale do końca tamtego sezonu nie był w stanie pokonać ich w pojedynkach jeden na jednego".

Reakcję Jordana mogliśmy zobaczyć za każdym razem, kiedy wybiegał na parkiet w barwach drużyny JV. Z czasem na tych meczach zaczęli się pojawiać również zawodnicy pierwszej drużyny, żeby podziwiać jego popisy, zanim nadejdzie czas na ich mecz. Zdobywał punkty zadziwiającymi seriami, dwukrotnie zdobył ich ponad 40, co jest wynikiem niewiarygodnym, biorąc pod uwagę, że kwarty trwały po sześć minut. Zakończył sezon ze średnią 28 punktów.

Miał wtedy tylko 178 centymetrów wzrostu. Któregoś dnia Kevin Edwards, rezerwowy obrońca pierwszej drużyny, zwrócił uwagę na jego dłonie: „Były dwa razy większe niż moje" – stwierdza. Dzięki dużym dłoniom zawodnikom łatwiej jest dynamicznie kozłować i utrzymywać kontrolę nad piłką, co pozwala na spektakularne wykończenie akcji. Coś takiego w profesjonalnej koszykówce charakteryzowało Juliusa Ervinga. Młody Michael zaczął oglądać mecze zawodowej koszykówki w telewizji. Po pojawieniu się ESPN transmisje meczów NBA stały się wszechobecne, a akcje Jordana zainspirowały całe pokolenie młodych zawodników do próby ich powtarzania. On sam przyznaje, że z nim było podobnie, że znajdował sobie w telewizji wzorzec do naśladowania – najpierw był to David Thompson, potem akrobata Doktor J.

* Młodsza drużyna – (ang.) junior varsity team, JV.

„Ostatni mecz w tamtym sezonie graliśmy w Goldsboro. Mike zrobił przechwyt, poszedł na przebój, wpadł pod kosz i zadunkował, dosłownie załadował piłkę od góry – wspomina kolega z drużyny, Todd Parker. – To był chyba jego pierwszy dunk zaliczony podczas meczu. Byliśmy pod wrażeniem, gapiliśmy się w bezruchu, zastanawiając się: »O rany, jak on to zrobił?«". Zdaniem Jordana, jego pierwszy meczowy dunk miał miejsce w Virgo. „To był baby dunk, taki zwykły – opowiada. – Dopiero po chwili zdałem sobie sprawę z tego, co zrobiłem. Sam siebie zaskoczyłem. Innym też się to zdarzało, ale dunk to i tak było coś spektakularnego, jak na chłopaka z podstawówki. Byłem dumny, że mi się udało". Niezależnie od tego, czy był to pierwszy raz, czy nie, kończący sezon dunk Jordana był wyraźnym manifestem w czasach, w których w koszykówce uniwersyteckiej widowiskowe dunkowanie stało się właśnie znowu dozwolone.

Podczas gdy baseball się od niego oddalał, Jordan zaczął odnajdywać dyscyplinę sportu, która najlepiej pasowała do jego niesamowitych zdolności atletycznych. Za każdym razem, gdy grał, ludzie wyrażali podziw dla jego woli walki. Bez względu na rangę występu i aktualny stan meczu, był tak nakręcony, jakby walczył o coś, czego inni nie dostrzegają. Na parkiecie koszykarskim zachowywał się tak, jakby wpadał w furię. I ta furia, w połączeniu z jego rozwijającą się sprawnością fizyczną, zamieniła się w spektakl, którego nie sposób było zapomnieć.

„Kiedy zobaczyłem go po raz pierwszy, nie miałem pojęcia, kto to jest Michael Jordan. Pomagałem trenerom reprezentacji szkolnej Laney – wspominał Ron Coley w wywiadzie w 1999 roku. – Pojechaliśmy na mecz z odwiecznym rywalem z Goldsboro i wszedłem do hali w końcówce meczu drugich drużyn. Dziewięciu zawodników na parkiecie grało na pół gwizdka, ale jeden koleś wypruwał sobie żyły. Grał tak, jakby jego drużyna przegrywała jednym punktem na dwie minuty przed końcem. Spojrzałem na tablicę wyników i okazało się, że jego drużyna przegrywa 20 punktami, a do końca meczu pozostała minuta. To był właśnie Michael. Szybko zrozumiałem, że zawsze tak gra".

Słone buty

Jak każdy nastolatek, Jordan mocno przeżywał i radości, i smutki. Jego matka i ojciec, pomimo własnych poważnych problemów, nie koncentrowali się na sobie. Może nie najlepiej sobie radzili z przemocą w rodzinie, ale potrafili skupić się na dzieciach. Zwłaszcza Deloris zachowywała czujność i starała się kierować dziećmi tak, żeby omijały potencjalne pułapki. A James, pomimo stresów związanych z pracą i z prowadzeniem klubu, pojawiał się na każdym występie Michaela, nawet wtedy, kiedy przestało mu się układać z żoną.

Patrząc z zewnątrz, miłość rodzicielską Jordanów można było zmierzyć ilością czasu, który poświęcali dzieciom, i prezentami, którymi je obsypywali. Kiedy trójka najmłodszych rozpoczęła naukę w szkole, rodzice kupili im kucyki. Jako nastolatkowie, Michael i Larry dostali od ojca mały motorower, co skończyło się katastrofą: chłopcy postanowili wykonać wspólny akrobatyczny skok nad rampą i się rozbili. Rodzice zgodnie wspierali Larry'ego i Michaela w ich przygodzie z baseballem w Little League – wozili synów na wszystkie treningi i mecze, godząc to z wymagającymi obowiązkami zawodowymi.

Poza prezentami i zaangażowaniem, największy wpływ rodziców polegał na nieustannym kształtowaniu nastawienia dzieciaków. Non stop wbijali im do głowy życiowe dewizy: „Ciężko pracujcie, a efekty przyjdą". „Wyznaczajcie sobie cele". „Myślcie z wyprzedzeniem". „Nie poddawajcie się". „Uważajcie na siebie". „Nie zwracajcie uwagi na kolor skóry".

Te słowa nigdy nie były tak ważne, jak wtedy, gdy Michael nie załapał się w drugiej klasie do reprezentacji szkoły. Sam potem tak o tym mówił: „Najważniejszy był timing". Ta wypowiedź dobitnie pokazuje, że tamto bolesne doświadczenie go ukształtowało i wspomogło jego rozwój. Być może wówczas łatwiej byłoby mu pogodzić się z porażką, gdyby Herring i jego sztab szkoleniowy z nim porozmawiali, jednak najwyraźniej żadnemu z nich nie przyszło to do głowy.

„Nigdy o tym nawet nie rozmawialiśmy", przyznaje Coley, asystent Herringa.

Los sprawił, że kierownik drugiej drużyny (w której ostatecznie znalazł się Michael) rozchorował się tuż przed rozpoczęciem play-offów, dzięki czemu Jordan mógł dołączyć do zespołu jako quasi-kierownik, odpowiedzialny za zliczanie statystyk. Musiał nosić stroje innych zawodników, żeby nie płacić za bilet. Był tak wściekły, że bardziej chciało mu się pluć, niż kibicować drużynie Korsarzy.

„Awansowali do play-offów, a ja siedziałem na końcu ławki rezerwowych i nie byłem w stanie im kibicować, bo czułem, że powinienem być w tej drużynie", wspominał potem.

Ciężko mu było wspierać pierwszą drużynę w sezonie zasadniczym, ale robił to. Podczas play-offów okręgowych już nie był w stanie. „To był jedyny raz, kiedy im nie kibicowałem – mówił wprost. – Życzyłem im porażki. Chciałem, żeby przegrali, by im udowodnić, że mogę im pomóc. Tak właśnie wtedy myślałem: »Popełniliście błąd, nie umieszczając mnie w składzie, i zrozumiecie to, bo przegracie«". Korsarze skończyli wtedy sezon z 15 zwycięstwami i siedmioma porażkami. Nie awansowali do finałów stanowych, bo przegrali trzy z ostatnich czterech meczów.

Tamto doświadczenie postawiło Jordana po raz pierwszy oko w oko z własnym egoizmem. Ten wątek przewijał się potem przez całą jego karierę – musiał podporządkować swoje ego, niespotykaną wolę walki i żądzę zwycięstwa dobru drużyny.

Innym następstwem wydarzeń z jesieni 1978 roku okazała się obsesja Jordana na punkcie własnego wzrostu. Skoro trenerzy wybrali zawodnika wyższego od tego bardziej utalentowanego, znaczyło to, że Michael musi być wyższy. Spędzał wiele godzin, zwisając z poprzeczki zawieszonej w ogrodzie, zawieszał się wszędzie, gdzie i kiedy się dało, żeby jeszcze trochę urosnąć.

Świadkiem tego wszystkiego była jego matka, która próbowała z nim rozmawiać o jego lękach. Często razem się modlili, a on modlił się też sam, codziennie wieczorem przed snem i rano, kiedy się obudził: „Panie, proszę, spraw, żebym był wyższy. Pozwól mi urosnąć".

Szanse na to wydawały się niewielkie. Miał 178 centymetrów wzrostu i był już wyższy od większości mężczyzn w rodzinie. Rodzice radzili mu, żeby stale myślał o tym, żeby rosnąć – całym sercem i całym umysłem, więc Michael powtarzał to każdego dnia, aż w końcu mama poradziła mu: „Nasyp soli do butów i módl się".

„Powiedział, że chyba zgłupiałam, ale musiałam go jakoś spacyfikować, bo chciałam w spokoju dokończyć obiad – wspomina pani Jordan. – Przyszedł jego ojciec, a on znowu swoje, że chce być wysoki. Odpowiedzieliśmy mu, że ma to w sercu, że wysoki wzrost jest w nim i że w myślach może być tak wysoki, jak chce".

I tak do zwisania z poprzeczek dołączyło wsypywanie soli do butów przed snem i modlitwą. Matka Michaela często sama przynosiła wieczorem sól do pokoju. Nie miała serca, by mu powiedzieć, że to wszystko bujda, że sól to tylko… sól.

Niedługo później do Jordanów przyjechał starszy kuzyn. Miał dwa metry wzrostu. Dwa metry! Nagle na nowo pojawiła się nadzieja. Jedynym problemem były ciągłe bóle w kolanach Michaela. Bolało go tak bardzo, że czasami nie mógł w nocy spać. W związku z tymi bólami i przemożną chęcią wzrostu matka zabrała go do lekarza. Temu wystarczył rzut oka na zdjęcie rentgenowskie, żeby zobaczyć płytki wzrostowe. Powiedział matce i synowi, że nie mają się czym martwić. Młody Michael miał jeszcze sporo urosnąć.

I rzeczywiście. Latem wystrzelił do 190 centymetrów i wyglądało na to, że to jeszcze nie koniec. Tak naprawdę to rósł jeszcze do okresu studiów, a nawet trochę w NBA. Doszedł do 198 centymetrów i przerósł prawie wszystkich w rodzinie przynajmniej o 30 centymetrów.

„Pod koniec drugiej klasy Michael miał około 178 centymetrów, na pewno nie więcej niż 180. Zawsze był utalentowany – wspomina Fred Lynch. – Był najlepszy w pierwszej klasie i najlepszy w drugiej. Wkładał w grę mnóstwo serca, był dobrym obrońcą, no i zawsze miał wielkie, silne ręce. W trzeciej klasie miał już 190 centymetrów, może trochę więcej. Nagle do tego ogromnego talentu i woli zwycięstwa dołączył wzrost. Michael zakwitł".

Rozdział 7

NUMER 23

Wiosną 1979 roku Earvin „Magic" Johnson, drugoroczniak z uczelni Michigan State, poprowadził drużynę Spartans do tytułu mistrzostwa NCAA, wygrywając w finale z seniorem Larrym Birdem i jego Indiana State Sycamores. To spotkanie, w którym naprzeciwko siebie stanęli: wschodząca czarnoskóra gwiazda z Big Ten Conference i wschodząca biała gwiazda z mało znanego uniwersytetu w Indianie, spotkało się z zainteresowaniem całej Ameryki, a tamten finał NCAA pobił historyczne rekordy oglądalności. Pośród zakochanych w koszykówce kibiców był młody Michael Jordan z Wilmington w Karolinie Północnej. Rok później, kiedy Bird dołączył do Boston Celtics, a Johnson przeniósł swoje talenty do Los Angeles Lakers i obaj stali się gwiazdami dwóch najbardziej legendarnych klubów NBA, Michael dalej śledził ich rywalizację. Kolejnej wiosny Johnson, dzięki swoim magicznym umiejętnościom, poprowadził Lakers do tytułu mistrzów NBA. Mike był zachwycony. Zakochał się w Lakersach. To była jego drużyna, a Magic Johnson stał się jego idolem. W tym samym roku dostał od rodziców swój pierwszy samochód, a od dziewczyny, Laquetty Robinson (wiedziała, jak trafić do jego serca) specjalną tablicę rejestracyjną, którą z dumą prezentował na przednim zderzaku swojej bryki: MAGIC MIKE.

Bird i Johnson byli wysocy, obaj mieli po 205 centymetrów wzrostu, świetnie panowali nad piłką i grali z taką werwą, że pokochały ich miliony nowych kibiców NBA. Obaj świetnie podawali, zwłaszcza Johnson, obaj byli w stanie zaliczyć tak widowiskowe asysty, że tłumy szalały. Historia sportu nie zna nikogo, kto byłby zdolny poprowadzić szybki kontratak tak, jak robił to Magic Johnson. Latem i jesienią 1979 roku, kiedy grzał się jeszcze w blasku wygranej w turnieju NCAA i wyboru dokonanego przez Lakers w drafcie, Michael Jordan był w Wilmington, a jego legenda właśnie zaczynała się pisać. Tamtej jesieni miał rozpocząć grę w barwach Laney High School Buccaneers. Jego umiejętności były jeszcze dalekie od ideału i widać było, że w te pierwsze mecze w reprezentacji musi wkładać sporo wysiłku. Modlitwy o wzrost zostały wysłuchane. Miał już 190 centymetrów i dalej rósł. Jego dłonie były większe, ręce – dłuższe. Miał w arsenale nowe narzędzia, dzięki którym był jeszcze lepszy. Rok wcześniej, kiedy grał jako rozgrywający w drugiej drużynie, był agresywny w ataku, ale pamiętał też o tym, żeby podawać piłkę kolegom. Trenerzy Laney, Pop Herring i jego asystenci, obserwowali rozwój talentu Michaela i uważali wręcz, że gra zdecydowanie zbyt zespołowo. Zdaniem Herringa, młody Jordan był tak utalentowany, że powinien sam zdobywać więcej punktów i w ten sposób wspomagać niedoświadczoną drużynę, zamiast zdawać się na innych. Jordan uważnie słuchał trenerów, ale nie był chętny do zmiany. Uważał, że koszykówka to gra zespołowa i nie zamierzał przestać dzielić się piłką z kolegami. W końcu Pop Herring zwrócił się o pomoc do Jamesa Jordana. Z początku był on niechętny, tłumaczył, że zawsze chciał być takim typem ojca, który pozostawia trenowanie trenerom. Próba wpłynięcia na Michaela byłaby złamaniem tej zasady. Ostatecznie uległ i nakłonił syna, żeby zaczął robić to, o co prosi go trener.

Michael zaczął więc grać bardziej indywidualnie, co tym bardziej pokazało, jak wielki ma talent. To wtedy utrwalił się wzorzec – im więcej robi, tym więcej trenerzy i kibice od niego oczekują. On sam odczuwa to podobnie: ma tym większą satysfakcję, im częściej odkrywa, jak wiele jest w stanie osiągnąć. Jego gra i wizerunek zaczynają żywić się sobą nawzajem. Wkrótce stanie się jasne, że wszystko z nim związane zacznie potężnieć. Dla otoczenia Michaela, zwłaszcza dla rodziców, ten błyskawiczny rozwój był początkowo kłopotliwy. Z czasem stawało się jasne, że sukcesom musi towarzyszyć obciążenie. I im większy sukces, tym większy ten ciężar, który już nigdy nie zniknie.

Reprezentacja szkolna

Bobby Cremins, 31-letni trener w Appalachian State, był w 1979 roku jednocześnie szczęśliwy i zmęczony prowadzeniem letnich obozów koszykarskich. Ten były rozgrywający uniwersyteckiej drużyny Franka McGuire'a w Karolinie Południowej spędził cztery trudne lata na uniwersytecie w Appalachian State, wdrażając swój program. Jego wysiłki zostały nagrodzone w 1979 roku pierwszym udziałem w turnieju NCAA, gdzie jego Górale przegrali z uczelnią LSU. Na fali tamtego podniecenia Cremins otworzył w czerwcu obóz koszykarski dla drużyn z liceów. Dzięki niemu drużyny mogły wyjechać w wyższe rejony Karoliny Północnej, a młody trener, jak Cremins, miał możliwość zobaczenia w akcji wielu zawodników, na których w innych okolicznościach pewnie by nie natrafił.

Przyglądając się drużynie Laney High z Wilmington, Cremins dostrzegł zawodnika z patykowatymi nogami, którego energia i siła fizyczna nadały ton wszystkim treningom i meczom rozgrywanym podczas obozu. Im więcej Cremins mu się przyglądał, tym bardziej był pod wrażeniem. W końcu zadzwonił do Boba Gibbonsa, który zajmował się pisaniem raportów poświęconych lokalnym talentom koszykarskim, i powiedział: „Bob, jest tutaj chłopak, którego musisz zobaczyć – nie uwierzysz". W ciągu kilku poprzednich lat Gibbons dał się poznać jako jeden z największych znawców licealnych talentów koszykarskich, ale jego publikacje nie cieszyły się wtedy specjalnym zainteresowaniem. Zachwyty Creminsa nad nieznanym zawodnikiem, który nawet nie zagrał jeszcze ani jednego meczu w szkolnej reprezentacji, zaintrygowały Gibbonsa, więc przyjechał do Appalachian State, żeby zobaczyć to na własne oczy.

„Zobaczyłem chłopaka, 190 centymetrów wzrostu, z talentem jak dynamit – opowiadał Gibbons dziennikarzowi, Alowi Featherstonowi. – Ale na mnie największe wrażenie zrobiło to, co powiedział Michael, kiedy Bobby mu mnie przedstawił: »Panie Gibbons, co pańskim zdaniem powinienem zrobić, żeby być jeszcze lepszym koszykarzem?«".

Cremins i Gibbons nie byli jedynymi zaskoczonymi obserwatorami. Koledzy Jordana z drużyny też potem mówili, że byli świadkami niesamowitej transformacji. „Wrócił na trzeci rok, ale to już był inny facet, to już nie był ten chudy mały Mike – wspomina Todd Parker, kolega z Laney. – Kiedy wybiegł z hali, zapytałem, co się stało".

„Naprawdę było widać różnicę – zgadza się Mike Bragg, który był wtedy w ostatniej klasie. – Był znacznie bardziej zdeterminowany i więcej umiał".

Gibbons nie wiedział, że zaszła jakaś zmiana, jednak w jego kolejnym raporcie znalazła się wzmianka o potencjale Jordana: „Napisałem, że ma wielkie perspektywy, ale miałem wtedy tylko kilkuset czytelników i ograniczony lokalny zasięg". Sam Michael tak wspomina czas spędzony w Appalachian State: „Na pewno nie byłem kimś, o kim ludzie by gadali. Nikt mnie wtedy nie znał".

Pop Herring zauważył zainteresowanie Jordanem i był z tego zadowolony. Jego przeczucie, że będzie trenował kogoś wyjątkowego, potwierdzało się. Przechwałki nie robiły na trenerze wrażenia, ale archiwalne nagrania bardzo pozytywnie świadczą o jego podejściu do Michaela, pomimo obsesji chłopaka związanej z pominięciem w składzie rok wcześniej. Herring nie próbował posłużyć się jego niezwykłym talentem, jak to często robią trenerzy wobec młodych zawodników. Dowody wskazują raczej na to, że starał się wykorzystać każdą szansę, by talent młodego Jordana mógł się rozwijać, i bardzo mu pomagał. To on zręcznie pokierował procesem rekrutacyjnym Michaela przez drużyny uniwersyteckie, który z początku posuwał się wolno, po czym nagle, niemal z dnia na dzień, niezwykle przyspieszył. Jesienią 1979 roku, jeszcze przed burzą, Herring siedział i układał list, w którym próbował zainteresować Jordanem trenerów z Uniwersytetu Karoliny Północnej. Nie każdy trener szkolny interesował się wówczas przyszłością swoich podopiecznych, a pisanie takiego listu, zanim zawodnik zagrał w choćby jednym meczu szkolnej reprezentacji, praktycznie się nie zdarzało. A Pop Herring to właśnie zrobił. Ponadto codziennie rano pojawiał się o 6.30 w domu Jordana, żeby z nim popracować. „Miał problemy z oddawaniem rzutów lewą ręką po minięciu obrońcy – wspominał kiedyś. – Powiedziałem mu, że musi nad tym popracować".

Właśnie na tym i na oddawaniu możliwie największej liczby rzutów koncentrowały się poranne sesje treningowe. Późniejsze sukcesy Jordana to w dużej mierze zasługa ciężkiej pracy młodego trenera. Wiele osób twierdzi, że Herring i Jordan stali się wtedy sobie bliscy, nie na tyle jednak, żeby Michael zapomniał o odrzuceniu, którego doświadczył przed rokiem. Kiedy Jordan wspominał wszystkie te poranki w sali gimnastycznej, opowiadał: „Nieraz robiłem się strasznie zmęczony i chciałem przerwać, ale wtedy zamykałem oczy i widziałem tę listę zawieszoną w szatni, na której nie było mojego nazwiska. I znowu miałem siłę pracować".

Tamtej jesieni Herring zaprosił Jordana do swojego biura, żeby się go spytać, z jakim numerem będzie chciał grać w nadchodzącym sezonie. Dał mu do wyboru dwa: 23 Jamesa Beatty'ego albo 33 Dave'a McGhee, po dwóch seniorach, którzy właśnie ukończyli naukę w liceum. Jordan najwyraźniej miał w sobie coś z numerologa i wybrał numer 23. Po latach tłumaczył, że tak zdecydował, bo 23 było blisko połowy z 45 – a właśnie z takim numerem grał jego brat Larry. Potem już wszyscy trenerzy koszykarscy traktowali ten numer jak znak. Czy to w lidze amatorskiej AAU, czy w ligach szkolnych, czy w meczach podwórkowych – uznawali, że każdy, kto był na tyle odważny, żeby zagrać z numerem 23, zasługiwał na dodatkową uwagę w obronie. Kolejne pokolenia młodych graczy także ubiegały się o możliwość gry z numerem 23, a tym samym o presję i ogromne oczekiwania, które się z tym wiązały. Dla Jordana ten numer stał się wkrótce znakiem rozpoznawczym, który pojawił się na wszystkich jego markach – począwszy od ubrań aż do niebieskiego prywatnego odrzutowca, którym przemieszczał się z jednego ekskluzywnego kurortu do drugiego, w poszukiwaniu idealnego pola golfowego.

Pierwszy ekscytujący moment jego występów jako zawodnika reprezentacji szkolnej miał miejsce w meczu wyjazdowym, nomen omen w Pender County. To właśnie tam, grając przed siedzącymi na trybunach najbliższymi członkami rodziny, przyjaciółmi i dalekimi krewnymi, zdobył 35 punktów i poprowadził Laney do zwycięstwa w pierwszym meczu sezonu (81:79 po dogrywce). Rodzina, koledzy z drużyny, trenerzy, a nawet sam Jordan – byli zaskoczeni tym popisem. Od tej pory jego skumulowane emocje i frustracje eksplodowały z meczu na mecz, wreszcie mógł dać upust swojej energii, jego marzenia wreszcie stawały się rzeczywistością. Zaciekłość było widać w każdym geście, w każdym ruchu. Kiedy wchodził pod kosz, jego usta otwierały się, pęd powietrza przyklejał policzki do dziąseł, obnażone zęby błyszczały jak u wampira. Wywalał język, jakby chciał wszystkich przestrzec, żeby zeszli mu z drogi. Robił to za każdym razem, kiedy wchodził pod kosz. Sama jego twarz wystarczała, żeby nastraszyć obrońców. A kiedy próbował zebrać z tablicy piłkę, wyskakiwał i chwytał ją z taką samą zaciekłością. Szybkość, z jaką się poruszał, wprawiała w osłupienie kolegów z drużyny i przeciwników – mogli tylko stać z rozdziawionymi ustami. Jego siła fizyczna szybko dała mu przewagę nad otaczającymi go na boisku rówieśnikami. Kilku próbowało sprostać wyzwaniu i wyskakiwało razem z nim, ale inni tylko stali w bezruchu, unosząc ręce i licząc na cud.

Wśród wielu osób, które zwróciły na Michaela uwagę, był Mike Brown, dyrektor sportowy szkół z New Hanover County. Popisy Jordana w pierwszych meczach reprezentacji szkolnej zrobiły na nim tak wielkie wrażenie, że skontaktował się z Billem Guthridge'em, głównym asystentem trenera Deana Smitha na Uniwersytecie Karoliny Północnej i powiedział mu, że w Wilmington gra pewien wyjątkowy młody obrońca, którego Bill musi zobaczyć na żywo. I tak ziarno zostało zasiane.

W drużynie Laney grali też Leroy Smith pod koszem i senior – Mike Bragg – jako obrońca. Wymiennie na pozycjach obrońcy i skrzydłowego grał senior Adolph Shiver, którego Jordan poznał kilka lat wcześniej na boiskach Wilmington's Empie Park. Wspomina Shivera jako irytującego gościa, który zawsze uprawiał w stosunku do przeciwników trash-talking, żując przy tym wystającą mu z ust wykałaczkę. Zachowanie Shivera doprowadzało rywali do szału, ale Jordana ta jego ciągła gadka i trash-talking bawiły, tak jakby dworski błazen rozśmieszał króla. Kiedyś popchnął Shivera na ścianę, kiedy ten obraził ukochaną Davida Bridgersa. Mimo to w jego zachowaniu było coś, co się Michaelowi podobało. Wiele wskazuje na to, że jego podejście w jakimś stopniu nauczyło Jordana ulicznej mentalności. Z kolei Shiver, podobnie jak wszyscy w drużynie Laney, łącznie z trenerami, karmił się olbrzymimi pokładami energii Jordana.

Tak zaczęła się ich przyjaźń, która przetrwała aż do dorosłego życia. Jordan szybko się zorientował, że na boisku może na Shiverze polegać. Czas miał pokazać, że Michael pozostał niezwykle lojalny wobec niewielkiego grona przyjaciół, których zgromadził w życiu. Shiver był pierwszym, który przeszedł jego testy. Jordan był w stanie zaakceptować różne wątpliwe zachowania swoich przyjaciół, nie tolerował jedynie nielojalności. Zaufanie było dla niego największą wartością i w tamtym sezonie z Shiverem połączyła go właśnie taka więź. Kiedy Jordan grał już w Chicago, Shiver pojawiał się w jego hotelowych apartamentach przed najważniejszymi meczami i grał z nim w karty, żeby pomóc mu się zrelaksować.

Korsarze wygrali drugi mecz, tym razem u siebie, a Jordan znowu szalał, zdobywając 29 punktów. Niestety zaraz potem nastąpiło przebudzenie. W drużynie Southern Wayne grało dwóch przyszłych uniwersyteckich kolegów Michaela – wysoki Cecil Exum i rozgrywający Lynwood Robinson. Obaj byli wtedy uważani za przyszłe gwiazdy. W meczu z Laney Robinson zdobył 27 punktów, a Exum 24. Jeszcze większe wrażenie zrobiło 28 punktów Jordana, ale nie uchroniło to jego drużyny przed porażką. Southern Wayne upokorzyli Buccaneers, wygrywając 83:58.

Po takim meczu Pop Herring mógł tylko próbować znaleźć w klęsce jakieś pozytywy. „Efekty pojedynku z tak dobrą drużyną przyjdą później – powiedział. – Jordan jest jeszcze juniorem, sezon dopiero się rozkręca, będziemy grali coraz lepiej. Musimy się przegrupować. Dziś dostaliśmy lanie".

Trzy dni później było już znacznie lepiej – Jordan i Smith szaleli na tablicach i wyprowadzali szybkie kontrataki, a 24 punkty Michaela pomogły drużynie w zwycięstwie nad lokalnym rywalem z Hoggard. Swój udział miał nawet jego brat Larry, który wchodząc z ławki, zdobył 6 punktów. Starszy z braci Jordanów miewał w trakcie sezonu swoje pięć minut, ale głównie spędzał czas na ławce, podziwiając młodszego brata. „Przez jeden sezon graliśmy razem w szkolnej reprezentacji – ja byłem seniorem, Michael juniorem* i właśnie wtedy jego gra weszła na wyższy poziom – wspominał potem Larry. – Choć na parkiecie znajdowało się pięciu zawodników, to on grał na pięciu pozycjach naraz. Poziom jego gry był nieporównywalnie wyższy niż któregokolwiek z nas. Ludzie często się mnie pytają, czy mi to przeszkadzało, ale szczerze mówię, że nie, cieszę się, że miałem okazję przyglądać się z bliska, jak się rozwija. I pamiętam, jak ciężko razem pracowaliśmy".

Okazało się też, że wcześniejsze braterskie zmagania nie miały wpływu na stosunek Larry'ego do Michaela. O jego lojalności i cierpliwości świadczył brak jakichkolwiek konfliktów między nimi, gdy byli razem w reprezentacji szkolnej Laney. Niewielu szkolnych seniorów byłoby w stanie tolerować siedzenie na ławce i przyglądanie się temu, jak ich młodszy brat przyciąga całą uwagę.

Prawdę mówiąc, cała rodzina była zaskoczona rozpoczynającą się nagle sławą Michaela, nawet James i Deloris. „Pamiętam, jak w pewien piątkowy wieczór przyszedłem na mecz Laney High. Zobaczyłem Michaela, który był wtedy juniorem, i dotarło do mnie, że bardzo się rozwinął – wspominał potem młodszy brat Jamesa, Gene. – Przed meczem podszedł do mnie i powiedział: »Zobaczysz, dzisiaj trzy razy zadunkuję. Zobaczysz. Trzy dunki«. Ja na to: »Chłopcze, chyba żartujesz. Przecież ty w ogóle nie umiesz dunkować«. No dobra, trzy razy może nie zadunkował, ale dwa na pewno tak. Wtedy powiedziałem bratu: »Hej, ten chłopak miażdży«". Kilka innych osób, które oglądały tamten mecz, zgodziło się z tą opinią. „Najlepszym zawodnikiem Laney był Mike Jordan" – napisał Chuck Carree 18 grudnia w lokalnej gazecie w Wilmington. Dzień później Michael zdobył 31 punktów w zwycięskim meczu na Kinston i uzyskał swój pierwszy gazetowy nagłówek: „Jordan liderem Korsarzy w zwycięstwie z Kinston". Dzięki zwycięstwom na początku sezonu bilans Laney wynosił 4:1, a Herring stał się jeszcze większym optymistą.

* W amerykańskim systemie edukacyjnym uczniów kolejnych klas i studentów kolejnych lat określa się w następujący sposób: freshman – pierwszoklasista i student pierwszego roku, *sophomore* – drugoklasista i student drugiego roku, junior – trzecioklasista i student trzeciego roku, senior – czwartoklasista i student czwartego roku.

„To najlepiej grająca w obronie drużyna, od kiedy pracuję w Laney", stwierdził. Sukcesy w obronie zawdzięczali głównie umiejętnościom Jordana, który przecinał podania przeciwników i waczył o zbiórki. W ataku grał na skrzydle, ale dzięki szybkości i przyspieszeniu mógł w obronie wypełniać obowiązki obrońcy i skrzydłowego. Podobnie jak jego idol, Magic Johnson, spędzał dużo czasu pod koszem, szukając okazji do zbiórki i szybkiego wyprowadzenia piłki do ataku.

Po latach z rozbawieniem wspominał eksplozję swojej siły, gdy był w liceum. Natura tamtego doświadczenia pokazała mu, że dzięki sile fizycznej jest w stanie dokonywać rzeczy, o których nie śniło się nawet najlepszym trenerom. Koszykówka ewoluowała i wpłynęła na rozwój nowego zjawiska: sport, bardziej niż cokolwiek innego, sprzyjał procesowi, w ramach którego biali godzili się z rozwojem czarnoskórych. Ten proces rozpoczął się jeszcze w pierwszych latach integracji rasowej, na długo przed pojawieniem się Jordana. W pierwszych dziesięcioleciach koszykarskiej współpracy pomiędzy rasami wielu białych trenerów nie było w stanie zrozumieć siłowego stylu gry, który rozwijał się w czarnych społecznościach. Wykorzystywania tej techniki mogli się nauczyć tylko ci trenerzy, którzy oglądali ją na żywo.

W czasach liceum i potem, na Uniwersytecie w San Francisco, trenerzy zwracali Billowi Russellowi uwagę, żeby nie odrywał stóp od ziemi, kiedy próbuje zablokować rzuty rywali. Russell przez pewien czas próbował tak grać, ale potem powrócił do tego, co dyktował mu instynkt – wyskakiwania i blokowania rzutów z taką siłą, jak nikt przed nim. „Urodziliśmy się, żeby grać tak, jak graliśmy – tłumaczył potem Jordan w rozmowie z Johnem Edgarem Widemanem. – Nie dało się tego nauczyć".

Ze wszystkich trenerów Jordana tylko dwóch pierwszych było Afroamerykanami. Fred Lynch i Pop Herring, którzy w liceum byli świadkami rozwoju fizycznych możliwości Michaela, nie przejmowali się specjalnie tym, że zdarza mu się łamać którąś z koszykarskich reguł. Pracowali z nim nad podstawami gry i pomagali mu lepiej ukierunkować wyjątkową sprawność fizyczną. Herring uczył go, jak zmaksymalizować prędkość, wykonując pierwszy krok. Potem, kiedy grał w Karolinie Północnej, ta akcja nie podobała się sędziom, którzy gwizdali mu czasem błąd kroków, i dopiero trener Dean Smith udowodnił, że Jordan nie robi dodatkowego kroku.

Pop Herring spędzał dużo czasu, rozmawiając z Jordanem i jego kolegami o selekcji rzutów i tempie, w jakim rozgrywają akcje, koncentrując się jednocześnie na współpracy w defensywie. Asystent Ron Coley wspomina, że dzięki Jordanowi takie rozmowy były łatwiejsze: „Już w liceum nikt nie nie miał w sobie takiego parcia, jak ten chłopak. Był dumny z tego, jak broni. I wściekał się na kolegów, jeśli nie bronili agresywnie – nawet podczas treningów".

Podczas tych pierwszych miesięcy Herring bardzo chwalił drużynę, ale był oszczędny w publicznych komentarzach dotyczących samego Jordana. Nie wspominał ani o listach, które pisał do uczelni, ani o tym, jak pracuje z Michaelem codziennie rano. Wielu trenerów wykorzystywało swoje drużyny i zawodników, których prowadzili, do budowania własnego wizerunku i wzbogacania CV – ale nie Pop Herring. Dowiedzieliśmy się o tym wszystkim dopiero po latach, głównie ze wspomnień samego Michaela. Herring nie zdawał sobie pewnie sprawy z tego, że współpraca z Jordanem będzie najważniejszym okresem w jego trenerskiej karierze. Zapewne nie wszystko, co robił, było idealne, ale z perspektywy czasu można powiedzieć, że był kimś niezwykłym. Podczas pamiętnego sezonu w 1978 roku podchodził do swojej niedoświadczonej drużyny z entuzjazmem, a jednocześnie z powściągliwością.

Mając na uwadze wzrost i skoczność Jordana, większość trenerów ustawiłaby go pewnie na środku, w pobliżu kosza, ponieważ jednak wszędzie czuł się dobrze, Herring ustawiał go zazwyczaj jako obrońcę. „Pop umożliwił mu grę na pozycji, na której miał potem grać na uczelni i w NBA – zauważył trener Jim Hebron. – A gdyby wstawił go pod kosz, mógłby wygrać mistrzostwo stanowe".

Wieść się niesie

Dwa dni po świętach Bożego Narodzenia chłopcy z Laney wzięli udział w turnieju Star-News – New Hanover Invitational, który rok wcześniej drużyna prowadzona przez Herringa wygrała. W zawodach lokalne szkoły miały możliwość starcia się z rówieśnikami z tak odległych miejsc, jak na przykład Nowy Jork. Pierwszym rywalem była drużyna Wadesboro-Bowman, która przyjechała z południowo-centralnego regionu Karoliny Północnej. „Słyszeliśmy o nim wcześniej – mówił w 2011 roku trener Wadesboro, Bill Thacker. – Niektórzy nasi zawodnicy sądzili nawet, że mogą grać jak Michael Jordan, ale daleko im było do niego".

Gwiazdą jego zespołu był potężny Tim Sterling. „Uważał, że jest w stanie dotrzymać Mike'owi kroku – dunk za dunk. To był czysty, zacięty mecz, raz my prowadziliśmy, raz oni", wspominał Thacker. Drużyny wymieniały między sobą ciosy w szalonym tempie, nadawanym głównie przez ostrą obronę pressingiem w wykonaniu Laney. Na sześć minut przed końcem, kiedy Korsarze prowadzili 46:44, Herring poprosił o przerwę na żądanie, żeby dać zawodnikom odetchnąć i przypomnieć, by koncentrowali się na zajmowaniu dogodnych pozycji do rzutu. We wcześniejszych zwycięstwach martwiła go powtarzająca się tendencja do utraty przez drużynę kontroli. Gra zrobiła się jeszcze bardziej zacięta i na niespełna cztery minuty przed końcem był remis 48:48. Jordan i jego koledzy zachowali zimną krew, zaczęli jeszcze agresywniej bronić i zakończyli mecz serią 18:2, wygrywając 66:50. „Nasi chłopcy wykonali wtedy świetną pracę w obronie", powiedział potem Herring. Zwłaszcza Jordan.

„Miał mnóstwo energii, mnóstwo energii", zachwycał się Thacker.

Dobrej końcówki nie udało się niestety powtórzyć dzień później, kiedy podopieczni Popa Herringa grali w półfinale z Holy Cross, drużyną, która przez 15 godzin jechała na turniej z Flushing w stanie Nowy Jork. W połowie czwartej kwarty Laney prowadziło różnicą 6 punktów, a na dwie minuty przed końcem wciąż jeszcze było 51:47. Na 45 sekund przed końcem Jordan spudłował dwa rzuty wolne, dzięki czemu Holy Cross mogło doprowadzić do remisu. W ostatniej sekundzie Jordan znalazł się na wolnej pozycji, ale znowu nie trafił, a w dogrywce Holy Cross szybko objęli prowadzenie i wygrali 65:61.

Po meczu Herring był zły. „Powinni robić to, co do nich należy – mówił niezadowolony w rozmowie z dziennikarzem. – Odbyliśmy już spotkanie w tej sprawie". To, co zrobił potem, być może było zwiastunem niestabilności psychicznej, która miała wkrótce nadejść. Może nie chciał dać kolejnemu przeciwnikowi, drużynie New Hanover, możliwości sprawdzenia, jak gra jego pierwsza piątka, a może po prostu był zły. W każdym razie następnego dnia w meczu o trzecie miejsce z New Hanover posadził na ławce wszystkich zawodników pierwszej piątki. Zdezorientowany i wściekły Jordan tylko się przyglądał, jak jego koledzy, grając zresztą całkiem nieźle, przegrywają 53:50.

Niezależnie od tego, jakie motywy kierowały Herringiem, jego decyzja odniosła odwrotny skutek. Drużyna zaliczyła spadek formy i w ciągu następnych trzech tygodni przegrała pięć meczów z rzędu. Ale nawet w tej serii porażek były jaśniejsze momenty. Jordan zdobył 40 punktów w pojedynku przeciwko Goldsboro i Anthony'emu Teacheyowi, który potem został gwiazdą uczelni Wake Forest. Teachey zablokował 17 rzutów, a Herring mógł tylko kręcić z niedowierzaniem głową. „Teachey był niewiarygodny – powiedział. – 17 bloków w jednym meczu to coś niebywałego".

Żeby zrozumieć 40-punktowy wybuch Michaela tamtego wieczora, trzeba się cofnąć w przeszłość. Kiedy miał 16 lat, chodził z dziewczyną z Goldsboro, znajdującego się około dwóch godzin jazdy na północny zachód od Wilmington. Wizyty wiązały się często z koniecznością nocowania. Dziewczyna, Laquetta Robinson, mieszkała koło Teacheya, więc gwiazdorowi Goldsboro zdarzało się spotykać Jordana. „Chodził z dziewczyną z mojej klasy, więc znał sporo ludzi z Goldsboro – wspominał Teachey w wywiadzie przeprowadzonym w 2012 roku. – Często przyjeżdżał do Goldsboro".

Zdaniem Teacheya, już wtedy Jordanowi towarzyszyła charakterystyczna aura: „Ta aura roztaczała się i na boisku, i poza nim. Jeśli cię nie znał, to nie miał ochoty spotykać się z tobą poza parkietem. Nie zamierzał nawet z tobą rozmawiać". Nie chodzi nawet o to, że Jordan był niegrzeczny. Teachey wspomina go jako miłego gościa: „Problem polegał na tym, że nie ufał ludziom".

Michael oczywiście chciał zrobić wrażenie w meczu przeciwko szkole swojej dziewczyny. A jak można było najlepiej zmierzyć siłę tego wrażenia? Ano tak, że gwiazda jednej drużyny zaliczyła 40 punktów, a gwiazda drugiej – 17 bloków. Teachey nie pamięta, ile z tych bloków zaliczył na Jordanie, ale przyznaje: „Sporo wchodził pod kosz".

Wspomina też ze śmiechem, że ówczesny trener Goldsboro, Norvell Lee, słyszał wcześniej o Jordanie: „Trener powiedział, że powinniśmy go zacząć kryć, jak tylko wysiądzie z autobusu".

Teachey pamięta, że Jordan prowokował wtedy rywali trash-talkingiem, ale jego samego oszczędził. „Wiedział, że ma nad nami przewagę – mówi. – Jestem pewien, że o tym wiedział. I do tego jeszcze trash-talking? A przecież nie można było na to w żaden sposób zareagować, bo jak tylko coś zapowiedział, zaraz to rzeczywiście robił".

Jordan był całkiem nieźle ukształtowany jak na zawodnika, który dopiero pierwszy rok gra w reprezentacji. „Nie znajdowałem wtedy w jego grze żadnych słabości – wspomina Teachey. – Potrafił bardzo się rozwinąć w tak młodym wieku. Nawet nie dunkował zbyt często. Sporo rzucał z półdystansu, ale z dystansu też trafiał. Nie było tak, że akcje z jednej strony wychodziły mu lepiej niż z drugiej. Był wszędzie. Wchodził pod kosz albo się zatrzymywał i rzucał z wyskoku. Zawsze miał zielone światło do oddawania rzutu".

Każdy kolejny mecz to potwierdzał. Dwa dni później, w przegranym spotkaniu rewanżowym z New Hanover, rzucił 26 punktów. I znowu był jedynym graczem Laney z dwucyfrową zdobyczą punktową. Potem podrzędna drużyna Jacksonville pokonała ich dzięki rzutowi wolnemu trafionemu w ostatnich sekundach. Jordan zdobył 17 punktów, ale trafił tylko 7 z 14 rzutów wolnych, podczas gdy cała drużyna trafiła ich zaledwie 36 procent. Bill Guthridge, którego Dean Smith cenił za dobre oko do wyławiania talentów, przyjechał do Wilmington na początku 1980 roku, żeby na własne oczy zobaczyć, o co tyle hałasu, ale Korsarze z Laney akurat przechodzili kryzys i trwała seria ich porażek, a sam Michael też nie do końca był sobą. Guthridge widział, jak z dystansu pudłuje rzut za rzutem, więc w raporcie dla Smitha napisał, że ten perspektywiczny zawodnik jest wystarczająco sprawny fizycznie i bardzo szybki, że przez cały mecz bardzo się starał i ciężko pracował, ale że zbyt wiele czasu spędził na oddawaniu bezsensownych rzutów do kosza, co bardzo pogarsza jego efektywność. Powiedział Smithowi, że Jordan nie jest jeszcze gotów. Mimo to uznano, że Jordan jest talentem na miarę ACC i podjęto decyzję, że skauci z Karoliny nadal będą mu się przyglądać. Smith nie lubił, kiedy informacje o kandydatach do rekrutacji przedostawały się do opinii publicznej, oczywiście dotyczyło to również Jordana, ale zainteresowanie nowym odkryciem trafiło jednak do mediów.

Art Chansky, który pisał o Karolinie Północnej do lokalnej gazety, przyjaźnił się blisko z asystentem trenera, Eddiem Foglerem. „Pracowałem dla prasy, ale to, co mi powiedzieli, zachowywałem dla siebie – wspomina Chansky. – Wiedziałem, że mają go na celowniku. Byli pewni, że jest znacznie lepszy, niż uważa on sam. Michael miał nadzieję, że uda mu się gdzieś zdobyć stypendium, myślał nawet o wstąpieniu do Sił Powietrznych. Sam siebie nie doceniał. Ot, zwykły chłopak grający w Laney. I kiedy Karolina Północna rozpoczęła proces rekrutacji, nie tylko wszyscy zwrócili na niego uwagę, ale jego pozycja w rankingach wyraźnie podskoczyła". Jordana miał obserwować Roy Williams, asystent z Karoliny, coś mu jednak wypadło, więc musiał zrezygnować. Przypuszczalnie to on był źródłem przecieku, że Tar Heels interesują się Jordanem. Zadzwonił do Bricka Oettingera, kumpla, który opisywał proces rekrutacji w lokalnej gazetce ACC.

„Roy mi powiedział, że nie wolno mi się wygadać, bo trener Smith nie chce, żeby gazety zaczęły o nim pisać – wspomina po latach Oettinger. – Powiedział, że w Laney gra chłopak, który nazywa się Mike Jordan, że trener Guthridge już trzy razy jeździł go oglądać i że wykonuje dunki 360 stopni, jak gdyby nigdy nic".

Jordan nie był świadomy szumu, jaki wokół niego tworzą dziennikarze zajmujący się naborem koszykarzy uniwersyteckich. Nie miał nawet pojęcia, że jest obserwowany. Dowiedział się dopiero po wizycie Guthridge'a. Herring nie poinformował go pewnie dlatego, by się nie stresował. Kiedy Jordan dowiedział się o wszystkim, był jednocześnie zaskoczony i podekscytowany, nabrał też większej pewności siebie, z czym, po ostatnich kłopotach z celnością rzutu, nie bardzo sobie wtedy radził.

„Nigdy nie sądziłem, że będę miał szansę zagrać w najwyższej Dywizji (Division I) – mówił o tamtych latach swojej kariery. – Byłem naprawdę szczęśliwy i pełen entuzjazmu, że ktoś się mną zainteresował – że w ogóle się mną zainteresowali".

Wieść o talencie Jordana szybko się rozniosła, a jego skuteczność na parkiecie zmobilizowała trenerów drużyn przeciwnych do szukania sposobów powstrzymania go. Teraz zaczęto poświęcać mu w obronie więcej uwagi, niż miało to miejsce na początku sezonu. Jeszcze większym wyzwaniem było to, że rywale Michaela dostosowywali do niego swój sposób gry. Miarą jego wielkości był sposób, w jaki on dostosowywał się do tego, że oni dostosowywali się do niego. Między styczniem i lutym 1980 roku Jordan udowodnił, że idzie mu to całkiem nieźle i że nadal jest w stanie rozgrywać wielkie mecze, pomimo obecności dodatkowych obrońców. Pokonał pierwszą poważną przeszkodę w swojej karierze. Wykorzystywanie kaset wideo w celu analizowania gry zawodników nie było jeszcze wtedy w koszykówce powszechne na żadnym poziomie, więc szkoleniowcy drużyn przeciwnych musieli bazować tylko na tym, co pamiętali z pierwszego sezonu. Okazało się, że i oni, i trenerzy z Karoliny Północnej mieli dzięki Jordanowi co oglądać. Później, kiedy grał na uczelni i w NBA, rywale zamykali się salkach kinowych, żeby studiować jego popisy i szukać sposobów na jego zatrzymanie.

Nie wiemy dokładnie, jaka była opinia sztabu szkoleniowego Karoliny na temat Michaela po obejrzeniu jego pierwszego meczu – wersje Deana Smitha i Roya Williamsa się różnią. „Bill Guthridge potrafił fantastycznie wyczuć talent – wspominał potem Dean Smith. – Po zapoznaniu się z materiałem od razu powiedział, że Michael na pewno zagra w naszej konferencji, tyle że my nie byliśmy jeszcze pewni, czy będziemy go rekrutować". Obie wersje są zgodne w jednym – trenerzy z Karoliny chcieli go tego lata zabrać na obóz szkoleniowy, żeby przyjrzeć mu się dokładniej i ocenić jego potencjał.

Występy Jordana pod koniec sezonu w 1980 roku potwierdziły ich pozytywną opinię. Po pięciu porażkach drużyna Laney High odniosła siedem zwycięstw i wyjechała na rewanżowy mecz do Southern Wayne, z Robinsonem i Exumem w składzie. Michael był chory i przez całą drogę leżał na tylnym siedzeniu autobusu. Po 17 latach trener Ron Coley przypomniał sobie o tej jego niedyspozycji, kiedy w meczu Finałów NBA Jordan przezwyciężył chorobę i poprowadził Byki do zwycięstwa nad Utah Jazz. W 1980 roku pokazał po prostu pierwsze oznaki niesamowitej umiejętności koncentracji, która często intensyfikowała się właśnie w wyniku choroby lub innej słabości.

W rewanżowym pojedynku Herring grał atakiem pozycyjnym, dzięki czemu Korsarze omal nie sprawili niespodzianki, przegrywając tylko 36:34. Jordan zdobył jedynie 7 punktów (w tym 2 pod koniec meczu, kiedy wynik był już rozstrzygnięty), a większość punktów zdobywali spod kosza Shiver i Smith.

W kolejnym meczu Laney wygrali z Hoggard, a następnie rozegrali zacięty mecz z Kinston. Na minutę przed końcem, przy remisie 51:51, Herring wziął czas i rozrysował rozstawienie zawodników w czterech rogach. Tyle, że tym razem coś miało się odbyć inaczej. Z ławki wszedł Larry Jordan, otrzymał podanie, a kiedy zobaczył, że ma wolne miejsce, wszedł pod kosz i trafił layup. „Bracia Jordanowie wyrzucają Kinston z rozgrywek" – krzyczał następnego dnia nagłówek „Wilmington Star News". Herring w rozmowie z Chuckiem Carree powiedział: „Larry Jordan wszedł z ławki i zagrał dobrze. Wprawdzie rzadko grał, ale dał radę".

Michael pomógł w wykonaniu zadania, zdobywając 29 punktów. Przegrali potem w New Bern, a w następnym meczu znowu spotkali się z Goldsboro i Anthonym Teacheyem, tym razem u siebie, w Wilmington. Niewiele to pomogło, Jordan znowu zagrał źle przeciwko drużynie z miasta swojej dziewczyny. W pierwszej połowie zdobył tylko 2 punkty. Potem się poprawił, w dwóch ostatnich kwartach dorzucił 15, odrabiając stratę. Niestety w końcówce znów lepsze było Goldsboro. Po porażce bilans Laney wynosił 9:9 i awans do play-offów stanął pod znakiem zapytania. Ostatnim meczem był pojedynek z New Hanover, również u siebie. Trener rywali obserwował Jordana i dostosował do niego swoją taktykę w obronie, ale ostatnie cztery mecze sezonu pokazały, jak bardzo rozwinęła się drużyna prowadzona przez Herringa. Trener przywrócił w Laney równowagę ataku. Jordan zdobył 21 punktów, mimo że był szczelnie kryty przez obrońców New Hanover, ale tym razem dostał znacznie więcej pomocy od kolegów – Shiver dorzucił 17 punktów, a Mike Bragg 16.

„To głównie zasługa Popa", powiedział po meczu pokonany trener Hebron.

Dwa dni później Shiver zdobył 24 punkty, Jordan 18, a Laney wygrali w Wilmington z Jacksonville. Potem, w Walentynki, pokonali jeszcze Eastern Wayne. Michael wpadł w rytm, z którego słynął potem przez wiele lat, sam nazywał to „matematyką" ważnych meczów. W drugiej kwarcie zdobył 15 z 22 punktów drużyny, w trzeciej dorzucił 7, w czwartej – 11, kończąc mecz z 42 punktami, nowym rekordem szkoły. Występ zawierał wszystkiego po trochu – rzuty z wyskoku, punkty zdobywane po przechwytach, kilka dunków, ale najważniejsze było to, że nie pozwolił kolegom być tylko kibicami. Shiver, który uczył się znajdowania przy Jordanie własnych okazji rzutowych, dołożył 14 punktów. Na meczu pojawił się, zachęcony przez Roya Williamsa, Brick Oettinger.

„Jordan był fantastyczny – wspomina Oettinger. – Jakby był nie z tego świata. Kiedy widziało się, jak gra, od razu nasuwało się pytanie, jak to się stało, że rok wcześniej nie załapał się do drużyny". Prawda jest taka, że tamtego wieczora Oettinger odwrócił się do kolegów i powiedział: „Ten trener musiał być idiotą". Był bardzo podniecony. „W kolejnym, lutowym numerze napisałem: »Pewnie nie słyszeliście jeszcze nazwiska Mike Jordan, ale to najlepsza kombinacja sprawności fizycznej, umiejętności koszykarskich i innych niemierzalnych cech obrońcy z liceum, jaką kiedykolwiek widziałem«".

Dzięki zwycięstwu Laney zapewnili sobie trzecie miejsce w Drugiej Dywizji 4A. „Goldsboro i Southern Wayne to dwie najlepsze drużyny w naszym stanie i to nie wstyd znaleźć się w tabeli zaraz za nimi", powiedział Herring w wywiadzie dla „Star". Udany finisz rozgrywek oznaczał dla Laney możliwość rozegrania pierwszego meczu turnieju okręgowego na własnym parkiecie. Jordan rozpoczął trochę zbyt agresywnie, szybko podpadł z powodu zbyt dużej liczby przewinień, więc mógł tylko przyglądać się, jak jego koledzy radzą sobie bez niego, i to całkiem nieźle. Ostatecznie Shiver zdobył 17 punktów, Jordan 20, Smith 13, Bragg 9 i zwycięstwo nad Hoggard stało się faktem.

W meczu półfinałowym zespół Popa Herringa zmierzył się na wyjeździe z Southern Wayne, jedną z najlepszych drużyn w Karolinie Północnej, która zakończyła sezon z bilansem 21:2, zdobyła mistrzostwo stanowe, a Lynwood Robinson został wybrany MVP turnieju. Korsarze omal nie zakończyli marzeń rywali o tytule mistrzowskim, zagrali agresywną obroną strefową i udało im się nawet doprowadzić do dogrywki. Trener Southern Wayne, Marshall Hamilton, próbował w obronie różnych schematów, żeby powstrzymać Michaela Jordana: trójkąt +2, diament +1, każdy swego, pressing na całym boisku, wszystko, żeby tylko czuł jak największą presję. W pierwszej połowie Jordan radził sobie z tym całkiem nieźle, zdobył 12 punktów, ale w drugiej połowie i dogrywce ciągłe zmiany schematów zaczęły przynosić efekty, a Michaelowi udało się wywalczyć jeszcze tylko 6 punktów. Strategia Hamiltona zadziałała i jego drużyna wygrała po ciężkiej walce 40:35. Sezon Laney zakończył się bilansem 13:11.

Ten ostatni mecz był kolejnym dowodem na to, że Michael jest coraz dojrzalszy. „Mieliśmy straszne problemy z powstrzymaniem Jordana, zresztą tak jak wszyscy – opowiadał potem Hamilton. – Jest taki dobry, bo jest cierpliwy. Gdyby skupiał się tylko na rzutach, to sprawilibyśmy mu więcej kłopotów, bo zmusilibyśmy go do oddawania rzutów z trudnych pozycji, ale Jordan takich rzutów nie oddawał".

Zakończył sezon, zdobywając średnio 24,6 punktu i 11,9 zbiórki. „Cóż jeszcze mogę powiedzieć o Michaelu? – powiedział po sezonie Herring w wywiadzie dla „Star-News". – Jest najlepszym zawodnikiem, jakiego tu widziałem od czasów, kiedy New Hanover zdobyli mistrzostwo stanowe w 1968 roku. Myślę, że będzie znakomitym koszykarzem. Już jest świetnym strzelcem i wcale nie uważa, że świat się kręci wokół Michaela Jordana". Najlepsze było to, że trener zaczął sobie coś uświadamiać: oto pomaga wykreować przyszłość Jordana. „Trener Guthridge już go obserwował – zauważył. – Czyli duże uczelnie dowiedziały się, że jest ktoś taki".

Rozdział 8

PRZEMIANA

Kiedy Michael Jordan był w drugiej klasie, czuł się samotny i martwiło go, że w tej wielkiej szkole nie ma zbyt wielu przyjaciół. Na zewnątrz sprawiał wrażenie żartownisia, ale w duchu zmagał się z niepewnością charakterystyczną dla wielu 15-latków. Jego i tak niską samoocenę pogorszyło niezakwalifikowanie się do reprezentacji szkolnej Laney. „Wiecie, jak to jest z dzieciakami, jak się zamartwiają i co myślą – mówił później, przyznając, że szybki wzrost także odegrał rolę w kształtowaniu się jego obrazu samego siebie. Już wcześniej był szczupły, ale kiedy gwałtownie urósł, stał się chudziuteńki. – Byłem jak tyczka, więc się wyróżniałem. A kiedy jesteś dzieckiem, możesz mieć przez to problemy".

Wydawało mu się nawet, że jeśli ludzie się przy nim śmieją albo żartują, to z niego. Jego koledzy patrzyli na to inaczej. „Laney było wtedy jak rodzina – wspomina Leroy Smith. – Proporcja białych do czarnych wynosiła mniej więcej 60 do 40, ale było naprawdę spoko. Żadnych napięć, nic takiego. To była nowa szkoła. Nie było żadnych grupek, co było nawet dziwne. Mike, to był Mike, był po prostu inny. Wszyscy szukaliśmy wtedy swojej tożsamości. A Mike... On jakby już swoją odnalazł".

Jordan uważał, że towarzysko jest zerem. „Myślałem, że nigdy nie znajdę żony – wyznaje. – Nie mogłem się umówić na randkę... Za bardzo pajacowałem. W towarzystwie kobiet też robiłem sobie jaja. Byłem klaunem. To był mój sposób na przełamywanie lodów z ludźmi, którzy byli bardzo serio. Dobrze się uczyłem, dostawałem zazwyczaj czwórki i piątki, ale jednocześnie ciągle miałem uwagi za zachowanie, bo stale się wygłupiałem i gadałem na lekcjach".

Starsza siostra pamięta go jako kochającego i optymistycznego chłopca. Była już mężatką i oddaliła się od rodziny. Wówczas to on często wyciągał do niej rękę. Podziwiał jej męża i lubił spędzać czas z jej rodziną. Miała dwójkę dzieci, Michael za nimi przepadał. Zawsze lubił dzieci. Inni chłopcy w jego wieku byli obojętni na wdzięki tych delikatnych małych istot, on jednak uwielbiał się z dziećmi bawić i nosić je na rękach. „Mike lubił dzieci – wspominał jego ojciec. – Chyba dlatego, że mają mnóstwo energii. Jego też rozpierała energia. Strasznie rozpuścił dzieci mojej córki". Dodał też, że młodsze dzieciaki z sąsiedztwa także bardzo go lubiły i często wpadały do nich do domu, żeby się z nim pobawić.

Ale nie chodziło tylko o to, że uwielbiał dzieci. Lubił dostarczać ludziom przyjemności i cieszył się, że ktoś zwraca na niego uwagę. Kiedy był w trzeciej klasie i zaczął grać w reprezentacji, szybko zauważył, że dzięki koszykówce ludzie interesowali się nim bardziej niż kiedykolwiek. Błyskawiczne wyniesienie do poziomu gwiazdy szkolnej drużyny sprawiło, że w jakimkolwiek miejscu szkoły by się nie pojawił, witały go uśmiechnięte twarze i pochlebne komentarze na temat jego gry. Jego status się zmienił – nie był już człowiekiem z marginesu, był kimś – i to w sposób, o którym większość jego rówieśników mogła tylko marzyć. Sam najbardziej cieszył się z więzi, która połączyła kolegów z drużyny.

„Zanim zacząłem w liceum grać w koszykówkę, nie miałem zbyt wielu przyjaciół – powiedział Jordan w kwietniu, zaraz po zakończeniu przełomowego sezonu. – Cieszę się, że poznałem tylu ludzi. Uwielbiam swoich kolegów z drużyny. Pomagali mi, ja pomagałem im … Praca zespołowa. To się liczy. Okazuje się, że im lepiej grasz, tym więcej masz przyjaciół, tym więcej fajnych ludzi poznajesz. I masz coraz lepszych przyjaciół". Michael uważa, że gdyby nie otaczający go ludzie, nie stałby się taki dobry: „Jestem wdzięczny swoim trenerom i kolegom z drużyny, to również ich zasługa".

Chociaż miał wtedy tylko 17 lat, jego spontaniczne wypowiedzi pokazują, jak dobrze rozumiał to, co się z nim działo. Gdy 30 lat później przyjmowano go do Galerii Sław, wiele osób, po wysłuchaniu szorstkich słów Michaela, życzyłoby sobie, żeby odnalazł w pamięci tamtą wypowiedź. Wtedy jednak czekało na niego wiele wyzwań i żeby im sprostać, musiał się jeszcze zmierzyć z niejednym rozczarowaniem.

Ulubionym przedmiotem Michaela była matematyka. Zdaniem Janice Hardy, która uczyła go algebry i trygonometrii, to właśnie w matematyce można było dostrzec najbardziej widoczną zmianę, jaka w nim zaszła. „W pierwszym roku, kiedy go uczyłam, był śmiertelnie przerażony. I nawet mi się to podobało. Rok później przesiadł się do pierwszego rzędu. Wygłupiał się i śmiał się z moich dowcipów".

Marzył o tym, żeby być popularnym, a kiedy już to się stało, wydawało się, że nigdy nie będzie miał dość, tak jakby się spieszył, żeby zapełnić tę część życia, która nie była zajęta przez sport. „Nigdy nie siedział sam w pokoju – wspomina jego matka. – Ciągle gdzieś wychodził, spędzał czas z przyjaciółmi, biwakował".

Deloris Jordan po cichu cieszyła się z sukcesów syna, choć nie do końca było jasne, czy jej emocje wynikały z uczucia ulgi, czy z radości. Niezależnie od ich prawdziwego źródła, była z Michaela bardzo dumna. Jej najmłodsze dziecko, córka Roslyn, pragnąc zadowolić rodziców, chciała się jak najlepiej uczyć. Była bardzo blisko z mamą i miała tajny plan, żeby ukończyć liceum rok przed czasem i jednocześnie z Michaelem pójść na studia. Jak można się było spodziewać, jej wysiłki rozpaliły ambicję Michaela i choć nie mógł dorównać jej planowi, zaczął się bardziej starać o dobre oceny, dzięki czemu stał się jeszcze atrakcyjniejszym celem rekrutacji znanych uczelni. Najważniejsza różnica pomiędzy Michaelem a jego młodszą siostrą polegała na tym, że dziennikarze nie ustawiali się w kolejce do jej rodziców, kiedy dostała jakieś wyróżnienie. Waleczność Michaela sprawiała, że media coraz bardziej interesowały się i nim, i jego przyszłością. Deloris była gotowa odpowiedzieć na wszelkie pytania. Z dumą opowiadała historie z życia swoich młodszych dzieci. „Zawsze prosto po szkole wracali do domu – mówiła w rozmowie z dziennikarzem z Wilmington. – Nie mogli przyjmować gości, dopóki my nie wróciliśmy do domu. Wysiadali z autobusu, przychodzili, zjadali kanapkę, odrabiali zadania... Nauka była zawsze najważniejsza. Ale dziećmi trzeba się zajmować. Nie można ich zostawić samym sobie. Trzeba je wspierać, chodzić na dni otwarte do szkoły, wiedzieć jak najwięcej i o nich, i o tym, co robią. Najważniejsza jest dla nich miłość i troska. Dużo czasu spędzaliśmy razem. Zawsze wiedzieliśmy, gdzie są i z kim się spotykają".

Deloris była bardzo dumna z sukcesów dzieci. Jednocześnie coraz mocniej czuła, że wychowali z mężem równolegle dwie różne rodziny. Nadal nie dogadywała się ze starszą córką i widziała, jak życie Sis zamienia się w permanentną rodzinną awanturę. Starszy syn Ronnie też był z Jamesem skonfliktowany, co pewnie przyspieszyło jego decyzję o zaciągnięciu się do armii. Młodzi w okresie dojrzewania zawsze chcą jak najszybciej uciec od czujnych oczu rodziców, ale biorąc pod uwagę głębokie podziały w domostwie Jordanów, trudno się dziwić, że ich dzieci wolały być gdzie indziej. Jordanowie zadbali o to, żeby dzieci żyły dostatnio, łatwo jednak zauważyć, że jednym ze stałych motywów życia ich rodziny stała się ucieczka.

Jeśli jest w tym wszystkim jakaś tajemnica, to są nią relacje Deloris Jordan z jej rodzicami. W wielu wywiadach, których udzieliła przez te wszystkie lata, a nawet w książce, którą napisała, rzadko wspomina o swoim dorastaniu, tymczasem dzieci przyznawały, że relacje ich matki z jej owdowiałym ojcem były skomplikowane. James i Deloris często mijali jego dom w Pender County, jadąc w odwiedziny do Pani Bell i Medwarda. Niekiedy zatrzymywali się, żeby wstąpić do Edwarda Peoplesa. Z tych wizyt Sis zapamiętała głównie zimną i onieśmielającą atmosferę, jaka panowała w trakcie spotkania.

Medward Jordan też na swój sposób onieśmielał, ale było to nic w porównaniu z murem, który oddzielał Deloris od jej ojca. Zdaje się, że w ich historii też miały miejsce jakieś problemy z akceptacją dzieci przez rodziców. Przedwczesne zajście w ciążę i wyprowadzka z domu na pewno miały na to wpływ.

Nie ulega jednak wątpliwości, że dyscyplina i wielkie nadzieje, jakie Deloris Jordan wiązała z dziećmi, miały wiele wspólnego z jej rodzinną historią. Peoplesowie podchodzili do biznesu farmerskiego z taką samą żądzą sukcesu, z jaką potem Michael traktował koszykówkę. Osiągnięcia Edwarda Peoplesa mogą się wydawać banalne, kiedy porówna się je ze sławą, jaką zdobył jego wnuk, ale gdyby wziąć pod uwagę trudności, z jakimi się borykał, i drogę, którą musiał przejść od dzierżawienia do własności i zarządzania własną ziemią, to też był to wyczyn niebywały.

Coś jednak spowodowało trudne do wytłumaczenia poczucie izolacji i wcale nie wiązało się to z ojcem Deloris. W ciągu kolejnych lat, kiedy Jordanowie coraz bardziej wkraczali w magiczny świat sławy najmłodszego syna, Sis dostrzegała rosnące zakłopotanie związane z wydumaną prząśnością miejsca, z którego pochodzą. Tak jakby rodzice chcieli zrobić wszystko, żeby zapomnieć o świecie Teachey i Rocky Point.

James i Deloris Jordanowie dzielili z synem jego sportowe marzenia. Byli w stanie pojechać wszędzie i zrobić wszystko, żeby wspomóc dzieci w osiągnięciu sukcesu. Mecze były dla nich jak narkotyk – żyli nimi, czekali na nie, emocjonowali się nimi, rozpamiętywali je. Jak tylko mecz się skończył, już się nie mogli doczekać kolejnego i tak bez końca.

Być może byli jednymi z pierwszych helikopterowych rodziców*.

Jak łatwo się domyślić, już po pierwszych sukcesach Jordana bardzo się od nich uzależnili. Przez tyle lat niemal obsesyjnie śledzili sportowe wyczyny swoich dzieci, a teraz pojawiła się wreszcie szansa na nagrodę. Byli świadkami jego osiągnięć w baseballowej Little League, żeby potem zejść na ziemię po rywalizacji w lidze Babe Ruth. Wszystko jednak wskazywało na to, że w koszykówce jest szansa na coś wielkiego. Dzwonili trenerzy z Karoliny Północnej, a to, co mówili o Michaelu, pozwalało poważnie myśleć o przyszłości. Szkoleniowcy zaprosili go na letni obóz treningowy. Wszystko wyglądało naprawdę dobrze, z wyjątkiem jednej rzeczy.

Priorytetem Jamesa Jordana stało się nakłonienie najmłodszego syna, by w końcu zrozumiał, jak ważna jest praca. Dręczył tym Michaela nieustannie. Całej rodzinie było już wstyd. Deloris też się tym zamartwiała, aż w końcu wpadła na pomysł, żeby zwrócić się o pomoc H.L. „Whiteya" Prevatte'a. Był miłym człowiekiem, klientem banku, w którym pracowała, właścicielem hotelu i restauracji. Poprosiła go więc o pracę dla syna.

„Niewiele mogę powiedzieć o jego matce – wspomina Prevatte. – Była kasjerką w banku, w którym miałem konto. Zadzwoniła i zapytała, czy nie znalazłbym jakiegoś zajęcia dla Michaela".

„Byłem pracownikiem obsługi w hotelu – wspomina Jordan. – Czyściłem baseny, malowałem poręcze, wymieniałem filtry w klimatyzatorach, zamiatałem na zapleczu". Michael zarabiał minimalną stawkę – trzy dolary i dziesięć centów za godzinę. Nikt się wtedy nie spodziewał, że pierwszy i jedyny w jego życiu czek z poleceniem wypłaty – kwitek na 119 dolarów i 76 centów – zawiśnie w gablocie Cape Fear Museum w Wilmington jako część kolekcji Michaela Jordana. „Dzięki temu zyskałem trochę klientów – przyznał się Prevatte dziennikarzowi. – Przyjechali jacyś goście z Niemiec i zaczęli się pytać o Jordana po tym, jak zobaczyli ekspozycję w muzeum".

Prevatte wspomina Michaela jako miłego chłopaka, który dobrze się prowadził. Z pracy jednak, z różnych powodów, nic nie wyszło – być może dlatego, że jednym z obowiązków było czyszczenie basenu. Jordan po prostu nienawidził wody, nigdy nie zapomniał, jak w dzieciństwie na jego oczach utopił się kolega.

* *Helicopter parents* – określenie stworzone przez dziennikarza Carla Henore'a, opisujące rodziców „stale krążących nad dzieckiem", planujących w najdrobniejszych szczegółach jego dzieciństwo i dorastanie.

„Wchodziliśmy na coraz głębszą wodę i skakaliśmy po nadchodzących falach – wspominał po latach. – Prąd był bardzo silny, w pewnym momencie wciągnął go pod wodę, a on się mnie kurczowo złapał. Nazywają to chwytem śmierci, kiedy tonący wie, że zaraz utonie. Musiałem prawie złamać mu rękę, w przeciwnym razie pociągnąłby mnie za sobą. Wyrwałem się, ale on zginął…"

„Nie chciałem potem wchodzić do wody… Każdy ma jakąś fobię. Ja staram się nie zbliżać do wody", kontynuował.

Okazało się, że z zamiataniem i sprzątaniem też miał problem. Jak się potem przyznał, trochę się bał, że przyjaciele go zobaczą i będą się z niego nabijać.

Nie chciał już tam pracować, więc rodzice, zwłaszcza ojciec, się wściekli. Nie zrobiło to na nim większego wrażenia. „Próbował mnie zmienić, ale nie było na to szans… Po tygodniu zrezygnowałem", wspomina Jordan i dodaje: „Powiedziałem sobie – nigdy więcej. Prędzej zostanę bezdomnym niż zgodzę się na pracę od 9.00 do 17.00".

To o pani, pani Robinson*

W tamtym okresie w życiu Michaela miało miejsce wydarzenie, na które nastolatki czekają najbardziej – szkolny bal trzecio- i czwartoklasistów. Laquetta Robinson mieszkała w Goldsboro. Okoliczności ich poznania są jedną z tajemnic historii Jordana. Pewnie zaczęło się od tego, że spędził noc w jej domu po jednym z wyjazdowych meczów baseballowych. Było to oczywiście przed erą SMS-ów, więc korespondowali za pośrednictwem tradycyjnej poczty. Jordan napisał do niej wiele listów, zabijając czas podczas nudnych lekcji. Wszystkie listy zachowała, tak jak to zazwyczaj robią nastolatki, a po latach dwa z nich pojawiły się na rynku kolekcjonerskim po tym, jak jeden z jej krewnych je ukradł. Jeden ujrzał światło dzienne w 2011 roku i został sprzedany za pięć tysięcy dolarów. Po protestach Laquetty dom aukcyjny zwrócił go prawowitej właścicielce, ale dopiero wtedy, kiedy jego zawartość znalazła się w internecie.

List pokazał, że Jordan był taki jak inni nastolatkowie – niezdarny, trochę niestaranny, w nieudolny sposób próbujący wyrazić swoje emocje. „Bardzo się ucieszyłem, że oddałaś mi pieniądze, kiedy wygrałem zakład – pisał któregoś dnia podczas lekcji chemii. – Dziękuję za zaproszenie na twoje zakończenie

* *Here's to you, mrs. Robinson* – nawiązanie do słów piosenki *Mrs. Robinson* duetu Simon & Garfunkel.

roku. Wszystkim w szkole je pokazuję. Wszyscy uważają, że jesteś bardzo ładna i muszę się z tym zgodzić, bo to bardzo prawda. Tylko żebyś nie myślała sobie za dużo (żartuję). Przepraszam, że nie przyjadę w swoje urodziny, ale tata zabiera całą rodzinę na jedzenie na moje urodziny. Nie złość się, naprawdę próbuję wpaść w tygodniu po 14 lutego. Jak mi się uda, proszę wymyśl nam jakąś fajną imprezę"*.

Jak widać, młody Jordan był dosyć żarliwy w swoich wyznaniach, przy czym, jak każdy młody zakochany, starał się uwzględniać inne opcje na wypadek, gdyby jego uczucia okazały się nieodwzajemnione. Po upublicznieniu listu w 2011 roku kilka stacji telewizyjnych przeprowadziło wywiady z Laquettą Robinson. Niechętnie się wypowiadała, była przerażona tym, że naruszono jej prywatność. Raporty policyjne z tego incydentu potwierdzają, że to nie ona próbowała zarobić na tych listach. Wyjawiła, że młody Mike często prawił jej komplementy, ale zaraz potem się z nich wycofywał, dodając: „Tylko żebyś nie myślała sobie za dużo". Rewelacje dotyczące ich nieujawnionego zakładu i jego ekscytacji związanej z odebraniem wygranej pokazują, że już na wczesnym etapie życia dawała znać o sobie jego natura hazardzisty, podobnie jak wola zwycięstwa. Ich zdjęcie z balu szkolnego jest główną atrakcją z tych kilku miesięcy, kiedy byli razem. Oboje ubrani na biało, ona w długiej opiętej sukni, z rękawami trzy czwarte, na nadgarstku biały korsarz, który dostała w prezencie od Michaela. Jednak największe wrażenie robiły jej włosy. Ułożyła je prosto, od środka, bez dodatków, loków, tapirów czy trwałej, odsłaniając oczy i piękne, wysokie policzki, a promienny, szczery uśmiech oddawał jej wrażliwość. Siedziała swobodnie, z rękami złożonymi na kolanach. Wyglądała całkowicie bezpretensjonalnie, a przecież mówimy o czasach, kiedy młodzi ludzie – nawet sam Jordan – mieli skłonność do pozerstwa. On stał przy niej, wysoki, cały na biało, z jedną ręką na jej ramieniu, z drugą w kieszeni, ot – taka młodzieńcza próba pokazania, że jest się wyluzowanym. W jego stroju wszystko było białe – nawet wieczorowy krawat i goździk w klapie. Smoking i kołnierz koszuli były co prawda trochę za obszerne, za to jego uśmiech – wyważony, tak jakby chciał powiedzieć: „Jest OK, ale mam znacznie poważniejsze zamiary". Wspomnienie było typowe dla wielu innych związanych z Michaelem – nie chodzi w nim o to, jak dobrze się razem

* Pisownia w miarę możliwości oryginalna, w liście Jordana było sporo błędów stylistycznych, które trudno oddać w tłumaczeniu.

bawili, ale raczej o kolejny etap na drodze do czegoś więcej. Nie wiedział jeszcze wtedy, dokąd zmierza, jednak bardzo chciał się dowiedzieć. Powoli zaczynał już mieć poczucie celu, w który wpisywało się coraz więcej życiowych kwestii. Zwłaszcza jeśli chodziło o koszykówkę. Albo baseball.

Michael grał wtedy w drużynie prowadzonej przez Popa Herringa na pozycji prawozapolowego*. Nabrał pewności siebie, zmężniał, jednak trener, który znał już jego sprawność fizyczną, miał na ten temat inne zdanie. Grywał też czasem na pozycji miotacza, tu jednak pierwsze skrzypce grał David Bridgers. Zdarzały się mecze, w których nic Jordanowi nie wychodziło, ale porażki przeplatał z dobrymi występami i chwilami triumfu. No i lubił kij baseballowy, od którego przecież rozpoczęła się jego sportowa przygoda.

W pierwszym meczu sezonu miał stuprocentową skuteczność, zaliczył trzy home runy**, a Laney wygrało z Southern Wayne 9:2. W drugim spotkaniu z Hoggard zagrał na pozycji miotacza, niestety rzuty mu nie wychodziły, przez co drużyna straciła kilka punktów. Podobna sytuacja miała miejsce w jednym z kolejnych pojedynków, przeciwko New Hanover.

„Nie był wystarczająco szybki, no i powinien mocniej rzucać", powiedział Herring po meczu, w którym po błędach Jordana przeciwnicy zaliczyli w szóstej rundzie sześć runów, co pogrążyło Korsarzy. Potem Laney przegrało też z Jacksonville, pomimo dwóch runów Jordana w siódmym inningu. W rewanżowym spotkaniu z Southern Wayne zmarnował siedem uderzeń, w końcu w siódmej rundzie trener posadził go na ławce, ale Laney i tak przegrało. Zwycięstwo przyszło w meczu przeciwko Kinston, a Jordanowi udało się zaliczyć RBI***. Trzy dni później, podczas rewanżu z Kinston u siebie, Michael w końcu nagrodził Herringa za to, że ten cierpliwie dawał mu kolejne szanse i zdobył punkty, które przyniosły wygraną. W nagrodę w następnym meczu trener przesunął go na pole wewnętrzne. Michael zdobył kolejne RBI, ale jego drużyna minimalnie przegrała z New Bern. Dobrze zagrał też w pojedynku z Goldsboro, zdobywając trzy decydujące o zwycięstwie punkty.

* *Right fielder*.

** Obiegnięcie wszystkich baz i dobiegnięcie do bazy domowej, zakończone zdobyciem punktu przez drużynę atakującą.

*** *Run Batted In* – zaliczenie runa bezpośrednio z odbicia piłki przez pałkarza.

W kolejnym, wygranym 6:1 meczu z Jacksonville, Jordan zagrał znakomicie – jako miotacz posyłał przez pięć inningów piłkę tak, że pałkarz drużyny przeciwnej nie był w stanie jej odbić, a jako pałkarz zaliczył siedem udanych odbić. Zaraz na początku niepotrzebnie pokłócił się z sędzią, więc Herring posadził go na ławce, żeby się uspokoił. Potem wstawił go z powrotem (przepisy gry w szkole średniej dopuszczały taką możliwość) i przyglądał się, jak zapewnia swojej drużynie zwycięstwo.

W ostatnim meczu z Goldsboro zaliczył dwa odbicia, w tym jednego home runa, ale ostatecznie drużyna przegrała i zakończyła sezon z bilansem 8:8 w swojej Dywizji, a ogólnie 9:11.

Ten sezon baseballowy tylko potwierdził to, co było widoczne już wcześniej, podczas sezonu koszykarskiego: Pop Herring, który zebrał potem tyle cięgów za słynne „pominięcie" Jordana, był mocno skoncentrowany na tym, żeby rozwijać swoją wschodzącą gwiazdę.

Pod koniec kwietnia w „Star-News Sunday" ukazał się reportaż Chucka Carree'a zatytułowany *Jordan z Laney: wszechstronna gwiazda z liceum*. Herring szeroko opowiadał w nim o Jordanie: „Myślę, że to wyjątkowy sportowiec, kropka. Jako drugoroczniak był najlepszy w drugiej reprezentacji futbolu w przechwytach, ale zrezygnował z gry. Taką decyzję podjęła jego rodzina. Mike jest fantastycznym koszykarzem. Będzie jednym z pięciu najlepszych koszykarzy stanowych. Moim zdaniem będzie w licealnej drużynie gwiazd. Nie ma słów, którymi dałoby się opisać to, co wyprawia na parkiecie. Nie sądzę, żeby ktoś był w stanie powstrzymać go w pojedynku jeden na jednego. Jeśli zdobywał mniej punktów, to dlatego, że tempo gry było powolne".

Jordan znalazł nawet czas na to, żeby tej wiosny wspomóc szkolną reprezentację lekkoatletyczną jako skoczek w dal. „Uwielbiam skakać – powiedział w rozmowie z Carreem. – I uwielbiam baseball, to moja dyscyplina sportu numer jeden. Na studiach chcę grać i w baseball, i w koszykówkę, ale myślę, że moim priorytetem stanie się koszykówka. Spróbuję uzyskać stypendia i w koszykówce, i w baseballu. I na pewno wysłucham rad rodziców i trenerów".

Miał 17 lat, mimo to doskonale wiedział, czego pragnie i nie bał się mówić o tym publicznie. „Mam nadzieję, że po zakończeniu nauki na uczelni zostanę zawodowcem – powiedział. – Chcę być sportowcem. Ale na razie chcę przede wszystkim dostać się na studia".

Rozdział 9

FIVE-STAR

Dean Smith i jego sztab szkoleniowy mieli okazję dokładniej przyjrzeć się Michaelowi Jordanowi latem 1980 roku podczas letniego obozu treningowego. Poznali też jego rodziców. James i Deloris odwiedzili obóz i spotkali się ze Smithem i jego asystentami. Obie strony bardzo przypadły sobie do gustu, niestety rekrutacja nieznanej jeszcze szerszej publiczności gwiazdy z Wilmington pozostawała niezakończona.

Niby zainteresowanie trenerów rosło, ale z obozu dochodziły sprzeczne sygnały. Czarnoskórzy Michael Jordan i Leroy Smith mieszkali razem z Buzzem Petersonem i Randym Shepherdem, białymi graczami z Asheville, górskiego miasteczka położonego na zachodnim krańcu stanu. Peterson, który po swoim ostatnim sezonie miał otrzymać tytuł Mr. Basketball* Karoliny Północnej, był już głównym celem naboru do drużyny Tar Heels, podobnie jak Lynwood Robinson. Dla Petersona był to już kolejny obóz letni u Deana Smitha. On i Jordan szybko się zaprzyjaźnili, a następne miesiące umocniły tę więź. Do tej samej grupy i na wspólne ćwiczenia trafił Shepherd. Każdego wieczoru opowiadał Petersonowi o niesamowitych wyczynach Michaela. Przyznał, że nigdy w życiu nie widział takiego zawodnika. Jego podziw rósł z każdym dniem, aż czwartego dnia orzekł, że Jordan ma talent, który zaprowadzi go do NBA. Trenerzy Karoliny uważali podobnie. Brick Oettinger tylko potwierdził swoje wcześniejsze wrażenia z obserwacji Jordana w lutym. „Byli tam Lynwood Robinson i Buzz

* Mr. Basketball – nieoficjalna nagroda dla najlepszego gracza liceum w danym stanie, przyznawana przez dziennikarzy.

Peterson – wspomina Oettinger. – Ale to Michael Jordan był ewidentnie najlepszy. Wymykał się jakimkolwiek klasyfikacjom". Roy Williams poinformował sztab szkoleniowy, że Jordan jest najlepszym graczem wzrostu 193 centymetrów, jakiego widział w życiu. „Mało kto o nim wtedy słyszał – wspominał potem Williams. – Michael pojawił się na obozie i zmasakrował wszystkich, z którymi grał".

Zadanie Williamsa polegało na zarządzaniu codziennymi zajęciami zawodników z różnych grup wiekowych. Ćwiczenia odbywały się w straszliwym upale, więc każda z grup musiała mieć możliwość trenowania nie tylko na dworze, ale i w klimatyzowanej hali Carmichael Auditorium, w której rozgrywali swoje mecze Tar Heels.

Williams, po obejrzeniu popisów Jordana na kilku ćwiczeniach, pozwolił mu zagrać na parkiecie z grupą starszych zawodników. Trener wspominał później, że tego popołudnia Michael jeszcze kilka razy ukradkiem wchodził do hali i brał udział w meczach kolejnych grupek. Trenerzy uznali, że to dowód zarówno woli walki, jak i tego, że lubił sale z klimatyzacją.

Po zakończeniu sesji treningowych czwórka kolegów z pokoju spędzała wolny czas razem. Jordan i Peterson zaprzyjaźnili się, kiedy zdali sobie sprawę, że obaj są rekrutowani przez Tar Heels. Być może Shepherd i Smith, przyjeżdżając na obóz, też mieli nadzieję, że Karolina Północna się nimi zainteresuje, jednak pierwszy tydzień udowodnił, że ich umiejętności zaprowadzą ich raczej do gry w barwach mniejszych uczelni. I rzeczywiście – Leroy Smith ostatecznie trafił do UNC Charlotte, a Randy Shepherd do UNC Asheville.

Na początku obozu faworytami Deana Smitha byli Robinson i Peterson, ale pod koniec bliżej szczytu listy znajdował się już Jordan. Smith zjadł z nim podczas obozu dwa lunche, spotkał się z jego rodzicami i coraz bardziej wierzył w to, że chłopak z Wilmington dobrze wpasuje się w ich wypracowany system gry.

Jordan był podekscytowany sygnałami, które do niego docierały, ale nie był w pełni przekonany, czy chce grać dla Karoliny Północnej. Kibicował drużynie NC State, przez lata nie cierpiał UNC i choć szanował Deana Smitha, to w jego opartym na ścisłej kontroli podejściu do zawodników było coś, co sprawiało, że i Jordan, i Herring mieli wątpliwości.

„Próbował mnie trzymać w ukryciu", tak wspomina Smitha Jordan.

W tym kluczowym momencie procesu rekrutacyjnego do akcji wkroczył Pop Herring i doprowadził do tego, że przed Jordanem otworzyło się więcej możliwości. Pewnego wieczoru nadmienił Williamsowi, że chciałby dać Jordanowi okazję do zaprezentowania się szerszej publiczności i że zastanawia się nad wysłaniem go na obóz Five-Star Howarda Garfinkela w Pittsburghu, ewentualnie na obóz B-C Billa Cronauera w Georgii. Były to dwa zgrupowania, na których pojawiały się największe talenty, zanim jeszcze ocena talentów szkolnych zamieniła się w biznes.

Williams widział, że Smith nie chce, aby wieść o umiejętnościach Jordana rozeszła się po całych Stanach, ale nawet jako młody i niedoświadczony asystent miał świadomość tego, że musi przede wszystkim zdobyć zaufanie rodziny zawodnika. Zgodził się więc pomóc Herringowi w zorganizowaniu wszystkiego, prawdopodobnie nie mając na to zgody Smitha.

„Zapytał, co o tym sądzę – opowiada Williams o rozmowie z Herringiem. – Odpowiedziałem, że powinien jechać, że będzie to dla niego fantastyczny sprawdzian, i że będąc na jego miejscu, wybrałbym obóz Five-Star. Wydawało mi się, że tam więcej skorzysta, bo bardziej niż na grze skupiali się tam na nauce podstaw koszykówki".

Kilka dni później Williams wspomniał o Jordanie w rozmowie z Tomem Konchalskim, który pomagał w organizacji obozów Five-Star. Konchalski, erudyta z doskonałą pamięcią, który lubił żartować, że najbardziej atletyczną rzeczą, jakiej dokonał, było przeskakiwanie z tematu na temat, miał reputację jednego z najlepszych wyszukiwaczy talentów w licealnej koszykówce. Po latach Konchalski wspominał tamtą rozmowę z Williamsem: „Roy powiedział: »Słuchaj, jest taki chłopak z Karoliny Północnej, który może być kiedyś wielkim zawodnikiem, ale nie jesteśmy go pewni. Pojawił się latem na naszym obozie, nie miał tam zbyt wielkiej konkurencji, nie grał przeciwko najlepszym«". Panowie pogadali jeszcze o tym, że na pierwszy turnus obozu Five-Star, nazwany Pittsburgh 1, przyjedzie grupa najbardziej utalentowanych zawodników. „Roy powiedział, że nie jest pewien, czy Jordan jest wystarczająco dobry na Pittsburgh 1", wspomina Konchalski. Zarówno on, jak i Garfinkel dokładnie pamiętają, że trenerzy z Karoliny mieli jeszcze wtedy wątpliwości co do umiejętności Jordana. Tak jakby ten chłopak z Wilmington był zbyt dobry, aby to mogło być prawdą. Williams i Konchalski zdecydowali więc, że dla Jordana najlepiej będzie, jeśli pojedzie na Pittsburgh 2 i potem może jeszcze Pittsburgh 3, czyli na drugi i trzeci turnus.

„Zadzwoniłem do Howarda Garfinkela i powiedziałem mu, że przyjedzie Michael i że na pewno mu się spodoba, bo jest świetnym zawodnikiem. Że jest za dobry, aby czekać na miejsce", opowiadał potem Williams. Garfinkel pamięta to trochę inaczej: telefonował Williams i prosił go o miejsce na którymś z jego campów dla zawodnika, którego Karolina rekrutuje. „Przedstawił się – wspomina Garfinkel rozmowę z Williamsem. – Trochę porozmawialiśmy, po czym powiedział tak: »Mamy zawodnika, uważamy, że jest bardzo dobry, był u nas na obozie, zdobył tytuł MVP, wszystkich zmasakrował, tyle że konkurencja nie była zbyt mocna, więc nie mamy stuprocentowej pewności. Jesteśmy pewni na 95 procent. A chcemy być na 100. Czy znajdziesz dla niego miejsce na jednym ze swoich campów, żeby mógł zagrać z najlepszymi zawodnikami w kraju?«".

W ciągu wielu dziesięcioleci organizowania obozów treningowych Garfinkel nigdy nie spotkał się z tak dziwną prośbą. Williams był tylko nowym asystentem z Karoliny. Początkowo Garfinkel powiedział mu, że nie da rady w ostatniej chwili znaleźć miejsca dla Jordana, ale Williams nalegał. Dzwonił do niego ktoś od szanowanego trenera Deana Smitha, więc Garfinkel w końcu uległ, porobił jakieś roszady i miejsce dla Jordana się znalazło, w drugim tygodniu campu w Pittsburghu. Udało się to nawet tak załatwić, że Michael mógł wziąć udział w zgrupowaniu po obniżonej cenie, w zamian za pomoc w kuchni. Garfinkel dowiedział się później, jakoby Smith był zły, że Jordan jedzie na jego obóz, ale nigdy w to nie uwierzył: „Po co Roy Williams miałby do mnie dzwonić i naciskać, jeśli Dean Smith by sobie tego nie życzył?".

Opisane okoliczności pokazują, z jakim stresem zmagają się trenerzy uniwersyteccy podczas rekrutacji. Dean Smith przez wszystkie lata zdołał ściągnąć do swojej drużyny dziesiątki pożądanych zawodników i robił to zawsze z niespotykaną uczciwością. Słynął z tego, że nigdy nie namawiał młodych koszykarzy do podpisania kontraktu z Tar Heels w zamian za obietnicę, że od razu będą grali w pierwszym składzie. Poza tym trzymał się z daleka od mrocznej strony procesu rekrutacji polegającej na tym, że absolwenci uczelni płacili rekrutowanym i ich rodzinom łapówki, dawali w prezencie samochody albo inne nielegalne prezenty. Niektórzy trenerzy i niektóre drużyny uciekały się do takich metod, ale Smith osiągał sukcesy, nie brudząc sobie rąk.

Oczywiście to nie znaczy, że nie miał swoich dziwnych nawyków. Jednym z nich była obsesja na punkcie wizerunku realizowanego przez siebie programu. W późniejszych latach czynności podejmowane przez szkoleniowców Karoliny Północnej mogły wzbudzić pewien niesmak w NCAA, ale były zgodne z prawem. Zdaniem Williamsa Smith był wtedy rzeczywiście zdenerwowany.

Pamięta, że musiał mu się tłumaczyć: „Powiedziałem: »Trenerze, uznałem, że i tak pojedzie, i chciałem mu po prostu doradzić to, co według mnie będzie dla niego najlepsze. A rodzina Michaela naprawdę to doceniła«".

Efekt był taki, że nieznany koszykarz z Wilmington, który wciąż jeszcze był trochę zagadką dla trenerów z Karoliny, miał pojechać na camp Five-Star Pittsburgh 2 i sprawdzić, jak sobie poradzi w konfrontacji z innymi koszykarzami z całego kraju, z zawodnikami, którzy grali w reprezentacjach szkolnych zarówno w pierwszej, jak i w drugiej klasie i którzy się wyróżniali. Według powszechnie panującej opinii, tych najlepszych już udało się zidentyfikować.

Jordan denerwował się już przed wyjazdem na obóz organizowany przez Karolinę, było to jednak nic w porównaniu z napięciem towarzyszącym wyjazdowi na camp Five-Star, gdzie miał się zmierzyć z koszykarską elitą. Najlepsi byli ci z turnusu Pittsburgh 1, ale na drugi turnus w Pittsburghu przyjechało też 17 zawodników wybieranych przez dziennikarzy do drużyny gwiazd*. Na tej liście był między innymi Aubrey Sherrod z Wichity, którego wielu tropicieli talentów uważało za najlepszego rzucającego obrońcę spośród drużyn licealnych w całym kraju. Michael obawiał się tej rywalizacji. Pop Herring kazał mu się wyluzować i zapewniał, że sobie poradzi. Ale trudno było się wyluzować na widok tłumów zgromadzonych w Robert Morris College w Pittsburghu, gdzie pod koniec lipca rozpoczął się obóz Five-Star. Na miejscu było 150 trenerów i obserwatorów, wyposażonych w notesy, w których notowali słabości i atuty poszczególnych graczy. Pierwszego wieczoru, między godziną 8.00 a 11.00, zawodnicy zostali podzieleni na drużyny i grali nieformalne sparingi, aby trenerzy 12 drużyn mogli dokonać wyboru. Główna liga na obozie nazywana była NBA. Jordan uczestniczył w campie po raz pierwszy i daleko mu było do gwarantowanego miejsca w tej lidze. Wszystko zależało od tego, jak zagra tego pierwszego wieczoru, na boiskach znajdujących się na dworze, czyli w warunkach, które lubił najmniej.

„Byłem strasznie zdenerwowany, ręce mi się trzęsły – wspomina. – Patrzyłem na tych wszystkich *All-Americans* i miałem wrażenie, że znajduję się na najniższym poziomie. Oto jestem, ja, prowincjonalny chłopak z Wilmington".

Zgodnie z ówczesnymi zasadami NCAA, trenerzy uniwersyteccy mogli uczestniczyc w obozach jako szkoleniowcy i wychowawcy. Brendan Malone, inteligentny, charakterny asystent z Uniwersytetu Syracuse, pracował na campach

* *All-Americans.*

od kilku lat. Poprzedniego lata w jego drużynie grali Aubrey Sherrod i znajdujący się wysoko w rankingach center, Greg Dreiling. Prowadzony przez niego team zdobył mistrzostwo campu. Dla agresywnego Malone'a był to zaszczyt, wyróżnienie, które pozwala młodemu asystentowi fantastycznie zacząć karierę. Obecnie Malone znowu zamierzał wybrać w drafcie Dreilinga i Sherroda, mając nadzieję, że podobny skład znów przyniesie mu tytuł. Malone miał wybrać numer jeden spośród obrońców i wiedział, że Sherrod będzie w stanie zapewnić drużynie punkty potrzebne do zdobycia kolejnego tytułu. Na dzień przed rozpoczęciem obozu musiał pilnie wracać do domu w związku z sytuacją rodzinną, poprosił więc swojego dobrego przyjaciela, Toma Konchalskiego, żeby pierwszego dnia obejrzał testy i wybrał drużynę w jego zastępstwie. Pozostawił mu wyraźne instrukcje, że ma wybrać Dreilinga i Sherroda.

Konchalski zamierzał postąpić zgodnie z zaleceniami Malone'a, a potem zobaczył w akcji nieznanego koszykarza z Wilmington. „Pamiętam, że miał świetny wyskok – wspomina Konchalski. – Zatrzymywał się, wyskakiwał wysoko w powietrze, prosto w górę, po czym oddawał rzut z ogromnego wywyższenia. Wtedy jeszcze nie było rzutów za trzy punkty, więc nie rzucał z dystansu, ale świetnie sobie radził w półdystansie i znakomicie rzucał z zatrzymania. Potrafił wystrzelić w górę tak wysoko, że przeciwnicy bronili na wysokości jego pępka. Był naprawdę wybuchowy".

W ciągu dziesięcioleci istnienia obozów koszykarskich Five-Star ukute zostało określenie opisujące najlepszych z najlepszych, te nadzwyczaj rzadko spotykane talenty, które robią największe wrażenie na obserwujących. „Nazywaliśmy ich zawodnikami, którzy tylko raz byli przy piłce* – tłumaczy Garfinkel. – Chodzi o to, że wystarczało ich zobaczyć tylko raz". Garfinkel siedział w swoim biurze, przyglądając się przez okno początkowym meczom, kiedy zauważył Jordana po raz pierwszy. „Wyskakuje do rzutu, kryje go trójka obrońców. Ale kiedy znajduje się w powietrzu, towarzyszy mu już tylko powietrze. Jest sam. Wysoko. Oj tak, był bardzo widowiskowy". „Mój Boże – pomyślał od razu Garfinkel. – To jest *one-possession player*".

Jordan też błyskawicznie wyczuł, że ma to coś, czego nie ma nikt inny. „Im więcej grałem, tym pewniej się czułem – wspomina. – Myślałem sobie: »Może naprawdę mogę z nimi grać?«".

* *One-possession players.*

A Konchalski musiał szybko podjąć decyzję. Czy ma wybrać w drafcie tak, jak mu kazał Malone, czy też zdecydować się na zawodnika, który był inny niż wszyscy koszykarze, jakich widział w życiu? Następnego dnia wcześnie rano Malone pojawił się w obozowej kawiarni na śniadaniu i od razu skierował się do Konchalskiego. „Powiedział: »Pokaż mi moją drużynę« – opowiada Konchalski. – Ja mu na to, że mam numer jeden. Zapytał, czy wybrałem Dreilinga. Odpowiedziałem, że tak. A on zapytał, czy wybrałem Aubreya Sherroda. Ja odpowiedziałem, że nie. Na co on zapytał: »Jak to, nie?«. Aubrey Sherrod był wtedy uznawany za najlepszego rzucającego obrońcę w swoim roczniku w Ameryce. »Wybrałem chłopaka z Karoliny Północnej«, odpowiedziałem".

Garfinkel śmieje się na wspomnienie tamtej wymiany zdań. „Brendan pyta: »Kto to, do cholery, jest, ten Michael Jordan?«. I zaczyna się wkurzać. Zaczyna szaleć. »Coś ty mi narobił? Kto to jest Michael Jordan?« Tom odpowiada: »Wyluzuj, wyluzuj, to bardzo dobry zawodnik«. Brendan się kompletnie zagotował. Wyszedł, żeby ochłonąć. Był naprawdę wkurwiony".

Malone nie pamięta, żeby wściekł się aż tak bardzo, ale pamięta, że wystarczył mu jeden rzut oka na Jordana, żeby się uspokoić. „Pamiętam, jak zobaczyłem Michaela po raz pierwszy – wspomina. – Byliśmy wtedy na meczu popołudniowym. Michael grał na otwartym boisku. Poruszał się jak koń czystej krwi, miał imponujący krok, w jego ruchach było mnóstwo gracji. Od razu się wyróżniał. Wystarczyło na niego spojrzeć, na to, jak porusza się z piłką, jak biegnie. To było oczywiste nawet dla laika. Nie było wątpliwości, że Michael dominuje nad resztą uczestników obozu, a nawet nad wszystkimi rówieśnikami".

Legenda głosi, że już po kilku dniach obozu Jordan zdobywał 40 punktów w trakcie połowy meczu, wszystkie w ciągu 20 minut.

„Największe wrażenie na mnie zrobiło to, że nie sposób było go pokryć – mówi Konchalski. – Wyskakiwał ponad wszystkich obrońców i miał taki piękny rzut… Mógł oddać rzut, kiedy tylko chciał".

Na tamtym obozie był też Anthony Teachey z Goldsboro, który uważa, że to waleczna natura Jordana wyniosła go tak wysoko. „Tam było wtedy 72 najlepszych koszykarzy w kraju – tłumaczy. – I każdy miał w ciągu tamtego tygodnia swoje przebłyski… Tyle że on rządził przez całe lato".

Garfinkel zrozumiał, że powinien zadzwonić do Dave'a Kreidera, przyjaciela, który wydawał roczny raport Street & Smith's – najważniejszą wówczas publikację przedsezonową poświęconą koszykówce uniwersyteckiej. Magazyn ogłaszał listę 650 nazwisk najbardziej perspektywicznych zawodników z liceów. „Dave – spytał Garfinkel – na którym miejscu masz tam Michaela Jordana?".

Okazało się, że na wykazie jest tylko Jim Jordan. Garfinkel poradził Kreiderowi, żeby się postarał i znalazł miejsce dla jeszcze jednego Jordana.

Kreider odparł, że jest za późno, bo magazyn poszedł już do druku. Usłyszał wtedy, że lepiej, aby coś z tym zrobił, bo potem będzie mu wstyd, że pominięto kogoś tak wyjątkowego jak Michael.

„W tamtych czasach druk odbywał się na wiele tygodni przed publikacją – wspomina Garfinkel. – Dave odpowiedział, że żadnego Mike'a Jordana na liście przygotowanej przez Street & Smith's nie będzie". Kreider przyznał potem, że dziennikarz zajmujący się Karoliną Północną nie umieścił Jordana nawet na liście 20 najlepszych juniorów w stanie.

Gdziekolwiek podczas obozu nie poszedłby Jordan, Roy Williams już tam był, podążając za nim z mieszanymi uczuciami lęku i euforii. „Na jakim stanowisku byśmy się nie pojawili, to Roy Williams już pilnował tego stanowiska – wspomina Malone. – Było oczywiste, że Karolina Północna już zidentyfikowała Michaela jako znakomitego koszykarza, choć rozegrał dopiero jeden sezon w reprezentacji szkoły w Wilmington. Najlepiej z tamtego tygodnia zapamiętałem to, jak porusza się z piłką. Wszyscy byli pod wielkim wrażeniem – robił to zdecydowanie najlepiej".

Malone opowiada, że Mike wchodził nożycami pod kosz, przyspieszając w momencie mijania obrońców. „Ostro wchodził na kosz. Obrońcy ustawiali się w trumnie, robiąc ścisk i próbując go powstrzymać".

Jordan poprowadził wtedy ekipę Malone'a do tytułu mistrzów. „W ostatnich sekundach meczu decydującego o mistrzostwie wziąłem czas i powiedziałem, że ważą się losy meczu. Powiedziałem: »Michael, musisz to skończyć«. Był bardzo otwarty na rady trenera. W następnej akcji w obronie położył ręce na parkiecie, jakby był śmiertelnie zdeterminowany, żeby powstrzymać zawodnika, którego krył". To wtedy do Malone'a dotarło, że wola zwycięstwa Jordana jest być może większa niż jego sprawność fizyczna.

„Został wybrany najbardziej wyjątkowym zawodnikiem tamtego tygodnia, *ex aequo* z niejakim Mikiem Flowersem z Indiany, zdobył nagrodę MVP Meczu Gwiazd i kilka innych nagród" – wspomina Garfinkel. W drugim tygodniu spędzonym w Pittsburghu Jordan doznał kontuzji i nie mógł zagrać w kilku meczach. „Skręcił kostkę i zagrał tylko w połowie meczów – wspomina

Konchalski. – Ale i tak zdobył nagrodę MVP Meczu Gwiazd, drugi tydzień z rzędu. Nie został wybrany najbardziej wyjątkowym zawodnikiem tygodnia. Ten zaszczyt przypadł Lesterowi Rowe'owi, chłopakowi z Buffalo, który potem grał w Zachodniej Wirginii. Miał jakieś 195 centymetrów wzrostu. Wygrał, bo grał przez cały tydzień".

„Zdobyłem dziewięć nagród", powiedział z dumą Jordan w rozmowie z „Wilmington Journal" po powrocie do domu.

Jerry Wainwright, który był wtedy trenerem w liceum, był świadkiem tamtych przełomowych występów. Pod koniec drugiego tygodnia, kiedy uczestnicy campu już wyjechali, Wainwright usłyszał z hali odgłos odbijającej się piłki, wszedł i zobaczył Jordana, który ćwiczył oddawanie rzutów. Wainwright, przyszły trener UNC-Wilmington, zapytał go, co robi. Doskonale pamięta odpowiedź: „Trenerze, mam tylko 193 centymetry wzrostu, na uczelni pewnie będę grał na pozycji obrońcy. Muszę lepiej rzucać z wyskoku".

Obóz Five-Star rozpoczął nowy rozdział legendy Michaela Jordana. On sam też tak uważa. „To był w moim życiu punkt zwrotny", przyznaje. To, co się wydarzyło wtedy w Pittsburghu, raz jeszcze przypomina, jak szybko w świecie sportu los potrafi się odwrócić. Jordan doświadczył tego po raz pierwszy w baseballowej lidze Babe Ruth. Początkowy sukces niczego nie gwarantuje. „Na campie Pittsburgh 1 to Lynwood Robinson był obrońcą, którego Karolina Północna najbardziej pragnęła mieć w swoim składzie, bardziej niż Michaela Jordana – mówi Tom Konchalski. – Uważali, że będzie kolejnym Philem Fordem*. Niestety jeszcze w liceum doznał kontuzji. Operowano mu kolano i nigdy już nie był tym samym koszykarzem. Nigdy nie odzyskał siły, którą kiedyś miał". Dean Smith podtrzymał ofertę stypendium dla Robinsona, ale on już nie osiągnął żadnych sukcesów na poziomie uniwersyteckim. Ostatecznie przeszedł do Appalachian State i grał tam całkiem dobrze, nie udało mu się jednak sprostać porównaniom do Phila Forda.

Największą zdobyczą Jordana z Five-Star była odzyskana reputacja. Nawet własna rodzina inaczej zaczęła na niego patrzeć. Przed campem James Jordan wciąż jeszcze wyobrażał sobie przyszłość syna jako baseballisty. Teraz, jak przyznał Michael w wywiadzie dla „Wilmington Journal", ojciec zaczął te myśli

* Phil Ford – rozgrywający, gwiazda drużyny Karoliny Północnej, członek tamtejszej Galerii Sław.

w końcu porzucać: „Ojciec tak naprawdę zawsze chciał, żebym uprawiał baseball, ale teraz chce, żebym był koszykarzem". I koszykówka naprawdę Michaela pochłaniała, co nigdy nie miało miejsca w przypadku baseballu, niezależnie od tego, jak bardzo kurczowo ojciec trzymał się tego marzenia.

Garfinkel zaczął opowiadać, że z rocznika, który ukończy liceum w 1981 roku, Jordan jest jednym z dziesięciu najbardziej perspektywicznych zawodników w Stanach. Na czele tej listy znajdował się młody center z Massachussetts, niejaki Patrick Ewing. Brick Oettinger umieścił Jordana w swoim rankingu na pozycji drugiej, właśnie za Ewingiem, a analityk Bob Gibbons poszedł krok dalej i postawił Jordana na miejscu pierwszym, nawet przed Ewingiem. „Byłem na kilku jego meczach, kiedy był jeszcze w trzeciej klasie, i byłem na obozie Five-Star – wspomina Gibbons. – Nie wyobrażacie sobie, jak mnie zjechali za to, że Jordan znalazł się w moim rankingu przed Ewingiem, wszyscy uważali, że kierowała mną lokalna solidarność".

Dramatyczna zmiana w rankingach wywołała zainteresowanie setek szkół, a Karolina Północna musiała nagle konkurować z wieloma innymi znanymi szkołami o względy Wybrańca. Przez wszystkie lata Dean Smith nauczył się, że przy rekrutacji trzeba postępować bardzo ostrożnie i teraz miał za to zapłacić cenę.

„Dla mnie to oczywiste – jak widzisz gościa z takim talentem, jak Jordan, to od razu wiesz, co robić – mówi wprost Brendan Malone. – Dziwię się, że tyle czasu się zastanawiali, czy warto zaoferować mu stypendium. Ja bym mu złożył ofertę od razu, gdy tylko zobaczyłbym go w akcji". Malone dzwonił potem do Wilmington i próbował ściągnąć Jordana do Syracuse, on jednak, mimo wielkiego szacunku, jakim darzył Malone'a, i doświadczeń z Five-Star, grzecznie odmówił, informując, że wybrał inaczej. Tak jak większość obserwatorów, Malone sądził, że Jordan już się dogadał z Karoliną Północną. Tymczasem myśli Michaela zaczęły się odwracać od Karoliny. Wahanie częściowo brało się z wątpliwości. W Wilmington na każdym kroku spotykał się z opiniami, że za dużo oczekuje, zwłaszcza w kontekście systemu gry stosowanego w Tar Heels. „Ludzie z moich okolic nie widzieli we mnie gwiazdy. Mówili, że pojadę tam, posadzą mnie na ławce i nigdy nie zagram. I właściwie to myślałem sobie, że mogą mieć rację". Okoliczności sprawiły, że zaczął rozważać inne opcje. Karolina Północna bardzo go chciała, ale może powinien zacząć brać pod uwagę inne uczelnie, które interesowały go bardziej? Larry Brown właśnie poprowadził UCLA do finałów, a Jordanowi bardzo się podobało, jak Niedźwiadki* grały tej wiosny. „Zawsze chciałem pójść do UCLA – tłumaczył potem. – To była moja wymarzona szkoła. Kiedy dorastałem, miała fantastyczną drużynę: Kareem Abdul-Jabbar, Bill Walton, John Wooden. Ale UCLA nigdy nie podjęło próby, żeby mnie zrekrutować".

Brown, często zmieniający posady trenerskie, już po dwóch latach pracy w UCLA szykował się do kolejnej zmiany i opuścił uczelnię po zakończeniu sezonu w 1981 roku. Poza tym grał u trenera Deana Smitha i razem z nim trenował. Jordan nie zdawał sobie wtedy z tego sprawy, ale było mało prawdopodobne, że Brown zdecyduje się wejść w drogę Smithowi i rozpocząć rekrutację Michaela.

Kolejną opcją, która w tamtych czasach nie została zrealizowana, był Uniwersytet w Wirginii, gdzie sensacją stał się debiutant Ralph Sampson, center mierzący 213 centymetry, dzięki któremu drużyna Wahoos właśnie zdobyła tytuł mistrzowski podczas turnieju National Invitation w Nowym Jorku. Jordan uznał, że całkiem dobrze będzie do tej drużyny pasował. Skontaktował się więc z tamtejszymi trenerami. „Pomyślałem o Wirginii, bo chciałem przez dwa lata pograć z Ralphem Sampsonem – opowiadał później. – Napisałem do nich, ale odesłali mi tylko formularz rejestracyjny. Nikt się nie pofatygował, żeby zobaczyć mnie w akcji". W 2012 roku ówczesny trener Wirginii, Terry Holland, potwierdził w wywiadzie zainteresowanie Jordana, dodając, że jego przyjaciel i trener, Dave Odom, był jednym z obserwatorów i łowców talentów na obozie Garfinkela. „Wiem, że Dave był pod wrażeniem Michaela po tym, jak zobaczył go latem na campie Five-Star – wspomina Holland. – My jednak byliśmy już po słowie z dwoma innymi zawodnikami na pozycję obrońcy: Timem Mullenem i Chrisem Mullinem i o obu musieliśmy toczyć poważne pojedynki z uczelniami Notre Dame, Duke i St. John's. Wyglądało na to, że obu uda nam się pozyskać, więc postanowiliśmy na nich się skoncentrować, żeby nie rezygnować z tego, co już zainwestowaliśmy w ich rekrutację. Udało nam się z Timem, ale Chris po ciężkiej walce wybrał ostatecznie uczelnię ze swojego rodzinnego miasta. Michael powiedział mi, że podoba mu się nasza drużyna i oczekiwał, że poczynimy więcej starań, żeby go do siebie ściągnąć. Nigdy jednak nie twierdził, że wybrałby UVA zamiast UNC". Trener Wirginii nie mógł przewidzieć, jak

* UCLA Bruins.

nieroztropne było zignorowanie chłopaka z Wilmington. Michael zapamiętał to sobie, zwłaszcza pod kątem przyszłych pojedynków z drużyną Cavaliers.

Chybiona decyzja sztabu szkoleniowego prześladowała Wirginię przez kolejne sezony, kiedy Wahoos ścierali się z Tar Heels w bojach o pierwsze miejsce w Atlantic Coast Conference. W 1981 roku Wirginia dwukrotnie pokonała Karolinę, potem obie drużyny spotkały się raz jeszcze w półfinałach Final Four w Filadelfii, gdzie Tar Heels w końcu zwyciężyli. Po latach Michael wyznał Ralphowi, jak bardzo chciał grać razem z nim. Sampson spędził na uczelni 4 lata, próbując zdobyć dla Wirginii mistrzostwo kraju. „Co miało być, to było – powiedział ze stoickim spokojem, zapytany o utraconą szansę pozyskania Jordana. – Doceniam tych kolegów z drużyny, których miałem".

Wiele lat później Howard Garfinkel spisał swoje wspomnienia z czasów organizowania campów Five-Star, z których najlepsze dotyczyło oczywiście odkrycia Michaela Jordana. Od pamiętnego lata 1980 roku Garfinkel nie widywał się już raczej z Jordanem, aż któregoś dnia wybrał się do jednej z hal NBA, gdzie akurat grał Jordan. Planował, że po meczu sprezentuje mu swoją książkę. Po ostatnim gwizdku blisko pół godziny czekał pod szatnią wraz z tłumem kibiców. Już miał zrezygnować, kiedy usłyszał krzyki: „Idzie! Idzie!". I rzeczywiście, korytarzem szedł Michael Jordan. „Wychodzę przed szereg, wykonując ruch niczym Jack Ruby*. Przed Michaelem było dwóch gigantycznych policjantów, którzy eskortowali go przez korytarz. Robię krok do przodu, a policjant mnie odgania, mówiąc: »Proszę go nie dotykać, żadnych autografów, żadnych autografów«. Cofam się więc, Jordan mnie mija, ale kątem oka dostrzega mnie i zaczyna krzyczeć: »Stop! To Howard Garfinkel! To dzięki niemu tu jestem!«. To oczywiście nieprawda, to nie dzięki mnie, ale tak właśnie powiedział. Przysięgam".

* Jack Ruby – amerykański gangster, który wyskoczył z tłumu gapiów i zastrzelił Lee Harveya Oswalda, domniemanego zabójcę prezydenta Kennedy'ego.

Rozdział 10

MICHAEL

Na większości kampusów w Ameryce studenci mieszkali w starych, zatęchłych, ceglanych budynkach z kolumienkami, otoczonych zadrzewionymi chodniczkami, którymi uczniowie chodzili w tę i z powrotem na zajęcia. Jeśli jednak spędziło się więcej czasu w Chapel Hill, można tam było znaleźć rzeczy warte docenienia – jesienne słońce okrywające żółte liście dębów, studenci leniwie rozłożeni na schodach do biblioteki, z książkami na kolanach, albo odgłos uderzeń skórzanych piłek do koszykówki odbijających się od boiskowego asfaltu. Kiedy Michael, jeszcze jako licealista, jechał przez kampus na rowerze, podobało mu się tu mnóstwo drobnych rzeczy.

Owszem, inne uczelnie miały podobne wabiki, ale nigdzie indziej wszystkie elementy nie współistniały tak harmonijnie, jak na Uniwersytecie Karoliny Północnej w Chapel Hill. Michael nie zdawał sobie jeszcze z tego sprawy, kiedy jesienią 1980 roku odwiedzał poszczególne uczelnie, ale właśnie wybierał miejsce, w którym miał spędzić ostatnie chwile swojej prawdziwej wolności, zanim sukcesy zawładną jego życiem.

UNC mu pasowało, a przynajmniej do takiego wniosku doszedł, gdy tu trafił. Zachowywał się hałaśliwie, uprawiał trash-talking i rozśmieszał wszystkich, z którymi się spotkał. Zapamiętali go więc – chudzielca przechadzającego się korytarzami akademika, w którym mieszkali sportowcy. Patrick Ewing, Jamajczyk z Bostonu, 213 centymetrów wzrostu, najgłośniej zapowiadany rekrut spośród ówczesnych seniorów, spotkał wtedy Jordana po raz pierwszy, w jeden z październikowych weekendów, kiedy przyszli studenci przyjechali zwiedzać kampus Karoliny. Po latach Ewing uśmiechał się na to wspomnienie. „Mówił strasznie dużo i prowokował – wspomina. – Opowiadał, jak nade mną zadunkuje. Od razu na mnie naskoczył. Zawsze miał ten swój napuszony ton". Podobnie opowiadał James Worthy, wówczas drugoroczniak w Tar Heels: „Dobrze pamiętam Michaela z tego spotkania rekrutacyjnego. Było go słychać, zanim jeszcze się go zobaczyło". Jordan przyznaje, że przynajmniej częściowo wynikało to z jego młodzieńczych obaw. Cały czas bał się przecież, że nie pasuje do Chapel Hill, zwłaszcza że tak uważało wielu mieszkańców Wilmington. Podbił obóz Five-Star, ale wątpliwości pozostały. Zaczęły znikać na dobre, kiedy zobaczył, jak bardzo Tar Heels zależy, żeby dla nich grał. Więź zaczęła się od troski i opieki okazywanej przez trenerów i pogłębiła się, kiedy zobaczył to miejsce na własne oczy. Nawdychał się elitarnego powietrza, podziwiał kojące kolory jasnoniebieskich insygniów UNC, które były dosłownie wszędzie, tworząc atmosferę wszechobecnej radości życia. Wszystko razem pomogło mu dojść do wniosku, do którego przez lata dochodziło wielu innych wybitnych sportowców: „Chyba się do tego przyzwyczaję".

To samo pomyślał sobie Patrick Ewing po spotkaniu z Jordanem podczas zwiedzania Chapel Hill. Po latach wielki center przyznał, że poważnie rozważał grę dla Deana Smitha i dopiero kiedy wrócił w tamten weekend do hotelu i zobaczył w pobliżu demonstrację Ku-Klux-Klanu, zrezygnował. Gdyby nie incydent z Klanem, być może Ewing połączyłby siły z Jordanem i stworzyliby wspólnie najsilniejszą w historii drużynę Tar Heels, która na pewno byłaby w stanie sięgnąć po kilka tytułów mistrzowskich.

Możliwe, że Jordan też się natknął na tę demonstrację, ale nawet jeśli tak, to się nią nie przejął. Pragnienia jego rodziców też miały ogromne znaczenie. „Jego rodzina uwielbiała Karolinę Północną", mówi Bob Gibbons. Oto 12 lat po tym, jak widzieli Michaela rozpoczynającego naukę w segregowanej rasowo pierwszej klasie podstawówki w Wilmington, byli świadkami, jak najbardziej prestiżowy uniwersytet stanowy zabiega o ich syna. Grant przyznany na naukę w Chapel Hill miał dla Jamesa i Deloris ogromne znaczenie. „Powiedziałem Deloris, że gdyby chodziło o mojego syna, to posłałbym go do Karoliny – wspomina Whitey Prevatte. – Zawsze byłem pod wrażeniem Deana Smitha, wydawało mi się, że to dobry trener i dobry człowiek".

Ale Jordanów nie trzeba było namawiać. Pęcznieli z dumy, wyobrażali sobie syna w niebieskich barwach Karoliny, nadymali się niczym balony na paradzie

Macy's*. A kiedy tamtej jesieni do ich domu przyjechał w odwiedziny Dean Smith wraz z całą świtą, to było tak (jak opisuje to ze śmiechem Tom Konchalski), „jakby Zeus zstąpił z Olimpu". Smith potrafił nawiązywać kontakt z rodzinami. Był bardzo szczery, jeśli chodzi o edukację i priorytety. Jordanowie siedzieli w salonie, Michael zasiadł po turecku na podłodze, bawiąc się piłką do koszykówki. Kiedy Smith przekazał im wiadomość, Michael powoli zakręcił piłką. Smith nie składał żadnych obietnic, nie krył, że Jordan będzie musiał na wszystko sam zapracować. „Wtedy najważniejsza była gadka o nauce – mówi dziennikarz Art Chansky. – Dean wiedział, że Jamesa i Deloris to właśnie interesuje najbardziej". Jordanowie prawie od razu dostrzegli charakterystyczny styl w podejściu Deana Smitha do zawodu trenera – traktował swoich zawodników przede wszystkim jak ludzi, choć utrzymywał dystans i trenerski obiektywizm.

„Zbudowanie relacji z trenerem Smithem było pewnie najprostsze – uważa James Worthy. – Był typem człowieka uczciwego do bólu, bardzo świadomym. Rozumiał ciebie, rozumiał twoje korzenie. Poświęcał dużo czasu, żeby poznać twoich rodziców, żeby zrozumieć ich oczekiwania. A potem odnosił to do zawodników, których prowadził... Uczciwość zawsze popłaca i wielu woli takie podejście, zamiast wszystkich tych spotkań rekrutacyjnych, kuszenia, zwiedzania uczelni itp". I dodaje: „Już samo to, że pojawia się ktoś, kto po prostu chce cię zrozumieć, okazuje się być wyjątkowe".

Pomimo braku odzewu z Wirginii i UCLA, Jordan rozważał też inne uczelnie z regionu. Odwiedził Uniwersytet Karoliny Południowej, razem z trenerem Billem Fosterem spotkał się z rodziną burmistrza i nawet porzucał trochę do kosza z jego młodszym synem. „Nie obawiali się specjalnie – wspomina Art Chansky reakcję sztabu szkoleniowego Karoliny Północnej. – A to, że Foster zabrał go na obiad do posiadłości burmistrza, raczej ich rozśmieszyło. Z tego typu gównem mieliśmy do czynienia, jeśli chodzi o konkurencję".

Lefty Driesell z Uniwersytetu Maryland bardzo pragnął skraść Jordana Deanowi Smithowi i próbował się sprzedać Jordanom, przekonując ich, że nowo wybudowany most Chesapeake Bay skróci drogę między Wilmington a Maryland do mniej więcej takiego dystansu, jaki dzieli ich od Chapel Hill. Rodzice Jordana ledwie wzruszyli ramionami. Jim Valvano, nowy trener w NC State, też próbował pozyskać Jordana, posłużył się nawet w tym celu kartą Davida

* Coroczna parada sieci sklepów Macy's organizowana z okazji Święta Dziękczynienia.

Thompsona. Przekonywał Michaela, że grając w tamtejszej drużynie, nawiąże do bohatera swojego dzieciństwa.

Na długo przed swoją oficjalną wizytą w Chapel Hill, Jordan pojechał tam sam, żeby dokładnie się rozejrzeć. „Jordanowie wielokrotnie przyjeżdżali do Karoliny, odbyli wiele wizyt nieoficjalnych", wspomina Art Chansky. Asystent Roy Williams oprowadzał ich po kampusie. James Jordan zaprzyjaźnił się z Williamsem, nawet wybudował potem piec w jego domu w Chapel Hill. Jednak dopiero oficjalne zwiedzanie sprawiło, że Michael podjął decyzję. Pop Herring namawiał go, żeby zdecydował się jeszcze przed rozpoczęciem nowego sezonu, mógłby się wtedy koncentrować tylko na zdobyciu szkolnego mistrzostwa stanu. Proces rekrutacyjny Jordana mógł też rozpraszać jego kolegów z drużyny, a nawet wszystkich uczniów uczęszczających do Laney. „Valvano, Lefty Driesell… Roy Williams spędzał tu tyle czasu, że można było nabrać wrażenia, jakby pracował w Laney – wspomina kolega z drużyny Michaela, Todd Parker. – Potem pojawił się Dean Smith, w swoim słynnym błękitnym garniturze, i było po wszystkim. Skoro pojawia się Dean Smith, to znaczy, że Karolina naprawdę cię chce".

Jordan zgodził się z Herringiem. Chciał już mieć podjęcie decyzji za sobą. „Karolina była czwartą uczelnią, którą odwiedziłem – wspomina. – I potem nie miałem już więcej wątpliwości. W ciągu tygodnia zobowiązałem się, że do nich dołączę i odwołałem wizyty w Clemson i Duke". Oficjalne ogłoszenie decyzji miało miejsce 1 listopada 1980 roku, przed zaledwie dwoma mikrofonami dostarczonymi przez lokalne stacje telewizyjne. Tego samego dnia Lynwood Robinson ogłosił, że również będzie uczęszczał na UNC, więc duża część uwagi publicznej przeniosła się na niego. Dziennikarz z Durham, Keith Drum, stwierdził wprawdzie, że to Jordan będzie o wiele ważniejszą częścią programu Tar Heels, ale dziennikarze z wielu innych gazet nie wyczuli jeszcze pisma nosem.

Jordanowie siedzieli na kanapie w salonie, Michael pośrodku, matka z jego prawej strony, ojciec z lewej. Na stoliku przed nimi stały dwa mikrofony, szklany żółwik i jakaś roślina doniczkowa. Jordan złożył dłonie na kolanach, pochylił się i potwierdził, że tak, rzeczywiście podjął w końcu decyzję o dołączeniu do Karoliny. Deloris, która kilka tygodni wcześniej skończyła 39 lat, siedziała z dłońmi świeżo po wizycie u manikiurzystki ułożonymi na stylowej ciemnej spódnicy. W ciągu ostatnich lat bardzo schudła. Widać też było, że coraz swobodniej się czuje w świetle reflektorów skierowanych na jej syna. Przyjęła jego oświadczenie z uśmiechem, wyrażającym absolutny zachwyt i ujawniającym, jak wiele wysiłku kosztowało ją zadbanie o to, żeby jej najbardziej leniwe dziecko osiągnęło tak wielki sukces. Michael wyglądał na śpiącego, spokojnie wpatrzony w reflektory kamer. Potem, w tysiącach wywiadów, których udzielał, ten spokój stał się jego wizytówką. Kiedy wysłuchiwał pytań i układał sobie w głowie odpowiedzi, na jego twarzy błąkał się minimalny uśmieszek, zdradzający rozpierającą go radość.

James siedział sztywno, jakby nie chciał burzyć chwili chwały syna. Rozpierała go duma, napawał się podniosłością tej chwili. Przeżywał z pewnością ogromne emocje i starał się je ukryć.

Pop Herring też tam był. Podczas ogłoszenia decyzji Michaela stał gdzieś z boku, ale był równie dumny. Potem, kiedy Jordan pozował do zdjęć z biało-niebieską piłką Karoliny, trener udawał, że próbuje go pokryć, jakby chciał przypomnieć jeden z setek porannych treningów, które odbyli wspólnie w sali gimnastycznej Laney. „Jest dla nas jak ojciec – powiedział Jordan o Herringu w wywiadzie dla „Wilmington Journal". – Możemy do niego przyjść, kiedy chcemy, możemy z nim porozmawiać, o czym chcemy, nawet o rzeczach, o których nie rozmawiamy z rodzicami, tak jest wyrozumiały. Myślę, że poprowadzi nas do mistrzostwa".

Mike Krzyzewski, obrotny, młody trener drużyny uniwersyteckiej Duke wiązał swoje nadzieje na pozyskanie Michaela z tym, że Deloris Jordan bardzo szanowała jego szkołę i uwielbiała dawną jej gwiazdę, Gene Banksa. Kiedy Jordan ogłosił swoje plany, Krzyzewski napisał do niego list, w którym ubolewał, że Mike nie wybrał Blue Devils i życzył mu wszystkiego najlepszego. Kilka lat później ten list pojawił się w sali Jordana w Cape Fear Museum w Wilmington, gdzie stał się podobno ulubionym eksponatem kibiców drużyny Tar Heels.

Empie Park

Kiedy skończył się proces rekrutacji, Jordan mógł się skoncentrować na najważniejszym celu, czyli na mistrzostwie stanowym. Laney musiało najpierw pokonać wysoką i silną drużynę New Hanover County w Dystrykcie 1, w ramach Southeast North Carolina 4A. „Grał w konferencji Mideastern, naładowanej talentami", wspomina wieloletni dziennikarz sportowy z Wilmington, Chuck Carree. New Hanover od dawna było główną białą szkołą w okolicy, z tradycjami sukcesów sportowych, prowadzoną przez trenera Leona Brogdena, późniejszego członka Galerii Sław. Od lat byli szczególnie mocni w futbolu – to stąd pochodzili rozgrywający NFL, Sonny Jurgensen i Roman Gabriel. Wraz z wprowadzeniem integracji rasowej, Williston, które przez wiele lat funkcjonowało jako liceum dla czarnych, zostało przekształcone w gimnazjum, co spotkało się z takim oporem czarnej społeczności, że być może odegrało swoją rolę w zapoczątkowaniu incydentów z udziałem Dziesiątki z Wilmington.

Napięcia rasowe zaczęły wygasać, kiedy w 1976 roku otwarto liceum Laney, a Pop Herring został zatrudniony jako pierwszy czarnoskóry główny trener w mieście. Nikt publicznie nie komentował nowego statusu Herringa, ale wszyscy przyglądali się postępom jego drużyny, zwłaszcza przed pojedynkami między Laney i New Hanover, prowadzonym przez Jima Hebrona. Popularność Michaela Jordana, świeżo upieczonego studenta Karoliny Północnej, tylko zwiększyła zainteresowanie opinii publicznej osobą Herringa.

Obaj trenerzy, każdy niewiele po trzydziestce, mieli zupełnie odmienne style pracy. W składzie ekipy New Hanover w sezonie 1980/81 był Clyde Simmons, późniejsza futbolowa gwiazda Philadelphia Eagles w lidze NFL i wysoki Kenny Gattison, który grał później na uczelni Old Dominion, a po studiach trafił do NBA, gdzie najpierw był solidnym zawodnikiem, a potem trenerem*. Jesienią 1980 roku był jeszcze w trzeciej klasie, miał 203 centymetry wzrostu i ważył 108 kilogramów. Simmons miał 198 centymetrów wzrostu, był dobrze zbudowany, umięśniony i szybki. Gattison wspomina, że w New Hanover grała jeszcze dwójka wyjątkowych sportowców, którzy nigdy nie stali się sławni, choć może powinni. „Rondro Boney miał 190 centymetrów wzrostu, ważył 97 kilogramów i biegał 40-jardowe sprinty w 4,25 sekundy. Potem został running backiem w futbolu i słuch o nim zaginął. Z budowy podobny był do Herschela Walkera**. Był jeszcze Ronald Jones, skrzydłowy, bardzo szybki, przypominał Jerry'ego Rice'a***. Ci dwaj goście powinni byli wylądować w NBA albo w NFL".

W 1980 roku New Hanover wygrał z tymi zawodnikami dziesięć meczów w lidze futbolowej. Kiedy zakładali stroje koszykarskie, wyglądali jeszcze bardziej przerażająco. Hebron, dla odmiany, był niewysokim gościem, który nieustannie pracował ze skakanką. Od plaży i surfingu w Wilmington bardziej lubił tylko swoje trenerskie obowiązki. Jego lekcje wf-u znane były z luzackiej

* Kenny Gattison jest obecnie asystentem trenera Phoenix Suns.

** Herschel Walker – legendarny w latach 80. i 90. futbolista NFL, potem gwiazda MMA.

*** Jerry Rice – słynny futbolista, trzykrotny zdobywca Super Bowl.

atmosfery, natomiast drużynami, które trenował, dowodził w pełnym tego słowa znaczeniu.

„Jeśli chodzi o budowę fizyczną, był raczej niepozorny – wspomina Gattison. – Przypominał trochę Dustina Hoffmana. Był skromny. Nigdy się nie wydzierał, nawet nie podnosił głosu, ale było wiadomo, że cię obserwuje, więc o cokolwiek prosił, robiliśmy to". Wydawał się dość interesującą osobowością, jednak to Herring, Afroamerykanin, skrycie przyciągał najwięcej uwagi. „To był test, czy ten pomysł w ogóle ma prawo się udać", mówi Gattison. W pierwszych dziesięcioleciach integracji rasowej pojawiały się nowe stereotypy związane z kolorem skóry. Na przykład czarnych sportowców prawie nigdy nie ustawiano na pozycji rozgrywającego w futbolu, co zmieniło się dopiero po tym, jak Doug Williams poprowadził Washington Redskins do zwycięstwa w Super Bowl. Posady trenerskie też były w większości zarezerwowane dla białych. Jednakże Herring zapracował sobie na swoją posadę i od początku wiązano z nim spore nadzieje. Mówiąc w największym skrócie, był dość żywiołowy. „Jeśli Jim Hebron był Dustinem Hoffmanem, to Pop Herring był Fredem Sanfordem* – wspomina, śmiejąc się, Gattison. – Pop był trochę bardziej szalony od Jima Hebrona. To były dwie zupełnie różne osobowości trenerskie. Zakładali te swoje kolorowe garnitury i szli do pracy. Stare dobre czasy, naprawdę".

Pomimo swojego wzrostu i siły Kenny Gattison i Clyde Simmons rozpoczęli grę w pierwszej reprezentacji dopiero w trzeciej klasie. „W New Hanover County raczej się wcześniej nie grywało w reprezentacji – tłumaczy Gattison. – To, kim jesteś, nie miało znaczenia. Kiedy twój sezon w drugiej drużynie dobiegał końca, to o ile byłeś wystarczająco dobry, mogłeś co najwyżej usiąść na końcu ławki pierwszej drużyny i się przyglądać".

I tak oto ten potężny skład miał się po raz pierwszy zmierzyć z Michaelem Jordanem w jego złoto-niebieskim stroju Laney. Znali go już dość dobrze, rozegrali wspólnie wiele sparingów na boiskach miejskich, głównie w Empie Park w Wilmington.

„To była mała społeczność, wszyscy znali się ze wszystkimi – opowiada Gattison. – Ciągle ze sobą grywaliśmy. Graliśmy w Boys Club, w Empie Park. Niektóre klasyczne pojedynki rozgrywaliśmy na asfalcie w Empie Park. Nikogo innego tam nie było, on przyprowadzał swoich ziomków, a ja swoich".

* Fred Sanford – fikcyjny ekstrawertyczny bohater serialu komediowego *Sanford i syn*.

Ziomkami Jordana był stały skład – jego brat Larry, Adolph Shiver, Leroy Smith i Mike Bragg. Gattison zazwyczaj pojawiał się z kolegami z New Hanover – z Boneyem, Jonesem i Simmonsem, którzy dorastali razem, uprawiając sport i walcząc w rozgrywkach w różnych miejskich ligach.

„Stanowiliśmy dobrą mieszankę – mówi o swoich kolegach Gattison. – Jeśli wziąć pod uwagę czystą sprawność fizyczną, to Michael miał przewagę tylko na jednej pozycji. My mieliśmy przewagę na czterech pozostałych. Toczyliśmy bitwy. Graliśmy nieraz przez całą sobotę. Każdy mecz do 11 punktów. I jakoś tak to się układało, że w końcówce tych meczów, nawet gdy prowadziliśmy 8:3, Michael blokował wszystkie nasze rzuty, sam zdobywał wszystkie punkty, i przegrywaliśmy 11:8. Nieważne, czy graliśmy na zewnątrz, w Empie Park, czy w Brogden Hall, przed pięcioma tysiącami kibiców, zawsze obaj chcieliśmy wygrać".

Hebron krzywo patrzył na trash-talking na poziomie rozgrywek licealnych, a gdyby nawet miał do tego inne podejście, to ekipa New Hanover była tak imponująca, że wystarczył sam ich wygląd, by rywalom odechciewało się prowokacji słownych. Ton meczów w Empie Park i zaraz po nich bywał natomiast bardziej agresywny.

„Adolph gadał więcej niż Mike – wspomina Gattison. – Zawsze trzymał coś w zębach – zapałkę, wykałaczkę albo słomkę. Kiedy zbieraliśmy się po szkole do gry, on zawsze coś gadał, ale jak już zaczynał się mecz, to przerywał paplaninę, oddawał piłkę Michaelowi i schodził mu z drogi".

Po obozie Five-Star w 1980 roku Jordan powrócił do Empie Park bardziej pewny siebie. „Nigdy wcześniej nie słyszałem o Five-Star – mówi Gattison. – Mike tam pojechał i powygrywał wszystkie nagrody. Po jego powrocie jak zwykle spotkaliśmy się na sali i Michael powiedział: »Stary, musisz jechać na Five-Star«. I dodał, że nawet nie zdajemy sobie w tym Wilmington sprawy z tego, jacy jesteśmy dobrzy. Powiedział, że to dlatego, bo jesteśmy już przyzwyczajeni do gry przeciwko sobie. I to była prawda. Nie mieliśmy pojęcia, jaki był poziom umiejętności w naszych szkolnych drużynach. Gdybyśmy je połączyli, to sporo ekip uniwersyteckich miałoby z nami problem".

Kenny Gattison był wtedy rekrutowany przez wiele największych uczelni do drużyny futbolowej. Gdyby razem z kolegami nie posłuchał rady Jordana, być może zdecydowałby się na stypendium futbolowe. Postanowili jednak pojechać na jeden z turnusów obozu Five-Star, Gattison się tam pokazał, otrzymał stypendium koszykarskie na uczelni w Old Dominion, a potem miał jeszcze długą karierę w NBA.

„W tym sensie można powiedzieć, że zawdzięczam swoją karierę Mike'owi. Miał wtedy rację – nie mieliśmy pojęcia, jacy jesteśmy dobrzy", przyznaje.

Jedno wiedzieli z Jordanem na pewno – zimą na przełomie 1980 i 1981 roku dojdzie do ich wielkiego pojedynku. Tak naprawdę to już od zakończenia campu Five-Star Jordan nie mógł się doczekać rozpoczęcia sezonu koszykarskiego. Chodził na mecze futbolowe Laney, obserwował grę kolegów w piątkowe wieczory, ale bardzo już chciał wznowienia treningów koszykarskich, żeby móc zademonstrować światu wszystko to, czego nauczył się tego lata.

Co ciekawe, Ruby Sutton, która uczyła w Laney wf-u, nie zauważyła, żeby nagły szum towarzyszący Michaelowi wpłynął w jakiś sposób na jego zachowanie. Nadal był beztroskim, wiecznie uśmiechniętym chłopcem. Krótko przed rozpoczęciem sezonu Jordan przyznał w wywiadzie dla „Wilmington Journal", że nie może się doczekać tego, jak publiczność zareaguje na jego slam dunki, zwłaszcza te po widowiskowych rajdach pod kosz przez całe boisko, po udanym przechwycie. „Reakcje kibiców inspirują mnie do jeszcze lepszej gry", powiedział. Szybko się zorientował, że jego energia karmi się ich energią.

„Tak bardzo mi się to podobało, że zacząłem próbować robić rzeczy, których nie robił nikt inny – wspominał po latach w rozmowie z Johnem Edgarem Widemanem. – A to mnie jeszcze bardziej intrygowało... poprzez podniecenie, które czerpałem z reakcji kibiców, z reakcji tłumów. Widziałem, że kiedy robię rzeczy, których ludzie nie są w stanie robić, to cieszy ich, że mogą tego dokonywać poprzez mnie... To mnie właśnie napędza: kiedy jestem w stanie robić rzeczy, których nie potrafi nikt inny".

Chuck Carree wspomina, że planowane przejście Michaela do Karoliny ściągnęło tamtej zimy na mecze Laney kibiców z całego regionu: „Kiedy rozeszła się wieść o tym, jak dobry jest Jordan, władze Laney przestały wpuszczać część ludzi na mecze, bo mieli zbyt małą salę gimnastyczną i nie chcieli naruszać przepisów przeciwpożarowych". Wielu fanów pragnęło się pochwalić, że widziało Michaela Jordana, jak jeszcze grał w liceum. W dniu rozpoczęcia sezonu, 26 listopada 1980 roku, przed wejściem do sali Laney ustawiały się długie kolejki. Ci, którym udało się dostać do środka, zobaczyli, jak Jordan zdobywa 33 punkty i zbiera 14 piłek w zwycięskim meczu z Pender County. Było to pierwsze z sześciu zwycięstw z rzędu na dobry początek sezonu, dzięki czemu

Korsarze znaleźli się na pierwszym miejscu w tabeli stanowej. Dean Smith pobłogosławił Buccaneers, pojawiając się na jednym z meczów na początku grudnia. Podobno tłum w sali gimnastycznej Laney pobił tamtego wieczoru wszelkie rekordy frekwencji. Ten widok przekonał niedowiarków, że Jordan jednak pasuje do Karoliny Północnej. Jeszcze więcej wątpliwości rozwiał jeden z jego kolejnych występów, zwycięski mecz z Kinston, w którym Michael do 26 punktów i 12 zbiórek dorzucił 9 asyst. I jeszcze zablokował 3 rzuty. „Jordan nas zahipnotyzował", przyznał trener Kinston, Paul Jones, zwracając uwagę na to, że jego zawodnicy tak bardzo skupili się na Jordanie, że pozostawili resztę rywali niekrytych.

Największa atrakcja sezonu miała miejsce pod koniec grudnia, kiedy Laney wygrało świąteczny turniej w Brogden Hall w New Hanover. Był to siłowy rewanż za pojedynki z kumplami z podwórka, tym razem ubranymi w czarno-pomarańczowe stroje New Hanover. Jordan szybko zarobił karę za faule i mógł się tylko przyglądać, jak koledzy z drużyny przegrywają. Na pięć minut przed końcem meczu Herring wstawił go z powrotem, a potem patrzył, jak w mgnieniu oka zdobywa 15 punktów. „Pamiętam tylko tyle, że Michael oddawał wszystkie rzuty – opowiada Gattison. – To znaczy, łapaliśmy go, przytrzymywaliśmy, ciągnęliśmy za koszulkę, odpychaliśmy, próbowaliśmy go przewrócić. A on i tak wszystko trafiał". O wyniku miała zdecydować ostatnia akcja. Rozgrywał ją Jordan, wydawało się, że będzie wchodził pod kosz. Po czym wyskoczył.

„Pamiętam z turnieju bożonarodzeniowego ten rzut, którym pokonał nas równo z końcową syreną – mówi Gattison. – Złapałem go za spodenki, próbowałem ściągnąć go na ziemię, potem jeszcze chwyciłem za koszulkę, a on i tak jakoś wyskoczył i trafił do kosza".

W ostatnim sezonie Pop Herring odłożył na bok wszelkie pretensje i przyznał, że główną strategią ma być podawanie piłki Jordanowi i zachęcanie go do atakowania kosza. To podejście okazywało się zazwyczaj skuteczne, bo w większości przypadków Michael był na tyle dobry, że potrafił wygrywać mecze w pojedynkę. Niestety w połowie stycznia Korsarze zaliczyli dwie porażki i znaleźli się *ex aequo* na trzecim miejscu w tabelach Dystryktu II, co zaburzało ich pewność siebie przed walką o mistrzostwo stanowe.

„Laney zbyt często wygląda nie jak drużyna, ale jak grupa zawodników czekająca na to, co zrobi Jordan", zauważył dziennikarz sportowy „Wilmington Morning Star", Greg Stoda.

Ten wątek powracał wielokrotnie przez całą karierę Jordana. Jego wyczyny były tak niebywałe, że zarówno kolegom z drużyny, jak i przeciwnikom, zdarzało się zatrzymywać tylko po to, żeby przyjrzeć się jego popisom. „Pracujemy nad tym – powiedział w rozmowie ze Stodą Herring, dodając, że drużynie zdarzało się grać lepiej, kiedy Jordan siedział na ławce rezerwowych. – Nie zmienia to faktu, że ja też wolę, by to on miał piłkę za każdym razem, kiedy to możliwe. Jest fantastyczny".

Sam Jordan, zainspirowany przez swojego idola, także rozpoczął starania, żeby to zmienić. Na jego tablicach rejestracyjnych widniał z tyłu napis *MAGIC*, a z przodu *MAGIC MIKE*, co miało pokazać, że chce doprowadzić do perfekcji no-look passy* Magica Johnsona. „Zaczęło się któregoś dnia na treningu, kiedy zacząłem robić różne dziwne rzeczy, naśladując Johnsona", powiedział Chuckowi Carree. – Wykonałem kilka podań, patrząc gdzieś w bok, i któryś z kolegów zaczął mnie nazywać »Magic Mike«. Kupił mi w prezencie tylną tablicę rejestracyjną, a moja dziewczyna podarowała mi koszulkę i przednią tablicę z napisem »Magic Mike«".

Coraz częściej oddawał piłkę kolegom, a dowodem braku egoizmu było 6 asyst, które średnio zdobywał w sezonie seniorskim. Problem w tym, że wyglądało to tak, jakby piłka była gorącym kartoflem przekazywanym z rąk do rąk przez zawodników Laney, którzy najchętniej by mu tę piłkę oddali. „Jeśli będą niekryci, to będę im podawał – tłumaczył Jordan Gregowi Stodzie. – Trener mówi im, że mają rzucać, i ja im mówię to samo, ale zdaję sobie sprawę z tego, jak bardzo zależą ode mnie".

Jim Hebron z New Hanover rozumiał też reakcję innych graczy. „Dzieciaki są nim zachwycone – przyznawał. – Są onieśmielone. Zdaniem wielu trenerów on jest najlepszym zawodnikiem z liceów na całym Wschodnim Wybrzeżu. Któregoś dnia wszedł do sali gimnastycznej na mecz sparingowy i nagle wszyscy przestali grać. Może to się wydawać dziwne, wiele osób tego nie zrozumie, ale niektórym dzieciakom do szczęścia wystarcza to, że mogą być razem z nim na parkiecie. Pójdzie do Karoliny, potem może do NBA, a one będą mogły powiedzieć, że grały przeciwko niemu albo w tej samej drużynie, co on".

„Rozwijał się na naszych oczach – wyjaśniał Gattison. – Nie chodziło o to, żeby próbować go rozgryźć, bo i tak w każdym meczu robił coś nowego. Za

* No-look pass – podanie bez spoglądania w stronę zawodnika, do którego się podaje.

każdym razem znajdował nowy sposób na to, jak cię pokonać. Atletycznie dokonywał rzeczy, których nikt nigdy wcześniej nie widział. Wyskakiwał w górę, reszta z nas wyskakiwała razem z nim, ale po chwili opadaliśmy na ziemię. Po jakimś czasie dotarło do nas, że był ulepiony z innej gliny niż my".

Jordan tylko potwierdził te opinie, zdobywając średnio 27,8 punktu i 12 zbiórek i prowadząc Laney w tamtym sezonie do bilansu 19:4, w tym do trzech różnych zwycięstw nad New Hanover. Po każdej porażce Gattison i jego koledzy obiecywali sobie, że następnym razem już z Jordanem nie przegrają. Ostatnią szansą był czwarty pojedynek podczas półfinałów dystryktu – miał zdecydować o awansie do turnieju stanowego. Mecz rozgrywano w hali Laney, wszystko szło po myśli Jordana i jego kolegów, na niespełna minutę przed zakończeniem spotkania prowadzili różnicą 6 punktów.

„Na minutę i 40 sekund przed końcem przegrywaliśmy chyba 10 czy 11 punktami – wspomina Gattison. – Nie było wtedy zegara odmierzającego czas na rozegranie akcji. Wystarczyło, żeby przekozłowali mecz do końca, nie mieliśmy szans ich dogonić. Ale jakimś cudem powróciliśmy i wygraliśmy ten mecz. Do dziś nie jestem w stanie sobie przypomnieć, co się działo w ciągu tych ostatnich dwóch minut. Jakoś udawało nam się ich zmuszać do jednej straty za drugą. Bardziej przycisnęliśmy Mike'a".

Nie mógł się później nadziwić, jak im się udało zwiększyć pressing i agresywne krycie w obronie, bez faulowania: „I to jeszcze na ich parkiecie?".

Na siedem sekund przed końcem był już remis 52:52, Jordan zrobił zwód i oddał rzut. Sędziowie odgwizdali mu w tej akcji faul w ataku, było to piąte przewinienie, więc musiał opuścić parkiet. Wszyscy byli w szoku. Gattison do dziś nie może pojąć, jak to możliwe, że sędziowie odgwizdali taki faul, w takim momencie, na kilka sekund przed końcem i to na parkiecie Jordana.

New Hanover trafił wolne i awansował. Taki rozwój wydarzeń sprawił, że publiczność zaczęła się zachowywać nieprzyjaźnie, co zresztą podczas meczów szkolnej koszykówki na Nizinie Atlantyckiej zdarzało się dość często. Kenny Gattison wspomina inny mecz z tamtego sezonu, kiedy New Hanover pokonał na wyjeździe drużynę Anthony'ego Teacheya z Goldsboro: „Po wygranej musieliśmy długo czekać w szatni, zanim pojawiła się policja i wyprowadziła nas stamtąd". Mecz w Laney nie był aż tak nieprzyjemny i niebezpieczny, bo jak powiedział Gattison, „ludzie się znali". Mimo to, gdy Jim Hebron opuszczał parkiet, został popchnięty przez miejscowych kibiców. „Kiedy wygraliśmy tamten mecz, weszliśmy do szatni, a trener powiedział: »Zapomnijcie o prysznicach. Zabierajcie swoje rzeczy i wychodzimy« – wspomina Gattison. – Kibice byli tak naprawdę wściekli na sędziów, ale to my się nie wykąpaliśmy".

Dla Michaela Jordana takie niespodziewane zakończenie szkolnej kariery było ogromnym rozczarowaniem. „Był naprawdę rozbity", mówi Gattison. Tak samo rozczarowany był trener Herring, który nie miał wtedy zbyt wiele do powiedzenia, poza jednym: „Chcieliśmy dotrzeć na księżyc, a wylądowaliśmy w gwiazdach". Kenny Gattison w wywiadzie udzielonym blisko 30 lat później wspomina, że ten ich ostatni mecz na zawsze pozostał naznaczony żalem. Choć potem, w trakcie własnej kariery, obaj panowie mieli się spotkać jeszcze wielokrotnie, to w 2012 roku Gattison przyznał, że rozmawiając z Michaelem, nigdy nie odważył się wspomnieć tamtego meczu w Wilmington, niezależnie od tego, jak luźno i nieformalnie rozmawiali. Nawet wtedy, gdy Jordan był już wielokrotnym mistrzem NBA, a czas ukoił ból i rozgoryczenie, Gattison wciąż się obawiał, że ten temat może być zbyt drażliwy, by go poruszać. Sam Jordan też nigdy do niego nie wrócił.

Zawodnicy obu drużyn nigdy więcej nie zebrali się w Empie Park, żeby ze sobą zagrać. Tak jakby tamta chwila na zawsze zatruła ich niewinne, młodzieńcze pojedynki. Wszyscy wiedzieli, jak wiele znaczyło to dla Michaela.

„Trzeba najpierw zrozumieć, co tego gościa napędza, co sprawia, że jest taki świetny – mówi Gattison. – Porażka bardzo go zabolała... U większości ludzi ból po przegranej po jakimś czasie mija. On przełknął tę porażkę, ale nigdy się z nią nie pogodził. To jedna z rzeczy, która go wykreowała. Mnie zresztą też. Wygrał ze mną trzy razy, z czego dwa w mojej hali. Potem my wygraliśmy ten czwarty mecz, a ja do dziś źle się z tym czuję".

Kilka dni po przegranej z New Hanover, Pop Herring zuchwale zapowiedział, że Karolina Północna z Jordanem w składzie sięgnie po mistrzostwo kraju. Niestety, kilka miesięcy później zaczął się zmagać z chorobą psychiczną.

„Przez wiele lat ludzie próbowali Popowi pomóc – opowiada Kenny Gattison. – Każdy zrobił tyle, ile mógł. Minęły lata, zanim postawiono właściwą diagnozę, czyli przez ten cały czas nie był prawidłowo leczony. Błyskawicznie się posypał. To działało destrukcyjnie na wszystkich. Jednego dnia facet stoi przy linii bocznej, naładowany energią, następnego dnia staje się duchem. Jeśli kilka lat później spotkałeś Popa na ulicy, to nie wiedziałeś, którego Popa spotkałeś. To było bardzo smutne. Choroby psychiczne to totalna trauma".

Mimo to Gattison uważa, że dziedzictwem Herringa jako trenera jest cała kariera Jordana. Nie dlatego, że na drugim roku nie przyjął go do składu reprezentacji szkolnej, ale dlatego, że podjął w jego sprawie tyle przemyślanych i trafnych decyzji. „W tamtych czasach niektóre rzeczy w koszykówce licealnej działy się automatycznie. Jeśli miałeś 193 centymetry wzrostu, to lądowałeś pod koszem – mówi Gattison. – Albo na pozycji centra, albo silnego skrzydłowego, w każdym razie grałeś blisko kosza. Tymczasem Pop wyczuł, z jakim talentem ma do czynienia i ustawił go na pozycji obrońcy".

Wielu wysokich zawodników w liceach nie ma okazji do rozwijania swoich uzdolnień na pozycji obrońcy, więc stają się, mówiąc koszykarskim żargonem, „tweenerami"*. „Wielu tweenerów w wieku 17 lat ma 195–198 centymetrów wzrostu i już dalej nie rośnie – dodaje Gattison. – Potem trafiają na uczelnię i próbują grać na pozycji silnych skrzydłowych. Zdarza się nawet, że mają przyzwoitą karierę uniwersytecką, zdobywają średnio po 20 punktów i 8 zbiórek. Problem w tym, że kiedy pojawiają się na obozach treningowych w NBA, wszyscy tam oczekują, że będą rzucającymi obrońcami. Oni nigdy na tej pozycji nie grali, więc muszą się tego nauczyć. A na to jest już często za późno, więc wypadają z gry". Tymczasem Herring umożliwił Jordanowi przygotowanie się do odniesienia sukcesu na kolejnych poziomach.

„Pop widział, gdzie jest przyszłość Michaela jako koszykarza – mówi Gattison. – I tę przyszłość mu umożliwił".

Big Mac

Nagrodą pocieszenia w tym ostatnim sezonie szkolnym było dla Jordana umieszczenie go przez magazyn „Parade" na liście najbardziej obiecujących młodych zawodników Ameryki. Potem jednak zabolało go, że Buzz Peterson pominął go w sondażu Associated Press na najlepszego zawodnika z liceum w Karolinie Północnej.

„Za dużo razy graliśmy z New Hanover – powiedział w wywiadzie ze „Star-News" udzielonym trzy tygodnie po zakończeniu sezonu. – Kiedy tak często grasz z kimś dobrym, ten ktoś w końcu cię dopadnie. Trudno jest pokonać

* Tweener – zawodnik, który może teoretycznie grać na dwóch różnych pozycjach: niskiego skrzydłowego i silnego skrzydłowego.

dobrą drużynę czterokrotnie. Najwyraźniej tamtego dnia to była ich kolej na zwycięstwo".

Następnym w jego kalendarzu był ostatni szkolny sezon baseballowy, ale skomplikowało go zaproszenie do gry w prestiżowym turnieju gwiazd licealnych McDonald's All-American Game. Nowe przepisy wymagały od licealistów z Karoliny Północnej rezygnacji z innych rozgrywek, jeśli zdecydują się na występ w takim turnieju, więc Jordan stanął przed wyborem – baseball albo turniej gwiazd. Zrobił sobie zdjęcie z drużyną baseballową, wystąpił w pierwszym meczu, poszło mu fatalnie, popełnił mnóstwo błędów i to chyba zaważyło na decyzji. Nie zważając na rozpacz ojca, Michael porzucił baseball.

„Wiedziałem, że nie jestem w stanie się na tym skupić", powiedział dziennikarzom z Wilmington. Pierwszy ze szkolnych turniejów McDonald's w 1981 roku odbył się w Landover w stanie Maryland. Lokalne koszykarskie sławy miały w nim zagrać z zawodnikami z całej Ameryki. Ed Pinckney, czwartoklasista z Nowego Jorku, był jedną z młodych gwiazd, które przyjechały na turniej. Poprzedniego lata nie brał udziału w campie Five-Star z Jordanem w roli głównej, ale byli tam inni zawodnicy z Nowego Jorku, którzy po powrocie opowiadali rewelacje o świetnym koszykarzu z Karoliny Północnej. Początkowo Pinckney nie mógł sobie przypomnieć nazwiska tego chłopaka, ale wystarczył jeden trening w McDonald's, żeby się zorientować, o kim mówili.

„Nie odzywał się zbyt wiele – wspomina Pinckney swoje pierwsze spotkanie z Jordanem na treningu. – Po prostu grał. To było jak: »O, jasna cholera!«. Jeśli jesteś z Nowego Jorku, to wydaje ci się, że w koszykówkę najlepiej gra się właśnie tam. Cóż, po pierwszych dwóch treningach musieliśmy kompletnie zmienić zdanie na temat tego, gdzie są najlepsi koszykarze".

Jordan może i nie próbował sprowokować Pinckneya, za to znów zaatakował Patricka Ewinga. „Znowu mówił, że nade mną zadunkuje – wspominał, śmiejąc się, center. – Że mnie zniszczy. Cały czas uprawiał trash-talking. Bez przerwy".

Niespodziewanie w meczu inaugurującym turniej Jordan nie zagrał w pierwszej piątce. Pinckney nie mógł sobie nawet przypomnieć, kto był wtedy trenerem (był nim Mike Jarvis, który prowadził Ewinga w liceum Cambridge Rindge & Latin). W drugiej części pojedynku stało się jasne, że coach bardzo chce wygrać.

„W pierwszej połowie każdy dostał szansę, żeby zagrać", wspomina Pinckney. Ale w drugiej połowie, zwłaszcza w decydujących momentach, wszystko znalazło się w rękach szczupłego chłopaka z Karoliny. „Dostawał piłkę i zdobywał punkty praktycznie w każdej akcji – opowiada ze śmiechem Pinckney. – Problem nie polegał na tym, kiedy wygramy albo czy wygramy. Można było sobie jedynie zadać pytanie, gdzie otrzyma piłkę i ile zdobędzie punktów". Dla porządku – Jordan zdobył wtedy 14 punktów, Buzz Peterson dorzucił 10, a ich występ był na tyle dobry, żeby zapewnić im miejsce w backcourcie głównego meczu turnieju McDonald's, który dwa tygodnie później miał być rozegrany w Wichicie.

To wydarzenie oznaczało też wielką podróż koszykarską dla Deloris i Jamesa Jordanów. Jedną z atrakcji stało się przemówienie Johna Woodena, legendarnego trenera UCLA. Pojawił się tam też Billy Packer, była gwiazda uczelni Wake Forest, który został komentatorem stacji telewizyjnej CBS. Wcześniej był zajęty transmisjami turnieju Final Four w Filadelfii, a po jego zakończeniu przyjechał do Wichity, głównie po to, żeby zobaczyć Jordana.

Packer także mieszkał w Karolinie Północnej i był sprawozdawcą meczów konferencji ACC, interesował go więc każdy nowy koszykarz, który w niej uczestniczył. Był pod wrażeniem, gdy zobaczył, jak bardzo utalentowani są niektórzy zawodnicy. W składzie drużyny Wschodu byli Milt Wagner, Bill Wennington, Adrian Branch, Chris Mullin i Jeff Adkins. Aubrey Sherrod, który został wybrany MVP pierwszego meczu McDonald's rozgrywanego w Waszyngtonie, był pupilkiem publiczności w Wichicie i jedną z największych atrakcji wydarzenia.

„Ale to Michael skradł *show*", mówi Packer. Jordan zdobył 30 punktów, bijąc rekord meczu McDonald's. Najlepsze było to, że zapewnił swojej drużynie zwycięstwo rzutami wolnymi, rozgrywanymi zgodnie z zasadą „jeden plus jeden"*, na 11 sekund przed końcem, kiedy jego zespół przegrywał 95:94. Jordan spokojnie trafił oba rzuty. Miał niesamowite statystyki – trafił 13 z 19 rzutów z gry, wszystkie 4 rzuty wolne, dodając do tego 6 przechwytów i 4 asysty.

Na koniec trzech jurorów miało wybrać MVP meczu. John Wooden, Sonny Hill, legenda Filadelfii, i Morgan Wootten, świetny trener licealny z Maryland, przyznali nagrody Adrianowi Branchowi i Aubreyowi Sherrodowi, pomimo rekordowego występu Jordana. Według niektórych raportów Wootten nie głosował, bo był szkolnym trenerem Brancha, a ten miał grać na Uniwersytecie w Maryland. „Transmitowaliśmy ten mecz – wspomina Billy Packer. – I oczywiście

* Zasada „jeden plus jeden" polega na tym, że aby móc rzucać po raz drugi, trzeba trafić pierwszy rzut; jeśli się nie trafi, gra toczy się dalej.

kiedy ogłoszono, że to nie Michael jest MVP, było to coś niebywałego. Okazało się, że to Sherrod i Branch, który grał w liceum u Morgana Woottena. Wiem, że Morgan jest człowiekiem bardzo uczciwym, trener Wooden tak samo. Widocznie musieli tam dostrzec coś, czego ja nie dostrzegłem. Nie sądzę, żeby któryś z nich postanowił wybrać swojego zawodnika, niezależnie od tego, co miało miejsce na parkiecie. I choć Adrian też zagrał całkiem nieźle, to na pewno nie tak dobrze jak Michael".

Nikt nie był wtedy równie wściekły, jak Deloris Jordan. Zapomniała o swoim zwykłym opanowaniu i dawała do zrozumienia każdemu, kto znajdował się w pobliżu, że jej syn został okradziony. Bill Guthridge spojrzał w górę i zobaczył wściekłą panią Jordan schodzącą w kierunku parkietu i ciągnącą za sobą matkę Buzza Petersona. Asystent trenera z Karoliny wyszedł im naprzeciw i uspokoił sytuację.

„Jego matka była wściekła", wspomina Tom Konchalski.

„Była bardzo zdenerwowana – dodaje Howard Garfinkel. – Ale wytłumaczyłem jej, że tak naprawdę liczy się tylko jedna lista, ogłaszana nocą, kiedy wybierają pierwszy numer draftu NBA".

Później tego popołudnia Packer spotkał Jordanów na zewnątrz hali. „Jego mama wciąż była zdenerwowana – opowiadał dziennikarz. – Zacząłem z nią żartować i powiedziałem: »Przestań się przejmować tym jednym meczem. Michael będzie fantastycznym koszykarzem, w Karolinie Północnej będzie grał dla świetnego trenera. Zobaczysz, któregoś dnia zapomnisz o tym, że tej nocy nie został MVP«".

Wkrótce Packer zrozumiał, że nawet jeśli pani Jordan o tym zapomni, to jej syn na pewno nie. „Michael mógł się z Adrianem Branchem droczyć, Adrian mógł nawet sobie z tego nie zdawać sprawy – opowiadał, śmiejąc się. – Ale Michael wciąż miał w głowie tamten obraz z Wichity. Nikt w konferencji ACC nie miał zielonego pojęcia, jak bardzo motywowały go takie historie. I nigdy ich nie zapominał".

Michael i jego siostra Roslyn ukończyli tej wiosny naukę w Laney i zaczęli się przygotowywać na kolejne wyzwania w Chapel Hill.

Księga absolwentów Laney, *The Spinnaker*, szczegółowo opisuje dokonania Michaela Jordana. Jest tam też fragment poświęcony jemu i Leroyowi Smithowi. „Laney życzy wam, żeby wasze talenty rozwijały się tak, by inni mogli być z was tak dumni, jak Laney. Wspominajcie zawsze Laney jako swój świat".

Świat Jordana miał się oczywiście rozwinąć bardzo gwałtownie.

I każdy, a zwłaszcza sam Michael, miał być wkrótce zszokowany tym, jak szybko to nastąpiło.

CZĘŚĆ IV

NA NIEBIESKO

Rozdział 11

NA PIERWSZYM ROKU

Kibice drużyn przeciwnych w konferencji ACC zawsze skupiali się na wielkim nosie i złych oczach Deana Smitha. Był dla nich niczym karykatura, uosabiał złośliwość i poczucie wyższości. Ale jego wizerunek publiczny różnił się radykalnie od tego, jak był postrzegany na swojej uczelni, gdzie darzono go niebywałym szacunkiem. Zdaniem zawodników pomniejszał swoje zasługi, chwaląc drużynę i podkreślając jej grę zespołową.

„Nigdy nie zapomnę, jaki był uczciwy – powiedział kiedyś w rozmowie ze »Sports Illustrated« gwiazdor NBA Bobby Jones*. – Wszyscy wiedzieli, że miał swoje problemy, jak każdy, ale większość trenerów się do tego nie przyznawała. A on się przyznawał również do tego, że nie zna odpowiedzi na wszystkie pytania".

Uczciwość zapewniła głęboki szacunek i miłość dla trenera, którą jego zawodnicy tak często wyrażali, zwłaszcza po tym, jak już przestali dla niego grać. Kiedy już nie był ich trenerem, ciężko pracował, żeby być ich przyjacielem. Michael Jordan nazywał Smitha swoim drugim ojcem i podobny sentyment odbijał się echem u prawie wszystkich, którzy dla niego grali.

Czasem wysiłki Smitha dotyczyły czegoś poważniejszego, tak jak po aresztowaniu Jamesa Worthy'ego za namawianie do prostytucji, kiedy już był zawodnikiem Los Angeles Lakers. „Trener Smith zadzwonił wtedy do mnie jako drugi – przyznaje Worthy – i powiedział: »Wszyscy jesteśmy tylko ludźmi.

* Czterokrotny uczestnik Meczu Gwiazd, mistrz NBA z Philadelphią w 1983 roku.

Wiem, że jesteś wspaniałym człowiekiem. Po prostu pogódź się z tym, jak mężczyzna«".

Smith angażował się również w mniej dramatyczne historie, takie jak problemy rodzinne albo kariera swoich dawnych graczy. Miał niesamowitą pamięć, często pamiętał imiona przyjaciół i krewnych swoich graczy, ludzi, których widział raz czy dwa razy w życiu. Dyrektor generalny Lakers Mitch Kupchak, kiedyś zawodnik Karoliny, był pod wrażeniem rozmowy telefonicznej, w której Smith wspominał o tym, że siostra Kupchaka, Sandy, urodziła synka. „Spotkał ją latem 1972 roku – opowiada Kupchak. – Jakim cudem zapamiętał jej imię?"

Inny z zawodników Smitha, Pete Chilcutt, zauważył, że często spotykał graczy NBA, którzy źle wypowiadali się na temat swoich trenerów i drużyn na uczelni. Chilcutt twierdzi, że w przypadku Karoliny Północnej nie zdarzyło się to ani razu: „Jedną z rzeczy, która łączy wszystkich zawodników Tar Heels, jest duma". A to oznaczało, że dawni podopieczni Smitha często wracali latem do Chapel Hill, żeby pograć rekreacyjnie w kosza albo wziąć udział w corocznym turnieju golfowym. Rodzinna atmosfera, jaką stwarzał, pomagała Smithowi zdobywać liczne kontakty.

Jego program ustanowił standardy w czasach, kiedy konferencja ACC była uważana za najlepszą w kraju, jeśli chodzi o koszykówkę uniwersytecką.

Ludzie z zewnątrz nie podzielali tej czci. Smith był często obrażany przez uczniów i kibiców z innych drużyn w konferencji, w której rywalizacja była bardzo ostra. Jedną z rzeczy, która wywoływała pogardę, był stosowany przez niego powolny system *four corners*, rozłożonego ataku, który stał się znakiem rozpoznawczym programu Karoliny Północnej. Ric Moore, który w liceum był koszykarzem, a potem kibicem koszykówki z Wirginii, pamięta, jakie ogromne obrzydzenie czuł, kiedy oglądał w telewizji grę drużyn prowadzonych przez Smitha. „Moja nienawiść do Deana Smitha była bezgraniczna – mówi Moore. – Na parkiecie są najlepsi koszykarze, a ten gra na czas. To było przekleństwo dla koszykówki". Smith zazwyczaj odpowiadał, że system *four corners* stwarza jego drużynie największą szansę na zwycięstwo, ale niewielu kibiców to kupowało. Władzom ACC też się to nie podobało, dlatego jako pierwsi wprowadzili w koszykówce uniwersyteckiej zegar odmierzający czas na rozegranie akcji. Była to przede wszystkim odpowiedź na system *four corners*.

Krytycy mieli do Smitha pretensje nie tylko o strategię drużyny. Rywale narzekali, że jest wiecznie zadowolony z siebie i przekonany o własnej nieomylności, o co oskarżano też Johna Woodena z UCLA. I tak jak Wooden, Smith był również uważany za manipulanta, wykorzystującego każdą okazję, żeby coś ugrać. Jim Valvano z NC State zażartował kiedyś, że gdyby Dean pochwalił któregoś z sędziów ACC, to reszta trenerów natychmiast zaczęłaby tego sędziego bojkotować. Trener Duke, Bill Foster, poirytowany przez kolejną rzekomą manipulację Smitha, kipiał ze złości: „Wydawało mi się, że to Naismith wynalazł koszykówkę, nie Dean Smith".

„Mamy do czynienia z ogromną rozbieżnością pomiędzy człowiekiem i jego publicznym wizerunkiem", tłumaczył trener Wirginii, Terry Holland. W latach 80. popularny dowcip w okolicach Charlottesville głosił, że Holland nazwał swoją sukę Dean.

Czasem sam Smith sprawiał wrażenie, jakby czuł, że wolno mu więcej. Holland przypomina sobie taki incydent: „Uważał, że jeden z moich graczy, Marc Iavaroni, zbyt ostro traktuje Phila Forda i w przerwie meczu turnieju ACC w 1977 roku zaatakował Marca – popychał go i krzyczał na niego. To jeden z tych obszarów, gdzie z Deanem był moim zdaniem jakiś problem. Uważał, że aby chronić swoich zawodników, ma prawo atakować graczy przeciwnika. Takie zachowanie jest bardzo niebezpieczne i ma poważne konsekwencje".

„Każdemu z nas, kiedy stawał w obronie swoich zawodników, zdarzało się robić pewne rzeczy, z których nie był potem dumny – mówi rywal Smitha, trener Duke Mike Krzyzewski. – Ale nie przypominam sobie ani jednej sytuacji, w której on przyznałby, że to jego zawodnik zawinił. W efekcie jego podopieczni byli w stosunku do niego bezwzględnie lojalni. Taka lojalność się praktycznie nie zdarza. Ten rodzaj więzi buduje się właśnie dzięki takim codziennym sytuacjom".

Billy Packer spędził wiele popołudni, przyglądając się treningom prowadzonym przez Smitha, na których było zazwyczaj cicho jak makiem zasiał, a zawodnicy ćwiczyli ściśle według ułożonej wcześniej agendy. Każde ćwiczenie, każdy sparing, wszystko było dokładnie zaplanowane w czasie, mierzone i obserwowane, a do tego miało służyć przełożeniu umiejętności indywidualnych na siłę całej drużyny.

„Nawet podczas meczów sparingowych próbowaliśmy stosować te standardy – tłumaczył kiedyś Smith. – Jeśli zawodnik niewłaściwie oddał rzut z odchylenia i trafił, to prosiłem kierownika drużyny, żeby anulował zdobyte punkty. Jeśli trafił layup, tak jak planowaliśmy, to kazałem dodać 3 punkty. Trochę czasu minęło, zanim chłopcy się zorientowali, o co mi chodzi".

Szczegółowe plany treningowe były publikowane codziennie. Podczas gdy zawodnicy ćwiczyli, kierownicy stali przy linii bocznej, pokazując na palcach, jak wiele minut zostało jeszcze na dane ćwiczenie. Zdaniem Texa Wintera, wieloletniego asystenta trenera Phila Jacksona w Chicago Bulls, struktura programu realizowanego przez Smitha z pewnością przyczyniła się do wszystkich sukcesów drużynowych, które Jordan odnosił później jako zawodowiec. „Gdyby Michael nie grał u Deana Smitha, na pewno nie byłby tak dobrym zawodnikiem zespołowym", przyznał Winter zimą 2008 roku.

Niezauważonym elementem, który pomógł legendzie Jordana, jest to, że Bill Guthridge, który przez dziesięciolecia pracował ze Smithem jako jego główny asystent, został potem zatrudniony jako asystent Wintera. Złożony system ofensywy trójkątów, wykorzystywany przez drużyny z Kansas State i potem przez prowadzone przez Jordana Byki, jest oczywiście dziełem Wintera. W Tar Heels nie wykorzystywano wprawdzie trójkątów, ale wprowadzono tam coś, co Winter nazywał „koszykówką systemową", podejście oparte na spójnej filozofii działania i twardych zasadach. Winter tłumaczył, że wielu trenerów w ogóle takiego systemu nie wykorzystuje, że wolą grać luźnym zbiorem przeróżnych zagrywek i niepowiązanych ze sobą strategii.

W programie Smitha „system" był ważniejszy niż talent indywidualny. A chemia wypierała talent. „Myślę, że jednym z najbardziej niedocenianych elementów była chemia drużyny i pewność siebie, z jaką jej członkowie się nawzajem traktowali – powiedział kiedyś Smith Packerowi. – W naszej koszykówce granie zespołowe jest ogromnie ważne. Plus to, żeby grać ostro. Zawsze mawialiśmy: »Graj ostro, graj mądrze, graj zespołowo«. A mądre granie oznacza tyle, że trzeba naprawdę ciężko pracować na treningach, żeby potem być w stanie powtarzać wyuczone zagrania nawet wtedy, kiedy jesteś zdezorientowany przez zmieniające się okoliczności, kiedy kibice na ciebie wrzeszczą, a ty nie bardzo wiesz, co masz robić".

„U Deana nic nie było dziełem przypadku – mówi Packer. – A kiedy jeszcze weźmie się pod uwagę, jak bardzo angażował się we wszystko jako trener, to niezależnie od tego, czy było się szeregowym członkiem sztabu szkoleniowego, czy Michaelem Jordanem, to właśnie to było w jego podejściu najważniejsze". Smith podobnie sprawował nad wszystkim kontrolę podczas meczów, kiedy instruował swoich zawodników, żeby zapomnieli o widowiskowych zagraniach, którymi mogą upokorzyć rywala. Kiedy Jimmy Black podał kiedyś piłkę do

Jamesa Worthy'ego na alley-oop, a ten zakończył akcję spektakularnym slam dunkiem pod koniec wysoko wygranego meczu z Georgia Tech, to Smith wpadł we wściekłość i ukarał obu panów za to wykroczenie podczas kolejnego treningu. Uważał, że zawodnikom Karoliny takie zachowanie po prostu nie przystoi.

Równie łatwo przychodziło mu obrażanie innych swoimi obsesjami. „Zapowiadałem mecz NC State z Karoliną, ważny mecz – wspomina Packer. – To były dwie z pięciu najlepszych drużyn w lidze. Byłem już na parkiecie, gotowy do tego, żeby ogłosić pierwsze piątki. Zawodnicy znajdowali się przy swoich ławkach rezerwowych. W pewnym momencie Dean do mnie podszedł i powiedział: »Nie podoba mi się twój krawat«. Spojrzałem w dół i zobaczyłem, że mam na sobie czerwony krawat. Chyba po raz pierwszy zdałem sobie sprawę z jego koloru. Pomyślałem: »Ten koleś nigdy nie ma dosyć. Drużyny przygotowują się do jednego z najważniejszych meczów sezonu. Jakim cudem on w ogóle może się zastanawiać nad tym, jaki mam krawat?«".

Packer przyznał, że często irytowało go, jak sprytnie Smith wykorzystywał konferencje prasowe po meczu, żeby zamiast dyskutować o zakończonej właśnie rywalizacji, wysyłać sygnały do swoich zawodników albo nawet do sędziów czy trenerów i zawodników drużyny przeciwnej. „Zawsze próbowałem ocenić jego pomeczowe wypowiedzi – wspomina Packer. – Zdarzało się, że coś mówił, a ja myślałem: »Jezu, jakie to głupie. Przecież to nie miało żadnego znaczenia dla wyniku«. Irytowało mnie to, bo mówił o rzeczach, na które podczas transmisji meczowej w ogóle nie zwracałem uwagi". Wygłaszał komentarze, żeby przekazać coś między wierszami. „Aż w końcu docierało do ciebie, jaki był sprytny i jaki ty byłeś głupi, że tego nie rozumiałeś".

Tak oto jesienią 1981 roku Michael Jordan przybył na kampus w Karolinie Północnej, żeby dowiedzieć się, że zagra dla trenera z zupełnie innym podejściem. Tak jak podejście Popa Herringa było błogosławieństwem w początkowym etapie rozwoju Michaela, tak kolejny etap jego sportowej podróży przyniósł totalną zmianę w podejściu do sportu, opartą na dyscyplinie. „Kiedy kończysz szkołę średnią, to masz naturalne, surowe umiejętności – tłumaczył kiedyś Jordan. – Żaden trener tego w tobie nie wykształci. Kiedy kończyłem liceum, wszystko przychodziło mi naturalnie: wyskok, szybkość. Gdy trafiłem do Karoliny Północnej, rozpoczął się w moim życiu inny etap. Podstawy istniejące od czasów Naismitha: zbiórki, obrona, rzuty wolne, technika".

Już wtedy, kiedy Smith rekrutował Jordana, udało mu się zgromadzić jedną z najlepszych drużyn 1981 roku. Grali u niego Worthy, obrońca Al Wood czy center Sam Perkins. Wirginia dwukrotnie pokonała w tamtym sezonie Karolinę Północną i obie drużyny miały się ponownie spotkać w półfinałach krajowych w Filadelfii. Zderzyły się dwa podejścia trenerskie – luźne Hollanda i systemowe Smitha. Smith przechytrzył trenera Kawalerzystów, przesuwając środek ciężkości w ataku na silnego Wooda, którego dynamiczne ataki przyniosły Karolinie zwycięstwo.

To był szósty występ drużyny Smitha w Final Four. Od 1962 do 1981 roku prowadzone przez niego drużyny odniosły w sumie ponad 460 zwycięstw, zdobywając dziewięć tytułów mistrza konferencji ACC. W kolekcji brakowało mu jedynie mistrzostwa kraju. Niestety w pierwszy poniedziałek kwietnia 1981 roku jego drużyna przegrała kolejny mecz finałowy, przyglądając się, jak trener Indiany Bobby Knight i rozgrywający Isiah Thomas wracają z trofeum do domu, przedłużając frustrację Karoliny Północnej przynajmniej o kolejny rok. Po meczu zawodnicy zebrali się w szatni i obiecali sobie, że za rok zakończą nieszczęśliwą passę bez tytułu. Michael Jordan oglądał mecz w telewizji i po raz pierwszy w życiu tak bardzo identyfikował się ze Smithem i jego Tar Heels. Bolało go też, że w meczu z Indianą nie może pomóc kolegom.

„Może jesteśmy jak Penn State w futbolu – mówił po porażce z Indianą Smith. – Wiecznie drudzy".

Porównując swój program z legendarną szkołą Joego Paterno w Penn State, Smith prosił kibiców Karoliny Północnej o jeszcze trochę cierpliwości. Zarówno Paterno, jak i Smith cieszyli się powszechnym uznaniem, ponieważ robili to, co należy, zachowując godną podziwu równowagę pomiędzy ambicjami mistrzowskimi i edukacyjnymi osiągnięciami swoich zawodników. „Zajęcia uniwersyteckie były dla niego bardzo ważne – tłumaczył Worthy. – A jeśli byłeś na pierwszym roku, to musiałeś też chodzić do kościoła, chyba że miałeś usprawiedliwienie od rodziców, że nie musisz. Obiecywał ci, że za cztery lata skończysz studia. To było prosta filozofia".

Ale trudno było przejść do porządku dziennego nad niezadowoleniem, które coraz bardziej dręczyło kibiców z Karoliny Północnej i lokalne media. Rosło poczucie, że równowaga, którą Smith wprowadził do tego cynicznego biznesu sportu uniwersyteckiego, nie wystarcza, że jego upieranie się, żeby robić wszystko we właściwy sposób, sprawia, że nie jest w stanie sięgnąć po główną nagrodę.

Ani on, ani jego asystenci, ani nawet sami zawodnicy nie chcieli mówić o tym, że Karolina Północna jest częściej obiektem kpin. Po szóstej wyprawie do Final Four czuli to jednak bardziej niż kiedykolwiek.

Tak naprawdę to Smith stworzył najlepszy, najbardziej spójny system koszykarski w kraju. To od niego wychodzili najwspanialsi zawodnicy, którzy kończyli szkołę, dużo lepiej rozumiejąc siebie jako ludzi i wiedząc, co chcą osiągnąć w życiu. Nikt nie zdawał sobie z tego sprawy bardziej niż sami zawodnicy. „Trener Smith uczył nas, jak postępować z innymi – tłumaczył Worthy. – Kiedy komunikujesz się z ludźmi zgodnie z określonymi zasadami, kiedy wiesz, jak się z czymś zgadzać bądź nie zgadzać, kiedy wiesz, jak podporządkować się autorytetom, bez uszczerbku dla wierności własnym zasadom, to zaczynasz lepiej funkcjonować społecznie. Uczysz się, jak postępować z ludźmi, jak na nich polegać, jak im ufać". Worthy podkreśla, że ustrukturyzowany system Smitha koncentrował się na tym, żeby wszyscy zawodnicy prawidłowo wykonywali nawet najdrobniejsze zadania, dzielili się rzutami, pomagali innym w wyjściu na wolną pozycję. Dodaje, że bardzo istotne było również to, jak poważnie Smith traktował kierowników drużyny i zawodników rezerwowych. „Wszystko, co robiliśmy na boisku, przenosiło się potem na normalne życie", mówi. I dodaje, że analogicznie lojalność zawodników względem Smitha i jego metod sprawiała, że zdobycie tytułu mistrzowskiego stało się równie ważne dla wszystkich.

Niektórzy wieloletni kibice Karoliny tak naprawdę czerpali z porażki w Filadelfii nadzieję. Smith pokazał, że jest gotów na pewne odstępstwa od systemu, żeby zrobić miejsce dla wyjątkowo utalentowanych graczy, takich jak Al Wood. Udowodnił, że jest w stanie dopasować się do zmieniającego się stylu gry koszykówki uniwersyteckiej. Ogromne pieniądze i jeszcze większe zainteresowanie publiczności wymuszały wielkie zmiany. Gdyby nie to, taki wyjątkowy talent jak Jordan mógłby mieć problemy z odnalezieniem się w świecie ściśle przestrzeganych zasad programu Deana Smitha w Karolinie Północnej.

Na razie Jordanowi bardzo się podobało to, co dostrzegał w tym programie na ekranie telewizora podczas trwania Final Four. Podobało mu się poczucie koleżeństwa w drużynie, jej duch i talent. Doszedł do wniosku, że chociaż będzie na pierwszym roku, to widzi szanse na grę w podstawowym składzie, a tym samym pomoc Tar Heelsom.

No i pomógł im. Później, na dzień przed tym, jak sam został wybrany do koszykarskiej Galerii Sław, Ralph Sampson wspominał Michaela Jordana, tę niebywałą siłę, która rozbiła wszelkie jego plany i wielkie nadzieje. Nikt się czegoś takiego po Jordanie nie spodziewał. Sampson zwrócił uwagę, że niesamowity rozwój Michaela zaczął się od odrobiny szczęścia: dołączył do drużyny Karoliny Północnej, która już była blisko tytułu mistrzowskiego, tak jakby sam Bóg zarezerwował mu w niej miejsce.

„Miał mnóstwo szczęścia, że znalazł się w takiej sytuacji", uważa Sampson. Jako pierwszoroczniak w systemie Deana Smitha musiał tylko wejść do składu i stosować się do zaleceń trenera. W ciągu wszystkich lat trwania programu Deana Smitha tylko trzech zawodników – Phil Ford, James Worthy i Mike O'Koren – dostali się do pierwszej piątki już na pierwszym roku. Tak jak większość programów w tamtych czasach system Smitha opierał się w dużej mierze na doświadczeniu i grze studentów czwartego roku. Co bardziej doświadczonym zawodnikom trener pozwalał na więcej poza boiskiem. Na czwartym roku organizował mecze w pobliżu ich miast rodzinnych. Zapewniał im wszelkie możliwe przywileje, bo wiedział, że program mógł trwać dzięki ich kilkuletniemu zaangażowaniu i oddaniu.

Dla odmiany studenci pierwszego roku nie mieli żadnych przywilejów i znajdowali się w hierarchii niżej od kierowników drużyny i asystentów. Musieli nosić torby z piłkami i ze sprzętem i wykonywać inne drużynowe obowiązki. I to właśnie oni, nie członkowie sztabu szkoleniowego, musieli się codziennie uganiać za uciekającymi piłkami podczas treningów. Musieli sobie zapracować na pozycję. Wśród zadań Jordana na pierwszym roku znajdowało się na przykład przenoszenie ciężkiego sprzętu filmowego z pomieszczenia do pomieszczenia. Ale nawet to wszystko można uznać za błogosławieństwo: nie musiał się na pierwszym roku zmagać z wielką presją i z oczekiwaniami.

Sampson obserwował to wszystko z wysokości 223 centymetrów, w milczeniu i mocno przerażony. Bitwy Wirginii z Karoliną w 1981 roku były preludium do czegoś, co nazwano potem Erą Jordana w Chapel Hill. Dwa lata wcześniej Sampson dołączył do Wirginii, mniejszej, niemającej specjalnych tradycji koszykarskich uczelni z konferencji ACC, i w 1980 roku jako debiutant poprowadził Kawalerzystów do tytułu mistrzów NIT*. Uważano wtedy, że będzie kolejnym koszykarskim gigantem, często porównywano go do Kareema Abdul-Jabbara, przez co musiał się bez przerwy zmagać z niewiarygodną presją mediów

* National Invitation Tournament, prestiżowy turniej organizowany przez NCAA po zakończeniu rozgrywek.

i oczekiwaniami kibiców. Porażka z Tar Heels w Final Four w 1981 roku bardzo wszystko skomplikowała, ale wielu dziennikarzy przewidywało, że już w 1982 roku Sampson poprowadzi Wirginię po tytuł. Największą przeszkodą na drodze był Uniwersytet Karoliny Północnej i to pomimo odejścia stamtąd utalentowanego seniora Ala Wooda.

Najważniejsze pytanie, które owej jesieni 1981 roku zadawał sobie Dean Smith, brzmiało: kto powinien zająć miejsce Wooda w składzie? To, że mierzący 205 centymetów Worthy jest gotowy, żeby zostać najlepszym strzelcem drużyny, było oczywiste, podobnie jak to, że Perkins, który również miał 205 centymetrów wzrostu, będzie w ataku równie niebezpieczny. Smith potrzebował kogoś na skrzydło, kto byłby w stanie grać mocną koszykówkę, kto zenergetyzowałby defensywę, kto umiałby trafić niekryty z półdystansu, kiedy strefa obrony rywala będzie skoncentrowana na Worthym i Perkinsie. Na początku dobrym kandydatem wydawał się Jim Braddock. Był na drugim roku, nieźle rzucał, przyzwoicie bronił. Dwoma innymi kandydatami byli Peterson i Jordan. Peterson nieźle biegał i skakał, no i miał dobrą motorykę. W dodatku całkiem celnie rzucał. Smith rozważał różne opcje. Cały czas miał w pamięci surową grę Jordana w szkole średniej. Kibice, słysząc o tych rozterkach, mogli tylko przewracać oczami. Nad czym tu się zastanawiać, po co marnować czas, skoro odpowiedź jest oczywista? Odpowiedzią był Jordan.

Tyle że Smith był wyznawcą procesu i miał tamtej jesieni wiele do przemyślenia. Dostał już pierwsze raporty z występów Jordana w meczach sparingowych, które rozgrywał z nowymi kolegami z drużyny i innymi koszykarzami w kampusie. Praktyki Jordana w meczach rozgrywanych w Empie Parku w Wilmington, podobnie jak dziecięce pojedynki z bratem Larrym, bardzo mu się przysłużyły. Jak twierdził potem psycholog Chicago Bulls George Mumford, te gorące słowne i siłowe pojedynki z Larrym ustanowiły wzór dla przyszłych relacji Jordana z wszystkimi kolegami z drużyny. Format wojny pomiędzy braćmi. Koledzy Jordana nie mieli pojęcia o dawnej rywalizacji Michaela z bratem, ale szybko do nich dotarło, co oznacza wojna. Jak później tłumaczył Worthy, Jordan zachowywał się, jakby chciał sterroryzować starszych kolegów z Karoliny Północnej, a jednym z elementów tego terroru był jego trash-talking.

„Dostrzegłem to od razu – mówi Worthy. – Widać było, że chłopak ma talent. Surowy talent. Cały taki był: tak cholernie pewny siebie, niebojący się najlepszych, prowokujący i atakujący najgroźniejszych rywali”.

Debiutant rozpoczął znajomość z nowymi kolegami od straszenia ich, że nad nimi zadunkuje. Zdaje się, że najbardziej irytowało to Worthy'ego. Inni raczej się śmiali z tej gadaniny, ale wywołała ona niepokój wśród starszych zawodników. Obiecali sobie, że w 1982 roku znowu awansują do Final Four, żeby zdobyć dla swojego trenera tytuł mistrzowski. Było to dla nich niesłychanie ważne. Ostatnią rzeczą, której potrzebowali, był pyskaty, zarozumiały pierwszoroczniak, który zacznie psuć wypracowaną w drużynie chemię. Nie chodzi o to, że Jordan nie był świadomy marzeń zespołu o tytule mistrzów kraju. Czuł się już częścią programu Karoliny Północnej i doskonale pamiętał swoje frustracje i rozczarowania, kiedy wiosną oglądał porażkę Tar Heels. Ale tamtej jesieni 1981 roku był wciąż jedynie debiutantem i jego agresywność odbierano bardzo różnie.

„Pamiętam, że ludzie uważali, że jest za bardzo pewny siebie albo że za dużo gada – wspomina Art Chansky. – I jeszcze chciał, żeby mówiono na niego Magic. Ludzie z Wilmington tak go zaczęli nazywać. Dean zapytał się go kiedyś: »Dlaczego chcesz, żeby nazywano cię Magic? Przecież ktoś inny ma już taki przydomek«. W broszurze Karoliny Północnej z 1982 roku widnieje jako Mike Jordan. »Jak chciałbyś, żeby cię nazywali?« »Nazywają mnie Michael«. Na co Dean odpowiedział: »No dobra, to od teraz będziemy cię nazywać Michael Jordan«. To była najmądrzejsza rzecz, jaką można było zrobić, bo potem został po prostu Michaelem. Nazywanie go Magic to bzdura. Dean sprytnie to wtedy wykombinował".

Nieważne, jak miał na imię, ważne, że dla starszych zawodników szybko stało się jasne, że Jordan ma głęboko w sobie wrzące źródło paliwa, które napędza jego żądzę dominacji. Dostrzegli, że ma złożoną osobowość – z jednej strony jego trash-talking wydawał się głupi i niewinny, ale z drugiej – pokazywał, że on się naprawdę nikogo nie boi i że w rzeczywistości chce ich sprowokować. Do kolegów Jordana szybko zaczęło docierać, że trash-talking jest jego metodą na uzyskanie dodatkowej motywacji.. Im więcej gadał, tym bardziej musiał udowodnić, że coś za tym gadaniem stoi. Nie był pierwszym młodym koszykarzem, który stosował taką strategię. Różnica polegała na tym, że on jeden potrafił potem udowodnić to wszystko w praktyce. Dlatego bardzo szybko dał się poznać jako ktoś, kto może przewrócić świat koszykarski Karoliny do góry nogami. Tak przynajmniej patrzył na to Worthy.

Nowy zawodnik zaczął prowokować Worthy'ego, żeby zmierzyli się w pojedynku jeden na jednego. Worthy wyczuł, że Jordan wykonuje natychmiastowy zamach na jego status i pozycję w drużynie, więc odmówił. Nie zamierzał się wdawać z małolatem w psychologiczne gierki. Pod wieloma względami byli diametralnie różni. Zamiast pyskować, Worthy raczej zamykał się w sobie. Był typem introwertyka i lata zajęło mu nauczenie się, by okazywać uczucia w sposób, w jaki Jordan robił to już jako 18-latek.

Jordan stanowił więc dla starszych zawodników wyzwanie na wielu poziomach. Worthy wspomina: „Fizycznie był raczej mizerny, ale mentalnie – silny i pewny siebie. Ba, był lepszy od większości starszych zawodników. Ta jego pewność siebie brała się właśnie stąd". Ale nie tylko osobiste konfrontacje miały znaczenie. Każda drużyna koszykarska rządzi się określoną hierarchią, drużyny Smitha pewnie nawet bardziej niż większość innych. Młodzieńcze prowokacje Jordana mogły zakłócić dawno ustanowioną dynamikę sespołu jeszcze przed pierwszym meczem.

„No weź, wielkoludzie", mówił Jordan do Worthy'ego, próbując namówić go na pojedynek. Trochę mu to zajęło, ale w końcu dopiął swego. „Wybierał sobie zazwyczaj Sama Perkinsa i mnie – wspomina po 30 latach Worthy, delikatnie się uśmiechając. – Ciągle marudził: »No, zagrajmy jeden na jednego«. W końcu się zgodziłem. Zagraliśmy trzy mecze i dwa z nich wygrałem". Zwycięstwo Worthy'ego potwierdziło hierarchię w drużynie, ale wprawiło Jordana w niezadowolenie, które zresztą pewnie było dobre. Worthy zastanawiał się, jak to jest, że musiało minąć 30 lat, żeby Jordan przyznał się do tych porażek w wywiadzie dla programu HBO poświęconego rywalizacji Duke z Karoliną Północną.

W tamtych czasach niektórzy uważali, że bezczelny pierwszoroczniak nie pasuje do Chapel Hill. „Miał osobowość, która kompletnie nie pasowała do zawodnika Karoliny, bo zawodnicy Karoliny niechętnie gadali i bardzo chętnie słuchali – tłumaczy Worthy. – Michael natomiast wręcz przeciwnie: bardzo chętnie mówił i niechętnie słuchał. Ale wiedział, kim jest trener Smith. Wiedział o Philu Fordzie i Walterze Davisie*, więc wiedział, na co ma szanse".

„Był jak niegrzeczny młodszy brat – tak wspomina Jordana z pierwszego roku Art Chansky. – Wtedy nikt nie przypuszczał, że Michael Jordan będzie najlepszy... Nikt nie wiedział, że będzie królem świata. Był tylko studentem pierwszego roku, więc często traktowali go jak wrzód na tyłku... Ale podobała im się jego pewność siebie, ta werwa pierwszoroczniaka. Musieli to tylko

* Gwiazdy Karoliny Północnej, odnoszące potem sukcesy w NBA.

odpowiednio skanalizować, więc go nie zniechęcali. Dużo gadał, ale zdaje się, że im dłużej trwała jego kariera, im częściej przebywał w świetle reflektorów, tym mówił coraz mniej".

Poza parkietem Jordan zachowywał się jak każdy student pierwszego roku, który próbuje znaleźć sobie miejsce. Stuart Scott z ESPN, wówczas laureat stypendium futbolowego, wspomina Jordana z tamtych czasów jako zwyczajnego chłopaka, który jeździł po Chapel Hill na rowerze. Tym, co trochę wówczas Jordana uziemiało, była obecność na kampusie jego ukochanej młodszej siostry. Zawsze powściągliwa i ostrożna Roslyn czyniła mnóstwo wysiłków, żeby umożliwić bratu płynne przejście z życia rodzinnego w studenckie. Czasem nawet sprzątała mu pokój. James i Deloris też kilkakrotnie przyjechali do Chapel Hill, żeby sprawdzić, czy u dzieci wszystko OK. Roslyn była związana z matką szczególnie blisko, a Michael był trochę syneczkiem mamusi. Kiedy zaczął się sezon, nigdy nie był w stanie skupić się na grze, dopóki się nie upewnił, że rodzice bezpiecznie dotarli na trybuny.

Clarence Gaines Jr. (późniejszy skaut w Chicago Bulls), syn legendarnego trenera z uczelni Winston-Salem State, członka Galerii Sław, był w tamtym roku absolwentem uczelni UNC i mieszkał w kampusie w Granville Towers razem z wieloma sportowcami. Znał praktycznie wszystkich zawodników Karoliny. „Pamiętam, jak weterani, zwłaszcza Jimmy Black, opowiadali o tym zarozumiałym debiutancie, który miał zostać członkiem ich drużyny – wspomina. – Znałem więc MJ-a, zanim został MJ-em".

Gaines pamięta Jordana, jak grał mecze sparingowe na boiskach na świeżym powietrzu koło Granville Towers. „MJ zawsze roztaczał wokół siebie aurę. Niektórzy ludzie są tylko obecni, on niewątpliwie zaliczał się do innej kategorii". Wielu oczywiście wciąż się zastanawiało, co będzie, kiedy szaleńcza młodzieńcza ambicja debiutanta zderzy się na treningu z systemem Smitha. Ale – jak się okazało – efekty były zaskakująco dobre. Pokazy nieokiełznanej sprawności fizycznej prezentowane przez Michaela podczas tych jesiennych sparingów zniknęły jakby za dotknięciem czarodziejskiej różdżki. O wiele później, kiedy stał się już wielką gwiazdą, publiczność zaczęła dostrzegać, jak bardzo wtopił się w system gry Karoliny Północnej, jak bardzo ukrywał tam swoje umiejętności. Ale to nie tylko system Deana Smitha go hamował. W jego życiu pojawiły się również inne miarkujące go siły.

Pierwsza paczka kumpli

W dwóch ostatnich latach przed pójściem na studia Jordan brał udział w letnich obozach koszykarskich na Uniwersytecie Campbella w Buies Creek w Karolinie Północnej. Owe obozy stanowiły ważny przystanek koszykarski w południowych Stanach, pojawiali się tam często czołowi lokalni trenerzy i zawodnicy. Jordan grał i pracował w Campbellu jako opiekun, potem zresztą kontynuował ten zwyczaj przez całe studia. To tam spotkał Freda Whitfielda, który został jego przyjacielem na całe życie i który wywarł na niego ogromny wpływ. Whitfield, który pochodził z Greensboro, był jednym z najlepszych strzelców w historii uczelni. Po zakończeniu nauki rozpoczął pracę w szkole jako asystent trenera, kontynuując studia magisterskie z zarządzania.

Tego młodego, nieco ponad 20-letniego wychowawcę zaintrygowali Michael Jordan i Buzz Peterson. Tak zaczęła się ich przyjaźń. Whitfield był starszy, a przy tym miły i przyjacielski, więc Jordan był w niego wpatrzony jak w obrazek. Poza tym przerabiał już wzloty i upadki koszykówki uniwersyteckiej, dzielił się więc z młodszymi kolegami obserwacjami i radami, które z punktu widzenia Jordana były bardzo cenne.

Whitfield był jednocześnie mentorem i przyjacielem. „Michael trafił do naszej szkółki, kiedy był w ostatniej klasie liceum – wspomina. – Tak się ułożyło, że trafił do mojej grupy. Szybko się zakumplowaliśmy. Czasem z nimi grałem, czasem funkcjonowałem jako ich coach, byłem po prostu jednym z pracowników. Kiedy Michael poszedł na studia, byłem asystentem trenera w Campbell. Jeśli w weekendy nie mieliśmy żadnych meczów, przyjeżdżałem do Chapel Hill i chodziłem na jego mecze. Wraz z nim i Buzzem Petersonem miło spędzaliśmy czas. Jednym z moich obowiązków było namawianie zawodników z konferencji ACC, żeby pojawiali się na naszych letnich campach. Kiedy Michael grał w Karolinie, był kimś i zazwyczaj udawało mi się go sprowadzić na jeden dzień, żeby pogadał z dzieciakami. Tak rozwijała się nasza przyjaźń. Z jakiegoś powodu przypadliśmy sobie do gustu już wtedy, w Buies Creek. Potem więź między nami pogłębiła się, zaczęliśmy sobie ufać i nawzajem się motywować do odnoszenia sukcesów".

Tamte weekendowe wyjazdy pozwoliły Jordanowi zbudować pierwszy krąg przyjaciół niezwiązanych z drużyną – krąg, który potem stał się jego słynną paczką. „To na studiach pojawiła się wokół Michaela grupka ludzi takich jak Fred Whitfield, bardzo miły facet – opowiada Art Chansky. – Michael otaczał się tylko tymi osobami, którym ufał". Poza Whitfieldem kimś takim był Adolph Shiver. Ich przyjaźń pomogła uzyskać temu ostatniemu miejsce w drugiej drużynie Tar Heels, prowadzonej przez Roya Williamsa. Adolph przez długi czas był nieformalnym szefem rozrywkowej części otoczenia Jordana, podczas gdy Whitfield stąpał po ziemi o wiele mocniej.

James i Deloris Jordanowie cenili Whitfielda. Był miłym młodym człowiekiem z dużą wiedzą na temat koszykówki. Jego wpływ z pewnością pomagał neutralizować wygłupy Shivera oraz innych kolegów z pierwszego roku. Shiver mógł gdakać jak kura, ale rzadko mówił coś, co mogło nie przypaść Jordanowi do gustu. Whitfield też mógł opowiadać bzdury, ale jednocześnie był wyrafinowany i służył jako rodzaj pomostu pomiędzy okresem dojrzewania Jordana a wielkim światem. Relacja z Whitfieldem była kolejnym wyjątkowym, ale rzadko wymienianym elementem szczęśliwej historii Michaela. Zarówno jego rodzice i rodzeństwo, jak i sztab szkoleniowy z Karoliny, kolega z pokoju Buzz Peterson, Whitfield oraz, tak jest, nawet Adolph Shiver – tworzyli wokół Jordana na początku jego uniwersyteckiej kariery imponujący system wsparcia. Bez niego ten żywiołowy, naładowany energią 18-latek mógł pójść w niewłaściwą stronę.

Słuchacz

Najważniejszą przyczyną sukcesów Jordana w tych pierwszych miesiącach w Chapel Hill była z pewnością jego umiejętność słuchania, coś, co hamowało jego potężne siły witalne i co wzięło swój początek z jego relacji z matką. Od pierwszych chwil, kiedy Michael znalazł się na świeczniku, Deloris Jordan pomagała mu omijać mnóstwo pułapek, które dostrzegała na jego drodze, a on jej słuchał, co okazało się potem krytycznym czynnikiem sukcesu. Wszystkie osiągnięcia wypracowali wspólnie – jako matka i syn. Było to możliwe również dzięki temu, że Deloris Jordan w pewnym istotnym momencie swego życia nie chciała posłuchać własnych rodziców i zapłaciła za to wysoką cenę. I nawet jeśli było to dla Michaela trudne, nawet jeśli jego kumple ciągnęli go w przeciwną stronę, to najczęściej słuchał on matki. Czasem pogodzenie się z jej racjami zabierało mu trochę czasu, zwłaszcza jeśli nie podobało mu się to, co mówi. Mimo to z pewnością od początku doskonale rozumiał, że to Deloris jest jego życiowym przewodnikiem.

„Osobowość i śmiech odziedziczyłem po ojcu – powiedział kiedyś. – Ale podejście biznesowe i tę poważną stronę mam po matce". Deloris była jego największym krytykiem i potrafiła być szorstka w sposób, który Michael akceptował. Czasami, zwłaszcza w okresie dojrzewania, było mu trudno zdławić swój instynkt i pójść za radą matki. To jednak właśnie dzięki ich relacji stał się bardziej podatny na uwagi trenerów, co pomogło mu osiągnąć tyle sukcesów. Po latach nazwał matkę swoim pierwszym trenerem. Ta umiejętność słuchania okazała się jednym z jego najcenniejszych darów, wbrew zarzutom Jamesa Worthy'ego, że było wręcz przeciwnie. Dla szkoleniowców ta umiejętność słuchania była jego najbardziej imponującą cechą, przewyższającą nawet widowiskowe umiejętności fizyczne. Dean Smith mówił: „Nigdy nie widziałem, żeby zawodnik tak uważnie słuchał, co mówią do niego trenerzy, a potem wykonywał polecenie".

Pomimo tych pochwał podejście Jordana pozostawiało wiele do życzenia i na początku jego występów w Karolinie często spotykało się z krytyką trenerów. Kiedy jednak pewnego dnia Roy Williams zwrócił Michaelowi uwagę, ten odpowiedział, że pracuje równie ciężko jak inni, co wywołało odpowiedź Williamsa, że jeśli chce osiągać wielkie sukcesy, musi pracować ciężej. Potem był w szoku, że wystarczyła tylko jedna taka rozmowa, a postawa Jordana uległa diametralnej zmianie. Nigdy więcej nikt nie pracował więcej od niego.

Umiejętność słuchania sprawiła, że do Smitha dotarło, iż pomimo wszystkich obaw związanych z silną osobowością młodego zawodnika i jego zamiłowaniem do słownych utarczek, jest on głównym kandydatem do zastąpienia Ala Wooda w pierwszej piątce. „Moja największa umiejętność polegała na tym, że byłem podatny na naukę – przyznał potem Jordan. – Jak gąbka. Nawet jeśli uważałem, że trenerzy się mylą, to starałem się ich wysłuchać i czegoś się nauczyć". Było to coś, na co tysiące jego późniejszych naśladowców nie zwróciło uwagi. Uważali, że ich wielkie umiejętności i sprawność fizyczna wystarczą, żeby trafili na szczyt. Jordan nigdy tak nie uważał. I to jego podejście zostało poddane na pierwszym roku poważnemu sprawdzianowi.

Okładka

Przed samym rozpoczęciem sezonu Jordan miał wprawdzie problem z kontuzjami, ale pozostał oczywistym kandydatem do pierwszej piątki. Karolina Północna rozpoczęła sezon jako faworyt sondaży, a magazyn „Sports Illustrated" chciał umieścić zdjęcia podstawowego składu na okładce numeru zapowiadającego rozgrywki uniwersyteckie. O Jordanie i jego boiskowych wyczynach było coraz głośniej. Już podczas treningów dokonywał rzeczy niesamowitych, jak wtedy, kiedy zaatakował podwajających go Worthy'ego i Perkinsa, co zrobiło wrażenie na wszystkich jego trenerach i kolegach z drużyny. A skoro w sztabie znajdowały się takie gaduły jak na przykład Roy Williams, było oczywiste, że tego typu popisy wyciekną do mediów. Plotki dotarły również do fotografów „Sports Illustrated", którzy zażyczyli sobie obecności Jordana na zdjęciu okładkowym. Smith jednak im odmówił. Nie było mowy, żeby zgodził się na obecność na okładce „SI" zawodnika, który nie rozegrał jeszcze w drużynie ani minuty.

„Nie brał udziału w standardowej promocji drużyny przed rozpoczęciem sezonu – wspomina Billy Packer. – Zapewne zdecydował o tym przede wszystkim Dean. Dziś pierwszoroczniacy bywają w koszykówce uniwersyteckiej bardzo ważni, ale wtedy było inaczej".

Pojawienie się na okładce „Sports Illustrated" i wychwalanie w mediach przed rozpoczęciem sezonu wywołałoby ekscytację u każdego młodego sportowca. Jordan czuł się mocno urażony. Było to jego pierwsze prawdziwe zderzenie z podejściem Smitha.

Ale choć decyzja trenera doprowadziła Jordana do szału, to nie pozwolił sobie nawet na chwilę dąsów. Tak jakby wchłonęła ją mroczna część jego duszy, w której tego typu rzeczy gromadziły się, wyzwalając dodatkową energię. Nikt nie był tym bardziej zdumiony od kolegi Michaela z pokoju, Buzza Petersona. Chłopcy poznali się podczas letniego campu i z czasem stali się sobie bardzo bliscy. Peterson wahał się przez cały rok, czy dołączyć do Karoliny Połnocnej. Był już prawie zdecydowany, żeby podpisać kontrakt z Uniwersytetem z Kentucky. Ale Jordan do niego zadzwonił i wydawał się głęboko poruszony – przecież ustalili, że zamieszkają razem w pokoju jako zawodnicy Tar Heels. W końcu Peterson uległ i podpisał kontrakt z Karoliną.

Przyjaźń młodych zawodników kwitła, niezależnie od tego, że rywalizowali o miejsce w pierwszej piątce Karoliny. Dopiero po jakimś czasie do Petersona dotarło, że pomimo łączącej ich przyjaźni Jordan niestrudzenie stara się udowodnić, że wybór Petersona na Mr. Basketball Karoliny Północnej w sezonie seniorskim był błędem.

Jordan nie mógł też wybaczyć ludziom ze swoich stron, w tym nauczycielom z Laney, którzy mówili, że w Karolinie na pewno będzie przesiadywał na ławce rezerwowych. „Mnóstwo przyjaciół odwodziło mnie od pomysłu dołączenia do Karoliny – wspominał. – Mówili mi, że jako pierwszoroczniak nie mam szans na przebicie się do pierwszej piątki. Nawet niektórzy nauczyciele przekonywali mnie, bym zrezygnował, choć sami byli kibicami NC".

Przez całą jesień musiał na te – rzeczywiste i wyimaginowane – wątpliwości odpowiadać. Próbując udowodnić, że nadaje się do drużyny, Jordan szybko zdobył przychylność weteranów. „Kiedy trafiasz do Karoliny, musisz przejść przez okrutne treningi biegowe – tłumaczy James Worthy. – Zawodnicy są dzieleni na trzy grupy: A, B i C. Do grupy A trafiają zazwyczaj szybcy rozgrywający, do grupy B – zawodnicy tacy jak Michael, średnio szybcy, a do grupy C – najwyżsi zawodnicy. Musisz się zmieścić w określonym czasie". Niżsi obrońcy zaczęli drażnić Jordana, że ma łatwiej, bo w grupie B limit czasowy jest o trzy sekundy dłuższy. „Michael poprosił trenera Smitha, żeby przeniósł go do grupy A, po czym rozniósł tych kolesi na strzępy – mówi Worthy. – Wtedy zrozumiałem".

Sam Perkins, który był wtedy na drugim roku, wspomina, że Jordan nie chciał być traktowany „po prostu jak jeden z pierwszoroczniaków". „Szybko nas dogonił. Był pierwszoroczniakiem, ale mimo że od zawodników z pierwszego roku nie oczekiwano, że będą od razu grali, to ten chłopak z Wilmington musiał grać".

Tej jesieni Michael zmuszony był opuścić dwa tygodnie treningów z powodu problemów z naczyniami krwionośnymi w kostce. Nie porzucił jednak nadziei. Smith do końca wahał się, jaką decyzję ma podjąć, i do ostatniej chwili zwlekał z ogłoszeniem nazwiska piątego zawodnika pierwszej piątki. Wiedział, że rywalizacja zawsze dobrze wpływa na rozwój drużyny i zaangażowanie zawodników. Po co więc kończyć ją przedwcześnie? Tar Heels rozpoczęli sezon od meczu z Kansas w Charlotte, transmitowanego przez nowo powstałą stację telewizji kablowej ESPN. Jordan, z uwagi na czas, który stracił w związku z kontuzją, przypuszczał, że będzie rezerwowym. Miał nadzieję, że wybije się jako pierwszy albo drugi wchodzący z ławki.

„Byłem w szoku, kiedy okazało się, że trener Smith umieścił moje nazwisko na tablicy, co oznaczało, że już w pierwszym meczu zagram w podstawowej piątce", wspomina. „Na dziesięć minut przed końcem meczu przyszedł jeden z trenerów i poinformował nas, że Michael zagra w pierwszym składzie – opowiadał trzy lata później James Jordan. – Nie mogliśmy w to uwierzyć".

Jordan zdobył wtedy swoje pierwsze punkty dla Karoliny i pierwsze w swojej karierze uniwersyteckiej – rzut z wyskoku z lewej strony parkietu. Bucky Waters z ESPN zwrócił uwagę, że debiutant z Tar Heels wywołał sporo szumu wśród kibiców, którzy porównywali go z Davidem Thompsonem i Walterem Davisem.

W każdym z pierwszych sześciu meczów Jordan zdobywał ponad 10 punktów. Pokazał, że ma równy rzut z wyskoku i niesamowity talent do wynajdowania luk w obronie przeciwnika. Drużyny Smitha były znane z dobrego rozprowadzania piłki, a debiutant udowodnił, że daje sobie z tym radę całkiem nieźle. Jeśli mieliśmy do czynienia z krytyką, to wiązała się ona z faktem, że czasem zamiast się zdecydować na rzut z dystansu, próbował wprowadzić piłkę pod kosz. Ale próby wykreowania jak najlepszych pozycji do rzutu, zamiast decydowania się na trudniejsze rzuty z wyskoku, były akurat cechą charakterystyczną zespołów prowadzonych przez Smitha.

Jako drużyna znajdująca się na czele rankingów Tar Heels od początku sezonu byli w rozjazdach. Po meczu w Charlotte i kolejnym w Southern Cal w Greensboro, rozegrali dwa szybkie spotkania w Carmichael Auditorium. Potem pojechali na mecze świąteczne do Nowego Jorku, żeby na tydzień przed Bożym Narodzeniem zmierzyć się z Rutgers w Madison Square Garden. Jordan pokazał się tłumom, zaliczając dwa widowiskowe slam dunki i zdobywając 15 punktów. Dwa dni po świętach Tar Heels spotkali się ze znajdującą się wysoko w rankingach drużyną Kentucky w Meadowlands. Jordan znowu zachowywał się, jakby nie dostrzegał presji związanej z ważnym meczem przeciwko świetnemu przeciwnikowi – w błysku fleszy poprowadził Karolinę Północną do ważnego zwycięstwa. Potem Tar Heels pojechali na Zachodnie Wybrzeże, żeby zagrać w turnieju Cable Car Classic w Santa Clara w Kalifornii. Wygrali tam po dogrywce z Penn State i roznieśli gospodarzy z Santa Clara.

Zdeterminowani, żeby obejrzeć absolutnie każdy mecz, James i Deloris Jordanowie jeździli wszędzie za szalejącą trąbą powietrzną, nazywaną koszykówką z Karoliny. Wydatki na podróże mocno odbijały się na ich domowym budżecie, ale pięknie rozwijająca się bajka, jaką stało się życie ich syna, kompletnie ich oszołomiła. Mimo to chcieli być pewni, że zachowują odpowiedni dystans. „Co do kontrolowania rodziców, to Dean Smith radził sobie z tym bardzo dobrze – mówi Art Chansky. – Jeśli któreś z nich pozwoliło sobie na zbyt wiele, wkraczał do akcji. Na szczęście James Jordan był świetnym facetem, który chciał po prostu wspierać syna. Zawsze po meczach przychodził do szatni".

Niektórzy obserwatorzy zauważyli, że James i Deloris nie we wszystkim się zgadzali, ale nikt nie mówił tego głośno, bo nie uważano tego za problem.

„Deloris była jak skała – tłumaczy Art Chansky. – Wszyscy tak ją postrzegali". Tak samo jak wszyscy zauważali, że James Jordan nie był święty. Chansky mówi: „Michael obserwował ojca. James wywarł na nim piętno. Odziedziczył po nim trochę z charakterystycznego podenerwowania i przekuwał to na bycie bardzo ambitnym, żądnym sukcesu zawodnikiem. Na parkiecie był jak zabójca".

Jordanowie obejrzeli w tamtym sezonie od 32 do 34 meczów, czasami zabierając ze sobą córkę Roslyn. Na mecze w hali Karoliny przyjeżdżał też, z uczelni North Carolina A&T w Greensboro, Larry, brat Michaela.

Pomimo rosnącej ekscytacji komentatorów podczas tych pierwszych spotkań, wprowadzenie Jordana do NCAA odbyło się raczej spokojnie. Michael był jeszcze niedojrzały, więc obawy związane z jego szorstkim obyciem odłożono na bok. Jego wejście do drużyny odbyło się płynnie, a zaufanie trenerów i kolegów z zespołu rosło wraz z każdym meczem. Ralph Sampson twierdził potem, że najistotniejszy był kontekst. „Wejść do drużyny, w której są już weterani – James Worthy, Sam Perkins, Matt Doherty i Jimmy Black? To już wtedy byli kolesie, którzy grali na wysokim poziomie. I pragnęli być jeszcze lepsi. Pojawiasz się w takim towarzystwie jako freshman i co masz robić? Musisz tylko wejść na pokład i uczyć się od najlepszych. Myślę, że Michael każdemu z nich coś zawdzięcza".

Drużyna rzeczywiście była już gotowa, miała jednak nadzwyczaj krótką ławkę. Musiała liczyć na mnóstwo szczęścia i rzeczywiście, sezon jakoś tak się ułożył, że udało się przez niego przebrnąć bez poważniejszych kontuzji. W poprzednich latach Smith często był oskarżany, że robi podczas meczów za dużo zmian w składzie, spowalniając rozpędzoną drużynę.

W tym sezonie kłopoty z głębokością składu rozwiązały wspomniany problem. Starterzy – Jordan, Perkins, Worthy, rozgrywający Jimmy Black i mierzący 203 centymetry skrzydłowy Matt Doherty – wszyscy oni spędzali na parkiecie średnio od 35 do 40 minut. Perkins, który też był pewniakiem do wybrania w pierwszej rundzie draftu, był zwinnym drugoroczniakiem, obdarzonym spokojnym usposobieniem. Black był efektywny jako rozgrywający, zdobywał niewiele punktów, ale świetnie bronił. Doherty był zawodnikiem drugiego planu, dobrym obrońcą, zdobywającym średnio 9 punktów na mecz. Wszyscy rzucali ze skutecznością powyżej 50 procent.

Jim Braddock, Buzz Peterson i Cecil Exum robili swoje z ławki, ale żaden nie zdobywał średnio więcej niż 2 punkty z gry. Drużyna opierała się głównie na zawodnikach z Nowego Jorku: Blacku, Dohertym i Perkinsie. Worthy i Jordan pochodzili z Karoliny, ale wywodzili się z zupełnie różnych kultur na dwóch przeciwległych krańcach stanu.

Worthy był wspaniałym liderem, przesiąkniętym mentalnością z Karoliny. Jego szacunek dla trenerów i autorytetów wpoili mu pobożni rodzice. Pochodził z Gastonii w Karolinie Północnej, zaraz za Charlotte. Przyjeżdżał na letnie obozy Smitha już jako wczesny nastolatek i na nadchodzący sezon postawił sobie bardzo konkretny cel. Miał świetne przyspieszenie i w ogóle był bardzo szybki, zwłaszcza biorąc pod uwagę, że mierzył 206 centymetrów. Żaden uniwersytecki koszykarz jego wzrostu nie był w stanie dotrzymać mu tempa. Był typem skrzydłowego niebezpiecznego zarówno w ataku pozycyjnym, jak i – dzięki szybkości i zwinnym rękom – w przechwytach i kontrataku. Systematyczne podejście Smitha pozostawiało drużynie przestrzeń na swobodny kontratak, lecz jednocześnie zakładało, że zespół potrafi szybko wrócić do obrony i powstrzymać kontratak rywala. Koszykarscy puryści uwielbiali przede wszystkim obserwować pracę Worthy'ego pod koszem. Zazwyczaj trwało to kilka sekund. „Miał fantastyczny pierwszy krok", mówi Maurice Lucas, który potem, w NBA, musiał często grać przeciwko niemu. „Markował rzut raz, drugi, trzeci, myląc obrońcę, po czym robił krok i rzucał z obrotu – tłumaczył kiedyś trener Lakers, Pat Riley. – Nie dało się tego zaplanować".

Worthy i Perkins, drugi zawodnik podkoszowy, skupiali na sobie większość uwagi obrońców, przynajmniej jeśli chodzi o strefę i podwajanie. Perkins też mierzył 206 centymetrów, ale miał niewiarygodnie długie ręce, dzięki czemu mógł fantastycznie funkcjonować na pozycji centra. Niewiele mówił, a jego oszczędna mimika przyniosła mu w NBA przydomek „Śpiący Sam" albo „Siła Spokoju". Ale już w Karolinie taki właśnie był.

Black i Doherty byli zawodnikami zadaniowymi. „Żeby drużyna była dobra, musi składać się z graczy, którzy nie będą się zajmowali przede wszystkim zdobywaniem punktów – tłumaczy Smith. – Gdyby Jimmy i Matt zastanawiali się nad zdobyczami punktowymi, nigdy nie odnieślibyśmy takiego sukcesu. Bylibyśmy pewnie dobrą drużyną, ale nie drużyną mistrzowską. Oni znali swoje zadania i dobrze się z nich wywiązywali. Tak zresztą jak wszyscy pozostali".

Doherty z Hicksville z Nowego Jorku był w szkole średniej świetnym strzelcem. Black pochodził z Bronksu, uczęszczał do szkoły katolickiej i w 1979 roku był już praktycznie zdecydowany, by pójść na katolicki uniwersytet Iona i grać u trenera Jima Valvano. Wtedy jednak zwrócił na niego uwagę Bill Guthridge. Trenerzy z Karoliny dostrzegali, że nie rzuca zbyt dobrze, ale podobało im się jego panowanie nad piłką, stabilna skuteczność z linii rzutów wolnych, inteligencja, szybkość, łatwość w podejmowaniu decyzji i odporność na presję. Smith nie potrafił ukryć swojego sentymentu dla Blacka. Trenerzy z Karoliny wielokrotnie przyznawali, że magiczny sezon w 1982 roku wypadłby znacznie bardziej blado, gdyby w drużynie nie było Blacka.

„Nie jestem w stanie stwierdzić, jak bardzo integralną częścią drużyny byłem – mówił potem Black. – Dobrze nam się razem grało, lubiliśmy się nawzajem, świetnie się dogadywaliśmy. Do dziś uważam, że sukces był efektem wspólnego wysiłku drużyny".

Kiedy Black był na drugim roku, jego 39-letnia matka zmarła na atak serca. Kilka miesięcy później on sam stał się ofiarą wypadku samochodowego, wskutek którego omal nie pozostał sparaliżowany. Przeszedł długą rehabilitację i w trzecim sezonie zdołał powrócić do drużyny, choć treningi rozpoczął w kołnierzu ortopedycznym. W Karolinie trudno było sobie wyobrazić zawodnika, który budziłby większy szacunek.

Jordan w tamtym sezonie nie rozwinął jeszcze skrzydeł w pełni, ale zapowiadał się całkiem obiecująco. Zdobywał średnio 13,5 punktu na mecz, rzucając ze skutecznością 53,4 procent z gry. Mimo to Art Chansky zwrócił uwagę, że w drużynie złożonej z weteranów Jordan „był typowym zadaniowcem. Ale zobaczcie, z kim grał".

„Wiele osób zapomina, że nawet sam Michael grywał różnie i podczas swojego debiutanckiego sezonu miewał wzloty i upadki", wspomina Smith.

Trenerzy konsekwentnie zwracali Jordanowi uwagę, że musi poprawić swoje podania i panowanie nad piłką. Mieli też zastrzeżenia do jego obrony i próbowali go nauczyć gry bez piłki, czyli czegoś, czego w liceum praktycznie nie robił.

Billy Packer nie dostrzegał w grze Michaela w tamtym pierwszym sezonie fajerwerków. „Na pierwszym roku, nawet podczas turnieju Final Four, trudno było się zorientować, że jest aż tak dobry – wspomina. – Miał niezłe zagrania, ale nie przejmował kontroli nad meczem. Nie eksplodował w ataku. Robił to, co kazano mu robić w ramach określonego systemu. Podporządkował się temu systemowi i nigdy nie widziałem, żeby zrobił coś szalonego, co znaliśmy z jego późniejszych występów w NBA. Nigdy nie widziałem, żeby zrobił coś, po czym powiedzielibyśmy: »Ożeż, kurde«. Oczywiście teraz już wiemy, że miał z niego wyrosnąć świetny gracz. Ale jeśli wtedy rozmawiało się o Michaelu Jordanie, to nigdy nie odbywało się to w tonie: »O, tak – to będzie koszykarz ponadczasowy«. Teraz, kiedy przeszedł do historii, możemy powiedzieć: »Co? Chyba oszalałeś?«. Ale on po prostu podporządkował się systemowi i robił, co do niego należało, niezależnie od tego, czy graliśmy atakiem pozycyjnym, czy kontratakowaliśmy".

Oczywiście, że zdarzały się „przebłyski", zazwyczaj wynikające z tego, że wyciągał wnioski z przeszłości. Tar Heels wrócili po świętach z wyprawy na Zachodnie Wybrzeże na sparing z uczelnią William & Mary, po czym pojechali do Marylandu na rozpoczęcie sezonu ACC. Zaczęli smakowicie, pokonując drużynę Lefty'ego Driesella różnicą 16 punktów. Wrócili na mecz u siebie z Wirginią Ralpha Sampsona, drużyną zajmującą drugie miejsce w krajowych rankingach. Agresywnie rozpoczęli mecz, stosując pressing na całym boisku i licząc na to, że narzucą rywalom swoje tempo. I rzeczywiście, młodzi obrońcy Wirginii, Othell Wilson i Ricky Stokes, zupełnie się pogubili. Jordan po raz pierwszy stanął naprzeciwko Sampsona i był pod wielkim wrażeniem wielkości i dominacji tego młodego centra, który zdobył 30 punktów i 19 zbiórek. W pierwszej połowie Jordan spudłował 3 rzuty z gry, trochę się przestraszył i zaczął oddawać piłkę, mając wolną pozycję przy rzutach z półdystansu. W ciągu pierwszych 20 minut meczu jego jedyną zdobyczą były 4 rzuty wolne. Podczas przerwy w połowie spotkania Worthy wziął go na bok i powiedział, żeby nie odpuszczał rzutów, kiedy znajduje się na wolnej pozycji.

„Na początku meczu próbowałem szukać lepszego rozwiązania – tłumaczył później dziennikarzom. – Chcieliśmy dogrywać piłkę pod kosz, żeby próbować wymusić przewinienia Ralpha Sampsona". Mimo kontuzji ramienia Jordan w drugiej połowie zastosował się do rady Worthy'ego i zdobył 12 punktów (czyli razem 16). „Nie chciałem go do niczego zmuszać – mówił potem dziennikarzom Worthy. – Ale zauważyłem, że nie próbuje w pierwszej połowie oddawać rzutów, które mógłby trafić. Potrzebowaliśmy jego wsparcia w ataku".

Niezależnie od tego wydawało się, że Wirginia kontroluje mecz, prowadząc różnicą 8 punktów na niewiele ponad siedem minut przed końcem meczu, kiedy Jimmy Black musiał opuścić parkiet po piątym przewinieniu. Zastąpił go Braddock, który poprowadził Karolinę do zwycięstwa 65:60. Tamta pogoń miała mocno wybrzmieć pod koniec sezonu. Po meczu Sampson nie krył wściekłości: „Nadal uważam, że jesteśmy najlepsi w kraju. Udało im się kilka kontrataków w kluczowym momencie. Zobaczymy, jak sobie poradzą na naszym terenie".

W następnym meczu Tar Heels pokonali NC State różnicą 20 punktów, potem trochę się męczyli z osłabioną drużyną Duke w Durham, gdzie dopiero po pięciu minutach gry w drugiej połowie Jordan trafił 3 jumpery z rzędu, po czym dodał jeszcze celną dobitkę. Zdobył 13 z 19 punktów w drugiej połowie. Ale w kolejnym meczu, u siebie z Wake Forest, zdobył tylko 6 punktów, zaś Karolina Północna poniosła pierwszą porażkę w sezonie.

„Nie pozwalaliśmy im znaleźć dobrej pozycji do oddania rzutu – wspominał w 2012 Anthony Teachey z Wake Forest. – Ja wziąłem na siebie walkę na tablicach. Musieliśmy trochę odpuścić Michaelowi, bo mieli w składzie Worthy'ego, Sama Perkinsa i całą resztę. To była świetna drużyna, nie mogliśmy się koncentrować tylko na nim". Równocześnie Teachey przyznaje, że jego zespół także był znakomity. Karolina Północna wygrała trzy kolejne mecze, po czym, tak jak zapowiadał Sampson, musiała przyjechać do Charlottesville na wyjazdowy mecz z Kawalerzystami. Tym razem Smith zrezygnował z pressingu. Zamiast próbować wymuszać straty, Tar Heels czekali blisko kosza, czyhając na niecelne rzuty z dystansu rywali. Nie doczekali się. Cavaliers trafiali ze skutecznością 64 procent i wygrali 74:58.

Skala drugiej porażki była niepokojąca. Po powrocie do Chapel Hill Jimmy Black zwołał zebranie zespołu i przypomniał wszystkim o mistrzowskich ambicjach.

Skoncentrowana na nowo drużyna wygrała osiem ostatnich meczów sezonu zasadniczego, awansując do finałów konferencji ACC w Greensboro Coliseum. Zgodnie z tradycją trzydniowy turniej obejmował mieszankę południowego wdzięku i intensywnej, gorącej rywalizacji. Ale w 1982 roku wszystko kręciło się wokół Cavaliers i Tar Heels. Karolina Północna łatwo odprawiła drużyny Georgia Tech i NC State i awansowała do finału konferencji, gdzie miała się zmierzyć z Wirginią.

Drużyna Terry'ego Hollanda rozgrywała jedną zaciętą bitwę za drugą, po drodze minimalnie pokonując Clemson i Wake Forest, mimo gry bez kontuzjowanego obrońcy, Othella Wilsona. Obaj trenerzy zdawali sobie sprawę, że mistrz konferencji będzie potem rozstawiony z numerem 1 w regionalnym turnieju NCAA East. Przegrany pojedzie na turniej do innego regionu, gdzie będzie musiał zagrać z kimś silniejszym.

Obie drużyny były fantastyczne – obie zakończyły rywalizację w konferencji ACC z bilansem 12:2. Karolina nieoczekiwanie wygrała z Sampsonem już pierwszy rzut sędziowski, a pierwsza akcja zakończyła się slam dunkiem Worthy'ego. Tar Heels szybko wyszli na prowadzenie 8:0, potem jeszcze zwiększając je do 24:12. Podczas jednej z pierwszych przerw na żądanie Smith ostrzegł swoich podopiecznych, że Wirginia zniweluje tę różnicę i że mają być gotowi na ich serię. I rzeczywiście, Kawalerzyści zmniejszyli straty i zyskali dodatkową przewagę, kiedy na niespełna trzy minuty przed końcem pierwszej połowy Jordan zaliczył trzeci faul. Do przerwy Karolinie udało się utrzymać trzypunktową przewagę, ale Wirginia trafiła pierwsze 6 koszy w drugiej połowie, zmuszając Smitha do wzięcia szybko przerwy na żądanie.

Kawalerzyści prowadzili i byli na fali. Ale to właśnie wtedy, kiedy presja rosła, Jordan wziął odpowiedzialność za losy meczu na swoje barki, trafił 4 jumpery z rzędu i odmieniał passę drużyny. Jego rzut z lewego rogu zmniejszył różnicę do 1 punktu. Holland poprosił o przerwę na żądanie, ale jego drużyna spudłowała, a Jordan trafił ponownie z półdystansu – tym razem z prawego rogu.

Po objęciu jednopunktowego prowadzenia Smith dał sygnał do pressingu, licząc na to, że zawodnicy Wirginii zmienią sposób gry i zrezygnują z ataku pozycyjnego. Holland zdawał się jednak niewzruszony. Mecz był zacięty, punkt za punkt, aż do końcówki, kiedy Jordan wykorzystał dwie zasłony i po raz kolejny trafił jumpera.

Trafienie Sampsona znowu zmniejszyło przewagę Karoliny do 1 punktu, ale Smith poprosił o powtórzenie poprzedniej akcji – Jordan znowu wykorzystał zasłony kolegów i trafił po raz czwarty z rzędu, a Karolina objęła prowadzenie 44:41. „W tamtym meczu o mistrzostwo ACC z Wirginią Michael miał w końcówce kilka niewiarygodnych akcji – wspomina Art Chansky. – Gdyby nie trafił tych rzutów – odważnych, dowodzących, że ma jaja i nie boi się rzucać z daleka, gdzie nie sięga obrona Sampsona – gdyby ich nie trafił, Tar Heels nie wygraliby tego meczu. Wtedy można było dostrzec, że jest bardzo pewny siebie".

„Już wtedy miał ten dar trafiania wielkich rzutów", zgadza się Dick Weiss, dziennikarz przez wiele lat piszący o koszykówce.

Do końca meczu pozostało jeszcze dziewięć minut. Karolina zacieśniła obronę pod koszem, więc Jeff Lamp z Wirginii odpowiedział rzutem z sześciu metrów, znowu zmniejszając stratę do 1 punktu.

Smith nie wahał się ani chwili, podniósł rękę, pokazując cztery palce, i rozciągnął atak, odsyłając zawodników na cztery wierzchołki prostokąta, co rozwścieczyło większość kibiców, dziennikarzy, a nawet sędziów. Ale zadziałało.

Wirginia nie oddała już w tej kwarcie ani jednego rzutu. Holland zdecydował się nie faulować rywali do chwili, kiedy na zegarze pozostało do końca 28 sekund. Doherty trafił wprawdzie tylko jeden z dwóch rzutów wolnych, ale Wirginia nie potrafiła tego wykorzystać. Jimmy Black trafił jeszcze pod koniec 2 wolne, a Sampson zakończył mecz dunkiem równo z syreną końcową. Nie miało to znaczenia – Karolina wygrała 45:43, zapewniając sobie rozstawienie na Wschodzie. Powszechnie uważa się, że to tamten mecz zdecydował o zmianie przepisów dotyczących czasu na rozegranie akcji. ACC wprowadziło testowo taki przepis już w kolejnym sezonie, podobnie jak przepis o rzucie za trzy punkty.

W całym tym zamieszaniu zagubiło się coś, co można nazwać wczesną koronacją. Ale James Worthy to dostrzegł: „W tamtym turnieju ACC wyłonił się wielki Michael Jordan. Oglądanie, jak mówi całemu światu: »Piłka należy do mnie, boisko należy do mnie«, było czymś fantastycznym". Pewność siebie Jordana zwiększyła się przez kolejny pozytywny bodziec. Czując się bezpiecznie w drużynie złożonej z weteranów, mógł zacząć wcielać w życie marzenia o czymś większym.

Tar Heels przystąpili do turnieju NCAA rozstawieni z numerem 1. Na pewno nie martwiło ich, że wszystkie mecze regionalne miały zostać rozegrane na terenie ich stanu. W pierwszym meczu w Charlotte mieli wprawdzie sporo problemów z James Madison University, małą uczelnią z Wirginii, ale udało im się wygrać 52:50. W półfinałach regionalnych w Raleigh z problemami pokonali Alabamę 74:69. W finale spotkali się z prowadzoną przez Rolliego Massimino ekipą Villanovy z Edem Pinckneyem w składzie. Karolina znów okazała się dla rywali zbyt mocna, a punktem kulminacyjnym meczu była jedna błyskotliwa akcja. Tar Heels wymusili stratę rywala, potem podali piłkę do wychodzącego Jordana. Wielk center Villanovy John Pinone wycofał się, żeby chronić kosz. „Nasi trenerzy zawsze nas uczyli, że jeśli widzimy, że inaczej sobie nie poradzimy, to mamy złapać kolesia i nie pozwolić mu na łatwy layup – tłumaczył Pinckney. – Wiedziałem, że John go sfauluje. Jordan wyskoczył w powietrze, John, którego nazywano »Niedźwiedź« – to był naprawdę silny facet – go złapał. Jordan, będąc w powietrzu, jakimś cudem wyrwał się z objęć, a sędzia odgwizdał faul. To było niemożliwe, ale on to zrobił... W tamtym momencie jeszcze przegrywaliśmy. Potrząsnęliśmy wszyscy głowami, myśląc: »To chyba jakieś żarty«. Nie był w stanie zadunkować, bo Pinone chwycił go oburącz w pasie. Musiałby podnieść razem z sobą 109 kilogramów i zadunkować dopiero wtedy. Dla nas Pinone był najsilniejszym kolesiem, jakiego znaliśmy. Ale Michael jakimś cudem wyrwał się z jego rąk. Powinien spaść na ziemię. Nie miał prawa utrzymać równowagi, uwolnić się i oddać rzutu. To była jakaś przedziwna, wynaturzona akcja".

Po tym, jak połamał zęby na pojedynkach z Kennym Gattisonem, Clyde'em Simmonsem i Anthonym Teacheyem na Nizinie Atlantyckiej, Jordan już się nie wahał – nie bał się atakować kosza, niezależnie od tego, kto go krył. Po 10-punktowym zwycięstwie w finałach regionalnych nad Villanovą do zawodników Heels zaczęło docierać, że może wreszcie spełnią marzenie Smitha. Turniej Final Four odbywał się wtedy w hali Superdome w Nowym Orleanie. Konkurencja była fantastyczna. Karolina Północna. Georgetown. Louisville (z czterema zawodnikami pierwszej piątki z mistrzowskiej drużyny z 1980 roku). I Houston. Wszystkie te drużyny dominowały w tamtych czasach w koszykówce uniwersyteckiej, a w ich składach roiło się od przyszłych gwiazd: Michael Jordan. James Worthy. Hakeem Olajuwon. Patrick Ewing. Sam Perkins. Clyde Drexler. Zgromadzeni na miejscu przedstawiciele mediów zadawali Smithowi jedno pytanie: „Jak to jest grać w sześciu edycjach Final Four i nigdy nie wygrać?". „Jakoś sobie z tym radzę – odpowiedział. – Nie czuję wcale pustki".

W półfinałach Karolina Północna zmierzyła się z Houston. W 1983 roku Cougars nosili przydomek Phi Slama Jama, bractwo dunkujące. Ale w 1982 roku byli tylko Kopciuszkiem. Niezrażony hałasem tłumów w ogromnej Superdome Jordan zdobył dwa pierwsze kosze dla Tar Heels. Potem ciężar gry wziął już na siebie Perkins, który zdobył 25 punktów i 10 zbiórek, a defensywa Karoliny wyłączyła z gry Roba Williamsa z Houston, nie pozwalając mu na zdobycie punktów z gry. Karolina Północna prowadziła przez cały mecz i awansowała do wielkiego finału, wygrywając 68:63. „Pamiętam, jak wspaniały mecz rozegrał wtedy w półfinale Sam Perkins przeciwko Hakeemowi Olajuwonowi – wspominał Bill Guthridge przy okazji 20-lecia tamtego pojedynku. – Gdyby Sam tak wtedy nie zagrał, to niewykluczone, że w ogóle nie awansowalibyśmy do finału".

Drużyna Georgetown Hoyas, prowadzona przez pierwszorocznika, centra Patricka Ewinga i gwiazdę All-Americans, obrońcę Erica „Sleepy'ego" Floyda, pokonała w drugim półfinale Louisville 50:46, doprowadzając do wymarzonego dla dziennikarzy pojedynku trenerskiego: Dean Smith kontra John Thompson. Dwaj przyjaciele i trenerzy reprezentacji olimpijskiej Stanów Zjednoczonych od

1976 roku – w walce o tytuł mistrzowski, którego obaj tak bardzo pragnęli. Zarówno Smith, jak i Thompson bagatelizowali swoje role. Mówili, że to nie oni grają, tylko ich drużyny. Nie zmienia to faktu, że tamten pojedynek Karoliny Północnej z Georgetown w 1982 roku jest uważany za jeden z najbardziej dramatycznych finałów w historii koszykówki uniwersyteckiej. Wieloletni komentator sportowy Curt Gowdy uważa, że to ten mecz, bardziej niż którykolwiek inny, przeniósł Final Four do jednej ligi z World Series i Super Bowl*. Tłum zgromadzony w Louisiana Superdome pobił wszelkie rekordy frekwencji na meczach koszykówki uniwersyteckiej – na trybunach zasiadło 61 612 kibiców. Oprócz tego mecz obejrzało jeszcze 17 milionów telewidzów.

„Miałem mieszane uczucia co do gry przeciwko Deanowi, bo bardzo go szanuję i lubię – opowiadał potem Thompson. – Ale to właśnie dlatego, że grałem przeciwko niemu, byłem jeszcze bardziej nakręcony". Ponieważ się przyjaźnili, znali nawzajem swoje sztuczki. Dziennikarze napawali się dramaturgią towarzyszącą meczowi, zwłaszcza że miał on i inne smaczki. Na przykład to, że Worthy i Floyd obaj byli All-Americans, obaj pochodzili z Gastonii w Karolinie Północnej i obaj dominowali w swoich drużynach. Przedmeczowe napięcie gęstniało. „Jesteście do niczego, Dean, do niczego", skandowali z trybuny studenci z Georgetown.

19-letni Ewing rozpoczął mecz od zablokowania czterech rzutów Karoliny, w tym dwóch rzutów Worthy'ego. Wszystkie zostały przez sędziów zakwalifikowane jako goaltending**, podobnie jak późniejszy piąty blok Ewinga. Heels zdobyli pierwsze 8 punktów, mimo że piłka ani razu nie wpadła do kosza Georgetown.

„Patrick był wspaniałym blokującym – powiedział Thompson pięć lat później w wywiadzie z Packerem. – Chcieliśmy szybko pokazać, kto rządzi pod koszem w takim stopniu, w jakim to było możliwe. Wciąż mam wątpliwości co do wybranych decyzji sędziów".

Niektórzy trenerzy martwiliby się, czy zablokowane rzuty nie osłabią pewności siebie Worthy'ego, ale Smith nie zamierzał przywiązywać do tego przesadnej wagi. „Wiedziałem, że James się tym ani trochę nie przejmie – mówił trener

* Mecze finałowe ligi zawodowego baseballu i futbolu.

** Zablokowanie rzutu znajdującego się w fazie opadania – pomimo bloku punkty zostają wówczas przyznane drużynie atakującej.

Karoliny. – Niektórzy zawodnicy nienawidzą, kiedy ich rzuty są blokowane, ale James był ponad to".

Od tamtego momentu mecz przypominał trenerską zabawę w kotka i myszkę. Hoyas objęli prowadzenie, potem Karolina wyrównała na 18:18. Worthy zdobył w pierwszej połowie aż 18 punktów. Prowadzenie zmieniało się jak w kalejdoskopie. Pierwsza połowa zakończyła się przewagą Georgetown 32:31.

„Byli bezlitośni – wspomina Worthy. – Chcieli nas rozbić swoją obroną i prawie im się udało. W pewnym momencie objęli prowadzenie różnicą 3 czy 4 punktów, wtedy to była całkiem spora przewaga. Jimmy Black nie trafił layupu, ale Michael wyskoczył i dobił piłkę: końcówkami palców, nad Ewingiem, w stylu »Ice« Gervina*. Przez ostatnie 20 minut prowadzenie ciągle się zmieniało. W końcu, na sześć minut przed końcem, Worthy trafił 2 rzuty wolne i Karolina objęła prowadzenie 57:56. Tempo zwolniło potem w sposób koszmarny. Jordan miał oczywiście trafić swój słynny końcowy rzut, ale kluczowym momentem było inne jego celne trafienie, lewą ręką, na 3:26 przed końcem pojedynku. „Jednym z najlepszych rzutów w całym meczu – wspomina Bill Guthridge – było wejście Jordana pod kosz, kilka minut przed końcem, kiedy odbił piłkę praktycznie od górnego krańca tablicy, trafiając do kosza nad Ewingiem".

„Myślałem, że to fantastyczne wejście – powiedział o tej akcji Smith w 20. rocznicę meczu – ale nagle zobaczyłem wyskakującego w powietrze Ewinga i przeszło mi przez myśl, że je zablokuje. To był fenomenalny rzut".

„Nie mam pojęcia, jak trafiłem ten layup – powiedział Jordan w 2002 roku w rozmowie z miesięcznikiem »Tar Heel Monthly«. – Nienawidzę używać lewej ręki. To mój najsłabszy koszykarski element. Ale w tamtym momencie musiałem jej użyć. Nie mogłem w to uwierzyć. Wszystko się wtedy odmieniło. Oddałem rzut, który nie miał prawa wejść, piłka prawie uderzyła w górną krawędź tablicy i wpadła do kosza, ponad Ewingiem".

Rzut ten dał Karolinie Północnej prowadzenie 61:58, ale Hoyas nie zamierzali się poddać. Na 2:37 przed końcem Georgetown zmniejszyło stratę do 61:60, po trafieniu Ewinga z czterech metrów. Kiedy przy następnej akcji Karolina nie trafiła kluczowego rzutu wolnego, młody center z Georgetown

* George „The Iceman" Gervin – koszykarz San Antonio Spurs, gwiazda NBA w latach 70. i 80.

zebrał piłkę. Sleepy Floyd trafił z bliska z wyskoku i Hoyas objęli prowadzenie 62:61 na niespełna minutę przed końcem.

Na 32 sekundy przed końcem Smith poprosił o czas, żeby rozrysować akcję, która miała przeciwdziałać przewidywanemu wycofaniu się obrony Georgetown pod kosz. „Zazwyczaj nie lubię w takich sytuacjach brać timeoutu – przyznał Smith. – Powinniśmy sami wiedzieć, jak to rozegrać. Ale spodziewałem się, że Georgetown cofną się do strefy podkoszowej i nas przyblokują. Powiedziałem: »Doherty, szukaj wzrokiem Jamesa albo Sama, a ty Jimmy, podaj piłkę do Michaela". Potem się okazało, że Michael był zupełnie niekryty, bo wszyscy uganiali się za Jamesem. Gdyby Michael nie trafił, bohaterem zostałby Sam, bo to on zebrałby piłkę". Podczas tej przerwy Smith był w swoim żywiole – był tak spokojny, że asystent Roy Williams wspomina, że musiał raz jeszcze spojrzeć na tablicę wyników, bo myślał, że coś źle odczytał. Asystent uznał, że Karolina musi chyba prowadzić, skoro Smith mówi w taki sposób. Kiedy zawodnicy rozchodzili się na swoje pozycje po timeoucie, Smith klepnął Jordana w ramię i powiedział: „Trafisz to, Michael".

30 lat później Packer, który komentował ten mecz dla stacji telewizyjnej CBS, wciąż jeszcze wyrażał wątpliwości à propos okoliczności towarzyszących rzutowi Jordana, opisywanych przez reprezentantów Karoliny. „Zawsze mi się wydawało, że akcja zakończona takim rzutem nie mogła być rozrysowana przez Dean Smitha, choć on sam tak właśnie twierdzi – mówi komentator. – Masz w drużynie Worthy'ego i Perkinsa, którzy czekają pod koszem na podanie. O czym my mówimy? Zagramy rotacyjnie i podamy piłkę do Michaela? Teraz oczywiście wszyscy odpowiedzą: »No pewnie, że tak«. Ale wtedy nikt by tak nie zrobił. W pierwszej kolejności podanie trafiłoby do Worthy'ego, w drugiej do Perkinsa, który może spróbowałby penetracji i oddał piłkę na obwód. Nie kwestionuję wiedzy i intuicji koszykarskiej Deana. Oczywiście, że kiedy komentowałem tamten mecz, to nie myślałem o Michaelu ani jako opcji numer jeden, ani nawet dwa lub trzy".

Karolina szukała dogodnej pozycji do rzutu, aż na 15 sekund przed końcem Black podał piłkę do Jordana, który oddał rzut z pięciu metrów z lewej strony. „Jordan był w zasadzie na czystej pozycji – mówi Packer. – Ale kiedy teraz na to patrzę, to nie ma znaczenia, kto wtedy planował oddać rzut. Najważniejsze było to, że Michael pragnął piłki i był pewien, że trafi. To był początek jednej z najwspanialszych historii naszego życia. Jest grupa zawodników, którzy znajdują się na wolnej pozycji i nie trafiają. Jest grupa zawodników, którzy znajdują się na wolnej pozycji i boją się oddać rzut. Michael chciał oddać ten rzut, to było widać. Nie zawahał się, nie próbował niczego markować. To było coś takiego: »Hej, podajcie mi tylko piłkę, a ja zadbam, żeby trafiła do kosza«. To najlepiej pokazuje jego ducha walki". Zdaniem Packera większość zawodników ucieka od takich sytuacji, a tylko niewielu ich szuka. „Jordan nie chował się w kącie. On naprawdę pragnął tej piłki". MJ przyznał się potem, że wyobrażał sobie taką chwilę, jadąc z drużyną autokarem na mecz.

Po drugiej stronie parkietu ekipa na ławce Georgetown wiła się w agonii. Sztab szkoleniowy Karoliny zachowywał spokój. Smith tylko zacisnął usta i uniósł brwi, a na jego twarzy pojawił się delikatny grymas. Takie chwile przeżywane podczas Final Four nie przyniosły mu dotąd niczego dobrego. Jordan wyskoczył, wystawiając język. Gdy był w szczytowym punkcie wyskoku, zgrabnie wypuścił piłkę z rąk, nadając jej ruch końcówkami palców prawej dłoni, i pozwolił jej lecieć. Po chwili podniosła się wrzawa.

„Byliśmy wtedy w Superdome – wspomina Deloris Jordan. Rozejrzała się, szukając męża i córki, ale oni już pognali w kierunku parkietu. – Myślałam tylko o jednym: »Nie, to niemożliwe, przecież to freshman«".

Dick Weiss w wywiadzie z 2011 roku wspomina, że był wtedy w szoku, kiedy Dean Smith zaufał w takiej akcji debiutantowi. „To był największy mecz w dotychczasowej karierze Deana", nie mógł się nadziwić.

„To było przeznaczenie – powiedział Jordan w 2002 roku. – Od kiedy trafiłem ten rzut, wszystko mi się udawało. Gdybym nie trafił, nie sądzę, żebym był dziś tu, gdzie jestem".

Los meczu przypieczętowała kolejna niezapomniana akcja. Georgetown przegrywało 63:62 i miało jeszcze wystarczająco dużo czasu na rozegranie ostatniej akcji. Od razu rzucili się do ataku, obrońca Fred Brown znalazł się przed obrońcami Karoliny. Wydawało mu się, że kątem oka widzi Sleepy Floyda, ale cień okazał się Jamesem Worthym. Kiedy Brown przez pomyłkę oddał mu piłkę, Worthy był w szoku. Chwycił piłkę i pognał pod przeciwny kosz, gdzie został sfaulowany.

Thompson był potem krytykowany za to, że nie wziął wtedy przerwy na żądanie. Ale Smith zgodził się z podejściem Thompsona. „To było sprytne, że John nie wziął wtedy timeoutu – powiedział, zwracając uwagę, że to krycie przez

Jordana sprawiło, że Brown zdecydował się na oddanie piłki. – Michael odwalił kawał dobrej roboty, kryjąc Floyda, James zrobił przechwyt. Do dziś uważam, że gdyby Georgetown grali wtedy w białych strojach, w których występowali przez cały turniej, zamiast zakładać ciemne, to Brown nie oddałby piłki Jamesowi. Worthy próbował przejąć posiadanie kilka chwil wcześniej i znalazł się na nietypowej pozycji. Nie powinien wylądować tam, gdzie był, i to właśnie wprowadziło Browna w błąd".

Thompson uważa tamto podanie za odruch Browna. Próbując zrobić przechwyt, Worthy wypadł z szyku obronnego i znalazł się za wszystkimi zawodnikami Georgetown. „Graliśmy przez chwilę w pięciu na czterech – mówi Thompson. – Worthy wracał z miejsca, w którym normalnie mógłby się znajdować zawodnik ataujący, więc myślę, że Freddie zareagował odruchowo. To było jak akcja z boiska dla dzieciaków, kiedy obrońca staje na miejscu, gdzie spodziewałbyś się raczej zawodnika atakującego, i prosi o podanie. Ale Worthy o nic nie prosił, po prostu wracał, a Freddie odruchowo oddał mu piłkę".

Worthy spudłował oba rzuty wolne na dwie sekundy przed końcem, ale nie miało to już znaczenia. Tar Heels wygrali 63:62 i wpadli w błękitne szaleństwo. Thompson uważa, że na zwycięstwie Karoliny zaważyło coś więcej niż tylko rzut Jordana. „Uważaliśmy, że najwięcej szkody wyrządził nam Worthy. Tyle się mówi o rzucie Jordana. Oczywiście, że to ostatecznie podcięło nam skrzydła, ale wcześniej mieliśmy mnóstwo problemów z Worthym. Był na tyle szybki, że sprawiał problemy naszym wysokim zawodnikom, a jednocześnie na tyle silny, że uprzykrzał życie niskim".

Zazwyczaj niewzruszony Worthy po otrzymaniu nagrody dla najlepszego zawodnika turnieju porzucił swój zwyczajowy stoicki spokój i zaczął szaleć z radości. Smith i Karolina w końcu dotarli na szczyt.

„Najbardziej cieszyłem się ze względu dla trenera – powiedział potem Jimmy Black. – Nie będę musiał teraz czytać więcej waszych artykułów o tym, jak zawodzi w ważnych meczach".

„Nie uważam, że stałem się lepszym trenerem, bo udało mi się zdobyć mistrzostwo kraju – mówił Smith dziennikarzom. – Wciąż jestem tym samym trenerem".

Po meczu Jordan zdjął buty i siedział spokojnie przed swoją szafką, odpowiadając na pytania dziennikarza NBC. James Jordan, ubrany w trzyczęściowy garnitur, siedział obok niego. Michael nadął policzki, czekając, aż dziennikarz zapyta go o tę najważniejszą chwilę. „Tak naprawdę, to nie czułem presji – powiedział spokojnie. – To był po prostu kolejny rzut z wyskoku, oddany z czystej pozycji po prawej stronie”.

Rozdział 12

COŚ NOWEGO

Bill Billingsley został zaproszony przez grupkę przyjaciół do Nowego Orleanu na Final Four. Gdy po meczu wspólnie bawili się w słynnej dzielnicy French Quarter, wpadli na Jordana i jego dwóch kolegów z drużyny. Michael natychmiast rozpoznał swojego trenera z liceum. „Billingsley! – zawołał. – Co ty tu robisz?". Chwilę pogadali, Billingsley z przyjemnością pogratulował Michaelowi sukcesu. Pomyślał, że to niesamowite, że Jordan może się cieszyć taką chwilą, nie będąc ze wszystkich stron otoczonym przez świętujących fanów. Żaden z nich dwóch pewnie nie zdawał sobie z tego sprawy, ale byli właśnie świadkami ostatnich chwil anonimowości Jordana, która zresztą miała stanąć pod znakiem zapytania jeszcze tego samego wieczoru. 29 marca w Chapel Hill 30 tysięcy kibiców wyległo na Franklin Street, kiedy tylko usłyszeli, że komentator radiowy Woody Durham ogłasza: „Tar Heels zdobędą mistrzostwo kraju".

„Gdy tylko mecz się skończył, wybiegłem z wrzaskiem na Franklin Street – wspomina David Mann, wówczas student drugiego roku w Karolinie. – I oczywiście wszyscy inni zrobili to samo. Na ulicy były tysiące ludzi, wszyscy oszołomieni. Dean Smith nigdy wcześniej nie zdobył tytułu, to było coś niewiarygodnego. Wszyscy płakali ze szczęścia, byli zachwyceni".

„Pandemonium, histeria, fajerwerki i piwo – napisał następnego dnia dziennik »Greensboro Daily News«. – Z tego składa się mistrzostwo kraju". Świętowanie trwało do czwartej nad ranem, zaś kolejne, podobne, odbyło się kilka dni później, kiedy 20 tysięcy fanów zebrało się, żeby przywitać powracającą do domu drużynę.

Kilka tygodni zajęło kibicom uspokojenie się, a w ciągu najbliższych miesięcy Jordan miał doświadczyć istotnych zmian w swoim życiu. „Byłem nieświadomy tego, co się dzieje – mówił po latach. – Nie zdawałem sobie sprawy, jak wielkich rzeczy dokonałem". Tamta chwila uszczęśliwiła miliony ludzi, z których wielu nie miało wcześniej nic wspólnego z Uniwersytetem Karoliny Północnej, i uczyniła z wielu z nich wiernych kibiców Tar Heels. Mistrzostwo Ameryki stało się powodem do dumy czarnoskórych i białych mieszkańców stanu. Zwycięstwo wymazało wątpliwości co do Deana Smitha i jego programu i oznaczało koronację młodego Michaela Jordana na księcia koszykówki. „To było tak, jakby młody król wychodził ze swojej muszli – mówi Jordan. – Wcześniej nazywałem się Mike. Wszyscy mówili o mnie Mike Jordan. Po tym rzucie stałem się Michaelem Jordanem".

Jeśli można było go wcześniej nazwać megatrashtalkerem, to po zdobyciu mistrzostwa stał się już naprawdę nie do zniesienia. On i Ewing, połączeni wspólnym doświadczeniem, zostali przyjaciółmi. „Oczywiście, że pamiętam, jak trafił ten rzut – opowiadał ze smutkiem Ewing w 2010 roku. – Staram się z nim o tym nie rozmawiać. Wystarczy, że on uwielbia mi to wypominać, sam raczej tego tematu nie poruszam".

Kilka miesięcy po tym, jak musiał znosić docinki sąsiadów, że nie poradzi sobie w UNC, powrócił do domu i napotkał rosnący rozgłos towarzyszący swojej osobie. Sława miała już wkrótce zamknąć go w klatce. Planował, by jak za dawnych licealnych czasów rozegrać kilka meczyków w Wilmington. Ale kiedy się tam pojawił, okazało się, że czeka na niego tłum gapiów. Według relacji lokalnego działacza nie był wtedy nawet w stanie wysiąść z samochodu. Był to pierwszy znak, że dawne życie Michaela na zawsze odchodzi w niepamięć.

Kilka tygodni później miasto zorganizowało w geście uznania bankiet na cześć Jordana. Michael rozdał autografy dziesiątkom ludzi, w tym młodym adeptom koszykówki, którzy pojawili się na imprezie w strojach sportowych. Siedział tamtego wieczoru po prawicy Deana Smitha. Trener był uśmiechnięty i prowadził luźne rozmowy, podczas gdy zazwyczaj tryskający energią młody gwiazdor milczał. Wyglądał prawie jak dziecko – widać było, że niezręcznie się czuje, kiedy poświęca się mu tyle uwagi.

Na miejscu byli też jego rodzice. Zachowywali się skromnie, mimo że rozpierała ich duma. „Gdziekolwiek się pojawili, zawsze zachowywali się kulturalnie" – mówi Billy Packer, który często spotykał państwa Jordanów. Wymienili na przykład kilka anegdot w dniu zdobycia tytułu przez Tar Heels. Miało to miejsce dokładnie w rok po tym, kiedy Deloris zdenerwowała się po meczu McDonald's w Kansas. – Spotykałem wielu rodziców, którzy lubili być w centrum uwagi. Ale nie Jordanowie. Byli zawsze grzeczni i kulturalni. Zawsze byłem pod ich wrażeniem". Dla obojga była to niezapomniana wiosna. Deloris otrzymała list gratulacyjny od banku, w którym pracowała, wydrukowany na ozdobnym błękitnym papierze, a jeden ze znajomych pewnego dnia przywitał ją w następujący sposób: „Witam panią, pani mamo Michaela Jordana". Próbowała przekonać wszystkich, że byłaby równie dumna z syna, gdyby był zwykłym studentem pierwszego roku, niegrającym w koszykówkę. W jednym z wywiadów przyznała, że miała ściśnięty żołądek podczas ostatniej akcji, kiedy Tar Heels oddawali sobie nawzajem piłkę, niczym gorący kartofel. Dodała też, że kiedy piłka w końcu trafiła do jej syna, to w pierwszej chwili miała nadzieję, że on też odda ją komuś innemu.

W fabryce, w której pracował, James Jordan został powitany hasłem „Witaj w domu, Michaelu Jordanie". Tamten rzut zmienił więc życie nie tylko Michaela – jego rodzice też byli na fali.

Młodzieńczy dyskomfort odczuwany przez Jordana na bankiecie nie powstrzymywał go od cieszenia się swoim nowym statusem. Większość studentów pierwszego roku wracała przecież do domów po roku niezależności w szkole i okazywało się, że rodzice wciąż uważają ich za nastolatków. Powrót Michaela wiązał się z uświadomieniem sobie jego nowego statusu, który wymagał poważnych zmian w relacjach rodzinnych. Nawet teraz, pod koniec pierwszego roku, wszyscy to wyczuwali. Nie był jeszcze zawodowcem, ale stało się jasne, że nim zostanie. Rodzice, zwłaszcza Deloris, starali się jednak nie koncentrować na takiej wizji przyszłości. Matka Michaela dawała mu cenne rady: „Zachowaj pokorę", „Nie koncentruj się przesadnie na sobie", „Pamiętaj o kolegach z drużyny". Wyglądało to tak, jakby Deloris i Dean Smith korzystali z tego samego podręcznika. Zawsze kiedy pani Jordan rozmawiała z dziennikarzami, podkreślała, jak bardzo dumna jest ze wszystkich swoich dzieci. Tłumaczyła, że Michaela wyróżnia jedynie to, że to na nim koncentruje się uwaga opinii publicznej.

Wiosną 1982 roku najważniejszym wyzwaniem stojącym przed Jordanem było znalezienie miejsca, w którym mógłby wciąż jeszcze cieszyć się wolnością towarzyszącą dawnemu życiu. Umówił się na pojedynek jeden na jednego z lokalną gwiazdą z Pender County. Wydawało się, że spotkanie przebiegnie bez zakłóceń, tymczasem przyszły je obejrzeć setki ludzi. Jordan wygrał dwa na trzy mecze.

Bezpieczną przystań odnalazł w końcu w Chapel Hill. Dzięki rodzinnej atmosferze stworzonej przez Deana Smitha wielu jego dawnych podopiecznych, w tym gwiazdy NBA Walter Davis i Phil Ford, pojawiało się tam latem i grało w meczach sparingowych. Latem po zdobyciu mistrzostwa wszyscy chcieli zmierzyć się z młodym chłopakiem, który trafił „ten rzut". Absolwenci byli zafascynowani osobą Jordana. W przeciwieństwie do Worthy'ego Al Wood wyzywał go na pojedynek w pierwszych miesiącach w Karolinie i uważał, że Jordan jest trochę bojaźliwy. Podczas ich pierwszego pojedynku Wood uderzył go łokciem, ale przed rozpoczęciem drugiego roku to Jordan zatrzymał łokciem Wooda, pokazując mu, że nie pozwoli się więcej zastraszyć. Jego więź z Woodem z czasem się zacieśniła – na treningach wspólnie pracowali nad slam dunkami. To Wood podzielił się z nim pomysłem na slam dunk wykonywany jedną ręką, który Michael zaliczył w meczu z Maryland. Oczywiście byli i tacy jak Worthy, którzy uważali, że jak na debiutanta Michael jest za bardzo pewny siebie. Ale na drugim roku do wszystkich zaczęło docierać, że wiara Jordana we własne umiejętności poparta jest talentem, którego rozmiarów nie przeczuwał nikt do tej pory.

Znowu w Granville

Jordan i Buzz Peterson zamieszkali teraz na pierwszym piętrze Granville Towers, w skrzydle zamykanym na klucz, żeby chronić mieszkających tam koszykarzy i pozostałych mieszkańców. Jednym z sąsiadów Jordana był David Mann, senior, student czwartego roku medioznawstwa. Niski, drobnej budowy, bezpretensjonalny Mann miał szansę na obserwowanie 19-letniego Jordana z bliska, wtedy, kiedy rodziła się jego sława. „Już wówczas był bardzo pewny siebie – wspomina. – Nie miał absolutnie żadnych kompleksów". Mann widywał dziewczyny przechadzające się przed drzwiami do skrzydła, w którym mieszkał Michael, w nadziei, że uda im się wejść do środka. Tak jak każdy inny student na tym piętrze, Mann zwracał uwagę na wszystko, co robił Jordan. I był zaskoczony spokojnym, zupełnie nie imprezowym trybem życia, który prowadził młody gwiazdor. „Był raczej poważnym kolesiem – opowiada. – Na naszym piętrze mieszkało sporo balangowiczów, zarówno sportowców, jak i zwykłych studentów, ale jego to nigdy nie kręciło".

Buzza Petersona można było dla odmiany spotkać z drinkiem w dłoni, tańczącego na korytarzu ze swoją dziewczyną, wciąż jeszcze, po kilku miesiącach, świętującego zdobycie tytułu mistrzowskiego przez Tar Heels. „Buzz na pewno nie był tak oddany koszykówce jak Michael – zwraca uwagę Mann. – Wolał imprezować. Nie podchodził do życia nawet w połowie tak poważnie jak Jordan. Mówiąc szczerze, to był raczej przygłupem".

Tej jesieni „Sports Illustrated" opublikował zdjęcie Jordana ze słuchawkami na uszach, tańczącego w swoim pokoju pod parasolem. Zirytowało Manna, bo było ewidentnie pozowane. Peterson może i by sobie tańczył, ale nie Jordan, choć przecież miał sporo powodów do świętowania. „To właśnie było w nim wyjątkowe – zauważa Mann po latach. – Mógł się skoncentrować na sobie, mógł zacząć imprezować, mógł podrywać panienki i tak dalej, ale na mnie sprawiał wrażenie chłopaka przede wszystkim skupionego na koszykówce, który nawet w tak młodym wieku nie zamierzał rozpraszać uwagi na nic innego".

Wiedział, że chce być najlepszy, poza tym zdawał sobie sprawę, jakie czekają na niego pułapki, i nie zamierzał w nie wpaść. Po sukcesie Tar Heels wydawał się jeszcze bardziej pewny i zdeterminowany.

Mann zauważył, że choć Jordan był tylko 19-letnim studentem drugiego roku, to wydawał się mieć nad wszystkim pełną kontrolę, czym wyróżniał się na tle innych, nawet starszych koszykarzy: „Nie robił wokół siebie zamieszania. Werbalnie nie dominował aż tak bardzo, ale kiedy mówił, wszyscy go słuchali. Nie rozkazywał innym, nie wywyższał się, nic z tych rzeczy, a inni koszykarze z pewnością bardzo go szanowali. Myślę, że trochę się go bali. Mimo że przecież nie biegał między nimi, wykrzykując rozkazy".

Jordan szybko odkrył, że Mann studiuje medioznawstwo i planuje znaleźć zatrudnienie w przemyśle filmowym. „Chyba myślał, że mi odbiło – wspomina Mann. Któregoś dnia przyszedł do mnie i powiedział: »Wiesz, powinieneś pogadać z żoną Deana Smitha«. Żona Smitha była psychiatrą i zawsze kiedy go potem spotykałem, pytał: »I co, spotkałeś się już z żoną Deana Smitha? Rozmawiałeś z nią?«. Uważał, że to śmieszne, że ktoś taki jak ja chce się przeprowadzić do Los Angeles i marzy o sukcesach w branży filmowej".

Żarty trwały przez kilka tygodni – Jordan nabijał się z marzeń Manna o Hollywood za każdym razem, kiedy go spotykał. To wtedy Mann zrozumiał coś, co musieli pojąć wszyscy, którzy zetknęli się z Jordanem: że trzeba stawić mu czoła. „W końcu mu powiedziałem: »Słuchaj, Michael, to jest moje marzenie. Ty nie masz żadnych marzeń?«. Odpowiedział: »Owszem, mam. Chcę grać w NBA«. Potem już nigdy mi nie dokuczał".

Jordan szybko odkrył, że jako student medioznawstwa Mann ma w pokoju magnetowid, rzecz rzadka w tamtych czasach, bo technologia wideo była dość młoda i droga. Mann był też wielkim fanem koszykówki i nagrywał mecze Karoliny na wideo. Jordan zaczął go więc odwiedzać, żeby oglądać powtórki swoich pojedynków.

„To było bardzo dawno temu, pilot był jeszcze na kilkumetrowym kablu – wspomina Mann. – Michael siedział u mnie, oglądał swoje akcje i stale przewijał, żeby zoaczyć je raz jeszcze. Myślę, że sporo się dzięki temu nauczył. Nie wiem, czy wówczas trenerzy często korzystali z nagrań wideo, ale on z pewnością korzystał – na moim magnetowidzie".

Zawodnik, który zrobił tak wiele dla powstania ery wideo*, wykorzystywał okazję, żeby studiować na nagraniach samego siebie.

Jedną z pierwszych rzeczy, którą Mann i Jordan razem obejrzeli, był finałowy mecz z Georgetown. Podczas transmisji komentator Billy Packer zwrócił uwagę, że Worthy jest najszybszym zawodnikiem w składzie Karoliny. „To bzdura – zaperzył się Jordan. – To ja jestem najszybszy w drużynie". Kiedy doszli do wielkiego rzutu Jordana, Mann się go o to zapytał. „Powiedział, że kiedy oddawał ten ostatni rzut, to nie był tak naprawdę do końca pewien, czy trener Smith oczekiwał, że znajdzie się w tym właśnie miejscu. Myślał, że może coś spieprzył. Powiedział, że był trochę skonsternowany i nie miał pewności, gdzie ma się ustawić. I tak jakoś wyszło, że znalazł się na wolnej pozycji, dostał podanie, rzucił i trafił".

W trakcie kolejnego sezonu Jordan często wpadał do Manna, żeby analizować swoje występy. „Siedział zupełnie cicho – wspomina Mann. – Prawie nic nie mówił. Był całkowicie skupiony na nagraniu i na strategiach, które układały mu się w głowie. Nie miał nastroju na rozmowę, więc zazwyczaj zostawiałem go samego". Któregoś dnia Jordan spotkał na korytarzu Manna, bawiącego się w minigolfa – celował piłeczką do małego kubka. „Też chciał się w to zabawić, ale zaproponował, żebyśmy się założyli, kto będzie robił to lepiej. Graliśmy o jakieś grosze – ćwierć dolara czy dziesięć centów – ale graliśmy tak przez jakieś pół

* Już wkrótce najlepsze akcje Jordana miały być do znudzenia powtarzane przez telewizję, nagrywane i raz po raz odtwarzane przez kibiców.

godziny i za każdym razem wygrywałem. Musiałem już iść na zajęcia, ale nie chciał mnie puścić. Musiałem zostać, a że nie chciałem przegrać, trafiałem dalej". W końcu poirytowany Jordan mocno uderzył piłeczką w kubek i odszedł. „Był mi winien z 75 centów – wspomina Mann – i nigdy nie oddał".

Postęp

Po serii letnich obozów i sparingów, po pojedynkach koszykarskich na podwórku i treningach indywidualnych, na jesiennym obozie przygotowawczym pojawił się nowy, lepszy Jordan. „To był obóz przedsezonowy, przed drugim rokiem. Nie mogłem uwierzyć, jak duży postęp się w nim dokonał od zakończenia debiutanckiego sezonu – wspominał Smith. – Zawsze kiedy grał podczas sparingu w drużynie Niebieskich, to Niebiescy wygrywali. A kiedy przechodził do drużyny białych, wygrywali biali. Członkowie sztabu szkoleniowego zaczęli między sobą dyskutować: »Co tu się dzieje?«. We wszystkich dziennikarskich głosowaniach był wybierany do drużyn All-America. Urósł jeszcze pięć centymetrów, ciężko pracował, żeby poprawić panowanie nad piłką i rzuty, no i nabrał jeszcze większej pewności siebie".

„Dean zawsze mówił, że największy postęp dokonuje się w zawodnikach w przerwie pomiędzy pierwszym i drugim rokiem – mówi Art Chansky. – Zawsze im powtarzał, nad czym mają pracować. I jeśli po powrocie do domu faktycznie nad tym pracowali, to łapali, o co chodzi, bo mieli za sobą rok koszykówki uniwersyteckiej. Robili się więksi, nabierali ciała i mięśni. To był dla nich olbrzymi krok naprzód. Michael harował jak wół i kiedy wrócił, wszyscy myśleli sobie: »O rany, ja pierniczę«".

Był większy, silniejszy i szybszy. Poprawił swój rekord w sprincie na 40 jardów do 4,39 sekundy, czyli pokonał ten dystans o blisko dwie dziesiąte sekundy szybciej niż na pierwszym roku. Przyznał, że jego celem jest zdobyć więcej tytułów mistrzowskich, tak jakby nie zdawał sobie sprawy, jak wielkim jest szczęściarzem, że udało mu się wygrać raz. Szanse na zdobycie tytułu miałby pewnie większe, gdyby Dean Smith był trochę większym egoistą i spróbował przekonać Jamesa Worthy'ego, aby pozostał w Karolinie Północnej na ostatni seniorski rok, zamiast zgłaszać się do draftu do NBA. Dla trenera nadal jednak ważniejsze były indywidualne sukcesy jego graczy niż własne, a może nawet niż te drużynowe. Inny trener próbowałby pewnie wytłumaczyć Worthy'emu, że Tar Heels są o krok od obrony tytułu mistrzowskiego. Gdyby ten pozostał w drużynie, to w nowym sezonie w składzie byłoby czterech zawodników pierwszej piątki z ubiegłego roku, a Tar Heels mogliby przejść do historii. Ale zamiast wywierać jakikolwiek nacisk, żeby zatrzymać Worthy'ego w szkole, Smith zaczął sprawdzać jego możliwości w zbliżającym się drafcie. Kiedy tylko zorientował się, że Worthy ma szansę, by zostać wybranym z numerem jeden, to poradził mu, żeby się zgłosił. Ryzyko kontuzji i utraty ogromnych pieniędzy były dla Worthy'ego zbyt duże, żeby kontynuować karierę amatorską.

Był to kolejny pokaz niezwykłej uczciwości Smitha i jeszcze jeden powód, dla którego zawodnicy darzyli go takim szacunkiem. Art Chansky wspomina, że pięć lat wcześniej postąpił tak samo z rozgrywającym Philem Fordem, kiedy wręcz naciskał na niego, by po zakończeniu trzeciego roku przeszedł do NBA. Ford mu wtedy odmówił, tłumacząc: „Tylko kto o tym powie mojej mamie?". Wrócił do Karoliny i został najlepszym zawodnikiem sezonu.

Dla bliskich Worthy'ego edukacja również była bardzo ważna, ale Smith tłumaczył im, że najrozsądniejszą decyzją będzie zgłoszenie się do draftu. Los Angeles Lakers wybrali Worthy'ego z pierwszym numerem. Próbując go zastąpić, Smith pozyskał kolejną grupę licealnych All-Americans, w tym 16-letniego, mierzącego 213 centymetrów Brada Daugherty'ego oraz atletycznego, mierzącego 195 centymetrów obrońcę, Curtisa Huntera. Pierwszy skład wymagał więc przebudowy. Tar Heels przystępowali wprawdzie do rozgrywek jako numer jeden przedsezonowych rankingów, ale bardzo szybko miało się to zmienić. Było kilka powodów, dla których wydarzenia sezonu 1982/83 nie potoczyły się zgodnie z oczekiwaniami. Na sześć tygodni przed jego rozpoczęciem Jordan złamał lewą rękę w nadgarstku. Mimo to trenował – z ręką w gipsie. W połowie sezonu kontuzji kolana doznał Buzz Peterson, co skłoniło Jordana do noszenia swojej charakterystycznej opaski na nadgarstek wyżej, na lewym przedramieniu, w geście hołdu dla kolegi z pokoju. Ale najważniejsze było to, że brakowało Worthy'ego. Billy Packer uważał, że Worthy był fenomenalnym, niezastąpionym koszykarzem.

Tuż przed rozpoczęciem sezonu do Chapel Hill przyjechał Dick Weiss, żeby odwiedzić Jordana. Michael z dumą opowiadał mu o tym, że on i ojciec są fanami wyścigów NASCAR. Weiss zwrócił uwagę, że ma do czynienia z młodym człowiekiem, który wymyka się wszelkim stereotypom. W 2011 roku wspominał Michaela jako miłego młodego człowieka, dodając, że nie widział ani w nim samym, ani w jego grze nic takiego, co sugerowałoby, że mamy do czynienia z „chłopakiem, który jest kolejnym zbawicielem NBA". Dziennikarz wrócił do domu z przekonaniem, że kolejnej wiosny Georgetown i Karolina znowu spotkają się w finale.

Ale nigdy do tego nie doszło.

Pomimo gipsu na nadgarstku Jordan zdobył 25 punktów, Perkins dorzucił 22, jednak Tar Heels przegrali po dogrywce 78:74 pierwszy mecz sezonu z prowadzoną przez Chrisa Mullina, dysponującą szerokim składem ekipą St. John's. Tydzień później pojechali do St. Louis na trudną siłową konfrontację z Missouri. Znowu przegrali, 64:60, i stało się jasne, że trwający sezon niepozbawiony będzie dramatyzmu. Jak się należało spodziewać, każda drużyna, z którą grali, przystępowała do meczu maksymalnie skoncentrowana i z nastawieniem „bij mistrza". Trzy dni później do Chapel Hill przyjechała ekipa Tulane, z imponującym centrem Johnem „Hot Rodem" Williamsem. Do tłumu kibiców zgromadzonych w hali Karoliny prędko dotarło, że mogą być świadkami czegoś, co wcześniej nie przyszłoby im do głowy – trzeciej z rzędu porażki na rozpoczęcie sezonu. Nie przydarzyło się to żadnej drużynie Karoliny Północnej od sezonu 1928/29.

Poważne problemy zaczęły się na 4:33 minuty przed końcem meczu, kiedy Perkins zaliczył piąte przewinienie i musiał opuścić parkiet, dzięki czemu mierzący 205 centymetrów Williams zyskał więcej swobody. Tulane objęli prowadzenie 51:49. Jordan wyrównał po zbiórce w ataku i dobitce na 36 sekund przed końcem.

Po faulu obrońców Karoliny Williams stanął na osiem sekund przed końcem na linii rzutów wolnych i trafił oba, wyprowadzając ekipę Green Wave na dwupunktowe prowadzenie. Michael znowu dostał piłkę, ruszył pod kosz, ale sędziowie odgwizdali mu faul w ataku.

James Jordan siedział wtedy pomiędzy dwiema córkami, przyglądając się przebiegowi meczu. „Pomyślałem wtedy, że przegraliśmy", wspominał w wywiadzie w 1984 roku. Roslyn spojrzała się na niego i odpowiedziała: „Tatusiu, za szybko się poddajesz". Zegar pokazywał cztery sekundy do końca, kiedy Michael przechwycił piłkę po podaniu z boku i rzucił z dziesięciu metrów, doprowadzając do remisu równo z syreną końcową. Hala Carmichael oszalała, ale napięcie wciąż było ogromne. Rozstrzygnięcie nastąpiło dopiero na niespełna dwie minuty przed końcem trzeciej dogrywki, kiedy Jordan pognał wzdłuż linii i trafił do kosza od tablicy, łapiąc przy okazji obrońcę na faul. Karolina objęła prowadzenie różnicą 5 punktów i nie oddała go do końca, wygrywając pierwszy mecz w sezonie 70:68.

„Rozpoczął sezon z gipsem na lewym nadgarstku i mimo to wygrał dla nas tamten mecz z Tulane", wspomina Smith.

W następnym meczu Tar Heels wygrali 4 punktami z LSU w New Jersey Meadowlands. Trzecie zwycięstwo odnieśli nad Santa Clarą w Greensboro. Tydzień później pojechali do Tulsy i przegrali różnicą 10 punktów z Golden Hurricane. Po trzech dniach rozegrali mecz z UT-Chattanooga i na niespełna cztery minuty przed końcem przegrywali jednym punktem, kiedy nastąpił jeden z „momentów MJ-a" – Jordan zdobył 11 z ostatnich 17 punktów drużyny i poprowadził Karolinę do wygranej.

W okresie świąt drużyna udała się na turniej Rainbow Classic w Honolulu, gdzie obok udziału w hawajskich imprezach odniosła trzy zwycięstwa, w tym 73:58 z Missouri, w rewanżu za wcześniejszą porażkę. To zainaugurowało serię 18 zwycięstw z rzędu. Tar Heels wrócili do domu i od razu pojechali na mecz z Rutgers w Greensboro, potem zaś zahaczyli o Charlotte, żeby zmierzyć się z Syracuse, po czym kontynuowali serię zgodnie z terminarzem konferencji ACC. Brendan Malone, asystent z Syracuse, który trenował Jordana na obozie Five-Star, miał okazję ocenić jego postępy w grze. Ekipa Orangemen zamierzała go przetestować, podwajając krycie. „Zastawialiśmy na niego pułapkę – wspomina Malone. – Byłem pod wrażeniem, jak bardzo jest opanowany pomimo presji. Uciekł od podwojenia, rozejrzał się i perfekcyjnie podał. W ogóle nie spanikował".

W odpowiedzi na opóźniającą taktykę Smitha w walce o tytuł w 1982 roku eksperymentalnie wprowadzono zegar odmierzający czas na rozegranie akcji oraz linię rzutów za trzy punkty. Smith nie mógł już rozstawiać zawodników w rogach parkietu i bawić się z przeciwnikiem w kotka i myszkę, pilnując niewysokiego prowadzenia. Obrońcy nie mogli też tłoczyć się bezsensownie pod koszem, ustawiając linię obrony. Drużyny musiały teraz lepiej się pilnować przed rzutami z dystansu.

W Maryland Jordan zdobył w pierwszej połowie tylko 2 punkty, ale potem się odrodził i w drugiej dołożył aż 15. Ale jego najważniejsza akcja miała miejsce dopiero pod koniec, kiedy zablokował layup Chucka Driesella, syna trenera Maryland, Lefty'ego Driesella, zapewniając Karolinie zwycięstwo 72:71. Tar Heels czekał jeszcze pojedynek z Ralphem Sampsonem i jego Wirginią.

Koledzy Michaela z zespołu, Warren Martin, Curtis Hunter i Brad Daugherty, też mieszkali na pierwszym piętrze w Granville Towers. „W przeddzień meczu stali na korytarzu, rozmawiając o zbliżającym się pojedynku, i byli śmiertelnie przerażeni – wspomina David Mann. – Dziś ludzie nie zdają sobie sprawy, jak bardzo wszyscy się wtedy bali Ralpha Sampsona. Był w tamtych czasach niczym koszykarska Godzilla. Brad Daugherty był pierwszoroczniakiem i szczególnie obawiał się konfrontacji z Sampsonem. Michael też był wówczas obecny na korytarzu, ale się nie odzywał. Aż w końcu, po kilku minutach, nagle wyskoczył wysoko w górę, walnął dłonią w ścianę i wrzasnął: »Pierdolić Sampsona!«. Przestraszeni zawodnicy zamilkli i wkrótce potem niepostrzeżenie się rozeszli", wspomina, śmiejąc się, Mann.

Następnego dnia pierwsze spotkanie obu drużyn transmitowała z University Hall stacja NBC. Wirginia znajdowała się w sondażach na drugim miejscu w rankingu, Tar Heels na 11. Kawalerzyści bronili też bilansu 42 zwycięstw z rzędu na własnym parkiecie odniesionych w czasach Sampsona. Miał to być pierwszy mecz Wirginii u siebie po blisko sześciu tygodniach, a obecność Tar Heels wystarczała, żeby pobudzić dziewięć tysięcy kibiców do wrzawy za każdym razem, kiedy podczas rozgrzewki Sampson zbliżał się do kosza.

Kiedy Smith pojawił się przy ławce rezerwowych, z pierścieniem mistrzowskim oświetlonym reflektorami na palcu, kibice zaczęli gwizdać. Skandowali: „Siadaj, Dean! Siadaj, Dean!".

Tar Heels błyskawicznie zamknęli Sampsona pod koszem i zainaugurowali festiwal rzutów za trzy punkty, wychodząc na 12-punktowe prowadzenie. W przerwie meczu w małej hali czuło się powietrze zatęchłe od rozczarowania. Na jednym ramieniu Sampsona, mierzącego 213 centymetrów, Smith powiesił Brada Daugherty'ego, a na drugim mierzącego 205 centymetrów Sama Perkinsa, dodatkowo pozostawiając w gotowości skrzydłowych do pomocy. Tar Heels skutecznie odcięli go od podań, powstrzymując pozostałych graczy Wirginii przed uzyskaniem płynności w ataku. W ciągu pierwszych 20 minut Sampson trafił tylko 2 z 8 rzutów z gry. Tymczasem Perkins rozgrywał jeden z najlepszych w swojej karierze pojedynków w ataku – tylko w pierwszej połowie zdobył 25 punktów, 3 razy trafiając za trzy punkty. Po przerwie w hali zrobiło się zupełnie cicho, zwłaszcza po tym, jak sędziowie odgwizdali Sampsonowi trzeci i czwarty faul, a Karolina Północna zwiększyła prowadzenie do 23 punktów – było 85:62 na 9:41 minut przed końcem. Dwie minuty później Sampson po raz pierwszy w karierze trafił za trzy punkty z sześciu metrów i Wirginia rozpoczęła swój comeback. Ricky Stokes, Jimmy Miller, Rick Carlisle, Tim Mullen i Othell Wilson – wszyscy trafiali. Potem znowu Sampson. I Carlisle za trzy. W ciągu pięciu minut różnica zmniejszyła się z 23 do 6 punktów. Na dwie minuty przed końcem, przy prowadzeniu Karoliny 96:90, Sampson wyskoczył z prawej strony, żeby rzucić z bliska. Równolegle z drugiej strony wyskoczył Jordan i brutalnie strącił lecącą piłkę.

Ta akcja wywołała aplauz wśród dziennikarzy. Stojący przy linii bocznej trener Wirginii Terry Holland złapał się na tym, że też bije brawo. „Michael i David Thompson – wspomina po latach – tylko oni zrobili w meczach z moją drużyną coś takiego, że mogłem ich jedynie oklaskiwać… zanim się nie zorientowałem, że biję brawo przeciwko własnej drużynie. Jednocześnie wrzeszczałem na sędziego, że powinien odgwizdać goaltending. Myślę, że sędziowie byli tak samo zszokowani i pod równie wielkim wrażeniem jak ja i też nie byli w stanie zrozumieć, jak on to zrobił. Technicznie tamten blok to musiał być goaltending: piłka musiała opadać do kosza, skoro Ralph wyrzucił ją, znajdując się ponad obręczą. To wyglądało jak rakieta kosmiczna Titan. Nie jestem pewien, czy komuś innemu przyszłoby w ogóle do głowy, żeby próbować zablokować taki rzut".

„Wtedy byłem jeszcze młody – powiedział Jordan 15 lat później, przyznając, że nie miał pojęcia, czy uda mu się ta akcja. – Sam siebie wtedy zaskoczyłem. To było charakterystyczne dla mojej gry w koszykówkę i w jakimś stopniu to właśnie napędzało moją karierę. Nikt nie będzie mi mówił, co mogę zrobić, a czego nie. Nawet ja sam nie byłbym w stanie odpowiedzieć na pytanie, co mogę, a czego nie mogę. Na tym polega piękno tego sportu".

Grając w systemie Smitha, Jordan był jeszcze daleko od odkrycia pełni swoich możliwości.

14 sekund po bloku Othell Wilson trafił za trzy punkty, a Wirginia na 50 sekund przed końcem zmniejszyła stratę do 2 punktów. Ale Kawalerzyści faulowali, a Jordan i Jimmy Braddock trafiali rzuty wolne i Karolina dowiozła zwycięstwo 101:95. Sampson opuścił tamtego dnia University Hall, odmawiając rozmowy z dziennikarzami.

Po zwycięstwie Karolina awansowała na pierwsze miejsce w konferencji ACC. W kolejnych meczach Tar Heels wysoko pokonali NC State i Duke. Worthy był już w NBA, więc Jordan mógł zacząć się przesuwać bliżej kosza i tam prezentować swoje umiejętności. Jedną z nich było wejście pod obręcz, jego późniejszy znak charakterystyczny. Dobrze przemieszczał się po parkiecie i często wykorzystywał to, że znajduje się na wolnej pozycji. Nawet kiedy był kryty, potrafił oddać rzut, dzięki szybkiemu pierwszemu krokowi i potężnemu wyskokowi. Sędziowie wciąż jeszcze gwizdali mu wtedy kroki, ale Smith wysłał im taśmę ze zwolnionym zapisem pierwszego kroku Jordana, na dowód tego, że o krokach nie może być mowy. Atak Karoliny sprzyjał Michaelowi i innym silnym zawodnikom w gromadzeniu zdobyczy statystycznych.

„Jordan pracował dziś na boisku ciężej niż ktokolwiek, a zwłaszcza ci najlepsi – powiedział po tamtym styczniowym meczu trener Duke Mike Krzyzewski. – Ustawił ton meczu. Był dziś mentalnie twardszy niż kiedykolwiek. Jakby chciał zakomunikować: »Pragnę tego, dajcie mi to. Zapracuję na to«. Był po prostu świetny. Próbowaliśmy go powstrzymać w obronie. Rozrysowaliśmy diagram i powiedzieliśmy sobie: »Zamierza zrobić to i to«. Po czym on i tak to robił. Podziwiam go. Nawet jeśli nie trafiał do kosza, to cieżko się napracował, żeby oddać rzut. Nie mieliśmy szans, żeby dotrzymać mu kroku".

Jordan kontynuował swoją passę w kolejnym tygodniu, w meczu przeciwko Georgia Tech, kiedy trafił 11 z 16 rzutów, ustanawiając swój uniwersytecki rekord – 39 punktów. Siedem razy próbował w tamtym meczu rzucić za trzy punkty. Trafił sześciokrotnie.

Jego popisy w meczu z Wirginią w Carmichael Auditorium zrobiły wrażenie na komentatorze ESPN i byłym trenerze Dicku Vitale. Seria zwycięstw sprawiła, że Tar Heels znowu znaleźli się na czele rankingów krajowych. Drugą pozycję zajmowała Wirginia. Lokalni dziennikarze z Wirginii nie lubili Vitalego, oskarżali go o prowadzenie kampanii przed głosowaniem na najlepszego Koszykarza Roku, skierowanej przeciwko Sampsonowi. Vitale wychwalał talent Jordana, ale Terry Holland i sztab PR-owy Wirginii uważali, że tak naprawdę Vitale wcale nie wspiera Jordana, tylko złośliwie atakuje Sampsona. Mówili, że nawet jeśli nazywa tego ostatniego „supergwiazdą", to robi to w kpiącym tonie. Dziennikarz bronił się, mówiąc, że został źle zrozumiany. Powiedział, że Sampson, w przeciwieństwie do innych wielkich centrów, w Wirginii jest zmuszony do gry z mniej utalentowanymi zawodnikami. Jednocześnie zwracał uwagę, że w trakcie ostatniego sezonu uniwersyteckiego brakowało mu czasem entuzjazmu, podczas gdy Jordan – wręcz przeciwnie – emanował energią i radością gry. 30 lat później Holland mówił: „To oczywiste, że Michael był zasadnym kandydatem, że Dick miał prawo na niego głosować – mógł przecież promować, kogo chciał. Ale sprzeciwialiśmy się jego komentarzom, dlaczego to Michael miałby zostać Koszykarzem Roku, a nie Ralph. To jest właśnie cały Dick, czasem go ponosi. Nie trzeba było krytykować Ralpha, żeby promować własnego kandydata". Holland dodaje, że Sampson był już przecież wcześniej dwukrotnie Koszykarzem Roku i że spędził na uczelni cztery lata.

Spór miał zostać rozstrzygnięty na parkiecie Carmichael. Przedmeczowy hałas z wypełnionych po brzegi sektorów studenckich był ogłuszający. Koszykarze Wirginii ledwo byli w stanie usłyszeć swoje nazwiska podczas prezentacji. Grali jednak świetnie i na dziewięć minut przed końcem meczu prowadzili różnicą 16 punktów.

Na 4:48 minuty przed końcem Jimmy Miller z Wirginii trafił z faulem, a po celnym wolnym Wirginia prowadziła 63:53. Kawalerzyści nie zdobyli do końca ani jednego punktu, gubili piłkę, narażali się na głupie przechwyty. Na 1:20 przed końcem, przy prowadzeniu Wirginii 63:60, Sampson nie trafił rzutu wolnego. Potem, na 51 sekund przed końcem, nastąpił popisowy numer. Jordan odebrał na środku piłkę Rickowi Carlisle'owi, pognał w kierunku kosza i zapakował ją z góry, dając Karolinie prowadzenie 64:63. Minęły dziesięciolecia, a ta akcja wciąż była rozpamiętywana przez tych, którzy widzieli ją na żywo. Wirginia nie potrafiła nic zrobić przez kolejnych 50 sekund, aż w końcu Carlisle spudłowal daleki rzut z wyskoku na pięć sekund przed końcem spotkania.

Jordan wyskoczył wyżej od Sampsona i zebrał z tablicy ostatnią piłkę, co było znamienne. Billy Packer wspomina: „W tamtym roku jego najlepsze akcje nie miały wcale miejsca w ataku. Dowodziły przede wszystkim jego ambicji i woli walki, ale również nadzwyczajnych umiejętności defensywnych. W 1983 roku najczęściej pokazywał, jak dobrze potrafi bronić. Oczywiście był dobrym strzelcem, ale jego fenomen objawiał się też w defensywie".

Holland zgadza się z tymi słowami. „Podczas studiów Michael był fantastycznym i wszechstronnym koszykarzem, ale najbardziej skuteczny był w obronie. A taki zawodnik jest znacznie trudniejszy do pokonania niż taki, który jest świetny w ataku, bo obrońcom nie udaje się go podwoić ani zastosować technik, odcinających go od piłki".

Tłum wiwatował na stojąco jeszcze długo po zakończeniu meczu. „Wieczorem wróciliśmy do akademika – wspomina David Mann – a ja kompletnie straciłem głos. Wrzeszczałem tak, że nie mogłem już mówić. Stałem akurat na dole przy automacie z przekąskami, kiedy zszedł tam Michael. Byliśmy tam tylko my dwaj. Powtarzałem mu, jaki to był niesamowity mecz i jaki on był fantastyczny. Odpowiadał bardzo rzeczowo: »Tak. OK”. Po czym zaczął mówić o jutrzejszych wykładach. Swój sukces traktował z niewymuszoną nonszalancją, jakby nic się nie stało. W ogóle nie był zainteresowany rozmową o meczu”.

Trzy dni później Villanova przyjechała zrewanżować się za finały regionalne w 1982 roku. Eddie Pinckney pozostawał w kontakcie z Samem Perkinsem – zdaje się, że obaj bardzo chcieli od siebie nawzajem powyciągać jakieś tajne wskazówki. Ich dyskusje częściowo koncentrowały się na narastającej konkurencji pomiędzy konferencjami. Villanova grała w Big East, między innymi razem z Georgetown.

„Nie chcieliśmy się za bardzo bratać, bo wiedzieliśmy, że jeśli im na to pozwolimy, to nas upokorzą – tak wspomina ekipę Tar Heels Pinckney. – Perkins powtarzał mi wtedy, że Jordan jest najlepszym koszykarzem, jakiego kiedykolwiek widział. Ja oczywiście mówiłem to samo o Ewingu. To były niezapomniane chwile: wystarczyło nam samo to, że możemy tam pojechać i zagrać przeciwko Jordanowi i drużynie numer jeden w konferencji ACC. Bo ACC wtedy rządziła, była najlepszą konferencją i miała najlepszych zawodników. Nie sądziliśmy, że będziemy w stanie sobie poradzić z Jordanem. Wiedzieliśmy, że jest wielkim koszykarzem. Mówiliśmy sobie: »Prędzej czy później ten gość zapanuje nad meczem«”.

Tamtego dnia nic takiego jednak nie nastąpiło. Jordan nie grał zbyt dobrze, a Villanova pokonała drużynę numer jeden w kraju w jej własnej hali. „Mieli nas zmiażdżyć, ale my się im całkiem nieźle postawiliśmy – mówi Pinckney. – Zagraliśmy tak, że sami nie mogliśmy w to uwierzyć”.

Porażka rozpoczęła fatalną serię Tar Heels. Trzy dni później pojechali do Marylandu i przegrali 12 punktami, kolejne trzy dni potem znowu ponieśli klęskę – na wyjeździe z NC State polegli różnicą 7 punktów, co miało zwiastować późniejszą porażkę z Wolfpack w półfinałach turnieju konferencji ACC. Zawodnicy Jima Valvano złapali rytm, który miał ich ponieść aż do finału krajowego przeciwko Houston. Tymczasem Tar Heels trafili do regionalnych finałów NCAA w Syracuse, gdzie przegrali z Georgią 82:77. Jordanowi udało się zaliczyć kilka spektakularnych dunków, ale nie był w stanie poprowadzić drużyny do zwycięstwa. Po meczu powiedział Royowi Williamsowi, że czuje się wypalony i że musi zrobić sobie przerwę od koszykówki. Asystent zdawał sobie sprawę z ciężaru, który spadł na Jordana wraz z odejściem Worthy'ego.

System Smitha wprawdzie ułatwiał mu zadanie, ale Jordan w każdym meczu musiał dawać z siebie wszystko, żeby machina Karoliny Północnej funkcjonowała jak należy i wygrywała. Williams powiedział Jordanowi, że przerwa to całkiem dobry pomysł, więc był zaskoczony, kiedy następnego dnia zobaczył go na treningu w sali gimnastycznej. Zapytany o zmianę planów Michael odparł, że musi po prostu stać się jeszcze lepszy. Tar Heels zakończyli sezon porażką, ale reputacja Jordana była o kilka poziomów wyżej. Uważano go teraz za „na pewno najlepszego obrońcę w kraju", jak pisał „Sports Illustrated". Wszystko to miało miejsce raptem rok po tym, jak sztab szkoleniowy uznał, że obrona pozostaje wobec Michaela obojętna. „Jordan zawsze wydawał się wiedzieć, gdzie jest piłka i gdzie zaraz się znajdzie – mówi skrzydłowy Maryland Mark Fothergill. – Uganiał się po całym parkiecie niczym szaleniec, wprawiając rywali w konsternację".

Po wprowadzeniu eksperymentu z rzutami za trzy Jordan zwiększył liczbę średnio zdobywanych punktów do 20 na mecz (najlepszy wynik w ACC), dodając do tego średnio 5,5 zbiórki. Mimo to nadal nie był z siebie zadowolony. Trafiał ze skutecznością 53,5 procent z gry, ale w rzutach z dystansu – co było kluczowe, zważywszy na to, jak często Karolina musiała się zmagać z obroną podkoszową – nie był tak dobry jak na pierwszym roku. „Myślę, że rzut za trzy punkty odmienił moje myślenie – przyznał. – Zbyt często próbowałem rzucać z daleka, trochę na siłę". Średnią rzutów za trzy też miał jednak imponującą – 44,7 procent, co było czwartą najlepszą średnią w drużynie. „No i parabola mojego rzutu była wyższa – kontynuował. – Myślę, że tamten zwycięski rzut z 1982 roku wbił mi się w pamięć czy coś w tym rodzaju. Obejrzałem go na wideo chyba ze 30 razy. Tworzył łuk jak tęcza. O rany…".

Jako freshman Michael nigdy nie zdobył nagrody dla najlepszego obrońcy, przyznawanej przez trenerów Karoliny po każdym meczu, ale jako drugoroczniak zdobył ją 13-krotnie. Próbował przeciąć linię podania rywali i wykorzystywał swoje długie ręce, próbując zaliczać przechwyty – w sumie udało mu się to w trakcie sezonu 78 razy, minimalnie gorzej niż rekordziście uczelni Dudleyowi Bradleyowi. Większa aktywność w obronie z pewnością przyczyniła się też do 110 przewinień i czterech dyskwalifikacji za pięć przewinień w jednym meczu – *notabene* wszystkie te mecze Tar Heels przegrali.

Statystyki statystykami, ale Michael dał kilka naprawdę zdumiewających popisów. W jednym z meczów przeskoczył ponad głową obrońcy NC State, Sidneya Lowe'a. „Sports Illustrated" nazwał jeden z jego dunków w meczu przeciwko Georgia Tech „demoralizującym". Odbił się z linii rzutów wolnych, na niewiarygodnie długo zawisł ponad parkietem, po czym w ostatniej chwili zapakował piłkę do kosza. „Myślałem, że oglądam Supermana", mówił potem Tim Harvey z Georgia Tech.

Jordan dopisywał do swej legendy kolejne rozdziały. Został wybrany do pierwszej piątki konferencji ACC i do drużyny All-America agencji „Associated Press", ale nie zdobył nagrody Koszykarza Roku – ta przypadła Sampsonowi. Zajął drugie miejsce, za to „Sporting News" przyznał mu nagrodę Uniwersyteckiego Koszykarza Roku. „Fruwa ponad ziemią – pisał dziennikarz tygodnika. – Zbiera, zdobywa punkty (ponad 1100 w ciągu dwóch lat, rekord uczelni), potrafi pokryć dwóch przeciwników jednocześnie, ugania się za uciekającymi piłkami, blokuje rzuty rywali, zalicza przechwyty. I, co najważniejsze, w końcówce rozgrywa akcje, które przesądzają o zwycięstwie".

Tak czy owak Jordan miał na koniec sezonu mieszane uczucia. „Niedosyt pozostał – mówił potem. – Może byłem już trochę zepsuty po tym, jak będąc freshmanem, zdobyłem mistrzostwo NCAA". Irytowało go też, że niektórym kolegom z drużyny ewidentnie brakowało woli walki. Takie wątpliwości co do motywacji i umiejętności członków własnego zespołu okazały się jego stałą cechą, co zresztą sam wielokrotnie przyznawał. „Trudno mi było współpracować z kolesiem, który nie był wystarczająco ambitny – tłumaczył. – Zawsze testowałem te cechy charakteru u moich kolegów: tak na parkiecie, jak i poza nim. Prowokujesz ich, żeby zobaczyć, czy dadzą radę. Jeśli się nie poddają, to wiesz, że możesz im zaufać nawet pod presją". Twierdził, że nauczył się lepiej sobie z tym radzić, kiedy już był w NBA, choć wielu kolegów z Chicago z pewnością się z tym nie zgodzi.

David Mann pamięta, że po rozczarowującym zakończeniu sezonu na korytarzach Granville Towers zrobiło się cicho: „Nikt o tym nie mówił". W końcu Mann zdobył się na odwagę i zapytał Michaela, jak się czuje z tym, że NC State zdobyło mistrzostwo kraju. „Odpowiedział: »No wiesz, mam mieszane uczucia. Lubię ekipę State, ale to my powinniśmy byli wygrać«".

Potem pojawiła się informacja, że Jordan przerzucił się na golfa, żeby ukoić emocje po porażce z Goergią i że podstaw tej gry uczyli go Buzz Peterson i Davis Love III, wtedy wybrany z UNC do golfowej ekipy All-America. Historia ta jest częściowo prawdziwa, ale przygoda Michaela z golfem postępowała raczej stopniowo. Peterson grywał jeszcze w liceum i wtedy poznał Love'a, którego ojciec dawał lekcje golfa Deanowi Smithowi. On, Love i Roy Williams spędzili na grze wiele dni, a Jordan nie lubił być pomijany. Love wspomina, jak Michael zaczął się za nimi włóczyć: „Skończyło się na tym, że został kierowcą wózka golfowego, w końcu powiedział, że też chce grać, więc załatwiliśmy mu z Buzzem zestaw kijów i kilka starych piłek. Reszta jest historią. Tak jakbyśmy stworzyli potwora".

Brad Daugherty, Matt Doherty i jeszcze kilku innych zawodników od czasu do czasu dołączało do grupy. Jak zawsze żądny zwycięstwa Jordan wylądował na polu wraz z kolegami. Wszyscy szlifowali swoje uderzenie.

„Większość zawodników szła grać w golfa – wspomina Love. – Któregoś dnia trener Smith powiedział: »Wszyscy są na polu golfowym. Możesz sprowadzić ich z powrotem do sali gimnastycznej?«. A wracając do Michaela: poznanie go i obserwowanie, jak się rozwija, było fajnym przeżyciem. Za najlepsze w golfie uznawał to, że mógł się znaleźć z dala od tłumów, z dala od rodzącego się statusu celebryty. Myślę, że właśnie dlatego tak polubił ten sport. Był trudny i stanowił wyzwanie, ale jednocześnie pozwalał się uwolnić od presji i oderwać od koszykówki". Art Chansky wspomina, że poza golfem Jordan znajdował też sobie inne możliwości ucieczki. „Na kampusie mieli mistrzowską drużynę w softballu, Granville Towers, i Michael był jej wielką gwiazdą. Zdaje się, że grał na pozycji łapacza. To ściągało na pola uczelniane mnóstwo gapiów. Wtedy były inne czasy, nikt nie mieszkał w apartamentach. Wszyscy gnieździli się w Granville Towers i trzymali się razem. To było coś. Michael był na najlepszej drodze, żeby zostać gwiazdą, ale oczywiście nikt nie miał pojęcia, jak wielką gwiazdą zostanie".

Pan Am

Jordan może i potrzebował przerwy od koszykówki, ale szybko został wezwany na rozgrywki Pan American w Caracas w Wenezueli. Po rozczarowaniu turniejem NCAA palił się do sprawdzianu w reprezentacji USA. Miało to być ważne doświadczenie międzynarodowe, ale przede wszystkim chodziło o koszykówkę. „Nie mogłem się doczekać następnego meczu", wspominał.

Na testy do składu reprezentacji na rozgrywki Pan Am przyjechały dziesiątki zawodników. Jack Hartman z Kansas State prowadził drużynę pod czujnym okiem trenera Indiany, Bobby'ego Knighta, któremu powierzono zadanie poprowadzenia teamu USA podczas igrzysk olimpijskich w Los Angeles w 1984 roku.

Ed Pinckney pamięta, że Jordan grał z furią i prowokował wszystkich trash-talkingiem w sposób, którego nigdy nie słyszał, nawet w Nowym Jorku. „O awans do drużyny starało się wtedy chyba ze stu kolesi – wspomina Pinckney. – Podzielili nas na czteroosobowe zespoły, my trafiliśmy do tego samego. Nigdy nie zapomnę jego gry podczas tych testów. Bobby Knight siedział na środku, wysoko na rusztowaniu, i obserwował wszystkie boiska. Chyba byli tam z nim jacyś inni trenerzy. Z Michaelem w drużynie nie przegraliśmy ani jednego meczu. To było aż śmieszne! Każdy pojedynek graliśmy do siedmiu punktów. Mieli zegar, włączali czas i graliśmy do siedmiu albo do momentu upłynięcia czasu".

Cały proces zakładał maksymalną konkurencję, ale Jordan ją tak naprawdę zminimalizował. Pinckney opowiada: „Szliśmy na jedno boisko i wygrywaliśmy 7:0. Michael zdobywał wszystkie punkty. Szliśmy na następne boisko i wygrywaliśmy 7:3, a on zdobywał 5 punktów z rzędu. Może czasem komuś udało się trafić layup czy coś w tym rodzaju. To było jak żart. To wtedy powiedziałem do siebie: »On jest poza wszelką kontrolą, jest piekielnie dobry«".

Pinckney i Jordan załapali się do reprezentacji razem z Chrisem Mullinem, Leonem Woodem, Michaelem Cage'em, Samem Perkinsem, Markiem Price'em, Waymanem Tisdale'em, Anthonym Teacheyem i kilkoma innymi zawodnikami. Hartman zabrał drużynę do Kansas, żeby rozegrała dwa rozgrzewkowe mecze z grupą zawodników z NBA, między innymi Larrym Drew i Eddiem Johnsonem z Kansas City Kings.

„Chłopaki rozmawiali między sobą o NBA – wspomina Pinckney. – Wszyscy już wiedzieliśmy, że Michael będzie tam grał, bez dwóch zdań. On też to wiedział. Ale tym bardziej chcieliśmy zobaczyć, jak sobie poradzimy. Michael zdominował oba mecze. Robił przechwyty. Pierwszy raz zobaczyłem wtedy jego słynnego dunka z kołyską. Nie miał żadnego problemu z graniem przeciwko facetom z NBA. Co więcej, to on się w tym meczu wyróżniał".

Na terenie hotelu znajdowało się pole golfowe, które od razu przyciągnęło uwagę Jordana. „Jedyną rzeczą, na którą miał ochotę, kiedy nie graliśmy w koszykówkę, był golf – ciągnie opowieść Pinckney. – Po treningu zawsze szedł grać, nie robił nic poza tym: po prostu grał w golfa i trenował. Uwielbiał to. Nie sypiał zbyt dużo. Spędzał wtedy sporo czasu z Leonem Woodem, wszędzie chodzili razem". Wtedy, w drodze do Wenezueli, drużyna rozegrała pokazowy mecz w Portoryko. Teachey wspomina, że choć koszykarze portorykańscy nie byli w stanie zrozumieć Jordana, to on i tak próbował uprawiać wobec nich trash-

-talking. „Zawsze wierzył, że trzeba uzmysławiać tym kolesiom, że to myśmy wynaleźli koszykówkę. Kiedy wyjeżdżaliśmy zagranicę, robił się jeszcze bardziej żądny zwycięstwa. I chętnie to okazywał".

Gdy Team USA dotarł do Wenezueli na sierpniowy turniej panamerykański, okazało się, że internat przewidziany jako miejsce noclegu jest jeszcze w stanie surowym. Lon Kruger, który miał potem zostać trenerem na uczelni i w NBA, był wtedy kierownikiem drużyny. „Wioska nie była jeszcze gotowa – wspomina. – W budynku nie było okien ani drzwi. Patrzyliśmy po sobie i myśleliśmy: »Co tu się dzieje?«". Jordan rozejrzał się, po czym rzucił torbę na podłogę i powiedział: „Do roboty!". Hartman był pod wrażeniem jego profesjonalizmu – zero marudzenia na warunki lokalowe.

„Michael Jordan stanął i powiedział: »To jest wioska dla sportowców. Jest OK« – wspomina Kruger. – A skoro Michael tak powiedział, to nikt już nie robił problemów".

Wood, później sędzia w NBA, podsumował podejście Jordana słowami: „I tak nic z tym nie zrobimy". „Przyjechaliśmy tu po medal – powiedział MJ. – Zajmijmy się pracą".

Amerykanie mieli rozegrać osiem meczów międzypaństwowych w ciągu 12 dni. W pierwszym przegrywali z Meksykiem 20:4, a Jordanowi odnowiła się kontuzja prawego kolana. Mimo to walczył dalej i pomógł w odniesieniu zwycięstwa. Nie zważając na ból, w drugim pojedynku, z Brazylią, zdobył 27 punktów, w tym wykonał dunk, który przypieczętował comeback reprezentacji USA i zwycięstwo. Po meczu siedział z nogą obłożoną lodem. „Ot, stara kontuzja, zapalenie ścięgna – powiedział dziennikarzowi. – Ale to żaden problem. Poza tym za nic nie zrezygnowałbym z gry tutaj".

Pinckney wspomina, że pomimo kontuzji Jordan rzucał się jak szalony na każdego rywala: „Wymuszał przechwyty w obronie, trafiał w ataku. Kiedy coś mu nie wychodziło, wściekał się. Grał z furią. Był nieformalnym liderem drużyny – kiedy znajdowałeś się obok niego na parkiecie, musiałeś dawać z siebie wszystko. Zawodnicy, z którymi graliśmy, byli zawodowcami z zagranicy, grali w ligach europejskich i południowoamerykańskich. Byli od nas starsi. Ale on wychodził na parkiet i miał to w nosie. Zachowywał się tak, jakby mówił: »Dajesz z siebie wszystko albo niech wchodzi ktoś inny«".

Jordan miewał wtedy problemy z rzutem z dystansu. Billy Packer zwraca uwagę, że podczas tamtego turnieju przede wszystkim rozbłysła gwiazda rozgrywającego Marka Price'a. „Nie wypadliśmy dobrze, sporo graliśmy strefą. Niewiele biegaliśmy, a przeciwnicy nas się nie bali. To Mark Price był kolesiem, który prowadził nas do zwycięstwa w większości meczów. Michael był dobry, ale nie był wybitny".

Jack Hartman i tak był pod wielkim wrażeniem: „Chłopak zdobywał kosze jak nawiedzony. Czasami żałowałem, że jestem trenerem. Przeprowadzał tak niewiarygodne akcje, że miałem ochotę oglądać je raz jeszcze, nagrane na wideo. Ale nie mogłem, bo oglądałem je tam, na żywo".

Jordan był liderem drużyny pod względem średniej liczby zdobywanych punktów – 17,3 w ośmiu meczach. Nie udało mu się sięgnąć po drugi tytuł mistrza NCAA, ale miał swój pierwszy międzynarodowy złoty medal.

Gdy tylko wrócił do domu, Deloris wystarczył jeden rzut oka na wyczerpanego syna, żeby powiedziała, że ma zapomnieć o wychodzeniu z domu na mecze sparingowe. „Dość tego – zarządziła. – Zostajesz w domu". Żeby jednak mieć pewność, schowała kluczyki od samochodu i poleciła Michaelowi zrobić coś, na co nigdy nie miał czasu ani ochoty. Kazała mu iść się przespać.

Rozdział 13

BŁĄD SYSTEMU

Jordan wypoczął, po czym pod koniec lata 1983 roku wrócił do Chapel Hill. „Podobno freshmani już uprawiają trash-talking. Zobaczymy, co potrafią", powiedział. Dean Smith ściągnął dwójkę skrzydłowych z drużyny All-American wybranej przez magazyn „Parade", Joe Wolfa i Dave'a Popsona, ale Jordana najbardziej zaintrygował zrekrutowany w Nowym Jorku rozgrywający, Kenny Smith. Już uzyskał przydomek – „The Jet"* i już zdał test Jordana na determinację. Dysponował zarówno szybkością, jak i przyspieszeniem. Nie zdobywał może wielu punktów, ale – podobnie jak Jimmy Black – rozumiał, o co chodzi w koszykówce i na czym polegają zadania prawdziwego rozgrywającego. Oprócz tego po kontuzji powracał do drużyny Buzz Peterson, a drugoroczniak Steve Hale dobrze rokował. Dean Smith miał więc do dyspozycji silnych zawodników, którzy mieli rywalizować o miejsce w pierwszej piątce. „Rozgrywający to najtrudniejsza pozycja do wpasowania się w nasz system – tłumaczył w rozmowie ze »Sports Illustrated«. – Tyle zadań na nich spada".

Największym, co na nich spadło, był sam Jordan, właśnie unieśmiertelniony przez kanapkę „The Jordan", która pojawiła się w menu restauracji Four Corners w Chapel Hill – była to pita z sałatką krabową. Przywództwo Jordana polegało na czymś więcej niż tylko doprowadzeniu reszty zespołu do stanu, w którym będą się bali, czy ich nie zruga, kiedy zrobią coś nie tak. Nikt w drużynie nie chciał Jordana zawieść, nikt – nie wyłączając pierwszoroczniaków. Jordan nie musiał nic mówić. Wystarczyło na niego popatrzeć – zawsze grał na full i tego

* Odrzutowiec.

samego oczekiwał od kolegów. Czasem wystarczało, że zmarszczył brwi. Nikt nie miał ochoty stać się obiektem takiego spojrzenia. Michael stanowił uosobienie skuteczności. „Przyjechałem z Nowego Jorku, gdzie widziałem mnóstwo utalentowanych zawodników, którzy swój talent marnowali – opowiada Matt Doherty, wówczas senior. – A Michael wykorzystywał każdą, nawet najmniejszą szczyptę swojego talentu".

Skład złożony z weteranów wydawał się skoncentrowany na dorównaniu ambicji Jordana. Brad Daugherty był o rok starszy i o wiele silniejszy. Perkins został już dwukrotnie wybrany przez dziennikarzy do składu All-American i jak tłumaczył Jordan sceptycznemu Jackowi Hartmanowi: „Kiedy będziesz go potrzebował, to da radę". Pod koszem uzupełniał ich student trzeciego roku Warren Martin. Na pozycji niskiego skrzydłowego grał Doherty, po kontuzji wrócił też do składu skrzydłowy Curtis Hunter. Sam Jordan był już zupełnie innym graczem – jego gra była płynna, a on zdawał się jeszcze bardziej zdeterminowany. Jego rozwój obserwował Johnny Dawkins, obrońca z Duke: „Jordan rozwija się pod każdym względem. Nie tylko fizycznie, jak kiedyś, ale i mentalnie. Okazuje się, że jest od ciebie sprytniejszy, inteligentniejszy. Przejście na drugą stronę. Podanie lobem. Dobre zagranie w obronie. Spośród wszystkich graczy to właśnie on robił największe wrażenie".

Wszystko to oznaczało, że Karolina Północna w sezonie 1983/84 była wyjątkową drużyną uniwersytecką, zdaniem Billy'ego Packera jedną z najlepszych w historii: „Coś niesamowitego! To była najlepsza ekipa Deana Smitha. Mieli świetny backcourt, świetny frontcourt, fantastycznych strzelców, dobrych graczy wysokich... mieli wszystko. Także doświadczenie. Ci faceci byli w stanie grać na najwyższym poziomie. Do pierwszej piątki należało trzech gości, którzy mogliby zagrać w reprezentacji kraju". Packer zwraca uwagę, że i Brad Daugherty, i Kenny Smith zrobili potem – podobnie jak Jordan – wspaniałe kariery w NBA. W wywiadzie przeprowadzonym w 2012 roku mówił, że była to drużyna epokowa, lepsza niż dwie drużyny Smitha, które sięgnęły po mistrzostwo kraju.

Kenny Smith był typem gaduły, często wpadał wieczorami do pokoju Jordana i Petersona w Granville Towers. Bardzo dobrze panował nad wydarzeniami na boisku i świetnie podawał, więc szybko się z Jordanem polubili. Ich wspólne alley-oopy elektryzowały szczęśliwych kibiców Karoliny. Tar Heels rozpoczęli sezon od 21 zwycięstw z rzędu (z czego pierwszych 17 meczów wygrywali średnio różnicą 17,4 punktu), pierwszą porażkę ponieśli dopiero 12 lutego w Arkansas. Po roku ACC odeszła od eksperymentu z rzutem za trzy punkty, dzięki czemu skuteczność Jordana wzrosła do 55,1 procent. Liczba zdobywanych przez niego średnio punktów minimalnie się zmniejszyła do 19,6, ale jego energia i koncentracja sprawiały, że media wciąż szalały na jego punkcie.

Michael zaskoczył dziennikarzy mniej więcej w połowie serii zwycięstw, kiedy któregoś styczniowego dnia pojawił się prawie łysy. „Mój ojciec jest łysy, więc stwierdziłem, że i ja pewnie któregoś dnia wyłysieję – powiedział. – Chciałem wcześniej sprawdzić, jak będę wyglądał i jak będę się z tym czuł". Dziennikarze zaczęli się śmiać z tych wyjaśnień, więc szybko przyznał, że tak naprawdę to fryzjer się rozszalał i przyciął go za bardzo.

Z błyszczącą czaszką zaliczał jedną widowiskową akcję za drugą. Ale największe wrażenie zrobiła ta, która przypieczętowała zwycięstwo wyjazdowe nad Maryland 74:62 i zirytowała trenera Lefty'ego Driesella. Dean Smith mówił, że to wtedy wymyślono frazę „tomahawk dunk". Inni nazwali to „cradle-rocker"*. ACC wykorzystywała potem nagranie z tej akcji w filmikach promocyjnych. Potwierdziła ona opinię, że Jordan potrafi latać. I znowu zaskoczyła jego samego. „Zanim się zorientowałem – wspominał potem – ruszyłem do przodu, poszedłem na prawo, chwyciłem piłkę... Oderwałem się od rywali i pomyślałem, że to dobra okazja, żeby spróbować czegoś nowego".

Dla Billy'ego Packera ten dunk był jak objawienie: „Nie widziałem wcześniej, żeby robił takie spektakularne rzeczy. Dopiero gdy ACC zaczęła wykorzystywać ten dunk w swoich materiałach promocyjnych, zobaczyłem akcję z Maryland, jak chwyta piłkę i pakuje ją do kosza po kontrataku. W Karolinie się po prostu takich rzeczy nie robiło. Jeśli miałeś szansę na kontratak, wchodziłeś pod kosz i jak pan Bóg przykazał zdobywałeś punkty po layupie. Kiedy byłeś sam na sam z koszem, to nie pakowałeś piłki tomahawkiem od góry. Pomyślałem: »O, do jasnej cholery!«. Po raz pierwszy zobaczyłem tak niebywałą siłę i sprawność fizyczną. I po raz pierwszy zobaczyłem takiego Michaela".

I rzeczywiście – już następnego dnia Dean Smith wezwał Jordana do siebie do gabinetu. Najpierw zwrócił mu uwagę, że mógł podać piłkę do Kenny'ego Smitha, potem przypomniał, że takie popisy nie przystoją zawodnikom Karoliny.

* Dunk z bujaniem kołyską – w pierwszej fazie Michael brał piłkę pod pachę i bujał nią tak, jakby bujał kołyskę, usypiając dziecko.

„Nigdy nie chciał się popisywać przed rywalami", tłumaczył Jordan. Art Chansky pamięta, że Smith odmówił w pierwszej chwili producentom telewizyjnym zgody na wykorzystanie wideo z tego dunku. „Powiedział Woody'emu Durhamowi i jego ludziom, że nie chce pokazywać tej akcji, bo uważa, że będzie to nie w porządku w stosunku do ekipy Maryland. Był zły na Michaela". Jordan przyjął uwagi trenera, ale potem podkreślał, że takie popisy były „częścią tego, kim jestem, moją formą ekspresji".

Anthony Teachey twierdzi, że jeśli przyglądałeś mu się z bliska, to dostrzegałeś, że samemu Jordanowi też się ta sytuacja nie podobała. „Myślę, że na uczelni zdarzało się, że był sfrustrowany, bo nie miał możliwości, by w pełni zaprezentować swoje umiejętności, tak jak by chciał – mówił Teachey w wywiadzie w 2012 roku. – Ograniczenia w *college*'u go frustrowały, nie podobał mu się brak swobody. Ja to dostrzegałem, bo pamiętałem czasy liceum, kiedy nie miał w drużynie Worthy'ego czy Perkinsa. Brak wolności go przygnębiał, ale bardzo dobrze odnajdywał się w sytuacji".

Teachey uważa, że Jordan okazał wielką dojrzałość, ograniczając swoje własne ambicje, żeby wpasować się w system Smitha. „Myślę, że w liceum nie mógłby u niego grać", mówi. Zwraca uwagę, że Michael radykalnie zmienił swój sposób gry, żeby dopasować się do systemu Karoliny Północnej, i że niewystarczająco się to docenia.

Dobra passa trwała przez kolejny miesiąc, aż do zwycięstwa nad LSU, w którym Jordan zdobył 19 punktów. Tamten mecz został zapamiętany głównie przez brzydki faul sfrustrowanego zawodnika Tygrysów, Johna Tudora, na Kennym Smisie, podczas kontrataku Tar Heels. Tudor machnął mocno ręką prosto w twarz Smitha, który upadł pod koszem. Jordan ruszył pod kosz i zanim sędziowie go odciągnęli, zdążył jeszcze odepchnąć Tudora. Smith złamał nadgarstek i musiał opuścić osiem meczów. I choć rezerwowy Steve Hale dobrze wywiązywał się ze swoich obowiązków, to kontuzja Smitha z pewnością zaważyła na spowolnieniu rozpędu Karoliny. Tak jakby znowu miało się okazać, że taki czy inny uraz odmieni losy świetnego sezonu rozgrywanego przez drużynę Deana Smitha.

Kenny Smith powrócił do drużyny niedługo po porażce z Arkansas. Grał w gumowym gipsie, a Jordan na nowo mógł rozpocząć swoje popisy. W meczu z Wirginią zdobył 24 punkty, trafiając 11 z 15 rzutów. Kolejne 32 punkty dorzucił w zwycięstwie różnicą 25 punktów nad UNC State. No i było coś takiego w Maryland (dziennikarze uważali, że to Adrian Branch, który w pamiętnym meczu McDonald's został wybrany MVP), co inspirowało Jordana do największych popisów dunkowych. W swoim ostatnim meczu przeciwko drużynie Lefty'ego Driesella zdobył 25 punktów, kończąc pojedynek kolejnym dunkiem, tym razem nad centrem Benem Colemanem, który jeszcze go przy tym sfaulował. W zwycięskim meczu z Georgia Tech zdobył 18 punktów w drugiej połowie, po czym miał miejsce jego ostatni występ w Carmichael. Młoda drużyna Duke prowadzona przez Mike'a Krzyzewskiego sprawiła Tar Heels mnóstwo kłopotów, walcząc dzielnie przez dwie dogrywki, ostatecznie jednak przegrywając 96:83. Jordan zdobył 25 punktów, ale mecz był znakiem ostrzegawczym i zwiastunem tego, co miało nastąpić tydzień później, w półfinale turnieju ACC, gdzie Blue Devils wygrali 77:75.

„Najbardziej niesamowite w turnieju ACC jest to – opowiada Billy Packer – że to chyba jedyne miejsce, w którym Michael się nie wyróżniał. Nie ma dobrych wspomnień z turniejów ACC, nie licząc oczywiście tego na pierwszym roku, kiedy świetnie zagrał w meczu z Wirginią".

Porażka w turnieju ACC znowu wybiła Karolinę z rytmu przed turniejem NCAA. W 1/16 finału Tar Heels zagrali w Charlotte z drużyną Temple. Nie radzili sobie z szybkim Terence'em Stansburym, który w samej pierwszej połowie zdobył 18 punktów. Walcząc o utrzymanie prowadzenia, Dean Smith rozgrywał wszystkie akcje, w tym mnóstwo alley-oopów, przez Jordana, który był tak wycieńczony, że – co praktycznie nigdy się nie zdarzało – poprosił o zmianę, żeby móc chwilę odpocząć. Karolina marnie radziła sobie z obroną strefową trenera Johna Chaneya, ale alley-oopy w połączeniu z przewagą pod koszem wystarczyły do zwycięstwa. Tar Heels awansowali do szesnastki rozgrywanej w Omni w Atlancie, czyli hali, w której Jordanowi nie grało się dobrze. Ich kolejnym rywalem byli nierozstawieni, trenowani przez Bobby'ego Knighta Indiana Hoosiers, z pierwszoroczniakiem Steve'em Alfordem na czele, którzy zakończyli sezon z bilansem 22:8.

Wieczorem przed meczem Billy Packer rozmawiał prywatnie z Knightem o jego kolejnym rywalu. Knight zapytał go, czy uważa, że Hoosiers mogą jakimś cudem pokonać Jordana i Tar Heels. „Odpowiedziałem: »Nie, nie macie szans, żeby pokonać Karolinę Północną«. Odparł: »Też tak myślę, ale mam kilka pomysłów, żeby uprzykrzyć im życie. Pewnie w końcu z nami wygrają, ale nie poddamy się bez walki. Nie pozwolimy im na wejścia pod kosz, niech rzucają z dystansu, z ponad pięciu i pół metra«. Rzekł: »Jak te rzuty będą im wpadać, to nas nie ma. Ale nie sądzę, żeby Michael był w stanie trafiać, i nie sądzę, żeby ktokolwiek inny w ich drużynie był w stanie trafiać z dystansu«". Knight zdecydował, że za krycie Michaela odpowiedzialny będzie Dan Dakich, który przez cały sezon tylko pięciokrotnie zagrał w pierwszej piątce. Dakich był wysoki i w miarę szybki. Knight miał nadzieję, że nadąży za Jordanem i nie pozwoli mu na wejścia pod kosz. Jeśli Jordan zdecydowałby się na rzut z wyskoku, Dakich miał skakać i próbować go zdekoncentrować – i dokładnie to robił. Trener Indiany zwlekał z poinformowaniem swojego rezerwowego obrońcy o czekającym go zadaniu do ostatniej chwili: powiedział mu, że zagra w pierwszej piątce, dopiero na trzy godziny przed meczem. „Wróciłem do pokoju i zwymiotowałem", mówił potem Dakich.

Planom Knighta pomogło to, że sędziowie już na samym początku spotkania odgwizdali Jordanowi dwa faule. We wcześniejszych meczach sezonu, kiedy Michael łapał dwa faule w pierwszej połowie, Smith zawsze sadzał go na ławce. W półfinałach regionalnych postąpił tak samo, za co go potem powszechnie krytykowano. Jordan zdobył w pierwszej połowie tylko 4 punkty.

„Wszyscy uważali, że trener Smith popełnił błąd, sadzając mnie na ławce – wspominał po latach Jordan w rozmowie z Mikiem Loprestim z »USA Today«. – Ale przecież nawet beze mnie byliśmy bardzo silną ekipą".

Packer wspomina: „Kiedy Indiana przejęła kontrolę nad meczem, Michaela nie było na parkiecie". Podaje w wątpliwość decyzję o trzymaniu Jordana na ławce w sytuacji, gdy Hoosiers ustawili szczelną obronę pod koszem. Komentator zwraca uwagę, że tempo gry było bardzo wolne: „Indiana grała powoli, metodycznie, jej akcje trwały długo, a zawodnicy niewiele biegali. W takim meczu maleją szanse na to, że złapiesz pięć fauli". Do przerwy Indiana prowadziła 32:28. Knight nie zmienił swojej strategii i w ciągu kolejnych 20 minut Hoosiers grali tak samo. „Kiedy w drugiej połowie wróciłem na parkiet, czułem się tak, jakbym chciał upchnąć te 40 minut w 20 – wspomina Jordan. – Nie mogłem się odnaleźć, nie mogłem normalnie wejść w mecz".

„Michael nie oddawał rzutów – mówi Packer – a ich obrona była tak skupiona pod koszem, że nikt nie był w stanie się przedrzeć. Ale było coś jeszcze. Indiana skupiła się na realizacji przedmeczowych ustaleń, a Karolina nie potrafiła odpowiedzieć na jej akcje".

Postawienie przez Knighta nieznanego Dakicha naprzeciwko Jordana też okazało się skuteczne. Packer i inni zgromadzeni dziennikarze nie mogli uwierzyć w to, co widzą. „Wydawało się, że wystarczy postawić Michaela na skrzydle i powiedzieć: »No dobra, Michael, będziesz dostawał piłkę. Bierz i rzucaj, za każdym razem«. Jakim cudem Dakich miałby go powstrzymać od znalezienia sobie pozycji i oddania rzutu?", wspomina Packer.

„Nie próbuję deprecjonować tego, co zrobił. Myślę, że robił dokładnie to, czego oczekiwał od niego trener Knight – mówił Jordan o Dakichu. – Ale media to za bardzo upraszczają, mówiąc o pojedynku jeden na jednego. Znacie mnie, wiecie, jaki jestem ambitny, więc możecie się domyślić, co czuję, gdy słyszę, że jedynym człowiekiem, który był w stanie mnie powstrzymać, jest Dan Dakich... Kiedy oglądam sobie te wszystkie okazje, które wtedy miałem, rzuty, których nie trafiłem, mogę tylko opuścić ramiona. Po prostu ich nie trafiałem".

Smith nie zdołał dostosować swojego sposobu gry tak, żeby bardziej uwolnić Jordana w ataku. Różnica wynosiła już w pewnym momencie 12 punktów, ale udało się ją zmniejszyć pod koniec do jedynie 2. Tar Heels sfaulowali freshmana Steve'a Alforda, który trafił oba rzuty wolne, i sensacja stała się faktem. Indiana wygrała 72:68. Alford zdobył 27 punktów, Hoosiers trafiali do kosza ze skutecznością blisko 70 procent. Jordan, który musiał opuścić boisko po piątym przewinieniu, zdobył 13 punktów, trafiając 6 z 14 rzutów. W ciągu trzech lat gry dla Karoliny Północnej nigdy nie oddał w meczu więcej niż 24 rzuty.

Po pojedynku szatnia Karoliny wrzała od emocji. Najbardziej załamani byli Jordan i Perkins. „Czułem, że ich zawiodłem", przyznał potem Kenny Smith. Dean Smith po meczu nigdy nie rozmawiał z zawodnikami zbyt wiele. Wtedy zebrał ich na standardową pomeczową modlitwę, po czym udał się na konferencję prasową, gdzie na zadawane pytania reagował coraz bardziej emocjonalnie. W końcu zdecydował się na przerwanie rozmowy z dziennikarzami i wyszedł. „Myślę, że w tamtym meczu na drodze do zwycięstwa stanął mu jego perfekcyjnie opracowany system – powiedział Packer w 2012 roku. – Jestem pewien, że ze wszystkich prowadzonych przez niego meczów w tym jednym przypadku chciałby cofnąć czas i poprowadzić go inaczej. Tym razem jego własny system go przechytrzył. Indiana grała dobrze, ale nie świetnie, na pewno była do ogrania. Tyle, że robili swoje: pilnowali piłki, a Alford świetnie trafiał rzuty wolne. Ale to było wiadomo przed meczem. Nie możesz sobie pozwolić na to, by jego celność z osobistych i przetrzymywanie przez niego piłki sprawiało, że przegrywasz cały mecz".

„Uważałem wtedy, że jesteśmy najlepszą drużyną w kraju – mówi Jordan. – Ale przez ten jeden mecz już nią nie byliśmy".

„W Karolinie Północnej zdarzały się mecze, które poświęcano dla dobra programu – komentuje Packer. – I myślę, że ten z Indianą taki właśnie był. Wystarczyło powiedzieć Michaelowi, żeby wszedł, rzucił się na nich, zaatakował kosz, powiedzieć Samowi Perkinsowi, żeby walczył na tablicach o zbiórki, i byłoby po wszystkim. Ale Dean nigdy nie zdecydowałby się na poświęcenie swojego programu dla jednego zwycięstwa".

Art Chansky się z tym nie zgadza: „To tak, jakby powiedzieć, że wolałby utrzymać system i przegrać, niż go zmienić i wygrać. Nie wierzę w to. Dean po prostu wierzył, że jego system jest tym właściwym i najlepszym. Wierzył, że Michael po dwóch przewinieniach musi przesiedzieć na ławce osiem minut pierwszej połowy, bo dzięki temu będzie mógł grać agresywniej w drugiej. Bobby Knight wiedział, jak ma bronić Jordana w ramach tego systemu, i miał odpowiedniego człowieka do wykonania tego zadania. Michael był świetny, ale w tym ostatnim meczu zagrał fatalnie. Dakich wyłączył go z gry. Piątka białych graczy wygrywa z Samem Perkinsem, Michaelem Jordanem i Bradem Daughertym? Dajcie spokój. Bądźmy poważni. Gdyby nie było zegara i czasu na rozegranie akcji, toby nie wygrali. Podawali i rzucali, podawali i rzucali i skutecznie wytrącali przeciwnika z rytmu. No i trafiali ze skutecznością 65 procent. To był jedyny sposób, żeby ten mecz wygrać, i tak właśnie zrobili".

Chansky przyznaje, że Smith musiał potem dostosować swój system do przebiegu gry, kiedy trener Duke, Mike Krzyzewski, powtórzył strategię Knighta, polegającą na utrudnianiu przekazywania sobie piłki między zawodnikami Smitha. Trener musiał wprowadzić do swojego systemu zawodników, którzy byli w stanie wygrać pojedynek jeden na jednego i przełamać obronę wejściem pod kosz. „Potem, w latach 80., kiedy w Karolinie nie było już zawodników kalibru Jordana, nie byli w stanie prowadzić swojego ataku – wspomina Chansky. – Dean to dostrzegał. I zrozumiał, że muszą się nauczyć przełamywać pierwszą linię obrony przeciwnika".

Jordan powiedział potem, że poczułby się lepiej, gdyby Indiana ostatecznie zdobyła tytuł mistrzowski, ale – o ironio – dwa dni później drużyna Wirginii bez Ralpha Sampsona (skończył studia w 1983 roku i został wybrany z numerem jeden w drafcie przez Houston Rockets) pokonała Hoosiers i awansowała do Final Four. W tamtym sezonie Wirginia zakończyła rywalizację w konferencji ACC na szóstym miejscu.

Jordan powrócił do Chapel Hill totalnie załamany, zastanawiając się, co powinien robić dalej. Tamtej jesieni zdobył wszystkie możliwe nagrody w uniwersyteckiej koszykówce, wszystkie nagrody dla Zawodnika Roku. „Muszę przyznać, że ten rozgłos jest nawet fajny – mówił wtedy. – Dobrze radziłem sobie z nim w przeszłości i teraz też sobie radzę. Na początku oczywiście podobał mi się bardziej niż obecnie, bo z czasem ludzie zaczynają być coraz bardziej dokuczliwi. Ale ogólnie rzec biorąc, to miłe, że mnie rozpoznają".

W ciągu trzech lat gry w Karolinie Północnej Jordan zdobywał średnio 17,7 punktu na mecz. To wywołało oczywiście mnóstwo krytyki, dobrze podsumowanej żartem, popularnym pod koniec lat 80. w światku koszykarskim: „Jak się nazywa jedyny człowiek, który był w stanie powstrzymać Michaela Jordana przed zdobywaniem 20 punktów na mecz?". Odpowiedź brzmiała oczywiście: „Dean Smith", choć skrupulatni statystycy zwracali uwagę, że na drugim roku w UNC Michael miał średnią właśnie 20 punktów na mecz. W tych oskarżeniach mogło być oczywiście trochę racji. Ale Jordan zawsze bronił trenera Karoliny, tłumacząc, że Smith pokazał mu, jak może skuteczniej swój talent wykorzystywać: „Nie znałem się na koszykówce. To trener nauczył mnie tajników gry: kiedy warto przyspieszyć, jak wykorzystywać szybkość, kiedy wykonać pierwszy krok albo jak stosować określone umiejętności w konkretnych sytuacjach. Posiadłem całą tę wiedzę i kiedy przyszedłem do NBA, musiałem tylko to wszystko wykorzystać. Ludzie nie rozumieją, że to Dean Smith nauczył mnie, jak zdobywać 37 punktów na mecz".

„Kiedy Michael trafił do Karoliny Północnej, miał mnóstwo serca do gry, wolę walki i umiejętności fizyczne – mówi Brendan Malone. – Ale to właśnie tam stał się lepszym strzelcem i opanował fundamenty koszykówki. Kiedy opuszczał Karolinę Północną, był już gotowy, żeby zostać gwiazdą NBA".

I ten czas właśnie miał nadejść. Smith od jakiegoś czasu wiedział, że trzeci rok będzie prawdopodobnie ostatnim sezonem Jordana w Chapel Hill, i tej wiosny powiedział Michaelowi, że nadeszła pora, by porozmawiać o przyszłości. Decyzja o przystąpieniu do draftu w 1984 roku musiała zapaść do soboty, 5 maja. 26 kwietnia Smith i Jordan zorganizowali wstępną konferencję prasową, która tylko namieszała lokalnym dziennikarzom w głowach. Jordan ogłosił:

„Planuję zostać tu na kolejny sezon i nie mogę się go doczekać. Trener zawsze troszczył się o swoich zawodników i pragnie tego, co jest najlepsze dla nich samych". Powiedział też, że weźmie pod uwagę rady rodziców: „Oni znają się na wszystkim lepiej ode mnie. Ich na pewno także wysłucham. Moja mama jest nauczycielką i chyba już wiem, jakie jest jej zdanie. Ale nie mam pojęcia, co myśli tata. Po prostu nie wiem. Nie chcę wywierać na nich żadnej presji".

Deloris Jordan była zdecydowanie przeciwna przejściu Michaela do NBA. Mimo to zaraz po tamtej konferencji prasowej Dean Smith spotkał się z agentem Donaldem Dellem ze sportowej firmy menedżerskiej ProServ, co lokalni dziennikarze uznali za zły znak. Uznali, że jeśli Jordan zdecyduje się na odejście z uczelni, najgorszym, co może go spotkać, byłby wybór przez Philadelphię 76ers, która miała wybierać z numerem trzecim, czwartym lub piątym. Nie była to zła opcja, ale Michael marzył o grze w Lakers. Nie chciał odchodzić z Chapel Hill i zostawać zawodowcem, grając dla j a k i e j k o l w i e k drużyny.

W piątek 4 maja Jordan spotkał się z trenerem. Tego samego dnia wieczorem rozmawiał z rodzicami i bratem, Larrym. Potem wyszedł na kolację z Buzzem Petersonem i grupką przyjaciół. Kolega z pokoju wiercił mu dziurę w brzuchu: czy naprawdę chce zrezygnować z ciasteczek cynamonowych w Hardee's, z napoju winogronowego, z bułeczek z miodem? A co ze wspólnymi wieczorami, co z nocnymi pogadankami z Kennym Smithem? Jordan przyznał, że sam nie wie.

Podobnie było następnego ranka, kiedy przygotowywał się do konferencji prasowej w Fetzer Gymnasium. „Wyobrażałam sobie, przez co musi przechodzić – mówiła potem Deloris Jordan. – Ale wiedziałam też, że tę decyzję musi podjąć sam. Kilka razy z nim o tym rozmawialiśmy. W piątek wieczorem, dzień przed tym, kiedy Michael miał ogłosić swoją decyzję, zadzwonił do nas trener Smith. Pojechaliśmy się z nimi spotkać, rozmawialiśmy i z Michaelem, i z trenerem. O 10.30 następnego dnia spotkał się z trenerem. Wyszli tuż przed 11.00, zaraz przed konferencją. Trener ścisnął mnie za ramię i już wiedziałam, co Michael powie". Po ogłoszeniu decyzji Jordan szybko opuścił halę i pojechał na pole golfowe, gdzie spędził całe popołudnie.

30 lat później były menedżer Bulls Jerry Krause podał własną, znacznie mniej romantyczną wersję odejścia Jordana z uczelni, bazującą na wielu latach pracy skauta NBA, specjalizującego się w wyławianiu talentów w koszykówce uniwersyteckiej. „To Dean mu kazał odejść – twierdzi Krause. – Powiedział, że ma się wynosić. Michael zaczął przerastać jego program. Nie wiem, czy Dean się

kiedyś do tego przyzna, ale tak właśnie było". Krause tłumaczy, że nie chodziło wcale o to, że Jordan robił coś nie tak albo że nie zgadzał się z decyzjami Smitha. „Dean był świetny. Bardzo łaskawy. Ale chłopcy nigdy nie odchodzili z własnej woli: odchodzili wtedy, kiedy im mówił, że mają odejść. Działo się tak zawsze wówczas, gdy ich umiejętności zaczynały przerastać jego program".

Packer nie zgadza się z Krausem: „Powiem tyle: jeśli Dean Smith chciał, żeby Michael odszedł, to nikt nie miał o tym pojęcia. Dean Smith nigdy nikomu by nie powiedział, co zamierza zrobić. Ale jeśli nawet powiedział do Michaela: »Pora odejść«, to podobnie czynił z wieloma graczami".

Bob McAdoo był jednym z pierwszych koszykarzy z Karoliny, któremu Smith zasugerował przystąpienie do draftu, jeszcze w 1972 roku, po tym, jak sprawdził jego szanse na zostanie wybranym*. „Zdobywanie takich informacji w rozmowach z agentami i działaczami poszczególnych drużyn było w tamtych czasach nielegalne – mówi Packer. – Ale Dean był w tym mistrzem. Siadał sobie z zawodnikiem i mówił: »Rozmawiałem z tym i tym, z tej i tej drużyny. Michael, prawdopodobnie wybiorą cię z trójką«. Ale jedyne, co mogło sprawić, że Dean chciałby jego odejścia z uczelni, to pewność, że tak będzie lepiej dla samego Michaela, a nie lepiej czy gorzej dla Deana. To właśnie czyniło go wyjątkowym".

Żeby Jordan przerósł program, musiałby przerosnąć samego Smitha, a w Karolinie Północnej nikt nie był ważniejszy od trenera. Kenny Smith uważa, że to trener, a nie Jordan był powodem pełnej woli walki atmosfery panującej w drużynie, bo „tak psychologicznie nami sterował, żebyśmy się nawzajem nakręcali". Asystent z Karoliny, Eddie Fogler, w dniu ogłoszenia decyzji przez Jordana brał ślub. Art Chansky przypomina, że ceremonia stała pod znakiem wisielczego humoru: „Eddie zachowywał się tak, jakby chciał powiedzieć: »Hej, żenię się, właśnie straciliśmy najlepszego koszykarza w kraju«. Na ślubie było wielu kibiców Karoliny".

Jednym z nich był Jimmie Dempsey, stary przyjaciel Deana Smitha, który od lat wspierał program Tar Heels, między innymi pożyczając swój prywatny samolot trenerowi, który latał nim na spotkania z rekrutowanymi licealistami. „On i jego żona byli niczym ojcowie chrzestni naszych koszykarzy – wspomina Chansky. – Tamtej nocy, podczas wesela, Jimmie przyznał, że jest zły na Deana. Powiedział: »Jego zadanie polega na tym, żeby na parkiet Uniwersytetu Karoliny

* McAdoo został wybrany z dwójką przez Buffalo Braves.

Północnej wybiegała możliwie najlepsza drużyna. To jest jego praca. Jego praca nie polega na tym, żeby wysyłać swoich zawodników do NBA, kiedy mogą jeszcze grać na uczelni«. Zacząłem się śmiać i odparłem: »Idź i powiedz to trenerowi Smithowi«. Na co on rzekł: »Oczywiście, że powiem. Zaraz mu to powiem«. Poszedł, powiedział i wrócił. »Co ci odpowiedział?«, zapytałem. Skrzywił się: »Dean zaczął się śmiać«".

O ile James Jordan był szczęśliwy, że trener przedkłada interesy Michaela ponad swoje własne, o tyle Deloris od dawna marzyła o dniu, w którym dwójka jej najmłodszych dzieci razem zakończy edukację na Uniwersytecie Karoliny Północnej. Jordan zapewnił matkę, że gdy tylko będzie mógł, wróci do szkoły, żeby dokończyć naukę, co zresztą rzeczywiście zrobił, wykorzystując w kolejnych latach oferowaną przez uczelnię możliwość studiów letnich. I mimo że miał do podjęcia trudne decyzje dotyczące swojej przyszłości, to ciężko pracował, by pozdawać wszystkie egzaminy. Był w tym tak konsekwentny, że Kenny Smith przypuszczał, iż jednak pojawi się na czwartym roku. Bo gdyby miało być inaczej, to po co zawracałby sobie głowę głupimi egzaminami?

„Kiedy Michael ogłosił swoją decyzję, zrobiło mi się smutno – mówi Deloris. – W sali było mnóstwo dziennikarzy, musieliśmy odpowiadać na wszystkie te pytania, a ja chciałam prze chwilę pobyć sama. Kiedy wróciliśmy do domu, to też musieliśmy zaraz wyjść, bo bez przerwy dzwonił telefon. Przez jakiś czas było naprawdę trudno". W najbliższych miesiącach państwa Jordanów miała dopaść rzeczywistość. Jeździli na prawie wszystkie mecze swojego syna. „Dzięki Bogu za linię kredytową w General Electric", powiedział James Jordan, zapytany, jak radzili sobie z kosztami przejazdów. Kilka miesięcy później przyznał się do winy, oskarżony o przyjęcie łapówki od kontrahenta. Sprawę starano się wyciszyć, ale wzmianki pojawiły się w gazetach w Wilmington i w całym stanie.

„Dla pracowników fabryki GE był to szok – wspominał Dick Neher w wywiadzie przeprowadzonym w 2012 roku. – Nikt nie chciał w to uwierzyć. Kobiety go uwielbiały. Był uroczy. Pracowałem z nim przez 25 lat. Pracowaliśmy w innych budynkach, ale widywaliśmy się prawie codziennie... James był bystrym kolesiem, niezwykle ujmującym. Wszyscy go lubili".

Według ówczesnych doniesień władz firmy pan Jordan był kontrolerem w fabryce GE w Castle Hayne. Kiedy jego syn był na drugim roku Uniwersytetu w Karolinie Północnej, James Jordan złożył fałszywe zamówienie na zakup 30 ton sprzętu hydraulicznego od firmy Hydraton, zarządzanej przez niejakiego

Dale'a Gierszewskiego. Według oskarżeń firma General Electric zapłaciła Gierszewskiemu 11 560 dolarów za 30-tonowe cylindry. James Jordan przyznał się przed sądem, że Gierszewski nie dostarczył cylindrów, w zamian za co zapłacił Jordanowi siedem tysięcy dolarów łapówki.

W marcu 1985 roku Gierszewski przyznał się do malwersacji. Został ukarany grzywną w wysokości tysiąca dolarów i dostał wyrok więzienia w zawieszeniu. Trzy tygodnie później James Jordan również przyznał się do winy i został ukarany w podobny sposób – grzywną oraz karą więzienia w zawieszeniu.

„Za to, co zrobił, powinien trafić do pudła – powiedział w 2012 roku Dick Neher. – Ale dzięki Mike'owi udało mu się wywinąć".

Obaj panowie mogli zostać pozbawieni wolności nawet na dziesięć lat. Sprawa zakończyła karierę Jamesa Jordana w General Electric. Neher, który również był nadzorcą w fabryce, twierdzi, że cała historia była dużo poważniejsza, niż twierdziły władze: „Przecież on zarządzał naszym firmowym sklepem". Sklep firmowy był czymś w rodzaju klubu dla pracowników, w którym mogli kupować ze zniżką lodówki, telewizory, tostery, narzędzia i mnóstwo innych rzeczy. Zdaniem Nehera, James Jordan jako kierownik sklepu mógł manipulować sprzętem przeznaczonym na sprzedaż. „Przyjmował go do magazynu, a potem nie przekazywał do sklepu. Po prostu go kradł. Przypuszczam, że po to, aby sprzedać gdzieś indziej. Oskarżyli go o kradzież siedmiu tysięcy dolarów, ale on działał na dużo szerszą skalę. Inni zresztą też".

Determinacja rodziny, żeby jeździć na wszystkie mecze Michaela w całym kraju, a nawet zagranicą, dla Jamesa oczywiście wiązała się z presją i koniecznością znalezienia na to funduszy. „Gdyby puścić ten epizod w niepamięć, to nie spotkasz lepszego gościa", mówi Neher, przypominając działalność społeczną Jamesa Jordana i jego spontaniczne zaangażowanie się w budowę pola baseballowego dla młodzieży.

Mniej więcej wtedy najstarsza siostra Michaela, Sis, zaczęła rozważać wniesienie do sądu sprawy przeciwko rodzicom o molestowanie seksualne. Jej małżeństwo się rozpadło, zaczęła leczyć się psychicznie w lokalnym szpitalu. Jeden ze starszych krewnych przyjechał do niej i poinformował ją, że dziadkowie bardzo się o nią martwią. W książce napisała potem, iż wypisała się ze szpitala i pojechała spotkać się z Medwardem i Rosabell Jordanami. Wytykała rodzicom, że nagłe sukcesy koszykarskie Jordana sprawiają, że nie znajdują czasu na odwiedziny u starzejących się dziadków w Teachey. Twierdziła, że Medward spędza całe dnie, siedząc na werandzie przed domem przy Calico Bay Road, a Jordanowie sprawiają wrażenie, jakby wstydzili się „wiejskiego" pochodzenia rodziców Jamesa, ponieważ woleli kojarzyć się z wielkomiejskim światem koszykówki w Karolinie. Podobny schemat dało się zauważyć w przypadku rodzin innych sławnych młodych sportowców, których kariera nabierała rozpędu.

Jordanowie znaleźli się w centrum uwagi. Każdy w oszalałej na punkcie koszykówki Karolinie Północnej śledził losy Tar Heels, niczym kolejne odcinki *reality show*. Przez trzy lata życie Jordanów stało pod znakiem ciągłych podróży, ciężkiej rywalizacji i nieustannego zainteresowania mediów. W te dni, kiedy Michael rozgrywał pojedynek, wyjeżdżali z Wilmington zazwyczaj około 15.00, żeby zdążyć na wieczorny mecz. Potem na chwilę spotykali się z synem, po czym wracali do domu, żeby obejrzeć spotkanie raz jeszcze, na wideo. Deloris tłumaczy, że zazwyczaj byli zbyt podnieceni, żeby kłaść się spać: „Nagrywaliśmy wszystkie mecze, żeby Michael mógł je obejrzeć, kiedy przyjedzie do domu. Siadał, oglądał i pytał: »Naprawdę zrobiłem coś takiego?«. Widzicie, podczas meczu jest tak skupiony na grze i na tym, co dzieje się wokół, że potem sam nie pamięta niektórych rzeczy".

Deloris i James zaprzyjaźnili się z rodzicami innych koszykarzy Karoliny: spędzali z nimi czas podczas meczów, często razem na nie podróżowali. Jedną z nocy podczas regionalnych play-offów w 1982 roku Jordanowie wspominają jako magiczną. „Byli rodzice Sama Perkinsa, byli Elacquasowie, Braddockowie, Petersonowie, państwo Worthy, państwo Doherty, trenerzy i ich żony – opowiadała Deloris w 1984 roku. – Wyszliśmy na miasto, siedliśmy w jakiejś chińskiej knajpie i jedliśmy tam przez całą noc". James dodał: „Wyszliśmy koło 3.00 czy 4.00 nad ranem. Nigdy tego nie zapomnę. Szliśmy wszyscy ulicą i śpiewaliśmy hymn Karoliny, jak jakieś dzieciaki, cieszyliśmy się każdą wspólnie spędzoną chwilą". W maju 1984 roku wszyscy byli w szoku, że ten czas minął tak szybko.

Innym razem pan Jordan senior powiedział: „Niczego nie żałujemy. Byliśmy na wszystkich meczach, które rozegrał Michael. To jest absolutnie bezcenne. To były piękne lata dla całej naszej rodziny... Jestem przekonany, że nie ma takiego scenarzysty filmowego, który byłby w stanie napisać lepszą historię życia niż to, które miał Michael".

CZĘŚĆ V

DEBIUTANT

Rozdział 14

GORĄCZKA ZŁOTA

W lipcu Jordan wybrał na swojego agenta Donalda Della i firmę ProServ. Jeszcze przed oficjalnym podpisaniem kontraktu David Falk, który pracował dla Della i ProServ, zaczął analizować szanse Jordana w zbliżającym się drafcie. W przeciwieństwie do tego, co przewidywał Michael, bilans Philadelphii wiosną trochę się poprawił, a Chicago Bulls odnieśli w końcówce sezonu dwie porażki z New York Knicks, dzięki czemu poprawili swoją pozycję w drafcie. Krytycy wieszczyli, że Byki w żałosny sposób kończą kolejny koszmarny sezon po to, żeby zwieńczyć go równie złymi wyborami w drafcie.

Architektem tych błędnych wyborów był ich ówczesny dyrektor generalny Rod Thorn, przesadnie skromny gentleman z Appalachów Południowych, który przyznawał się do wieloletnich nieudanych prób wzmacniania składu drużyny. W 1979 roku Byki miały 50 procent szans na pozyskanie w drafcie Earvina „Magica" Johnsona, który właśnie poprowadził Michigan State do mistrzostwa NCAA. Rozegrali wtedy kolejny fatalny sezon i o tym, kto będzie wybierał z jedynką – Bulls czy Los Angeles Lakers – decydował rzut monetą. Rod Thorn, zgodnie z sondażem przeprowadzonym wśród kibiców, wybrał orła. Wypadła reszka.

Thorn stracił Magica Johnsona przez rzut monetą, potem sam przegapił w drafcie Sidneya Moncriefa, wybierając Davida Greenwooda z UCLA. Pomimo trapiących go kontuzji Greenwood rozegrał w barwach Bulls sześć solidnych sezonów. Przez pierwsze pięć lat zdobywał średnio 14 punktów i 8 zbiórek na mecz. To niezły wynik jak na silnego skrzydłowego, ale nie da się ich porównać z osiągnięciami Magica Johnsona, który poprowadził Lakers do pięciu tytułów mistrzowskich, czy nawet z osiągnięciami Moncriefa*. Oczywiście gdyby Bulls wybrali tego ostatniego, być może nie potrzebowaliby w 1984 roku wybierać kolejnego rzucającego obrońcy. Tak czy owak wybór w drafcie Greenwooda przez Bulls już zawsze miał być uważany za błąd. Według szacunków magazynu „Forbes" wartość Lakers w ciągu 12 lat gry Magica Johnsona w drużynie wzrosła z 30 do 200 milionów dolarów. Jonathan Kovler, ówczesny współwłaściciel Byków, żartował, że był to rzut monetą wart 25 milionów dolarów.

„Okazało się, że był to rzut monetą wart 200 milionów", mówił potem. Jeszcze gorzej było w 1982 roku, kiedy Thorn wybrał Quintina Daileya z Uniwersytetu w San Francisco, tuż przed tym, kiedy ujawniono, że Dailey zaatakował w akademiku pielęgniarkę. Po przybyciu do Chicago odmówił okazania skruchy, w konsekwencji czego na meczach Bulls zaczęły się pojawiać grupki protestujących kobiet. Razem z innym zawodnikiem Byków, Orlando Wooldridge'em, publicznie zmagali się też z problemami z kokainą. Wszystkie te katastrofy sprawiły, że wiosną 1984 roku drużyna znalazła się na skraju niewypłacalności. W lutym Thorn oddał ulubieńca kibiców Reggiego Theusa do Kansas City za Steve'a Johnsona i wybór w drafcie. Drużyna z Chicago stała się z miejsca jeszcze gorsza, ale za to szczęśliwsza. Byki zakończyły sezon z bilansem 27:55 i trzeci rok z rzędu nie zakwalifikowały się do play-offów. Pojawiły się spekulacje, że drużyna zostanie sprzedana i przeniesiona z Chicago do innego miasta. Słabiutka końcówka sezonu oznaczała, że Thorn znowu będzie wybierał z wysokim numerem.

„Nie wygraliśmy wtedy zbyt wielu meczów – wspomina Bill Blair, asystent trenera z Bulls. – Ale Rod przypomniał nam, że w Karolinie Północnej jest gość, który jest naprawdę świetnym koszykarzem. Ciągle mówił o Michaelu Jordanie. Rod, który zawsze był optymistą, uważał, że ten koleś będzie jednym z najlepszych zawodników wszech czasów. Sporo osób było jednak sceptycznych. Mówili: »Słuchaj, on nie jest w stanie grać ani jako obrońca, ani jako niski skrzydłowy«. Nawet Bobby Knight miał na ten temat coś do powiedzenia. Ale Rod odpowiadał niezmiennie: »Zobaczycie, w tym chłopaku jest coś wyjątkowego«".

„Nikt, ze mną włącznie, nie miał pojęcia, że Jordan stanie się tym, kim się stał – wspomina Thorn. – Nie zaprosiliśmy go przed draftem na testy, jedynie

* Rzucający obrońca, spędził dziesięć lat w Milwaukee Bucks, pięć razy grał w Meczu Gwiazd, dwukrotnie wybierany Najlepszym Obrońcą NBA.

przeprowadziliśmy z nim wywiad. Był pewny siebie. Uważał, że będzie dobry. Było jasne, że Michael w siebie wierzy, ale oczywiście nawet on sam nie miał pojęcia, ile osiągnie".

Kiedy sezon zasadniczy dobiegł końca, najgorszy bilans oznaczający pierwszy numer w drafcie miały ekipy Houston i Portland, potem mieli wybierać Bulls. Rockets planowali wybrać Hakeema Olajuwona, potężnego centra z Uniwersytetu w Houston, zaś Portland rozważało wzięcie centra z Kentucky Sama Bowiego, nękanego jednak przez kontuzje. „Houston od początku nie pozostawiło wątpliwości, że wybiorą Olajuwona – wspomina Thorn. – Jakiś miesiąc przed draftem rozmawiałem ze Stu Inmanem, ówczesnym dyrektorem generalnym Portland. Przyznał, że chcą wziąć Sama Bowiego. Ich lekarze orzekli, że z jego zdrowiem wszystko będzie dobrze, a ponieważ potrzebowali gracza wysokiego, to nikogo innego nie brali pod uwagę".

Houston wygrało z Portland rzut monetą, a Bulls mieli wybierać z numerem trzecim. „Kiedy Houston wygrało z Portland, wiedzieliśmy, że będziemy mogli wybrać Jordana – mówi Irwin Mandel, wieloletni wiceprezydent Bulls. – Gdyby to Portland zwyciężyło, wybrałoby Olajuwona, a Houston pewnie wzięłoby Jordana. Pamiętam, jaki Rod był wtedy podekscytowany. Był zachwycony, bo uważał, że Jordan jest od Bowiego znacznie lepszy".

I rzeczywiście, w dniu draftu okazało się, że Jordan jest dostępny dla wybierających z trójką Bulls. Przed draftem deklarował, że najbardziej chciałby grać w Lakers, gdzie James Worthy wkraczał na dobrą drogę, żeby zostać gwiazdą. Ale potem, jesienią, mówił, że Chicago też jest OK, zwłaszcza że Lakers są tak „przeładowani gwiazdami, że pewnie i tak nie byłbym w stanie im pomóc".

„Jordan był dostępny, musieli go wziąć – wspomina Jeff Davis, producent telewizyjny z Chicago. – Nie mieli wyboru. Facet dwukrotnie dostał nagrodę uniwersyteckiego Zawodnika Roku i poprowadził Karolinę Północną do tytułu. Ale nikt nie miał jeszcze pojęcia, jak dobry był naprawdę". Davis wspomina, że Bulls mieli dużo szczęścia, że Portland wybrało Bowiego, bo wyglądało na to, że Thorn też by go wziął, gdyby miał taką możliwość.

„Wolelibyśmy, żeby Jordan miał 213 centymetrów wzrostu, ale tak nie jest – powiedział Thorn w rozmowie z »Chicago Tribune«, zapytany o swój wybór. – Żaden center nie był już dostępny. Co mieliśmy zrobić? Jordan pewnie nie odwróci losów naszej drużyny. Nie tego od niego oczekuję. Jest bardzo dobry w ataku, ale nie jest dominatorem".

Jak na dyrektora generalnego drużyny, która próbuje sprzedać więcej biletów, była to dość dziwna wypowiedź. Decyzja Portland uznawana jest powszechnie za największy błąd w historii draftów. Stu Inman zwracał później uwagę, że decyzję popierał jego sztab szkoleniowy, w tym trener, późniejszy członek Galerii Sław, Jack Ramsay. Inman sugerował potem, że system Deana Smitha w Karolinie Północnej tłumił talent Jordana, Ramsay też tak uważał. Ale przecież szkoleniowcy z Portland widzieli wiosną Jordana podczas testów przed igrzyskami olimpijskimi i też nie dostrzegli drzemiącego w nim potencjału. Natomiast Rick Sund z Dallas Mavericks widział, co Jordan potrafi. Zaproponował Bykom, że weźmie go w zamian za młodą wschodzącą gwiazdę Mavs, Marka Aguirre'a. Ale Thorn odmówił. „Nawet się nie zawahał – wspomina Sund. – Już wiedział".

Czynnik Knighta

Po drafcie Jordan mógł się w pełni skupić na treningach i przygotowaniach do igrzysk olimpijskich. Zaczęły się jeszcze przed draftem i trwały aż do samych zawodów w Los Angeles. Jordanowi nigdy nie groziło, że nie znajdzie się w składzie na igrzyska, ale po pojedynku w Sweet Sixteen trener reprezentacji olimpijskiej Bobby Knight miał co do niego pewne wątpliwości. „Myślę, że po tamtym meczu Bob mógł wątpić w to, czy Michael jest dobrym strzelcem – wspomina Billy Packer. – Zwłaszcza że w próbach przedolimpijskich też nie rzucał zbyt dobrze".

Knight był coachem systemowym jeszcze bardziej niż sam Dean Smith. „Zaczynasz u Deana Smitha, gdzie musiałeś się pogodzić z narzuconą ci rolą i odpowiedzialnością związaną z funkcjonowaniem systemu – śmieje się Packer. – Po czym latem trafiasz do drużyny prowadzonej przez Boba Knighta, który jest jeszcze bardziej rygorystyczny od Deana".

Smith bywał cwany i potrafił manipulować, ale był przy tym zręcznym dyplomatą. Knight miał surowy, nieokrzesany temperament i ego większe od hali Hoosier Dome w Indianapolis. A do tego był prostakiem. Wielu uważało go za tyrana i człowieka wulgarnego. „Trener Smith był mistrzem ataku czterech wierzchołków prostokąta [four corner offense], trener Knight był mistrzem słowa na cztery litery*", żartował Jordan. Kiedy Knight został trenerem reprezentacji olimpijskiej, od razu było wiadomo, że najważniejsza jest dla niego absolutna

* Fuck.

perfekcja. „Powiedziałem im, że nie interesuje mnie ani z kim gramy, ani jaki jest wynik – tłumaczył Knight. – Interesuje mnie to, żeby nasza drużyna była najlepszą z możliwych, i zamierzam zrobić wszystko, żeby was do tego zmusić".

Trener i zawodnik dobrze do siebie pasowali. Jordan robił wrażenie na kolegach z drużyny. Knight oddziaływał tak samo poprzez zmienność nastrojów i straszne, teatralne gesty. Decyzja amerykańskiego komitetu olimpijskiego o nominacji Knighta była jednak, biorąc pod uwagę jego zachowanie, dosyć kontrowersyjna. Władze w Portoryko wydały nakaz jego aresztowania po awanturze z oficerem policji w 1979 roku podczas igrzysk panamerykańskich. Potem zaocznie skazano go za napaść.

Ale teraz Knight miał do wykonania misję. Chciał pokazać światu wielką amerykańską koszykówkę. Na tę chwilę zebrał już sztab składający się z 22 asystentów, którzy prowadzili testy kandydatów do reprezentacji. Przewinęło się przez nie ponad 70 zawodników. Charles Barkley, Sam Perkins, John Stockton, Karl Malone, Chris Mullin, Chuck Person i dziesiątki innych znakomitych graczy pracowały pod okiem przyglądającego się im z wieży Knighta. Przepychając się przez obrońców, pokazując niewiarygodną siłę fizyczną i świetne panowanie nad piłką, Barkley podczas tych testów z pewnością był drugim najlepszym zawodnikiem po Jordanie. Ale wyglądał, jakby bardziej interesowało go zrobienie wrażenia na skautach z NBA, niż na trenerze Knighcie, który widział w nim tylko 130 kilo masy.

Barkley, Stockton i Malone znaleźli się wśród najlepszych, którym Knight po tamtych testach podziękował i których odesłał do domów. Zły i zdezorientowany Stockton powiedział Barkleyowi i Malone'owi, że najchętniej zagrałby z nimi w jednej drużynie i zmierzył się z dwunastką, którą wybrał Knight.

W dwunastce, która została wybrana do gry na igrzyskach znaleźli się: Michael Jordan, Sam Perkins, Patrick Ewing, Chris Mullin, Wayman Tisdale, Leon Wood, Alvin Robertson, Joe Kleine, Jon Koncak, Jeff Turner, Vern Fleming i Steve Alford. Jordan nie mógł zagrać ze swoim tradycyjnym numerem 23 – przyznano mu numer 9.

Trener Indiany miał do dyspozycji skład, o którym sądził, że będzie w stanie upokorzyć wszystkich zagranicznych rywali. Powiedział swojemu kumplowi Packerowi, że nie ma nic przeciwko temu, żeby jego drużyna zdobywała 90 punktów na mecz, pod warunkiem że nie pozwoli rywalom na przekroczenie 30 punktów. „Był niesamowicie skoncentrowany – wspomina Packer. – Bob, podobnie jak Michael, był niewiarygodnie ambitny, a do tego znakomicie przygotowany. Ludzie zapominają dziś, jak wyglądał proces wyboru zawodników do reprezentacji. A przecież on zgromadził wszystkich najlepszych graczy w amerykańskiej koszykówce uniwersyteckiej. Proces wyboru wykorzystał do tego, żeby podsycić pragnienie znalezienia się w tym elitarnym składzie. Oczywiście każdy z zawodników musiał zrozumieć jego podejście: »Zrobimy to tak i tak, tego i tego od was oczekuję«. Potem na parkiecie dominowali nad rywalami. Knight nie zamierzał tylko zdobyć złotego medalu. Chciał zdominować światową koszykówkę i to mu się udało".

Tak naprawdę to już w meczach pokazowych przed igrzyskami, w których olimpijczycy grali przeciwko zawodnikom z NBA, Packer dostrzegł z bliska pojawienie się wielkiego Michaela Jordana. Dzięki wielu sezonom spędzonym na komentowaniu meczów i przyjaźni z Knightem siedział przy samym parkiecie podczas fascynujących dziewięciu meczów przed igrzyskami w Los Angeles, organizowanych przez Larry'ego Fleishera z NBA. „Podczas pojedynków pokazowych z kolesiami z NBA – mówił Packer – czasem zawodowcy na parkiecie są jakby nieobecni. Przychodzą, zakładają stroje, trochę grają... Ale podczas tamtych trzech czy czterech tygodni byliśmy świadkami megarywalizacji".

Temperaturę podgrzewali przede wszystkim Knight i Jordan. *Tournée* pokazowe rozpoczęło się pod koniec czerwca w Providence na Rhode Island, kolejnymi przystankami były Minneapolis, Iowa City i Indianapolis, gdzie 9 lipca odbył się mecz przed tłumem kibiców. Kiedy przyjechaliśmy do Indianapolis, olimpijczycy wygrali już cztery mecze – wspomina Packer. – I tamtej nocy zawodowcy chcieli tę serię przełamać. Larry Fleisher nie zamierzał się przyglądać, jak NBA przegrywa z grupką kolesi z uniwersytetów".

Fleisher zaprosił do gry Larry'ego Birda, Magica Johnsona, Isiaha Thomasa i kilka innych gwiazd, budując atmosferę, która zelektryzowała tysiące kibiców zgromadzonych w hali Hoosier Dome. Pete Newell, wieloletni mentor Knighta i jeden z asystentów w sztabie Teamu USA, zajrzał przed meczem do szatni olimpijczyków. „Stary, nigdy w życiu nie widziałem kogoś tak zmotywowanego", powiedział potem Packerowi o Knighcie. I mimo że drużyna NBA była naszpikowana gwiazdami, to olimpijczycy w Indianapolis wygrali.

Packer wspomina, że prawdziwy test miał miejsce w Milwaukee. „To wtedy po raz pierwszy zobaczyłem jeden z tych fenomenalnych popisów ofensywnych

Michaela. Pierwszy raz zobaczyłem go grającego na takim poziomie. I to przeciwko koszykarzom z NBA! Kiedy wchodził pod kosz, Mike Dunleavy rozbił mu nos. Mecz był bardzo brutalny. Trenerem drużyny z NBA był Oscar Robertson. Bob Knight wyleciał po tamtej akcji z boiska. Michaelowi krew ciekła z nosa, piłka odbiła się i poleciała do Knighta, który nie chciał jej oddać sędziom. Więc go wyrzucili. Mało się wtedy nie pobili z Oscarem. Nikt nie liczył fauli, więc nie można było wylecieć z boiska za faule, a zawodnicy z NBA bez przerwy faulowali młodych chłopaków".

Packer wspomina, że asystenci Knighta poprosili o przerwę na żądanie, żeby jakoś ustawić drużynę pod nieobecność głównego trenera. „Wrócili na parkiet, Michael totalnie zdominował mecz, a kolesie z NBA mogli się temu tylko przyglądać. Coś niebywałego! To był pierwszy raz, kiedy zobaczyłem Michaela Jordana tak fenomenalnego w ataku, choć przecież widywałem go wcześniej i w liceum, i przez trzy lata na studiach. Bobby'ego nawet nie było na ławce, a Michael wyszedł na parkiet, jakby chciał powiedzieć: »Nie obchodzi mnie, jakim systemem gramy, biorę ciężar gry na siebie«. I tak właśnie zrobił".

Olimpijczycy pojechali na ostatni mecz pokazowy do Phoenix, mając na koncie osiem zwycięstw i ani jednej porażki. „I to wszystko przeciwko drużynom złożonym z zawodników NBA – mówi Packer. – Przed przyjazdem do Phoenix rozmawiałem z Bobem, który zdążył już stać się wyznawcą Michaela. Powiedział mi: »Wiesz, co sądzę o Michaelu Jordanie? Wszyscy mnie o niego pytają. On będzie najlepszym cholernym koszykarzem w historii«".

Knight niechętnie wypowiadał się publicznie na temat poszczególnych członków Teamu USA, bo nie chciał zburzyć równowagi w drużynie, nadmiernie kogoś komplementując. Ale po meczach pokazowych w rozmowie z dziennikarzami przyznał: „Michael jest wielkim, naprawdę wielkim koszykarzem". Olimpijczycy wygrali ostatni sparing w Phoenix 84:72, Jordan zdobył 27 punktów i wykonał slam dunk po akcji, w której wyprzedził wracającego do obrony Magica Johnsona. W innej akcji podał piłkę z lewej strony pod kosz do Ewinga, po czym jakimś cudem prześlizgnął się na prawą stronę i zdobył punkty, dobijając niecelny rzut centra.

Spektakl Jordana, zagranie po zagraniu, był fascynujący. „Koszykarze z NBA tylko stali naokoło i przyglądali się jego popisom", powiedział w rozmowie z dziennikarzem kolega Jordana z Teamu USA, Jon Koncak.

Trener Lakers Pat Riley, który siedział wtedy na ławce z gwiazdami NBA, powiedział potem: „To najbardziej utalentowany zawodnik, jakiego kiedykolwiek widziałem".

Jordan zwrócił potem uwagę, że wyzwania związane z siłowymi pojedynkami podczas tamtych sparingów stanowiły dobrą zaprawę przed debiutanckim sezonem w NBA. Packer zwraca uwagę, że w składzie Knighta nie było klasycznego rozgrywającego, tylko zbiór wszechstronnych zawodników, z których najbardziej wszechstronny był sam Michael. Mógł on grać na trzech pozycjach – jako jeden z obrońców lub niski skrzydłowy.

1984

Turniej koszykarski podczas igrzysk rozpoczął się 29 lipca w hali Great Western Forum w Los Angeles. Rosjanie i Węgrzy go zbojkotowali w ostentacyjnym proteście przeciwko decyzji Stanów Zjednoczonych o bojkocie igrzysk odbywających się w Związku Radzieckim w 1980 roku. Amerykanie nie mieli bardziej wymagających rywali – wygrali osiem meczów, średnio różnicą 32 punktów. Jordan był najlepszym strzelcem, zdobywając średnio 17,1 punktu na mecz. „Było coraz bardziej oczywiste, do czego jest zdolny i jak bardzo jest wszechstronny – zwraca uwagę Packer. – Ale to nie było tak, że wychodził podczas igrzysk na parkiet i zdobywał po 40 punktów. Ta drużyna nie grała w ten sposób".

W systemowym ataku Knighta Jordan spędzał na parkiecie trochę mniej czasu i miał mniej sytuacji rzutowych, ale i tak doprowadzał tłumy kibiców i kolegów z drużyny do euforii, kiedy widzieli, co wyprawia podczas treningów i meczów. „Kiedy Michael dostaje piłkę podczas kontrataku – mówił Steve Alford – to wiadomo, że może nastąpić tylko jedno: jakiś rodzaj slam dunku. Zawodnicy łapali się czasami na tym, że tylko się na niego gapią. Było tak, bo wiedzieli, że pewnie zaraz zrobi coś, czego nie wolno przepuścić".

Amerykanie rozjeżdżali jednego przeciwnika za drugim, a któryś z dziennikarzy pokazał Jordanowi jakiś zagraniczny magazyn, z jego zdjęciem na okładce i podpisem, że to najlepszy koszykarz na świecie. Zapytał Jordana, co o tym sądzi. „Na razie – odpowiedział szczerze Michael – nie spotkałem nikogo, kto byłby w stanie powstrzymać mnie przed tym, co zamierzam zrobić".

Najpierw zdominował mecze przeciwko drużynom złożonym z gwiazd NBA, potem upokorzył najlepsze reprezentacje narodowe. To było dla niego fantastyczne lato, a jego gwiazda zaczęła świecić coraz jaśniej. Jedyna dramatyczna

Jordan rywalizował z Anthonym Teacheyem i w szkole średniej, i na studiach

W walce z Clyde'em Drexlerem (w środku) z Houston podczas turnieju NCAA w 1982 roku

Zwycięski rzut w finale NCAA przeciwko Georgetown w 1982 roku

Fot. AP Images (2)

Od lewej: z Mattem Dohertym, Samem Perkinsem i Deanem Smithem, jesień 1982 roku

Powyżej: Jordan z Deanem Smithem; rozważa odejście z Karoliny Północnej w 1984 roku

Jordan nazywał trenera Deana Smitha swoim „drugim ojcem"

Fot. AP Images (2)

Po prawej: W meczu przeciwko zawodnikom NBA podczas sparingu reprezentacji przed igrzyskami w 1984 roku

Poniżej: Jordan – tu z Orlando Woolridge'em w Chicago w 1984 roku – przez całe życie rzucał kolegom z drużyny wyzwanie na pojedynki jeden na jednego

Pierwszy mecz w NBA

Akrobatyczny styl gry Jordana stworzył w NBA natychmiastowe zagrożenie

Fot. AP Images (2)

Rekonwalescencja na Uniwersytecie UNC po złamaniu nogi w drugim sezonie w NBA

Fot. AP Images

63 punkty w meczu z Bostonem podczas play-offów w 1986 roku

Fot. Steve Lipofsky / basketballphoto.com

Demonstracja złości
i bojowego ducha walki

Jordan i jego pierwsi
koledzy z Bulls
w 1988 roku

Fot. Steve Lipofsky / basketballphoto.com (2)

„Cicha wojna" z Joem Dumarsem z Detroit

Konkurs wsadów w 1988 roku

Fot. AP Images (2)

sytuacja miała miejsce wtedy, kiedy Amerykanie zmarnowali 22-punktowe prowadzenie z drużyną RFN, a Jordan popełnił 6 strat i trafił tylko 4 z 14 rzutów. Knight zareagował wybuchem furii. Team USA jakoś się pozbierał i wygrał ostatecznie 78:67. W szatni wściekły trener kazał Jordanowi przeprosić kolegów. „Powinno ci być wstyd za to, jak dziś grałeś" – wrzeszczał na Jordana, który miał łzy w oczach, stojąc bez słowa w szoku przed resztą drużyny.

Jordan był przywódcą, to jego ogień rozpalał członków każdego zespołu, w którym grał. Jego obecni kompani byli pod wrażeniem jego talentu i motywacji, więc tym bardziej zszokował ich widok Michaela pokornie przyjmującego burę. Sam Perkins opowiadał później: „Tak naprawdę to nie uważaliśmy, że Michael zagrał źle. Wszyscy inni zagrali gorzej. Ale trener Knight wiedział, jak on zareaguje. Wiedział, że go to dodatkowo nakręci".

W późniejszych latach kariery Jordana oskarżano go często o to, że tyranizuje kolegów z drużyny. Może nauczył się tego w ciągu tych kilku miesięcy spędzonych z trenerem Bobbym Knightem. „Nie chodzi o to, że się go boję – mówił dziennikarzom piszącym o reprezentacji olimpijskiej. – Ale to on jest trenerem i dzięki swojemu stylowi zarządzania odniósł sporo sukcesów. Nie zamierzam z tym dyskutować. Nie chcę się zastanawiać, co by było, gdybym miał dla niego grać przez cztery lata. Ale przynajmniej jest bezpośredni. Mówi to, co myśli. I nieważne, jakich używa słów, nikt nie ma problemów z ich zrozumieniem".

Upokorzony przez Knighta Jordan grał w kolejnych meczach z niespotykaną furią, na koniec zdobywając 20 punktów w finałowym meczu o złoto z Hiszpanią, wygranym przez Team USA 96:65. Potem długo przytulał uśmiechniętego Knighta i wymachiwał amerykańską flagą, stojąc na najwyższym stopniu podium. Ucałował medal, odśpiewał hymn narodowy, po czym pobiegł na trybuny, żeby pokazać złoto matce. Przypomniał jej o swojej obietnicy, którą złożył jako dziewięciolatek, po porażce Amerykanów z Rosjanami na igrzyskach w 1972 roku. Nie miał pojęcia, że aby sięgnąć po złoto, będzie musiał doświadczyć terroru Knighta. Jordan nie był typem, który dobrze reaguje na upokorzenia. Chwila była słodka, ale niesmak pozostał.

Anthony Teachey nie załapał się do reprezentacji olimpijskiej, ale miał okazję obserwować, jak Jordan poświęca swój talent dla kolejnego trenera, który lubił mieć wszystko pod kontrolą. To wydało się Teacheyowi czymś niezwykłym. „Wielu ludzi nie zdaje sobie z tego sprawy – mówił w wywiadzie przeprowadzonym w 2012 roku. – Wystarczy przyjrzeć się stylowi jego gry, by dostrzec, jak bardzo musiał go zmienić i się dostosowywać: inaczej grał w liceum, inaczej na studiach, jeszcze inaczej na igrzyskach olimpijskich i wreszcie inaczej w NBA. Granie dla tak różnych trenerów jak Dean Smith, Bobby Knight czy Phil Jackson wymagało ogromnej siły charakteru".

Nikt nie był bardziej zadowolony i nikt nie odczuł większej ulgi, obserwując olimpijskie popisy Jordana, niż Rod Thorn. Występ Michaela utwierdził dyrektora Bulls w przekonaniu o słuszności podjętej decyzji. „Występ na igrzyskach nadał Michaelowi rozmachu – tłumaczył. – Jego nazwisko stało się powszechnie znane, bo igrzyska rozgrywane były w Los Angeles, a w relacjach z nich codziennie pojawiały się filmiki z jego popisami, slam dunkami i widowiskowymi zagraniami i to mimo tego, że wcale nie grał tak wiele".

Dwa tygodnie później, 12 września 1984 roku, Bulls ogłosili podpisanie z Jordanem siedmioletniego kontraktu na sześć milionów dolarów, trzeciego najwyższego kontraktu w historii NBA. Tylko wysocy zawodnicy Houston, Hakeem Olajuwon i Ralph Sampson, podpisali umowy na wyższe kwoty. Był to zdecydowanie najbardziej lukratywny kontrakt podpisany z obrońcą. „To był kompromis z cyklu: ja trochę dam, ty trochę weźmiesz – żartował Jonathan Kovler z Bulls. – Myśmy dawali, oni brali".

Po kilku dniach inni agenci zawodników NBA zaczęli wyrażać przeciwne opinie. Jak to jest, że pewniak na gwiazdę NBA musi podpisać kontrakt rozciągnięty na siedem lat, za niższe wynagrodzenie? „To bez sensu", powiedział w rozmowie z „Southtown Economics" George Andrews, agent Magica Johnsona i Isiaha Thomasa. Agent Lee Fentress mówił z kolei, że kontrakt Jordana z pewnością wywoła w przyszłości problemy, zwłaszcza że wysokości podpisywanych umów z zawodnikami rosły z każdym sezonem.

„Nie chciałem odgrywać roli pana Boga – powiedział, ogłaszając szczegóły kontraktu David Falk. – Michael podjął tę decyzję razem z rodzicami".

Jednym z kluczowych elementów była klauzula „Love of the Game"*, przy której zawarciu upierał się Jordan. Standardowe umowy z graczami NBA zawierały paragraf, który pozwalał zespołowi na unieważnienie umowy w sytuacji, w której zawodnik doznaje kontuzji w ramach działalności nieuzgodnionej wcześniej z macierzystym klubem. Jordan chciał mieć możliwość rywalizacji w dowolnym miejscu i czasie, bez obawy o ewentualne konsekwencje, co

* Z miłości do koszykówki.

wynikało właśnie z jego miłości do koszykówki. Drużyna zgodziła się na taki punkt w obliczu ustępstw, na które przystała rodzina Jordana.

„Moi adwokaci mieli trochę problemów z tą umową, ale ja byłem zadowolony – powiedział Michael dziennikarzom z Chicago. – Cieszę się, że zamknęliśmy negocjacje, i nie mogę się doczekać pierwszego meczu w Bulls. Ale to nie będzie *show* Michaela Jordana. Będę tylko częścią drużyny".

Rozdział 15

CZARNA SIŁA

Kiedy pracownicy Nike po raz pierwszy spotkali się z Sonnym Vaccaro, zastanawiali się, czy nie jest członkiem mafii. Z pewnością trochę tak wyglądał, biorąc pod uwagę jego nazwisko, akcent i maniery. Roztaczał wokół siebie aurę, która sugerowała, że zna mnóstwo tajemnic. Takie samo wrażenie miał Michael Jordan, kiedy pierwszy raz usiadł naprzeciw tego pyzatego Włocha. Potem przyznał: „Nie byłem przekonany, czy chcę mieć do czynienia z takim typem spod ciemnej gwiazdy".

Vaccaro w duszy śmiał się z tej niezręcznej sytuacji. Jego przyjaciele wiedzieli, że nie jest kryminalistą, nigdy jednak nie starał się dyskutować ze swoim wizerunkiem mafioso. Podobało mu się, gdy ludzie myśleli, że jest dobrze ustawiony. W świecie biznesu ważne było, żeby się jakoś wyróżniać. Poza tym rzeczywiście miał koneksje w światku facetów w jaskrawych garniturach – tyle że byli to trenerzy koszykarscy, a nie gangsterzy. I główni szkoleniowcy uniwersyteccy też nie mieli co do niego pewności. Wystarczyło im tylko tyle, że wypisywał czeki na pokaźne sumy. W 1978 roku można było łatwo wkupić się w świat koszykówki. Sonny Vaccaro uczynił z Nike żywy dowód na potwierdzenie tej tezy.

Billy Packer zaczął się śmiać, gdy tylko spojrzał na Vaccaro i na jego wymiętą marynarkę oraz kilkudniowy zarost. „Co innego, gdyby był to jakiś pracownik z Wall Street albo gość z Madison Avenue – wspomina. – Ale on był gościem z ulicy, nie pasował do świata koszykówki. Dlatego działał poza nim. Osiągnął wielki sukces, zarówno osobisty, jak i zawodowy".

Vaccaro zrewolucjonizował świat sportu, nie próbując udawać kogoś innego, niż był – a był sympatycznym gościem z Pittsburgha. No dobra, przynajmniej przez pół roku. Przez drugie pół roku był gościem z Vegas. Jeśli na kimś nie robił wrażenia wizerunek makaroniarza, to rzekomy związek z Vegas mógł zdziałać cuda. Przez pół roku można było spotkać Vaccaro przesiadującego w miejscach takich jak Aladdin czy Barbary Coast. To tam zaczął zarabiać na życie na „prowizjach" od zakładów futbolowych, które obstawiał w imieniu swoich „klientów". Kiedy próbował wyjaśnić, na czym to *de facto* polega, robiło się to jeszcze bardziej zagmatwane. Chodziły plotki, że sam również gra. Był typem Runyonowskim* i wyróżniał się nawet w Vegas, w którym przecież roiło się od podobnych charakterów. Mówiło się, że im bliżej do rozpoczęcia meczu, tym częściej słyszało się jego nazwisko.

Fakt, że ktoś taki jak Sonny Vaccaro znalazł się w Nike, daje się lepiej wytłumaczyć tym, co robił przez drugą połowę roku, w Pittsburghu. W 1964 roku, kiedy miał 24 lata, razem z kolegą z akademika Patem DiCesare zorganizowali Dapper Dan Roundball Classic, jeden z pierwszych turniejów koszykarskich dla najlepszych zawodników ze szkół średnich. Z początku była to impreza charytatywna, ale Vaccaro szybko zorientował się, że jego turniej wypełnia ważną lukę na rynku, bo młodzi licealiści mogli się tam zaprezentować trenerom z uniwersytetów. Dapper Dan bardzo szybko zaczął przyciągać najlepszych zawodników z poszczególnych roczników, a także najlepszych trenerów – od Johna Woodena po Deana Smitha.

Vaccaro utrzymywał, że tak właśnie rozpoczęła się historia jego wpływów. Wszystko polegało na budowaniu relacji. „Dapper Dan był moją przepustką do tego świata", mówił w 2012 roku.

Sam turniej nigdy nie przyniósł zysku większego niż trzy tysiące dolarów, ale był kopalnią złota, jeśli chodzi o nawiązywanie kontaktów. Vaccaro zaprzyjaźnił się z wszystkimi najlepszymi trenerami. Jego potęgę można by porównać z Howardem Garfinkelem z Five-Star, tyle że wizja Vaccaro obejmowała przede wszystkim marketing koszykówki, podczas gdy ten drugi skupił się na wyszukiwaniu talentów.

Przyciaganie największych koszykarskich celebrytów wiązało się oczywiście z obecnością kluczowych mediów. W 1970 roku zawody zorganizowane przez Vaccaro opisywał „Sports Illustrated": „Nie dało się zrobić kroku w hotelu

* Damon Runyon, amerykański dziennikarz i pisarz z pierwszej połowy XX wieku, autor pisanych językiem półświatka opowiadań o nowojorskim świecie gangsterów, zaprzyjaźniony z wieloma gangsterami.

William Penn bez wpadnięcia na jednego czy drugiego trenera, wypatrującego któregoś z licealistów w lobby, na korytarzu, w kawiarni, w windzie albo pod palmą – pisał Curry Kirkpatrick. – Wszyscy spotkali się w Pittsburghu, żeby obejrzeć Dapper Dan Roundball Classic, doroczny Mecz Gwiazd szkół średnich, imprezę, która w ciągu sześciu lat swojego istnienia stała się najważniejszym tego typu wydarzeniem".

Zdaniem łowcy talentów Toma Konchalskiego już samo obserwowanie pracy Vaccaro w hotelowym lobby było przezabawne: „W tym samym czasie prowadził rozmowy z ośmioma różnymi osobami, w różnych częściach lobby. John Thompson został właśnie zatrudniony przez Georgetown, a Jerry Tarkanian wciąż pracował w Long Beach State. Sonny Vaccaro znał wszystkich. W lobby przesiadywało chyba ze 30 trenerów. Wszystkim okazywał szacunek i z całą trzydziestką podtrzymywał rozmowę".

W 1977 roku Vaccaro był już na tyle śmiały, że postanowił zadzwonić do biura Nike w Portland w stanie Oregon, żeby zaproponować realizację swojego pomysłu na nowe buty. Nike nie było zainteresowane współpracą, ale jeden z szefów firmy, Rob Strasser, był pod wielkim wrażeniem rozległych znajomości Vaccaro. Inni szefowie Nike chcieli, żeby sprawdziło go FBI, ale Strasser się tym nie przejął. Zatrudnił Vaccaro i zobowiązał się płacić 500 dolarów miesięcznie. Dodatkowo przelał na jego konto 30 tysięcy dolarów i powiedział, że ma podpisywać z trenerami umowy reklamowe dla Nike. „Musicie pamiętać, że w tamtych czasach całe Nike było warte tylko 25 milionów dolarów", zaznacza Vaccaro.

Było to dla niego łatwe zadanie. W imieniu Nike podpisywał z trenerami proste umowy, wypisywał im czeki i wysyłał darmowe buty, żeby zawodnicy w nich grali. Nawiązał współpracę między innymi z Johnem Thompsonem z Georgetown, z Jerrym Tarkanianem, który właśnie przyjął ofertę UNLV, z Jimem Valvano z Iony oraz z George'em Ravelingiem z Washington State.

„Pamiętajcie, że w tamtych czasach pięć tysięcy dolarów to było dla trenera mnóstwo pieniędzy – wspomina Packer. – Do mnie docierały tylko informacje szczątkowe. Jedynie Sonny wie, ile wtedy płacił trenerom".

Dla trenerów wydawało się to być zbyt piękne, żeby mogło być prawdziwe. „Chciałbym to dobrze zrozumieć – miał powiedzieć Jim Valvano. – Dacie mi darmowe buty i jeszcze zapłacicie mi pieniądze? Czy to legalne?"

Była to tak naprawdę koszykarska wersja payoli*. Zgodna z prawem, ale budząca wątpliwości etyczne. Pomysł był bardzo prosty – sprawić, żeby trenerzy ubierali swoich graczy w buty Nike, wysyłając silny komunikat do kibiców i konsumentów. Kiedy w 1978 roku Larry Bird z Indiana State wystąpił na okładce „Sports Illustrated" w butach Nike, wiarygodność Vaccaro znacząco się zwiększyła. Nowy „klient" właśnie spłacił się z nawiązką.

Sprzedaż Nike poszybowała w górę i Strasser wkrótce przelał na konto Vaccaro kolejne 90 tysięcy dolarów, wydając dyspozycję podpisywania umów z kolejnymi trenerami. Kiedy dziennik „Washington Post" opublikował artykuł kwestionujący podejście Nike z punktu widzenia etyki, przygotowali się na falę negatywnego PR-u. Ale okazało się, że dostali jeszcze więcej zapytań od trenerów, którzy też chcieli skorzystać na takim układzie. Vaccaro uruchomił przypływ gotówki, która zasiliła amerykańską koszykówkę amatorską. Firmy obuwnicze wspierały finansowo już nie tylko trenerów z uniwersytetów i ich drużyny, ale bardzo szybko weszły również do koszykówki młodzieżowej. „To zmieniło koszykówkę – powiedział Tom Konchalski o payoli, której pionierem był Vaccaro. – Pieniądze pojawiły się nawet u dzieciaków w wieku 12 lat albo młodszych".

Wizja

W 1982 roku Vaccaro płacił już trenerom uniwersyteckim w imieniu Nike miliony dolarów. W czasie, gdy był gościem Johna Thompsona podczas turnieju Final Four w Nowym Orleanie, w głowie zaświtał mu kolejny pomysł. Zwrócił uwagę, że choć nagrodę dla Najlepszego Zawodnika otrzymał James Worthy, to Michael Jordan był tym, który tak naprawdę skradł *show*. „Coś się wtedy wydarzyło na oczach całego świata – powiedział Vaccaro o rzucie, którym Jordan pokonał Georgetown. – Narodziła się gwiazda".

Vaccaro nie znał Michaela Jordana. Dean Smith miał podpisaną umowę z Converse'em i to w tych butach występowali podczas meczów Tar Heels. Sam Jordan uwielbiał Adidasa. Szczególnie upodobał sobie buty tej firmy, bo wystarczyło wyjąć je z pudełka i od razu były gotowe do gry, nie wymagały rozchodzenia. Na treningi zakładał więc adidasy, a potem, na mecz, grzecznie

* W amerykańskim przemyśle muzycznym nielegalna praktyka płacenia za wyemitowanie nagrań na antenie radia.

przywdziewał converse'y. Vaccaro wierzył, że charyzma Jordana może z niego uczynić marketingową potęgę. Chciał podpisać z nim kontrakt i zbudować wokół niego linię produktów. Poinformował o tym Roba Strassera i innych szefów Nike podczas spotkania w styczniu 1984 roku. Jordan wciąż był wtedy na trzecim roku studiów i nie podjął jeszcze decyzji o odejściu z uczelni.

Szefowie firmy mieli do dyspozycji budżet w wysokości dwóch i pół miliona dolarów na reklamy z udziałem gwiazd koszykówki i planowali rozdzielić go pomiędzy kilku młodych graczy, między innymi Charlesa Barkleya z Auburn, znanego z charakterystycznego stylu gry i niekonwencjonalnej charyzmy, oraz Sama Bowiego, który miał zostać wybrany przez Portland, bardzo blisko „kampusu" Nike w Oregonie. Rozdysponowanie budżetu pomiędzy kilku bardziej obiecujących młodych graczy wydawało się mieć sens w kontekście uważanego za głęboki draftu w 1984 roku. „Nie róbmy tego – powiedział Vaccaro Strasserowi. – Dajmy wszystko temu chłopakowi: Michaelowi Jordanowi". Następnie zaczął rozprawiać o atrakcyjności Jordana, o tym, że może stać się kimś, kto wyprowadzi marketing obuwia sportowego na nowy poziom. Ale najważniejsze jego zdaniem było to, że Jordan wydawał się najlepszym koszykarzem, jakiego kiedykolwiek widział.

Vaccaro powiedział Strasserowi, że Jordan potrafi latać.

W tamtych czasach wielu sportowców podpisywało umowy z firmami obuwniczymi na około dziesięć tysięcy dolarów. Wyjątkiem był Kareem Abdul-Jabbar z Los Angeles Lakers, który podobno w ramach takiego kontraktu zarabiał około 100 tysięcy rocznie.

Trudno powiedzieć, co tak bardzo spodobało się Vaccaro w Jordanie, zwłaszcza że miało jeszcze upłynąć trochę czasu, zanim stał się ikoną koszykówki. „Michael nie był wtedy jeszcze tak gloryfikowany – zwraca uwagę Vaccaro. – Był bardzo dobry, ale postrzegano go tylko jako jednego z kolesi z drużyny Deana". Vaccaro przekonywał, że gwiazda Jordana lada moment rozbłyśnie do niewiarygodnych rozmiarów, przewyższających dokonania wszystkich koszykarzy w historii. Problem w tym, że Nike musiała wydać na tę wschodzącą gwiazdę całą swoją fortunę. „Uważałem, że powinniśmy zapłacić mu wszystko, co mamy – wspomina Vaccaro. – Rob mnie wysłuchał, po czym zapytał: »A postawisz na to swoją posadę?«".

W ciągu siedmiu lat współpracy z Nike Vaccaro otrzymał sporą podwyżkę. Rozdysponował pomiędzy trenerów uniwersyteckich setki tysięcy dolarów, ale wysokość jego bazowej pensji wynosiła jedynie 24 tysiące. Uśmiechnął się więc i odpowiedział: »No pewnie«".

Strasser nauczył się już ufać intuicji Vaccaro, ale miał obawy wobec takiej pokerowej zagrywki. Żeby móc związać się z jednym zawodnikiem, Nike musiała skoordynować wiele asortymentów, w tym buty i ubrania, w jedną linię produktową, ze spójną kampanią reklamową i pod jedną marką.

Rob Strasser zwrócił się do Davida Falka i poinformował go, że Nike zastanawia się nad podpisaniem kontraktu z Jordanem. Falk i Strasser wypracowywali wcześniej kontrakty z innymi sportowcami i uzgodnili, że Jordana będą promować analogicznie jak choćby tenisistów, czyli indywidualnie, a nie jako jednego z członków drużyny. Strasser zasugerował, żeby Falk spróbował zostać agentem Jordana. Ten odpowiedział, że się zastanowi, ale ostrzegł Strassera, że zawodnicy rzadko opuszczają Karolinę przed czasem, co nie było do końca zgodne z prawdą. Najłatwiejsze wydawało się zwrócenie uwagi trenera Deana Smitha, z którym dobrze znał się partner biznesowy Davida Falka, Donald Dell.

Tamtej wiosny kilkakrotnie widziano Deana Smitha, jak prowadzi prywatne rozmowy z Falkiem i innymi pracownikami ProServ, więc być może Smith brał pod uwagę czekające na Jordana potencjalne możliwości marketingowe, kiedy zachęcał go do przejścia na zawodowstwo. Smith nigdy nie przyznał się do tego typu związków, ale Billy Packer zwraca uwagę, że trzymanie niektórych informacji w sekrecie było dla niego typowe. Przez większość czasu Smith badał atrakcyjność Jordana, prowadząc rozmowy z reprezentantami poszczególnych drużyn NBA, w tym Philadelphii 76ers, trenowanej wówczas przez Billy'ego Cunninghama, jedną z byłych gwiazd zespołu Smitha. Sixers poinformowali Smitha, że jeśli będą w drafcie wybierać z dwójką albo trójką, to wybiorą właśnie Jordana. Ale Matt Guokas, były trener Sixers, twierdził w wywiadzie przeprowadzonym w 2012 roku, że tak jak Cunningham uwielbiał Jordana, tak właściciel Sixers Harold Katz sprawiał wrażenie, jakby zamierzał wybrać Charlesa Barkleya.

Tak czy owak „decyzja" Jordana o przedwczesnym opuszczeniu uczelni nadała rozpędu planom Vaccaro, aby zbudować wokół młodego koszykarza linię dedykowanych mu produktów. Rob Strasser i Peter Moore, główny projektant Nike, spotkali się w sierpniu 1984 roku z Falkiem w Waszyngtonie. Falk miał już wtedy gotową listę pomysłów na nazwę butów i sprzętu Jordana. Znajdowała się na niej między innymi nazwa „Air Jordan". Strasser i Moore od razu zafiksowali się na jej punkcie. „To jest to – powiedział Moore. – Air Jordan".

Pod koniec spotkania miał już gotowy szkic logotypu, ze skrzydlatym godłem wokół piłki do koszykówki i nazwą marki.

Vaccaro wciąż jednak musiał jeszcze przekonać ostrożnego prezesa Nike Phila Knighta, że przedstawienie tak ekstrawaganckiej oferty stosunkowo nieznanemu i niesprawdzonemu debiutantowi ma w ogóle sens. Umówił się z Knightem na obiad podczas igrzysk w Los Angeles. Zaprosił też Billy'ego Packera, rzekomo po to, żeby ten pomógł mu sprzedać pomysł Knightowi.

Knight, były biegacz na jedną milę, założył Nike razem z Billem Bowermanem, legendarnym trenerem lekkoatletycznym z Uniwersytetu w Oregonie. Przekazał bieżące zarządzanie operacyjne firmą innym osobom, w tym Robowi Strasserowi, ale najpoważniejsze decyzje strategiczne nadal wymagały jego błogosławieństwa. Doskonale wiedział o sieci relacji Vaccaro, które zaowocowały potężnym wzrostem sprzedaży Nike. Faktycznie, Knight i Vaccaro mieli się wkrótce znaleźć na liście 100 najpotężniejszych ludzi w świecie sportu, opublikowanej przez „Sporting News".

Packer wspomina, że przy obiedzie Vaccaro długo opowiadał o młodym zawodniku o nazwisku Jordan: „Knight nie chciał się do niczego zobowiązać. Zadawał mnóstwo pytań, ale nic nie proponował. Nie padło stwierdzenie w stylu: »O rany, Sonny, mam nadzieję, że uda ci się go pozyskać«. Nie miałem pojęcia, jak Phil Knight zazwyczaj się w takich sytuacjach zachowuje. Nie podniecał się, nie mówił: »Jezu, czy mogę wam jakoś pomóc? Musimy mieć tego gościa«, nic z tych rzeczy. Był bardzo spokojny, miał profesjonalne, biznesowe podejście. A Sonny kontynuował opowieść, dlaczego jego zdaniem Michael może być świetnym strzałem marketingowym. Choć nawet podczas igrzysk widać było, że jeszcze wiele musi się wydarzyć, żeby Michael stał się towarem reklamowym Nike".

Równolegle Strasser i Vaccaro musieli sprzedać swój pomysł Jordanom. Michael przyznał potem, że w wieku 21 lat wciąż był jeszcze dość niedojrzały i ani się nie znał na realiach biznesu sportowego, ani specjalnie nimi nie przejmował. Dlatego Vaccaro zwrócił się o pomoc do starego przyjaciela, George'a Ravelinga, asystenta trenera w olimpijskiej drużynie Bobby'ego Knighta, żeby pomógł mu przełamać lody między nim a Jordanem. Raveling zapoznał ze sobą obu panów w Los Angeles podczas igrzysk. „To było w knajpie u Tony'ego Romy. George przyprowadził Michaela i przedstawił mi go – wspomina Vaccaro. – To chyba wtedy spotkałem Michaela po raz pierwszy. Siedzieliśmy i rozmawialiśmy o jego ewentualnym przejściu do Nike. Nie wiedział o Nike zbyt wiele. Trzeba to było zrozumieć. Powiedziałem mu więc: »Michael, nie znasz mnie, ale zamierzamy stworzyć buty specjalnie dla ciebie. Nikt inny takich nie będzie miał«".

Żadna ze stron nie przypadła sobie wtedy do gustu. Jordan uznał, że Vaccaro wygląda podejrzanie, Vaccaro zaś stwierdził, że Jordan to jeszcze dzieciuch. Stało się to oczywiste zwłaszcza wtedy, kiedy Jordan zignorował opowieści Vaccaro o jego linii produktowej i zamiast tego zapytał go o samochód. „Kiedy podpiszemy ten kontrakt, to będziesz mógł sobie kupić taki samochód, jaki tylko zechcesz", powiedział mu Vaccaro. „Ale ja chcę dostać samochód", upierał się Jordan.

„Michael naprawdę był dupkiem, oj, był – wspomina Vaccaro. – Po pierwsze nie umiał liczyć pieniędzy. Po drugie wciąż jeszcze był dzieciakiem, chłopcem, który dopiero co opuścił Karolinę Północną. Nieważne. W każdym razie kontrakt na reklamowanie butów w latach 80. nic nie znaczył i było mu to obojętne. Nie chciał do nas dołączyć, wolał Adidasa. W latach 80. to Adidas miał najładniejsze dresy".

Jordan bez przerwy pytał o pieniądze, a Vaccaro tłumaczył, że nie ma się co spieszyć. Jeśli udałoby się dopiąć ten deal, Michael zostałby milionerem. Ale jego wciąż najbardziej interesował nowy samochód. Vaccaro zrozumiał w końcu, że skoro to na samochodzie zależy Jordanowi najbardziej, to musi mu go załatwić.

„Będziesz miał ten swój samochód" – obiecał.

Jordan się uśmiechnął, ale Vaccaro wiedział, że nadal nie może być niczego pewien. „Znacie przecież ten uśmiech Michaela. Nigdy nie wiesz, co takiego oznacza".

Reprezentanci Nike wiedzieli, że Falk rozmawia równolegle z Adidasem i z Converse'em, ale relacja Strassera z Falkiem sprawiała, że czuli się pewnie. We wrześniu agent dopinał kontrakt Jordana z Bulls, poza tym Nike wiedziało, że ich plany wobec Jordana są znacznie poważniejsze niż pomysły promocyjne Adidasa i Converse'a. Vaccaro i Strasser byli pewni, że do Jordana w końcu dotrze, jaką fantastyczną złożyli mu ofertę.

Dzień po zdobyciu przez Team USA olimpijskiego złota obaj panowie zasiedli do negocjacji, żeby ustalić zakres kontraktu z Jordanem. Nike rzeczywiście chciało przeznaczyć na Jordana cały swój budżet, dwa i pół miliona dolarów w ciągu pięciu lat, z pakietem świadczeń gwarantowanych, bonusem za podpisanie kontraktu i rocznymi dywidendami. Zobowiązała się również do reklamowania marki Air Jordan. W porównaniu z umowami oferowanymi przez firmy produkujące buty sportowe dla zawodowych koszykarzy był to kontrakt bezprecedensowy, głównie za sprawą 25-procentowych tantiemów, które miał otrzymywać Michael od każdej pary sprzedanych air jordanów. Miał też dostawać tantiemy od sprzedaży butów Nike Air. W 2012 roku Vaccaro twierdził, że Falk mógł wtedy pewnie wynegocjować tantiemy w wysokości nawet 50 procent. „Wolał jednak większą zapłatę z góry. W 1984 roku nie było żadnej gwarancji, że sprzedamy jakiekolwiek buty".

Nie zmienia to faktu, że kontrakt wiązał się z niebywałym ryzykiem. Jordan miał przecież trafić do źle zarządzanego klubu grającego w lidze, która wciąż przeżywała kłopoty wizerunkowe po pamiętnych aferach lat 70., z alkoholem, dzikimi imprezami i kokainą w tle. W składzie Bulls grało kilku zawodników, którzy wiele zainwestowali w udowodnienie tezy, że generalnie lepiej jest być na haju. Gdyby Nike dokonało formalnej ewaluacji ryzyka, to pewnie by się na ten kontrakt nie zdecydowało. Ale tu nie chodziło przecież o jakieś wyrafinowane plany biznesowe. Chodziło o nosa Sonny'ego Vaccaro.

W noc przed przelotem Jordana i jego rodziców do Oregonu na spotkanie z reprezentantami Nike, na którym mieli oni przedstawić swoją wizję kampanii air jordanów, Michael zadzwonił do rodziców i poinformował ich, że nigdzie się nie wybiera. Miał już dosyć podróżowania i ciągłego tłuczenia się samolotami i ostatnią rzeczą, której w tamtej chwili pragnął, był lot na drugi koniec Stanów, żeby zobaczyć buty, których nawet nie lubił. Deloris Jordan uparła się jednak, że rano bezwzględnie ma się stawić na lotnisku. Wiadomo było, że dopnie swego. I rzeczywiście, wcześnie rano Jordan czekał na rodziców na lotnisku Raleigh-Durham.

Strasser, Vaccaro i wszyscy ważni przedstawiciele Nike pojawili się na spotkaniu. Był tam też Howard White, były koszykarz z Uniwersytetu w Maryland, który miał pomagać firmie w utrzymywaniu długofalowych relacji z Jordanem. Wpadł nawet prezes Phil Knight, co zdarzało się rzadko. Vaccaro i inni reprezentanci Nike byli pod wrażeniem koncentracji i profesjonalizmu Deloris Jordan. „To jedna z najbardziej niezwykłych osób, jakie miałem przyjemność spotkać – mówi Vaccaro. – To ona potrafiła wtedy wynegocjować dla swojego syna takie życie".

Jordan przesiedział całą prezentację, nie okazując żadnych emocji, tak jakby mu w ogóle nie zależało. Nie chciał przecież tam być i nie zamierzał dać zrobić na sobie wrażenia. Przyglądał się czerwono-czarnym butom i mówił, że czerwony to „kolor diabła". Szkoda, dodawał, że nie jest już w Karolinie – wtedy można by umieścić na butach kolor „błękitu nieba". Pomimo odpychającego zachowania Jordana Vaccaro nie był w stanie oderwać oczu od jego matki. Patrzył na wyraz jej twarzy, kiedy tłumaczono, że jej syn będzie otrzymywał tantiemy od każdej sprzedanej pary. Zapewnił Jordanów, że w projekt zaangażuje się cała firma. „Powiedziałem to i bardzo się z tego cieszę – wspomina. – Ważyły się losy mojej posady, na szali znajdowała się cała przyszłość Nike. To było coś niebywałego. Postawiliśmy na to cały swój budżet marketingowy. Dla matki Michaela to znaczyło bardzo wiele. Dopytywała: »Czyli chcecie, żeby mój syn był przyszłością waszej firmy?«. A my odpowiadaliśmy: »Jeśli to nie wyjdzie, to wszyscy będziemy bankrutami«. Mniej więcej coś takiego mówiłem. Bo taka była prawda".

Tamto spotkanie miało jeszcze jeden, dość symboliczny aspekt. Była to bowiem nie tylko bezprecedensowa oferta finansowa – to był worek ze złotem, który oferowano 21-letniemu Afroamerykaninowi, który nie rozegrał jeszcze w NBA ani minuty. Ameryka była już świadkiem narodzin wielkich czarnoskórych sportowców – ikon, od Jackiego Robinsona przez Williego Maysa i Billa Russella, aż po Wilta Chamberlaina, Jima Browna i Muhammada Alego. Każdy z nich musiał po drodze podnieść rękawicę i zmagać się o narodowe prawa obywatelskie. I żaden z nich nie był ani przez moment postrzegany przez facetów w garniturach z Madison Avenue jako odpowiedni kandydat, żeby stać się obiektem wielkiej kampanii potężnej firmy obuwniczej. A taka właśnie szansa miała się stać udziałem młodego Michaela Jordana.

Najważniejszy był tak naprawdę timing. Chociaż daleko jeszcze było do dogadania szczegółów umowy, Vaccaro zrobił się bardziej pewny siebie, przyglądając się reakcjom pani Jordan. „Było coś ujmującego w jej postawie – wspomina. – Ktoś chciał z nich zrobić partnera biznesowego i bardzo jej się to spodobało. Wszystko jest zasługą tej kobiety. Owszem, Michael uwielbiał swojego ojca. Ale to Deloris pociągała za sznurki".

Wtedy jeszcze nic na to nie wskazywało, ale owo spotkanie zawierało w sobie element czarnej siły*. Tyle że nie była to czarna siła zrodzona z protestu

* Czarna siła (black power) – slogan odnoszący się do aspiracji wielu Afrykanów do samookreślenia – koncepcji, zgodnie z którą Afrykanie powinni mieć własną władzę, a nie być poddani władzy obcego rządu.

przeciwko niesprawiedliwości społecznej i uprzedzeniom rasowym. Ta reprezentowana przez Deloris Jordan przyjechała prosto z Niziny Atlantyckiej w Karolinie Północnej, gdzie czarnoskórzy latami byli odgrodzeni od polityki i wpływu na jakiekolwiek decyzje dotyczące społeczeństwa. Czarna siła, którą odziedziczyła po ojcu, wywodziła się z realiów ekonomicznych rolnictwa w czasach dzierżawców i najemców. Była to czarna siła o podłożu ekonomicznym, zapewne najpoważniejsza, jaką posiedli Afroamerykanie, zapoczątkowana przez czarnoskórych właścicieli banków i small biznesów, które zaczęły odnosić sukcesy w latach segregacji rasowej w miastach takich jak Atlanta czy Durham. Anonimowe często sukcesy ekonomiczne czarnoskórych przedsiębiorców nie są może powszechnie znane, ale to one zapoczątkowały bogacenie się czarnoskórej części amerykańskiego społeczeństwa.

Tamte pierwsze negocjacje z Nike zapoczątkowały w życiu Michaela Jordana poważne zmiany, związane z jego statusem materialnym i pozycją. Zanim jednak mogło do tego dojść, reprezentanci Nike i Deloris Jordan musieli przekonać naburmuszonego młodego celebrytę, że podpisanie kontraktu leży w jego dobrze pojętym interesie. Michael, od momentu rozpoczęcia rozmów, boczył się i dąsał. Potem spojrzał na Vaccaro i raz jeszcze zapytał o samochód. Vaccaro wyciągnął z kieszeni dwa zabawkowe auta i puścił je po stole w kierunku Jordana. Wspominając to po latach, był prawie pewien, że jednym z nich było Lamborghini.

„To są twoje samochody, Michael", rzekł. Po czym raz jeszcze podkreślił, że po podpisaniu kontraktu Jordan będzie mógł sobie kupić taki samochód, jaki zechce. Tak naprawdę MJ miał zarobić więcej na umowie z Nike niż na kontrakcie z Bulls. Wszyscy siedzący w sali uśmiechali się, z wyjątkiem Jordana. Phil Knight zażartował, że jego firma kupuje Jordanowi samochody jeszcze przed podpisaniem kontraktu, po czym przeprosił i wyszedł na chwilę z sali.

„Tłumaczyłem mu: »Michael, musisz się nauczyć ufać ludziom – wspomina Vaccaro. – Musisz zrozumieć, że inwestujemy w ciebie co najmniej tyle, ile ty inwestujesz w nas«".

Spotkanie zbliżało się do końca, ale reprezentanci Nike nadal nie mieli pojęcia, co Jordan sądzi o ich prezentacji. Potem przyznał się Falkowi, że miał już po prostu dość spotkań. Dopiero wieczorem, podczas kolacji z rodzicami, Strasserem i innymi szefami Nike, trochę się wyluzował. Był tego wieczora ujmujący, przemiły i uroczy, natychmiast też znalazł się w centrum zainteresowania ekskluzywnej klienteli tej luksusowej restauracji. To tylko utwierdziło kierownictwo Nike w przekonaniu, że dokonują słusznej decyzji, że ten młody chłopak rzeczywiście ma w sobie niebywałą umiejętność nawiązywania relacji z ludźmi ze wszystkich sfer. Termin „post-racial"* nie wszedł jeszcze wtedy do słowników, ale dość dobrze opisuje to, co czuli w stosunku do Jordana. Po kolacji zaprezentowali mu montaż jego najlepszych akcji z Karoliny Północnej. Obejrzał go w magnetowidzie w limuzynie, która odwiozła go do hotelu. To był strzał w dziesiątkę. Oglądając taśmę, raz jeszcze rzucił okiem na wideo z linią marki Air Jordan, która miała należeć do niego. Kontrakt nie był jeszcze podpisany, ale haczyk został zarzucony, a przynęta połknięta.

„Michael się jej słuchał – mówi Vaccaro o relacji Jordana z matką. – To ona miała głos decydujący. Powiedziała mu: »Chcą, żebyśmy byli ich partnerem«. Przekonała go. Naprawdę. Nigdy nie zapomnę tego dnia".

Falk uczciwie spotkał się jeszcze z Converse'em i Adidasem, żeby zobaczyć, co zaproponują. Jordan umówił się nawet ze znajomym reprezentantem Converse'a i powiedział mu, że muszą „przygotować coś podobnego" do oferty Nike. Ale ani Converse, ani Adidas nie byli gotowi na to, żeby zaproponować coś, co choć w minimalnym stopniu przypominałoby koncepcję Sonny'ego Vaccaro. Phil Knight podobno nigdy oficjalnie nie zaaprobował kontraktu. Ale też nie próbował mu przeciwdziałać, a Rob Strasser upierał się przy koncepcji Vaccaro i wprowadził ją w życie. Milczenie Knighta stało się w efekcie cichym przyzwoleniem.

„Phil Knight słuchał kolesi takich jak Sonny i kupował ich pomysły – mówi Packer. – Nieważne, ile za to wszystko Sonny'emu zapłacili, na pewno zwróciło im się to z ogromną nawiązką. Był niesamowitym wizjonerem i w najśmielszej ze swych wizji dostrzegł, że Michael będzie nie tylko wielkim koszykarzem, ale że będzie miał niebywale przyciągającą osobowość, która będzie sprzedawać buty i wszystko inne". Kierownictwo Nike nie zdawało sobie jeszcze wtedy sprawy, że właśnie uczyniło z Michaela Jordana swego pełnoprawnego wspólnika.

„Jest zarówno wizerunkiem, jak i symbolem", powiedział David Falk po ogłoszeniu, że Jordan podpisał kontrakty z Nike, Wilson Sporting Goods i Chicagoland Chevrolet Dealerships Association. Ale to właśnie kontrakt z Nike

* Post-rasistowski – pogląd przedstawiający świat pozbawiony preferencji rasowych, dyskryminacji i uprzedzeń.

wywołał powszechne zdumienie i rozgoryczenie światka koszykarskiego. Jordan miał to odczuć, zanim jeszcze po raz pierwszy wybiegł na parkiet NBA. Był nadal młody i nie mógł sobie wyobrażać skali konsekwencji swej decyzji. „Wiem, że wszystkie oczy będą skierowane na mnie – mówił, przygotowując się do rozpoczęcia debiutanckiego sezonu. – I niektóre rzeczy, które robię, nawet mnie samego zaskakują. Nie wszystko planuję. Po prostu mi wychodzi".

Równocześnie Sonny Vaccaro szalał ze szczęścia – jego najodważniejszy pomysł zaczynał się ziszczać. „Gdyby okazał się niewypałem, pewnie znaleźlibyśmy się na dnie – mówił 30 lat później. – Zainwestowaliśmy w niego wszystkie pieniądze, jakie mieliśmy. A gdyby okazał się przeciętnym graczem? Wtedy przecież nikt nie mógł być niczego pewien. Stalibyśmy się pośmiewiskiem. Nie mam pojęcia, do czego by doszło. Wiem jednak, do czego nie doszło: Jordan nie okazał się przeciętnym graczem. Wybił się, przegonił najlepszych z najlepszych i zarobił miliony dolarów".

Rozdział 16

PIERWSZE SPOJRZENIE

Pod koniec sierpnia Jordan wrócił do domu na jeszcze jedną ceremonię, podczas której świętowano jego osiągnięcia, tym razem w Thalian Hall w Wilmington. Wreszcie mógł oficjalnie zaprezentować matce złoty medal olimpijski. Szkoła Laney High wykorzystała okazję, żeby uhonorować Michaela zastrzeżeniem jego koszulki z numerem 23. Miesiąc później MJ udał się do Chicago na rozpoczęcie obozu treningowego.

Spodziewał się, że życie zawodnika Chicago Bulls będzie inne niż życie zawodnika North Carolina Tar Heels, nie miał jednak pojęcia, jak dramatyczna będzie to różnica. Począwszy od trenera! Wreszcie przestał być ograniczony dyktatami Deana Smitha albo Bobby'ego Knighta. Jego nowym trenerem był 44-letni Kevin Loughery, typowy produkt szalonych lat 60. i 70. w NBA, kiedy grał w Baltimore Bullets*. Loughery miał brooklyński akcent i krzywy uśmieszek, który uosabiał jego radosne podejście do gry.

„Kevin był reprezentantem starej szkoły – wspomina były trener Bulls, Mark Pfeil. – W tamtych czasach ludzie wciąż jeszcze bawili się, grając w koszykówkę. Przychodziło się, pracowało, a po meczu szło się z kolegami do baru i rozkręcało imprezę".

Loughery miał nosa do koszykówki. Rozegrał w NBA 12 sezonów, zdobywając średnio 15,3 punktu. Jordan jako urodzony zwycięzca od razu mu się spodobał, bo wcześniej, w New Jersey Nets, trenował Juliusa Ervinga i zdobył dwa tytuły mistrzowskie. Jako zawodnik krył Jerry'ego Westa w finałach Konferencji

* Obecnie Washington Wizards.

Wschodniej w 1965 roku, kiedy West bił rekordy, zdobywając seryjnie ponad 40 punktów. Po doświadczeniach z Westem i Ervingiem Loughery doszedł do wniosku, że talent sportowy jest w stanie samodzielnie sobą zarządzać. Pod jego rządami Michael miał dostawać piłkę tak często, jak tylko się dało.

Jordan wielokrotnie powtarzał, że Loughery był zdecydowanie najfajniejszym trenerem, dla którego przyszło mu grać. „Dzięki niemu nabrałem pewności, że dam radę – wyznał. – W pierwszym sezonie dał mi piłkę i powiedział: »Hej, młody, wiem, że potrafisz grać. Więc graj!«. Nie sądzę, żeby coś takiego miało miejsce, gdybym trafił do trenera, który znowu stosowałby jakiś system".

Jordan na parkiecie znów więc szczerzył zęby i latał ponad głowami rywali, jak wówczas, gdy grał w sali gimnastycznej liceum Laney, tyle tylko, że teraz był bardziej rozwinięty fizycznie, a jego gra była bardziej ułożona. Koniec z ukrywaniem sprawności i siły!

Loughery chciał, żeby Jordan w pierwszym sezonie odnalazł swoją tożsamość i nabrał pewności siebie jako zawodnik. Nie zamierzał niczego na nim wymuszać, pozwolił mu samemu odkryć własny sposób gry. Dostrzegł u niego wielki głód koszykówki i zrozumiał, że jego zadanie polega na tym, żeby ten głód zaspokoić. Tak jak system Deana Smitha, a nawet system Bobby'ego Knighta ograniczały rozwój Michaela, tak Loughery pragnął zapewnić Jordanowi wolność, której ten potrzebował dla rozwoju. Pomogło to, że Loughery cieszył się pełnym zaufaniem menedżera Bulls Roda Thorna, który był jego asystentem w Nets.

Równie istotna była osobista relacja Loughery'ego z młodym gwiazdorem. „Mogłem go traktować jak przyjaciela", mówi Jordan. Loughery niedawno sam był koszykarzem i doskonale rozumiał wyzwania stojące przed debiutantem, takie jak na przykład dogadanie się z nowymi kolegami z drużyny. W przeciwieństwie do zmotywowanych młodych gwiazd All-Americans na Uniwersytecie Jordan miał się znaleźć wśród grupy cynicznych wyrzutków i degeneratów, spośród których część zmagała się z uzależnieniem od narkotyków i alkoholizmem. Utalentowany obrońca, Quintin Dailey, znalazł się w poważnych tarapatach przed pojawieniem się Jordana w Chicago. „Q był dobrym kumplem – wspomina trener Mark Pfeil. – Żal mi go było. Próbowaliśmy go ostrzec, straszyliśmy go, ale jak nastraszyć kogoś, kto zaczynał, będąc nikim? Pytał: »I co, skończę na ulicy? Byłem już na ulicy. Jakoś tam przeżyję. Nie boję się tego«".

Na skraju upadku alkoholowo-kokainowego znalazł się również inny ogromnie utalentowany zawodnik Bulls, Orlando Woolridge, rozgrywający drugi sezon skrzydłowy z Notre Dame. Jak się później okazało, dwaj koledzy z drużyny podążyli tą samą ścieżką, która doprowadziła ich do przedwczesnej śmierci. Skład, do którego miał dołączyć Michael, trapiły liczne, poważne problemy. Ale, jak mówi Tim Hallam, specjalista Bulls od PR, Jordan był zbyt ambitny, żeby marnować czas i zdrowie na narkotyki albo alkohol. Oznaczałoby to obnażenie słabości przed przeciwnikiem, a na to Jordan nigdy by sobie nie pozwolił.

Podróżujący wcześniej od klubu do klubu Rod Higgins, jedna z niewielu stabilnych osobowości w drużynie, był od Jordana o trzy lata starszy. Nie zważając na panujący w tamtym sezonie chaos w zespole, panowie szybko się zaprzyjaźnili, a ich relacja utrzymała się na całe lata. Utrzymywali kontakt nawet po zakończeniu zawodowej gry w koszykówkę. Sześć lat później Jordan powiedział, że tamta pierwsza drużyna była chyba najbardziej sprawna fizycznie spośród tych, do których należał, ale jednocześnie jej członkowie zachowywali się najbardziej irracjonalnie. Nazywał ich Looney Tunes*.

Obiekty treningowe Bulls w Angel Guardian Gym wydawały się sprzyjać sukcesowi Jordana w podobnym stopniu, co jego sprawiający kłopoty nowi koledzy z drużyny. „To była ciemna, posępna sala gimnastyczna z naprawdę twardą podłogą – opowiada Tim Hallam. – Żadnych udogodnień. Parkowało się na trawie na tyłach budynku. Szatnia była stara i zaniedbana. Nie można było tam zjeść ani zrobić nic poza przebraniem się i grą w naprawdę niekomfortowych warunkach. W ogóle nie było żadnego wyposażenia".

Poza tym, jak wspomina Joe O'Neil, kierownik do spraw sprzedaży biletów w Bulls, w sali roiło się od dzieciaków. „Zawodnicy musieli czekać, aż parkiet opuszczą uczniowie trzeciej klasy liceum. Naprawdę. Stali więc w kolejce, a po drugiej stronie parkietu tłoczyli się licealiści, którzy udawali się na basen albo do szatni". Jak wspomina były obrońca Bulls John Paxson, było tam też strasznie zimno, sala była źle ogrzewana i prawie nie pozwalała odpocząć od kapryśnej chicagowskiej pogody. Ale Jordan, tak jak to miało miejsce podczas igrzysk Pan American w Wenezueli, nie zamierzał zwracać uwagi na okoliczności. Angel Guardian nie była wcale gorsza od outdoorowego boiska w Empie Parku czy

* Zwariowane Melodie, nawiązanie do tytułu serii filmów animowanych wytwórni Warner Bros., między innymi z Królikiem Bugsem, Strusiem Pędziwiatrem, Kojotem i Kaczorem Duffym.

wielu innych miejsc, w których grywał w przeszłości. Wzruszył więc ramionami i zabrał się do roboty.

W ciągu pierwszych tygodni Bulls zakwaterowali debiutanta w hotelu Lincolnwood Hyatt House, niedaleko sali Angel Guardian. Kiedy na kilka dni przed rozpoczęciem obozu treningowego Jordan wylądował na lotnisku O'Hare, przywitał go 29-letni kierowca limuzyny, niejaki George Koehler, który właśnie spóźnił się na jeden kurs i czekał na kolejny. Zobaczył chudego młodego debiutanta, omyłkowo nazwał go „Larry Jordan" i zaproponował, że zawiezie go w dowolne miejsce w mieście za 25 dolarów. „Czyżbyś znał mojego brata?", zapytał Michael, wywołując zdziwienie na twarzy kierowcy. Był to początek pięknej przyjaźni. Koehler stał się regularnym szoferem Jordana, potem jego osobistym asystentem i wieloletnim przyjacielem.

Pamięta Jordana z tamtego pierwszego dnia – był zielony i niepewny, jak sobie poradzi z życiem w wielkim mieście. „Spoglądałem w lusterko i nie mogłem go nawet zobaczyć, siedział tak wciśnięty w fotel, jak małe dziecko – wspomina Koehler. – Nie wiem, czy kiedykolwiek wcześniej jechał taką limuzyną. Nie znał w Chicago nikogo. Byłem obcy i na pewno trochę się denerwował, czy nie wywiozę go w jakiś ciemny zaułek".

Jordan szybko się jednak odnalazł w nowym miejscu. „Codziennie pojawiał się na treningu taki nabuzowany, jakby to był siódmy mecz Finałów NBA – wspomina, śmiejąc się, Joe O'Neil. – Miał ochotę wszystkich zmasakrować. I to nadawało rytm całej drużynie".

Loughery przyglądał się Jordanowi z daleka, ale od razu pojął, z kim ma do czynienia. „Kiedy zaczęliśmy ćwiczenia jeden na jednego – wspomina – od razu było widać, że to gwiazda. Nie powiem, że od razu wiedzieliśmy, że to najlepszy koszykarz na świecie. Ale od początku było jasne, że Michael potrafi trafiać do kosza. Wiele osób to kwestionowało. Tyle że wcześniej, na studiach u Deana Smitha i na igrzyskach u Bobby'ego Knighta, Michael grał w systemie nastawionym na podawanie piłki. Ludzie nigdy nie mieli więc okazji oglądać, jak świetnie radzi sobie indywidualnie. Potem, kiedy okazało się, jak bardzo jest ambitny i żądny zwycięstwa, zrozumieliśmy, że mamy do czynienia z koszykarzem kompletnym".

Asystent Loughery'ego, Bill Blair, wspomina, że trenerzy postanowili drugiego dnia rozegrać sparing, żeby sprawdzić umiejętności Jordana na parkiecie. „W jednej z akcji Michael zebrał piłkę pod własnym koszem – opowiada

Blair – po czym pognał na drugi koniec boiska. Odbił się z linii rzutów wolnych, pofrunął i zadunkował, a Kevin powiedział: »Nie potrzebujemy już sparingu«".

„Miał fantastyczną zdolność przewidywania, widział i rozumiał, co się dzieje na parkiecie. Do tego dochodziła szybkość i siła fizyczna – wspomina Loughery. – Na to często nie zwraca się uwagi, ale Michael był diabelnie silny. Miał do dyspozycji pełen arsenał atutów".

Mimo to Jordan od początku koncentrował się nie na tym, co miał w zanadrzu, a na tym, czego nie miał. „Nie mam co do tego wątpliwości: gram na nowym poziomie – powiedział po zakończeniu pierwszego treningu. – Muszę się jeszcze wiele nauczyć".

„Wiedzieliśmy, że mamy do czynienia z kimś wyjątkowym, bo Michael zawsze pojawiał się na treningu 45 minut wcześniej – wspomina Blair. – Chciał popracować nad rzutem. A po treningu prosił mnie o pomoc. I dalej pracował nad rzutem. Zawsze uwielbiałem w nim to, że kiedy podczas rozgrywanego na treningu sparingu zdejmowałem go z boiska, żeby trochę odpoczął, to prawie od razu zaczynał marudzić, żebym go wpuścił z powrotem. Michael uwielbiał grać w kosza".

Sekretariat

Reprezentacja mediów obserwująca pierwszy dzień obozu treningowego Jordana składała się z jednego dziennikarza prasowego, jednego felietonisty, czterech fotografów i ekipy telewizyjnej. Oczywiście w najbliższy weekend miał się zakończyć historyczny sezon drużyny baseballowej Chicago Cubs, a drużyna futbolowa Chicago Bears miała w niedzielę zagrać na stadionie Soldier Field z Dallas, jednak smutna prawda jest taka, że we wrześniu 1984 roku mało kto interesował się w Chicago losem Bulls, niezależnie od tego, czy Michael Jordan by tam był, czy by go nie było. „Bulls byli najbiedniejszym dzieckiem w mieście", podsumowuje Jeff Davis, wówczas producent telewizyjny.

Nie chodziło tylko o Chicago – sama NBA też się Michaelem niespecjalnie interesowała. Liga podpisała właśnie nowy kontrakt telewizyjny ze stacją CBS Sports i nie uwzględniła w terminarzu transmisji ani jednego meczu Byków. Davis wspomina, że nawet lokalne stacje telewizyjne nie były zainteresowane pokazywaniem choćby fragmentów meczów w wiadomościach. Jeśli ekipa z kamerą pojawiała się w Angel Guardian, to Loughery się tym nie przejmował. W tamtych czasach nie było mowy o ograniczeniach dla mediów podczas treningów.

Jeff Davis przychodził więc tam jako kibic. „Nigdy nie zapomnę tych treningów na początku sezonu. Jezu, ależ tam było intensywnie. Jordan nie przypominał mi nikogo, kogo znałem, taki był utalentowany. Widać było, że ciężko pracuje i że wszystko potrafi. Wchodził pod kosz z łatwością, niezależnie od tego, kogo miał naprzeciwko siebie. Był cholernie wymagający. Chciał, żeby obrońcy się do niego przyklejali. »Bliżej! Dawaj, kryj mnie! Jesteś do dupy!« Wywoływał zawodników po nazwisku. Był niezłym specjalistą od trash-talkingu".

„Michael codziennie sobie kogoś wybierał na kozła ofiarnego – wspomina trener Mark Pfeil. – Tak było od samego początku, codziennie. Mógł to być ktokolwiek z kolegów: Ennis Whatley, Ronnie Lester albo Quintin Dailey. Michael oddawał im rzuty sprzed ich twarzy. Zazwyczaj jeszcze ich prowokował, żeby bardziej się starali, ale to przede wszystkim dlatego, że cechowała go taka wola walki. W ciągu tego pierwszego sezonu zdarzało się, że jakiekolwiek ćwiczenia na treningu przestawały mieć sens. Loughery tylko rozkładał wtedy ręce i pozwalał Michaelowi robić swoje".

„To jest ciekawe: mieć w składzie debiutanta, który takim przebojem wchodzi do gry – wspominał w 2012 roku Rod Higgins. – Weterani bardzo szybko zaczęli go szanować za niezwykłą wolę walki. Kiedy rozpoczęliśmy tamten obóz treningowy, szybko się zorientowałem, że ten chłopak nie zawaha się, żeby cię upokorzyć, jeśli nie będziesz dawać z siebie wszystkiego. Nie przejmował się nawet tym, który z weteranów go akurat kryje".

„Michael jest jak Sekretariat* – śmiał się asystent trenera Fred Carter. – Wszystkie inne konie wiedzą, że muszą się nieźle natrudzić, żeby dotrzymać mu tempa".

„Podczas treningów Loughery wstawiał Michaela do różnych drużyn, żeby zobaczyć, co potrafi – mówi Rod Thorn. – Ale niezależnie od tego, do której drużyny trafił Michael, to ta drużyna wygrywała. Kevin mówił: »Nie wiem, czy to cała reszta jest tak beznadziejna, czy też on jest aż tak dobry«".

„Kevin miał na treningach taki zwyczaj – wspomina Pfeil – że dzielił w pewnym momencie grupę na dwie drużyny i wygrywała ta, która jako pierwsza zdobyła 10 punktów. Członkowie drużyny, która przegrała, musieli zrobić 10 okrążeń. Kevin nazywał to »10 punktów albo 10 okrążeń«. Przez cały rok Michael

* Legendarny koń wyścigowy, w latach 70. zdobywca Amerykańskiej Potrójnej Korony – wygrał trzy najbardziej prestiżowe wyścigi, bijąc wszędzie rekordy toru.

nie przebiegł ani jednego okrążenia. W jednym z meczów drużyna Michaela prowadziła 8:0, więc Kevin przeniósł go do drużyny, która przegrywała. Michael się wściekł. Pierwsze 9 punktów zdobył sam i jego drużyna wygrała".

„Kiedy zobaczyłem go na obozie przygotowawczym, zmieniłem zdanie na temat naszej siły w ofensywie – wspomina Loughery. – To jego obecność determinowała, jakiego systemu w ataku potrzebujemy. Poza nim nie mieliśmy zbyt silnego składu, więc musiał na siebie wziąć ciężar zdobywania wielu punktów. Od razu zacząłem wymyślać sposoby na wyizolowanie go w ataku albo stwarzanie okazji do ataku jeden na jednego. To miało sens, bo był silniejszy od większości obrońców. Trzeba było tylko dostosować do niego atak".

Jordan miał nadzieję, że będzie grał jako rzucający obrońca, dzięku czemu łatwiej będzie mógł sobie radzić z niższymi rywalami. Loughery poszedł nawet o krok dalej, dochodząc do wniosku, że debiutant będzie jeszcze bardziej przewyższał rywali na pozycji rozgrywającego. A przecież mógłby grać i jako niski skrzydłowy. Ta wszechstronność oznaczała, że Bulls wzmocnili się równolegle na trzech pozycjach.

Przed rozpoczęciem sezonu zasadniczego drużyna miała jeszcze rozegrać kilka meczów sparingowych. Nowa epoka rozpoczęła się w Peorii w hali Civic Center, przed dwoma i pół tysiącami widzów, z Jordanem siedzącym na ławce. Gdy wszedł, zdobył 18 punktów (najwięcej w meczu). W terminarzu znalazła się też wyprawa do Glens Falls w Nowym Jorku, gdzie Jordan już podczas rozgrzewki zachwycał publiczność slam dunkami. Kibice wiwatowali na jego cześć do momentu, kiedy okazało się, że poprowadził tego wieczora Bulls do zwycięstwa nad Knicks.

Podczas sparingu w Indianie Tim Hallam po raz pierwszy dostrzegł, że Jordana łączy z kibicami jakiś inny rodzaj więzi. Zdobył tamtej nocy 40 punktów, a po meczu grupka fanów, głównie młodych chłopców, podążała za nim korytarzem, jak za Flecistą z Hameln*. Z każdym dniem magnetyzm Jordana stawał się widoczny coraz bardziej. W przyszłości trzeba go będzie odgradzać od publiczności, żeby nie stała mu się krzywda. Ale na początku pierwszego sezonu to rosnące zainteresowanie kibiców było jeszcze urocze.

Reakcje trenerów i kolegów z drużyny podczas obozu przygotowawczego oraz rosnące zainteresowanie widzów podczas meczów przedsezonowych

* Szczurołap, bohater legendy spisanej między innymi przez braci Grimm.

sprawiały, iż szansa na to, że Jordan będzie w stanie odmienić losy drużyny, stawała się coraz bardziej realna. „Widzieliśmy, co potrafi – wspomina Loughery – ale jeśli jeszcze było się przy nim codziennie i widziało się tę ambicję, tę wolę walki... W każdej trudniejszej chwili przejmował odpowiedzialność. Zawsze szedł na całość. I lubił to".

Drużyna potrzebowała wszystkiego, co był w stanie im zaoferować. Kiedy James i Deloris Jordanowie po raz pierwszy pojawili się na meczu Bulls w hali Chicago Stadium, byli pod wrażeniem niskiej frekwencji i ciszy panującej na trybunach. Porównując to z intensywną energią widowni, bijącą z trybun podczas meczów Uniwersytetu Karoliny Północnej, pojedynki Bulls z początku wydawały się żałosne. Jordanowie zaczęli się zastanawiać, jak tę drużynę może być stać na to, żeby co roku płacić ich synowi setki tysięcy dolarów. Deloris przekonywała męża, że na pewno z czasem będzie lepiej, ale wcale nie była tego taka pewna. Negatywny obraz zaczynał się od samej hali, nazywanej „domem wariatów z Madison", znajdującej się w jednej z najgorszych dzielnic Chicago. Okolice bardzo ucierpiały podczas zamieszek w 1968 roku, po zamordowaniu Martina Luthera Kinga. W ciągu kolejnych kilkunastu lat na West Side było raczej nieciekawie. Dla wielu kibiców, którzy byli na tyle odważni, że przyjeżdżali na mecze Bulls, zaparkowanie samochodu i znalezienie drogi do bram hali bywało często doświadczeniem, przy którym serce podchodziło do gardła. „Jak spod ziemi wyrastali kolesie, którzy pytali: »Proszę pana, może umyjemy auto?« – wspominał Jeff Davis. – Jeśli zaparkowałeś na ulicy i nie miałeś drobnych, żeby im zapłacić, to zdarzało się, że miałeś potem poprzebijane opony. Jeśli byłeś dziennikarzem, to ostrzegano cię: »Proszę nie parkować poza parkingami przeznaczonymi dla drużyny. I proszę zaraz po meczu jak najszybciej opuścić okolicę«. No więc po meczu zaczynał się masowy, trwający od pół godziny do 45 minut exodus. Ludzie chcieli jak najszybciej opuścić okolice hali".

„Byki grały wtedy źle, a hala znajdowała się po zachodniej stronie miasta – tłumaczy Tim Hallam. – Nie wyglądało to wtedy tak jak teraz, po boomie gospodarczym. To była druga po Boston Garden najstarsza hala w NBA. Jasne, kiedy się zapełniała, to było super. Byłoby tam głośniej niż w innych miejscach, bo dźwięk odbijał się od dachu i powracał. Byłoby, bo wtedy nie przyciągaliśmy tłumów i w hali raczej panowała cisza".

„Mieliśmy wtedy wciąż jeszcze niewielką grupę kupujących karnety na cały sezon – przyznaje Joe O'Neil. – W trzeciej kwarcie byłem w stanie sam policzyć widzów: stawałem na górze i liczyłem".

Steve Schanwald, który został potem wiceprezesem Bulls, pojawił się w Chicago w 1981 roku jako dyrektor marketingu w baseballowej drużynie White Sox. Jako absolwent Uniwersytetu w Maryland uwielbiał entuzjazm do koszykówki w konferencji ACC i kilkakrotnie pojawił się na meczach Byków. I też był w szoku. „Chicago Stadium było martwą halą – wspomina. – Nawet lubiłem tam przychodzić, bo kupowałem jeden bilet i mogłem się rozłożyć na kilku siedzeniach. Ale tak naprawdę to patrzenie na to było dosyć żenujące. Nie mogłem uwierzyć, że mam do czynienia z koszykówką NBA. Raczej CBA* albo czymś jeszcze gorszym. Ta hala zawsze była fantastyczna, kiedy wypełniali ją kibice. Ale gdy było pusto, można było popaść w depresję. Ktoś mi mówił, że na początku kibice Byków musieli oglądać mecze przez szyby z pleksiglasu, jak w hokeju. Tak mało było wtedy szacunku dla tej drużyny".

Taka atmosfera tylko spotęgowała trudności Jordana podczas debiutanckiego spotkania. Próbował wprowadzić na mecz dwie panienki, tak żeby żadna nie dowiedziała się o tej drugiej. Mieszkał w Chicago dopiero od miesiąca – przez większość tego czasu razem z matką. Na liście jego gości znalazły się nazwiska dwóch kobiet, a on jeszcze kombinował, żeby obie dostały miejsca w różnych sekcjach hali. Uznał, że żeby nie było kłopotów, lepiej będzie, jeśli usiądą po przeciwległych rogach boiska. Oczywiście jak na niedoświadczonego debiutanta przystało, zaprzepaścił wysiłki z usadzeniem dziewczyn, przyznając się do tego w rozmowie z jednym z dziennikarzy. Z czasem nauczył się, jak postępować z przedstawicielami mediów. Nie da się jednak ukryć, że pokonał długą drogę od czasów liceum, kiedy miał problemy z umówieniem się na randkę. Po tym zwycięskim rzucie w meczu z Georgetown w 1982 roku on i Buzz Peterson szybko się zorientowali, że zaczęli bić rekordy popularności wśród dziewczęcej populacji w Chapel Hill. W Chicago Jordan jeszcze lepiej poznał uroki aktywnego życia towarzyskiego, którego pionierem był były zawodnik Bulls Reggie Theus – ze względu na swe zamiłowanie do imprez nazywany „Pędzącym Reggiem"**. Jego odejście z drużyny w 1983 roku otworzyło drogę debiutantowi Jordanowi

* Continental Basketball Association, podrzędna liga koszykarska, zaplecze NBA.

** Rush Street Reggie.

do stania się bożyszczem kobiet w Chicago. Michael bardzo poważnie traktował koszykówkę, ale nie na tyle poważnie, żeby zrezygnować z umawiania się z dziewczynami. W Karolinie jego sława mocno przyciągała płeć piękną. Teraz, w Chicago, odkrył, że może to być jeszcze bardziej podniecające.

Początek

Jordan miał 21 lat i nie mógł się doczekać tego pierwszego meczu w starej, sypiącej się hali Chicago Stadium, w piątek 26 października 1984 roku, przeciwko Washington Bullets. Nie było jeszcze wtedy przedmeczowego pokazu laserowego, który potem stał się charakterystyczny dla meczów z jego udziałem. Zamiast tego towarzyszyła mu jedynie melodia z *Thrillera* Michaela Jacksona. 13 913 kibiców, o około sześć tysięcy więcej niż podczas meczu otwierającego sezon przed rokiem, głośno wiwatowało na jego cześć i wpadało w ekstazę za każdym razem, kiedy zrobił coś, co zmieniało obraz gry. Już podczas pierwszej kwarty było jasne, że mecze Byków przestaną być senne i nudne.

21 sekund po rozpoczęciu meczu Michael spudłował swój pierwszy rzut, oddany z odległości pięciu i pół metra. Minutę później odebrał piłkę obrońcy Washington Frankowi Johnsonowi i zaliczył swój pierwszy przechwyt. Już po kilku minutach wywołał pierwszy szmer na trybunach, kiedy próbował zapakować piłkę od góry z lewej strony, ponad silnym centrem Bullets Jeffem Rulandem. Ten zlekceważył atak Michaela i powalił go na parkiet. Jordan leżał bez ruchu, a kibice zamarli. W końcu się podniósł, potem narzekał na ból szyi i głowy. Zgodzili się potem z Rulandem, że zderzenie było przypadkowe, ale tamten incydent miał być zwiastunem wzorca typowego dla nadchodzących lat – Jordan przedzierający się, żeby zaatakować obręcz, przez drzewa próbujące do tego nie dopuścić. Po 7 minutach i 27 sekundach trafił swój pierwszy kosz w NBA, rzut od tablicy z trzech i pół metra, z prawej strony. Od tego momentu górę wzięły już nerwy. Trafił tylko 5 z 16 rzutów z gry, zdobył 16 punktów, dokładając do tego 7 asyst, 6 zbiórek i 6 z 7 rzutów wolnych. Zaliczył też 5 strat. Ale kibice i tak mieli powody do zadowolenia. „To był dobry początek kariery – powiedział potem. – Najbardziej martwiłem się, czy uda mi się wszystkich zmotywować do boju, do przepychania się, do walki pod koszem. Reszta przyszłaby sama". Bulls wygrali 109:93, ale jeszcze coś miało się zmienić: w tamtym pierwszym meczu piłka zdawała się częściej znajdować w rękach kolegów Michaela z drużyny.

Asystent Bill Blair wspomina, że członkowie sztabu szkoleniowego zwrócili uwagę na jedną rzecz podczas drugiego meczu, w Milwaukee. „Kiedy zaczął prowokować Sidneya Moncriefa, którego uważano wtedy za jednego z pięciu najlepszych obrońców w NBA, wiedzieliśmy, że mamy do czynienia z kimś wyjątkowym". W trzecim meczu, również przeciwko Bucks, Michael zdobył 37 punktów, w tym 22 w czwartej kwarcie, a 9 356 kibiców w Chicago Stadium było świadkami fantastycznego comebacku i zwycięstwa. Odbywały się kolejne mecze, a Jordan coraz częściej znajdował się przy piłce. Nie chcąc zawieść oczekiwań, biegał po parkiecie w tę i we w tę z wywalonym językiem. Był niewiarygodnie szybki w pogoni za piłką, walczył o zbiórki, ruszał do kontrataków niczym sprinter w biegu na 100 metrów. Ponieważ był w stanie przenieść kozłowanie na drugą rękę, nie zwalniając tempa, obrońcy szybko nauczyli się robić krok w jego stronę, żeby przeciąć kozioł, ale Michael kontrował to, robiąc pivot w odwrotną stronę, również na pełnej szybkości. Tego typu ruchy były trudne nawet dla zwinnych niskich obrońców, a co dopiero dla kogoś, kto ma 198 centymetrów wzrostu.

Jeśli rywale przez ułamek sekundy zawahali się, czy wracać do obrony, to jego już nie było. A jeśli zdążyli wrócić, żeby chronić kosz, Jordan prezentował swoją nową sztuczkę. Wielokrotnie wybijał się bardzo wcześnie i leciał w kierunku obręczy, znajdując czas na to, żeby podjąć decyzję, jak zakończy akcję. Elgin Baylor jako pierwszy, pod koniec lat 50., zaprezentował światu tak zwany *hang time**, potem jeszcze Julius Erving nadał temu zagraniu poezji. Ale to loty Jordana były największym osiągnięciem w tej dziedzinie. Towarzyszył im błogi spokój, kiedy Michael frunął, z wystawionym językiem, jakby w zwolnionym tempie, przyglądając się defensywnym krajobrazom. Teraz mógł wreszcie poszaleć, nie martwiąc się, co sobie o tym myśli trener. Eksperci często zapominają o jego umiejętności zmiany zdania w ostatniej chwili. Jeśli obrońca zajmował pozycję obronną i wyskakiwał do bloku, Jordan po prostu omijał go i wrzucał piłkę do kosza, odbijając ją od tablicy.

„Kiedy Michael zaczął grać, a zaczął grać dobrze, kibice się nami zainteresowali – wspomina Rod Thorn. – Na początku sezonu sprzedawaliśmy około sześciu tysięcy biletów na mecz. Po czym nagle sprzedaż wzrosła do ponad dziesięciu

* Moment zawiśnięcia w powietrzu przed oddaniem rzutu.

tysięcy. To było niezłe *show*!". Na wyprzedane mecze trzeba było jeszcze trochę poczekać, ale sytuacja finansowa Chicago Bulls znacząco się poprawiła.

Kiedy Jordan skierował swój młodzieńczy ogień przeciwko rywalom, siłą rzeczy dochodziło do konfliktów z obrońcami. „W pierwszych meczach chłopak wchodził pod kosz za każdym razem, kiedy był przy piłce – opowiada Thorn. – Jego dunkowaniu i zdobywaniu punktów towarzyszyła niezła ekwilibrystyka. Obrońcy z innych drużyn zaczęli go sprowadzać na ziemię. Szybko zrozumieliśmy, że ktoś go w końcu zabije". W pierwszym meczu przeciwko Pistons Jordan frunął, żeby zadunkować, kiedy center Detroit Bill Laimbeer powalił go na ziemię, wywołując wściekłość kibiców zgromadzonych w Stadium. Stało się jasne, że potrzebny był mu w drużynie obrońca, tyle że nikt do takiej roli nie pasował.

Pierwsze zwycięstwa sprawiły, że Quintin Daily i inni zaczęli się odgrażać, że z niecierpliwością czekają na pierwsze odwiedziny obrońców tytułu mistrzów NBA, Boston Celtics. W meczu z Larrym Birdem i spółką Jordan zdobył 27 punktów, ale Celtics dość łatwo wygrali, dodatkowo podkręceni przez prowokacje Bulls. Bird mimo to był pod wrażeniem. „Bulls stali się dzięki niemu znacznie lepsi... Już niedługo ta hala będzie się codziennie zapełniać... Będą płacić, żeby zobaczyć Jordana w akcji. Jest najlepszy. Już na tak wczesnym etapie kariery jest w stanie zrobić więcej niż ja kiedykolwiek. Kiedy byłem debiutantem, nie robiłem takich rzeczy jak on. Kurde, miał dziś takie jedno wejście pod kosz: trzymał piłkę prawą ręką, wysoko w górze, potem ją obniżył. Potem z powrotem podniósł. Kontrolowałem to, miałem wyciągniętą rękę, ale on i tak trafił. Tak długo był w powietrzu. Żeby pojąć, jakie to trudne, musisz być koszykarzem. Widzisz to i mówisz: »I co, cholera, możesz zrobić?«. Wcześniej nie miałem okazji zbyt wiele go oglądać i nie robił na mnie aż takiego wrażenia. To znaczy wiedziałem, że będzie dobry, ale nie że aż tak dobry. Nie było niczego takiego, czego by nie potrafił. Ale to dobrze i dla jego drużyny, i dla całej ligi".

„Raporty skautów mówiły, że nie umiem pójść w lewo – opowiada Jordan. – Nie znali mojego pierwszego kroku, nie znali moich ruchów, nie znali wyskoku. Wiedziałem, że wezmę wszystkich z zaskoczenia, nawet siebie".

Tim Hallam wspomina, że przeczuwając potencjał zdolnego debiutanta, Loughery szybko zmienił strategię ataku na: „Cały czas wszystko na Jordana". „Kevin był takim typem trenera... jakby go opisać? Stwierdzał, że jak już ma się konia, to trzeba na nim jeździć. Tak właśnie robił z Michaelem".

Hallam mówi, że z meczu na mecz wzajemne zaufanie trenera i Jordana rosło, a Michael czuł się coraz bardziej komfortowo. „Kevin był dobrym trenerem, świetnie dopasowywał się do okoliczności. Był taktykiem. Michael to szanował".

Oczywiście obecność Jordana zdawała się odpowiadać na wszystkie pytania taktyczne. Już w piątym meczu w NBA zdobył 45 punktów przeciwko San Antonio. Sześć tygodni później zniszczył Cleveland, rzucając znowu 45 punktów. Potem przyszedł 42-punktowy występ przeciwko New York Knicks. I kolejne 45 punktów z Atlantą. Ten stały poziom energii mógł doprowadzić do szału, jak wspomina Doc Rivers, ówczesny rozgrywający Atlanta Hawks. „Pamiętam ten pierwszy sezon, kiedy mówiliśmy między sobą z chłopakami, że nie ma szans, żeby utrzymał taką energię przez cały rok". Rzeczywiście, debiutanci w NBA zazwyczaj „zderzają się z murem"*. Grają dobrze przez 25 meczów, czyli tyle, ile mniej więcej trwa sezon uniwersytecki, po czym zaczynają powłóczyć nogami, stają się wycieńczeni. Ale nie Jordan. „Minęły dwa lata, a on wciąż to robił – dziwi się Rivers. – Zawsze się wybijał pod względem inteligencji, ale intensywność wyróżniała go jeszcze bardziej. Tylko niewielu coś takiego potrafi. Rzadko widuje się supergwiazdę, która gra z taką intensywnością codziennie i to mimo że codziennie jest obiektem agresywnych ataków obrońców. To było coś niesamowitego".

Pierwsze *triple double* (35 punktów, 15 asyst i 14 zbiórek) zaliczył w meczu z Denver. Potem, tuż przed Weekendem Gwiazd, zdobył 41 punktów w meczu z Bostonem, mistrzami NBA. Zawsze, kiedy grał przeciwko Birdowi, myślał o braku szacunku, który okazał mu gwiazdor Bostonu podczas przedolimpijskiego *tournée*. Podczas rozgrzewki piłka Jordana uciekła na drugą połowę parkietu, gdzie rozgrzewali się koszykarze z NBA. Bird ją złapał, ale zamiast oddać ją czekającemu Jordanowi, odrzucił ją dalej. „Bird chciał mi wtedy pokazać, że taki jest biznes i że jestem w hierarchii niżej od niego – mówi Jordan o tamtym incydencie. – Nigdy mu tego nie zapomniałem".

Szef Celtics Red Auerbach dostrzegł w Michaelu showmana od razu, kiedy go zobaczył. „To widać w oczach – powiedział kiedyś w wywiadzie. – Jest szczęśliwy, kiedy widzi wiwatujące tłumy, dla których może dać pokaz swoich

* *Rookie wall*, typowe określenie dla debiutantów NBA, którzy po świetnym początku sezonu, wraz z jego upływem, zaczynają grać coraz gorzej.

umiejętności". Legendarny center Bostonu Bill Russell zgodził się z tym, mówiąc: „To jeden z nielicznych koszykarzy, za oglądanie którego mógłbym zapłacić".

Zakaz

Podczas gdy popularność debiutanta na początku 1985 roku rosła, Nike wypuściło na rynek swoje pierwsze buty Air Jordan, czerwono-czarny model, który natychmiast został zakazany przez NBA. Przepisy nakazywały zawodnikom grę w białym obuwiu, więc NBA orzekła, że Jordan zostanie ukarany grzywną w wysokości pięciu tysięcy dolarów za każdym razem, kiedy zagra w nowych butach. Rob Strasser i Peter Moore z Nike natychmiast zadzwonili do Sonny'ego Vaccaro. „Obaj powiedzieli: »Niech się pierdolą«. Dokładnie tak – wspomina Vaccaro. – Odparłem: »Jak to? Nie zamierzamy się przejmować tym, że nie będzie w tych butach grał?«".

Strasser szybko podjął decyzję, że Jordan i tak będzie wychodził na parkiet w nowych butach i że za każdym razem zapłacą grzywnę. A także że w ramach kampanii reklamowej poinformują kibiców o zakazie. NBA nie mogła zapewnić Nike lepszej platformy marketingowej. „Kiedy próbuje się ludziom czegoś zabronić, to co wtedy robią? – wspomina, śmiejąc się, Vaccaro. – Wystarczy tylko powiedzieć, że nie wolno im czegoś zrobić, a na pewno to zrobią".

Nike szybko wykorzystała prezent od NBA i bazując na zakazie, zaczęła budować legendę swojego nowego modelu. „A potem się zaczęło", wspomina Vaccaro. Świetna gra Jordana na początku sezonu, połączona z zakazami i towarzyszącą im kampanią marketingową sprawiły, że sprzedaż air jordanów poszybowała w górę. W ciągu pierwszych trzech lat przyniosła Nike 150 milionów dolarów, dzięki czemu sam Michael także stał się bogatym człowiekiem.

Vaccaro wspomina, że w pierwszym sezonie Nike bardzo się starała, żeby produkty obrandowane jako Air Jordan były dostępne podczas Meczu Gwiazd w Indianapolis. „Robiliśmy wszystko na czerwono-czarno: opaski na rękę, koszulki... Wszystko w kolorach Bulls".

Weekend Gwiazd w 1985 roku miał zostać na długo zapamiętany za sprawą błyskotliwego debiutanta, ale i za sprawą słynnej lekcji, którą Jordan otrzymał ze strony kilku weteranów NBA podczas samego Meczu Gwiazd. Domniemana zmowa była tak subtelna, że w pierwszej chwili nawet sam MJ jej nie dostrzegł. Wszystko wyszło na jaw później, na lotnisku, kiedy pewne szczegóły zdradził doktor Charles Tucker, doradca Magica Johnsona, Isiaha Thomasa i George'a Gervina. Powiedział wtedy dziennikarzom: „Chłopakom nie podobało się jego zachowanie i postanowili dać mu lekcję. W obronie Magic i George uprzykrzali mu życie, a w ataku po prostu mu nie podawali. Z tego się właśnie teraz śmieją. George zapytał się Isiaha: »Myślisz, że dostał wystarczająco dobrą lekcję?«".

Ich reakcję wywołał podobno fakt, że debiutant na konkurs wsadów włożył nowy dres Air Jordan oraz złoty naszyjnik. W finale przegrał z Dominikiem Wilkinsem z Atlanty. Tucker ujawnił też, że zdaniem weteranów młokos zachowywał się arogancko i konfrontacyjnie. Thomas czuł się podobno urażony tym, że Jordan prawie się do niego nie odzywał, kiedy jechali razem windą na spotkanie zawodników pierwszego dnia Weekendu Gwiazd. „Kiedy tam przyjechałem, byłem bardzo cichy – tłumaczył potem Jordan. – Nie chciałem zadzierać nosa".

W samym Meczu Gwiazd Jordan zagrał tylko przez 22 minuty i oddał jedynie 9 ze 120 rzutów ekipy Wschodu.

Agent David Falk tłumaczył, że to Nike poprosiła Jordana, żeby założył prototyp stroju Air Jordan. „Poczułem się wtedy cholernie upokorzony – powiedział o bojkocie Jordan. – Miałem ochotę wejść do jakiejś dziury i już stamtąd nie wychodzić".

Kiedy dziennikarze zapytali o incydent Thomasa, ten zaprzeczył, że miał miejsce jakikolwiek bojkot. „Kto by robił coś takiego? – powiedział obrońca Detroit. – Przecież to dziecinada".

Kolega Jordana z Bulls, Wes Matthews, poproszony potem o skomentowanie bojkotu Michaela, odparł: „On ma dar od Boga. Jest ulubieńcem Boga, więc pozwólmy mu być ulubieńcem Boga".

Z perspektywy czasu Vaccaro postrzega ten incydent jako ostrą akcję przeciwko Nike, zorganizowaną przez sportowców, którzy zarabiali znacznie mniej na kontraktach z Converse'em. „To Nike było wrogiem – tłumaczy. – To my go stworzyliśmy. Nie chodziło o to, że wystąpił w konkursie slam dunków i że był ulubieńcem kibiców. Doktor J też był ulubieńcem kibiców, a nikt się nie złościł na Doktora J. Chodziło o to, co my zrobiliśmy z Jordanem".

Doktorze, Doktorze

Niewielu zdawało sobie wtedy sprawę, jak ogromną siłę czerpie Jordan ze swoich kapitalnych występów i z kontraktu z Nike. Sam przyznawał, że tamta historia uświadomiła mu, że wielkie gwiazdy koszykówki zmówiły się przeciwko niemu. To zasiało ziarno późniejszej niechęci w stosunku do Isiaha Thomasa i Magica Johnsona. Uczucia wobec Thomasa potem się spotęgowały, kiedy obie drużyny walczyły o prymat w Central Division. Niechęć Jordana do Johnsona urosła, kiedy rozeszła się wieść, że obrońca Lakers namawiał właściciela drużyny Jerry'ego Bussa do transferu starego kumpla Michaela, Jamesa Worthy'ego, po tym, jak Lakers przegrali z Bostonem w finałach w 1984 roku.

Jak tłumaczy Vaccaro, który spędzał wtedy z Jordanem sporo czasu, tamten incydent był kolejną iskrą, która rozpaliła ogień woli walki Jordana. „To się zrobiło dla niego sprawą osobistą – wspomina Vaccaro. – Obserwowaliśmy, jak przeobraża się w boiskowego mordercę. Wypowiadał wszystkim wojnę. Na zawsze zachował w pamięci tamten dzień. Dziś się do nich uśmiecha, wymieniają pocałunki, ale nigdy tego nie zapomniał. To wtedy po raz pierwszy publicznie zlekceważono Michaela Jordana. Czy ktoś z nich w ogóle dziś o tym pamięta? Czy ktoś się do tego przyzna? Kiedy Michael został zlekceważony przez Isiaha, który oczywiście był wtedy wielkim koszykarzem, to potraktował to jako kolejny czynnik motywujący".

Pistons mieli zagrać w Chicago Stadium zaraz po zakończeniu Weekendu Gwiazd, a Thomas, dopytywany przez dziennikarzy o bojkot, konsekwentnie zaprzeczał: „Nic takiego nie miało miejsca – mówił. – Byłem bardzo zły, gdy o tym przeczytałem. To może mieć wpływ na moją ewentualną przyjaźń z Michaelem". Przed meczem gwiazdor Detroit wysłał Jordanowi wiadomość, że powinni porozmawiać. Podczas krótkiego spotkania osobiście go przeprosił, jak to potem określił Michael, „bardzo na pokaz". Tamtego wieczora Jordan zdobył 49 punktów i 15 zbiórek, prowadząc Bulls do zwycięstwa po dogrywce 139:126. W jednej z akcji ewidentnie zwolnił, dając Thomasowi wystarczająco dużo czasu, żeby znalazł się razem z nim w polu widzenia kamer, po czym efektownie zadunkował, a komentatorzy bardzo szybko stwierdzili, że to upokarzanie rywala. Po meczu Thomas, ewidentnie rozdrażniony pytaniami dziennikarzy, odpowiadał: „To już koniec. To koniec". Ale do końca było jeszcze bardzo daleko, a ich osobista konfrontacja miała odegrać ważną rolę w kolejnych sezonach, kiedy Bulls walczyli o detronizację Pistons rządzących w Konferencji Wschodniej.

Jeszcze większa wola walki była tylko jedną z wielu zmian. Podczas Meczu Gwiazd w Indianapolis osoby będące od ponad dziesięciu lat właścicielami Bulls poinformowały, że planują sprzedać pakiet kontrolny w drużynie Jerry'emu

Reinsdorfowi. Reinsdorf powiedział dziennikarzom, że transakcja wejdzie w życie 1 marca 1985 roku.

Jordan i jego Bulls przegrali 12 meczów wyjazdowych z rzędu i zakończyli sezon z 35 zwycięstwami – wygrali o osiem meczów więcej niż rok wcześniej. Bilans był na tyle dobry, że zapewnił pierwszy od 1981 roku awans do play-offów. Ale z powodu plagi kontuzji wśród graczy podkoszowych Bulls przegrali w pierwszej rundzie z Milwaukee 3:1.

„Mijał rok, awansowaliśmy do play-offów, a Michael z każdym meczem stawał się coraz popularniejszy wśród kibiców – wspomina asystent trenera Bill Blair. – Pamiętam wyprawę do Waszyngtonu, gdzie wygraliśmy, zapewniając sobie ten awans do play-offów. Dwa dni później graliśmy z Filadelfią, ale Michael został w Waszyngtonie, spotkał się z senatorem Billem Bradleyem i miał wystąpienie w Kongresie. Potem wsiadł w samolot i przyleciał na noc do Filadelfii. Następnego dnia wziął tylko udział w rozgrzewce, po czym wrzucił Philly 40 punktów".

Porażka w Filadelfii sprawiła, że Jordan przegrał w pierwszym sezonie wszystkie pięć meczów przeciwko Juliusowi Ervingowi i Sixers. Znany od dawna z tego, że podchodzi do gry w koszykówkę z klasą, Erving nie wziął udziału w antyjordanowskim spisku podczas Meczu Gwiazd, mimo że miał podpisaną umowę z Converse'em. Ale trener Sixers, Matt Guokas, zastanawiał się nad tym, jak Jordanmania wpłynie na bardzo dumnego Ervinga. Miał szansę obserwować Doktora J z bliska przez ponad dziesięć lat – najpierw jako dziennikarz, potem asystent w Sixers, wreszcie jako pierwszy trener. „Przyglądałem się Docowi z różnych perspektyw – wspominał w wywiadzie w 2012 roku Guokas, który w 1967 roku grał w jednej drużynie Sixers z Wiltem Chamberlainem. – Julius był fascynującą indywidualnością: jego postawa wobec naszej organizacji, to jak był podziwiany, to jak traktował ludzi... wszystko było w nim fantastyczne. Zawsze znajdował czas dla innych, niezależnie od tego, kim byli. I to było szczere. Kiedy zaczęła się rodzić gwiazda Michaela, zbliżał się już do końca kariery. Ale myślę, że darzyli się jakimś wzajemnym szacunkiem, a Michael był zawsze bardzo... nie chcę powiedzieć, że ostrożny, ale zawsze dbał o to, żeby było widać, że ma wobec Juliusa pewien respekt. I za to, jakiej klasy jest gwiazdą, i za to, jakim jest człowiekiem, a także za wszystko, co zawdzięczała mu NBA przed przyjściem Michaela. No i ponieważ wprowadził do profesjonalnej koszykówki czynnik »wow«. Myślę, że Doktor to doceniał. Niestety Michael nie miał okazji zmierzyć się z nim, kiedy tamten był na szczycie. Muszę jednak powiedzieć, że kilka razy widziałem, jak grają przeciwko sobie. Doc dawał radę, a kilka razy był nawet lepszy. Oczywiście nigdy nie był to pojedynek jeden na jednego, zawsze drużynowy. Ale za każdym razem, kiedy graliśmy przeciwko Michaelowi, Doc starał się zrobić coś ekstra. Ci najwięksi koszykarze nie chcą dać się upokorzyć. Wiedzą, że jeśli wyjdą i zagrają tak jak zwykle, jakby to był tylko jeden z 82 meczów, to Michael może cię ośmieszyć. I możesz wyglądać naprawdę bardzo źle. Dlatego zawsze starali się być gotowi na czekające ich wyzwanie".

Guokas przyznaje, że on też uległ urokowi Jordana w jego pierwszych latach gry w NBA. Wspomina, jak myśli o Jordanie prześladowały go w szatni na dzień przed meczem w Chicago Stadium. „Szatnia w Stadium była surowa, zatęchła, po prostu okropna – wspomina. – Ale sama hala była super. To było moje ulubione miejsce do gry w koszykówkę, w ogóle ulubione miejsce. Pamiętam, jak szykowaliśmy się do pojedynku. Graliśmy wtedy dzień po dniu i chciałem mieć pewność, że moi chłopcy są gotowi. Bez przerwy gadałem o Michaelu. Doc miał opuszczoną głowę, grzebał przy butach czy coś w tym rodzaju. W końcu spojrzał w górę. Miał już dość. »Chwilę, trenerze. Nie wiem, czy wiesz, ale my też umiemy grać«. »Masz rację«, odpowiedziałem. To była dla mnie cenna lekcja. Fakt, nie musiałem im opowiadać, jaki Jordan jest świetny… Tamtej nocy Doc i Andrew Toney wyszli na parkiet i skopali Michaelowi tyłek. Julius w niektórych momentach musiał się mierzyć z Michaelem. A po meczu wystarczyło, że na mnie spojrzał. Wciąż jeszcze miał w baku trochę benzyny".

CZĘŚĆ VI

SZKOŁA LATANIA

Rozdział 17

MŁODY WIĘZIEŃ

Jeszcze w czasach uniwersyteckich Dean Smith sugerował Jordanowi, żeby zapisał się na dodatkowe zajęcia z komunikacji, by przygotować się do czekających go w przyszłości wywiadów i wystąpień publicznych. Przy okazji debiutu w NBA zaliczył kilka niepewnych chwil, gdy wydawał się mocno skrępowany, ale trudno było się temu dziwić. Tak naprawdę samo bycie sobą wystarczało mu, żeby utrzymywać świetne relacje z dziennikarzami przez całą jego karierę – nawet wtedy, kiedy przedstawiciele mediów mocno go irytowali. Z dnia na dzień lokalne stacje telewizyjne i radiowe, które kiedyś prawie w ogóle nie interesowały się losami Bulls, zaczęły pojawiać się na ich meczach, żeby opisywać nową gwiazdę drużyny. „Świetnie się wysławiał – opowiada były producent telewizyjny z Chicago, Jeff Davis – i był bardzo fotogeniczny". Sława Jordana eksplodowała błyskawicznie – po występach w reklamach Nike i w montażach najlepszych akcji opinia publiczna zaczęła szaleć na jego punkcie.

Tim Hallam, odpowiedzialny w Bulls za PR, obserwował, jak Michael staje się wybitnie opanowaną osobą publiczną. Julius Erving pokazał, że można odgrywać rolę gwiazdy koszykówki NBA z wdziękiem, a Jordan podziwiał Ervinga i naśladował go w jego relacjach z mediami. To, że Deloris Jordan obserwowała każdy ruch syna i za każdym razem, kiedy popełnił jakąś gafę, korygowała go, też nie zaszkodziło. Ponadto umiejętność słuchania sprawiała, że Jordan rozumiał, o co pytają go dziennikarze, i udzielał im interesujących odpowiedzi.

„Myślę, że dojrzał w wielu wymiarach – mówił Hallam. – Jeśli wrócilibyście do jego wczesnych wywiadów, to nie wysławiał się tak dobrze jak cztery, osiem czy 12 lat później. Wiele się w nim zmieniło, nawet sposób ubierania. Dziś to jest śmieszne, kiedy ogląda się jego stroje z pierwszego sezonu i porównuje z tymi, które nosił cztery lata później. Przeszedł drogę od dresów do drogich designerskich garniturów".

Zainteresowanie opinii publicznej przekładało się na pewność siebie i na pieniądze, ale jednocześnie przyspieszyło proces alienacji Michaela, co Hallam zaczął dostrzegać już w tym debiutanckim sezonie, w lutym. Częściowo wiązało się to z rosnącą gwałtownie sławą, częściowo z upokorzeniem związanym z bojkotem podczas Meczu Gwiazd. Zaraz po tym wydarzeniu Sonny Vaccaro przyleciał do Chicago, żeby wytłumaczyć Michaelowi reakcję największych gwiazd ligi. „Po Meczu Gwiazd nikt w Nike nie wiedział, jak się zachować – wspomina. – Pogadałem wtedy z Michaelem. Powiedziałem mu: »Michael, to pokazuje, do czego są w stanie się posunąć, bo widzą, że jesteś lepszy od każdego z nich«". Po tej rozmowie Jordanowi niespecjalnie ulżyło. Magic Johnson był jego idolem. Tak jak powiedział w rozmowie z dziennikarzami – cały incydent sprawił, że miał ochotę schować się w jakiejś dziurze. Powoli stawał się więźniem swojego pokoju hotelowego, nie chciał pojawiać się na zewnątrz poza meczami i zaplanowanymi wystąpieniami. Tim Hallam wspomina, że tylko czasami rezygnował z tej izolacji: „Cieszyliśmy się, kiedy wychodził: »Wow, Michael opuścił pokój!«. To było tak, jakby lew wydostał się na chwilę z klatki i spacerował na wolności w zoo".

Problemem było nie tylko odrzucenie przez gwiazdy ligi. Presja związana z nagle osiągniętym statusem gwiazdy była przytłaczająca, a Jordan nie miał jak uniknąć realiów nowego życia. W tamtych czasach drużyny latały jeszcze samolotami rejsowymi, co oznaczało, że mecze wyjazdowe rozpoczynały się od pobudki o 5.00 rano i ciągłego wystawiania się przed gapiów, którzy na każdym kroku Jordana rozpoznawali. Każdy wychodził z założenia, że musi spróbować zbliżyć się do nowego sportowego czarodzieja, co zazwyczaj kończyło się obleganiem go przez tłum. „Powiedziałbym, że powinien to olać i robić to, co chce – mówi Hallam. – Ale potem widziałem, że próbował, lecz nie był w stanie. Bo na każdym kroku ludzie go zagadywali, wszyscy – dorośli i dzieci, nie sposób było ich opanować. Dostawali małpiego rozumu, tak właśnie to wyglądało".

Ta sytuacja sprawiła, że zaczął szukać jakiegoś azylu. „Opowiadał, że czasami chodzi do kina – mówi Joe O'Neil. – Że siada na fotelu i czuje się jak zwykły człowiek. Ale tak poza tym, czy to w restauracji, czy w centrum handlowym, czy na stacji benzynowej, gdziekolwiek by nie poszedł, to ludzie zaraz się na niego rzucali".

George Gervin, który w 1985 roku został kolegą Jordana z drużyny, uważa, że częściowo winne tej sytuacji były Nike i sama NBA. „To oni wszystko odmienili. Sprawili, że codzienność zaczęła go przerastać. To nie było dla niego łatwe. Zrobili z niego najsłynniejszego koszykarza wszech czasów. Ale nawet najsłynniejszy koszykarz wszech czasów nie czuje się komfortowo, kiedy musi wszędzie chodzić z ochroniarzem. Nie możesz spokojnie zjeść, nie możesz usiąść, bo zawsze ktoś przy tobie jest. Prowadził życie jak Michael Jackson. A to, stary, jest ciężkie życie. Może cię doprowadzić do przedwczesnej śmierci. Koszykówka się wtedy zmieniała, pojawiła się ESPN i telewizje kablowe. Musiał zacząć się izolować, bo bez przerwy go promowali: i Nike, i NBA. Nie mógł już być zwykłym gościem. Pozbawili go normalnego życia".

„Zainteresowanie opinii publicznej okazało się zbyt trudne – wspomina Tim Hallam. – Akurat wtedy realia się zmieniały i popyt na gwiazdy robił się nie do zniesienia. A trzeba pamiętać, że w przypadku Jordana nie mieliśmy do czynienia tylko z oczekiwaniami Bulls, ale i oczekiwaniami związanymi z jego własnymi przedsięwzięciami i reklamami, kontraktem z Nike i samym życiem. Wszystko to, wziąwszy pod uwagę specyfikę tamtych czasów, tworzyło ogromny chaos". Dziennikarz radiowy Bulls Bruce Levine uważa, że Jordan czuł się uprzedmiotowiony, niczym „piękna kobieta, która nie może znieść, że ludzie koncentrują się tylko na jej urodzie. Otoczenie przede wszystkim jest pod wrażeniem tego, jak wygląda i jak się prezentuje. I Michael wiedział, że nie jest postrzegany jako człowiek, tylko jako obiekt kultu".

„Zachodziło w nim wtedy wiele przemian – mówi Hallam. – To nie tak, że to wszystko zmieniło jego osobowość, ale z pewnością stał się innym człowiekiem, bo po prostu nie miał wyjścia. Nie da się zadowolić wszystkich. Możesz próbować, ale szybko się zorientujesz, że nie jesteś w stanie i że nie warto marnować na to energii. Wiele rzeczy się nie uda i wiele osób będzie uważało, że to dlatego, że masz przerost ego, jesteś bucem, a kasa albo sława uderzyły ci do głowy. Ale w tym przypadku tak nie było. Doba trwa tylko 24 godziny, nie da się zapanować nad wszystkim. Mimo to Michael i tak robił to, co do niego należało".

Między młotem a kowadłem

Co ciekawe, Jordan całkiem dobrze czuł się w towarzystwie lokalnych reporterów, piszących o drużynie. Nabrał do nich zaufania i chętnie rozmawiał z nimi przed meczami. Poza tym otrzymywał nieustanne wsparcie od rodziny – matka i bracia regularnie odwiedzali go w Chicago i spędzali z nim czas. Wpadał też ojciec, ale to stwarzało problemy innego rodzaju, jako że między państwem Jordanami narastał konflikt. Osoby związane z Jordanem i z Bulls szybko zaczęły dostrzegać, że rodzice Michaela rzadko pokazują się razem. Sonny Vaccaro zwrócił uwagę, że poza pierwszymi spotkaniami praktycznie nie widywał Jamesa i Deloris we dwoje. „Na początku wyglądało to normalnie – wspomina Vaccaro. – Byli razem. Kiedy spotkaliśmy się po raz pierwszy, przyszli oboje. Ale potem, po jakimś czasie, zacząłem dostrzegać, że rośnie między nimi mur. Nie jestem w stanie sobie przypomnieć ani jednej rozmowy pomiędzy nimi, która trwałaby dłużej niż jedno zdanie".

Pracowników Nike wcale to nie martwiło. Wiedzieli, że mogą zawsze liczyć na panią Jordan, absolutną profesjonalistkę.

„Ufaliśmy Deloris Jordan – wyjaśnia Vaccaro. – Była zawsze nienagannie ubrana i miała wspaniałe maniery, podczas gdy James bywał grubiański". Problem w tym, że reprezentanci Nike robili interesy z synem, więc musieli siłą rzeczy obcować również z ojcem, co niespecjalnie się Vaccaro podobało. James Jordan lubił wypić, a czas miał pokazać, że nie był wiarygodnym partnerem w interesach. Tak jak Deloris była solidna, tak na nim trudno było polegać.

Sis, starsza siostra Michaela, uważa, że rodzice wpadli w pułapkę intensywnej walki o większy wpływ na syna. Twierdzi, że ojciec był cichy i powściągliwy, podczas gdy matka uwielbiała być na świeczniku. „Nagła popularność Michaela sprawiła, że stali się ludźmi sukcesu, ale jednocześnie bardzo ich podzieliła".

Podobnie jak ich kryzys małżeński dziesięć lat wcześniej, ten nowy konflikt wybuchł ze zdwojoną siłą, z dala od opinii publicznej. „Michael od początku był rozdarty pomiędzy rodzicami – mówi Vaccaro. – Na zewnątrz tego nie okazywał, ale bardzo to wszystko przeżywał".

Rodzice mieli różne poglądy na to, kim Michael powinien się stać i jak powinien się zachowywać. Syn kochał ich oboje, chciał być lojalny w stosunku do obojga i przez pierwszych kilka lat nawet udawało mu się powstrzymywać ich przed wprowadzeniem konfliktu na toksyczny poziom. Ale z każdym rokiem, w miarę rozwoju jego kariery, było to, zarówno zdaniem Vaccaro, jak i siostry Michaela, coraz trudniejsze. W pierwszym sezonie Michaela w Chicago życie samego Jamesa Jordana też dalekie było od doskonałości. Przechodził wtedy przez upokarzający proces kryminalny w Karolinie Północnej. A Sis poinformowała rodziców, że zamierza wnieść pozew przeciwko obojgu i oskarżyć ojca o molestowanie seksualne. Rozpoczęła leczenie psychiatryczne w szpitalu w Wilmington. Trudno winić Jamesa, że próbował od tego wszystkiego uciekać w cudowne życie, którym żył jego syn.

Pracownicy Bulls i kibice zwrócili uwagę na bliskość łączącą ojca i syna. James Jordan wydawał się sympatyczny i skromny. Dziennikarze i członkowie sztabu Bulls go lubili. Zwłaszcza że w czasach, gdy Michael był jeszcze w liceum, jasno dawał do zrozumienia, że nie zamierza się wtrącać w sposób prowadzenia drużyny. Sugerował, że chce jedynie pomóc synowi w dostosowaniu się do nowych okoliczności.

„Michael go uwielbiał", wspominał w 2012 asystent trenera Bulls Johnny Bach. „Byli jak dwaj kumple – mówił o relacji łączącej Michaela z ojcem Tim Hallam. – To było całkiem miłe. Zawsze razem. Spędzali wspólnie każdą wolną chwilę. Myślę, że Michael na tym skorzystał".

Ale towarzystwo Jamesa tylko potęgowało napięcie między nim a Deloris, bo każde miało wrażenie, że to drugie próbuje bardziej wpływać na syna. Nikt inny nie dostrzegał ani nie wyczuwał narastającego konfliktu. Joe O'Neil wspomina, jak spędzał z Jordanami czas podczas serii wyjazdowych Bulls. „Pamiętam, jak siedziałem w hotelowym lobby z Jamesem i Deloris. Zawsze mówili coś w stylu: »Jakoś to będzie. Przecież musi się ułożyć«. Zawsze byli bardzo pozytywnie nastawieni, wspierali Michaela. Tata Mike'a był bardzo śmiesznym gościem, nieustannie robił sobie jaja. Deloris każdemu matkowała. Dbała o Michaela tak, jak dbałaby każda matka. Była tak słodka i miła, jak tylko możecie sobie wyobrazić. Nigdy nie dawała po sobie poznać, że jej syn jest supergwiazdą. Rodzice byli z Michaela bardzo dumni i otaczali go opieką. Jak to normalni rodzice".

Czas na kumpli

W życiu Michaela Jordana pojawili się w tamtych czasach również inni ludzie. Zacznijmy od jednego z menedżerów Nike, Howarda White'a, byłego koszykarza z Uniwersytetu Maryland, który – tak się złożyło – też był czarnoskóry.

„Howard był jego ziomkiem – mówi Vaccaro. – Był koszykarzem, dobrym człowiekiem, no i dobrym kompanem".

Vaccaro zaznacza też, że grono kumpli Michaela się rozrastało: „Znów pojawiła się grupa, z którą spędzał czas jeszcze w Karolinie Północnej. Nadal był blisko z Rodem Higginsem. Zaczął formować swoją świtę. Wtedy się to zaczęło". Grupa dotrzymywała Michaelowi towarzystwa podczas meczów wyjazdowych, kiedy w pokoju hotelowym czuł się jak w więzieniu. Grali w karty, w golfa, pili drinki, grali w bilard, robili wszystko, żeby zabić czas i poprawić sobie nastrój. Szybko dołączyli do nich stary kumpel i kolega z drużyny Adolph Shiver oraz „trzech Fredów" – Fred Whitfield, wkrótce zatrudniony przez Nike i przez Davida Falka, Fred Glover, rzeczoznawca ubezpieczeniowy, który poznał Whitfielda i Jordana podczas campu koszykarskiego w Buies Creek, i Fred Kearns, przedsiębiorca pogrzebowy z Charlotte, z którym Jordan często grywał w golfa.

James Jordan przestraszył się, kiedy zobaczył rachunek za wydatki poniesione przez świtę Michaela podczas serii meczów wyjazdowych. „W pierwszej chwili stwierdziłem, że to strata pieniędzy, ale potem to przemyślałem – przyznaje. – I doszedłem do wniosku, że to jest w najlepszym interesie Michaela, żeby otaczać się dobrymi kumplami zamiast obcych ludzi. Dobrze się czuł w ich towarzystwie".

Innymi częstymi kompanami Michaela w tamtych czasach byli Buzz Peterson i Gus Lett, w przeszłości ochroniarz z Chicago Stadium, który zaczął częściowo pełnić obowiązki ochroniarza Jordana. Ale zdaniem Joe O'Neila to George Koehler, szofer Michaela i jego „kamerdyner", okazał się w nadchodzących latach najbardziej stałym i wiarygodnym towarzyszem: „George był dla Michaela idealnym buforem. Kiedy jesteś Michaelem, non stop musisz mieć kogoś przy sobie. Kogoś, kto zawsze będzie miał na ciebie oko. George jest fantastycznym facetem. Pochodzi z Chicago. Jego relacja z Michaelem była naprawdę wyjątkowa. Michael wcale nie miał jakiejś wielkiej świty. A jego najbliżsi kumple – Rod Higgins, Adolph, trzech Fredów – to byli normalni goście".

Członkowie ekipy Michaela nazywali go „Czarnym Kotem", być może dlatego, że równie szybko jak na parkiecie poruszał się w towarzystwie. Zdaje się, że w życiu prywatnym Jordan równie chętnie, jak kolegów z drużyny, prowokował swoich kumpli. Uwielbiał robić sobie z nich jaja, tak jakby rozgrywał kolejny pojedynek jeden na jednego i podchodził do tego z identycznym nastawieniem. „To był właśnie taki typ gościa – tłumaczy Tim Hallam – że jeśli cię zaatakuje, to musisz na to zareagować... Musisz się pogodzić, będzie się z ciebie nabijał, będzie ci docinał i musisz mu odpowiedzieć tym samym. Bo jeśli tego nie zrobisz, to cię nie ma, jesteś trupem. Najlepszą odpowiedzią na jego docinki jest kontratak, który sprawi, że wszyscy zaczną się śmiać. Wtedy może trochę odpuści, bo właśnie udowodniłeś mu, że nie dasz sobie w kaszę dmuchać".

Zdaniem Hallama Jordan uważał, że jego drużyna powinna każdy sezon kończyć z bilansem 82:0. I z takim samym nastawieniem podchodził do swojego życia towarzyskiego, przez co wcale nie był łatwym kompanem. „Jeśli popełniłeś jakiś błąd, od razu dawał ci to do zrozumienia", zwraca uwagę Buzz Peterson.

Hallam dodaje, że przebywając w towarzystwie Jordana, należało przyjąć określoną postawę: „Musiałeś być waleczny we wszystkim, w przeciwnym razie cię nie było, bo rywalizacja z tobą nie dostarczała mu przyjemności".

Zdarzało się jednak, że kumple Jordana musieli się powstrzymywać z reakcją na jego docinki. „Nie znosił kompromitacji – opowiadał kiedyś, śmiejąc się, Whitfield. – Nie umiał sobie z tym poradzić. Ale kiedy on kompromitował innych, oczywiście nie miał z tym żadnego problemu".

„Kiedy cię prowokował, musiałeś się odciąć – mówi Hallam. – Tego właśnie oczekiwał. Ale musiałeś to zrobić we właściwy sposób. Nie zadowalał się byle czym. Czy na siebie wrzeszczeliśmy? Nie. Ale zdarzało się, że mówił coś w stylu: »Wiesz, że mogę cię wyrzucić?«. A ja odpowiadałem: »Nie robisz mi wcale łaski. Myślisz, że mi się podoba, że muszę znosić to gówno?«".

George Koehler zwraca też uwagę na to, że Jordan był wtedy trochę infantylny. Czasem okazywało się, że jest bardzo wrażliwy, co kontrastowało z jego dzikością i walecznością na parkiecie. Zwłaszcza na początku nowego życia w Chicago widać było, jak złożoną ma osobowość. Źródłem najrozmaitszych reakcji były oczywiście intensywne, ale skomplikowane emocje związane z rodziną.

Cenił sobie zaufanie, a kiedy je zbudował, okazywał się niesłychanie lojalny. „Kiedy już zostawaliście przyjaciółmi, to ciężko pracował, żeby tę przyjaźń utrzymać i o nią dbać", mówi Rod Higgins. I na odwrót, jeśli ktoś zawiódł jego zaufanie albo go jakoś uraził, reakcja Michaela była równie intensywna – dokładnie tak, jak na boisku.

Być może jednak najważniejszą rzeczą dla jego przyjaciół, tym, co sprawiało, że chcieli z nim podróżować w tę i we w tę oraz spędzać z nim czas, często na własny koszt, była niesamowita lojalność. Jordan potrafił każdemu z nich zakomunikować, jak bardzo jest dla niego ważny. „Ludzie nie rozumieją, że to naprawdę bardzo dobry czlowiek", mówi były kolega Michaela z drużyny i wieloletni przyjaciel Charles Oakley. I nie ma wątpliwości, że musiało to być strasznie fajne i fascynujące: być częścią tego wielkiego świata Michaela Jordana. Dla tych, którzy wtedy znajdowali się najbliżej, musiał to być porywający widok. Był Elvisem Presleyem koszykówki. „Stworzył dla nas wszystkich mitologię – tłumaczy Vaccaro. – Niezależnie od tego, czy chodziło o Nike, czy o mnie osobiście, czy o jego kumpli, czy kogokolwiek, kto spędzał z nim czas, to ta mała grupa kolesi, którzy byli wtedy przy nim, którzy przechodzili z nim przez wzloty i upadki, to oni byli jego przyjaciółmi. Przez pierwsze osiem czy dziewięć lat tylko im tak naprawdę ufał".

Byli jego przyjaciółmi, a potem stawali się kimś więcej. Na przykład Adolph Shiver, najstarszy przyjaciel Jordana, dostał posadę nieoficjalnego dyrektora ds. kontaktów towarzyskich i barmana podczas wszystkich spotkań ich grupy. Shiver sprawiał, że wszyscy czuli się jak w domu, miał też szósty zmysł, jeśli chodzi o tworzenie atmosfery imprezowej, i umiejętnie nabijał się z ograniczeń Jordana. „Ten chłopak nie miał pojęcia, jak należy robić drinki – powiedział kiedyś Shiver o Jordanie. – Tyle tylko, że mieszał jedno gówno z drugim".

„Prawda jest taka – uważa były psycholog Bulls George Mumford – że gdyby Michael nie stworzył sobie tego kokonu, to pewnie nie zdobyłby tych sześciu tytułów mistrzowskich".

Juanita

Najważniejszą osobą, która pojawiła się w życiu prywatnym Michaela, z pewnością była Juanita Vanoy, którą poznał w grudniu, w trakcie debiutanckiego sezonu, przez wspólnego przyjaciela. Zaaranżował on spotkanie w knajpie Bennigan's w Chicago. Kilka tygodni później ten sam przyjaciel zorganizował małe przyjęcie, żeby mieli okazję spędzić razem czas po raz drugi. Vanoy, przykuwająca uwagę piękność, ponoć kiedyś spotykała się z Reggiem Theusem. Była o prawie cztery lata starsza od Jordana, a jemu bardzo się to spodobało. W jej towarzystwie czuł się dojrzalszy. Szybko się zorientował, że dobrze mu się z nią rozmawia, tak jak z matką. Możliwość rozmowy sprawiła, że ich więź była czymś wyjątkowym i zaczęli razem spędzać więcej czasu. Lacy Banks z „Chicago Sun-Times" uważał, że Jordan stał się kimś w rodzaju młodego księcia, dobrze więc, że Juanita miała za sobą związek z innym popularnym wśród kobiet zawodnikiem Bulls. Wszyscy podkreślają, że miała klasę, a do jej atutów należały inteligencja i cierpliwość. Była pewna siebie i bezpośrednia, co w relacji z Jordanem było kluczowe. „Oboje z żoną uważaliśmy Juanitę za przeuroczą osobę", wspomina Sonny Vaccaro, a jego słowa potwierdza partner golfowy Jordana, Richard Esquinas.

„Znałem Juanitę od zawsze – mówi Joe O'Neil. – Była wspaniałą osobą. Dorastałem na południu Chicago, tak jak ona. I woda sodowa nigdy nie uderzyła jej do głowy. Była zawsze tą samą Juanitą, którą znałem kiedyś".

Niemniej jednak rodzice Jordana jej nie zaaprobowali i – zdaniem Sonny'ego Vaccaro – dołożyli wielu starań, próbując przeciwdziałać temu związkowi, co może tłumaczyć, dlaczego w ciągu pierwszych lat spędzonych przez Jordana w Chicago para rozchodziła się i na powrót schodziła. Ale prawda jest taka, że żaden człowiek ani żaden czynnik nie miał szans powstrzymać Jordana przed byciem tym szalonym, walecznym koszykarskim monstrum, jakim stawał się na większą część każdego dnia. Jego najważniejszymi zajęciami były koszykówka i golf, niekoniecznie w tej kolejności. Na szczęście nie miał jakichś szczególnych wymagań. Na początku, kiedy jeszcze zastanawiał się, co ma ze sobą robić w Chicago, wpadał często do biura Bulls, gdzie razem z Hallamem i O'Neilem zbudowali sobie miniaturę pola golfowego.

„Graliśmy w minigolfa na pieniądze – wspomina Joe O'Neil. – Zrobiliśmy sobie w biurze minipole golfowe na 18 dołków i obstawialiśmy wyniki. Chodziliśmy po pomieszczeniu, celując piłeczkami do koszy na śmieci, i ten skurczybyk był tak samo ambitny i waleczny, celując do kosza na śmieci, jak na parkiecie. Wygrał ode mnie 20 dolarów, a w tamtych czasach 20 dolarów było jak dziś 100 dolarów! Do dziś pamiętam, jak mu wypłacałem w biurze te 20 dolarów i jak żona na mnie nakrzyczała za to, że się z nim zakładałem".

O'Neil wspomina, że kiedy pogoda była ładna, wychodzili na zewnątrz: „Graliśmy na polach golfowych, najczęściej w Medinah Country Club. Był wtedy mniej więcej tak samo dobry jak ja. Potem zaczął rozgrywać 150 rund rocznie i stał się świetnym golfistą. Ale kiedy ja i Tim zaczęliśmy z nim grać, to dopiero się wdrażał. Potrafił uderzyć bardzo mocno, ale nigdy nie było do końca wiadomo, gdzie poleci piłka".

Jordan mówił często o tym, jak ceni sobie samotność podczas gry w golfa. Ale jego niepohamowana radość sprawiała, że nawet golf przestawał być spokojną dyscypliną sportu. „Nigdy nie umiał się zamknąć – wspomina, śmiejąc się, O'Neil. – Gadał, kiedy uderzałeś z daleka, gadał, kiedy próbowałeś trafić do dołka. Gdyby zechciał, byłby świetnym komentatorem telewizyjnym. Zawsze próbował cię zdekoncentrować, niezależnie od tego, czy graliście w minigolfa w biurze, czy rozgrywaliście mecz na polu golfowym, czy partyjkę bilarda. Zawsze cię prowokował".

Przez kilka krótkich godzin mógł być znowu Michaelem Jordanem, zwykłym kolesiem. „To dlatego golf stał się dla niego taki ważny – mówi O'Neil. – Dzięki niemu mógł czasem przebywać w samotności. Mówił, że pole golfowe i sala kinowa to jedyne miejsca, w których znajduje schronienie przed otaczającymi go tłumami. Że tam może być taki jak wszyscy".

Wiosną w 1985 roku Jeff Davis zorganizował telewizyjne *show*, w którym gwiazdy rozgrywały rundkę z komentatorem baseballu Kenem „Jastrzębiem" Harrelsonem. Po zakończeniu sezonu Davis skontaktował się z Jordanem i zaproponował mu udział w programie. Michael ochoczo się zgodził. „Pojawił się i wyglądał na przeszczęśliwego", wspomina Davis.

Podczas trwania programu Jordan poprosił o trzy powtórki uderzeń. „Nie był z siebie zadowolony – mówi Davis, chichocząc. – Nie chodziło o żadne pieniądze. Chodziło o dumę, chciał wygrać z Harrelsonem, który był świetnym golfistą. Nie był w stanie mu dorównać, chociaż szło mu całkiem dobrze, zwłaszcza jak na tak wysokiego gościa. Golf nie jest sportem stworzonym dla wysokich. Ale Jordan był zdeterminowany, żeby odnosić sukces w każdej dziedzinie, do której się zabierał".

Sceny kręcono na polu golfowym na północnych przedmieściach Chicago i po zakończeniu zdjęć ekipa zapakowała sprzęt do vana, po czym zaczęła się szykować do powrotu do miasta. „Do centrum była jakaś godzina jazdy – wspomina Davis. – Wracaliśmy drogą ekspresową Edens Expressway. I nagle nasz kamerzysta, który wtedy prowadził, powiedział: »O Jezu, popatrzcie na tę corvette, która pędzi i nas zaraz wyprzedzi«. To oczywiście był Michael: przemknął koło nas prawym pasem. Uśmiechał się od ucha do ucha, po czym tylko pomachał nam ręką i pyk, zniknął".

Rozdział 18

STOPA

Telefon Jerry'ego Krause zadzwonił wiosną 1985 roku. Krause pracował wówczas jako skaut dla baseballowej drużyny Jerry'ego Reinsdorfa, Chicago White Sox. Reinsdorf chciał, żeby Krause przyjechał do Chicago i porozmawiał z nim o zarządzaniu Bulls. Rozmowa poszła dobrze, tym bardziej że kilka lat wcześniej Krause już był menedżerem Bulls i został zwolniony.

Przez jakiś czas tułał się, pracując jako skaut baseballowy i koszykarski, aż w końcu znalazł stałe zajęcie u Reinsdorfa w White Sox. Reinsdorf dorastał w Brooklynie, gdzie – jak tłumaczy – „kibicowanie Dodgersom było niczym religia". Był sumiennym wyznawcą, tak jak wszystkie chłopaki z Flatbush Avenue. Uwielbiał też New York Knicks, zwłaszcza drużyny Reda Holzmana z początku lat 70. Potem, kiedy ukończył prawo i zaczął zarabiać fortunę na biznesie deweloperskim w Chicago, wykorzystał szansę i kupił dwa kluby sportowe: najpierw White Sox, a potem Bulls.

Kiedy Krause dowiedział się o miłości swojego szefa do Knicks, zaczął to wykorzystywać. Raczył Reinsdorfa opowieściami, jak to będąc skautem, rywalizował z Holzmanem. Działo się to jeszcze w latach 60., w pierwszym sezonie Krausego w roli skauta Baltimore Bullets. Inni skauci w tamtych czasach nabijali się z niego. Był dość przysadzisty i niski, nie wyglądał ani na skauta, ani w ogóle na kogoś, kto ma cokolwiek wspólnego ze sportem. Był tajemniczy, ubierał się w prochowiec i kapelusz, niczym inspektor Clouseau. Nazywali go „detektywem" i śmiali się z niego za jego plecami.

Gdziekolwiek Krause się nie odwrócił, napotykał Holzmana, wówczas skauta Knicks. Któregoś ranka spotkali się przypadkiem na lotnisku i Holzman zapytał

Krausego, skąd wraca. „Aaa, znikąd", burknął Jerry. Krause uwielbiał opisywać to, co nastąpiło później: „Spojrzał na mnie i powiedział: »Synu, chcę żebyś coś zrozumiał. Wiem, skąd wracasz, i jeśli masz choć odrobinę oleju w głowie, to ty też wiesz, skąd ja wracam. Przestańmy więc pieprzyć i zostańmy przyjaciółmi«".

I zostali, choć często ostro rywalizowali o utalentowanych graczy uniwersyteckich. Krause myślał, że podczas draftu w 1967 roku uda mu się wyłuskać pewien diament – młodego, chudego skrzydłowego, niejakiego Phila Jacksona z Uniwersytetu w Dakocie Północnej, ale w ostatniej chwili Holzman wykradł go dla Knicks, z numerem 17.

„Pieprzony Holzman", mruczał Krause podczas tamtego draftu. Pracując dla Baltimore Bullets, Krause zaplanował, że Bullets wybiorą Earla „Perłę" Monroe'a z Winston-Salem State. Holzman wybrał z piątką Walta Fraziera z Południowego Illinois. Obaj zawodnicy mieli się potem znaleźć w Hall of Fame, podobnie zresztą jak Jackson – już jako trener. Holzman w końcu został trenerem i poprowadził Knicks do dwóch tytułów mistrzowskich z Frazierem, Monroe'em i Jacksonem odgrywającymi znaczące role w składzie, obok zawodników takich jak Dave DeBusschere i Bill Bradley. A Krause pozostał skautem, walcząc wciąż z szydercami i niedowiarkami, którzy wątpili we wszystko, co robił. Mimo to udało mu się sprawić dobre wrażenie na twardo stąpającym po ziemi Reinsdorfie.

Kiedy wiosną 1985 roku Reinsdorf kupił Bulls, początkowo planował zatrzymać Roda Thorna jako dyrektora do spraw operacji koszykarskich. Bulls zanotowali jednak serię porażek, co sprawiło, że nowy właściciel doszedł do wniosku, że może Krause będzie w stanie wzmocnić drużynę.

Krause zaczął od pozbycia się „zgniłych jabłek". „Patrzyłem na skład i widziałem mnóstwo fordów, które kosztowały nas tyle co cadillaki – wspomina. – Sami egoiści, każdy grał dla siebie". Potem, ponieważ znał się na wyławianiu młodych talentów, postanowił wykorzystać draft do wzmocnienia drużyny. I zaprzestał podpisywania kontraktów z kiepskimi wolnymi agentami.

Reinsdorfowi podobała się filozofia wzmocnień poprzez draft, miał też zaufanie do Krausego jako do skauta. Krause powiedział, że pierwszym zawodnikiem, jakiego zacznie szukać, będzie silny skrzydłowy, twardziel, który ma zabezpieczać terytorium pod koszem i chronić nową gwiazdę Bulls. Oprócz tego planował wybierać w drafcie silnych długorękich zawodników. Poza tym szukał graczy dobrze rzucających z wyskoku, którzy mieli ukarać rywali, próbujących podwajać Jordana. Równie ważne było jednak to, żeby wszyscy byli szanowanymi obywatelami. Chicago musiało zerwać z wizerunkiem drużyny czarnych charakterów.

Po rozmowie z Krausem Reinsdorf doszedł do wniosku, że będzie musiał zwolnić Roda Thorna i zatrudnić właśnie jego.

„Krause znajdował się na szczycie hierarchii skautów w White Sox, więc znałem go bardzo dobrze – opowiadał jakiś czas później. – W organizacji Bulls musiała zajść jakaś kulturowa zmiana, a Krause myślał podobnie jak ja". Z czasem w Chicago zaczęto o nich mówić „dwóch Jerrych". Ów duet dzierżył władzę w Bulls w czasach Jordana.

„Pragnę drużyny, która będzie grała koszykówkę Reda Holzmana – powiedział Reinsdorf, ogłaszając zmianę. – Nie grającej egoistycznie, ale broniącej kolektywnie, w której każdy zna swoją rolę i dobrze porusza się po parkiecie bez piłki. Zadaniem Jerry'ego Krause będzie znaleźć DeBusschere'a i Bradleya roku 1985".

Krause był już kiedyś dyrektorem generalnym Bulls – jakieś pięć lat wcześniej. Wówczas piastował to stanowisko zaledwie kilka miesięcy, a stracił posadę po tym, jak zaproponował Rayowi Meyerowi z uczelni DePaul posadę pierwszego trenera, mimo że nie leżało to w zakresie jego kompetencji. Po publicznym ośmieszeniu właściciele Bulls szybko go zwolnili i stał się obiektem szyderstw całego miasta.

Wiadomość o jego powrocie zaszokowała dziennikarzy sportowych z Chicago. Jerry Krause miałby zostać szefem Michaela? „Jerry nie miał najlepszej reputacji, znany był z tego, że można go było spotkać w restauracji z tłustymi plamami na krawacie – mówi wieloletni dziennikarz sportowy z Chicago Bill Gleason. – Sam nigdy żadnych plam nie dostrzegłem, ale inni twierdzili, że owszem. Oczywiście miał nadwagę. Cóż, nieustannie się objadał".

Jerry Krause mierzył 167 centymetrów i ważył prawie 120 kilogramów.

„Zawsze był gdzieś blisko – mówił jeden z wieloletnich pracowników Bulls w 1998 roku. – Znał wszystkich trenerów, asystentów i skautów w lidze. Poprzedni zarząd Bulls go nie znosił, bez przerwy go obgadywali. I oto powraca do klubu jako dyrektor generalny".

Krause był przeszczęśliwy. „Odszedłem skompromitowany, wracam w chwale", mówił.

Jego pierwszą decyzją było zwolnienie trenera Kevina Loughery'ego. Drugą – zatrudnienie starego przyjaciela Texa Wintera, byłego trenera uniwersyteckiego, do współpracy z nowym sztabem szkoleniowym, który zamierzał skompletować. Loughery'ego miał zastąpić tułający się od klubu do klubu Stan Albeck, ostatnio trener New Jersey Nets. „Wiedziałem, że popełniłem błąd zaraz po tym, jak go zatrudniłem", przyznawał potem Krause.

Potem zajął się składem. „Już na początku miałem twardy orzech do zgryzienia – wspomina Krause. – Z 12 zawodników chciałem zatrzymać tylko trzech: Dave'a Corzine'a, Roda Higginsa, no i Michaela. Reszta mnie nie interesowała, mimo że byli utalentowani. Ale tu nie chodziło o talent".

Krause wspomina, jak siedział z Michaelem i rozmawiał z nim o zespole. „Powiedziałem mu: »Wierzę, że masz szansę być wielkim koszykarzem. Postaram się otoczyć cię zawodnikami, z którymi będzie ci się dobrze pracowało«. Odparł: »Nie, nie otaczaj mnie zawodnikami, z którymi będzie mi się dobrze pracowało. Ściągnij takich zawodników, z którymi będziemy wygrywać«".

Po 20 latach ciągłych zmian w zarządzie drużyny kibice Bulls otwarcie kwestionowali niekonwencjonalne podejście Krausego. Ale on wiedział, czego chce, i przystąpił do realizacji swojego planu. Od dawna powtarzał sobie, że jeśli jeszcze kiedyś dostanie szansę pracy jako dyrektor generalny, to będzie konsekwentnie wprowadzał w życie swoją wizję. Po pierwsze, Tex Winter i jego system, *triangle offense*. Po drugie, Phil Jackson jako pierwszy trener. Krause znał Jacksona jeszcze z czasów, kiedy jako skaut miał nadzieję wybrać go w drafcie. Jackson, syn dwójki zielonoświątkowych pastorów, wychowywał się w Montanie i Dakocie Północnej. Pod koniec liceum miał już trochę dość rygorystycznego wychowania i uciekł od niego dzięki stypendium sportowemu na Uniwersytecie Dakoty Północnej, gdzie grał w koszykówkę u ujmującego młodego trenera Billa Fitcha. Mierzący 203 centymetry, był dwukrotnie wybierany przez dziennikarzy do drużyny All-Americans swojej dywizji NCAA Division II i udowodnił, że ma duży potencjał. Krause i Holzman byli prawdopodobnie jedynymi skautami, którzy zadali sobie trud, żeby pojechać do Dakoty Północnej i przyjrzeć się Jacksonowi.

Reinsdorfowi, jako kibicowi Knicks, spodobał się pomysł, żeby wypromować Jacksona na nowego trenera. Po zakończeniu 13-letniej kariery w Nowym Jorku i New Jersey pracował on najpierw jako asystent trenera i sprawozdawca w Nets, po czym na pięć lat zatrudnił się jako pierwszy trener w drużynie Albany Patroons w lidze Continental Basketball Association. W 1984 roku Patroons zdobyli mistrzostwo CBA, a rok później Phil został wybrany na Trenera Roku

CBA. Kiedy w 1985 roku Krause zaproponował mu objęcie posady asystenta trenera w Bulls, pracował jako szkoleniowiec w Portoryko. „Przyglądałem się Philowi, kiedy jeszcze grał w NBA – wspomina Krause. – Co jakiś czas rozmawialiśmy, potem obserwowałem jego poczynania trenerskie w CBA. Kiedy w 1985 roku dostałem pracę w Chicago, znów odbyliśmy rozmowę. Powiedziałem mu, że potrzebuję wsparcia skautowskiego w CBA. Po tygodniu otrzymałem dokładnie spisany raport o całej lidze, ze szczegółowymi opisami wszystkich zawodników".

„Zatrudniłem się w CBA i odniosłem kilka sukcesów – wspomina Jackson – ale nie dostawałem żadnych propozycji... Jerry Krause był bodaj jedyną osobą ze świata NBA, z którą utrzymywałem kontakt. Kiedy powrócił do ligi, stał się moją szansą. Pamiętał mnie jeszcze jako zawodnika w czasach studenckich, nasza relacja trwała więc już 20 lat. Jest niezwykłym człowiekiem, z perspektywy świata sportowego dość zagadkowym. Nie kojarzy się z nim za bardzo. I nawet 30 lat wcześniej, kiedy był jeszcze skautem, kompletnie do tej roli nie pasował".

W czasach, kiedy grał w Knicks, Jackson był znany jako nonkomformista. W swojej autobiografii *Maverick*, napisanej w 1975 roku wspólnie z Charliem Rosenem z Playboy Press, wspomina swoje poszukiwania w świecie kontrkultury lat 60. Otwarcie opisuje, jak brał LSD i inne narkotyki, czym praktycznie zagwarantował sobie, że żadna drużyna nie weźmie pod uwagę jego kandydatury na stanowisko trenera.

„Nigdy nie czytałem tej książki – mówił kiedyś Krause. – Nie musiałem. Dobrze znam Phila".

Kompletując tamtego lata sztab szkoleniowy, Krause umówił Jacksona ze Stanem Albeckiem na rozmowę o posadzie asystenta trenera. Phil pojawił się w Chicago z pokaźną brodą, ubrany w sandały i słomiany kapelusz z wielkim papuzim piórem. „*Interview* ze Stanem trwało bardzo krótko", wspomina Jackson. Albeck powiedział potem Krausemu: „Nie ma mowy, żebym zatrudnił tego gościa".

Tak naprawdę to Albeck nie był specjalnie zainteresowany systemem Texa Wintera. Po tym, jak poprzednio stracił pracę dyrektora generalnego Bulls przez zawirowania trenerskie, Krause nie zamierzał w podobny sposób zmarnować drugiej szansy. Wycofał się więc i powiedział Jacksonowi, że spróbuje kiedy indziej. Równocześnie wykonał kilka szalonych manewrów, żeby móc wybrać w drafcie w 1985 roku Charlesa Oakleya z uczelni Virginia Union, potężnego, mało znanego skrzydłowego. Podobnie jak większość decyzji Krausego, ta również nie spotkała się z uznaniem chicagowskiej społeczności.

„Charles był twardym kolesiem, wiedział, że niczego nie dostanie za darmo – wspomina były asystent Bulls Johnny Bach. – Był uparty i bardzo chciał grać... Pragnął udowodnić ludziom pochodzącym z mniejszych uczelni, że warto było wybrać go w drafcie, i zamierzał grać ostro".

Bardzo szybko Oakley stał się dokładnie takim silnym skrzydłowym, jakiego Bulls potrzebowali – chronił Jordana przed wszystkimi Billami Laimbeerami tego świata. A Krause dalej szukał wzmocnień, wśród ludzi, których nazywał OKP – *our kind of people**.

„Jerry odebrał drużynie wiele rzeczy, których nie potrzebowała – mówił potem o tych pierwszych decyzjach Krausego Phil Jackson. – Nie było tam miejsca dla niektórych ludzi, a on doskonale wiedział, kogo szuka. Chciał, żeby drużyna nabrała charakteru, więc ściągał ludzi z charakterem, dobrych i solidnych. Takich, którzy lubili ciężko pracować".

Szpilka

Pomimo swojej ambicji i wizji, Krause popełnił w tym pierwszym sezonie w Chicago również kilka błędów, przez co niepotrzebnie zraził do siebie Jordana. Owe błędne posunięcia zaważyły na ich relacji na kolejne 15 lat. Jedną z jego pierwszych decyzji było sprzedanie najlepszego przyjaciela Michaela z drużyny, Roda Higginsa. Potem przyznał: „Tak, pozbyliśmy się go. Michael był wściekły".

Jakiś czas później Krause odzyskał Higginsa, ale tylko po to, żeby znowu go sprzedać. Tamta decyzja sprawiła, że zaczęto spekulować, czy prowokując Jordana, Krause nie chce pokazać, kto tu jest ważniejszy, a może nawet sprawia mu to przyjemność. Pracując jako skaut, równolegle obserwował wielu wielkich koszykarzy i poświęcał niezliczone godziny na analizowanie młodych talentów na amerykańskich uczelniach, gdzie grali głównie czarnoskórzy zawodnicy. Był bardzo dumny ze swojej ogromnej wiedzy i w rozmowach z Jordanem często podkreślał swoje kwalifikacje.

„Czasem wbijałem mu szpilki – tak Krause wspomina swoje pierwsze spory z Jordanem. – Mówiłem mu: »Może będziesz kiedyś równie dobry jak Earl Monroe. Przypominasz mi Earla i Elgina. Jesteś połączeniem Earla

* Ludzie w naszym typie.

Monroe'a z Elginem Baylorem i może kiedyś będziesz tak dobry jak każdy z nich. Earl był świetny na ziemi. Ty jesteś świetny w powietrzu. Elgin był pierwszym, który szalał w powietrzu. Przypominasz mi go«. A potem on ciągle powtarzał: »Ten pieprzony Monroe. Kiedy byś go wybrał? Z drugim numerem w drafcie? Ale, kurwa, okazja«. Myślę, że wszystko zaczęło się od Earla Monroe'a".

Pracownicy Bulls, którzy byli świadkami tych prowokacji, wzdrygają się na samo ich wspomnienie. „Jeśli o coś miałeś do Michaela pretensje, to lepiej dla ciebie, żeby to była prawda – mówi Tim Hallam. – Bo on nigdy nie zapominał i nigdy nie wybaczał". Ostatecznie „szpilki" wbijane przez nowego GM'a Bulls zabiły wszelkie szanse na jego dobrą relację z największą gwiazdą zarządzanej przez niego drużyny. Ale, o dziwo, Krause wyglądał na zmotywowanego przez brak szacunku okazywany mu przez Jordana.

Tymczasem Jordan naciskał na decyzje, które postrzegał jako korzystne dla siebie i drużyny. Chciał, żeby Bulls podpisali kontrakt z Buzzem Petersonem albo żeby pozyskali Waltera Davisa. W ogóle wydawał się być za wszystkim, co jakoś wiązało się z Karoliną Północną, a to sprawiało, że Krause tylko wywracał oczami. Po jakimś czasie postanowił za wszelką cenę unikać nowego GM'a. Tak wyglądały początki jego kariery – uzależnione od chemii między nim a człowiekiem, z którym połączył go przypadek. Jeden z nich bardzo potrzebował uczucia, a drugi robił wszystko, żeby go nie okazywać. Najdziwniejsze w ich relacji było to, że Krause był bardzo niepewny, a Jordan wręcz przeciwnie. Ale pomimo rozlicznych tarć nowy dyrektor generalny okazał się jedną z najsilniejszych osobowości, która pojawiła się na drodze zawodowej Jordana.

Szorstkie stosunki pomiędzy dwoma panami dodatkowo się zaostrzyły przed rozpoczęciem drugiego sezonu Michaela w Bulls. Wielu koszykarskich obserwatorów uważało, że to Krause jest przyczyną większości problemów. „Michael był na najlepszej drodze, żeby zostać wielką gwiazdą NBA – wspomina Kevin Loughery. – Masz w składzie zawodnika, wokół którego budujesz drużynę. Wiesz, że z każdym rokiem będziecie lepsi, wystarczy tylko dodawać odpowiednie składniki. Żeby mieć dobrą drużynę w NBA, musisz mieć w składzie gwiazdę. Kiedy już ją masz, możesz do niej dobierać pozostałych graczy. A Michael poza tym, że był gwiazdą, umiał robić mnóstwo rzeczy. Mógł grać na trzech pozycjach: jako rozgrywający, drugi obrońca albo niski skrzydłowy. Myślę, że jakby mu się kazało grać pod koszem, to też by dał radę. Umiał zbierać, umiał podawać. Był bardzo wszechstronny. Nie był zawodnikiem jednowymiarowym. Wokół kogoś takiego jak on łatwiej było zbudować drużynę".

Wśród nowych zawodników, które w tamtym roku Krause ściągnął na obóz treningowy, był George Gervin, „Ice Man", wieloletnia gwiazda San Antonio Spurs. Był jednym z weteranów, którzy wzięli udział w bojkocie Jordana podczas Meczu Gwiazd, więc chemia w drużynie od razu została wystawiona na poważną próbę. Młody gwiazdor zamierzał przywitać Gervina, który zdawał sobie sprawę, że będzie musiał pójść na znaczne ustępstwa.

„Michael był wtedy młodym chłopakiem w drodze na szczyt – wspomina Gervin Jordana, wówczas 22-latka. – Jeszcze nie udowodnił swojej wielkości. Ale pokazał potencjał. Był jednym z tych młodych chłopaków, którzy próbowali zapracować na swoje nazwisko".

Zgodnie ze swoją strategią Jordan szybko wyzwał Gervina na pojedynek jeden na jednego. „Zagraliśmy – przyznał Gervin, zaznaczając, że nie miał szans w walce z bezgraniczną energią Jordana. – Rozgrzewaliśmy się. Byłem wtedy weteranem u schyłku kariery, a on postanowił sprowokować starego Ice Mana. Wiecie, co odpowiedziałem? Wiedziałem, że sprowadzili mnie, żebym był graczem od zadań specjalnych. Najlepsze czasy miałem już za sobą. Wiedziałem, że kolej na niego, a ja rozgrywam swój ostatni sezon w NBA. Miał unikalny styl, był znakomitym sportowcem. W późniejszych latach rozwinął świetny rzut z wyskoku. Ja rzucałem tak i zdobywałem w ten sposób punkty od samego początku, mieliśmy więc inne style. On dużo skakał, ja szybowałem. Ja byłem jak Fred Astaire. On był jak pajacyk".

Pojedynek jeden na jednego przełamał lody pomiędzy oboma panami, ale Jordan nie zamierzał dopuścić Gervina do swojego zamkniętego kręgu przyjaciół. „Niewiele ze sobą rozmawialiśmy – mówi Gervin, przypuszczając jednocześnie, że Jordan nadal ma do niego żal za incydent z Meczu Gwiazd. – Bardzo go szanowałem, bo widziałem, jaki ma ciąg na kosz i jaki jest zmotywowany. Nie chodzi o to, jak grał podczas meczów. Chodzi o wolę zwycięstwa. Widać to było dosłownie na każdym kroku. Nigdy nie odpuszczał. Był zdeterminowany, żeby odnieść sukces, zmotywowany, żeby wygrywać".

Starszy z dwóch obrońców szybko dostrzegł granicę pomiędzy kręgiem Jordana a resztą drużyny. „Był blisko z kilkoma chłopakami, na przykład z Charlesem Oakleyem, z Rodem Higginsem. Ja nie miałem z nim aż tak zażyłej relacji – wspomina Gervin. – Ale taki był układ. Cóż, życie jest śmieszne.

Koszykówka to jedno, ale najważniejsze są związki z innymi ludźmi. Myślę, że mój największy dar polegał na tym, że potrafiłem budować relacje z kolegami z drużyny. Doceniałem ich, a oni widzieli, że nie zachowuję się, jakbym to ja był najważniejszy".

Na początku drugiego sezonu sytuacja w Bulls zobrazowała wyzwanie stojące przed Michaelem. Elitarny krąg jego przyjaciół utrwalił wyraźną linię podziału w drużynie – albo należałeś do towarzystwa, albo nie. Większość kolegów z zespołu, zwłaszcza wtedy, na początku kariery, Michael trzymał na dystans. Gervin uważa, że potrzebował swojego kokonu, żeby przetrwać, ale jednocześnie docierało do niego, że żaden człowiek nie może całkowicie odgrodzić się od świata. „I należy ciężko pracować, żeby nie dopuścić do pełnej izolacji".

Bulls rozpoczęli rozgrywki jesienią 1985 roku od trzech zwycięstw z rzędu, ale w trzecim meczu, przeciwko Golen State Warriors, Jordan doznał kontuzji – złamał kość w stopie lewej nogi. W przeszłości podobne urazy odmieniły, a nawet zakończyły karierę kilku zawodników NBA. Przewidując szybki powrót, Michael opuścił kolejny mecz, a oficjalny komunikat mówił o „kontuzji kostki". Był to pierwszy pojedynek, który musiał opuścić w całej swojej dotychczasowej karierze, wliczając w to mecze rozgrywane w liceum i na studiach, nawet wtedy, kiedy złamał rękę w nadgarstku na cztery tygodnie przed rozpoczęciem drugiego roku w Karolinie Północnej. „Czuję się, jak kibic – powiedział dziennikarzom dzień po wypadku. – Nie jestem w stanie nic zrobić. Przyszedłem popatrzeć i pokibicować kolegom".

Najgorsze jednak było dopiero przed nim. „Cały kolejny rok był kompletną katastrofą", wspomina Jerry Reinsdorf. Jordan opuścił aż 64 mecze. Weterani w NBA spoglądali na siebie porozumiewawczo. Nieustępliwy, zdecydowany styl gry Michaela w końcu obrócił się przeciwko niemu. „Sam się o coś takiego prosił – wspomina Gervin, podsumowując obiegowe sądy. – I prawdopodobnie kontuzji doznał właśnie dlatego, że grał zbyt ostro".

Wiadomość o złamanej nodze spadła na Nike niczym grom z jasnego nieba. Przecież firma właśnie zainwestowała w Jordana miliony dolarów. „Myślałem wtedy, że jest po wszystkim – wspomina Vaccaro. – Zdawaliśmy sobie z tego sprawę. Nasz piękny sen mógł się skończyć". Jordan też się tego obawiał. „Trochę się bałem – opowiadał później. – Nie chciałem, żeby ktoś mi wtedy zawracał głowę. Nie chciałem odbierać telefonów, oglądać telewizji czy słuchać muzyki. Pragnąłem tylko ciemności, bo sam musiałem sobie z tym poradzić i było mi bardzo źle. Po raz pierwszy w życiu musiałem zacząć się zastanawiać nad robieniem czegoś poza koszykówką. To była dla mnie zupełnie nowa sytuacja".

Kiedy już pogodził się z faktami, zaczął się zastanawiać nad powrotem do domu, co niektórzy przyjęli z dezaprobatą. „Michael chciał wrócić do Karoliny Północnej i tam przechodzić rehabilitację – wspomina Mark Pfeil, jeden z ówczesnych trenerów Bulls. – Udało nam się we współpracy z Jerrym Reinsdorfem i Jerrym Krause stworzyć dla Michaela specjalny program w Karolinie. Tam dochodził do siebie, pracował na swój tytuł naukowy, no i miał spokój. Być może dzięki temu kiedy wrócił, był gotowy do walki". Niektórzy obserwatorzy, w tym kilku kolegów z drużyny, krytykowało Michaela za to, że opuścił zespół. Choć zagrał tylko w trzech meczach, to zimą i tak wygrał głosowanie kibiców na zawodników pierwszej piątki Meczu Gwiazd w Konferencji Wschodniej. „Byłem bardzo sfrustrowany i z początku kompletnie sobie nie radziłem z tą sytuacją – wspomina Jordan. – Uciekłem od niej, wyjechałem do Karoliny Północnej, zająłem się pracą magisterską i oglądałem drużynę w telewizji. Uznałem, że tak będzie najlepiej".

Podczas meczów Karoliny siedział na ławce rezerwowych, dzięki czemu po raz pierwszy miał okazję na spokojnie i z innej perspektywy przyjrzeć się systemowi, który go uformował. Kiedy zaczął wracać do zdrowia, mimo zakazu, w tajemnicy przed Reinsdorfem i Krausem, grał. „Dużo później dowiedziałem się, że już po dwóch tygodniach wyszedł na boisko – wspomina Krause. – Nie wiem, czy to prawda, ale tak słyszałem. Nigdy się do tego nie przyznał. Trzy tygodnie później rozmawialiśmy przez telefon. »Jak się czujesz?«, zapytałem. Odpowiedział, że znacznie lepiej. »Lekarze chcą, żebyś odpoczywał. Wrócisz do nas za kilka tygodni, to cię zbadają«. Jego rehabilitacja trwała jeszcze dwa miesiące".

„Wiem, że grał, bo sam mi to powiedział – wspomina Sonny Vaccaro. – Trochę parafrazuję, ale powiedział coś w stylu: »Muszę wyjść i sprawdzić, czy ten skurwiel nadal jest OK. Muszę sprawdzić, czy wciąż jestem w stanie to robić. Muszę się trzymać z dala od ludzi, a tu jestem bezpieczny«". Wiedza o tym wszystkim z jednej strony uspokoiła przedstawicieli Nike, ale z drugiej – jeszcze bardziej ich przeraziła: w końcu postawili na jego karierę wszystkie pieniądze.

Pod nieobecność Jordana Stan Albeck musiał uczynić swoją główną opcją w ataku Gervina. Albeck był jego trenerem w San Antonio, więc Bulls opracowali zestaw akcji, których głównym bohaterem miał być właśnie Ice Man. „Stan robił, co mógł, w zaistniałych okolicznościach – wspomina dziennikarka radiowa z Chicago Cheryl Raye-Stout. – Bez Michaela mnóstwo zawodników w składzie zaczęło odpuszczać. Podczas przerw na żądanie niektórzy z nich, na przykład Sid Green, nawet nie podchodzili do kolegów".

„To było dla Stana bardzo trudne – wspominał w 1995 roku Sidney Green. – Miał niestety zbyt wysokie oczekiwania w stosunku do drużyny i do Michaela. Kiedy Michael się połamał, musiał zmienić całą strategię. Próbował zbudować drużynę wokół George'a Gervina, który niestety grał już na ostatnich nogach. Wszyscy poza George'em byliśmy młodzi... Oprócz tego musicie pamiętać, że to był sezon, w którym Quintin Dailey borykał się ze swoimi problemami". Dailey wpadł w spiralę opuszczonych meczów i spóźnień. Kiedy w lutym nie pojawił się na kolejnym meczu, Krause go zawiesił. Dailey, po raz drugi w ciągu ośmiu tygodniu, zapisał się na odwyk od narkotyków. „Quintin spóźnił się na kolejną rozgrzewkę, po czym dowiedziałem się, że pojawił się naćpany koką – mówi Krause. – Czekaliśmy, czy przyjedzie na mecz, a Stan powiedział, że jeśli zdąży, to wstawi go do składu... Powiedziałem mu, że facet jest już dla Bulls skończony. Wtedy też podjąłem decyzję, że zacznę poszukiwania nowego trenera".

Brak kierunku drużyny pod nieobecność Jordana pokazywał, jak duży ciężar dźwiga Michael na swoich barkach. Bilans Bulls wynosił 22:43, kiedy w marcu MJ poinformował zarząd klubu, że uważa kontuzję za zaleczoną i że chciałby wrócić. „Nie mogłem patrzeć, jak moja drużyna stacza się na dno – tłumaczył później. – Sądziłem, że jestem na tyle zdrowy, że na pewno się przydam".

Jego plany zaskoczyły Reinsodrfa i wywołały kolejny ostry konflikt z Krausem. Właściciel i dyrektor zarządzający poważnie obawiali się ryzyka związanego ze zbyt wczesnym powrotem Jordana do gry.

„Znowu starliśmy się z Michaelem – wspomina Krause – bo wydawało mu się, że powiedziałem do niego coś w tym stylu: »Jesteś naszą własnością i zrobisz to, co ci każemy«. Nie przypominam sobie, żebym coś takiego powiedział, może coś źle zinterpretował. Chciałem powstrzymać go przed graniem, bo nadal miał chorą nogę i lekarze byli temu zdecydowanie przeciwni. Reinsdorf też mu tłumaczył, jakie to ryzyko. Ale Michael po prostu chciał grać. Nie mogę mieć o to do niego pretensji, ale to właśnie wtedy wszystko się zaczęło, bo powiedzieliśmy mu: »Nie możemy ci na to pozwolić«. Siedzieliśmy wtedy wszyscy razem w pokoju, a Stan nie zrobił nic, żeby nam pomóc. Mógł nas wesprzeć, próbując wytłumaczyć całą sytuację Michaelowi, ale był po prostu egoistą. Mógł stanąć po jednej stronie z nami i z lekarzami, którzy mówili, że Michael nie jest jeszcze gotów do gry".

Krause pamięta, że Jordan aż się gotował z wściekłości. Powiedział: „Chcecie mi powiedzieć, że nie mogę grać?".

Im dłużej rozmawiali, tym bardziej w Jordanie buzowało. „Musiałem rozmawiać z biznesmenami, którzy zarabiają miliony dolarów i dla których moje miliony to grosze – wspominał potem. – Pragnąłem tylko jednego: powrotu do gry w koszykówkę, do czegoś, co robiłem od lat. Ale oni patrzyli na to inaczej. Chcieli chronić swoją inwestycję, żeby mieć jeszcze więcej milionów. Czułem się wtedy naprawdę wykorzystany. To był jedyny raz w mojej karierze, kiedy czułem, że ktoś mną pogrywa. Jakbym był czyjąś własnością".

„Bałem się śmiertelnie – mówi Krause. – Nie chciałem przejść do historii jako człowiek, który przedwcześnie dopuścił Michaela Jordana do gry".

Jordan wyczuwał, że zarząd chce dalej przegrywać, żeby mieć potem lepszą pozycję w drafcie. „Celowe przegrywanie meczu pokazuje, jakim typem człowieka jesteś" – powiedział wtedy w wywiadzie z »Chicago Tribune«. Ten komentarz miał mu się odbić czkawką po latach, kiedy został właścicielem klubu w NBA. – Nikt nie powinien przegrywać, żeby coś uzyskać. Powinno się zawsze starać osiągnąć jak najwięcej, wykorzystując to, co ma się do dyspozycji. Gdyby naprawdę chcieli awansować do play-offów, to powoływaliby mnie do składu".

„To było jak opera mydlana – wspominał Reinsdorf w 1995 roku. – Byliśmy w stosunku do Michaela zbyt uczciwi. Przedstawiliśmy mu opinie trzech lekarzy, z którymi się konsultowaliśmy w sprawie jego powrotu. Wszyscy orzekli, że noga jeszcze niewystarczająco się zrosła i że jeśli będzie grał, to istnieje dziesięcio-, 15-procentowe ryzyko, że odnowienie się kontuzji spowoduje zakończenie jego kariery. Ale Michael był wojownikiem, po prostu chciał znów znaleźć się na parkiecie. Uznałem, że ma prawo usłyszeć opinię lekarzy. Do głowy mi nie przyszło, że zechce ryzykować całą swoją karierą. To nie miało sensu. Ale Michael uznał, że ryzyko na tym poziomie oznacza, że na 85–90 procent nie dojdzie do odnowienia kontuzji. Dla mnie ryzyko w żaden sposób nie przekładało się tutaj na zysk. Jedyną opcją po powrocie Michaela było dokończenie sezonu, który już i tak był marny. Po co ryzykować dla czegoś takiego całą karierę? Michael upierał się, że lepiej niż my zna swoje ciało. W końcu doszliśmy do kompromisu, że będziemy go wprowadzać do gry stopniowo i na początku będzie grał tylko przez siedem minut w każdej połowie".

Jordan wyładował swój gniew, odmieniając w pojedynkę losy sezonu Bulls.

„Taki właśnie był Mike – tłumaczy Mark Pfeil. – Jeśli doszedł do wniosku, że kontuzja nie jest groźna, to koncentrował się tylko na grze. Skręcenia, nadwerężenia, bóle pachwiny, skurcze mięśni, grypa… Michael zawsze zadawał tylko jedno pytanie: »Czy jeśli zagram, to coś mi grozi?« Jeśli odpowiadałem, że nie, to było po rozmowie. Z miejsca pchał się na parkiet i dawał z siebie wszystko".

„Wprowadzili te limity minut Michaela – wspomina Cheryl Raye-Stout. – I rzeczywiście z zegarkiem sprawdzali, ile może grać. Stan miał obowiązek tego pilnować. Przez cały czas od powrotu Michaela działał pod przymusem władz klubu. Niektórzy sceptycy uważali, że te ograniczenia czasowe mają pomóc Bykom w uzyskaniu dobrej pozycji w loterii draftowej. Ale tego się nigdy nie dowiemy".

Reinsdorf wspomina, że w jednym meczu Jordan zagrał dłużej niż było ustalone: „Powiedziałem Krausemu, żeby przekazał trenerowi, że ma więcej tego nie robić. Stan dał nam do zrozumienia, co myśli na ten temat. W następnym meczu wyjazdowym, z Indianą, Bulls przegrywali jednym punktem na 25 czy 30 sekund przed końcem. I Michael akurat wtedy doszedł do ustalonego pułapu siedmiu minut, więc Stan posadził go na ławce. Zdjął go z boiska, żeby nam pokazać, jaką bzdurą jest ów limit siedmiu minut".

Bulls wygrali ten mecz po rzucie Johna Paxsona, ale Reinsdorf dostał szału. Albeck zrobił z niego głupka. „Nie mogłem zrozumieć jednej rzeczy: jak to jest, że Michael może trenować przez dwie godziny, ale potem nie może grać dłużej niż przez 14 minut", mówił Pfeil.

„Liczba minut granych przez Michaela zwiększyła się, kiedy stało się jasne, że możemy awansować do play-offów – mówi Reinsdorf. – W końcu w przerwie jednego z meczów pod koniec sezonu Krause wszedł do szatni i powiedział Stanowi, żeby Michael grał tak długo, jak to możliwe. Ale uważam, że w ogóle nie powinienem był mu wtedy pozwolić na granie. To był błąd".

Bóg w przebraniu

Powrót Jordana do gry w pełnym wymiarze czasowym pomógł Bulls wygrać sześć z ostatnich 13 meczów. Zakończyli sezon z bilansem 30:52, akurat takim, który pozwolił im awansować do play-offów po wygranej z Washington w ostatnim meczu sezonu. Rozstawieni z numerem ósmym Bulls spotkali się w pierwszej rundzie z rozstawionymi z jedynką Boston Celtics. Prowadzeni przez prezesa klubu Reda Auerbacha i trenera K.C. Jonesa Celtics zakończyli sezon z bilansem 50:1 w meczach rozgrywanych u siebie. Larry Bird miał wkrótce dostać swoją trzecią z rzędu nagrodę MVP, a Celtics byli akurat w trakcie serii czterech występów w finałach NBA z rzędu, zwieńczonych dwoma tytułami mistrzowskimi. Była to wspaniała drużyna koszykarska, ze świetnym frontcourtem – Birdem, skrzydłowym Kevinem McHale'em oraz centrami Robertem Parishem i Billem Waltonem. Byli mocno zdeterminowani do walki o 16. tytuł mistrzowski.

„To był zespół, który mógł wygrać każdy mecz – wspomina Bill Walton. – Mieliśmy pełen skład, wspaniałego trenera, fenomenalne przywództwo prezesa Reda Auerbacha, fantastycznych kibiców i przewagę własnego boiska. No i mieliśmy Larry'ego Birda, który był najlepszym zawodnikiem, z jakim miałem przyjemność grać w koszykówkę. Larry potrafił w niebywały sposób rozpalać emocje kibiców Bostonu. A oprócz tego, że był świetnym koszykarzem, był wspaniałym człowiekiem i znakomitym przywódcą. Nawet jeśli pamiętamy Birda jako świetnego koszykarza, to w istocie był jeszcze lepszy. Zasady gry, przepisy, zegar, sędziowie... to wszystko zbyt mocno go ograniczało, gdy tymczasem on był artystą, wulkanem kreatywności. Michałem Aniołem i Bobem Dylanem w jednej osobie. Był facetem, który dostrzegał rzeczy, jakich nie widział nikt inny, i potrafił je wykorzystać. Nie było drugiego takiego jak Larry Bird".

Trener Bostonu K.C. Jones, być może najlepszy obrońca w historii koszykówki, zdobył razem z Billem Russellem mnóstwo tytułów mistrzowskich. Wtedy, w kwietniu, pewność siebie Jonesa i jego zawodników była ogromna. Nie uważali, że będą się musieli specjalnie starać w rywalizacji z rozwydrzonymi małolatami z Chicago Bulls i ich młodą gwiazdą, która właśnie wróciła na parkiet po długotrwałej rehabilitacji.

„Nie ustaliliśmy żadnego planu na podwajanie Michaela – wspomina Kevin McHale. – W ogóle nic nie zrobiliśmy. Pozwalaliśmy mu po prostu zdobywać punkty. Stwierdziliśmy: niech rzuca. I pamiętacie pewnie, że w tym pierwszym meczu grał jak szalony".

Nie musząc się zmagać z podwajaniem w obronie, Jordan zdobył 49 punktów w ciągu 43 minut, ale Boston i tak rozniósł Chicago 123:104. „Obrona Celtics przeciwko Jordanowi jeden na jednego nie do końca zdaje egzamin", powiedział w przerwie pierwszego meczu sprawozdawca telewizyjny Tommy Heinsohn.

Za krycie Jordana byli w pierwszym meczu odpowiedzialni na zmianę Dennis Johnson i Danny Ainge, znakomici obrońcy, oraz rezerwowi Rick Carlisle i Jerry Sichting. „Po tym pierwszym spotkaniu stwierdziliśmy, że może jednak powinniśmy go podwajać czy coś w tym rodzaju – wspomina McHale. – K.C. Jones powiedział: »Przemyślimy to«. Ale bez przesady: oni wygrali tylko 30 meczów, my wygraliśmy 67. Nie było mowy, żeby mogli z nami wygrać".

Trzy dni później, w meczu numer dwa w hali Boston Garden, Jordan miał na ten temat inne zdanie. „Przed pojedynkiem w szatni panowała absolutna cisza – wspomina Sidney Green. – Michael był totalnie skoncentrowany i czuliśmy, że planuje coś wielkiego". Mecz zakończył się dwiema dogrywkami. W ciągu 53 minut spędzonych na parkiecie Jordan oddał 41 rzutów, trafiając 22 razy. Celtics dużo go faulowali i trafił 19 z 21 rzutów wolnych. Zaliczył jeszcze 6 asyst, 5 zbiórek, 3 przechwyty i 4 straty. 63 punkty były rekordem wszech czasów w meczu rozegranym w ramach play-offów. „To był Bóg przebrany za Michaela Jordana", powiedział po meczu Bird. Ten cytat miał już na zawsze znaleźć się na liście najsłynniejszych tekstów o Michaelu. Na chwilę udało mu się wystraszyć butnych koszykarzy z najlepszej drużyny w NBA.

„W pierwszym meczu rzucił 49 punktów i wygraliśmy różnicą 20 punktów – wspomina Walton. – Powiedzieliśmy więc: »E tam, nigdy więcej mu się to nie uda«. Po czym w kolejnym meczu rzucił 63 punkty, wyfaulował całą naszą drużynę i gdyby Larry Bird nie zaczął szaleć, to pewnie nie wygralibyśmy po dwóch dogrywkach 135:131".

Bird zdobył 36 punktów w ciągu 56 minut gry, zresztą cały skład Celtics musiał odpowiedzieć na popis Jordana. McHale dorzucił 27 punktów, Ainge 24, Johnson 15, Parish 13, a Walton 10.

„Mówiąc szczerze, nie zaplanowaliśmy przeciw niemu żadnej strategii – wspomina McHale. – Wyszliśmy tylko na parkiet, myśląc sobie: »Dobra, po prostu zagramy normalnie w obronie. Nie będziemy się przejmować, jeśli uda mu się zdobyć dużo punktów«. Ale nikt nie przypuszczał, że zdobędzie ich ponad 60!" Walton opowiada: „Po drugim meczu stwierdziliśmy: »Ten koleś jest naprawdę niezły. Może po prostu go podwoimy i zobaczymy, czy Dave Corzine i reszta Byków jest w stanie cokolwiek zrobić«".

Zmagając się z podwajaniem i wysokimi graczami Celtics, Jordan oddał w trzecim meczu tylko 18 rzutów, a trafił 8 razy. Zaliczył 19 punktów, 12 zbiórek i 9 asyst. Bulls przegrali ten pojedynek 122:104.

„Podwoiliśmy go i odcięliśmy od podań – mówi McHale. – Ustawiliśmy schemat obronny pod niego. Ludzie zapominają, że wygraliśmy wtedy do zera. Było 3:0 i mogliśmy wrócić do domu".

Wynik rywalizacji zdawał się jednak nie mieć znaczenia – cała NBA i wszyscy kibice mówili tylko o występach Jordana. Cztery lata wcześniej ściągnął na siebie uwagę opinii publicznej w USA, trafiając niesamowity rzut, który zdecydował o mistrzostwie kraju, ale występ przeciwko Birdowi i Celtom przeniósł jego legendę na inny poziom. Trenerzy w całej NBA, podobnie jak kibice, byli pod wrażeniem tego, czego dokonał, grając przeciwko najlepszej drużynie świata.

„To było coś wspaniałego – mówił Sidney Green. – Znam Michaela. To typ człowieka, który uwielbia, kiedy ludzie mówią, że nie jest w stanie czegoś zrobić. To tylko zagrzewa go do walki, bo może udowodnić sobie samemu i wszystkim innym, że potrafi grać z kontuzją i że jest gotów do zmagań na najwyższym poziomie".

Był to przede wszystkim sygnał dla zarządu Chicago Bulls. Reinsdorf przyznał po latach, że to tamten ostatni mecz sprawił, że zaczęło do nich docierać, jak wielkim koszykarzem może być Michael. Była to też ważna chwila dla samego Jordana. „Do tamtego momentu wielu dziennikarzy uważało, że owszem, jestem dobry, ale do klasy Magica Johnsona i Larry'ego Birda wciąż jeszcze mi daleko – mówił po latach. – Zapracowałem na szacunek Larry'ego Birda i to było dla mnie najważniejsze, bo oznaczało, że jestem na dobrej drodze. Nie chodziło o punkty, które zdobyłem, zwłaszcza że koniec końców przegraliśmy ten mecz. Fajnie jest oglądać fragmenty tego spotkania, ale bez przesady, przecież przegraliśmy. Natomiast komplement z ust Birda był chyba najważniejszym, jaki wtedy usłyszałem".

Teraz Collins

Kilka tygodni po zakończeniu sezonu Krause zwolnił Stana Albecka, po raz kolejny doprowadzając kibiców do furii. Reinsdorf uważał, że trener powinien był wesprzeć ich w przekonywaniu Jordana, żeby nie wracał przedwcześnie do gry po kontuzji stopy. Poza tym Albeck odrzucał rady Texa Wintera odnośnie do strategii ataku.

Wybór następcy Albecka sprowadzał się do dwóch nazwisk – komentatora telewizyjnego Douga Collinsa i – znowu – Phila Jacksona. Krause trochę się wahał, po czym postawił na Collinsa, który miał stały kontakt z NBA jako sprawozdawca stacji CBS. Nie miał jednak żadnego doświadczenia trenerskiego. „Facet z telewizji? Naprawdę?", tak miał odpowiedzieć Reinsdorf, kiedy Krause przedstawił mu swój pomysł. Ale Collins był gwiazdą Uniwersytetu Illinois State i został wybrany w drafcie w 1973 roku z numerem jeden, odegrał też kluczową rolę w dokonaniach pechowej amerykańskiej reprezentacji olimpijskiej z 1972 roku. W drafcie został wybrany przez Philadelphię 76ers i pomógł drużynie w odbudowaniu się po fatalnym sezonie w 1973 roku na tyle skutecznie, że w 1977 roku walczyła już o mistrzostwo. Trzykrotnie zagrał w Meczu Gwiazd, ale ostatecznie stał się ofiarą kontuzji, które zmusiły go do przedwczesnego zakończenia kariery.

„To była bardzo niezręczna sytuacja: Collins jako komentator telewizyjny podróżował z drużyną, jeszcze zanim został przez nią zatrudniony – wspomina Cheryl Raye-Stout. – Stan Albeck spoglądał przez ramię i wszędzie widział Douga Collinsa. Przez pewien czas był konsultantem drużyny i pojawiały się spekulacje, że przejmie posadę Stana".

„Kiedy zatrudniłem Douga, wszyscy się ze mnie śmiali – mówi Krause. – Mnóstwo ludzi mówiło: »Co ty, kurwa, robisz, zatrudniasz faceta z telewizji?«".

„Miałem wtedy 35 lat – wspominał potem Collins, a przez Chicago w ciągu ostatnich dziesięciu lat przewinęło się dziewięciu trenerów. Byłem typem faceta, który zakasywał rękawy i brał się do roboty".

Jordan z początku nie miał zaufania do nowego trenera, uważał go za kolejny „wynalazek" Krausego. „Kiedy spotkałem Douga po raz pierwszy, wydawało mi się, że nie bardzo wie, o czym mówi – wspomina. – Zastanawiałem się, jak to jest, że dostał taką posadę. Był przecież taki młody. Ale gdy już go bliżej poznałem, to bardzo go polubiłem. Szybko i sprawnie przejął kontrolę nad drużyną, no i miał bardzo pozytywne nastawienie".

Collins dobrał do sztabu asystentów Johnny'ego Bacha i Gene'a Littlesa. Zwłaszcza ten pierwszy szybko stał się ważną postacią w drużynie. Tak wspomina znajomość i współpracę z Collinsem: „Byłem jego trenerem podczas igrzysk w 1972 roku. Zaprzyjaźniliśmy się wtedy i darzyliśmy się wzajemnym szacunkiem. Po latach Doug do mnie zadzwonił i powiedział: »Chciałbym, żebyś dołączył do mojego sztabu szkoleniowego«. Współpraca z Paulem Douglasem Collinsem była przyjemnością. Rozpierała go energia, był bardzo zmotywowany. Tak naprawdę to on sprawił, że ta drużyna znowu zaczęła wygrywać".

Po zatrudnieniu trenera Krause powrócił do przemeblowywania składu. Nie przedłużył kontraktów z Orlando Woolridge'em, Jawannem Oldhamem i Sidneyem Greenem i zaczął się szykować do draftu oraz gromadzić gotówkę. W drafcie w 1987 roku miał do dyspozycji kilku zawodników, ale tylko jeden zdobywał w poprzednim sezonie ponad 10 punktów, a w dodatku wracał do gry po ciężkiej kontuzji. Ludzie nie mieli wtedy pojęcia, jak bardzo zły i jak bardzo zmotywowany jest Michael Jordan. Krause sprowadził z Portland rozgrywającego trzeci sezon w NBA obrońcę Steve'a Coltera, a Jordan traktował go podczas obozu treningowego, jakby sam był Jerrym Krause. W czasie meczów i treningów było widać, że wrażliwy Colter nie ma szans grać u boku Jordana. Podobnie jak wielu rozgrywających był mało efektywny, jeśli nie znajdował się przy piłce. Problem w tym, że Jordan miał nawyk, rozwijany przez każdego z jego trenerów, że podawał do rozgrywającego zza linii bocznej, by ten oddał mu piłkę. Wówczas mógł sam rozpocząć atak. Wkrótce stało się jasne, że John Paxson, który nie potrzebował piłki, żeby być efektywny, pasował do Jordana lepiej. W połowie sezonu Krause sprzedał Coltera – jak się okazało, jednego z wielu rozgrywających, którzy nie byli sobie w stanie poradzić z grą w cieniu Jordana.

Krause zatrudnił też wtedy jako swoją prawą rękę Jima Stacka. Stack grał na studiach w drużynie Uniwersytetu Northwestern, potem w kilku ligach zawodowych w Europie. Wykazał się wtedy talentem taktycznym i dobrym wyczuciem, więc poza asystowaniem Krausemu został też skautem drużyny. Zarząd Bulls był coraz bardziej odgrodzony od drużyny, ale Stackowi udało się znaleźć dla siebie miejsce w obydwu tych światach. Wewnętrzna polityka stawiała go w niezręcznej pozycji, brał bowiem udział zarówno w treningach drużyny, jak i w spotkaniach kierownictwa klubu. Pozostawał jednak w dobrych relacjach i z trenerami Bulls, i z samym Jordanem. I to dzięki temu, że znalazł się w rozkroku pomiędzy zarządem a drużyną, stał się spoiwem, które niezmiennie godziło członków organizacji podczas tych ponad dziesięciu lat nieustannych konfliktów.

Stack naoglądał się koszykówki na całym świecie, ale najbardziej niesamowite zagrywki widział na treningach Bulls. „Michael był niczym niszcząca machina – wspominał w 2012 roku. – Mieliśmy w drużynie więcej utalentowanych zawodników u jego boku, ale nie byli w stanie odpowiedzieć na niesamowitą waleczność, którą wnosił na parkiet. Biedny Steve Colter... Kiedy dołączyłem do drużyny, uważałem go za jednego z lepszych obrońców, ale Jerry musiał go oddać, bo po treningowych pojedynkach z Michaelem kompletnie się posypał".

Rozdział 19

DO ATAKU!

Dla Douga Collinsa pierwszy sezon w roli trenera Bulls wiązał się z ogromną presją kibiców, którzy oczekiwali wzmocnień w składzie, zwłaszcza że na rynku dostępni byli między innymi świetny strzelec Eddie Johnson z Sacramento i wysoki Joe Barry Carroll z Golden State. Krause uznał, że lepiej będzie poczekać, ale kibice obawiali się, że potem na wzmocnienia może być za późno. Przed rozpoczęciem sezonu niektórzy eksperci przewidywali, że Bulls mogą mieć problemy nawet z osiągnięciem 30 zwycięstw.

Jeśli niektórzy sceptycy sądzili, że Byki nie będą w stanie zdobywać wystarczającej liczby punktów, aby wygrywać, to wątpliwości zostały rozwiane już pierwszej nocy, podczas meczu z Knicks w Madison Square Garden. W drużynie nowojorskiej królowały „bliźniacze wieże"* w postaci graczy podkoszowych: Patricka Ewinga i Billa Cartwrighta, którzy zapewnili Knicks prowadzenie różnicą 5 punktów w połowie czwartej kwarty. Podczas przerwy na żądanie Jordan spojrzał na Collinsa i powiedział: „Trenerze, nie pozwolę, żebyś przegrał swój pierwszy mecz". Zdobył ostatnie 18 punktów, zapewniając swojej drużynie zwycięstwo 108:103. W sumie zaliczył 50 punktów, bijąc rekord liczby punktów zdobytych w hali Garden przez zawodnika drużyny przeciwnej. Poprzednimi rekordzistami byli Rick Barry i były zawodnik Bulls Quintin Dailey – obaj zdobyli po 44 punkty.

„Nigdy w życiu nie widziałem niczego podobnego. Przenigdy", ekscytował się grą Jordana Collins, po tym jak przytulił każdego ze swoich graczy.

* Twin Towers.

Po meczu Jordan powiedział swojemu ojcu w obecności dziennikarzy, że to kibice Knicks sprowokowali go do takiego wspaniałego występu. „Czyli grałeś przeciwko tłumowi, a nie przeciwko rywalom na boisku?", zapytał, śmiejąc się, James. „Zawsze gram przeciwko tłumowi", odparł Michael.

„Podniecenie, które towarzyszyło drużynie po wygraniu meczu otwarcia, stanowiło punkt zwrotny tego sezonu – mówi Reinsdorf. – To w tym roku wszystko zaczęło się układać, a Michael grał wprost niewiarygodnie". Można to powiedzieć bardziej konkretnie – to był rok, kiedy Jordan zaczął rządzić amerykańską koszykówką. Rewolucja odbywała się na wielu poziomach. Zawodowym graczem stał się w czasach obcisłych i krótkich spodenek Daisy Duke, ale bardzo szybko wykreował modę na coś, co do niego lepiej pasowało – czyli luźne, o ponad sześć centymetrów dłuższe spodenki. Nie minęło wiele czasu i inni zawodnicy również zaczęli się pojawiać na parkiecie w pantalonach do kolan – i tak już zostało. A styl gry Michaela stał się równocześnie wyrazem jego furii i pasji – to wówczas wprowadził do swojego arsenału nowe kołyskowe slam dunki. Wszystkim tym zmianom przyglądał się z bliska nowy asystent trenera Johnny Bach. Podobnie jak Tex Winter miał już ponad 60 lat. Był ekszołnierzem, doświadczonym trenerem, który z niejednego pieca jadł chleb, a ostatnio pełnił funkcję głównego szkoleniowca Golden State Warriors. Bardzo się cieszył, że będzie miał okazję pracować z Collinsem i Jordanem, ale – podobnie jak Winter – z początku nie bardzo wiedział, jak ma do Michaela podejść.

„Trenerzy asystenci, zwłaszcza ci bardziej doświadczeni, zazwyczaj wyczuwają, kiedy należy wkroczyć, a kiedy lepiej trzymać się z daleka – wspominał Bach w 2012 roku. – W tamtych czasach przyglądałem mu się z pewnej odległości. Jego akcje były niesamowite, tak dobre, że aż niewiarygodne. Zawsze uważałem, że najlepiej będzie, jeśli pozostanę na pozycji obserwatora i kiedy tylko będę mógł jakoś pomóc, to będę do dyspozycji".

Pierwsze obowiązki Bacha jako asystenta Collinsa polegały na analizie najbliższych rywali drużyny i dzieleniu się wnioskami podczas narad. To podczas tych zebrań narodziła się więź pomiędzy nim a Jordanem. Kiedy Bach mówił o nadchodzącym meczu, miał zwyczaj używania przenośni i specyficznego języka: „Wykorzystywałem terminologię wojskową, to mi zostało z czasów, kiedy podczas wojny służyłem w marynarce". Jordanowi ten język się spodobał, podobnie jak opowieści o II wojnie światowej. Bach stracił na polu walki swojego brata bliźniaka, lotnika. „Wyglądało to tak, jakby udało mi się go zainteresować", wspomina Bach. Ale nie tylko jego język spodobał się Jordanowi – nowy asystent trenera miał też charakterystyczny błysk w oku i zawsze perfekcyjnie się ubierał.

Bach często opowiadał o admirale Williamie „Byku" Halseyu, który dowodził marynarką wojenną na Południowym Pacyfiku, i cytował go, kiedy podczas meczów chciał dotrzeć z przekazem do podatnego na takie wpływy Michaela. „Chodziłem wokół niego pod koniec przerw na żądanie i mówiłem: »Na litość boską, Michael, do ataku, atakuj, atakuj. To właśnie mówił Halsey i to mówię ci ja« – wspomina Bach. – Robiłem tak wtedy, kiedy uważałem, że zbyt rzadko przedziera się pod kosz. Nie nadużywałem tego rodzaju motywacji, ale on to zapamiętał. Od tego się zaczęło. Kiedy jesteś asystentem, nie rozpisujesz zawodnikom akcji, więc pomyślałem, że powiem coś w stylu: »Nie zauważyłem cię w poprzedniej akcji, możesz zrobić coś więcej«. No i pomyślałem sobie, że może bardziej go nakręci, jeśli powiem: »Hej Michael, atakuj, atakuj, atakuj!« To były drobne rzeczy i to od nich zaczęła się nasza dobra relacja". Jordan zaczął traktować Bacha jako swojego osobistego trenera, którego przekaz podczas trwającego sezonu stał się dla niego swego rodzaju mantrą. Był to dokładnie ten rodzaj zachęty, którego młody gwiazdor potrzebował, żeby zacząć tworzyć swój własny koszykarski system.

28 razy zdobył w tym sezonie ponad 40 punktów. Sześciokrotnie przekroczył próg 50 punktów. Pod koniec listopada i na początku grudnia zdobył ponad 40 punktów w dziewięciu meczach z rzędu, w tym w sześciu meczach wyjazdowych w Konferencji Zachodniej. Potem upierał się, że ta seria wynikała z poczucia wyższej konieczności. „Kiedy się tu pojawiłem, pełniłem rolę zapalnika, rozpalałem ogień – wspomina. – Musiałem więc zaprezentować całą paletę swoich umiejętności".

Wyskok

W kręgach NBA szybko rozeszła się wieść, że ta obecna „odsłona" Jordana oznacza coś nowego. W Phoenix gra Michaela zrobiła ogromne wrażenie na Walterze Davisie. Jego kolega z drużyny Eddie Pinckney wspomina: „Wydawało mi się wtedy, że Michael trochę podziwia Waltera. Był jednym z jego ulubionych koszykarzy. W ogóle był wtedy bardzo dobry". Kiedy w terminarzu zbliżał się pierwszy mecz Suns z Bulls, Pinckney zauważył, że Davis jakby się ożywił i zaczął przygotowywać się staranniej niż zwykle: „Wydawało mi się to trochę dziwne, bo Walter dominował wtedy na swojej pozycji. Nigdy się specjalnie nie przejmował kolejnym przeciwnikiem. Wówczas jeszcze nie wiedziałem, że wielu koszykarzy jeździło latem do Karoliny Północnej, żeby pograć tam w kosza".

Zdaje się, że Walter Davis nie chciał wtedy pozwolić, żeby Jordan zrobił podczas sezonu NBA coś takiego, co będzie mógł potem wykorzystywać do trash-talkingu podczas letnich meczów w Chapel Hill. „Wiedziałem, czego możemy się spodziewać – mówi Pinckney. – Ale Davis wiedział to tym bardziej. Michael zrobił istny *show*. Nie chodzi o to, w jaki sposób zdobywał punkty, ale jak rządził na parkiecie, jak totalnie zdominował grę. W którymś momencie zaczynało do ciebie docierać, że ta chwila właśnie nadchodzi, że zaraz zdobędzie 10 albo 12 punktów z rzędu. I zdobywał je, atakując kosz w sposób absolutnie szalony. Przeskakiwał z jednej strony na przeciwną, a później z powrotem. To był bezustanny szturm na kosz".

Największe wrażenie na Pinckneyu zrobiło to, jak popisy Jordana wpłynęły na Davisa. „To był naprawdę świetny koszykarz – mówi Pinckney. – Ale Jordan sprawił, że zupełnie zmienił swoje podejście do gry". Bulls pomimo wszystko przegrali ten mecz dwoma punktami, choć Jordan zdobył swoje 43. Jerry Krause wspomina, że po zakończeniu tamtego pojedynku lekarz drużyny przeciął spuchnięty duży palec u nogi Jordana: „Wypłynęło mnóstwo ropy. To było coś okropnego, każdy, kto to widział, miał ochotę zwymiotować".

W wywiadzie przeprowadzonym w 2012 roku Krause mówił, że lekarz zalecił Jordanowi powrót do Chicago, żeby kontuzjowany palec mógł przez te dziesięć dni się zregenerować. „Michael naskoczył wówczas na Douga Collinsa, który 15 minut później podszedł do mnie na korytarzu i stwierdził, że musimy pogadać. Powtórzył, co powiedział mu Michael: że następnego dnia chce jechać na mecz do San Antonio. Że przecież nie zrobi sobie krzywdy i że jeśli palec będzie go bolał, to nie zagra… Stara śpiewka. Cóż, może byłem trochę za miękki, więc pozwoliliśmy mu wtedy pojechać do San Antonio. I zdaje się, że zdobył tam 52 punkty". Tak naprawdę były to 43 punkty, kolejny z serii dziewięciu meczów ze zdobyczą ponad 40 punktów, tym razem z chorym palcem u nogi. Bulls przegrali sześć z tych dziewięciu pojedynków, co wcale nie było takim złym rezultatem, skoro osiem z nich było rozgrywanych na wyjeździe. Na koniec serii Jordan zdobył w Atlancie 41 punktów, ale Dominique Wilkins z Hawks odpowiedział, gromadząc aż 57.

Z każdym meczem Jordan okazywał się lepszy od najlepszych koszykarzy w lidze. Już Celtics podczas play-offów nauczyli się, że nie da się go zatrzymać, zwłaszcza bez podwojenia w obronie. W pierwszym sezonie Jordana Lakers ustawiali krycie tak, że przeciwko niemu bronił najpierw Byron Scott, a potem Michael Cooper. Obaj starali się odcinać go od podań. Ale – jak powiedział jednemu z dziennikarzy Cooper – tamte czasy już się skończyły: „Jeśli ktoś mówi, że dobrze sobie poradziłem albo że ktoś inny dobrze sobie poradził z kryciem Michaela, to nieprawda. Nie jestem w stanie go zatrzymać, potrzebuję wsparcia całej drużyny. Kiedy tylko znajduje się przy piłce, natychmiast wzrasta intensywność gry. Włącza ci się alarm, bo nie masz pojęcia, co za chwilę zrobi. Przemieszcza się w prawo, w lewo, nad tobą, wokół ciebie, pod tobą... Robi zwód, obraca się, skręca. Wiesz, że zaraz odda rzut, ale nie masz pojęcia, kiedy i w jaki sposób. To właśnie jest dla każdego obrońcy najbardziej druzgocące".

Dziennikarz „Sun-Timesa" Rick Telander postanowił zapytać Jordana o jego nadzwyczajną umiejętność wyskoku. „Nikt nigdy nie zmierzył mi wysokości skoku – odpowiedział Michael – ale czasami się zastanawiam, jak mocno się wybijam... Kiedy lecę do góry, zawsze rozkładam nogi, jak przy dunkach z kołyską, i czuję się, jakbym otworzył spadochron, który w zwolnionym tempie pozwala mi opaść na ziemię. W pierwszym meczu z New York Knicks skakałem naprawdę wysoko, podczas ostatniego dunku moje oczy znalazły się mniej więcej na wysokości obręczy. Czasami po prostu uderzasz w obręcz nadgarstkiem, ale tym razem to były łokcie. Czułem, jakbym miał przedunkować się przez całą obręcz". Tak jak i wszyscy kibice, był bardzo podekscytowany swoim *hang time*'em. „Chciałbym pokazać ci filmik z jednego z moich dunków w meczu z Milwaukee – powiedział Telanderowi. – Jest w zwolnionym tempie i wygląda tak, jakbym się odbił i jakby ktoś przypiął mi skrzydła. Kiedy to oglądam, mam dreszcze. No bo sam powiedz: kiedy przestajesz »skakać«, a zaczynasz »latać«? Ja na to pytanie jeszcze nie umiem odpowiedzieć".

Nie było lepszego miejsca na zaprezentowanie tych umiejętności niż konkurs wsadów podczas Weekendu Gwiazd. Kibice oddali rekordową liczbę 1,41 miliona głosów, żeby zawodnik, którego zaczęto już nazywać „His Airness"* zagrał w Meczu Gwiazd. „To wspaniałe, że kibice tak podziwiają mój styl gry – odpowiedział Michael. – Zrobię wszystko, żeby ich nie rozczarować".

* Jego Powietrzność.

W tamtych czasach konkurs wsadów był jeszcze bardzo popularny wśród najlepszych koszykarzy NBA. W tym roku dodatkowo potęgował to fakt, że do udziału w konkursie rozgrywanym w hali Kingdome w Seattle zgłosił się, niespełna rok po powrocie do gry po kontuzji nogi, sam Jordan. Wygrał po serii slam dunków, które podkreślały jego nowo nabytą umiejętność latania. (Dominique Wilkins z Atlanty był wtedy kontuzjowany). Tym razem nikomu przez myśl nie przeszło bojkotowanie Michaela. Były na niego zwrócone oczy całej ligi. „Nawet podczas Meczu Gwiazd nie sposób było przestać się na niego gapić – mówi Mitch Lawrence, wieloletni dziennikarz koszykarski z »New York Daily News«. – Nie zrozumcie mnie źle, można było popatrzeć też na Magica i Birda. Ale to w Michaelu Jordanie było coś niesamowitego. Kiedy go oglądałeś, nawet w zwykłym meczu sezonu zasadniczego, to musiałeś się na niego gapić. Na parkiecie mogła sobie przebywać jakaś inna gwiazda albo dwie, nie miało to znaczenia. Przez jakieś 95 procent czasu gapiłeś się na Michaela Jordana. No dobra, jeśli miał przerwę i usiadł na ławce, to może wtedy zwracałeś uwagę na innych koszykarzy, ale przez większość czasu byłeś zafiksowany tylko na nim. O jak wielu zawodnikach można powiedzieć coś takiego?"

Jordan kontynuował swoją serię po zakończeniu Weekendu Gwiazd. Pod koniec lutego zdobył 58 punktów w pojedynku z Nets, bijąc stary rekord Cheta Walkera, który w meczu sezonu zasadniczego zdobył kiedyś dla Bulls 57 punktów. Kilka dni później, nie zważając na bolesną narośl na lewej stopie, zmasakrował Pistons, rzucając im w zwycięskim meczu z dogrywką 61 punktów, przy wtórze wrzasków 30 281 widzów zgromadzonych w hali Pontiac Silverdome. Pod koniec meczu z wściekłością zdobywał punkty na zmianę z Isiahem Thomasem i Adrianem Dantleyem z Pistons. „To, co wtedy pokazał Isiah, zmotywowało mnie do jeszcze lepszej gry – przyznał potem Jordan. – Oddawał fantastyczne rzuty, na które ja odpowiadałem swoimi fantastycznymi rzutami. To była wspaniała rozrywka dla kibiców i wspaniała koszykówka". Ze wszystkich wielkich zwycięstw odniesionych w tym sezonie właśnie wygraną z Pistons cenił sobie najbardziej. „Rzecz jasna dlatego, że wygraliśmy – tłumaczy Michael. – Poza tym w ciągu ostatnich kilku minut zacząłem kryć Adriana Dantleya: zaliczyłem 3 przechwyty i nie zdobył już ani jednego punktu. Wygraliśmy obroną". Po meczu zszokowani Pistons zaczęli pracę nad stworzeniem systemu, który miał w przyszłości zapobiec tego typu upokorzeniom.

Jordan zaliczał same wybitne występy. „Nie mam pojęcia, jak to robił – mówi jego kolega z drużyny John Paxson. – Każdej nocy stawał naprzeciwko niego ktoś inny, a on nigdy nie zrobił nawet jednego kroku w tył".

Litera „i" w słowie „win"

W szaleństwie, jakie zapanowało, było coś takiego, co irytowało coraz więcej osób w NBA. Jedną z osób, która nie bała się mówić o tym publicznie, był Larry Bird. W rozmowie z jednym z dziennikarzy powiedział: „Nie podoba mi się, że ten sam facet oddaje wszystkie rzuty. Nie na tym polega ta gra".

W tym sezonie Jordan doszczętnie zdominował koszykówkę w Chicago, oddając blisko jedną trzecią wszystkich rzutów drużyny. Był to pierwszy z dziewięciu sezonów, kiedy był liderem NBA pod względem liczby oddawanych rzutów. Koncentracja ataku na jednym zawodniku, kosztem całej drużyny, zdaniem asystenta Texa Wintera kłóciła się z ideą koszykówki jako gry zespołowej. Ale pomimo jego obaw Doug Collins wyglądał na całkowicie przekonanego do ogromnych zdobyczy punktowych Jordana, co więcej, sprawiał wrażenie, że chciałby, by Jordan rzucał jeszcze więcej, jeśli miałoby się to przekładać na liczbę zwycięstw. Z początku nieśmiały w stosunku do Jordana Winter zaczął namawiać rozgrywającą trzeci sezon w NBA gwiazdę do powrotu do podstaw koszykówki. Jordan od razu się zjeżył.

„Wiesz, co on mi powiedział? – wyznał Michael w rozmowie z dziennikarzem, Currym Kirkpatrickiem. – Od razu zrozumiałem, że jest po prostu stary. Bo powiedział tak: »Największe prawdopodobieństwo zdobycia punktów jest wtedy, kiedy kończysz akcję layupem«. I zapytał: »I po co próbujesz tych oburzających wyskoków, lotów i slam dunków?«. Nie mogłem w to uwierzyć. Gapiłem się tylko na niego i odparłem: »Słuchaj, ja tego nie planuję. Tak mi po prostu wychodzi«".

Winter był już wtedy grubo po 60-tce, miał za sobą ponad 40 lat doświadczenia trenerskiego na najwyższym poziomie, był pierwszym trenerem na pięciu uczelniach i w Houston Rockets. Specjalizował się w rozwoju systemu ataku *triangle offense*, wówczas uważanego za staroświecki. Ale podczas gdy inni eksperci koszykarscy nabijali się z Texa Wintera i uważali go za dziwaka, Krause, który znał go od lat, bardzo podziwiał jego i promowany przez niego system, był niemal jego wyznawcą. I irytowało go, że ani Stan Albeck, ani Collins nie słuchali się rad Wintera odnośnie do strategii ataku.

Atak Wintera nie odwoływał się tylko do podstaw koszykówki, co sam tak często podkreślał. Był to system, a właściwie filozofia gry, zgodna ze zbiorem ustalonych zasad. Starszy asystent był skoncentrowany na szczegółach jak żaden inny trener w NBA. Na przykład wyjątkowo denerwowało go to, że Jordan nie jest w stanie poprawnie wykonać prostego podania piłki. Albeck i Collins sprzeciwiali się radom Wintera głównie dlatego, że rozumieli, iż ich wdrożenie wymusiłoby w końcu podporządkowanie jego gry całemu systemowi, w którym każdy szczegół, każde zagranie było dokładnie opracowane. Polegał on na tym, że w ataku każdy miał ustaloną pozycję na parkiecie i każdy mógł przełamać obronę przeciwnika. W ramach systemu zawodnicy byli w stanie przewidzieć, z którego miejsca będą mogli oddać rzut. Ale najważniejsze było to, że system zakładał, że dwójka obrońców zapewnia równowagę w ataku. Winter przyjął, że jeden z obrońców będzie zawsze w stanie wrócić do obrony przy kontrataku, żeby zapobiec łatwemu zdobyciu punktów przez rywala.

„Na swój sposób Tex był bardzo zacietrzewionym i agresywnym gościem – wspomina Johnny Bach. – Pewnie wierzył w te trójkąty, jeszcze zanim napisano Ewangelię. Bo to była jego Ewangelia. Chciał, żeby ją wdrożono. Nie wiem, czy Krause mu obiecał: »Tak, będziemy grali twoim systemem«. Ale musiał do tego przekonać nie tylko Douga. Musiał również przekonać Michaela, że ten rodzaj ataku nie tylko pasuje do drużyny, ale i że on sam będzie się w nim czuł komfortowo".

Zadanie było trudne, a nawet bardzo trudne, bo Jordan postrzegał Wintera, jako człowieka Krausego, więc nie ufał mu i nie traktował go poważnie.

„Tex był dla nas wszystkich jak dziadek – wspomina trener Mark Pfeil. – Ale zawodnicy się z niego nabijali. Zwłaszcza Michael. Ciągle robił sobie z niego jaja. Kiedyś podczas treningu zakradł się za niego i ściągnął mu spodenki do kolan, tak że było widać goły tyłek".

Winter nigdy nie zgłaszał takich incydentów Krausemu, ale pomiędzy nim i Collinsem, trenerem, dla którego miał być mentorem, wyrósł mur. Winter sądził, że zatrudniono go po to, by był nauczycielem, więc nauczał wszędzie, gdzie tylko było to możliwe, udzielając zawodnikom szczerych i bezpośrednich wskazówek, których większość z nich nie słyszała pewnie od czasów liceum.

„Kiedy wychodzimy na parkiet, to zamierzam trenować wszystkich, którzy przyszli na trening – powiedział kiedyś o swoim podejściu. – I zamierzam ich trenować na swój sposób, nieważne, czy to Michael Jordan, czy ktokolwiek inny.

Dla mnie to bez różnicy. I oni o tym dobrze wiedzą. Jeśli widzę, że Michael popełnia błąd, to zwracam mu uwagę, tak jak innym. Z drugiej strony jest to na tyle wybitny sportowiec, że trzeba z nim postępować trochę inaczej niż z pozostałymi. Nie można do niego podchodzić zbyt ostro i krytycznie. W przeciwieństwie do części młodszych graczy, na których czasem dobrze działają rządy twardej ręki".

Podczas gdy Bach wypychał Jordana do ataku, Winter bez przerwy mówił o podejściu drużynowym. I był tak samo zacięty jak Jordan. Z czasem w sztabie szkoleniowym Bulls wezbrał konflikt, dodatkowo spotęgowany przez Collinsa, który był zdeterminowany, żeby podążać własną drogą. „Wniósł do drużyny taki entuzjazm, że to było aż nienormalne – wspomina Bach Collinsa w jego pierwszym sezonie w roli trenera. – Był totalnie nakręcony, zwłaszcza jeśli chodzi o rywalizację. Niektórzy trenerzy nie idą aż tak daleko. Są świetni w teorii i nie wychodzą zbyt daleko poza nią. A Doug Collins po prostu musiał działać". Collins nigdy nie był do końca zadowolony z ustalonej strategii i wciąż wprowadzał do arsenału drużyny nowe zagrania.

Z jednej strony będąc świadkiem konliktu pomiędzy rodzicami, z drugiej – pomiędzy trenerami, Jordan zaczął tracić zaufanie do swoich autorytetów i trudno się temu dziwić. Ale krytyka zawsze przyciągała jego uwagę. Spostrzeżenia Birda i Wintera z pewnością trochę go zaskoczyły i wywołały zdecydowaną reakcję. „Traktuję tę krytykę jako wyzwanie, żeby grać jeszcze lepiej i patrzeć, jak cała drużyna gra lepiej – powiedział w jednym z wywiadów. – Ale przecież nie jest tak, że gram w drużynie z największymi gwiazdami NBA... Ktoś, kto tak uważa, jest po prostu głupi".

Egoizm strzelecki Jordana stawał się coraz większy i zaczął wzbudzać rozgoryczenie wśród kolegów z drużyny. Kilka lat później Jordan sam przyznał się do tego, że bardziej koncentruje się na sobie niż na zespole. Ale wtedy koncentracja na własnej grze i na własnych umiejętnościach wydawała mu się kluczowa. Wsłuchiwał się w rady Bacha i konsekwentnie atakował. W marcu miała miejsce kolejna seria meczów, tym razem pięciu, w których zdobywał ponad 40 punktów. W kwietniu miał szansę stać się pierwszym zawodnikiem od czasów Wilta Chamberlaina w sezonie 1962/63, który zdobył ponad 3000 punktów w jednym sezonie (Chamberlainowi udało się to dwukrotnie). Jordan zdobył 53 punkty w meczu z Indianą, potem 50 przeciwko Milwaukee, w pojedynku, po którym trener Bucks Don Nelson zdjął krawat, napisał na nim: „Wielki

Sezon, Wielki Koszykarz", po czym podarował go Jordanowi. Nelson należał do grupy trenerów wyznających zasadę „pozwólcie mordercy zabijać" i wymieniał potem wiele krytycznych uwag z reprezentującymi odmienny styl Winterem i Philem Jacksonem. Podpisany krawat miał tylko utwierdzić Jordana w podejściu, które rozwijał u niego Bach. Atakuj!

Drugi raz w sezonie ofensywny potwór nagrodził swoich kibiców 61-punktowym popisem, tym razem przeciwko Atlancie w hali Chicago Stadium. Jordan zakończył sezon z 3041 punktami i najlepszą w lidze średnią zdobytych punktów – 37,1. W trakcie masakry podczas meczu z Atlantą pobił rekord NBA, zdobywając 23 punkty z rzędu. Na zakończenie spotkania oddał rzut z połowy boiska i minimalnie spudłował. Puryści koszykarscy, jak Winter, mogli tylko z niesmakiem pokręcić głową, ale publiczność szalała ze szczęścia. Kiedy Jordan schodził z parkietu, Winter powiedział mu: „W słowie »team« nie ma litery »I«". Jordan przypomniał tę chwilę podczas przemowy z okazji przyjęcia do Galerii Sław NBA w 2008 roku, wspominając, że tylko spojrzał na Wintera i odparł: „Tak, ale jest w słowie »win«"*.

Tamta chwila otworzyła wielką koszykarską dyskusję, a tak naprawdę dyskusję o amerykańskiej kulturze: indywidualizm kontra drużyna albo grupa. Z perspektywy czasu dla obu panów stało się oczywiste, że dzielące ich różnice mogą mieć na ich podejście do koszykówki przemożny wpływ i stać się źródłem późniejszego sukcesu.

„Nagrodą" dla Jordana za trwające przez cały sezon popisy w ataku okazało się pominięcie w głosowaniu na pierwszą i drugą piątkę najlepszych obrońców w NBA, co doprowadziło go do szału. Został w tym sezonie pierwszym zawodnikiem w historii NBA, który zaliczył ponad 200 przechwytów i 100 bloków jednocześnie – miał bowiem na koncie aż 236 przechwytów i 125 bloków.

Jedynym królem strzelców w historii NBA, który został równocześnie wybrany do pierwszej piątki najlepszych obrońców, był Jerry West. Jordan podkreślał, że chce być znany z tego, że jest „zawodnikiem kompletnym". Ustanowił wtedy rekordy Bulls w sześciu różnych kategoriach, wywalczył dla drużyny Douga Collinsa bilans 40:42 i kolejny pojedynek z Celtics w pierwszej rundzie play-offów. Niestety Boston z Birdem w składzie wygrał łatwo 3:0 (Jordan zdobywał

* Nieprzetłumaczalna gra słów – litera I to jednocześnie słowo „ja". Winter próbował przekonać Jordana, że w drużynie („team") nie ma miejsca na indywidualne popisy. Jordan odparował, że owszem, ale „I" jest przecież częścią złowa „win" – „zwycięstwo".

średnio 35,7 punktu), co tylko zdawało się potwierdzać tezę Birda i Wintera, że siła drużyny jest ważniejsza od indywidualnych popisów. Chicago Bulls w ciągu pierwszych trzech sezonów Michaela Jordana przegrali w play-offach dziewięć meczów, wygrywając tylko raz.

„Z pewnością jest zawodnikiem, którego montaż najlepszych akcji ogląda się z największą przyjemnością – mówił o Jordanie obrońca Bostonu Danny Ainge. – Ale nie jestem przekonany, czy jest facetem, z którym chciałoby się grać w jednej drużynie".

Ale to właśnie wyczyny indywidualne sprawiły, że nawet jego najwięksi krytycy zaczęli mówić o nim coraz głośniej. „Wszyscy mówią zawsze o mnie i o Larrym – powiedział dziennikarzom Magic Johnson, którego Lakers wygrali w tym sezonie z Celtics, zdobywając mistrzostwo NBA. – Ale tak naprawdę to jest Michael i cała reszta". Jordan i Johnson mówili o sobie nawzajem jako o najlepszych koszykarzach w NBA. Johnson, który był w liceum idolem Jordana, stał się teraz jednym z jego najbardziej nielubianych przeciwników. Bo chodziło tylko o jedno – o wygrywanie. Zarówno w obrębie własnej drużyny, jak i w relacji z gwiazdami innych zespołów Jordan spotykał się z ostrą krytyką.

„W NBA nikt z tego nie robi tajemnicy: Johnson, nawet mając na koncie cztery pierścienie mistrzowskie, żywi w stosunku do Jordana coś, co można nazwać profesjonalną zazdrością – napisał w »Sports Illustrated« Curry Kirkpatrick. – Przynajmniej na poziomie komercyjnym Magic powinien być siedem lat temu taki jak Michael, po tym jak po zdobyciu mistrzostwa NCAA z Michigan State udowodnił swoją wielkość w decydującym szóstym meczu finałów NBA, w którym Lakers pokonali Philadelphia 76ers".

Johnson i inni weterani NBA z pewnością nadal nie pogodzili się z kontraktem reklamowym Jordana z Nike i z towarzyszącym mu wsparciem promocyjnym, które ustawiło go w hierarchii ponad największymi gwiazdami. Tymczasem Jordan nie wahał się przed rozpowiadaniem, że to tak naprawdę Johnson stał za staraniami o pozbycie się Jamesa Worthy'ego przez właściciela Lakers Jerry'ego Bussa. „Nie mam nic przeciwko niemu – powiedział Kirkpatrickowi. – Po prostu wydaje mi się, że on nie lubi zawodników z Karoliny Północnej". To, że Johnson i Isiah Thomas obnosili się wtedy ze swoją wielką przyjaźnią, z pewnością też nie pomagało. Kiedy Johnson wysłał Jordanowi zaproszenie do gry w prestiżowym letnim meczu charytatywnym, ten odmówił. Było oczywiste, że nadal nie zapomniał o bojkocie sprzed dwóch lat. Ale prawdą było też to, że po zakończonym sezonie czekało na niego mnóstwo zobowiązań.

Kiedy David Falk po raz pierwszy powiedział mu o marce Air Jordan, Michael tylko się roześmiał. Nie wiedział, że po trzech latach stanie się już bezprecedensową potęgą marketingową i na samej tylko sprzedaży butów i sprzętu sportowego Nike zarobi około 165 milionów dolarów. „Na początku myślałem, że to tylko przelotna moda – mówił Jordan o reakcji na pierwsze modele swoich legendarnych butów. – Ale z każdym rokiem wygląda to nieporównywalnie lepiej niż wcześniej. Wyniki są szokujące".

Co dziwne, Phil Knight zaczął mieć wątpliwości co do relacji firmy z Jordanem, co w kolejnych latach doprowadziło do dramatycznych zwrotów akcji podczas negocjacji nowego kontraktu na sprzedaż air jordanów. Sonny Vaccaro uważa, że MJ za szybko uzyskał zbyt dużą władzę, co wystraszyło Knighta. Tak wysoki poziom sprzedaży trudno było utrzymać i każdy, nawet drobny spadek zdawał się potwierdzać obawy prezesa Nike. „Phil był już gotów się go pozbyć – wspomina Vaccaro. – Był gotów podpisać kontrakty ze wszystkimi drużynami uniwersyteckimi i zapomnieć o Michaelu. Ale ja powiedziałem, że nie możemy tego zrobić".

Rob Strasser, który odszedł z firmy, doradzał Jordanowi, żeby ten stworzył swoją własną linię produktową. Knight odrzucił ten pomysł i konsekwentnie kwestionował wartość kontraktu Nike z Jordanem, aż w końcu Vaccaro zaprezentował mu cyferki, z których jasno wynikało, że ich firma nie ma szans, by choćby zbliżyć się do wyników sprzedaży air jordanów na rynku uniwersyteckim.

Knight musiał wybrać – albo rozstanie się z Jordanem, albo podda się temu kipiącemu, ale jednocześnie przerażającemu tsunami. Koniec końców podjął decyzję o niezbaczaniu z obranego kursu. Michael podpisał nowy, tłusty kontrakt z Nike – kontrakt, który za kilka lat miał otworzyć mu drzwi do stworzenia marki Jordan Brand i uczynić z niego niewiarygodnie bogatego, jak na sportowca, człowieka.

„Dostał sporą podwyżkę, potem jeszcze Jordan Brand – mówi Vaccaro o kolejnych kontraktach Michaela. – Był zadowolony, bez dwóch zdań. To było coś wielkiego. Jak na tamte czasy kontrakt na pewno był bardzo nowatorski. I trzeba oddać Michaelowi i Nike, że wspólnie stworzyli imperium".

„Błyskawicznie piął się na szczyt, a produkt był naprawdę dobry – wspomina Johnny Bach. – Testował każdą parę butów, którą wypuszczali. Chciał mieć pewność, że spodoba mu się to, co pojawi się na rynku".

Wizerunek Jordana był ściśle skorelowany z wizerunkiem Nike, a Michael cieszył się z rosnącej sławy i jednocześnie miał jej dość. Tak jakby spoty Nike w blokach reklamowych nie wystarczały, stacja CBS przedstawiła w ramach programu *60 Minut* 10-minutowy materiał o Jordanie autorstwa Diane Sawyer, która zaprezentowała go jako człowieka wesołego, niemalże słodkiego, kogoś, kogo nie sposób nie lubić. David Falk nie posiadał się ze szczęścia. Oprócz tego filmu, który sam agent nazwał 60-minutową „reklamą", miał miejsce pierwszy „występ" Jordana jako bohatera animowanego, w popularnym komiksie *Shoe** autorstwa laureata Nagrody Pulitzera Jeffa MacNelly'ego, który – tak się przypadkiem złożyło – grał kiedyś w drużynie Tar Heels. Jordan był na fali. Przed świętami na rynek miała trafić pierwsza seria zabawek z jego podobizną. W 1987 do zajmowania się tematem Bulls powrócił Lacy Banks, jako reporter „Chicago Sun-Times". Kiedy przedstawiono go Jordanowi, odniósł wrażenie, że Jordan siedzi na tronie i że czuje się z tym bardzo dobrze. „Michael stał się władcą świata", wspominał, śmiejąc się, po latach.

„Jakby był namaszczony – opowiada Sonny Vaccaro. – Mówię serio, wszystko mu się udawało. Nawet jeśli robił coś nie tak, jak należało, to koniec końców wychodziło mu to na dobre".

I rzeczywiście, zarówno do kibiców, jak i do rywali Jordana zaczęło docierać, że możliwości rozwoju jego kariery są o wiele, wiele większe, niż się komukolwiek wydawało. Latem 1987 roku David Falk mówił: „Jeśli w czasach transmisji telewizyjnych chciałbyś stworzyć sportowca medialnego i przyszłą gwiazdę lat 90. – kogoś obdarzonego spektakularnym talentem, średniego wzrostu, wygadanego, atrakcyjnego, dostępnego, wyznającego tradycyjne wartości, pełnowartościowego, czystego, naturalnego, choć niekoniecznie będącego wzorem wszystkich cnót, ze szczyptą diabelskości – to wymyśliłbyś Michaela. Ten człowiek jako pierwszy łączy w sobie wszystkie te cechy. Wykracza poza swoją rasę, wykracza poza koszykówkę". „Świat się zmieniał, a Michael znalazł się w centrum tych zmian – opowiadał Sonny Vaccaro. – Występował w reklamach adresowanych do wszystkich i stał się naprawdę kimś".

* But.

McDonald's, Coca-Cola, Chevrolet, Wilson Sporting Goods i jeszcze kilka innych firm wykorzystywało go do promowania swoich produktów. Sumy, które mu płacili, przyćmiewały pięcioletni, wart cztery miliony kontrakt z Bulls. Ale oznaczały też, że letni terminarz Michaela wypełniony był rozlicznymi obowiązkami – od występów w programach telewizyjnych po gościnne rzuty podczas meczów Major League Baseball.

„Trochę mi zabrało czasu, żeby się do tego przyzwyczaić, ale bardzo polubiłem te obowiązki pozaboiskowe – powiedział Jordan tamtego lata podczas krótkiej wyprawy promocyjnej do Pittsburgha. – Czuję się, jakbym wrócił do szkoły, wciąż uczę się czegoś nowego. Kiedy byłem na studiach, nie zdawałem sobie sprawy z możliwości, jakie otwierają się przed sportowcami zawodowymi. Poznaję przeróżnych ludzi, podróżuję, nawiązuję kontakty biznesowe, poszerzam horyzonty, uczę się życia i dociera do mnie, jak wygląda świat poza koszykówką".

Coraz większą częścią tego świata stawała się Juanita Vanoy. W Sylwestra 1986 roku Michael się oświadczył. Wkrótce potem kupił nowy, blisko 500-metrowy dom z pięcioma sypialniami, położony na północ od Chicago. Kiedy Juanita go urządzała, zaczęli się zastanawiać, jak będzie wyglądało ich wspólne życie. Wiadomość o zaręczynach nie ucieszyła specjalnie rodziców Michaela, którzy wciąż byli uwikłani w walkę o to, kto wywrze na jego życie większy wpływ.

Przypuszczenia na temat tajemniczych wybryków, które sprawiały Jamesowi Jordanowi radość, stanowiły jednocześnie źródło koszmarów dla matki Michaela i jego narzeczonej. „Żyjemy w świecie pełnym pokus – mówi Sonny Vaccaro. – Na tym poziomie, na poziomie Michaela, to jest niewyobrażalne. Był przystojnym młodym człowiekiem, który znalazł się na szczycie. Słyszało się mnóstwo historyjek. Ale takie rzeczy są przypisane do sławy i bogactwa. Trudno jest być idolem".

Vaccaro podróżował z Jordanem i pracował z nim na tyle często, że był zaskoczony, a nawet zdumiony jego dyskrecją. Mimo młodego wieku był na tyle mądry, że nie chciał stawiać przyjaciół i współpracowników w niezręcznej sytuacji. Zdarzały mu się wyskoki, choć z pewnością nie był takim kobieciarzem jak Magic Johnson, który przyznał potem, że w czasach, kiedy jego gwiazda błyszczała najjaśniej, przespał się z około 500 kobietami.

Dla Vaccaro fakt, że Jordan był w stanie radzić sobie ze swoim statusem gwiazdy, jest kolejnym dowodem wielkiego talentu: „Michael z pewnością miał to coś... ten tajemniczy urok, trudno to nazwać. Ja używałem słowa »charyzma«, ale nie da się dokładnie opisać, co to znaczy. Był ponad przeciwności losu, także ponad konflikty rodzinne. To rzadkość. Nie ma na świecie zbyt wielu ludzi, którzy byliby w stanie tego dokonać, niezależnie od warunków ich życia".

CZĘŚĆ VII

CYNIK

Rozdział 20

TO JEST ROZRYWKA

Jego starsza siostra dostrzegła to w nim, kiedy jeszcze był dzieckiem. Jego ojciec, a nawet Red Auerbach, zauważyli to na początku jego kariery. Jordan uwielbiał dostarczać kibicom rozrywki. Jego relacja z fanami rozwijała się w sposób, którego nie był w stanie pojąć nikt, nawet naukowcy, którzy pisali prace o jego oddziaływaniu na popkulturę.

Ale choć Jordan zgadzał się zostać osobą publiczną, pozostawało jeszcze wiele rzeczy, które trzymał w ukryciu. Czynił to instynktownie, chcąc zachować coś dla siebie i w przekonaniu, że są w jego życiu sprawy, które nie powinny nikogo obchodzić. Johnny Bach obserwował to z zachwytem. Wielki filozof, specjalista nie tylko od koszykówki, ale i od ludzkiej natury, był człowiekiem bardzo taktownym i uroczym. Kto wie, jak potoczyłyby się losy Jordana i całej NBA, gdyby nie Bach i jego rozmowy z Michaelem?

„Skoro świeciły mu się oczy i skoro mnie słuchał, to znaczy, że miałem szczęście", mówi Bach o tej relacji i możliwości pracy z najlepszym koszykarzem wszech czasów.

Jordan starał się zachowywać prywatność, zarówno jeśli chodzi o rzeczy, które sprawiały mu najwięcej przyjemności, jak i o to, co go martwiło, a nie wiązało się bezpośrednio z koszykówką. „Na początku kariery brał na siebie tak wiele, że wydaje się to niewiarygodne – wspomina Bach. – Zawsze spotykał się chorymi dziećmi, których ostatnim życzeniem było poznać Michaela Jordana. Nigdy nikomu nie odmówił. Nie byłem w stanie zrozumieć, jakim cudem znajdował na to wszystko siłę. Spotykał się z dziećmi poparzonymi w pożarach, pobitymi, cierpiącymi na nieuleczalne choroby i umierającymi. Nie zapomnę, jak zobaczył chłopca, któremu ojciec poparzył twarz. Przyprowadzili go, a Michael długo rozmawiał z nim przed meczem w starej szatni w Chicago Stadium. Po prostu z nim rozmawiał. Nie jesteście sobie w stanie tego wyobrazić, ale ten chłopak był koszmarnie poparzony. A Michael z nim rozmawiał, jak gdyby nigdy nic. Posadził go na ławce, a podczas meczu podchodził do niego i pytał: »Hej, jak ci się podobał mój rzut?«. Jeden z sędziów podszedł do Michaela i powiedział: »Michael, ten chłopak nie może siedzieć na ławce, to jest wbrew przepisom«. A Michael tylko na niego spojrzał i odparł: »On będzie siedział na tej ławce«. Podczas przerw na żądanie opuszczał drużynę, żeby zamienić słowo z tym chłopcem. Pamiętam, że John Paxson i ja mieliśmy łzy w oczach. A Michael jak gdyby nigdy nic sobie z nim rozmawiał. Miał w sobie tę wielkość, potrafił być bohaterem takich scen. To się potem powtarzało jeszcze wielokrotnie. Był cudownym człowiekiem".

Bach wspomina, że Jordan zdawał się mieć w sobie ogromne pokłady emocji, które dodatkowo napędzały jego wolę walki. „Uważałem, że tego nadużywano. Tak wielu ludzi prosiło go o tak wiele różnych rzeczy, że musiał mieć tego dosyć. Ale zawsze starał się być do dyspozycji tych, którzy go najbardziej potrzebowali. Okazał się wielki nie tylko jako koszykarz, ale również jako człowiek, który był w stanie uszczęśliwić chore dziecko. Muszę się wam przyznać, że ja nie umiałbym tego zrobić. Posypałbym się. A on radził sobie z presją fantastycznie, niezależnie od tego, czy chodziło o zobowiązania wobec dziennikarzy, zobowiązania wobec klubu czy zobowiązania wobec dyscypliny, którą uprawiał. Wywiązywał się z tego lepiej, niż byłby to w stanie robić ktokolwiek inny. Zdarzały mu się gorsze wieczory. Ale gorszy wieczór w jego wykonaniu byłby występem na poziomie Meczu Gwiazd w wykonaniu kogokolwiek innego. Do dziś go podziwiam. I do dziś nie jestem w stanie zrozumieć, jak on to wszystko robił. Chyba nigdy nie będę w stanie tego pojąć".

Jerry Krause także podziwiał tę wrodzoną umiejętność Jordana, polegającą na uszczęśliwianiu tych, którym nie powiodło się w życiu. Pamięta, że Michael odmawiał tylko wtedy, kiedy ktoś próbował zrobić z tego typu historii wydarzenie PR-owe. Zawsze nakazywał, żeby odbywało się to po cichu, z dala od kamer. „Bez przerwy robił takie rzeczy – wspomina Tim Hallam. – Ale zawsze pod jednym warunkiem: że obejdzie się bez rozgłosu. Zawsze nalegał, że ma się to odbywać po cichu. Żadnych mediów".

Oczywiście rozgłos w mediach był ostatnią rzeczą, której Jordan wtedy potrzebował – to zapewniały mu występy na parkiecie. A prywatnie narzekał, że już się wystarczająco nacierpiał z przyczyn wizerunkowych. Kibice zawsze uwielbiali wielkich zawodników, chcieli wierzyć, że nie mają oni żadnych wad, i wynosili ich do mitycznego statusu „sportowców stulecia". Ale wtedy jeszcze mało kto spodziewał się, że to powszechne schlebianie Jordanowi to dopiero początek.

Boom sprzedażowy butów przekładał się na postępującą równolegle eksplozję popularności całego klubu. W ciągu pierwszych trzech sezonów Jordana wartość drużyny wzrosła trzykrotnie i zwiększała się nieustannie, wraz z rozpoczęciem każdego meczu. Jerry Reinsdorf był tak zadowolony z rozwoju sytuacji, że przedłużył roczny kontrakt Douga Collinsa i rozpoczął starania o przedłużenie umowy również z Jordanem.

Frekwencja podczas meczów Bulls w Chicago wzrosła o blisko 200 tysięcy, do 650 718 widzów, czyli wynosiła o blisko jedną trzecią więcej niż rok wcześniej, kiedy Jordan opuścił 34 mecze na własnym parkiecie. Podczas meczów wyjazdowych również znacznie więcej osób przychodziło oglądać Bulls, ich mecze przyniosły w sumie dodatkowo 276 996 kibiców, co przekładało się na kolejne 3,71 miliona dolarów w przychodach. Inni właściciele klubów dostrzegli, że beneficjentem nowej gwiazdy jest nie tylko Reinsdorf. Rosnąca popularność i płynność finansowa sprawiły, że drużyna zaczęła być traktowana poważniej. „Zaczęto nas w końcu szanować – powiedział w jednym z wywiadów Collins. – Nikt nas już nie uważa za Byki Przynoszące Złe Wiadomości*".

Wooly Bully**

Sukces był oszałamiący, choć przecież w drużynie nie było jeszcze Phila Jacksona ani Scottiego Pippena. Wiosną 1987 roku Michael Jordan nie znał żadnego z nich – a przecież relacje z oboma miały wywrzeć ogromny wpływ na całą jego karierę. Pippen dołączył do drużyny wybrany w drafcie w 1987 roku, a Jackson został zatrudniony latem jako asystent trenera, odpowiedzialny głównie za skauting drużyn, z którymi Bulls mieli grać w najbliższej przyszłości. Na zatrudnieniu Jacksona najbardziej zależało Krausemu, który chciał, żeby w parze z Texem

* Bad News Bulls.

** Tytuł piosenki zespołu Sam the Sham and the Pharaohs z 1965 roku.

Winterem byli odpowiedzialni za edukację drużyny. Jakimś cudem udało mu się namówić do swego pomysłu Collinsa.

Jackson nadal pozostawał koszykarskim „brzydkim kaczątkiem", ekstrawaganckim intelektualistą w kapeluszu z piórami, który chwalił się w swojej książce zażywaniem LSD. Tym razem, poinstruowany odpowiednio przez Krausego, przed rozmową kwalifikacyjną ogolił się i założył krawat. Jordan nigdy wcześniej o Jacksonie nie słyszał, był w stosunku do niego raczej podejrzliwy i traktował go jako kolejny wynalazek Krausego. Na szczęście jego pierwsze wrażenie okazało się pozytywne. Nie było jeszcze wiadomo, czy Jackson będzie czekał za kulisami, żeby gdy tylko nadarzy się okazja, zająć miejsce Collinsa, ale w świecie NBA tego typu mechanizmy i intrygi były na porządku dziennym. Do końca lat 60. i początku 70. drużyny rzadko mogły sobie pozwolić na zatrudnianie i opłacanie asystentów trenerów. No i dlaczego niby Collins miałby ufać Krausemu, który w ciągu dwóch pierwszych lat swoich rządów zdążył już zwolnić dwóch trenerów? Na szczęście układ jakoś zadziałał, bo – jak się okazało – Jackson nie miał wybujałego ego, był spokojny i skromny.

Sztab Bulls był zbiorem silnych osobowości – ten dziwny mały człowieczek o nazwisku Krause przekonał do współpracy Jacksona, Collinsa, Bacha i Wintera. Każdy z nich musiał zawsze pozostawać w pogotowiu, w związku z rosnącą frustracją i cynizmem Jordana. Michael nie wierzył w zdolności Krausego i w to, że jest w stanie dobrze pokierować drużyną. Wciąż był na niego zły za brak taktu, jakim wykazał się, gdy wracał do gry po kontuzji stopy. Ale Jordan był wychowywany – najpierw przez rodziców, potem przez Deana Smitha – w przekonaniu, że wszystkim należy się szacunek. Znał swoje miejsce w hierarchii. Zdarzały mu się pojedyncze złośliwe komentarze w rozmowach z mediami, ale kiedy dziennikarze wprost zadawali mu pytania o sztab szkoleniowy Bulls, zazwyczaj stwierdzał, że nie odpowiada za sprawy personalne. Natomiast za kulisami nie krył się z wątpliwościami. Znalazły one upust przy okazji draftu w 1987 roku, podczas którego Krause miał do dyspozycji dwa wybory w pierwszej rundzie. Wybrany z piątką po wymianie z Seattle SuperSonics Pippen był kandydatem bezdyskusyjnym – problem pojawił się przy drugim wyborze, z numerem dziesiątym. Dean Smith i Jordan próbowali wywrzeć na Krausem presję, żeby postawił na Joego Wolfa z Karoliny Północnej, a może nawet Kenny'ego Smitha. Ale menedżerowie klubów NBA byli coraz bardziej nieufni w stosunku do niektórych zawodników z Karoliny. System Smitha sprawiał, że trudno było ocenić rzeczywisty talent gracza. Poza tym trener Smith był bardzo przekonywujący i zawsze chciał, żeby jego zawodników wybierano z możliwie jak najwyższymi numerami. Szefowie klubów NBA często wpadali w tarapaty, jeśli pozwalali Smithowi wpłynąć na swoje decyzje.

Krause był więc rozdarty tamtej draftowej nocy, ale Reinsdorf powiedział mu, że ma wybrać tak, jak mu podpowiada intuicja. Zamiast Joego Wolfa wziął więc Horace'a Granta z uczelni Clemson, co doprowadziło Deana Smitha do szału. Wybranie zawodnika z Clemson przed zawodnikiem z Karoliny było szczególnie irytujące, bo mogło być potem wykorzystane przeciwko trenerowi podczas rekrutacji. „Dean Smith do mnie zadzwonił – wspomina Krause – i dosłownie skopał mi tyłek. »Jak mogłeś to zrobić, ty idioto?« Tak mówił, dosłownie. A Michael powiedział: »Co, do cholery? Wybrałeś tego głupka?« I przez wiele lat tak właśnie nazywał Horace'a: Głupek. Mówił mu to w twarz. Głupek. Prosto w twarz".

Krause nie konsultował z Jordanem swojego wyboru, ale doskonale wiedział, co by go zadowoliło. „Rozmawiałem z zawodnikami, ale nie z Michaelem, bo nie był jeszcze na tyle dojrzały, żeby zrozumieć moje wybory". Ale najdziwniejsze było to, że gracze, z którymi konsultował swoje decyzje personalne, grali w innych drużynach. Często rozmawiał na przykład z Robertem Parishem z Celtics i z Bradem Davisem z Mavericks. „Nasze relacje budowały się latami – tłumaczył potem Krause. – Wiedziałem, że mogę się ich radzić, bo grali przeciwko tym zawodnikom".

„Mieliśmy z Michaelem różne wizje drużyny – opowiadał Krause w 1995 roku. – Przez pierwsze kilka lat Michael chciał, żebym ściągnął Buzza Petersona, jego kolegę z pokoju w akademiku. Często z tego żartowaliśmy. Chciał też Waltera Davisa. Błagał mnie, żebym ściągnął Waltera Davisa. Ale ja nie miałem zamiaru".

Wzajemna niechęć obu panów pogłębiała się. Rok wcześniej Krause wybrał w drafcie Brada Sellersa zamiast przyjaciela Jordana z Duke, Johnny'ego Dawkinsa. Tym razem pominął solidnego gracza z Karoliny Północnej. Po latach Krause przyznał, że gdyby Joe Wolf trafił do Bulls, to prawdopodobnie okazałby się dobrym wyborem i że skrzydłowy z Karoliny Północnej nie rozwinął się tak, jak powinien, głównie dlatego, że trafił do fatalnych Los Angeles Clippers. Ale wtedy Jordan uważał, że nikt nie zna się na zawodnikach lepiej od Deana Smitha i że nie ma większej gwarancji jakości niż logotyp Tar Heels. To dlatego przed każdym meczem wkładał pod strój Bulls spodenki treningowe Karoliny. Bieliznę Karoliny nosił też w ciągu dnia pod normalnym ubraniem. Głęboko wierzył we wszystko, co wiązało się z jego dawnym zespołem. Zdobył tam mistrzostwo, podczas gdy Bulls, zarządzani przez chaotycznego, niepewnego Krausego, który w ciągu trzech lat przećwiczył trzech różnych trenerów, byli jednym wielkim znakiem zapytania.

Poza tym, jak wspomina Lacy Banks z „Chicago Sun-Times", w Jordanie aż się gotowało na myśl o konieczności współpracy z Krausem. „Krause rzeczywiście na każdym kroku robił mu niepotrzebne trudności, więc Michael go znienawidził". Stało się tajemnicą poliszynela, że Jordan nadał wiceprezesowi Bulls przydomek Crumbs*, bo wszystko, co Krause jadł – a jadł bardzo dużo – lądowało na jego koszuli. „Crumbs i ja trzymamy się od siebie z daleka", powiedział tamtego lata w wywiadzie dla „Sports Illustrated".

Z czasem Michael stał się mniej ostrożny w okazywaniu swojej pogardy pozbawionemu poczucia humoru dyrektorowi Bulls. Podczas kolejnych sezonów, kiedy Krause wchodził do szatni, Jordan czasem intonował, mrucząc, muzykę z *Green Acres***. Krause to ignorował albo po prostu nie rozpoznawał charakterystycznej melodii.

Na jesiennym obozie treningowym Jordan robił to co zawsze – demonstrował swoją moc i wolę walki przed debiutantami i nowymi zawodnikami pozyskanymi przez Krausego, żeby sprawdzić, czy są wystarczająco silni mentalnie, żeby z nim rywalizować. Był to swego rodzaju rytualny test. Pragnął sam sprawdzić nowych graczy, żeby się przekonać, czy menedżer Bulls dobrze wykonuje swoją pracę. Jego upór i złość, jeśli chodzi o decyzje personalne, miały prześladować go w przyszłości, kiedy sam został dyrektorem klubu.

Prawda była taka, że wielu koszykarzy NBA rzeczywiście nie było jeszcze gotowych do rywalizacji adekwatnej do oczekiwań Michaela Jordana, niezależnie od tego, z jakiej wywodzili się szkoły i kto ich wybrał w drafcie. Każdy, kto trafił do składu, był świadomy, jak wysoko Michael zawiesza mu poprzeczkę. To, że niespecjalnie wierzy w otaczających go kolegów, było ewidentne. „Na początku myślał, że może sam wziąć sprawy w swoje ręce i sam wygrywać

* Okruchy.

** Amerykański sitcom z przełomu lat 60. i 70., opowiadający o nowojorskiej parze, która przeprowadza się na wieś.

wszystkie mecze – opowiada skaut Bulls Jim Stack. – I często rzeczywiście to robił, w kluczowych momentach meczu brał na siebie ciężar gry i prowadził nas do zwycięstwa. Musiało minąć trochę czasu, żeby zaczął wciągać do gry innych i pokazywać im, że razem jesteśmy w stanie zdziałać więcej".

Duża część pomocy, którą otrzymywał w poprzednim sezonie, pochodziła od Charlesa Oakleya, który zdobywał średnio 14,5 punktu i 13,7 zbiórki, oraz od Johna Paxsona, zdobywcy 11,3 punktu, rzucającego z gry ze skutecznością blisko 49 procent. „Zabierało trochę czasu, zanim Michael nabrał do ciebie zaufania, zanim w ciebie uwierzył – tłumaczył Paxson. – Musiałeś zrobić coś, co zmieniałoby jego sceptyczne podejście. Był diabelnie wymagający w stosunku do kolegów z drużyny, oczekiwał, że będą grać ostro, że będą dawać z siebie wszystko. Koniec końców udawało ci się zrobić na parkiecie coś takiego, co sprawiało, że zaczynał ci ufać. Najtrudniej przychodziło to nowym zawodnikom, niektórzy nie byli w stanie sobie z tym poradzić. Nie umieli długo grać na równym i wysokim poziomie, nie potrafili wykonywać brudnej roboty albo zawodzili w detalach. Jednym z powodów, dla których Michael lubił Charlesa Oakleya, było to, że Charles był twardzielem i grał ostro. Wykonywał na parkiecie drobne zadanie i Michael to doceniał, choć wiele osób tego nie rozumiało".

Pippen

Kiedy Jordan pierwszy raz zobaczył Pippena, spojrzał na niego i powiedział: „No super, kolejny chłopak ze wsi". Była to ewidentna aluzja do Pete'a Myersa, wybranego przez Krausego z numerem szóstym w drafcie w 1986 roku zawodnika z Uniwersytetu w Arkansas. Pippen wywodził się z sąsiedniej uczelni, Central Arkansas.

„Nigdy o nim nie słyszałem – mówił Jordan o Pippenie. – Pochodził z jednej z uczelni NAIA*".

Pippen pochodził z Hamburga w stanie Arkansas, dawnego kolejowego miasteczka liczącego około trzech tysięcy mieszkańców, w którym urodził się Charles Portis, autor *Prawdziwego męstwa*. Pippen był najmłodszym z 12 dzieci Prestona i Ethel Pippenów. Preston Pippen pracował w fabryce włókna, ale poważnie podupadł na zdrowiu, kiedy Scottie był w liceum. Kiedy Pippen był

* National Association of Intercollegiate Athletics (Krajowe Stowarzyszenie Sportów Międzyuczelnianych).

w trzeciej klasie, głównie siedział na ławce swojej licealnej drużyny Hamburg High, ale już rok później grał w pierwszej piątce. Mierzył wówczas 185 centymetrów. Gdy został słuchaczem Central Arkansas, jego licealny trener załatwił mu posadę kierownika drużyny uniwersyteckiej. Pippen już wcześniej pełnił podobne obowiązki w liceum: „Byłem odpowiedzialny za sprzęt, stroje, koszulki i inne tego typu rzeczy – wspominał w jednym z wywiadów. – Zawsze lubiłem to robić".

Na jego surowy talent zwrócił uwagę trener Don Dyer. „Nikt go nie próbował rekrutować – opowiadał. – Nie miał szans na stypendium, choć mierzył te swoje 185 centymetrów. Jego trener licealny, Donald Wayne, grał u mnie na uczelni, więc zgodziłem się go przyjąć, żeby zrobić mu przysługę. Byłem przygotowany na to, że będę musiał pomóc mu przebrnąć przez *college*. Powierzyłem mu funkcję kierownika drużyny i postanowiłem, że pomogę mu przetrwać finansowo na studiach. Kiedy pojawił się na uczelni, miał już 190 centymetrów wzrostu. Kilku moich zawodników właśnie ukończyło naukę i opuściło szkołę. Przyjrzałem mu się i dostrzegłem w nim odrobinę potencjału… był jak rewolwer".

Pomysł zrobienia kariery w NBA nawet nie przeszedł Pippenowi przez myśl. Ale pod koniec pierwszego roku urósł już do 198 centymetrów i ugruntował swoją pozycję jednego z najlepszych zawodników drużyny. „Miał mentalność rozgrywającego – powiedział Dyer w rozmowie z »Chicago Tribune«. – Wykorzystywaliśmy go do rozprowadzania akcji, kiedy drużyna przeciwna broniła pressingiem. Ale grałem nim również na pozycji skrzydłowego, centra… w zasadzie na każdej".

Scottie Pippen zdawał sobie sprawę ze swoich postępów na parkiecie. „Mogłem być tak dobry, jak chciałem. Zacząłem wierzyć w swoje umiejętności". Dwukrotnie był wybierany do drużyny gwiazd NAIA All-American. Na ostatnim roku zanotował statystyki, które zwróciły uwagę Marty'ego Blake'a, dyrektora do spraw skautingu w NBA. Pippen zdobywał średnio 23,6 punkty, 10 zbiórek i 4,3 asysty, rzucając ze skutecznością 59 procent z gry i 58 procent za trzy punkty. Blake przekazał informację o Pippenie Bulls i innym drużynom. Młody koszykarz został zaproszony na testy dla kandydatów do NBA do Wirginii, na Portsmouth Invitational. Krause od razu się zakochał w jego umiejętnościach. Miał już dwa metry wzrostu i niebywale długie ręce, co często bywało kluczowe, kiedy Krause oceniał umiejętności zawodników. „Przyglądaliśmy mu się – wspominał potem Jerry – no i naprawdę się podjarałem. Byłem w totalnym szoku".

Potem sprawy potoczyły się szybko: Pippen miał się udać na kolejne testy, na Hawajach, tymczasem Krause poinformował Collinsa, że odkrył prawdziwy skarb. „Kiedy pierwszy raz powiedzieliśmy Dougowi Collinsowi o Scottiem, był raczej sceptyczny – wspomina Krause. – Zmontowałem więc film wideo pokazujący wszystkich zawodników biorących udział w turnieju na Hawajach i pokazałem go trenerom. Rozdałem im nazwiska zawodników i składy poszczególnych drużyn, bez żadnych dodatkowych informacji o graczach. Chciałem, żeby sami się przekonali. Po zakończeniu sesji wideo zapytałem, czy mają jakieś pytania. Wszyscy mieli tylko jedno: »Kto to, do cholery, jest Scottie Pippen?«"

Nastepnie Krause sfinalizował z Seattle dość skomplikowany transfer, na mocy którego Chicago pozyskało Pippena po tym, jak Sonics wybrali go w drafcie w 1987 roku z numerem piątym. Seattle w zamian otrzymało centra z Uniwersytetu w Wirginii, Oldena Polynice'a. Pippen był zawodnikiem z małego miasteczka, który nagle znalazł się w świetle reflektorów, więc, co zrozumiałe, był dosyć zagubiony.

„Miał nadzwyczajny talent, ale wciąż jeszcze wymagający rozwoju – wspomina Jim Stack. – No i już wtedy, kiedy go wybieraliśmy, miał problemy z plecami. Przesiedział na ławce cały obóz treningowy".

Problemy z kręgosłupem miały stanowić poważny problem zarówno w rozwoju kariery Pippena, jak i w jego relacjach z zarządem klubu. Na szczęście przyjaźń z innym zawodnikiem wybranym w pierwszej rundzie draftu, z Horace'em Grantem, pomogła mu przetrwać ten pierwszy rok.

„Dzień po drafcie obaj przyjechali do Chicago i poszli na mecz baseballowy White Sox – wspomina Cheryl Raye-Stout. – Siedzieli na ławce rezerwowych w czapeczkach Bulls. Błyskawicznie zapałali do siebie sympatią, a ich przyjaźń przeniosła się na parkiet. Bardzo dobrze się rozumieli i po prostu się lubili. Obaj mieli jeszcze przed sobą długą drogę. Scottiemu było trudniej, bo wywodził się z prowincjonalnej uczelni NAIA. Nie był przyzwyczajony do ciągłej obecności mediów, to był dla niego szok".

Relacja pomiędzy dwójką debiutantów w znacznej mierze opierała się na zauroczeniu. „Scottie jest dla mnie jak brat bliźniak", tłumaczył Grant, który miał brata bliźniaka, Harveya, również koszykarza grającego w NBA. Pippen stał się więc dla niego drugim bliźniakiem. Chodzili razem na zakupy, wspólnie umawiali się z dziewczynami, jeździli podobnymi samochodami i mieszkali blisko siebie na przedmieściach Chicago, w Northbrook. Nawet pobrali się w odstępie jednego tygodnia i świadkowali sobie nawzajem. Ich relacja położyła się cieniem na atmosferze panującej w drużynie. „Któregoś dnia Scottie zadzwonił i powiedział, że musi opuścić trening, bo umarł jego kot – wspomina były trener Mark Pfeil. – Jakiś kwadrans później zadzwonił Horace i poinformował, że musi towarzyszyć Scottiemu w żałobie. Johnny Bach wpadł w szał. Chwycił za telefon i ryknął do Horace'a: »Masz się tu natychmiast pojawić! A kota wyrzuć do śmieci!«. Kiedy już drużyna się zebrała, Horace poprosił wszystkich o minutę ciszy, żeby uczcić pamięć kota Scottiego".

Tego typu nonsensowne sytuacje irytowały Jordana. Krause wspomina, że treningi szybko stały się bardziej interesujące od niektórych meczów rozgrywanych w Chicago, kiedy Jordan kucał i wrzeszczał na Pippena: „Skopię ci dupsko!". Prowokował ostre konfrontacje, żeby uczynić go twardszym. Bach wspomina, że młody skrzydłowy rzeczywiście z takich doświadczeń sporo wynosił, ale z pewnością nie wpłynęło to pozytywnie na wzajemną relację obu panów.

„Kiedy Scottie i Horace dołączyli do drużyny, Michael przeczuwał, że może to mieć pozytywny wpływ na wyniki zespołu – wspomina Mark Pfeil. – Ale frustrowało go, że nie mają takiego nastawienia jak on. Byli na tyle młodzi, żeby myśleć sobie: »Hej, przecież płacą nam niezależnie od tego, czy wygrywamy, czy przegrywamy«. I zadowalali się półśrodkami".

Jordanowi zależało tylko na tym, żeby znaleźć partnerów, którzy pomogą mu w walce o najwyższe trofea. Bach mówi, że Collins podchodził do tego podobnie: „Doug był bardzo wymagający w stosunku do młodych zawodników i czasem ich nie rozumiał. Wymagał od nich naprawdę mnóstwo. Chciał, żeby każdego wieczoru walczyli na najwyższym poziomie, napędzał ich. Starał się oddziaływać na ich emocje i uświadamiać im, jak ważny jest każdy mecz i każdy trening. Niektórzy trenerzy liderują młodym graczom, on ich nakręcał".

W swoim pierwszym sezonie w NBA Pippen zmagał się z kontuzją pleców. Niektórzy zaczęli go podejrzewać o symulowanie, aż w końcu lekarze postawili odpowiednią diagnozę i latem 1988 roku Scottie przeszedł operację.

„Przyznaję, że w swoim pierwszym sezonie, a może nawet w dwóch, popełniłem sporo błędów – powiedział kiedyś Pippen. – Imprezowałem, cieszyłem się swoim bogactwem i nie podchodziłem do koszykówki tak poważnie, jak powinienem. Jestem przekonany, że wielu debiutantów postępowało podobnie.

Kiedy zaczyna się grać profesjonalnie, nie jest się przyzwyczajonym do świateł reflektorów, no i tak fantastycznej sytuacji finansowej".

Nie zmieniało to faktu, że jego talent dawał klubowi wielką nadzieję na przyszłość, chociaż ważył wtedy tylko 93 kilogramy. „Nie nabrał jeszcze wystarczającej masy, ale jego potencjał był widoczny – wspomina Jordan. – Jako zawodnik wszechstronny, predystynowany do gry na praktycznie każdej pozycji, był jak Doktor J. Przejmował piłkę podczas kontrataku, robił te swoje wielkie susy i zanim się zorientowałeś, już był pod koszem przeciwnika. Myślę, że wszyscy byli zaskoczeni tempem jego rozwoju".

Konflikt

Szukając doświadczonego gracza podkoszowego, klub podpisał kontrakt z 38-letnim Artisem Gilmore'em, żeby dzielił obowiązki gry na pozycji centra z Dave'em Corzine'em. Oakley był pewniakiem na pozycji silnego skrzydłowego i chciał otrzymywać więcej podań. Collins się z nim zgadzał, ale trudno było mu się oprzeć rozgrywaniu akcji przez Jordana.

„Musimy doprowadzić do sytuacji, w której Michael Jordan nie będzie w naszej drużynie jedynym źródłem energii – powiedział dziennikarzom trener. – I Bulls, i sam Michael zdają sobie sprawę, że MJ nie wytrzyma długo, jeśli będzie na nim spoczywał taki nieludzki ciężar. Choć oczywiście czasem mam wątpliwości, czy Michael w ogóle jest człowiekiem".

Optymistyczny plan zakładał, że Pippen i Grant zasłużą sobie na więcej czasu na parkiecie, a Jordan będzie mógł połączyć swój niesamowity talent z rozwijaniem umiejętności u swoich kolegów z drużyny. „Niczego jeszcze światu nie udowodniliśmy – mówił dziennikarzom Collins. – W zeszłym roku bazowaliśmy na emocjach, które przewyższały nasze umiejętności. Zbiórki Oakleya, punkty Jordana, stabilność Paxsona, twardość Corzine'a... wszystko jakoś ze sobą współgrało i pozwoliło nam utrzymywać stały, średni poziom".

Sezon jeszcze się nawet nie rozpoczął, a już pojawiły się kłopoty. Pod koniec października Jordan oskarżył Collinsa o oszukiwanie przy wyniku sparingu i wyszedł z treningu. Nagłówki gazet głosiły, że obaj panowie ze sobą nie rozmawiają. Jordan został ukarany grzywną, a Collins znalazł się pod presją.

„W tych pierwszych latach Michael był jednocześnie ambitny i uparty – mówi Bach. – Doug Collins też miał swoje za uszami, zdarzało mu się, że posunął się za daleko i kogoś uraził. A łatwo urazić zwłaszcza kogoś takiego jak Michael Jordan".

„On ma swoją dumę, ja mam swoją – powiedział Jordan dziennikarzom. – Obaj jesteśmy dorośli. Wyjaśnimy to sobie w stosownym czasie. Nie zamierzam niczego przyspieszać".

„Doug wiedział, że musi się z Michaelem pogodzić, i w końcu to zrobił – wspomina John Paxson. – Musiał swoją supergwiazdę uspokoić. To był taki mały test. Gdyby zrobił to ktoś inny, to nie wiadomo, co by się wydarzyło, bo przecież nikomu nie wolno ot tak sobie wyjść z treningu".

Panowie wprawdzie publicznie się pojednali, ale w rzeczywistości Jordan niespecjalnie szanował swojego trenera. Choć w kolejnych latach Collins dowiódł swoich trenerskich umiejętności, „wtedy był jeszcze niedojrzały – uważa Sonny Vaccaro. – To było oczywiste". Jordan czasem wyładowywał swoje frustracje związane z trenerem w rozmowach z Vaccaro. Zdarzało się, że nawet Krause zwracał Collinsowi uwagę, a niektórzy podejrzewali, że zbiera na niego haki. Wiosną (i potem znów, latem) bardzo się poróżnili w związku z nowo pozyskiwanymi przez Krausego zawodnikami. Kłótnia podczas treningu tylko dolała oliwy do ognia.

Trener był rozdarty. Uważał, że Jordan jest zbyt wielkim indywidualistą, żeby drużyna mogła sięgnąć po mistrzostwo. Michael nadal zmuszał obrońców do oddawania sobie piłki po jej wybiciu z autu, żeby móc sprawować kontrolę nad wyprowadzaniem ataków, a to oznaczało, że trener nie miał jak uczynić z Bulls dynamicznego, zgranego zespołu. Taka sytuacja tylko utwierdzała Krausego w przekonaniu, że Collins nie jest w stanie powiedzieć Jordanowi nie.

„Dla trenera zbudowanie poprawnej relacji z Michaelem i równocześnie z innymi zawodnikami musiało być bardzo trudne – mówił blisko dziesięć lat później John Paxson. – Było to w zasadzie niemożliwe. Michaelowi trzeba było dawać więcej swobody. Nie można go było krytykować w takim stopniu jak innych, bo wiadomo było, jak wiele jest w stanie zrobić i jak wiele znaczy".

Collins był impulsywny i często za porażki obwiniał swoich zawodników, czasem w gorzkich, zgryźliwych słowach, co tylko pogłębiało wzajemną alienację. Koledzy z drużyny zaczęli namawiać Jordana, żeby zabrał w tej sprawie głos, ale Michael odmówił, przypominając skandal, jaki rozpętał się w Lakers w 1982 roku, po tym jak Magic Johnson skrytykował trenera Paula Westheada.

„Jako trener Michaela Jordana stąpasz po cienkim lodzie – mówił Paxson, wspominając tamtą sytuację. – Nie wiadomo, czy byłby w stanie posunąć się do czegoś takiego, ale wszyscy pamiętali konflikt pomiędzy Magikiem Johnsonem i Paulem Westheadem w Lakers, zakończony zwolnieniem tego drugiego. Michael miał równie silną pozycję, ale na razie nie zamierzał jeszcze jej wykorzystywać. Co nie zmieniało faktu, że Collins igrał z ogniem. Znajdował się na początku kariery trenerskiej i musiał sobie z tym jakoś radzić".

Efektem tego była rysa w kontaktach pomiędzy Jordanem i Collinsem, którą Michael z trudem maskował. Niektórzy uważali, że obaj panowie pozostają w dobrych relacjach, ale Vaccaro twierdzi, że wcale tak nie było: „Byli jak olej i woda". Jordan protestował też przeciwko wybuchom Collinsa w trakcie meczów, tak różniącym go od spokojnego Deana Smitha. Wielu zawodników Bulls miało dość głupkowatej energii Collinsa. Jordan uważał ją wręcz za niesmaczną, ale zachowywał to dla siebie, bo wielu kibiców uważało to za ważny element tożsamości młodej, ekscytującej drużyny.

„Douga rozpierała energia – wspomina kierownik do spraw sprzętu sportowego w Bulls, John Ligmanowski. – Wyglądało to tak, jakby sam miał zaraz wbiec na parkiet. Po meczu schodził do szatni spocony, kompletnie przemoczony, totalnie wycieńczony. To było dość śmieszne, bo przecież dopiero zaczynaliśmy dobrze grać. Drużyna znajdowała się w trakcie zmiany kursu".

Niezależnie od swoich młodzieńczych wad Collins miał w sobie wystarczająco dużo energii na przeprowadzenie Bulls przez kolejną fazę rozwoju. „Był wspaniałym gościem – mówi Mark Pfeil. – Bardzo mu zależało na ludziach, dbał o nich".

Cheryl Raye-Stout wspomina, że dziennikarze, zwłaszcza telewizyjni, uwielbiali Collinsa. „Zawsze był do ich dyspozycji. Krzyczał, wrzeszczał, podskakiwał, rzucał przedmiotami... Był bardzo ekstrawertyczny, a kluczowi zawodnicy w jego drużynie byli bardzo młodzi. Horace i Scottie go nienawidzili. Dorastał razem z nimi. To była jego pierwsza praca na stanowisku trenera, trafił tam z budki dla komentatorów telewizyjnych. Też się uczył".

Jeśli Jordan miał jakiś żal o październikowy incydent z Collinsem, to dlatego że zaczęło do niego docierać – czasem nawet bardziej niż do jego matki – jak bardzo sytuacja w drużynie wpływa na jego publiczny wizerunek, a to z kolei przekłada się na jego zarobki. Kilka tygodni później w rozmowie z dziennikarką z Detroit Johnette Howard przyznał: „Źle się czuję z tym, że tak się zachowałem, że wyszedłem. Ale mam nadzieję, że ludzie rozumieją, z czego to wynikało, że to dlatego, że ogromnie zależy mi na zwycięstwie".

Miało się to stać jego dyżurnym usprawiedliwieniem dla każdego zachowania, które można było interpretować jako niestosowne: wynikało ono z jego przemożnej woli walki i woli zwycięstwa. Zrzucanie wszystkiego na karb ambicji było wygodnym wytłumaczeniem i, co ważniejsze, opinia publiczna zdawała się je akceptować. Ale, jak Michael przyznał w rozmowie z Howard, miał powody do obaw odnośnie do swojego wizerunku: „Znalazłem się w dość niezręcznej sytuacji. Trudno jest mi być liderem drużyny, kiedy wszyscy postrzegają Chicago Bulls jako »drużynę Michaela Jordana« albo »Jordana i spółkę«. To moje nazwisko zawsze jest na świeczniku, więc to naturalne, że niektórzy robią się zazdrośni".

Obawiał się, że to, jak traktuje kolegów podczas treningów, może być postrzegane jako przejaw zadufania. Próbował więc zachować równowagę. „Jeśli okazujesz im troskę i czułość, ludzie to docenią". Wyrobił sobie nawyk regularnego chwalenia kolegów w wywiadach.

Collins był w Chicago bardzo popularny, więc po incydencie na treningu Jordanowi trochę się dostało. Trenerowi przedłużono kontrakt, ale niektórzy eksperci uważali, że presja zaczyna go przytłaczać. Stracił na wadze, źle się odżywiał i wyglądał na wypalonego. Jordan też był zestresowany, a sytuację pogarszał – o ironio – jego sukces finansowy. Pieniądze i status komercyjny Michaela nadal irytowały innych zawodników w NBA. Wysłuchiwali opowieści o jego kontraktach reklamowych, widzieli jego drogie garnitury i złote naszyjniki. W tamtych czasach w lidze było tylko 24 koszykarzy, którzy zarabiali ponad milion dolarów za sezon, podczas gry Jordan był związany kontraktem, gwarantującym mu około 830 tysięcy dolarów w sezonie 1987/88. Sonny Vaccaro wspomina, że Magic Johnson nie był w stanie pojąć, jak to jest, że Jordan może podpisywać kontrakt na buty sportowe, tak wysoce przewyższający kontrakty innych gwiazd. Vaccaro wysłuchiwał podobnych narzekań ze strony innych graczy. Był już powszechnie znany jako facet od pieniędzy Nike i jego praca polegała między innymi na negocjacjach i rozmowach z koszykarzami.

Lacy Banks również nasłuchał się żalów. „Sun-Times" wyznaczył go jesienią 1987 roku do relacjonowania występów Bulls. Banks był równocześnie pastorem baptystą i współpracownicy nazywali go czasem Wielebnym. On również był pod wrażeniem przedziwnego stosunku Jordana do swego bogactwa. „Kiedy zacząłem relacjonować występy Michaela, wciąż jeszcze się rozwijał – wspomina Banks. – Nie miał jeszcze nawet wysokiego kontraktu. Wychodził z założenia, że skoro podpisał kontrakt z Reinsdorfem, to zgodnie z zasadami musi go wypełnić. Gdyby Reinsdorf postanowił zmienić umowę, żeby zapłacić mu więcej pieniędzy, to z pewnością by nie odmówił. Ale uważał, że nie ma prawa powiedzieć czegoś w stylu: »Uważam, że jestem teraz wart więcej, więc powinieneś mi zapłacić«".

Jordan bogacił się tak bardzo poza boiskiem, że jego zarobki na parkiecie były tylko kwestią dumy. Nie chciał, żeby go postrzegano jako pazernego. Dzięki wpływom pozaboiskowym mógł mówić, że nie gra dla pieniędzy. Inni przed nim też latami powtarzali coś podobnego, ale to Jordan był pierwszym zawodnikiem, który naprawdę nie musiał się koncentrować na swoich zarobkach w NBA.

Banks relacjonował wcześniej występy Muhammada Alego dla magazynu „Ebony". Dobrze go poznał i często zastanawiał się, jak to jest, że ludzie go nie rozumieją. Ali wykazywał się ogromną odwagą, wypowiadając się krytycznie o wojnie w Wietnamie na długo przed tym, kiedy stało się to powszechne, i zapłacił wysoką cenę za swój głos przeciwko konfliktowi zbrojnemu. Młody książę koszykarski, którego występy opisywał Banks, w ogóle nie przejmował się sprawiedliwością społeczną. Ale podobnie jak to miało miejsce w przypadku innych ludzi piszących o Jordanie, do Banksa szybko dotarło, że zaczął bezgranicznie podziwiać gwiazdę Bulls. „Doceniał fakt, że występy Bulls relacjonuje czarnoskóry facet – wspominał w 2011 roku. – Przez pierwszych kilka lat byliśmy ze sobą bardzo blisko".

Obaj panowie często siadali obok siebie podczas przelotów na mecze wyjazdowe, grali w karty i rozmawiali. I zawsze kiedy Jordanowi nie towarzyszyła jego świta, to Banks był tym, który podawał mu po meczach sok pomarańczowy i płatki owsiane, bo oczekujący w lobby kibice sprawiali, że nie mógł zrobić tego samodzielnie. Siedzieli razem do późna, oglądając filmy w telewizji hotelowej SpectraVision i dalej grając w karty. To wtedy Banks doszedł do wniosku, że Jordan ma fotograficzną pamięć. Był w stanie zacytować całe fragmenty scenariuszy filmowych i pamiętał najdrobniejsze szczegóły z tysięcy meczów, które rozegrał. „Zauważyłem, że wszystko liczy i przewiduje, jakie karty wyłożę – mówi o ich wielogodzinnych rozgrywkach w siedem kart, w pięć kart albo w remika. – Prawie za każdym razem trafiał, wygrywał w co najmniej 90 procentach przypadków. Ja grałem, próbując zdobyć jakieś pieniądze. A on grał tylko dla relaksu i dla rywalizacji. Fascynował mnie na wiele sposobów. Michael był legendą, a ja miałem z nim miłą i wzbogacającą relację".

Lacy był zawsze grzeczny w stosunku do kobiet, które późnym wieczorem pukały do hotelowych drzwi w poszukiwaniu przygody z Michaelem. „To było jeszcze zanim się zorientowałem, że prowadzi życie niepozbawione tajemnic – tłumaczy Banks. – Spędzaliśmy wtedy razem tak dużo czasu, że ludzie zaczęli mnie nazywać człowiekiem Michaela. Bardzo mi się to podobało i łechtało moje ego". Zwłaszcza że Jordana chciało poznać mnóstwo pięknych kobiet. „Znasz Michaela? Możesz mnie mu przedstawić?", pytały Banksa, ten jednak zawsze grzecznie im odmawiał.

Dziennikarz zauważył, że Jordan jest bardzo cierpliwy nie tylko w stosunku do kobiet, ale również wobec nieznajomych, których spotykali na lotniskach i w hotelach. „Nie odrzucał ludzi", mówi.

Jordan odziedziczył takie podejście po rodzicach. „Byli spokojni, ale jednocześnie towarzyscy – twierdzi Banks. – Michael był pod tym względem niesamowicie podobny do ojca, widać to było w wyrazie twarzy, w sposobie mówienia. Pani Jordan była pobożną chrześcijanką. Nigdy nie słyszałem niczego niestosownego ani o jego rodzicach, ani o jego rodzeństwie".

Dziennikarz sporo się zastanawiał, w jakim stopniu Jordan pozostaje niezrozumiany – zarówno przez opinię publiczną, jak i przez kolegów z boiska. „Jeśli ktoś żałował mu jego sukcesów, to znaczy, że kompletnie go nie rozumiał – wspomina Banks. – Ludzie uważali, że zachowuje się arogancko, zakładając biżuterię, i zazdrościli mu nie tyle sukcesów sportowych, co sukcesów komercyjnych. Nikt wcześniej nie słyszał o podobnych wielomilionowych kontraktach jak jego umowa z Nike. Ale wszyscy widzieliśmy, że ten człowiek jest marketingowym magnesem i ktokolwiek był z nim jakoś związany, ten na tym korzystał. Bulls zaczęli wyprzedawać bilety, frekwencja na ich meczach była najwyższą w NBA. Michael stał się królem parkietu".

Ale zarówno rywale, jak i niektórzy ludzie w Chicago przyglądali się tej koronacji z pogardą.

Rozdział 21

SPOSÓB NA JORDANA

W nowym sezonie, który rozpoczął się w październiku 1987 roku, na pozycji niskiego skrzydłowego w Bulls grał Brad Sellers, wybrany w pierwszej rundzie draftu w 1986 roku, na centrze staruszek Artis Gilmore, a na pozycji silnego skrzydłowego – Oakley. Podstawowymi obrońcami byli Jordan i John Paxson. Collins wspólnie z zarządem doszedł do wniosku, że Jordan powinien spędzać na parkiecie mniej minut i że musi się dzielić odpowiedzialnością z kolegami z drużyny, ale nastąpiło coś wręcz przeciwnego. Collins zauważył, że Michael nie zamierza przyspieszać gry. Zaczął więc znów ustawiać go w izolacji w ataku, mieszając szyki rywalom.

Rok 1988 miał być dla Jordana sezonem dostosowywania się. Był niezmiernie szybki w atakach na kosz, więc drużyny przeciwne próbowały zmusić go do oddawania rzutów z wyskoku i do oddawania piłki kolegom. Przepisy NBA zezwawalały wtedy na hand-checking* i bardziej agresywną grę w obronie, więc trenerzy rywali zaczęli się rozglądać za zawodnikami, którzy byliby na tyle silni, żeby przepychać Michaela. Jordan zaczął pracować nad rzutem z dystansu, żeby móc jeszcze lepiej radzić sobie z obrońcami. Równocześnie podtrzymywał, że jest znacznie lepszym strzelcem, niż się powszechnie uważa.

Drużyną, która najbardziej koncentrowała się na powstrzymywaniu Jordana, byli Detroit Pistons. Play-offy 1987 roku były swego rodzaju przełomem dla Pistons, którzy od kilku lat walczyli o detronizację Celtów Larry'ego Birda.

* Technika w obronie, zakazana w 2005 roku, polegająca na tym, że ręka obrońcy stale utrzymuje kontakt dotykowy z ciałem zawodnika atakującego, utrudniając mu przemieszczanie się.

W końcu uzyskali – jak się wydawało – przewagę i w piątym meczu finałów Konferencji w 1987 roku prowadzili w Boston Garden jednym punktem na kilka sekund przed końcem. Wyprowadzali piłkę z boku, w pobliżu własnego kosza, a Isiah Thomas poprosił sędziego Jessa Kerseya, żeby ten podał mu piłkę. „Nie chcesz wziąć czasu?", zapytał Kersey. „Po prostu daj mi tę pieprzoną piłkę!", wrzasnął Thomas, przekrzykując hałas. Sędzia oddał mu więc piłkę, Isiah wyrzucił ją z autu, Bird przechwycił i podał piłkę pod kosz do Dennisa Johnsona, który zdobył łatwe punkty. Teraz to Boston prowadził 1 punktem na sekundę przed końcem, a Kersey odwrócił się do zdruzgotanego Thomasa: „To może teraz chcesz wziąć czas?".

Po zakończeniu spotkania Thomas i jego koledzy byli totalnie załamani. Dodatkowo przybiły ich 61 punkty zdobyte przez Jordana w przegranym z Bulls meczu w Pontiac Silverdome. Trenerzy Detroit wiedzieli, że aby go powstrzymać, ich zawodnicy będą się musieli wyjątkowo postarać. Pistons byli wtedy drużyną, w której za chwilę miał nastąpić przełom, a Bulls i Jordan wydawali się ich największym zagrożeniem w Central Division. Trener Detroit Chuck Daly i jego asystenci zaczęli poszukiwać graczy, którzy mieli przeciwstawić się Jordanowi, a najważniejszym elementem ich planów okazał się obrońca Joe Dumars.

Dumars miał obsesję na punkcie nowego wyzwania. „Czekałem na mecze z Bulls bardziej niż ktokolwiek inny – wspomina. – Nie mogłem się ich doczekać. Michael był wspaniałym koszykarzem, więc uznałem, że jeśli ja sam też mam choć w części wznieść się na taki poziom, to muszę tę wspaniałość z siebie wykrzesać właśnie tej nocy".

Jordan i Dumars mieli ze sobą wiele wspólnego. „Obaj jesteśmy z Południa i bardzo się wzajemnie szanujemy – powiedział Joe w wywiadzie przeprowadzonym w 2012 roku. – Nasze rodziny wychowały nas tak samo: w szacunku dla innych, z godnością, klasą i charakterem. Tego się obaj trzymamy, bez dwóch zdań".

Tak jak Jordan był fanem swojego pradziadka Dawsona, tak Dumars ubóstwiał swojego ojca, Wielkiego Joego, który służył w armii generała Pattona podczas II wojny światowej. Podobnie jak Jordan, Dumars jako dzieciak grał na boisku wybudowanym przez ojca. Mieściło się po drugiej stronie ulicy, obok największego sklepu z alkoholem w Natchitoches w Luizjanie. Sklep miał gigantyczne neony, które oświetlały podwórko Dumarsa. Joe często samotnie ćwiczył rzuty do kosza do późnej nocy, kiedy jego ojciec wracał z pracy. Wielki Joe pracował jako kierowca ciężarówki.

Dumarsa też początkowo nie dostrzegali koszykarscy skauci. Ostatecznie wylądował na uczelni McNeese State, małej liberalnej akademii sztuk pięknych w Lake Charles w Luizjanie, w samym środku krainy Cajun*. Tak jak Jordan już na pierwszym roku grał w podstawowej piątce, na drugim roku, w sezonie 1983/84, zdobywał już średnio 26,4 punktu, dzięki czemu zajął szóste miejsce w klasyfikacji najlepszych strzelców NCAA Division I. Tak jak Michael, złamał kość śródstopia i tak jak Michael sam postanowił decydować o swojej rehabilitacji i wbrew radom lekarzy, wcześniej wrócił do gry. Był rówieśnikiem Jordana, pozostał na uczelni o rok dłużej od niego, ale uważnie śledził jego karierę, najpierw w Karolinie Północnej, a potem podczas jego pierwszego sezonu w Bulls.

Kontuzja stopy Jordana sprawiła, że przez większość debiutanckiego sezonu Dumarsa nie grał. Spotkali się na parkiecie tylko raz, na krótko, wiosną 1986 roku. „Byłem bardzo ciekaw, czy naprawdę jest taki dobry – wspomina Dumars. – Zdaje się, że zdobył wtedy 33 punkty, pamiętam tę eksplozję siły, tę sprawność fizyczną. Pomyślałem tylko: »O rany«".

Kiedy jesienią 1987 roku zaczęli już ze sobą rywalizować oko w oko, podobieństwa zaczęły się zacierać. Nazwisko Jordana było już powszechnie znane, podczas gdy Dumars był jedną z lepiej strzeżonych tajemnic NBA. Grał w cieniu Isiaha Thomasa w backcourcie Pistons i znany był jako wyjątkowo dobry obrońca. Zdobywał tyle punktów, ile Pistons potrzebowali, i świetnie panował nad piłką. Co więcej, zachowywał się raczej spokojnie, co było o tyle niezwykłe, że Pistons nosili już przydomek Bad Boys i znani byli jako nieprzyjemna i brutalna drużyna, która nie wahała się sięgać po zdecydowane i radykalne środki, żeby tylko poprawić swoją pozycję w rankingach.

Dumars wspomina, że Isiah Thomas również wyjątkowo się koncentrował na spotkaniach z Chicago, co sprawiało, że przedmeczowe napięcie było jeszcze większe. Thomas dorastał właśnie w Wietrznym Mieście, na ulicach West Side. „Myślał tylko o tym, że wraca do Chicago – opisywał jego nastawienie przed każdym meczem z Bulls. – Zachowywał się, jakby mówił: »To jest moje rodzinne miasto. Nie zamierzam przegrywać, kiedy wracam do Chicago«. A kiedy

* Wybrzeże Zatoki Meksykańskiej w USA.

pojawiła się tam supergwiazda w postaci Michaela, to Isiah zrobił się jeszcze bardziej zmotywowany i skoncentrowany".

Center James Edwards, który w ciągu swojej długiej kariery grał w jednej drużynie zarówno z Jordanem, jak i z Thomasem, twierdzi, że pomimo wszystkich różnic tych dwóch koszykarzy łączy coś wyjątkowego. „Obaj mieli ogromne parcie, żeby grać na jak najwyższym poziomie. Isiah był nakręcony wszędzie, ale najbardziej motywowały go powroty do domu. Niewiele było mu trzeba, zawsze był strasznie nagrzany".

Gorzkie wspomnienia z bojkotu podczas Meczu Gwiazd w 1985 wciąż były żywe w pamięci Jordana, więc konfrontacje pomiędzy Bulls i Pistons można było określić mianem meczów podwyższonego ryzyka. „To były intensywne spotkania, pełne emocji – mówi Dumars. – Nawet kiedy odbywały się w połowie stycznia, to atmosfera była zawsze taka jak podczas play-offów. Niewiarygodne napięcie, wszyscy rozemocjonowani do granic możliwości. Jeśli nie wygrywaliśmy, to siedzieliśmy na ławce ze łzami w oczach. To wspaniałe, że miałem okazję grać w takiej atmosferze".

Kolejnym smaczkiem rywalizacji było to, że do sztabu szkoleniowego Pistons dołączył Brendan Malone, trener Jordana z obozów Five-Star. Malone spędzał z Jordanem i jego rodzicami sporo czasu na zjazdach organizowanych przez Nike. Zanim rozpoczął pracę w Pistons, spędził w lidze kilka lat, przyglądając się Michaelowi z bliska. „Chodziłem do starej hali Chicago Stadium i oglądałem jego mecze – mówi. – I wiedziałem, że ostatnie osiem minut każdego pojedynku to był zawsze Czas Jordana. Jeśli po trzeciej kwarcie miał na koncie 30 punktów, to wiedziałem, że zdobędzie ich 50. Jeśli miał 20 punktów, to wiedziałem, że dobrnie do 40. W ciągu ostatnich 8 minut brał zawsze ciężar gry na swoje barki. W Michaelu Jordanie niezwykłe było to, a widziałem naprawdę wiele jego meczów, że nigdy nie odpuszczał: ani jednego spotkania, ani jednej akcji. Zawsze dawał z siebie wszystko".

Było tak zwłaszcza w meczach przeciwko Pistons. Obie drużyny dobrze wiedziały, że w 1988 roku czeka je ostateczna rozgrywka. Chicago rozpoczęło sezon z bilansem 10:3, Collins dostał w listopadzie nagrodę trenera miesiąca, a Jordan uwierzył, że to właśnie ten sezon okaże się decydujący. Wkrótce jego wiara udzieliła się całej drużynie i tak narodziło się coś, co później stało się znane jako styl Jordana.

Ping-pong

Na początku Jordan ćwiczył ten swój styl na Lacym Banksie, jako że obaj panowie grywali czasem w tenisa stołowego. Jordan zaczął grać w ping-ponga zaraz po przybyciu do Chicago, rywalizował wtedy z Rodem Higginsem. Starszy od Michaela Banks był przy kości i strasznie się pocił podczas gry. Prawdziwa rywalizacja zaczęła się od tego, że któregoś dnia w klubie Deerfield Multiplex, gdzie trenowali Bulls, Banks wspomniał, że jest w tej dyscyplinie sportu całkiem niezły. „Przecież ty nawet nie potrafisz grać w ping-ponga", odpowiedział Jordan. Wzięli do rąk paletki, a Michael zaproponował: „Może żeby było ciekawiej, założymy się: 25 dolarów za mecz". Banks wygrał pierwszych siedem pojedynków, zarobił więc całkiem sporo. Szybko jednak się zorientował, że Jordan nie ma wcale ochoty płacić – proponował tylko kolejne mecze, żeby móc się odegrać. „Tak naprawdę to nigdy mi nie zapłacił – wspominał Banks. – Michael jest oszustem. Ale kupił sobie stół pingpongowy i zaczął trenować".

Wkrótce potem grywali przed różnorodną publicznością zgromadzoną w klubie Multiplex. Banks zaczął też zakładać się o różne gierki, kiedy jeździł z drużyną na mecze wyjazdowe. Któregoś razu stracił w takim zakładzie 100 dolarów, bawiąc się w samolocie w przekładanie kart. Ten, którego karta była w danym przełożeniu wyższa, wygrywał 20 dolarów. Po powrocie na lotnisko w Chicago Banks musiał nawet pożyczyć przegraną sumę od Jordana, żeby opłacić parking.

Dziennikarz planował spłacić dług, grając któregoś dnia w ping-ponga, po treningu Bulls w Multipleksie. Wszystko wyglądało pięknie, kiedy wygrał pierwszych sześć setów, ale Jordan – jak miał to w zwyczaju – chciał grać dalej. Przy stole zgromadziła się grupka obserwatorów. Banks się zgodził, a Jordan wygrał dwa szybkie sety i zaczął gadać: „Nie myśl sobie, że jesteś w stanie mnie zdominować. W życiu! Już cię rozgryzłem, Lacy ".

Kolejne zwycięstwa okraszał coraz to bardziej soczystym trash-talkingiem. „Ganiaj za piłką, Lacy. Szybciej, dawaj, dawaj... Spróbuj to odebrać, Lacy! Mam cię". Banks wspomina, że kiedy zagrali ostatni raz, Jordan wygrał wszystkie siedem setów. „Chciał mnie namówić na kolejny mecz. Zaproponowałem, żebyśmy zagrali bez zakładania się, dla zabawy. Ale się nie zgodził".

„Michael Jordan i Wielebny byli dziwnymi partnerami sparingowymi. Grali w ping-ponga w Multipleksie, czasem zasiadali też do kart, często się spierali – pisał dziennikarz »Chicago Tribune« Sam Smith. – Jordan był hedonistą, sławnym i niewiarygodnie bogatym gościem, Banks natomiast uduchowionym i skromnym członkiem klasy średniej. Ale koniec końców to Wielebny zadawał Jordanowi podczas konferencji najtrudniejsze pytania".

„Uwielbiał życie – powiedział w 2011 roku Banks o młodym Jordanie. – Miał wspaniałą osobowość, zawsze był pełen energii i humoru, rozpierała go potrzeba rywalizacji. Nie przypominał nikogo, kogo znałem wcześniej. Kiedy relacjonowałem występy Muhammada Alego, to on wydawał mi się kimś osobliwym, jakimś wybrykiem natury, facetem, który potrafił tańczyć jak baletnica, a jednocześnie przywalić niczym kowal. Ale nawet biorąc pod uwagę doświadczenia z Alim, nie mogłem powiedzieć, że widziałem kogoś o tak nadludzkich pokładach energii, jakie miał w sobie Michael".

Każda część tej energii była wykorzystywana w jednym celu – żeby odmienić losy Bulls. Seria pięciu porażek z rzędu w grudniu z powrotem zbliżyła zespół do bilansu około 50 procent zwycięstw. Jednocześnie w drużynie znikła wiara we wsparcie Gilmore'a i został on przed świętami zwolniony. W styczniu miała miejsce wielka bijatyka z Pistons w hali Chicago Stadium, podczas meczu zakończonego zwycięstwem Byków. Bójka wybuchła w trzeciej kwarcie, po tym jak Jordan zebrał piłkę w ataku, po czym przy dobitce zmylił Ricka Mahorna i Adriana Dantleya z Detroit. „Mahorn złapał Jordana za szyję i powalił go na ziemię – pisano w »Associated Press« – po czym Jordan i Charles Oakley rzucili się na Mahorna. Z obu ławek rezerwowych poderwali się zawodnicy i ruszyli na parkiet".

Kiedy Mahorn wyprowadził dwa prawe ciosy w twarz Oakleya, interweniować próbował Doug Collins. Mark Pfeil wspomina, że Mahorn rzucił się wtedy na Collinsa: „Szarpanina miała miejsce przed naszą ławką i Doug Collins próbował chwycić Ricky'ego Mahorna. Jezu, Ricky dwukrotnie powalił Douga na ziemię. Przewrócił go, Doug się poderwał, a Ricky przerzucił go przez stolik sędziowski. To były sceny, które na zawsze pozostały w naszej pamięci. Pistons zawsze robili takie rzeczy, zawsze próbowali cię pobić i zmaltretować".

„Nie mam wątpliwości, że ani Mahorn, ani Dantley nie próbowali powstrzymać mnie przed zdobyciem punktów. Oni chcieli, żebym doznał kontuzji, a to doprowadziło mnie do szału – powiedział potem dziennikarzom Jordan. – Gracze Detroit myślą, że nas zastraszą. Mahorn i Dantley mieli pełne prawo, żeby usiłować przeszkodzić mi w zdobyciu 2 łatwych punktów, ale nie mieli prawa próbować celowo doprowadzić do mojej kontuzji i opuszczenia przeze mnie parkietu".

Oakley i Mahorn zostali wyrzuceni z boiska, ale Bulls nie dali się zastraszyć. „Zawsze trochę baliśmy się Pistons, wszyscy z wyjątkiem Michaela – mówił Pfeil. – On jeden niestrudzenie próbował dotrzeć do wszystkich członków drużyny z przekazem, że to jest właśnie ekipa, z którą musimy nauczyć się wygrywać, żeby móc osiągnąć wyższy poziom. Czasem w tym celu na nas krzyczał. Ale myślę, że to właśnie dzięki meczom z Pistons Michael stał się prawdziwym liderem drużyny. Bo inni zawodnicy zawsze mieli z tyłu głowy, że w meczu z nimi może dojść do czegoś nieprzyjemnego. Kiedy zawodnicy Detroit pojawiali się w naszej hali, od razu dawało się wyczuć strach".

Po tamtym meczu Bulls znowu zaczęli częściej wygrywać i zakończyli sezon z bilansem 50:32. Po raz pierwszy od 13 lat udało im się odnieść 50 zwycięstw. Jordan był w lepszym nastroju, nieco zacieśnił też relacje z młodszymi kolegami. Był to złożony proces ze względu na jego duże oczekiwania, zwłaszcza że na treningach coraz wyżej podnosił debiutantom poprzeczkę. Musiał wywierać na nich presję, ale jednocześnie uczył się, jak sprawić, żeby za nim podążali. Pod koniec dnia zawsze był Air Jordanem.

„Nie powiedziałbym, że trzymał nas na dystans – wspomina Jim Stack. – Miał po prostu swoją grupkę stałych kumpli, którzy towarzyszyli mu od pierwszego dnia jego pobytu w mieście. To było jego towarzystwo, jego świta. To przy nich Michael się wyciszał. Obserwowanie, jak radzi sobie poza boiskiem, było interesujące. Przy kolegach z drużyny też bywał towarzyski, ale miał tę swoją grupkę przyjaciół. Michael był uroczym gościem. A jego świta towarzyszyła mu non stop".

Mimo ustalonych relacji towarzyskich znajdował też czas dla kolegów z drużyny. „To było w Phoenix, w jego pokoju hotelowym – wspominał Lacy Banks. – Byli tam Mike Brown, Scottie Pippen, Charles Oakley i Horace Grant. Michael miał wynajęty apartament i wszyscy szaleli tam jak dzieci, uprawiali zapasy, przerzucając się przez kanapy. Myślałem sobie wtedy: »To jest zarezerwowane tylko dla członków klubu«. To był wewnętrzny krąg Michaela i tylko kilku zawodników może do niego wstąpić, bo to jest jego sanktuarium. Przekomarzali się: »Nie dasz mi rady, nie wygrasz ze mną«. Takie tam gadki młodych byczków. Stali naprzeciwko siebie jak zapaśnicy, po czym atakowali się jak zawodnicy sumo. To był sprawdzian siły, rytuał przejścia".

Ale przejścia dokąd? Jordan nadal wydawał się zdeterminowany, żeby wygrywać w pojedynkę. Nadal nie było jasne, dokąd zmierza drużyna i jak zamierza osiągać sukcesy. W lutym Chicago gościło Mecz Gwiazd, na którym Michael osiągnął kolejny kamień milowy. To podczas takich meczów można było podziwiać talenty koszykarskie w pełnej krasie i Jordan bardziej niż kiedykolwiek znajdował się w centrum uwagi. Wywalczył swój drugi tytuł zwycięzcy Konkursu Slam Dunków, wygrywając o włos z Dominikiem Wilkinsem z Atlanty i zdobywając za swój ostatni dunk maksymalny wynik, 50 punktów. Niektórzy dziennikarze, w tym Mitch Lawrence z „New York Daily News", wietrzyli podstęp. „Pamiętam, jak tam siedziałem i powtarzałem sobie w duchu, że nie ma mowy, żeby Dominique mógł to wygrać. Byliśmy w Hrabstwie Cook, gdzie nawet wyniki wyborów się fałszuje* – wspominał, śmiejąc się, Lawrence. – Jordan zasłużył wtedy na zwycięstwo i nawet Dominique to przyznaje, choć też był fantastyczny. Nadal uważam, że Dominique zrobił wtedy wszystko najlepiej, jak się dało. Ale konkurs miał miejsce w Chicago, w sobotę podczas Weekendu Gwiazd. Michael stał się wtedy jeszcze popularniejszy".

Walter Iooss, fotograf magazynu „Sports Illustrated", robił zdjęcia podczas konkursu slam dunków w Seattle w 1987 roku, ale był zawiedziony efektem swojej pracy. Dotarło do niego, że potrzebuje innego światła i musi się inaczej ustawić, żeby uchwycić twarze rywalizujących zawodników. Przyjechał do hali Chicago Stadium na trzy godziny przed rozpoczęciem konkursu i zapytał Jordana, jak i od której strony będzie wchodził pod kosz, żeby zadunkować. „Spoko – odpowiedział Michael – wszystko ci powiem".

Zaproponował, że przed każdym dunkiem dotknie palcem kolana, żeby wskazać, od której strony będzie atakował. Iooss wątpił, czy Jordan będzie potem o tym pamiętał, ale okazało się, że Michael rzeczywiście był chętny do współpracy. Przy przedostatnim dunku Jordan znalazł się bezpośrednio pod podporą kosza i jak po latach wspominał fotograf, „wpadł mu prosto w ręce".

Podczas ostatniego dunku, kiedy Iooss zobaczył, że Michael zamierza wziąć długi rozbieg, znów ustawił się pod koszem. Jordan spojrzał na niego i dał mu znak, żeby przesunął się odrobinę w prawo. Potem ruszył, przebiegł przez całe boisko, odbił się z linii rzutów wolnych, wykonując idealny dunk, a Ioossowi

* Nawiązanie do wyborów prezydenckich w 1960 roku, kiedy John F. Kennedy, dzięki zwycięstwu w Illinois, wygrał w kontrowersyjnych okolicznościach z Richardem Nixonem.

udało się zrobić kultowe zdjęcie, przedstawiające Jordana lecącego w powietrzu, z piłką uniesioną w górze, gotową do uderzenia, z grymasem zdeterminowania żeby pokonać siłę grawitacji, i z wielką tablicą wyników w tle, rozświetloną reklamami Gatorade, Coca-Coli i papierosów Winston. To był rzeczywiście idealny moment.

Kolejnego wieczoru Jordan rzucił 40 punktów i zdobył nagrodę MVP Meczu Gwiazd, a dziennikarze zwrócili uwagę, że Isiah Thomas ewidentnie starał się podawać piłkę do Jego Powietrzności. Ostatnie punkty Jordan zdobył, dunkując po podaniu Thomasa na alley-oop. Potem się na chwilę zatrzymali, popatrzyli sobie w oczy i wskazali na siebie wzajemnie palcami, niczym bokserzy wagi ciężkiej, stykający się rękawicami przed gongiem sygnalizującym początek walki.

Cicha wojna

Nic nie wywoływało u Jordana takiej żądzy krwi jak widok Isiaha Thomasa wchodzącego na parkiet przed rozpoczęciem meczu. Raz jeszcze dał temu dowód w kwietniu 1988 roku, podczas transmitowanego przez telewizję meczu, w którym rzucił 59 punktów, prowadząc Byki do zwycięstwa 112:110. Jego zdobycze punktowe w pojedynkach z Detroit w tamtym sezonie były niczym policzek – 49, 47, 61 i 49* punktów zdobywanych w meczach z drużyną, która szczyciła się defensywą. „Postanowiliśmy wtedy, że nie pozwolimy więcej na to, żeby Michael Jordan pokonał nas w pojedynkę – mówił Chuck Daly. – Żeby do tego nie doprowadzić, musieliśmy zmienić koncept gry zespołowej".

Sztab szkoleniowy Pistons był zdeterminowany, żeby ograniczyć gwiazdę Bulls szczególnie w czwartej kwarcie. Strategia Detroit zawsze zakładała agresywną grę. „Isiah i Laimbeer chcieli, żebym go puszczał i pozwalał mu wchodzić pod kosz – wspomina Joe Dumars. – Mówili: »Niech wchodzi«. W tamtych czasach gra było dużo ostrzejsza i oni zamierzali grać agresywnie, twardo i brutalnie. Tak właśnie chcieli powstrzymać Michaela".

„Byliśmy drużyną świetnie przygotowaną fizycznie, z Isiahem, Rickiem Mahornem i Laimbeerem – zgadza się Brendan Malone. – Kiedy Michael wchodził pod kosz i próbował zdobyć punkty layupem, był powalany na ziemię".

* Autor się myli: w tamtym sezonie Jordan w meczach przeciwko Detroit zdobywał 49, 38, 36, 20, 27 i 59 punktów.

„Niezależnie od tego, jak bardzo był poobijany, nigdy nie odpuszczał – wspominał były zawodnik Pistons James Edwards w 2012 roku. – Wytaczaliśmy najcięższe działa w postaci Laimbeera i Mahorna, chcieliśmy go upokorzyć. Ale on wciąż uparcie atakował kosz. Nie dało się go nastraszyć".

Źli Chłopcy z Detroit słynęli z gry na granicy przepisów, co doprowadzało Jordana do jeszcze większego szału. Bardzo szybko znienawidził Pistons i ich styl gry. O dziwo, z wyjątkiem Dumarsa. „Kiedy pojawiał się na parkiecie, podawaliśmy sobie ręce – wspomina Dumars. – Pytałem: »Hej, Mike, jak leci?«. W ciągu 14 lat mojej kariery nigdy nie uprawiał w stosunku do mnie trash-talkingu ani niczego podobnego. Było to o tyle ciekawe, że wielokrotnie obserwowałem go w telewizji i widziałem, jak odnosi się do innych zawodników. Myślałem sobie: »Przecież to nie jest ten sam gość, przeciwko któremu gram«. Nigdy się nie zdarzyło, żeby powiedział do mnie coś obraźliwego. Wiedziałem, że zawodników z innych klubów traktuje inaczej, i szanowałem w nim to, że w naszej rywalizacji jest inny. Że ze mną prowadzi tylko cichą wojnę".

Jordan zawsze poddawał kryjących go obrońców testom, ale Dumars zdawał się być ponad to. Jednak i na niego Michael miał sposób. Wiedział, że jeśli obrońca z Detroit trafi kilka pierwszych rzutów, to później urządzi istny festiwal strzelecki. Jordan, zwłaszcza w tych najważniejszych meczach, na początku spotkania grywał spokojniej, ale do pojedynków z Dumarsem podchodził inaczej i był bardzo agresywny w ataku od pierwszego gwizdka. Starał się zapewnić mu tak wiele roboty w obronie, by pozbawić go szansy na wejście we właściwy rytm ofensywny.

Jordan zadbał, żeby wszyscy w lidze wiedzieli, że nikt w NBA nie kryje go lepiej niż Dumars, i wzajemny szacunek, jakim darzyli się obaj panowie, zamienił się w końcu w przyjaźń. „Jest konkretnym facetem, żadnym tam złym chłopcem – powiedział kiedyś Jordan. – Uwielbia rywalizację. Działa raczej po cichu, po prostu robi swoje. Nie szukał gwiazdorstwa ani rozgłosu, one znalazły go same".

Trenerów Detroit nie interesowały jednak żadne przyjaźnie, od obrońców wymagali pełnej koncentracji. A żeby mieć pewność, że Jordan się nie rozszaleje, Chuck Daly i jego asystent Ron Rothstein wymyślili coś, co zostało potem nazwane „Zasadami Jordana".

„Chuck, Ronnie i reszta bardzo szanowali Michaela za jego wielki talent. Myślę, że to byłoby naprawdę wielkie wyzwanie dla każdego trenera: spróbować takiego faceta spowolnić, zaburzyć jego rytm – tłumaczy Dumars. – Któregoś dnia, podczas rozgrzewki, przygotowywaliśmy się do meczu przeciwko Bulls. Jeden z moich ulubionych szkoleniowców, Ronnie Rothstein, wówczas asystent trenera, próbował mi pokazać, o co mu chodzi. Powiedział: »Zobacz, tak robi Michael, a tak masz robić ty«. Pokazuje mi to, ale Chuck go zatrzymuje i mówi: »Zaczekaj chwilę. Czy ty kiedyś kryłeś Michaela? Joe radzi sobie z tym całkiem dobrze. Niech on nam powie, jak go kryje, jak go próbuje powstrzymać, a my się do tego dostosujemy«".

W ten sposób sztab szkoleniowy Detroit zdecydował, że zbuduje swój plan gry w oparciu o spostrzeżenia Dumarsa. To właśnie umiejętność słuchania uczyniła z Daly'ego trenera, który trafił potem do Galerii Sław NBA. „Wiedzieli, że jestem gorliwy i pełen zaangażowania – mówił Dumars. – W mojej grze nie było być może fajerwerków. Ale wiedzieli, że kiedy wchodzę na parkiet, to robię się śmiertelnie poważny. Od pierwszego dnia starałem się zbudować taki wizerunek".

Brendan Malone przypomina, że Pistons wykorzystywali do krycia Jordana również Dennisa Rodmana i Isiaha Thomasa. „Ale to Dumars był naszym głównym obrońcą. Był bardzo szybki i zdeterminowany, żeby agresywnie bronić".

Trenerzy wspólnie z Dumarsem podjęli decyzję, że niezależnie od przebiegu wydarzeń na boisku na początku meczu nie będą Jordana podwajać, nawet jeśli zdobędzie 20 punktów w pierwszej kwarcie. „Nie chciałem, żeby zbyt szybko zmierzył się z naszym podwojeniem i żeby je rozgryzł – tłumaczy Dumars. – Chciałem, żebyśmy go podwajali jedynie w czwartej kwarcie".

Trenerzy i Dumars zdecydowali również, że nie będą zmuszać Jordana do oddawania piłki kolegom. Nie chcieli, żeby członkowie jego drużyny poczuli się zbyt pewnie, łapiąc piłkę i oddając rzuty.

„Powiedzieliśmy sobie tak: »No dobra, przez pierwsze trzy kwarty, jeśli zdobywa punkt za punktem, to trudno, gramy dalej i staramy się kontrolować wynik meczu« – wspomina Dumars. – I nagle, w czwartej kwarcie, sytuacja się zmienia: podwajamy go, kryjemy agresywniej, zmuszamy go do oddawania piłki i wówczas to jego koledzy muszą zacząć trafiać. Dlatego decyzja brzmiała: żadnego podwajania aż do czwartej kwarty".

Innym podstawowym elementem „Zasad Jordana" było to, że Dumars miał wykorzystywać swoją siłę, żeby wymusić na Michaelu przemieszczenie się w kierunku środka boiska. „Za każdym razem próbowałem go przepchnąć w lewo", tłumaczy Dumars.

„Tu właśnie zaczynały działać »Zasady Jordana« – wspomina Malone. – Pozbawialiśmy go sił, wybijaliśmy go z rytmu, przepychając go na lewo, używając łokci, zmuszając do obrania innej drogi. A kiedy znajdował się bliżej kosza, ktoś ruszał w jego kierunku do podwojenia. To były »Zasady Jordana«. Nie pozwalaliśmy mu wejść pod kosz. Na skrzydle zaczynaliśmy go przepychać łokciami w lewą stronę, dalej od kosza".

James Edwards uważa, że gdyby nie „Zasady Jordana", Pistons by z Bykami przegrywali. „Jeśli nie stworzyło się przeciwko niemu jakiegoś schematu, to wiadomo było, że może ci wrzucić nawet 50 punktów. Trzeba było próbować go jakoś spowolnić, wybić z rytmu. Musieliśmy go przynajmniej podwoić i zmusić do oddania piłki. I starać się ze wszystkich sił. Jeden obrońca nie miał z nim szans w pojedynkach jeden na jednego, dlatego musiał dostawać wsparcie. Bo Jordan był zbyt dobry, zbyt szybki".

John Salley z Detroit, zapytany kiedyś o „Zasady Jordana", zażartował: „Tak naprawdę to polega na dwóch rzeczach. Po pierwsze – kiedy Michael otrzymuje piłkę, to wszyscy klękają i zaczynają się modlić. Po drugie – wszyscy przed meczem idziemy do kościoła albo do synagogi".

„Zasady Jordana" zyskały status podręcznikowych zasad krycia najlepszych strzelców. W rozegranych podczas dwóch sezonów 17 meczach sezonu zasadniczego, jak również podczas play-offów Jordan zdobywał średnio o prawie 8 punktów mniej niż normalnie – 28,3. Ale najważniejsze było to, że Pistons wygrali aż 14 z tych 17 spotkań. Nowy schemat umożliwił Detroit wygranie Konferencji Wschodniej i zdobycie dwóch tytułów mistrzowskich, ale w dłuższej perspektywie pomógł również Bykom, bo Jordan i jego koledzy z drużyny musieli nauczyć się zmagać z agresywnym kryciem. „Uważam, że obrona w ramach Zasad Jordana bardziej niż cokolwiek innego wpłynęła na wykreowanie prawdziwego Michaela Jordana", powiedział w 2004 roku Tex Winter. Dumars uważa, że z każdym sezonem Bulls robili się coraz lepsi: „To było jak jazda samochodem i spoglądanie we wsteczne lusterko. Mówiliśmy: »O rany, doganiają nas, nadchodzą«. Widać było, że są coraz bliżej. Nie minęło zbyt wiele czasu i ich ferrari nas wyprzedziło. Świst!".

Najbardziej wartościowy

W 1988 roku Jordan znów został królem strzelców, zdobywając 35 punktów na mecz, i po raz pierwszy w karierze wybrano go MVP ligi. „To wspaniałe uczucie", powiedział. Rok wcześniej w głosowaniu wyprzedził go Magic Johnson, który poprowadził wtedy Lakers do drugiego tytułu mistrzowskiego z rzędu. W 1988 roku drugie miejsce w głosowaniu zajął Larry Bird, który otrzymał 16 pierwszych miejsc. Jordan zgromadził ich aż 47. Wygrał też klasyfikację najlepiej przechwytujących, zdobywając średnio 3,2 przechwyty na mecz, otrzymał nagrodę dla Najlepszego Obrońcy i został wybrany do pierwszej piątki najlepszych defensorów.

Tymczasem Krause otrzymał nagrodę dla najlepszego menedżera w NBA, a Oakley, zaliczywszy 1066 zbiórek, znowu wygrał klasyfikację najlepiej zbierających. Największą nagrodą było jednak pierwsze od 1981 roku zwycięstwo Bulls w play-offach, wygrana z Cleveland Cavaliers 3:2. W dwóch pierwszych meczach Jordan zdobył 50 i 55 punktów. Nikomu w historii NBA, nawet Wiltowi Chamberlainowi, nie udało się zdobyć 50 punktów w dwóch meczach play-offów z rzędu. Podczas decydującego, piątego spotkania Collins podjął decyzję, żeby po raz pierwszy wstawić do pierwszej piątki Pippena, który zastąpił nieefektywnego Brada Sellersa. Scottie zdobył 24 punkty. Krause był przeszczęśliwy. „Oto chłopak z Conway w stanie Arkansas, który musiał się zmagać z niewiarygodną presją", powiedział dziennikarzom.

„Kiedy poprzedniego lata grałem ze Scottiem, widziałem, jak wiele potrafi – mówił Jordan. – Jedyną kwestią było to, jak te umiejętności z niego wydobyć w trakcie sezonu. Zajęło to 82 mecze, ale się udało. Myślę, że pomoże mu to w dalszej karierze".

W ramach świętowania Bulls wypuścili koszulki z napisem: „Jak wam się teraz podobamy?".

„Jesteśmy gotowi na kolejną rundę", ogłosił Jordan po zwycięstwie. Z początku wydawało się, że rzeczywiście są gotowi. Wygrali drugi mecz drugiej rundy, przeciwko Detroit w hali Pontiac Silverdome, i nagle to oni mieli przewagę własnego boiska. Ale potem Pistons wprowadzili w życie „Zasady Jordana" i zmuszali go do oddawania piłki. Zaczęli też stosować swoje brudne sztuczki. W meczu numer trzy, w którym Bad Boys roznieśli Bulls w hali Stadium 101:79, doszło do szamotaniny między Jordanem i centrem Detroit Billem Laimbeerem. „Ustawiłem zasłonę – powiedział Laimbeer. – Widocznie nie uważał".

To podczas tej serii właściciel Los Angeles Clippers Donald Sterling zadzwonił do Jerry'ego Reinsdorfa i zapytał o możliwość pozyskania Jordana w transferze. Sterling desperacko potrzebował kogoś w rodzaju Michaela, kto pozwoliłby mu konkurować o popularność w Mieście Aniołów z Lakers i Magikiem Johnsonem. W zamian proponował Chicago mnóstwo wyborów w drafcie, w tym dwa z pierwszych sześciu w pierwszej rundzie. Propozycja wcale nie była aż tak niedorzeczna, jak może się dziś wydawać. Krause, który pragnął wyborów w drafcie niczym złota, zastanawiał się, czy splendor po zwycięstwach i tak nie będzie spływał na Jordana, niezależnie od tego, jaką drużynę uda się zbudować. A Reinsdorf wciąż musiał wysłuchiwać krytyki, że z Jordanem tak mocno dominującym w ataku jego drużyna nigdy nie zdobędzie tytułu mistrzowskiego. Propozycja Sterlinga więc zmusiła zarząd Chicago Bulls do rozważenia scenariusza alternatywnego. Krause doszedł do wniosku, że przy odpowiednich decyzjach może to być nawet atrakcyjne. Ale Reinsdorf, który doprowadził kibiców z Chicago do szału groźbami przeniesienia drużyny baseballowej White Sox na Florydę, sprzedażą Jordana ściągnąłby sobie na głowę wściekłość całego miasta. Wiedział, że nie może sobie na to pozwolić i odmówił Sterlingowi.

Detroit wygrało mecz numer cztery i wysoko prowadziło w meczu numer pięć. W pewnym momecie podczas tego piątego spotkania Jordan uderzył łokciem Isiaha Thomasa w twarz, powodując chwilową utratę przytomności przeciwnika. Thomas udał się do szatni, ale okazało się, że jest zamknięta. Wrócił więc do hali i po jakimś czasie wszedł na parkiet, pomagając Pistons w odniesieniu zwycięstwa 4:1. Jordan powiedział później, że rywale koncentrowali się właściwie tylko na tym, żeby go powstrzymać. „A to ujawniło poważne słabości w naszej drużynie".

Nie wiedział jeszcze, na czym będzie polegać rozwiązanie tego problemu.

Tuż przed draftem w 1988 roku Bulls sprzedali Oakleya do New York Knicks w zamian za centra Billa Cartwrighta. Ten transfer niemile zaskoczył zarówno kibiców, jak i zawodników. Oakley był największym twardzielem w drużynie, najbliższym przyjacielem Jordana i jego boiskowym ochroniarzem. Cartwright miał 216 centymetrów wzrostu, był centrem, dręczyły go kontuzje stopy i powszechnie uważano, że zbliża się już do końca kariery. Już sama decyzja o dokonaniu transferu wydawała się zła, ale jeszcze gorsze były okoliczności jego przeprowadzenia. Oakley, gdy dowiedział się o przenosinach, był razem z Jordanem. Pojechali oglądać walkę bokserską Mike'a Tysona z Michaelem Spinksem.

„Oak pojechał z Michaelem na walkę do Atlantic City i nie mogłem go znaleźć, żeby go poinformować o transferze – wspomina Krause. – Dowiedział się o nim od kogoś, na kogo wpadł podczas walki. Powiedział o tym Michaelowi, który wpadł w szał. »Jak Krause mógł zrobić coś takiego? On niszczy naszą drużynę«. W Michaelu naprawdę się zagotowało".

„Byliśmy w Atlantic City i oglądaliśmy walkę – wspomina Jordan. – Byłem wściekły zarówno z powodu samego transferu, jak i sposobu, w jaki się o nim dowiedzieliśmy".

Gniew Jordana rozpalił dziennikarzy, a potem również kibiców. Krause, który był przecież tak dumny z wybrania Oakleya w drafcie, czuł się głęboko rozdarty. „Charles był silny, twardy i nieprzyjemny dla rywali – wspomina Johnny Bach. – To był najtrudniejszy transfer, jakiego musieliśmy dokonać, bo Jerry Krause uwielbiał go nie tylko jako koszykarza, ale również jako człowieka. Oddanie go w zamian za Cartwrighta wydawało się ruchem wbrew naszej naturze. Trenerzy uważali jednak, że bez Cartwrighta nie jesteśmy w stanie wygrywać, więc transfer stał się faktem. Dla drużyny było to przeżycie traumatyczne, ale myślę, że pozwoliło nam wykonać kolejny krok naprzód. Filarem naszej defensywy stał się prawdziwy profesjonalista, który odgrywał też znaczącą rolę w szatni. Świetnie się spisywał podczas treningów i szybko zyskał szacunek reszty drużyny, bo był w stanie pokryć na przykład Patricka Ewinga, którego nie musieliśmy już wobec tego podwajać. A to dodało nam pewności siebie. Najtrudniejsze w tym transferze było to, że Michael traktował Oakleya jak swojego obrońcę. Charles był gotów skoczyć dla niego w ogień. Ale Bill na swój sposób sprawił, że wysocy gracze, którzy znajdowali się w naszym składzie, stali się twardsi. Pod koszem Bill był w stanie zatrzymać każdego".

„To był bardzo odważny ruch, naprawdę bardzo odważny – mówił potem Tex Winter. – Oddawaliśmy młodego chłopaka za starszego pana, ale czuliśmy, że potrzebujemy jego doświadczenia pod koszem, że potrzebujemy kogoś, kto stanie się ostoją naszej defensywy".

Transfer stworzył też więcej możliwości do grania dla błyskawicznie się rozwijającego Horace'a Granta. „Niezbędny był nam zawodnik, który zabezpieczyłby przestrzeń pod koszem, wiedzieliśmy, że bez kogoś takiego nie będziemy w stanie wygrywać – mówi Jerry Reinsdorf. – Wiedziałem, że Horace Grant jest już gotów, i sądziliśmy, że ostatecznie stanie się lepszym koszykarzem od Oakleya".

Niesamowita szybkość Granta odmieniła defensywę Bulls. Razem z Pippenem stworzyli parę piorunujących skrzydłowych. Z Grantem na parkiecie Bulls mogli agresywniej bronić i ta agresywna obrona stała się ich znakiem rozpoznawczym. Bach zaczął nazywać Pippena i Granta Dobermanami, groźnie kąsającymi rywali w defensywie. Ale w tamtym momencie utrata Oakleya była Jordanowi bardzo nie w smak, zwłaszcza że odczuwał coraz większą presję, również poza parkietem.

The Flight 23*

Na przełomie wiosny i lata Juanita Vanoy poinformowała Jordana, że jest w ciąży. To dodatkowo rozgniewało jego rodziców, którzy sugerowali, że wprowadziła tym samym w życie swój plan, żeby usidlić Michaela. Sonny Vaccaro wspomina, że nie był to najszczęśliwszy okres.

Tymczasem Jordan otworzył wspólnie z Nike sieć sklepów, w których część udziałów objęła jego rodzina. Vaccaro tłumaczy, że sklepami o nazwie The Flight 23 by Jordan miał zarządzać ojciec koszykarza. „Chodziło o to, żeby miał poczucie, że zarabia pieniądze, nie odbierając ich swojemu synowi. Tak to miało wyglądać na początku. Powiedzieli: »OK, niech James ma własną firmę. Otworzymy sklep w Charlotte, a potem jeszcze w innych miejscach«".

Udziały w nowym przedsięwzięciu miało też rodzeństwo Michaela. Nagłe i przytłaczające bogactwo i sława, które stały się udziałem ich brata, sprawiły, że nie mogli już wieść spokojnego życia i normalnie pracować. Ronnie, który został wojskowym i założył już własną rodzinę, był zdystansowany wobec całego zamieszania, ale reszta bliskich Michaela najczęściej napotykała na liczne utrudnienia. „Możecie sobie wyobrazić, jak było im ciężko – mówi Vaccaro. – Być bratem lub siostrą Michaela Jordana, podczas gdy ojciec i matka próbują zachować pozory równowagi, jakby to nie on za wszystko płacił, choć przecież w rzeczywistości tak właśnie było".

Niestety prowadzenie sklepów tylko spotęgowało konflikty rodzinne, w szczególności te pomiędzy Jamesem i Deloris Jordanami. Młody Michael musiał się angażować we wszystko, niezależnie od tego, czy były to codzienne wyzwania na parkiecie koszykarskim, czy przeróżne przedsięwzięcia biznesowe, czy związek z Juanitą. Teraz jeszcze dodatkowo musiał być moderatorem w konflikcie pomiędzy rodzicami.

Starsza siostra wspomina, że gdy prasa i tłumy fanów pojawiły się na wielkim otwarciu sklepu The Flight 23 w Charlotte, między Jamesem i Deloris

* Lot numer 23.

wybuchła paskudna kłótnia. „Wszyscy byliśmy już jakoś uwikłani w ich konflikty, ale to Michael cierpiał przez nie najbardziej. To on musiał znosić ich prywatne wojenki, po czym wychodził przed kamery i się uśmiechał, choć serce mu krwawiło. Kiedyś mi powiedział, że najgorsze w jego sukcesie jest to, co ten sukces uczynił z naszymi rodzicami".

Opinia publiczna postrzegała Jamesa Jordana jako miłego, pracowitego mężczyznę, ale Nike dość szybko zorientowała się, że zarządzanie siecią sklepów w jego wykonaniu może się okazać koszmarem. Znany był z tego, że pije, a jego strategia przetrwania kryzysów polegała na udawaniu, że ich nie ma. Vaccaro wspomina, że niestety udawał, że nie ma również faktur od dostawców: „Nie regulował rachunków za T-shirty i tym podobne rzeczy". Poza tym bez przerwy wychodziło na jaw, że ugania się za panienkami, co tylko potęgowało jego konflikt z Deloris. „James był draniem i stwarzał mnóstwo problemów – mówi Vaccaro. – To było coś okropnego. Narobił długów, mimo że jego syn zarabiał zyliony dolarów".

Jako reprezentant Nike Vaccaro znalazł się w samym centrum konfliktu. „To było coś niewiarygodnego". Musiał się spotykać oddzielnie najpierw z Jamesem Jordanem, a potem z jego żoną, mając nadzieję na rozwiązanie wszystkich kwestii. Plotki o problemach szybko dotarły do Phila Knighta, który poprosił Vaccaro, żeby się tym zajął.

Jordanowie przyjechali do hotelu w Beverly Hills, gdzie Vaccaro rozmawiał z każdym z nich z osobna. „Mówiłem o problemach, które ma James – opowiadał. – Reprezentowałem interesy Nike, bo Phil nie byłby nawet w stanie usiąść obok tych ludzi. Musiałem najpierw negocjować z Jamesem, a potem iść z tym, co ustaliłem, do Deloris".

Jordan bardzo kochał oboje rodziców i starał się być w stosunku do nich lojalny, przez co ich konflikt był dla niego tym bardziej nie do zniesienia. „Kiedy przyszło do rozmów z Nike, wziął stronę matki", wspomina Vaccaro. Jordan zgodził się z Philem Knightem, że Nike powinna jak najszybciej wykupić udziały jego rodziców. W przeciwnym razie jego rodzinie groził PR-owy koszmar, związany z niegospodarnością Jamesa Jordana. Sytuacja wlokła się przez trzy lata, w czasie gdy Jordan rozgrywał swoje najbardziej mordercze pojedynki z Pistons.

Vaccaro wspomina, że na początku James Jordan nie chciał się zgodzić na sprzedaż udziałów. „Chciał się odciąć od Nike, ale nie mógł mieć oddzielnej marki Flight 23 czy jak tam chciał ją nazywać".

Kiedy w końcu stało się jasne, że Nike przejmie sklepy, James postanowił wykorzystać część środków uzyskanych ze sprzedaży na stworzenie, wspólnie z synem Larrym, własnej linii ubrań. Jak można się było spodziewać, to przedsięwzięcie wkrótce również znalazło się w tarapatach. Konflikt z Deloris uległ zaostrzeniu, a Michael miał kolejny powód do zmartwień.

„Opinia publiczna nie miała pojęcia o kłopotach, które go trapiły – mówi Sonny Vaccaro. – Ja znajdowałem się w samym centrum tego zamieszania, zarówno wtedy, kiedy rozpadała się spółka z Nike, jak i kiedy próbowali sprzedawać własne koszulki".

„Po katastrofie marki Flight 23 by Jordan Michael poprzysiągł sobie, że nie będzie już z nami robił żadnych interesów" – tak wspomina tamto doświadczenie starsza siostra Jordana.

„Wyglądało to gorzej, niż ktokolwiek mógłby przypuszczać", zgadza się Vaccaro. Ale najgorsze było to, z czego wszyscy zdali sobie sprawę dopiero później – że ten konflikt pozbawił Jordana oparcia w rodzinie. Ze stresami związanymi ze sławą, fortuną i rywalizacją sportową musiał zmagać się sam. Sposobem na ucieczkę stawał się dla niego golf. Wówczas odkrył, że nawet kiedy ucieka od codziennych problemów, to przemożna skłonność do walki i wywoływane przez nią przypływy adrenaliny wciąż mu towarzyszą. Uwielbiał się zakładać przy każdej okazji, ale najbardziej przy okazji gry w golfa. Skoro w życiu prywatnym na zawsze utracił swój azyl, golf przynosił mu ulgę i to tam znajdował upust dla emocji. Tyle że teraz, kiedy zarabiał miliony, stawki podczas tych golfowych zakładów były znacznie wyższe. Do Michaela jeszcze wtedy nie docierało, że kładzie na szalę swoje dobre imię, o które tak zawzięcie walczył w każdym innym aspekcie życia. Nadal kształtował swój wizerunek, trzymając w tajemnicy upodobanie do hazardu, udokumentowane tylko dziwnymi hieroglifami na kartce z wynikami. Nauczył się to ukrywać tak dobrze, że nawet jego partnerzy golfowi nie mieli pojęcia, jak wysokie stawki obstawia. Jordan miał się wkrótce przekonać, że problemy z hazardem nie polegają wcale na tym, czy i jakie są w rzeczywistości, ale na tym, jak są postrzegane.

Rozdział 22

WYSOKO, JESZCZE WYŻEJ

Podczas przerwy letniej po zakończeniu sezonu w 1988 roku Jordan udał się na kolejną imprezę okolicznościową na swoją cześć w liceum Laney High. W przerwie wyszedł na chwilę na dwór, żeby zaczerpnąć powietrza. Po cichu podążył za nim Dick Neher, dawny trener z ligi Babe Ruth, złapał go za spodnie i bieliznę i podciągnął wysoko do góry, robiąc mu takie *wedgie**, jakiego mógł dokonać tylko były członek marines. Zszokowany i wściekły Jordan odwrócił się, zobaczył Nehera i powiedział: „Dick Neher... Wciąż jesteś największym wariatem, jakiego znam". Było to poważne oświadczenie, biorąc pod uwagę relację Jordana z Krausem...

Podczas tamtego lata 1988 roku Krause tak wszystko zorganizował, że Tex Winter i Phil Jackson trenowali drużynę Bulls grającą w lidze letniej, wykorzystując założenia *triangle offense*. Doug Collins nigdy nie wykorzystywał trójkąta w pierwszej drużynie, ale menedżer Bulls chciał, żeby Winter nauczył tej strategii ataku Jacksona. W drużynie z ligi letniej grało niewielu zawodników, którzy mieli już podpisane kontrakty z klubem. Występowali tam raczej debiutanci i wolni agenci, którzy próbowali zwrócić na siebie uwagę i załapać się do ekipy z Chicago.

Doug Collins wiedział, że zespół grający w lidze letniej wykorzystuje system ataku Wintera i że zaangażowany jest w to Jackson. Nie do końca był jednak świadom, że Krause poprze każdego szkoleniowca, który będzie gotów słuchać Wintera. „Doug był bardzo uparty i pewny siebie, co było zrozumiałe – tłumaczył

* Majtkowanie, wciskanie drugiej osobie bielizny między pośladki.

Jim Stack. – Niegdyś był wybrany z numerem jeden w drafcie, miał za sobą świetną karierę w NBA. Chciał robić wszystko po swojemu. Był młody i po prostu przeciwstawiał się niektórym pomysłom".

Poza tym wszyscy widzieli, że Bulls stają się coraz lepsi, a w organizacji zachodzą pozytywne zmiany. Jesienią 1988 roku pula karnetów na mecze Bulls została wyczerpana i jeśli chciałeś wsiąść do ekspresu o nazwie Jordan, musiałeś się zapisać na listę oczekujących. Cztery lata po tym, kiedy wydawało się, że Bulls są skazani na klęskę, skarbiec klubowy coraz bardziej się zapełniał, więc we wrześniu Jerry Reinsdorf nagrodził swoją gwiazdę, przedłużając z nią kontrakt. Jordan w ciągu ośmiu sezonów miał zarobić 25 milionów dolarów, ale szybko miało się okazać, że i ten kontrakt nie przystaje do realiów.

Wszystko kręciło się wokół kasy. W tym sezonie Bulls zostali liderem NBA pod względem liczby sprzedawanych oficjalnych produktów z logo klubu i mieli nimi pozostać na długo. „Żeby w pełni zrozumieć skalę zjawiska, trzeba zdać sobie sprawę, że około 40 procent wszystkich licencjonowanych produktów sprzedawanych przez NBA było związane z Bulls", wspomina Steve Schanwald, wieloletni wiceprezes Bulls.

Gdyby tylko za te wszystkie pieniądze Jerry Krause był w stanie kupić trochę miłości swojego najlepszego gracza albo przynajmniej odrobinę wytchnienia od narastających frustracji Jordana…

Konflikt

Tak jak przypuszczał Jordan, początki jego czwartego sezonu w NBA miały się okazać trudne. Pistons roznieśli Bulls już w meczu otwarcia w Chicago. Collins ustawił Cartwrighta na na pozycji centra, Brada Sellersa i Granta jako skrzydłowych, a backcourt mieli utworzyć Jordan z Samem Vincentem, który dołączył do Chicago z Seattle. Wydawało się, że mając świadomość rażących braków w składzie, Jordan znowu będzie chciał wziąć cały ciężar gry na siebie i że znowu powalczy o tytuł króla strzelców i króla arogancji. Podczas jednego z listopadowych meczów zaliczył przechwyt, po czym zadunkował nad obrońcą Utah, Bobbym Hansenem, prowokując siedzącego obok linii bocznej właściciela Jazz Larry'ego Millera do złośliwego komentarza, że mógłby sobie wybrać kogoś swojego wzrostu. Kilka chwil później Jordan ruszył na kosz i zadunkował nad mierzącym 223 centymetry Markiem Eatonem, po czym mijając Millera, zapytał go: „A ten jest wystarczająco duży?".

Tymczasem drużyna grała przeciętnie do bólu. Krytycy już od dawna zwracali uwagę, że Larry Bird i Magic Johnson motywowali resztę zespołu, podczas gdy Jordan zdawał się grać tylko dla siebie. Asystent trenera Phil Jackson też powiedział któregoś dnia, że Jordan powinien próbować poprawić grę kolegów z drużyny. Tłumaczył, jak bardzo duży nacisk kładł na to wiele lat temu jego trener w Knicks, Red Holzman. Collins uznał, że Jackson ma sporo racji, więc kazał mu iść do Jordana i mu to przekazać. Jackson podjął się samobójczej misji, spodziewając się nieprzyjemnej reakcji gwiazdy. Ale okazało się, że Jordan cierpliwie go wysłuchał i zdawał się nawet doceniać jego uczciwość, choć przecież publiczna debata na temat jego rzekomego egoizmu doprowadzała go do szału. Sam Jordan wspomina, że kiedy asystent w końcu sobie poszedł, on tylko przewrócił oczami.

Michael zaczynał dojrzewać do roli lidera drużyny, choć nie prezentował ciepłego i przyjacielskiego stylu przywództwa. Przejawiał się on przede wszystkim w wywieraniu presji na kolegów i podejściu: albo jesteś dobry, albo cię nie ma. Ale rozpoczynając sezon, Michael bał się, że po tym jak Krause zrobił fatalny transfer, pozyskując Cartwrighta, drużyna będzie jeszcze słabsza, a stojące przed nim zadanie – jeszcze trudniejsze.

„Na początku sezonu było to frustrujące i trudne do zaakceptowania – wspomina Jordan. – Zaczynało do mnie docierać, że nic nie układa się dobrze. Miałem bardzo wysokie oczekiwania, jak każdy, ale wiedziałem, że czeka nas transformacja".

Tymczasem trenerzy dostrzegali wartość Cartwrighta nie tylko jako obrońcy, ale również jako lidera. Jackson zaczął nazywać Carwrighta Teach* i ksywka się przyjęła. Na parkiecie Cartwright był wśród kolegów z drużyny i rywali znany z częstego używania łokci. Przy zbiórkach i przy zastawianiu się zawsze trzymał je bardzo wysoko.

„Michael tak naprawdę nie znał Billa Cartwrighta jako człowieka – wspomina Krause. – Chciał, żeby Bill się przed nim wykazał. Z każdym tak robił, to był jego sposób. Ale ja wiedziałem, kim jest Bill. I wiedziałem, że sobie z Michaelem poradzi. Powiedziałem mu: »Uważaj. Będzie ci wbijał szpilki. Będzie cię doprowadzał do szału«. Bill odparł: »Nic mi nie będzie«".

* Nauczać.

Dawny kolega z Bulls, John Paxson, wspomina, że było to dość skomplikowane. „Michael od każdego wymagał tego samego – żeby dawał z siebie wszystko. Jeśli nie trafiałeś do kosza, mimo że byłeś niekryty, to też mu się to nie podobało. Jeśli Michael skorzystałby z zasłony i podał szybką piłkę do Billa Cartwrighta, a ten by sobie nie poradził, to następnym razem już by podania nie otrzymał. Jeśli Jordan coś robił, a kolega z drużyny nie reagował na to we właściwy sposób, to następnym razem dwa razy się zastanowił, zanim zdecydował się z tym kimś na wspólną akcję. To naturalne. W Michaelu zawsze wyczuwało się, że szuka w sobie doskonałości. Ale oczekiwał tego samego również od otoczenia".

Jeśli Jordan nie zagrał wielkiego meczu, Bykom trudno było wygrywać, nic więc dziwnego, że wymagał więcej od kolegów. „Bardzo uważnie podchodzę do koszykówki – mówił. – Jeśli wszystko idzie dobrze, to wcale nie muszę zdobywać wielu punktów. Mogę stać sobie z boku i angażować do działania pozostałych".

Paxson tłumaczył, że zaangażowanie kolegów z drużyny w grę było absolutnie kluczowe: „Michael stawiał wszystkim wyzwania i niektórzy nie byli w stanie im sprostać. Na przykład Brad Sellers. Michael miał zwyczaj przyglądania się niektórym kolegom i mówienia: »Jesteś w stanie to zrobić, dlaczego więc tego nie robisz? Przecież widzę twoje umiejętności fizyczne. Dlaczego ty ich nie dostrzegasz?«".

Jordan chętnie angażował Paxsona, choć obrońca z Notre Dame nie imponował sprawnością ani siłą fizyczną. Michael często jednak stawiał warunki fizyczne na drugim miejscu, najważniejsze było serce do gry. Mówił, że chce mieć w drużynie partnerów, którzy nie będą się bali angażować w decydujących momentach meczu. Równie istotne było to, że w przeciwieństwie do wielu innych rozgrywających Paxsonowi nie zależało, żeby być bez przerwy przy piłce. A to już jeden potencjalny konflikt mniej. „Jestem przekonany, że często patrzył na mnie i mówił, że nie jestem w stanie zrobić na parkiecie tego czy tamtego – tłumaczy Paxson. – Ale miałem nad nim pewną przewagę, która wpływała na naszą relację. Spędziliśmy kiedyś razem miesiąc za oceanem, jeszcze na studiach, kiedy graliśmy w reprezentacji. Trafiłem wtedy rzut, dzięki któremu wygraliśmy mecz z Jugosławią, i to chyba dlatego Michael mnie docenił. Wiedział, że może mi zaufać. Jednocześnie nie pamiętam, żeby wywierał jakąś specjalną presję na Scottiem Pippenie albo na Horasie Grancie, kiedy dołączyli do drużyny. Zdawał sobie sprawę, że większości zawodników zajmuje trochę czasu, zanim dojrzeją do regularnej gry w lidze. W stosunku do mnie zawsze był bardzo uczciwy i pozytywnie nastawiony. Nigdy nie powiedział dziennikarzom nic złego na mój temat. To dla mnie wiele znaczyło. Kiedy najlepszy zawodnik drużyny publicznie cię skrytykuje, możesz się załamać, ale on nic takiego nie zrobił. Jeśli chodzi o stosunek do innych zawodników, to z początku uważałem, że jest zbyt powściągliwy. Z pewnością stąpał po cienkim lodzie: »Czy powinienem ich krytykować? A może powinienem odpuścić i pozwolić im robić swoje?«. Uważałem, że im częściej zabiera głos jako przywódca, tym lepiej dla nas. Kiedy zaczął naprawdę rzucać chłopakom wyzwanie, staliśmy się lepsi. Musieliśmy się nauczyć grać z Michaelem, tak jak on musiał się nauczyć grać z nami".

Rozgrywający

W styczniu Bulls wciąż mieli problemy z uzyskaniem dodatniego bilansu zwycięstw i porażek, a w dodatku pojawił się jeszcze jeden konflikt. Collins zaczął się irytować na asystentów, których zatrudnił dla niego Krause. „Byłem zły, bo Doug w ogóle nie słuchał Texa – tłumaczył Krause. – Nie słuchał też Phila Jacksona. Przez kilka lat wykonał dla nas kawał dobrej roboty. Z punktu widzenia PR-owego zdjął ze mnie większość problemów, miał świetne relacje z mediami. Uczył się trenować w pośpiechu i uznał, że nie musi słuchać asystentów w takim stopniu, w jakim powinien. No i miał problem z Philem. Z czasem zrobił się taki jak Stan Albeck, w ogóle przestał przyjmować do wiadomości, czego od niego oczekujemy".

Trzy tygodnie po rozpoczęciu sezonu Juanita Vanoy urodziła syna, Jeffreya Michaela. Mimo to James i Deloris nadal sprzeciwiali się jej związkowi z Michaelem. Narodziny dziecka były trzymane w tajemnicy przez cały sezon. Niektórzy dziennikarze o tym wiedzieli, ale nie podawali tego do publicznej wiadomości. Podobno Vanoy przez mniej więcej pół roku rozważała wniesienie do sądu wniosku o uznanie ojcostwa, ale ostatecznie z tego zrezygnowała. Napięcie w życiu prywatnym Michaela stało się równie silne jak w szatni.

W końcu, pod koniec stycznia, w drużynie nastąpił przełom, głównie dzięki coraz lepszej grze Pippena i Granta, będącej efektem presji wywieranej przez Jordana.

„Myślę, że Michael dostrzegł, jakimi zawodnikami mogą się stać Scottie i Horace – tłumaczył Will Perdue, który grał swój pierwszy sezon w NBA jako rezerwowy center. – I dlatego był w stosunku do nich bardzo ostry. Starał się ich motywować, ale jednocześnie rzucał im wyzwania, żeby sprawdzić, czy będą w stanie im sprostać".

Jak wspomina Jim Stack, sytuację w drużynie komplikowała niechęć Jordana do Cartwrighta, jednego z nielicznych zawodników, na których terror i tyrania Michaela nie robiły wrażenia. Niektórzy opisywali potem otwartą niechęć doświadczonego centra do metod Jordana jako coś zbliżonego do nienawiści. „Bill uważał, że Michael niepotrzebnie go czasem terroryzuje – mówił Stack w wywiadzie przeprowadzonym w 2012 roku. – Był niezwykle dumnym gościem. W całej lidze bardzo go szanowano". Stack uważał, że niechęć Cartwrighta nie przerodziła się jeszcze w nienawiść, za to Perdue był przekonany, że Jordan Cartwrighta nienawidził. Perdue uważał zresztą, że Jordan nie lubi również jego.

Cartwright zdawał się nie przejmować wrogością Jordana. Stack przypomina, że w Nowym Jorku był w stanie zdobywać średnio 20 punktów i 10 zbiórek i że Jordan nie doceniał, jak bardzo się poświęcił, przyjmując w Chicago rolę gracza drugoplanowego.

„Bill był pod wrażeniem talentu Michaela – wspomina Stack. – Ale jednocześnie nie zamierzał akceptować całego otaczającego ten talent syfu. Michael wszystkich testował. I na treningu, kiedy próbował wejść pod kosz, to Bill już tam na niego czekał. Tak wielu jego poprzedników odpuszczało i ulegało Michaelowi, ale Bill miał to w dupie... Talent Michaela był tak przytłaczający, że był w stanie każdemu wejść na głowę. Lecz Bill się nie wycofywał. Mówił: »To jest moje miejsce, więc trzymaj się stąd z daleka«. Wszystko to miało ożywczy wpływ na drużynę. Bill był szanowany przez szatnię za to, że potrafił się przeciwstawić Michaelowi. Wszyscy to doceniali".

W marcu Collins, niezadowolony z gry swojego rozgrywającego Sama Vincenta, posadził go na ławce, a Jordana przesunął na pozycję rozgrywającego, dając mu jeszcze więcej możliwości kontaktu z piłką. Do pierwszej piątki, jako drugi obrońca, trafił Craig Hodges, który grał u Wintera w Long Beach State. „Ciekawe będzie sprawdzić, jak Michael się odnajdzie w nowej roli", powiedział Collins. Jordan odpowiedział, zaliczając 7 *triple double* z rzędu (w sumie od stycznia do kwietnia zaliczył *triple double* aż 14 razy), a Byki wygrały sześć meczów jeden po drugim. Wydawało się, że Collins próbuje grać Michaelem tak jak kiedyś grano Oscarem Robertsonem. Jordan zaczął sprawdzać swoje statystyki podczas meczów, żeby wiedzieć, ile mu jeszcze brakuje do kolejnego *triple double*. Władze ligi szybko się zorientowały i zakazały statystykom podawania zawodnikom w trakcie meczu informacji o ich osiągnięciach.

Potem Hodges doznał kontuzji kostki, która wyeliminowała go z gry do końca sezonu, a Byki przegrały sześć razy z rzędu. Winter otwarcie sprzeciwiał się przesunięciu Jordana na pozycję rozgrywającego. Konflikt w sztabie szkoleniowym sięgnął zenitu, kiedy Collins zakazał Winterowi udziału w treningu. „Tex znalazł się wtedy poza nawiasem", wspomina Jackson.

Krause zastanawiał się, czy Collins nie zamęczy swojej gwiazdy dodatkowymi obowiązkami. Jako asystent Jackson po cichu dochodził do wniosku, że Jordan, będąc zmuszonym do tak ciężkiej pracy, jest czasem zbyt wyczerpany w decydujących momentach meczu. Jordanowi niespecjalnie zależało na byciu rozgrywającym, zwłaszcza że i tak nie wierzył, by jego koledzy z drużyny byli w stanie trafiać do kosza. Nie dało się jednak nie podziwiać ciężkiej pracy, jaką wykonywał jako jedynka. Jego umiejętność panowania nad piłką pozwalała mu tak szybko przemieszczać się po parkiecie, że obrońcy przeciwnika nie byli w stanie za nim nadążyć. Zatrzymywał się, ruszał, chwila wahania i znowu w ruch – każde jego posiadanie stanowiło niezły trening dla kostek rywali. Szybko nauczył się korzystać z zasłon. Był tak szybki, zwinny i nieuchwytny, że przeciwnicy nie nadążali nawet z jego podwajaniem. Ściągał na siebie tyle uwagi, że Hodges, Pippen i Paxson często znajdowali się na czystej pozycji do rzutu za trzy punkty. Jordan nie bał się też grać na obwodzie, coraz częściej trafiał z dystansu, więc obrońcy nie mogli mu już zostawiać wolnego miejsca, nawet kiedy znajdował się dalej od kosza.

Bulls zakończyli sezon zasadniczy z bilansem 47:35 i zajęli piąte miejsce w konferencji, a w pierwszej rundzie play-offów natrafili na z rozstawionych z czwórką Cleveland Cavaliers, którzy w ciągu całego sezonu przegrali u siebie tylko czterokrotnie. Tej wiosny Jordan zaczął słuchać przed meczami Anity Baker, szczególnie jej piosenki *Giving You the Best That I Got* („Daję ci wszystko, co mam najlepszego"). Szukał inspiracji i rzeczywiście jej potrzebował. Bulls przegrali w sezonie zasadniczym wszystkie sześć meczów z Cavaliers. Mimo to Lacy Banks prognozował, że Bulls będą w rywalizacji górą 3:2. Kiedy inni dziennikarze z Chicago wyrazili powątpiewanie w ewentualne zwycięstwo Byków, Jordan buńczucznie zapowiedział zwycięstwo 3:1. Wszyscy jednak widzieli, że Cleveland ma przewagę wzrostu zarówno pod koszem, jak i na obwodzie, gdzie Ron Harper i Craig Ehlo mieli spowalniać Jordana.

Cavaliers mieli przewagę własnego boiska, ale Chicago niespodziewanie objęło prowadzenie 2:1 i miało szansę na zakończenie rywalizacji w czwartym meczu rozgrywanym w Stadium. Michael zdobył 50 punktów, jednak pod koniec meczu spudłował ważny rzut wolny. Cleveland udało się wygrać po dogrywce i wyrównać na 2:2. Jordan wydawał się takim obrotem spraw zdruzgotany, ale szybko zdołał się otrząsnąć. Jackson wspomina, że kiedy następnego dnia pojawił się na lotnisku przed wylotem do Cleveland, od razu zaczął przekonywać kolegów, że nie mają się czego bać i że wygrają.

Jego entuzjazm następnego dnia zaowocował wspaniałym występem w meczu numer pięć. Jordan rzucał, podawał, grał z Kawalerzystami kosz za kosz. Hodges i Paxson też zrobili swoje, trafiając po kilka trójek, a pojedynek miała rozstrzygnąć zacięta walka w czwartej kwarcie. W ciągu ostatnich trzech minut prowadzenie zmieniało się sześciokrotnie. Na sześć sekund przed końcem Jordan ruszył pod kosz z prawej strony. Ehlo rzucił się w jego kierunku, próbując go powstrzymać, a Michael, mijając go, trącił go ramieniem w twarz i trafił z wyskoku. Chicago objęło prowadzenie 99:98.

Ehlo szybko doszedł do siebie, wybił piłkę z autu, po chwili otrzymał ją z powrotem i ruszył lewą stroną pod kosz, zdobywając punkty layupem. Na trzy sekundy przed końcem Cleveland prowadziło 100:99. Podczas przerwy na żądanie Collins szybko rozrysował akcję, zgodnie z którą ostatni rzut miał oddać center Dave Corzine. Wychodził z założenia, że nikt się tego nie będzie spodziewał. Jordan zareagował wściekłością, walnął w tablicę i powiedział: „Po prostu dajcie mi tę pierdoloną piłkę!". Collins szybko rozrysował nową akcję, z Bradem Sellersem wybijającym piłkę zza linii bocznej. Kiedy wracali na parkiet, Jordan szepnął Craigowi Hodgesowi na ucho, że trafi ten rzut.

Trener Cleveland Lenny Wilkens planował wykorzystać wzrost skrzydłowego Larry'ego Nance'a do powstrzymania Jordana, ale Michael zdołał mu się wyrwać. Przejął podanie i ruszył w kierunku linii rzutów wolnych. Ehlo przejął jego krycie i przeprowadził wzorcową obronę, ale Jordan go minął i wyskoczył. Ehlo również wyskoczył, nadlatywał z prawej strony, z lewą ręką wyciągniętą niczym struna, żeby powstrzymać rzut, jednak Michael dosłownie zawisł w powietrzu, czym dopełnił zniszczenia. Ehlo trzymał już nawet rękę na wysokości piłki, ale rozpędzony poleciał dalej w lewo i opadł, podczas gdy czerwona sylwetka Jordana nadal unosiła się w górze, osiągając w końcu szczyt i oddając zwycięski rzut. 101:100 i słynne świętowanie zwycięstwa poprzez wymachiwanie pięścią do znudzenia było potem transmitowane przez wszystkie stacje telewizyjne.

Ta chwila została natychmiast nazwana *The Shot**. Krausemu, obserwującemu mecz z trybun, przeszło przez myśl, że to Brad Sellers, idealnie podając piłkę zza linii bocznej, sprawił, że akcja ta w ogóle doszła do skutku. „To było najlepsze podanie, jakie kiedykolwiek widziałem w koszykówce – mówił w 2011 roku. – Podał pomiędzy trzema kolesiami, precyzyjnie jakby miał trafić nitką w ucho igielne. Popędziłem przez parkiet, żeby go przytulić".

To znamienne, że w takiej chwili Krause chciał objąć właśnie faceta przysparzającego mu tylu kłopotów. W 1986 roku Jordan lobbował za wybraniem w drafcie Johnny'ego Dawkinsa z Duke, ale Krause zdecydował się na Sellersa, co zaostrzyło konflikt między nimi, bo Sellers miał problemy z wpasowaniem się do drużyny. Podanie pewnie było niezłe, ale nic chyba nie byłoby w stanie lepiej podsumować problemów na linii Krause – Jordan. Obaj patrzyli na tę chwilę triumfu i euforii z różnych perspektyw. Dwie uparte, apodyktyczne postaci, które wspólny sukces dzielił, zamiast łączyć. Sellers miał się pożegnać z drużyną wkrótce po zakończeniu sezonu. Grając w pierwszej piątce, zdobywał średnio tylko 4 punkty na mecz, a w play-offach grał tylko po 13 minut.

Popularny stał się jeszcze jeden fragment z tego meczu. Było to ujęcie ławki Bulls – po tym, jak 44 punkty Jordana zapewniły im zwycięstwo – na którym uchwycono lokalnych dziennikarzy: Sama Smitha i Berniego Lincicome'a z „Chicago Tribune" oraz Lacy'ego Banksa z „Chicago Sun-Timesa".

„Na nagraniu widać świętującego Douga Collinsa, ale po chwili obserwujemy, jak Lacy skacze w górę i w dół, wymachując pięścią ponad głową – wspominał J.A. Adande z ESPN, który pracował kiedyś z Banksem w »Sun-Timesie«. – Lacy oczywiście trochę kibicował Bulls i w tamtej chwili nie potrafił się opanować. Nigdy jednak osobiste sympatie nie miały wpływu na jego rzetelność jako dziennikarza".

Banks, jedyny dziennikarz, który konsekwentnie rzucał wyzwania Jordanowi, został przyłapany na tym komicznym geście, który mógł podawać w wątpliwość jego obiektywizm. Oczywiście eksplozja radości mogła też wynikać z tego, że wcześniej przewidywał zwycięstwo Chicago w pięciu meczach, ale tamta chwila wiele mówiła o środowisku i jego bałwochwalczym stosunku do Air

* Rzut, strzał.

Jordana. Dziennikarzom trudno było zachowywać umiar w tak wyjątkowych czasach i przy tak niebotycznie wysokich zyskach medialnych.

Dla Cleveland porażka była druzgocąca. Center Cavaliers Brad Daugherty, kolega Jordana z drużyny uniwersyteckiej, czuł, że tak się to skończy – w końcu nieraz był świadkiem podobnych sytuacji. „Widziałem jak wyskakuje w powietrze – wspomina. – Odwróciłem się, żeby ustawić się do zbiórki, obserwując lot piłki. Ale jej nie zobaczyłem, bo Michael zamarkował rzut, opuścił piłkę, potem znowu ją podniósł i rzucił prosto do kosza. Do dziś nie mam pojęcia, jakim cudem on to wszystko zrobił w ciągu trzech sekund".

Po meczu rozentuzjazmowany Jordan mówił: „Kochani, jedziemy do Nowego Jorku!".

Euforię po wygranej udało się utrzymać do drugiej rundy, gdzie Bulls spotkali się z prowadzonymi przez trenera Ricka Pitino Knicks z Patrickiem Ewingiem, Charlesem Oakleyem i Markiem Jacksonem. Jordan rzucał średnio 35 punktów, mimo że odnowiła mu się kontuzja pachwiny, i Bulls niespodziewanie objęli prowadzenie 3:2 przed szóstym meczem, który miał zostać rozegrany w Chicago Stadium. Mniej więcej w połowie pojedynku Scottie Pippen i Kenny Walker z Knicks wylecieli z boiska po krótkiej wymianie ciosów. Dla Bulls było to poważne osłabienie, a wysiłek Jordana, który zdobył 40 punktów i 10 zbiórek, mógł pójść na marne. Wydawało się, że drużyna z Chicago kontroluje sytuację, bo na sześć sekund przed końcem meczu prowadziła 111:107. Trent Tucker z Knicks trafił jednak za trzy punkty z faulem, dorzucił celny rzut wolny i doprowadził do remisu. Collins dyszał za linią boczną, jakby nie mógł złapać tchu. MJ miał nadzieję, że uda mu się doprowadzić do kolejnego cudu, że dopisze następny rozdział do historii rozpoczętej w Cleveland. Tym razem piłkę wyprowadzał z boku John Paxson. Jordan znowu ruszył w kierunku linii rzutów wolnych, gdzie został sfaulowany – dosłownie powalony na parkiet – na kilka sekund przed końcem. Mimo to trafił oba wolne, Knicks spudłowali równo z syreną końcową, chociaż mieli dogodną pozycję do rzutu, a Collins odnalazł w płucach jeszcze tyle powietrza, żeby zaprezentować światu kolejną celebrację na środku boiska, z wymachiwaniem pięściami i klepaniem po plecach.

Bad Boys

Po raz pierwszy od 1975 roku, kiedy przegrali z Golden State, Bulls mieli wystąpić w finałach konferencji. Tym razem ich przeciwnikiem mieli być Pistons.

Historia rywalizacji obu drużyn była świeża i pełna wzajemnych animozji. W kwietniowym meczu Isiah Thomas uderzył Billa Cartwrighta i został za karę zawieszony na dwa mecze. Prywatnie Thomas mówił, że wolałby zagrać z Knicks, i to mimo tego, że Knicks całkiem dobrze radzili sobie w konfrontacji z Pistons, a Chicago przegrało z nimi wszystkie mecze w sezonie zasadniczym. Mocno motywował kolegów z drużyny do zdobycia pierwszego tytułu mistrzów NBA, ale obawiał się Bulls. Opromieniony fantastycznymi występami przeciwko Cleveland i Nowemu Jorkowi Jordan był niczym w transie. W pierwszym meczu Collins ustawił go naprzeciwko Isiaha Thomasa. Michael czuł się już na pozycji rozgrywającego całkiem dobrze, ale był to pierwszy raz, kiedy miał w obronie pokryć Thomasa. Jak się okazało, wzrost Jordana i jego skoczność sprawiały rywalowi problemy na obwodzie. Pudłował jeden rzut za drugim, więc Jordan przestał go kryć daleko od kosza i wycofał się, pozwalając mu oddawać jeszcze więcej rzutów. Gdyby Thomas trafiał, Jordan musiałby wychodzić i kryć go dalej od kosza. Tamten próbowałby go wtedy mijać albo miałby prostą drogę do podania piłki pod kosz, do skrzydłowego Marka Aguirre'a. Ale ponieważ pudłował z dystansu, Pistons nie mieli szans.

Thomas trafił tamtego popołudnia tylko 3 z 18 rzutów. „Zawsze, kiedy próbował wejść pod kosz, byłem na to przygotowany – mówił potem Jordan. – Chciałem zmusić go do oddania rzutu z dystansu, a jemu się to nie udawało. Nie chcę jednak przez to powiedzieć, że wykonałem jakąś superpracę w defensywie".

Inny znakomity strzelec Detroit, superrezerwowy Vinnie Johnson, też nie trafiał tego dnia. Pistons w drugiej kwarcie przegrywali już różnicą 24 punktów, ale zaczęli odrabiać straty, a w połowie czwartej kwarty udało im się nawet wyjść na prowadzenie. Mimo to w starciu z agresywną obroną Bulls nie byli w stanie go utrzymać. Byki wygrały 94:88 i objęły prowadzenie 1:0. Porażka zakończyła serię 25 zwycięstw Detroit z rzędu na własnym parkiecie, w tym dziewięciu podczas play-offów. Było to też pierwsze zwycięstwo Bulls nad Pistons po ośmiu porażkach. Przewaga własnego boiska, na którą Pistons pracowali przez cały sezon, wyparowała.

„Na pewno trudno nam będzie powtórzyć taki występ – powiedział dziennikarzom Jordan. – Ale mamy sporą szansę na zwycięstwo w rywalizacji".

W szatni Detroit dziennikarze tłoczyli się, czekając na pozostającego dłużej niż zwykle pod prysznicem Thomasa. Im dłużej go nie było, tym bardziej gęstniał oczekujący na niego tłumek. W końcu Isiah się pojawił, przecisnął się przez zebranych, po czym usiadł tyłem do ściany, otoczony kamerami, światłami i mikrofonami.

Kiedy dziennikarze zaczęli zadawać pytania, nad Thomasem pochylił się kolega z drużyny, Mark Aguirre, próbując wycisnąć trochę balsamu ze stojącego tam dużego dozownika. „Chcesz trochę owsianki?", zapytał ze śmiechem, próbując rozluźnić atmosferę i pocieszyć przybitego kolegę. Thomas tylko lekko się uśmiechnął. Spokojnym tonem odpowiadał na kolejne pytania. Sesja trwała 45 minut, aż w końcu szatnia prawie opustoszała. Został tylko dziennikarz „New York Post", Peter Vecsey, który próbował wyciągnąć z Isiaha coś więcej. A konkretnie: co się tak naprawdę stało? Thomas skończył wiązać krawat i westchnął. Jego najgorsze obawy związane z Jordanem właśnie miały się ziścić. Obrońca Detroit wyglądał, jakby było mu niedobrze. „Czasami koszykówka jest dziwna", powiedział, po czym sięgnął po torbę i ruszył w kierunku drzwi. Kiedy wyszedł na korytarz, jego kumpel z Los Angeles Mike Ornstein wziął od niego bagaż. „Pozwól, że ja ją poniosę", rzekł i klepnął Thomasa w plecy. Później opowiadał, że jeździli bez celu przez kilka godzin, a Thomas nie odezwał się ani słowem. Jego stan najlepiej podsumował dziennikarz „Detroit News" Shelby Strother: „Mógł umrzeć z przyczyn naturalnych".

Ale nie umarł. A dwa dni później zdobył 33 punkty, Dumars 20 i Pistons wygrali 100:91, wyrównując stan rywalizacji na 1:1. Kolejny mecz odbył się w starej hali Chicago Stadium, gdzie o sile Pistons miały przesądzić umiejętności ofensywne Aguirre'a. Pistons udało się uciszyć kibiców Bulls, kiedy na siedem minut przed końcem objęli prowadzenie różnicą 14 punktów. Wtedy jednak do akcji wkroczył Jordan, który doprowadził do wyrównania 97:97. Na 28 sekund przed końcem w posiadaniu piłki byli Pistons. Thomas przygotowywał się do rozegrania akcji na obwodzie, kiedy na dziesięć sekund przed końcem Laimbeer wystawił kolano, zahaczając Jordana. Sędziowie odgwizdali ruchomą zasłonę. Piłka wróciła do Chicago, a Jordan trafił decydujący rzut, zapewniający Chicago zwycięstwo 99:97 i prowadzenie 2:1 w całej rywalizacji.

Rzucił 46 punktów i zaliczył pierwszy solidny występ ofensywny w serii. Pistons wiedzieli, że nie mogą pozwolić mu na kolejny taki mecz. Podczas czwartego spotkania postanowili zmusić go, żeby zagrał jak prawdziwy rozgrywający. Bez przerwy go podwajali i zmuszali do podań. „Kiedy się koncentruje, nie możesz go zatrzymać", powiedział Thomas o Jordanie. „Chodziło nam właśnie o to, by nie zdołał wejść w swój rytm - to miał być klucz do zwycięstwa".

Odpowiedzialność za powstrzymanie Jordana wziął na siebie przede wszystkim Dumars, ale wspierali go Vinnie Johnson i Thomas, a czasami nawet Dennis Rodman. Jordan trafił w czwartym meczu tylko 5 z 15 rzutów, a cała drużyna Bulls rzucała ze skutecznością 39 procent. Pistons trafiali jeszcze gorzej – 36 procent – ale nie miało to znaczenia. Thomas zdobył 27 punktów, a agresywna obrona pomogła Detroit w wyrównaniu stanu rywalizacji po zwycięstwie 86:80.

Po meczu Collins zasugerował Jordanowi, że oddaje zbyt wiele rzutów i zbyt często nie trafia. Jordan zareagował niczym małe dziecko – LeBron James zostałby dziś za coś podobnego zmasakrowany przez dziennikarzy. W meczu numer pięć w hali Palace w Auburn Hills Michael oddał tylko 8 rzutów z gry. Trafił 4 z nich, zdobywając 18 punktów, a Pistons oczywiście znowu wygrali, tym razem 94:85. To był jeden z tych pojedynków, po których Collins prywatnie mówił Reinsdorfowi, że jego drużyna po prostu nie ma szans wygrać z Jordanem w składzie. Ale krytycy trenera uważali, że sam wyhodował sobie potwora, bo tolerował wszystkie fochy swojej gwiazdy.

Tłumy kibiców w Chicago, w większości nieświadome konfliktu pomiędzy trenerem i gwiazdą drużyny, zachowywały się podczas szóstego meczu bardzo głośno. Już w pierwszej kwarcie Pippen doznał wstrząśnienia mózgu po starciu z łokciem Laimbeera przy próbie zbiórki w ataku. Kontuzja okazała się niegroźna, ale Scottie musiał zejść z parkietu i pojechać do szpitala na obserwację. Sędziowie nawet nie odgwizdali wtedy faulu. Potem, kiedy center Pistons stawał na linii rzutów wolnych, cała hala zaczęła skandować: „Laimbeer ssie! Laimbeer ssie!".

Thomas zdobył 33 punkty i pomimo wysiłków i 32 punktów Jordana Chicago się posypało. Detroit odniosło kolejne zwycięstwo, 103:94, kończąc rywalizację. Kiedy Jordan w końcówce szedł w kierunku ławki rezerwowych, zatrzymał się na chwilę, żeby zamienić kilka słów z Dumarsem. „Podszedł do mnie – wspominał potem obrońca Pistons – uścisnął mi dłoń i rzekł: »Wygrajcie to, niech tytuł powróci na Wschód«. Odpowiedziałem: »Nie będę tęsknił. Ale do zobaczenia za rok, Mike«. Zawsze istniała obawa, że nawet jeśli dasz z siebie wszystko, to na niego może się okazać za mało".

Lacy Banks wspomina, że choć Jordan był zły i sfrustrowany, to nie zamierzał dać po sobie poznać, jak bardzo dotknęła go ta porażka. „Mówił: »Nie wolno okazywać bólu w obecności przeciwników. Nie można pozwolić, żeby widzieli, co czujesz. Ty musisz starać się dowiedzieć o nich jak najwięcej, ale jeśli oni będą wiedzieli zbyt wiele o tobie, zyskają nad tobą przewagę«. Ukrywał swoje frustracje, ukrywał smutek, rozczarowanie, rozpacz".

W szatni w Chicago Collins pomstował na brudny faul Laimbeera. Dziennikarze natychmiast zacytowali jego wypowiedzi centrowi, który odpowiedział, że nie miał pojęcia o kontuzji Pippena i zorientował się, że coś się stało, dopiero kiedy zobaczył gromadzących się wokół Scottiego trenerów. Podczas gdy tłumek dziennikarzy rzedniał, po szatni spacerował sobie reżyser filmowy Spike Lee, który zaczynał właśnie proces adaptacji swojego bohatera Marsa Blackmona do kampanii air jordanów Nike*. Zatrzymał się przed szafką Isiaha, żeby zrobić kilka zdjęć. „Hej, Spike – powiedział Thomas. – Jak się masz? Widziałem cię dziś rano w telewizji".

Lee odwzajemnił się mizernym uśmiechem i wymienił z nim słabiutki uścisk dłoni. Dzięki kontraktowi z Nike Jordan mógł mieć nad Thomasem przewagę finansową, ale sportowo to Isiah i Detroit rządzili. Pistons w finale wygrali z Lakers do zera i zdobyli swój pierwszy tytuł mistrzowski, a Bulls pogrążyli się we wzajemnych oskarżeniach i kłótniach. Miały też nadejść poważne zmiany.

Dwa razy z rzędu polegli w starciu z Pistons i powoli docierało do nich, w czym tkwi problem. „Z Detroit nie wolno było grać emocjami – mówił w 1995 roku John Paxson. – Nie wolno, bo oni tego właśnie oczekiwali. Chcieli, żebyś przestał grać swoje. Nie mieliśmy w składzie wysokich mięśniaków, którzy byliby w stanie dotrzymać im kroku fizycznie, więc kiedy robiliśmy się źli, to zaczynaliśmy grać w ich grę. Problem w tym, że Doug kierował się tylko emocjami".

„Nasi kibice też działali emocjonalnie – dodał Paxson. – Nigdy nam to nie pomagało. Pistons budzili taką niechęć, że trudno nam było nad sobą zapanować. Potem, kiedy już nauczyliśmy się z nimi wygrywać, ta rywalizacja okazała się dla nas wspaniałym doświadczeniem. Wtedy jednak myśleliśmy, że nigdy nie będziemy w stanie ich pokonać".

* Mars Blackmon to grany przez Spike'a Lee bohater filmu *Ona się doigra*, który w latach 80. i 90. występował w kampanii air jordanów.

6 lipca 1989 roku Jerry Reinsdorf i Jerry Krause zwolnili nagle Douga Collinsa, tłumacząc, że trener kierował się „odmienną filozofią". Decyzja była szokująca. Zwolniony został młody i popularny szkoleniowiec, co więcej, stało się to kilka tygodni po tym, jak wprowadził on drużynę do finału konferencji – gdzie Bulls nie dotarli od 14 lat. Zawrzało od plotek, niektórzy sądzili nawet, że Collins wdał się w romans z krewną jednego z właścicieli klubu. Krause przyznawał, że Collins prowadził bogate życie towarzyskie – na tyle bogate, że trzeba go było czasem prosić, aby trochę spasował – ale nawet on mówił, że w plotce tej nie było ani krzty prawdy.

Krause twierdzi, że zwolnił Collinsa z dwóch powodów: po pierwsze, bo przestal panować nad swoją intensywnością – co prowadziło do wypalenia się zarówno jego, jak i prowadzonej przez niego drużyny – po drugie, Collins nie miał żadnej filozofii gry w ataku.

Krause wielokrotnie spierał się z Collinsem o to, których zawodników powinni pozyskać Bulls. W pewnym momencie trener podobno próbował za plecami swojego menedżera namówić Reinsdorfa, żeby ten go zwolnił. Tyle że Reinsdorf niespecjalnie cenił Collinsa i zatrudnił go tylko dlatego, że taka była rekomendacja Krausego. Pokerowa zagrywka Collinsa okazała się strzałem w kolano.

„Doug nie dogadywał się zbyt dobrze z Krausem i z czasem zaczęło nam to przeszkadzać", tłumaczył Mark Pfeil. „Większość lokalnych dziennikarzy nie była zdziwiona zwolnieniem Douga – wspomina Cheryl Raye-Stout. – Ale kibice byli wściekli. Kompletnie tego nie rozumieli. Bulls pokonali po wspaniałej walce Cleveland, choć wszyscy myśleli, że to Cavs wygrają. Kibice zareagowali źle, ale napięcie było wtedy ogromne: i pomiędzy zawodnikami, i pomiędzy Dougiem a zarządem klubu. To się musiało źle skończyć".

„Doug był bardzo popularny – wspominał kilka lat później Krause. – Wszyscy go uwielbiali, wszyscy prócz mnie. Graliśmy w Finałach Wschodu z Detroit, kiedy powiedziałem do Jerry'ego: »Zamierzam rozstać się z Dougiem«. Większość właścicieli klubów powiedziałaby w takiej sytuacji: »Zaczekaj. To ty go tu sprowadziłeś. Ty go stworzyłeś. Właśnie wygrał 50 meczów w sezonie i wprowadził nas do Finału Konferencji«. Ale Jerry niczego takiego nie powiedział. Zapytał tylko: »Dlaczego?« A ja odparłem, że nie sądzę, żebyśmy byli w stanie zdobyć z nim mistrzostwo. I że uważam, że ten klub potrafi tego dokonać. To był najważniejszy powód zwolnienia Douga Collinsa. Żaden menedżer, choćby był nie wiem jak silny, nie może zwolnić trenera bez poparcia właściciela. Kiedy po raz pierwszy powiedziałem Jerry'emu, co planuję, zapytał mnie: »A kogo chcesz zrobić nowym trenerem?« Odpowiedziałem: »Nie chcę podejmować tej decyzji, zanim nie ustalimy, że rozstajemy się z Dougiem. Najpierw postanówmy, co zrobimy z Collinsem«. Kiedy to zrobiliśmy, powiedziałem, że chcę zaproponować posadę pierwszego trenera Philowi Jacksonowi. Dwa lata wcześniej sprowadziłem Phila jako asystenta. Jerry odpowiedział: »OK«".

„Doug jest bardzo emocjonalnym gościem – mówił potem Jackson. – Wkłada w pracę całe swoje serce i z tego punktu widzenia był dla naszego klubu bardzo dobrym wyborem. Idealnie nadawał się do tego, żeby tchnąć w chłopaków intensywność, żeby zarazić ich emocjami. Ale potem nadszedł czas, żeby nauczyli się opanowania, zimnej krwi i kontroli". I właśnie to miało być zadaniem Jacksona.

Pod rządami Collinsa drużyna z każdym sezonem stawała się lepsza. Pomimo trwających konfliktów Doug nie spodziewał się takiej decyzji przełożonych. „Zaprosiliśmy go do gabinetu – opowiada Krause. – Chyba przypuszczał, że będziemy z nim rozmawiali o przedłużeniu kontraktu. Przyprowadził ze sobą swojego agenta. Powiedziałem: »Doug, postanowiliśmy rozwiązać z tobą umowę«. Widać było, że jest w szoku. Odbyliśmy rozmowę, po czym zadzwoniłem do Phila, który był w Montanie na rybach. Powiedziałem mu: »Właśnie zwolniłem Douga«. On zapytał: »Co takiego?!« A ja na to: »Douga już nie ma i chcę, żebyś został pierwszym trenerem. Zbieraj dupę w troki i wsiadaj w pierwszy samolot. Tak szybko, jak się da. Musimy pogadać«".

W oficjalnym oświadczeniu Collins następująco ustosunkował się do decyzji o swoim zwolnieniu: „Kiedy trzy lata temu zostałem zatrudniony, podjąłem wyzwanie zrobienia z Bulls na nowo takiej drużyny, na jaką to miasto zasługuje. Jestem dumny, że z każdym rokiem robiliśmy krok w kierunku mistrzostwa NBA. I z tego, że graliśmy z taką determinacją. Słowa nie są w stanie opisać pustki, jaką będę czuł, nie mogąc już być częścią Chicago Stadium i tej wspaniałej drużyny".

Sonny Vaccaro wspomina, że Jordana niespecjalnie zmartwiło zwolnienie Collinsa. „Nie było ani jednego momentu, w którym powiedziałby coś w stylu: »Cóż, wydymali Douga«. Wychodził z założenia, że to po prostu decyzja biznesowa".

„Wszyscy lubiliśmy Douga – wspomina John Paxson. – Niedawno zakończyliśmy finały konferencji, w których przegraliśmy z Detroit po sześciu meczach. Przyszłość kreowała się na naszych oczach. Odszedł trener, który przez ostatnie trzy lata nam pomagał. I tu trzeba oddać sprawiedliwość Jerry'emu Reinsdorfowi i Jerry'emu Krause. Naprawdę uważali, że Doug dobrze się nadawał, żeby doprowadzić drużynę do pewnego punktu, ale żeby przenieść ją na kolejny poziom, potrzebny był inny typ trenera".

„Myślę, że była to dla niego gorzka lekcja – mówił o Collinsie w 2012 roku Johnny Bach. – Doug poradził sobie z zadaniem całkiem dobrze. Kiedy przypomnimy sobie trzeci sezon Michaela w NBA, to widać po nim wpływ młodego, energicznego trenera, który ma w sobie tyle pasji. Zawsze uganiał się za sędziami, nie bał się podnosić głosu, mówił, co myślał. Ale w koszykówce musisz brać pod uwagę różne grupy interesów, no i musisz wygrywać. Myślę, że Michael wiele Dougowi zawdzięcza, bardzo przy nim wydoroślał. Zderzyły się ze sobą dwa charaktery: Michael ze swoją zaciekłością i Doug ze swoją pasją i przekazem złożonym z płomiennych słów".

Collins przyznawał potem w rozmowach z przyjaciółmi, że uważa, iż Jackson wbił mu nóż w plecy, ale sam publicznie nigdy tego nie potwierdził. „Phil dostał tę pracę w taki właśnie sposób – zauważył Lacy Banks. – To on był sztyletem, który Krause wykorzystał, żeby zadać Dougowi Collinsowi cios w plecy".

„Doug wykorzystywał wiele schematów – wspominał Jackson w wywiadzie w 1994 roku. – Graliśmy z 40 czy 50 akcji, mieliśmy mnóstwo opcji do wyboru, w tym pięć czy sześć opcji ofensywnych. Wiele drużyn gra w taki różnorodny sposób. Ale moje podejście, podobnie jak filozofia Texa, było inne. Obaj wierzyliśmy w jeden zorganizowany system". Krause tłumaczył później, że nie wiedział, czy nowy trener wprowadzi w życie system ofensywy trójkątów Texa Wintera. Wiedział tyle, że – tak jak zakładał – Winter i Jackson bardzo się do siebie zbliżyli, prowadząc wspólnie drużynę podczas rozgrywek ligi letniej.

„Phil przyjechał i zaczęliśmy rozmawiać o filozofii – wspominał Krause. – Na początku powiedział: »Zawsze byłem kolesiem zorientowanym na defensywę, zarówno jako zawodnik u Reda Holzmana, jak i teraz, jako trener. Czy po to mnie potrzebujesz?«. Odparłem, że tak. A on rzekł: »Atakiem zajmie się Tex. Będziemy grali trójkątem«".

Rozdział 23

ŚLUB PO DRODZE

Przez większość sezonu 1988/89 Jordanowi udawało się ukrywać przed światem informację, że został ojcem. Sytuacja zmieniła się, kiedy zaprosił do siebie do domu dziennikarza „Sports Illustrated" Jacka McCalluma. Redaktor zauważył Juanitę Vanoy bawiącą się z pulchnym, zdrowym bobasem. Bulls grali tej nocy u siebie, a McCallum pamięta, że podszedł do niego PR-owiec drużyny, Tim Hallam, i poinformował, że Jordan nie życzy sobie, aby ktokolwiek pisał o jego dziecku. Prośba sprawiła, że McCallum znalazł się w niezręcznej sytuacji. Z jednej strony został dopuszczony do wewnętrznego kręgu Jordana, z drugiej – był przecież dziennikarzem. Nie chciał robić z tego jakiegoś wielkiego newsa, którym ta informacja w istocie była. Wspomniał więc o tym tylko na końcu artykułu. Większość czytelników zwróciła na to uwagę, między innymi Jordan, któremu się to oczywiście nie spodobało. Zdradzenie tajemnicy nie było dobre dla jego niepokalanego wizerunku. Ale z drugiej strony okazało się, że młoda gwiazda koszykówki jest tylko człowiekiem i trudno było informację o dziecku w nieskończoność trzymać w tajemnicy przed opinią publiczną.

Kiedy opadł kurz po play-offach 1989 roku, Jordan spędził kolejne lato, grając w golfa i poświęcając się innym rozrywkom. Pod koniec sierpnia poznał na imprezie charytatywnej Richarda Esquinasa, współwłaściciela, prezesa i dyrektora generalnego San Diego Sports Arena. Zaczęli grać w golfa o duże stawki, dzięki czemu Jordan mógł zaspokajać zarówno swoje potrzeby golfowe, jak i hazardowe. Z czasem z powodu ich kontaktów miał wybuchnąć skandal, ale wtedy był to tylko kolejny element jego pełnego obowiązków życia. Niedługo po tym, jak poznał Esquinasa w San Diego, Jordan pojechał wraz z małą świtą do Las Vegas, gdzie Sonny Vaccaro przedstawił go Steve'owi Wynnowi, właścicielowi jednego z hoteli i kasyna. Brat Vaccaro pracował u Wynna, który ugościł Jordana i Juanitę. Będąc w mieście, para podjechała do kaplicy Little White Wedding Chapel, znanej z przejazdu przez tunel małżeński i szybkich ślubów dla celebrytów.

Od czasu oświadczyn Jordana w Nick's Fishmarket w sylwestra 1986 roku para to się rozchodziła, to schodziła z powrotem. „Chciał to już mieć po prostu za sobą – wspomina Sonny Vaccaro. – Nikogo tam nie było".

Tak naprawdę to byli tam Vaccaro i jego żona Pam. I Fred Whitfield. Ale rzeczywiście niewiele więcej osób.

„To był dobry moment na decyzję o ustatkowaniu się i małżeństwie – mówił potem Jordan. – Czułem się, jakbym wchodził na nowy, nieznany grunt. Ale byłem już gotów, żeby się dowiedzieć, czym jest małżeństwo. Codziennie uczymy się czegoś nowego. Jeśli chcesz spędzić z kimś resztę życia, to musisz nad tym ciężko pracować. Będą lepsze i gorsze dni. Jako para, jako związek, jako rodzina – trzeba nauczyć się o to walczyć".

Zmagania z obawami rodziców trochę mu zajęły. Nadal liczył się z ich zdaniem, słuchał rad i potrzebował wsparcia. Nie chciał, żeby byli niezadowoleni, ale kiedy jego pierwsze dziecko miało już prawie rok, musiał podjąć w końcu jakieś działania. Vaccaro twierdzi, że rodzice wcale się ze ślubem nie pogodzili: „Po pierwsze – w ogóle nie chcieli, żeby się żenił. Przede wszystkim nie lubili jego żony. A przecież to wspaniała osoba, pomagała mu. Gdyby była kimś gorszym, nie była taka zrównoważona i wykształcona, pewnie ożeniłby się jeszcze ze trzy razy. Oczywiście, że miał słabość do kobiet. Ale gdyby Juanita była inna, to problemów byłoby znacznie więcej. Zasługuje na uznanie za to, że uczyniła jego życie tak stabilnym, jak tylko było to możliwe. Zwłaszcza w obliczu wszystkich pokus, które na niego czyhały, i presji, którą musiał znosić".

Vaccaro uważa, że Vanoy miała „dużą klasę", w przeciwieństwie do kobiet, która uważają, że wszystko powinno się kręcić wokół nich. Dodaje, że była szczodra i cierpliwa, a ich wspólne rozmowy były chyba kluczowe dla zrozumienia przez Jordana siebie samego i wszystkiego, co się z nim dzieje. Celebryci tacy jak on rzadko spotykają na swojej drodze tak twardo stąpające po ziemi kobiety jak Vanoy. To małżeństwo powinno się znaleźć wysoko na liście pozytywnych wydarzeń w jego życiu. Podczas gdy na jego oczach rozpadał się związek jego rodziców, w jego życiu pojawiła się nowa oaza stabilności. Juanita zapewniła mu azyl, wsparcie i ciepło.

Lacy Banks podkreśla, że prywatność od dawna była jedną z największych wartości w życiu Jordana. „Mieli razem z Juanitą dom w Highland Park, zaraz przy autostradzie Lake Cook Road. To był duży dom, ale żadna rezydencja. Tę wybudowali później, miała ponad 2300 metrów kwadratowych. Michael nie był typem, który zapraszałby do siebie na imprezki czy coś w tym rodzaju. Jeśli już jakąś organizował, to raczej coś wynajmował – pole golfowe albo dużą salę. Raczej nie był typem imprezowicza".

Imprezą, na którą para zawsze znajdowała czas w swoim kalendarzu, było Halloween. Jordan opiekował się wtedy dziećmi z lokalnej społeczności. Organizował zabawę bez rodziców, żeby móc się poświęcić wyłącznie dzieciakom. Rozdawał im słodycze, nie musząc znosić wścibskich spojrzeń dorosłych, którzy chcieliby dowiedzieć się czegoś o jego życiu osobistym. Zapoczątkował ten zwyczaj już w pierwszych latach w lidze, a z czasem, kiedy wybudował rezydencję na północnych przedmieściach Chicago, impreza mogła być organizowana z większym rozmachem.

Lacy Banks tłumaczy: „Kiedy zaczęło do niego docierać, że jest kimś wielkim, i kiedy ta wielkość zaczęła jeszcze rosnąć, zaczął być też bardziej świadomy swoich potrzeb. Zrozumiał, że musi kontrolować swoje otoczenie. Jeśli nie chciał, żebyś się do niego zbliżył – a przecież każdy chciał się do niego zbliżyć, bo każdy chciał być taki jak Mike, być przy nim – to nie miałeś na to szans. Michael był w gruncie rzeczy bardzo tajemniczy, jak to dobry hazardzista. Potrafię to zrozumieć. Nie mógł przecież się otwierać przed każdym".

Pod koniec września Jordan zaprosił Esquinasa do swojego letniego domu na wyspie Hilton Head (była to jedna z kilku posiadłości Jordana) na weekend pełen licznych rozrywek – gry w golfa, hazardu i gry w karty. Zawsze rezerwował sobie taki weekend na tydzień przed wyjazdem na obóz treningowy, żeby się rozluźnić i zabawić przed rozpoczęciem długiego sezonu w NBA. „W ciągu dnia, dopóki było jeszcze coś widać, graliśmy w golfa – wspomina Esquinas. – Kiedy robiło się ciemno, zasiadaliśmy do kart".

Grali w remika. Było tam też trzech Fredów i Adolph Shiver. W pewnym momencie doszło do awantury pomiędzy jednym z Fredów i Shiverem. Było na tyle ostro, że Michael musiał wkroczyć i ich rozdzielić. Jak widać nawet w świcie Jordana zdarzały się gorsze chwile.

Ostatniego dnia na ostatnim dołku Esquinas musiał uderzać aż cztery razy i przegrał zakład z Jordanem. Szybko wypisał czek na 6500 dolarów, żeby pokryć dług. „Hej, E-man, nie lubię wygrywać w ten sposób", powiedział Jordan. Ale czek przyjął, a ich małe rozgrywki przeszły na kolejny poziom.

Gra o tron

Kiedy Phil Jackson był nastolatkiem, podobno dużo grał z matką, osobą bardzo uduchowioną, w gry planszowe. Pani Jackson również grała w koszykówkę, ale nie było to dla niej nawet w połowie tak ważne jak regularne potyczki umysłowe z najmłodszym synem. Mieszkali w Williston w Dakocie Północnej, w domu bez specjalnych udogodnień – nie było tam nawet telewizora.

Młody Phil rozwijał się głównie umysłowo – czytał, grał w gry i z ciekawością przyglądał się światu. Można zatem powiedzieć, że jak na człowieka, któty w przyszłości miał wykorzystywać zawodowo tyle gier umysłowych, odebrał odpowiednią szkołę. Przejmując obowiązki trenera Bulls, z pewnością musiał sprostać wielu wyzwaniom. Najtrudniejsze było okiełznanie dwóch tyranów rządzących organizacją – Jerry'ego Krause i Michaela Jordana. Co gorsza, sam Jackson też bywał przez najbliższych współpracowników opisywany jako tyran. Świat konkurencji zna podobne przypadki, ale zestawienie takiej trójki w zataczającej coraz szersze kręgi próbie sił musiało prowadzić do wielkich konfliktów i do intryg. Ale koniec końców także do sukcesu Bulls.

Ich rozgrywki były tak interesujące, bo każdy z nich posługiwał się innym rodzajem siły. Zaletą Krausego była inteligencja i motywacja, jego wizja i doświadczenie w roli skauta. To dlatego ufał mu sam Jerry Reinsdorf. Krause miał za sobą „organizację", jak lubił nazywać klub.

Siłę Jordana opisuje ta książka. Była nią jego inteligencja, niedoścignione umiejętności fizyczne, etyka pracy, charyzma i wspaniałe podejście do koszykówki. To wszystko pozwoliło mu zarobić mnóstwo pieniędzy, ale dzięki niemu zarabiali też Jerry Reinsdorf i jego wspólnicy, cała NBA, a nawet inni zawodnicy.

Z czasem swoją wielką siłę rozwinął też Jackson. Ale już wtedy, na początku swojej kariery w roli pierwszego trenera, miał sporo na koncie – umiejętność nawiązywania relacji z zawodnikami, odmienną perspektywę, inteligencję, chęć rywalizacji, cwaniactwo i wielką zdolność obserwacji. Istotne było też to, że wszystko zawdzięczał Krausemu, człowiekowi, który wyniósł go na tron. Nikt inny nie był zainteresowany zatrudnieniem Jacksona, może za wyjątkiem New

York Knicks, którzy zwrócili na niego uwagę, kiedy był jeszcze asystentem w Bulls.

Sam Smith zażartował kiedyś, że jedną z rzeczy, które można było u Krausego dostrzec na pierwszy rzut oka, było to, że zbyt wiele czasu poświęca na rozprawianie o własnych sukcesach. Chwalił się, jakiego ma nosa do wynajdywania talentów – młodych ludzi, którym pomaga w rozwoju i awansie. Często opowiadał o swojej inteligentnej młodej asystentce Karen Stack i o jej bracie Jimie, którego zatrudnił, a potem awansował. Lubił wynajdywać ukryte talenty i obserwować, jak się rozwijają. Ale to, że miał władzę i mógł manipulować ludźmi niczym pionkami na szachownicy, sprawiało, że czuł się lepszy od innych. Uważał, że może sobie pozwolić na bycie opryskliwym i trudnym w obejściu, nawet w stosunku do ludzi, których sam zatrudnił. „Jerry miewał bardzo nieprzyjemne oblicze – przyznawał Jim Stack. – To piekielnie uparty i jednocześnie niezwykle dumny facet".

Jackson, gdy jeszcze był asystentem, często bywał świadkiem apodyktycznych zachowań Krausego w stosunku do Douga Collinsa, więc starał się unikać niepotrzebnych konfliktów z szefem. Krause jako młody skaut pracujący dla Bulls w latach 70. sam był źle traktowany i często ośmieszany przez trenera Dicka Mottę, innego napaleńca, który nigdy nie grał w koszykówkę na studiach ani nawet w liceum. Były menedżer Bulls Pat Williams wspomina, że Motta miał tendencję do motywowania swoich zawodników poprzez ich upokarzanie, ale wyjątkowo lekceważąco zdawał się traktować właśnie Krausego.

„Krause i Motta byli obsesjonatami, lecz każdy w zupełnie inny sposób – zwraca uwagę Bob Logan, który w latach 70. pisał o Bulls do »Chicago Tribune«. – Nie znosili się nawzajem, więc obserwowanie, jak na siebie naskakują, było całkiem interesujące".

Motta zaczął w Chicago wygrywać i wkrótce dostał propozycję pracy od innego klubu. Krause desperacko pragnął, żeby Bulls pozbyli się Motty, ale popularny trener pozostał w drużynie i nadal dręczył Krausego, aż w końcu doprowadził do jego rozstania z organizacją. Być może częściowo wyjaśnia to, dlaczego Krause tak uparcie dążył do zwolnienia Douga Collinsa w 1989 roku, zaraz po tym, kiedy drużyna dotarła do finałów konferencji. Dla Krausego była to tak naprawdę ostatnia szansa na pozbycie się trenera, z którym się nie dogadywał. Jeśli rok później Collins poprowadziłby Byki do finałów NBA, to Krause nie miałby go już jak usunąć. Osiągając w organizacji tak silną pozycję, dyrektor

Bulls nie zamierzał stać się marionetką w rękach trenera. Jackson o tym wiedział, więc starał się schodzić Krausemu z drogi. I wszyscy byli zadowoleni.

Tak więc Krause miał w Jacksonie nowego, młodego króla, który był jednocześnie gotowym do pracy protegowanym. Oczywiście niechęć do Collinsa i samozachowawczość nie były jedynymi motywami, które kierowały menedżerem Bulls. Wciąż miał mnóstwo szacunku dla Texa Wintera i jego systemu ataku, od dawna był też pod wrażeniem Jacksona. Jego wizja zakładała, że współpraca tych dwóch panów może doprowadzić do wyjątkowych rezultatów. Główną siłą Jacksona, gdy zaczynał pracę na stanowisku trenera, miała być jego rozwaga i pewność siebie.

Wszyscy wokół niego to czuli, ale najważniejsze było to, że czuł to też Jordan. „Jeśli masz trenować kogoś takiego jak Michael, to lepiej dla ciebie, żebyś miał jaja – powiedział kiedyś Tim Hallam. – I Phil te jaja miał".

„Phil Jackson ze swoim podejściem prawdopodobnie podpasował Michaelowi – tłumaczył Johnny Bach. – Obaj doszli już w życiu do takiego etapu, że doskonale wiedzieli, kim są". Collins miał mnóstwo zalet, ale nie stwarzał poczucia bezpieczeństwa. I pragnął, żeby zawodnicy go kochali. Zwłaszcza Jordan, a to oczywiście było niemożliwe. A Jacksonowi prawie w ogóle na tym nie zależało. „Najważniejsze jest to, że on wcale nie szukał ich miłości – mówił o Jacksonie Bach. – Jest mnóstwo coachów, którzy pragną być kochani, którzy wręcz muszą być kochani i którzy z braku tej miłości się rozsypują. Zawodowi sportowcy w ten sposób nie funkcjonują. Nie odwzajemnią twojej miłości, kiedy tego pragniesz".

Jackson podchodził do koszykówki powściągliwie i z pogodą ducha. Lubił siedzieć z boku i się przyglądać, jak jego zawodnicy radzą sobie z problemami. Kiedy jeszcze był asystentem, wydawał się postacią tajemniczą. Ta aura tajemniczości wzrosła, kiedy został głównym trenerem – i stała się jego główną metodą na trzymanie drużyny w garści.

Najwięcej czasu spośród członków sztabu szkoleniowego Bulls spędzał z nim Tex Winter. Starszy trener od początku był pod wrażeniem szczegółowości i spostrzegawczości raportów skautowskich dostarczanych przez Jacksona. Potem, kiedy razem prowadzili zespół podczas ligi letniej, Winter był w szoku, jakim cudem Jackson jest w stanie spamiętać wszystkie detale rozgrywanych meczów, nawet tych sprzed lat. Uznał, że młody szkoleniowiec ma pamięć doskonałą.

Jednym z pierwszych zadań Phila w roli pierwszego trenera było ustawienie składu. Bach wspomina, że Jackson od razu ustanowił hierarchię w drużynie: „Wytłumaczył zawodnikom, kto jest najważniejszy. Jak wielu trenerów odważyłoby się zrobić coś takiego? Podniósł swoje długie ramię wysoko do góry i powiedział: »To jest właśnie hierarchia«. Pokazał na najwyższy punkt i powiedział: »Tam jest Michael, tam wysoko, bardzo wysoko«. Potem zjechał w dół, pokazał na jednego z chłopaków i powiedział: »A ty jesteś na drabinie tutaj, znacznie niżej«".

Na pierwszy rzut oka może się to wydawać proste. Każdy w drużynie wiedział, że to Jordan jest szychą, ale większość trenerów próbowała podtrzymywać fikcję, że wszyscy są równi. Choć przecież tak nie było. Jackson od początku nie ściemniał, a wszyscy docenili jego bezpośredniość i uczciwość, zwłaszcza ten jeden, który znaczył najwięcej.

„Michaelowi podobał się sposób, w jaki trenował Phil, naprawdę – wspomina Bach. – To było coś innego". Wiele lat miało upłynąć, zanim wszyscy zrozumieli, jak bardzo innego.

Ekscentryzm Jacksona mógł być dla jego zawodników nieco niepokojący. Jego unikalny styl wywodził się po części z głęboko psychologicznego podejścia do koszykówki. Zarówno jego matka, jak i ojciec byli pastorami o mocno konserwatywnym podejściu, poza tym dorastał w pobliżu rezerwatu Indian. Kiedy był młody, pokochał wszystko, co wiązało się z kulturą Indian, do tego stopnia, że czytał każdą książkę poświęconą tej tematyce, jaką był w stanie znaleźć w lokalnych bibliotekach. Na studiach zafascynowały go *Doświadczenia religijne* Williama Jamesa. Kiedy grał w New York Knicks, zmienił się w jeżdżącego na rowerze, jarającego trawkę hippisa. Poza fascynacją filozofią Indian i zainteresowaniem buddyzmem zen Jackson uwielbiał zasiadać z boku i przyglądać się sobie i swojej drużynie. Szukał sposobów na nauczenie zawodników odnajdywania własnej perspektywy. I sprawiał wrażenie, że wie, o czym mówi. Do tego wszystkiego dochodziły jego sukcesy koszykarskie: doświadczenia mistrzowskie z Knicks i w CBA*.

„Ludzie zapominają dziś, że był w CBA, a trenowanie w CBA było warte 30 lat doświadczeń, bo tam mierzyłeś się z prawdziwymi problemami – tłumaczył Bach. – Musiałeś być jednocześnie trenerem i psychologiem, bo miałeś do

* Continental Basketball Association, podrzędna liga NBA.

czynienia z nieudacznikami i szaleńcami, którym nie powiodło się w NBA, bo nie okazywali wystarczającego szacunku koszykówce, swoim trenerom, swoim drużynom. Miałeś do czynienia z kolesiami, którzy nic wcześniej nie osiągnęli, a on ich poskładał w zespół i sięgnął z nimi po mistrzostwo. Widać było, że ma talent do obserwowania swoich drużyn z pasją. Nie podpowiadał ci, co masz zrobić, nie kierował się emocjami. Wiele widział, ale nie spieszył się z odpowiedziami, podskórnie wyczuwało się u niego taką cichą pewność siebie. Grał dla dobrych trenerów, dla Billa Fitcha i Reda Holzmana".

Fitch trenował Jacksona na Uniwersytecie Dakoty Północnej, a Holzman prowadził go w Knicks. „Mówimy o dwóch zupełnie różnych gościach – podkreśla Bach. – Fitch reagował bardzo emocjonalnie, był twardy i szczery do bólu. Ten drugi, Holzman, był cichy, ale wiedział, na czym polega ten biznes. Grałem przeciwko niemu jako zawodnik. Cwany koszykarz, grał z tyłu, jako obrońca. Występował u Nata Holmana, który grał w ataku szybkimi podaniami, błyskawicznie się przemieszczając. Red Holzman był jednym z ulubionych zawodników Nata Holmana. Myślę, że Phil, z tym swoim nietypowym backgroundem, wiele nauczył się od obydwu. W dodatku jego rodzice byli zielonoświątkowcami. No i służył w armii".

Jackson nie od razu ujawnił wszystkie swoje ekscentryczne zachowania. Trochę czasu zajęło mu, zanim przekonał swoich zawodników, żeby zaakceptowali medytację, techniki *mindfulness** oraz inne rytuały. Może to się wydawać dziwne, ale z czasem Jordan nauczył się wykorzystywać podejście zen Jacksona i organizowane dla drużyny sesje *mindfulness*. Na początku zachowywał jednak dystans wobec tego wszystkiego.

„Zawsze, kiedy Phil czegoś takiego próbował, Michael kwitował to jakimś złośliwym, lekceważącym komentarzem – wspomina Bach. – Nie było to oznaką braku szacunku, a Phil dobrze sobie radził w takich sytuacjach. Nawet mi się podobały te złośliwostki Michaela. Nie było w nich nic niegrzecznego czy szkodliwego. Dzięki jego poczuciu humoru między nim a trenerem iskrzyło. A nas to elektryzowało. Nadstawialiśmy uszu i dopytywaliśmy: »Co takiego powiedział Michael?«"

Te najdziwniejsze metody treningowe Jacksona zostały opisane dopiero później, kiedy już trenował Los Angeles Lakers. Najważniejszą był bęben. Jackson

* Uważność, uważna obecność – termin stworzony przez Jona Kabata-Zinna.

był prawdopodobnie pierwszym człowiekiem w historii koszykówki, który w dniu meczów bił w tam-tam. Tłumaczył, że ten rytuał ma swoje korzenie w kulturze Indian i chciał ów szczególny zwyczaj zaszczepić swoim koszykarzom. Bęben miał być jego metodą nawoływania ich i pobudzania do rywalizacji.

„Bęben miał nas chyba zwoływać na spotkania, jak u Indian – tłumaczył Derek Fisher, który grał dla Jacksona w Los Angeles*. – Kilku waliło w bębny, a reszta się zbierała, na posiłek albo na cokolwiek innego. Robił to w dniach meczów, kiedy nadchodziła pora wspólnego oglądania filmu. Dla nas była to nowość, ale jemu wydawało się naturalne. Postanowił podzielić się tym osobliwym doświadczeniem ze swoimi drużynami".

Jackson przywoływał indiański mistycyzm białego bizona (symbol rzadkiej i wyjątkowej wiedzy) i jeszcze w Chicago zaczął palić szałwię w szatni. „To po to, żeby odpędzić złe duchy – mówił Fisher o szałwii. – Myślę, że wszyscy wiedzieliśmy, że Phil lubi trochę inne rzeczy niż my. A on od początku był mocno skoncentrowany na stosowanych przez siebie metodach".

Kiedy po raz pierwszy pojawił się, waląc w tam-tam i nucąc pod nosem, wielu zawodników walczyło ze sobą, żeby nie parsknąć śmiechem. Nie przypominało to czegokolwiek, co widzieli u innych trenerów. Ale z drugiej strony pokazywało, jak bardzo jest pewny siebie i przekonujący, skoro potrafi wzbudzić akceptację dla tego typu praktyk. Bach miał rację: Jackson nie szukał miłości. Szukał jedynie poparcia dla swojego nietypowego podejścia do drużyny.

W Chicago Jackson nie walił jeszcze w bęben tak często i tak intensywnie, jak to miało później miejsce w Los Angeles. Mimo to pragnął dzielić się z zawodnikami swoim intuicyjnym czuciem gry. To dzięki temu udało mu się wytworzyć w sobie głęboką i trwałą miłość do drużyny. Byli oczywiście w Bulls tacy, którzy go nie lubili, ale nawet oni mówili o jego ewidentnym uczuciu do zespołu i za to go uwielbiali. Pierwszym zadaniem Jacksona była ochrona zawodników przed destrukcyjnym potencjałem, jaki wywierała na nią obecność megagwiazdy. W 1989 roku Jordan miał 26 lat, cieszył się niespotykaną sławą i opływał w bogactwo. W ramach żywej i chłonnej amerykańskiej popkultury zyskał status ikony. Wyzwanie polegało na uchronieniu pozostałych członków zespołu przed skutkami tej niesłychanej popularności MJ-a.

* Zaraz po zakończeniu kariery Fisher został przez Jacksona, obecnie menedżera New York Knicks, zatrudniony jako pierwszy trener.

Jordan, do czego zresztą sam później uczciwie się przyznawał, stawał się coraz większym egoistą. „W pierwszej kolejności myślałem o sobie, dopiero potem o drużynie – mówił później. – Zawsze chciałem, żebyśmy odnosili sukcesy, ale to ja miałem być głównym ich źródłem".

„Kiedy przejąłem Bulls, denerwowałem się – wspomina Jackson. – Nie był to jednak ten rodzaj zdenerwowania, który nie pozwala ci zasnąć w nocy. Chciałem robić swoje i chciałem robić to dobrze. Zależało mi na tym, żeby mieć dobrą relację z Michaelem. I na tym, by przekonać go do kierunku, który chciałem obrać dla drużyny".

Jordan także od dawna był świadom, jak ważne są w zawodowej koszykówce relacje łączące trenera drużyny z jej gwiazdą. Jeśli szkoleniowiec nie był w stanie wyegzekwować szacunku gwiazdy albo jeśli ten szacunek utracił, to prędzej czy później tracił również szacunek reszty drużyny. Wszystko obracało się wokół napięcia pomiędzy trenerem i zawodnikiem.

„Wiedziałeś, co Michael jako zawodnik jest ci w stanie zaoferować każdego wieczoru – mówił Jackson. – Wiadomo było, że zdobędzie te swoje 30 punktów i że dzięki niemu będziemy mieli szansę na zwycięstwo. Ale wyzwanie polegało na tym, żeby inni zawodnicy poczuli się częścią całości i żeby mieli swoją wyznaczoną rolę. Tymczasem była to drużyna Michaela, który forsował własny sposób gry".

Kolejnym problemem był status Jordana. Jak mawiał Lacy Banks, Michael był fascynującym młodym księciem. „Wśród kibiców koszykówki w Stanach panował wokół niego taki kult bohatera, że życie u jego boku stało się niemożliwe", tłumaczył Jackson.

Od pierwszych dni spędzonych w Chicago, jeszcze na stanowisku asystenta, Jackson zaczął studiować Jordana i to nie tylko na parkiecie. Młody trener często zastanawiał się, jakby to było spotkać młodego Buddę. Teraz wreszcie to wiedział. „Mieszkałem w hotelach na tym samym piętrze co on – wspominał Jackson w 1995 roku. – Zawsze dostawał apartament, bo był, kim był. Trenerzy też dostawali apartamenty, bo potrzebowali miejsca na zebrania drużyny i sztabu szkoleniowego. Michael zawsze musiał mieć kogoś, kto będzie z nim mieszkał w pokoju. Słyszałem hałas na korytarzu, a kiedy wychodziłem, okazywało się, że jest tam z sześć czy osiem osób z obsługi hotelowej: sprzątaczki, pomocnicy kelnerów. Wszyscy czekali na autografy albo stali na korytarzu z kwiatami. To było coś niesamowitego, bez przerwy ktoś go niepokoił". Żeby uchronić Jordana przed tego typu sytuacjami, a jednocześnie lepiej zdefiniować tożsamość klubu, Jackson podjął decyzję o zniszczeniu świata, który wyrósł wokół jego gwiazdy. Miał świadomość, że będzie to wymagało poradzenia sobie z kilkoma delikatnymi kwestiami związanymi z rodziną i przyjaciółmi Michaela.

Jim Stack zaprzyjaźnił się ze wszystkimi najważniejszymi członkami paczki Michaela, poczynając od jego ojca, przez Adolpha Shivera i George'a Koehlera, aż po Fredów. „Oni Michaela uwielbiali – opowiada – a Michael potrafił o nich zadbać. Adolph był przy nim bez przerwy. To bardzo miły koleś, zawsze kręcił się gdzieś w pobliżu, ale się nie narzucał. Po prostu podobał mu się taki styl życia i to, co oferowała mu bliskość Michaela. Był jego powiernikiem. Nie mam pojęcia, jak oni regulowali kwestie zatrudnienia, ale wydaje mi się, że przez te wszystkie lata Michael potrafił o niego dobrze zadbać. Cieszył się, że może z nim spędzać tak dużo czasu. Myślę, że to porządkowało jego pozaboiskowe życie".

Shiver zaczął zarabiać na organizowaniu imprez dla zawodników NBA przy okazji Meczu Gwiazd. Biznes stale się rozwijał dzięki powiązaniom Jordana. Howard White i Fred Whitfield zostali zatrudnieni przez Nike. Koehler, Gus Lett i kilku innych podjęło pracę w ochronie albo w obsłudze.

„Podróżując z lotniska na lotnisko, Michael musiał mieć ze sobą świtę, choćby po to, żeby torowała mu drogę – przyznaje Jackson. – Zabierał ze sobą ludzi na mecze wyjazdowe, jeździł z nim ojciec i przyjaciele. Jego tryb życia czasem alienował go od kolegów z drużyny. Zrobienie z niego na nowo części zespołu bez pozbawienia go wyjątkowego statusu, który gwarantował mu prywatność, było sporym wyzwaniem. Wiedziałem, że musimy wprowadzić zmiany. Zakomuninkowałem mu: »Twój ojciec, twoi bracia i przyjaciele nie mogą już jeździć z nami autobusem klubowym. To będzie zarezerwowane dla drużyny. Owszem, możesz się z nimi spotykać podczas wyjazdów na mecze, ale nie mogą z nami latać samolotem. Musimy zarezerwować sobie przestrzeń, która będzie należała tylko do zespołu. Świętą przestrzeń, w której będziemy realizować swoje koszykarskie zadania«".

„Świętość" – była to kolejna rzecz, która sprawiła, że PR-owcy Bulls mogli tylko przewracać oczami. Jackson szafował tym słowem niczym syn pastorów, może dlatego, że przecież nim był. Miał w sobie świętoszkowatość, która charakteryzowała trenerów takich jak John Wooden. A to pewnie sprawiało, że porażki w rywalizacji z nimi były dla innych trenerów tak trudne do zaakceptowania.

Tłok

Były i inne komplikacje, związane z tym, że w otoczeniu Jordana liczniej niż do tej pory zaczęli się pojawiać dziennikarze, na przykład Quinn Buckner i Ahmad Rashad. Ten drugi, były zawodnik NFL, pracował jako reporter dla stacji NBC Sports i równolegle dla działu rozrywki NBA jako gospodarz programu *Inside the NBA*. Był przedstawicielem nowego, zmieniającego się świata mediów. Charakteryzował go swoisty urok i stylowe wyrafinowanie, co było miłą odmianą po siermiężnych czasach zaniedbanych facetów z notesami i mikrofonami. Media się zmieniały, tak jak zmieniał się MJ, a wraz z nim cała liga.

Relacja z Jordanem okazała się żyłą złota dla Rashada, ale i dla samego Jordana, który zawsze wolał rozmawiać z dziennikarzami, którym ufał. „Ahmadowi z pewnością pomogło to, że był eksfutbolistą – tłumaczył Matt Guokas, który potem pracował z Rashadem w NBC – lecz zaczął się zajmować dyscypliną, którą do tej pory znał tylko jako kibic. Nie orientował się w niej tak dobrze jak w futbolu. Poprosili go, żeby był reporterem, żeby przynosił jakieś fajne historyjki i nawiązywał relacje z zawodnikami. Uwierzcie mi, to wcale nie jest łatwe, ale Ahmad jest niezwykle ujmującym gościem. Świetnie się ze wszystkimi dogadywał. Zaprzyjaźnił się także z Michaelem, a udział w tym miało Nike. Jeszcze jako trener jeździłem na wyjazdy organizowane przez Nike i Ahmad zawsze tam był, jako gość Michaela czy coś w tym rodzaju. Kiedy Michael odwiedzał Nowy Jork, to szli razem na miasto. A kiedy jechaliśmy do Chicago, Ahmad odwiedzał go w domu. Ich relację cechowała duża zażyłość, ale Ahmad jej nie nadużywał. Nigdy nie zdradził żadnej tajemnicy".

Jordan stał się znany z tego typu sojuszy. Przez kilka pierwszych lat przyjaźnił się z Markiem Vancilem, reporterem „Sun-Timesa", który potem został freelancerem i wyprodukował kilka pięknie wydanych albumów o Jordanie, oraz z Michaelem Wilbonem, urodzonym w Chicago dziennikarzem sportowym „Washington Post".

Rzecznik prasowy Bulls Tim Hallam pracował w organizacji na tyle długo, że był świadkiem większości tych zmian, ale dostrzegał w tym coś niestosownego. Lubił nazywać kłębiących się codziennie wokół Jordana dziennikarzy „pieprzącymi się świniami"*. Po każdym meczu dwudziestu kilku dziennikarzy sportowych wraz z kamerzystami tłoczyło się wokół gwiazdy, zadając pytania

* *Pig fuck*.

i wzajemnie się przepychając, żeby wychwycić każde słowo, które padnie z ust Michaela. Hallam rozumiał, że Jordan napawa się byciem w centrum zainteresowania, ale nie był w stanie pojąć, dlaczego chce, żeby „pieprzące się świnie" atakowały go po każdym meczu w ciasnej, zaparowanej szatni. Jordan brał prysznic w prywatnej części, po czym ubierał się w jeden z niezliczonych niepokalanych, idealnie skrojonych garniturów. Wracał do szatni, wyglądając jak model z żurnala „GQ", po czym zajmował pozycję wśród tłoczących się wokół niego dziennikarzy. Światła reflektorów tańczyły po jego słynnej błyszczącej łysinie, na której pojawiały się jedynie pojedyncze strużki potu, pozostałości po wysiłku niedawno włożonym w rozegranie meczu.

Z każdym kolejnym sezonem tłum robił się coraz większy i Hallam proponował, żeby pomeczowa konferencja odbywała się w salonie prasowym. Gwiazdor mógłby wówczas odpowiadać na pytania, stojąc na podium. Ale Michael wolał spotykać się z dziennikarzami w śmierdzącej, prymitywnej szatni. Hallam zastanawiał się, po co w ogóle ubiera się w te przepiękne garnitury, skoro wkracza w kłębiący się tłum spoconych facetów. Ale przecież dla pieprzących się świń intymność była kluczowa. Jordan wiedział, że konferencje prasowe w sterylnych, komfortowych warunkach nigdy nie dadzą takiego efektu. Pragnął być w centrum gromady reporterów dokładnie tak samo, jak oni pragnęli tłoczyć się wokół niego. A jego koledzy z drużyny byli skazani na ten widok każdej nocy. Przyglądali się temu z mieszaniną podziwu i pogardy. Czasem i nimi się ktoś zainteresował, ale to wokół Jordana codziennie był tłok. Echo tej atmosfery dało się wyczuć w opublikowanych relacjach dziennikarzy, biorących udział w tych konferencjach. Zaczęli o nim pisać per Michael, tak jakby każdy z nich świetnie go znał i odbył u niego prywatną audiencję. Efekt tego był taki, że miliony ludzi na całym świecie zaczęły go nazywać właśnie po imieniu – Michael.

Dla kibiców była to swego rodzaju nobilitacja, tak jakby oni również mieli do Jordana jakiś specjalny dostęp, jakby mieli wgląd w to, co czuje i co myśli. Owszem, Babe Ruth i kilku innych wybitnych zawodników także zawładnęło umysłami i sercami sobie współczesnych, ale rzadko zdarzało się, żeby jakiś sportowiec dzielił się doświadczeniami z fanami właśnie w taki sposób. W przypadku Jordana to było coś więcej niż pokrewieństwo dusz – to była naprawdę osobista relacja. Jego talent i jego osiągnięcia – oraz absolutna dominacja – stały się własnością tłumów. Fani znali go, mogli przewidzieć jego sukcesy, a potem się nimi chwalić. Był bardziej wiarygodny niż większość ludzi znanych im osobiście. Ale najważniejsze, że rasa nie miała tu znaczenia. Aż żal, że Dawson Jordan nie mógł tego zobaczyć!

„Stał się kimś więcej niż koszykarzem – zwraca uwagę David Aldridge, dziennikarz przez wiele lat piszący o NBA. – Żaden czarnoskóry sportowiec nie dokonał wcześniej czegoś podobnego. Ali też był wielki i na pewno był kimś więcej niż tylko bokserem, lecz można powiedzieć, że przyjął postawę antykomercyjną. To właśnie Jordan jest pierwszym czarnoskórym sportowcem, który stał się ikoną popkultury".

Zdaniem Aldridge'a nawet biali idole z wcześniejszych epok, skomercjalizowani bohaterowie tacy jak na przykład Mickey Mantle*, nie mieli szans osiągnąć takiego statusu. „Nikt wcześniej tego nie dokonał. Myślę, że pod tym względem nie jest wystarczająco doceniany. To było naprawdę coś, że biali konserwatywni mężczyźni w średnim wieku nie mają problemu z tym, że w pokojach ich nastoletnich dzieci wiszą plakaty z Jordanem. To coś niewiarygodnie wielkiego".

Aldridge przeniósł się potem do ESPN i Turner Broadcasting, ale w sezonie 1989/90 wciąż jeszcze był reporterem „Post", który pisał o Washington Bullets i korzystał z ostatnich miesięcy, kiedy jeszcze można było porozmawiać z Jordanem w szatni Bulls. Odbierał Michaela jako człowieka uprzejmego i chętnego do kontaktów z mediami. Dopiero potem okazało się, że za tym wszystkim stał chytry plan Jordana – miał nadzieję, że uda mu się pozyskać w ten sposób informacje na temat rywali. „W starej hali Chicago Stadium to jego szafka była pierwszą, na którą się wpadało po wejściu do szatni. Siedział po jej prawej stronie, gotowy do rozmowy – wspomina Aldridge. – Był wtedy innym typem kolesia. Naprawdę próbował z ciebie wiele wyciągnąć na temat drużyny, o której pisałeś. Co się dzieje z tym, a co z tamtym? Dlaczego oni robią to i to? Wydawał się szczerze zainteresowany różnymi ligowymi drużynami. Chętnie słuchał i robił się bardzo rozmowny. Wyglądało na to, że podobają mu się te wymiany zdań. Pamiętam, że się zastanawiałem: »Jezu, jak na gościa, który skupia na sobie tyle uwagi opinii publicznej, jest naprawdę całkiem normalny«. Można było pogadać i z nim, i z jego przyjaciółmi. Był wtedy jeszcze blisko z Fredem, Adolphem i z całą resztą. Nie uważałem ich za pasożytów: Howard White miał już porządne zajęcie w Nike, wiedziałem też, że Fred Whitfield jest sprytnym kolesiem, dobrze operującym w świecie finansów. Nie myślałem o nich jako

* Legendarny amerykański baseballista z lat 50. i 60.

o włazidupach. Zawsze myślałem sobie tak: »Ten facet robi dla niego to i to, a ten koleś tamto. I tak to się kręci«".

Ze wszystkich zmian, które próbował wprowadzić Jackson, ograniczenie dostępności drużyny dla mediów było być może najłatwiejsze. Do ligi dołączyło pięć nowych zespołów, więc Jackson zamierzał utrzymywać rosnącą liczbę fanów i dziennikarzy w bezpiecznej odległości. Bezpardonowo wkraczali w przestrzeń, którą trener uznawał za zarezerwowaną dla drużyny, postanowił więc także Jordanowi dać trochę prywatności. Było to tuż przed tym, zanim jego sława znowu eksplodowała, co przełożyło się na wzrost popularności całej ligi.

„W naszym obiekcie treningowym zainstalowałem zasłony, żeby treningi mogły być znowu intymnym czasem tylko dla nas – tłumaczył trener. – Było tylko 12 zawodników i trenerzy, żadnych dziennikarzy, żadnych kamer. Koniec z czasami, kiedy treningi były przedstawieniem dla publiczności. Teraz mieliśmy się wreszcie skupić na sobie jako na grupie, na sobie jako na ludziach… Michael musiał się przełamać. Kiedy stajesz się sławny, obudowujesz się muszlą, żeby móc się w niej schować. Ale Michael musiał się stać jednym z nas. Musiał zacząć włączać do gry kolegów z drużyny i wiedziałem, że jest w stanie to zrobić. Przez wszystkie lata gry w koszykówkę nauczył się oznaczać swoje terytorium. W każdej hali miał swój własny boks, w którym mógł odnaleźć trochę prywatności, albo znajdował sobie miejsce w pokoju trenerów. W starej hali Chicago Stadium miał dwa takie boksy. Należały tylko do niego, bo wiadomo było, że każdej nocy znajdzie się w pewnym momencie wokół niego 25 dziennikarzy. Respektowaliśmy jego zwyczaje, ale czyniliśmy jednocześnie starania, żeby znaleźć mu miejsce w drużynie, tak by spędzał z nią więcej czasu. Gdybyśmy tego nie zrobili, nie postępowali właściwie, to reszta świata by nas wyprzedziła. Powiedzieliśmy więc: »Przestańmy cierpieć z powodu jego sławy. Dajmy sobie trochę miejsca, odizolujmy się od tłumów«. I chyba udało nam się stworzyć bezpieczną strefę, bezpieczną przestrzeń dla Michaela. To właśnie próbowaliśmy zrobić".

Najbardziej subtelnym ruchem Jacksona było zdefiniowanie małej grupki koszykarzy i trenerów jako „drużyny", w przeciwieństwie do reszty organizacji, czyli „zarządu". Robiąc to, trener nakreślił granicę, która miała oddzielić Jerry'ego Krause od zespołu. I choć nie poczynił żadnych ostatecznych ruchów, żeby tę granicę umocnić, to jednak ją ustanowił. Odseparowanie Jordana od Krausego miało duży sens o tyle, że menedżer zdawał się zawsze irytować Michaela takim czy innym komentarzem. Poza tym Jackson widział, że Jordanowi w naturalny sposób podobało się ograniczenie otaczającego go wąskiego kręgu. Takie sprytne ruchy bardzo pomogły Jacksonowi w ustanowieniu strefy komfortu w relacjach z gwiazdą drużyny. W tych pierwszych latach trener czynił starania, żeby zadowolić swojego apodyktycznego i agresywnego szefa, próbując jednocześnie chronić przed nim Jordana. Nie chodziło nawet o to, że Jordan potrzebuje ochrony, raczej o to, że drużyna nie potrzebuje konfliktów.

„Phil naprawdę zdołał odseparować zawodników od zarządu – wspomina Jim Stack. – Trzymał graczy wewnątrz kręgu, a resztę na zewnątrz. Jerry z pewnością mógłby się w pewnych sytuacjach zachować lepiej. Pewnie dzisiaj sam by to przyznał". Stack działał po obu stronach barykady, bo pracował z Krausem, ale jednocześnie pełnił obowiązki skauta dla sztabu szkoleniowego. Wspomina, że z czasem przechodzenie z jednego świata do drugiego stawało się coraz trudniejsze. Bariery robiły się coraz bardziej wyraźne, podobnie jak konflikty, wynikające z tego, że Krause próbował przekraczać ustanowione przez Jacksona granice. Jednak tym, co najbardziej trapiło początkującego trenera, było odnalezienie równowagi niezbędnej, by odnieść sukces.

Jacksonowi pomagali Winter i Bach oraz nowy asystent, Jim Cleamons i był to zapewne najlepszy sztab szkoleniowy w świecie koszykówki. Ogromne doświadczenie każdego z jego członków z pewnością pomogło Jacksonowi w objęciu kontroli nad drużyną i zbudowaniu silnych, otwartych relacji z zawodnikami, zwłaszcza z Jordanem. Tak jak wcześniej Winter, zachowywał się w stosunku do Jordana dosyć ostrożnie. Ale obu panom szybko spodobały się wzajemne spotkania, na których się spierali, lecz w końcu szli na ustępstwa. Jackson utwierdził się w przekonaniu, że Jordan jest niebywale inteligentny, że potrafi dyskutować i rzucać rozmówcy kolejne wyzwania.Najbardziej zależało mu na tym, żeby zaangażować zawodników i sprawić, by byli gotowi wygrywać.

Kilka lat później Tex Winter wspominał: „Myślę, że Phil przyszedł do nas z bardzo rozsądną filozofią. Chodzi mi o podejście do życia. Zdawał sobie sprawę, że w życiu są rzeczy o wiele istotniejsze od koszykówki. Nie traktował siebie zbyt poważnie. A przecież wszyscy czasami traktujemy koszykówkę zbyt poważnie. Tymczasem Phil potrafi wrzucić na luz. Jestem czasami zdumiony, kiedy widzę, co się dzieje na parkiecie, a on tylko siedzi i pozwala rzeczom, żeby działy się same. Lubi, kiedy ludzie samodzielnie rozwiązują problemy, lubi oddawać swoim zawodnikom stery. Z drugiej strony, kiedy widzi, że tracą kontrolę, to zaczyna nimi kierować. Myślę, że na tym polega jego siła – na tym, jak postępuje z drużyną, na umiejętności motywowania, na osobistej relacji z zawodnikami. Potwierdza to fakt, że akceptowali jego styl trenowania i jego krytykę, choć pewnie czasami był wobec niektórych zawodników zbyt ostry. Ale oni to przyjmowali, bo wiedzieli, że taki właśnie jest. Wiedzieli, że to Phil".

W ciągu kilku krótkich miesięcy atmosfera w zespole się poprawiła. Wiele wyzwań pozostało, ale sposób myślenia uległ zmianie. „To była magiczna kombinacja: drużyny, która potrzebuje swoich trenerów, i trenerów, którzy potrzebują swoich zawodników – mówił Bach w 2012 roku. – Nikt nie stał nam na drodze. Nie było miejsca dla ego, nie było potrzeby, żeby ktoś był bardziej sławny od innych. Idealna sytuacja. Kiedy wspominam tamten czas, myślę, że były to najlepsze lata mojego życia".

Rozdział 24

TRANSFORMACJA

Pierwszy obóz treningowy Phila Jacksona w Bulls został zdominowany przez defensywę. W Knicks Jackson był zawodnikiem, który biegał od jednej linii końcowej do drugiej. Chciał, żeby Bulls grali podobnie. „Obserwuj piłkę", uczulał zawsze Red Holzman swoich zawodników z New York Knicks, mając na myśli pressing w obronie. Jackson chciał oczywiście, żeby mieli wizję, ale skupiał się przede wszystkim na dobrym przygotowaniu kondycyjnym. Żeby u Jacksona grać agresywnie w obronie, musiałeś wchodzić na najwyższe obroty i tam już pozostawać.

„Kiedy pojawił się Phil, nasz pierwszy obóz treningowy stał się najcięższym w mojej dotychczasowej karierze – wspomina Paxson. – Był bardzo zorientowany na defensywę. Wszystko, co robiliśmy, skupiało się na tym, żebyśmy zaczynali od zadań defensywnych, pamiętając jednocześnie o pracy w ataku. Phil zrobił z nas drużynę zorientowaną na pressing. Wiedzieliśmy, że tego właśnie potrzebujemy w obronie, żeby móc wygrywać".

„Mieliśmy grać pressingiem w obronie na całym boisku – mówił Jackson. – I mieliśmy poświęcić temu całe swoje serce".

To wymagało ducha konkurencji, więc Jackson postanowił napuścić na siebie Jordana i Pippena. Byli wystawiani do walki przeciwko sobie jeszcze w pierwszym sezonie Pippena, ale teraz Jackson zrobił z tego priorytet i stały zwyczaj.

„Phil przejął kontrolę – wspomina Johnny Bach. – Myślę, że znalazł właściwe połączenie możliwości dla Michaela, Scottiego i młodszych zawodników. To była ciężka rywalizacja, Michael codziennie musiał stawać naprzeciwko

Scottiego Pippena. Bardzo często Phil wstawiał Scottiego do najlepszej drużyny, a Michael musiał grać z rezerwowymi. Rywalizacja była ostra. Phil chciał to robić po cichu, nie otwarcie. Grali do 10 koszy, a przegrani mieli robić coś głupiego, na przykład przebiec serię sprintów czy coś w tym rodzaju. Gdyby to był tylko jeden mecz, i Michael by go przegrał, powiedziałby: »Hej, Phil, zagrajmy jeszcze raz do 10«. No i gralibyśmy. To było dokładnie to, czego pewnie oczekiwał Phil, ale zawsze mówił coś w stylu: »No zobaczymy… Nie wiem, czy możemy… No dobra, jeśli chcecie się porzygać, to do roboty«".

„Nastawienie na wewnętrzną konkurencję było dobre – mówił Bach w innym wywiadzie, przeprowadzonym w 2004 roku, a oczy błyszczały mu na samo wspomnienie. – Scottie mógł pobierać lekcje u samego króla. Zawsze mówiłem o Scottiem: »Oto pretendent do tronu. A Michael jest królem siedzącym na tronie«. Myślę, że dla Scottiego była to najlepsza nauka. Codziennie pojawiasz się na treningu, codziennie dajesz z siebie wszystko. I znajdujesz taki sposób gry, który jest dla ciebie optymalny, rozgrywanie piłki, zamęczanie rywali fizyczną obroną i długimi rękami. Podobnie jak Michael, miał na twarzy ten wesoły uśmieszek. Podobało mu się to, co się dzieje".

Bach wspomina, że wysiłki przyniosły natychmiastowe efekty: „Pippen zaczął grać lepiej. Teraz musiał codziennie ścierać się z Michaelem. Musiało go to przyprawiać o ból głowy. Treningi były w tamtych czasach bardzo intensywne". Przyjęta strategia dotyczyła nie tylko dwóch gwiazd drużyny. Debiutant, obrońca B.J. Armstrong z Iowy, zmagał się z weteranem Johnem Paxsonem. Rywalizacja sprawiła, że panowie się nie lubili, ale dzięki temu treningi były bardziej dynamiczne.

„To był jeden z dyktatów Phila – tłumaczył Bach. – Chciał, żeby wszyscy ze sobą rywalizowali".

Poprawa wyników Bulls była uzależniona od tempa rozwoju Pippena i Granta, dwóch młodych zawodników z największym potencjałem w defensywie. Kiedy rozpoczął się sezon, wszyscy uznali, że są już wystarczająco dojrzali.

„Pippen jest już u progu bycia wielkim koszykarzem – powiedział tej jesieni Bach. – Zaczyna robić rzeczy, które dotychczas robił tylko Michael".

„Tajemnica tkwi w ciężkiej pracy – powiedział Pippen. – Pracowałem nad poprawą swojej postawy w defensywie i nad rzutem po koźle. Wiem, że dobrze rzucam z miejsca, ale próbuję nauczyć się rzucać po koźle, kiedy mijam obrońców".

Oprócz Armstronga Krause wybrał w pierwszej rundzie draftu jeszcze dwóch debiutantów – grającego na pozycji centra lub silnego skrzydłowego Staceya Kinga i skrzydłowego Jeffa Sandersa. W sierpniu Krause przedłużył też kontrakt z wolnym agentem Craigiem Hodgesem i pozyskał w transferze z Phoenix doświadczonego rezerwowego, Eda Nealy'ego, który szybko zyskał uznanie Jacksona i Jordana, bo był silny i nie bał się przepychanek podkoszowych.

Drużyna zyskała trochę pewności siebie, wygrywając wszystkie osiem meczów przedsezonowych. Wszyscy jednak zdawali sobie sprawę, że Bulls muszą poczuć się komfortowo także w nowym, nietypowym systemie ataku wdrażanym przez Wintera. Był jeszcze problem Cartwrighta, który stał się w drużynie typem samotnika. Jordan wciąż otwarcie kontestował wielkiego centra, który niespecjalnie sobie radził z łapaniem piłki w tłoku, a trójkąty oznaczały, że piłka będzie do niego trafiała częściej niż kiedykolwiek.

Czas na lekturę

W meczu otwarcia w Chicago Stadium Jordan rzucił 54 punkty w pojedynku z Ronem Harperem z Cleveland, który zdobył 36 punktów. Bulls wygrali po dogrywce, ale następnej nocy przegrali z Bostonem. Trzy noce później pokonali u siebie Pistons różnicą 3 punktów, dorobek Jordan wyniósł 40 punktów. Widać było, że Bulls robią w ataku coś innego, ale ich początkowe starania niespecjalnie przypominały trójkąty.

Po serii meczów wyjazdowych na Zachodnim Wybrzeżu listopad zakończyli z bilansem ośmiu zwycięstw i sześciu porażek. Dla wszystkich stało się jasne, że decyzja Jacksona o wykorzystaniu systemu Wintera jest bardzo ryzykowna. Winter spędził wiele lat, rozwijając *triangle offense* – stary uniwersytecki system, w którym cała piątka zawodników przekazywała sobie piłkę, przemieszczając się po parkiecie. Winter osiągał sukcesy na każdej uczelni, na której ten system wykorzystywał, tyle że wtedy miał wystarczająco dużo czasu na treningi i naukę schematów. Dopiero w latach 70., kiedy jedyny raz pracował jako pierwszy trener w NBA w Houston Rockets, poniósł porażkę – został zwolniony po tym, jak Elvin Hayes, gwiazda drużyny, odmówił nauki systemu. W latach 90. nikt już wśród zawodowców o trójkątach nie pamiętał. Przy napiętych terminarzach drużyny po prostu nie miały dość czasu na treningi. Jackson był jednak zdecydowany wprowadzić atak, który będzie zakładał przekazywanie sobie piłki. No i miał poparcie zarządu. Winter wiedział lepiej niż ktokolwiek inny, że zmiana będzie wymagała rewolucji.

Przez wiele lat zawodowa koszykówka koncentrowała się na akcjach opartych na izolacji i pojedynkach jeden na jednego, podczas gdy trójkąty prawie nie zakładały rozpisywania akcji. Zawodnicy uczyli się reagować na sytuację na parkiecie i tak przekazywać sobie piłkę, żeby móc wykorzystywać luki w defensywie rywala. To sprawiało, że musieli praktycznie uczyć się koszykówki od nowa, bo Winter na własny sposób interpretował jej podstawy. Nie rozgrywali już wyćwiczonych akcji. Musieli się nauczyć, kiedy się zatrzymać, odczytać schematy defensywne przeciwnika i zareagować na nie. To tak, jakby każdy zawodnik miał być po trosze rozgrywającym, zwłaszcza obrońcy i skrzydłowi.

Atak koncentrował się na strefie pod koszem i na skrzydłach po obu stronach, rozstawionych wysoko, z dala od linii rzutów wolnych, żeby stworzyć więcej wolnej przestrzeni. Jeszcze ważniejsze było to, że w ataku wykorzystywano równolegle dwóch obrońców, przez co mogli działać po dwóch stronach parkietu. Jeden inicjował podanie, potem przemieszczał się do końcowego rogu albo zajmował pozycję w pobliżu linii środkowej, a obrońca musiał iść za nim. To natychmiast zaburzało równowagę na boisku i dawało pozostałej czwórce zawodników, zwłaszcza Jordanowi, więcej miejsca. Oczywiście zawodnik zajmujący pozycję w rogu musiał być dobrym specjalistą od rzutów za trzy punkty, do czego Paxson i Hodges nadawali się idealnie.

Atak nie wykorzystywał tradycyjnego rozgrywającego, penetrującego strefę podkoszową. Winter chciał, żeby penetracja obrony odbywała się przede wszystkim za pomocą podań. Szacowano, że przyzwyczajenie się do systemu Wintera na tyle, by poczuć się w nim naprawdę komfortowo, może zająć nawet dwa lata.

Z tego powodu trenerzy zgodzili się, żeby w pierwszym sezonie częściowo zmodyfikować trójkąt, wykorzystując tylko jednego obrońcę. Chcieli, aby transformacja odbyła się możliwie bezboleśnie. Poza tym tylko Winter w pełni rozumiał niuanse systemu, więc Jackson przekazał mu prowadzenie większości treningów. Wkrótce Winter prowadził praktycznie całe treningi, co wiązało się z przekazaniem ogromnej władzy asystentowi trenera. Winter przeszedł nagle drogę od starszego pana, którego radami nikt się nie przejmował, do człowieka, który pociągał za wszystkie sznurki.

„W ataku prowadzonym przez Texa znalazło się wielu ludzi charakteryzujących się ambicją i wolą walki – wspomina Bach. – Phil był trenerem idealnym, bo potrafił zrobić krok w tył i powiedzieć: »Zawodnicy muszą odnaleźć swoje optymalne tempo. Muszą się poprawiać. Muszą się nauczyć radzić sobie w różnych sytuacjach. Ja nie jestem od tego, żeby rozwiązywać za nich wszystkie problemy«. Phil potrafił to zrobić. Był naprawdę wspaniały".

Najważniejszym sprawdzianem było to, jak przyjmie to Jordan, zawodnik, który już wcześniej był mistrzem w odczytywaniu wydarzeń na boisku. Trójkąt wymagał tego, żeby zawodnicy z największymi umiejętnościami technicznymi, czyli obrońcy, dzielili się piłką z mniej utalentowanymi graczami podkoszowymi. Jordan szybko zwrócił uwagę na fakt, że to musi siłą rzeczy prowadzić do większej liczby strat. Nie podobało mu się to, co nazywał „atakiem równych szans".

„To musiało zabrać trochę czasu – wspomina Paxson. – Michael grał z nami nie od dzisiaj i jeśli nie miałby o chłopakach dobrego zdania jako o koszykarzach, musiałby sobie myśleć coś w stylu: »Ale po co ja mam im podawać, skoro sam potrafię skuteczniej zdobywać punkty i wykonywać swoją robotę. Może lepiej będzie, jeśli będę bardziej polegał na sobie niż na innych«".

„Im lepiej poznawał system, tym bardziej do niego docierało, jak głęboko Tex w niego wierzy – mówił o Jordanie Bach. – Phil tłumaczył, jak wszystko będzie wyglądało. To było jak kopalnia złota. Masz do dyspozycji zawodników pracujących w ramach systemu, który przynosi zyski".

Nowa taktyka wymagała też sporej siły przekonywania Jacksona i wielomiesięcznej pracy spędzonej na wypełnianiu instrukcji Wintera. Na początku najmocniejszym punktem trójkąta było to, że przywracał równowagę na parkiecie i dawał Jordanowi więcej możliwości. Oba argumenty były oczywiste. Już sama równowaga sprawiała, że Bulls z miejsca zaczęli lepiej bronić, bo jednym z założeń ataku było pozostawienie jednego obrońcy za linią rzutów za trzy punkty, co pozwalało mu wrócić do obrony w razie kontrataku. Trenerzy zdawali sobie sprawę z tego, że dzięki takiej umiejętności powstrzymywania kontrataków będą w stanie wygrać więcej meczów.

„Niezależnie od tego, jaki system w ataku zamierzasz wprowadzić, musisz uwzględnić w nim obronę po oddaniu rzutu – mówi Bach. – Musisz wiedzieć, jak się masz zachować. Atak Texa dawał ci równowagę i tę umiejętność".

Zmiana wcale nie była prosta. Niektórzy obserwatorzy, jak Sam Smith z „Chicago Tribune", podczas dwóch pierwszych sezonów Jacksona wyczuwali atmosferę, która mogła doprowadzić do buntu, zwłaszcza w chwilach, kiedy narastała frustracja Jordana. Jackson radził sobie z tym, grając rolę dobrego gliny w odróżnieniu od tego złego, czyli Texa Wintera.

„Tak jak wszyscy, zawsze byłem pod wielkim wrażeniem Michaela – mówił o tej współpracy Tex Winter. – Ale nigdy nie byłem jego bezkrytycznym czcicielem. Dostrzegałem jego zalety, ale zauważałem też słabości. Czułem, że mamy sporo do zrobienia jako sztab szkoleniowy, żeby lepiej wcielić Michaela do reszty drużyny. Uważałem, że jest wielkim koszykarzem, ale wiedziałem też, że daleko nie zajdziemy, grając wszystko przez niego. Chcieliśmy spróbować przekonać go, żeby zaczął bardziej wykorzystywać kolegów z drużyny. Gdyby nam się to nie udało, nie sądzę, żebyśmy byli w stanie stworzyć taki program, który mielibyśmy szansę zrealizować".

Różni zawodnicy różnie reagowali na nowy system. Obrońcy i skrzydłowi musieli się wiele nauczyć. Wyzwanie stojące przed graczami podkoszowymi było mniejsze, ale prowadzenie trójkąta wymagało zmiany w instynktownej grze, jakiej większość zawodowców nauczyła się wcześniej.

„Dla mnie było to coś wspaniałego – wspomina John Paxson. – Systemowy atak jest stworzony dla kogoś, kto nie ma może takiej siły fizycznej, jaką posiada wielu koszykarzy w NBA. Ten system wykorzystywał moje mocne strony, a jednocześnie trzymał w ryzach zawodników takich jak Michael czy Scottie, bo przestaliśmy grać na ich izolację. Było w tym dużo subtelności, dużo gry zespołowej. Na tym właśnie polegało zadanie Phila: miał nam to sprzedać, przekonać nas, że tylko grając w ten sposób, będziemy w stanie wygrywać".

Zdaniem Wintera to, że Jordan grał w ramach systemu w Karolinie Północnej, na pewno bardzo pomogło, ale z drugiej strony mogło też zwiększyć jego sceptycyzm.

„Wszystko było skierowane do środka, pod kosz – wspomina Jordan. – Totalnie zmienialiśmy perspektywę i z początku się z tym nie zgadzałem. Uważałem, że wywiera to zbyt dużą presję na graczach podkoszowych".

Jackson przyprowadził Jordana do swojego biura i powiedział: „Piłka jest jak światło reflektora. Kiedy znajduje się w twoich rękach, reflektor oświetla ciebie. Musisz się nauczyć dzielić tym blaskiem z kolegami z drużyny, podając im piłkę i pozwalając się wykazać".

„Wiem o tym – odpowiedział Jordan. – Problem w tym, że jak już dochodzi do decydujących momentów, oni często boją się przejąć inicjatywę. Czasami sam muszę to robić i wtedy naprawdę trudno jest zachować równowagę".

Dokonanie wszystkich zmian wymagało wiele cierpliwości. Coraz częściej mówiło się, że Jordan „musi się nauczyć ufać kolegom z drużyny".

„Niekiedy Michael wiedział, że zdobędzie 40 punktów – mówił Jackson. – Były takie noce, że wszystko mu wchodziło. Grał wszystko sam, przejmował kontrolę nad meczem. Musieliśmy to zrozumieć i zaakceptować, bo na tym między innymi polegała jego wielkość. To było to coś, czego nie był w stanie zrobić żaden inny koszykarz. I to było OK. Nie zawsze były to dla nas najłatwiejsze mecze, żeby odnieść zwycięstwo, ale z pewnością były widowiskowe dzięki Michaelowi jako strzelcowi i showmanowi".

Proces poddawał sprawdzianowi nową relację Jacksona z Jordanem i jednocześnie umożliwiał jej pogłębienie. Jordan musiał się nauczyć ufać nie tylko kolegom z drużyny, ale również trenerom.

„Często próbowałem przekonać Michaela, mówiąc: »Chcemy, żebyś zdobywał swoje 30 punktów i żebyś zrobił wszystko, by tego dokonać. Byłoby super, gdybyś do przerwy miał na swoim koncie 12 albo 14 punktów, potem 18 pod koniec trzeciej kwarty. A potem dorzuciłbyś 14 czy 18 punktów w czwartej kwarcie. Tak byłoby najlepiej. Jeśli udałoby się to tak rozłożyć, to tego właśnie byśmy chcieli«. Kto śmiałby dyskutować z taką logiką? Mówiliśmy mu: »Rozegraj to po swojemu. Przez cały mecz dziel się piłką, a potem dokończ dla nas dzieła«".

Po latach Winter z zachwytem wspominał upór Jacksona w trzymaniu się systemu trójkąta, a także to, że potrafił przekonać Jordana. Wtedy jeszcze tego nie wiedzieli, ale rozpoczynała się właśnie najwspanialsza epoka w historii zawodowej koszykówki, zakorzeniona w wielkiej dyscyplinie, którą zaczęli rozwijać w tym pierwszym roku z Jacksonem Michael Jordan i jego koledzy.

„Phil dokładnie wiedział, co zamierza zrobić, i nie wahał się ani przez chwilę – mówi Winter. – Choć ofensywa trójkątów ewoluowała przez te wszystkie lata, kiedy byłem trenerem, Phil wierzył w nią chwilami chyba nawet bardziej niż ja. Zdarzało się, że mówiłem: »Powinniśmy z tego zrezygnować. Może dajmy Michaelowi więcej akcji jeden na jednego«. Ale on był uparty i się na to nie zgadzał. To jego zasługa, że pozostaliśmy wierni podstawowej filozofii koszykówki". Ta filozofia, ten system, uczyniły z Bulls drużynę niepodobną do jakiejkolwiek innej w NBA.

Jackson rozpoczął też wtedy zwyczaj dawania swoim koszykarzom książek w prezencie gwiazdkowym. Podarował Jordanowi egzemplarz *Pieśni*

Salomonowej Toni Morrison, poetycką opowieść o mężczyźnie poszukującym złota. Przemiana drużyny rozpoczęła się w grudniu i była rozłożona w czasie. Prowadzeni przez Jacksona Bulls zaczęli nabierać rozpędu i zaliczać serie zwycięstw. Najpierw, przed świętami, wygrali pięć meczów z rzędu, a przed Nowym Rokiem zaliczyli kolejnych pięć zwycięstw. W ataku drużyna wciąż miała problemy, za to coraz lepiej radziła sobie w defensywie. Inni trenerzy w lidze zaczęli o niej dyskutować i zaczęli się jej obawiać.

W styczniu atak był już na tyle poukładany, że w Detroit zwrócili na niego uwagę Pistons po zwycięstwie nad Bulls różnicą 10 punktów. Pomimo wygranej Joe Dumars pamięta, że dostrzegł stojące przed nimi nowe wyzwanie. „Podszedłem po meczu do Isiaha i powiedziałem: »Mamy problem«. On na to: »Co takiego? O czym ty mówisz?«, więc mu wyklarowałem: »Będziemy mieli z tym kłopoty. Z tym, gdzie on się znajdzie na parkiecie, z tymi wszystkimi kątami. Ja już sobie z tym nie radzę«. Wcześniej było tak, że kiedy Michael był przy piłce z daleka od kosza i wchodził jeden na jednego, to mniej więcej było wiadomo, w którą stronę pójdzie i z której strony nadejdzie pomoc. Teraz, kiedy dostawał piłkę bliżej kosza w trójkącie, a jego koledzy z drużyny zaczynali się przemieszczać, trudno było się w tym połapać. Już przy pierwszym meczu, w którym grali trójkątem, wiedziałem, że będą kłopoty, mimo że wygraliśmy. Michael pojawiał się w miejscach, w których wcześniej nie musieliśmy go podwajać, a kiedy go podwajaliśmy, to oddawał piłkę pod kosz i czekał, a reszta się przemieszczała. W trójkącie podajesz piłkę pod kosz, a pozostali zawodnicy przecinają parkiet do linii bocznej. Wiedziałem, że będą z tym problemy".

„Od razu się zorientowaliśmy, że teraz, kiedy Byki grają trójkątem, trudniej nam będzie podwajać Jordana", mówi Brendan Malone.

Dumars pamięta, że po raz pierwszy w ciągu swoich czterech sezonów spędzonych w NBA zwrócił uwagę na starszego pana siedzącego na ławce Bulls. Był to Tex Winter. Facet od trójkąta. W całej lidze przeciwnicy drużyny dokonali równocześnie takiego samego odkrycia.

„Atak Texa przypominał atak, którym grałem w Nowym Jorku – tłumaczył Jackson. – Piłka często trafiała pod kosz. Było dużo biegania w poprzek parkietu. Dużo gry bez piłki. Zawodnicy przemieszczali się i podawali sobie piłkę. A to odciągało uwagę od Michaela, który często dostawał piłkę i był świetnym strzelcem. Przy tych założeniach często znajdował się na lepszej pozycji do oddania rzutu. Grał już w podobnym systemie w Karolinie Północnej. To nie jest tak, że wszystko zaczęło działać z dnia na dzień, ale z czasem, kiedy koncept funkcjonował coraz lepiej, Michael też zaczął to dostrzegać".

Atak wyglądał obiecująco, ale Jordan wciąż jeszcze nie był przekonany, czy drużyna w takim składzie jest już gotowa, żeby zdobyć mistrzostwo. Przed upływem terminu dokonywania transferów w lutym 1990 roku zaczął się domagać zmian w składzie. Kibice też narzekali i uważali, że władze Bulls powinny jak najszybciej zrobić jakiś ruch.

Jordan znowu nalegał na ściągnięcie Waltera Davisa. „Michael powiedział nam, że musimy zrobić wszystko, żeby pozyskać Waltera Davisa – wspomina Jim Stack. – Sezon 1989/90 to był ten moment: teraz albo nigdy. Michael uważał, że w obecnym składzie nie mamy szans na zwycięstwo".

Krause wysłał Stacka, by przez dziesięć dni poobserwował Davisa i sprawdził, czy rzeczywiście może on pomóc Bykom. „Uważałem, że Walter Davis jest w obronie do niczego – mówi Stack. – W systemie trenerskim Phila Davis nie miałby szans powstrzymać gości takich jak Mark Aguirre, Xavier McDaniel, Larry Nance albo Chuck Person z Indiany. To byli utalentowani, silni fizycznie niscy obrońcy grający w Konferencji Wschodniej. Nie byłby w stanie fizycznie sprostać gościom, których musieliśmy pokryć. Nie dokonaliśmy więc wtedy żadnego transferu".

Spokój

W lutym w Bulls znowu coś się zacięło, a najgorszy moment nastąpił podczas serii meczów wyjazdowych na Zachodnim Wybrzeżu, kiedy przegrali cztery razy z rzędu. Co gorsza, Cartwright musiał opuścić kilka spotkań z powodu bólu kolan. Weekend Gwiazd w Miami trochę uciszył krytyków. Po raz pierwszy w składzie Wschodu do Jordana dołączył Pippen, a Hodges wygrał konkurs rzutów za trzy punkty, trafiając 19 trójek z rzędu.

Przed Weekendem Gwiazd Jordan i Dumars nie spotykali się prywatnie. Michael zadzwonił więc i zaprosił Dumarsa i jego żonę Debbie na obiad w pokoju hotelowym wynajmowanym przez Jordanów. Dwie pary szybko przypadły sobie do gustu, a panowie się zaprzyjaźnili. „Nasze żony ciągle gadały – opowiadał potem Jordan o początkach ich przyjaźni. – Mieliśmy okazję zagrać ze sobą w Meczu Gwiazd i poznać się na stopie towarzyskiej. Zawsze podziwiałem jego umiejętności sportowe, jego talent koszykarski. Bardzo się nawzajem szanowaliśmy, bo wiedzieliśmy, jak wiele musimy z siebie dać, grając przeciwko sobie...

Ale wiedzieliśmy, że nie możemy się za bardzo do siebie zbliżyć, bo potem będziemy musieli walczyć ze sobą na parkiecie. Trudno jest walczyć przeciwko dobremu przyjacielowi. Kiedy rywalizujesz z przyjacielem, możesz się za bardzo rozluźnić, zaczynasz żartować w sytuacji, w której powinieneś być poważny. Ale do niczego takiego nie doszło, za bardzo byliśmy skoncentrowani na tym, co musimy zrobić dla swoich drużyn".

Po Meczu Gwiazd Bulls starali się odbudować chemię w drużynie, szukając jednocześnie większego uporządkowania w ataku. Pod koniec marca zanotowali serię dziewięciu zwycięstw z rzędu, a punktem kulminacyjnym był najlepszy w karierze strzelecki występ Jordana – w zwycięskim meczu z Cleveland po dogrywce zdobył 69 punktów. Ustanowił wtedy też swój rekord pod względem liczby zbiórek – zebrał 18 piłek. Trafił 23 z 37 rzutów z gry i 21 z 23 rzutów wolnych. Zaliczył też 6 asyst, 4 przechwyty i tylko 2 straty, wszystko w ciągu 50 minut gry. Wybuch Jordana był niewiarygodny, ale niezbyt pasował do ideałów ataku Wintera, w którym najważniejsze jest dzielenie się piłką.

Johnny Bach wspomina, że Jackson spożytkował występ Jordana do celów edukacyjnych. „Michael zanotował wybitny występ strzelecki. Pamiętam, że Phil to wykorzystał. Zrobił to tak, jak tylko on to potrafił. Powiedział: »Zobacz, jaki jesteś dobry. Teraz musisz sprawić, żeby również niektórzy twoi koledzy z drużyny grali lepiej«".

W podejściu Jacksona było coś takiego, że Michael zaczynał powoli rozumieć jego oczekiwania. Może chodziło o niezwykłą cierpliwość i opanowanie, których dowodem było jego zachowanie podczas meczów, gdy spokojnie siedział i przyglądał się wydarzeniom na parkiecie. Bach nie mógł się nadziwić, jak odmiennie podchodzili do koszykówki Collins i Jackson. „Tamten był wycieńczony. Pot spływał mu po całym ciele, pulsowały żyły – mówił o Collinsie. – Doug wykorzystywał każdą porcję energii. A Phil potrafił przesiedzieć spokojnie całe popołudnie. Potem wychodził, kłaniając się ludziom. Być może podczas meczu buzowało w nim tak jak w Collinsie, ale trzymał to w sobie, nigdy nie uzewnętrzniał emocji".

Bach podziwiał Jacksona zwłaszcza za jego zachowanie w najgorętszych chwilach meczów. „Podczas gdy wszyscy się gotowali, Phil był w swoim żywiole – mówił Bach. – Był psychologiem, więc szukał różnych metod rozwiązania problemu. Nie stawał z tobą twarzą w twarz, mówiąc: »Załatwmy to«". Zarówno Bach, jak i Winter łapali się często na tym, że chcą, aby brał przerwę na żądanie w sytuacjach, kiedy drużyna ewidentnie sobie nie radziła. „Ale Phil tylko się na mnie wtedy patrzył", mówi Bach. Obaj doszli do wniosku, że poproszą Jacksona o wzięcie czasu tylko dwukrotnie, ale jeśli on nie zareaguje, to przestaną. „Miał w sobie siłę i spokój – wspomina Bach. – Potrafił wytrzymać niezależnie od rezultatu". Jordan szybko zaczął przejmować od Phila to opanowanie. Pod tym względem Jackson przypominał mu Deana Smitha. Rick Fox, który również grał dla Smitha, a potem dla Jacksona, zgadzał się, że zachowanie obu panów podczas meczów było podobne. Jedyną różnicą były wulgaryzmy Jacksona podczas jego przemówień.

Jackson rzadko podnosił głos, gdy rozmawiał z drużyną po meczach. Po porażkach często pocieszał zawodników, koncentrując się na ich staraniach. Potem godzinami przesiadywał z Winterem, studiując zapisy wideo z każdego meczu, planując treningi i korekty w grze.

„Był bardzo praktycznym gościem, ale nie przypominał innych trenerów – mówi Bach. – Miał bardzo psychologiczne podejście, kierował się sercem, ale nie działał pod wpływem emocji. Dla zawodników był kimś tajemniczym, bo był nieprzewidywalny. Nie reagował w sposób przesadny, czasami wcale nie reagował. Ale rządził twardą ręką. Największą siłą Phila było to, że był zawsze świadom tego, co się dzieje. Widział wszystko, czy to na ławce, czy w szatni, ale nigdy nie wkraczał za szybko, żeby próbować coś naprawić. Robił to dopiero wtedy, kiedy sobie to przemyślał. Starał się robić tylko to, co było potrzebne, żeby uspokoić sytuację i rozwiązać problem".

Ponieważ nie musiał bez przerwy rozpisywać kolejnych akcji, trójkąty również pomagały Jacksonowi w utrzymywaniu spokoju. „Widzi się trenerów biegających w tę i we w tę przy linii bocznej i wywołujących rozegranie jakiejś akcji, a to według mnie może mieć odwrotny skutek, zwłaszcza podczas play-offów – zwraca uwagę Paxson. – Jeśli masz rywala dobrze rozpracowanego, to doskonale wiesz, jak bronić przeciwko jego wyuczonym akcjom. Phil starał się nas przekonać, że z im większym wyczuciem postępujemy w ataku, tym więcej sukcesów osiągniemy. Z czasem uwierzyliśmy, że narobimy przeciwnikom więcej szkody, jeśli będziemy w stanie odczytywać ich schematy w obronie i reagować na nie, zamiast martwić się o rozegranie akcji, którą wywołał właśnie przy linii bocznej trener".

I znowu Detroit

Po serii zwycięstw Bulls zakończyli sezon z bilansem 55:27 i zajęli drugie miejsce w Central Division, przegrywając tylko z Pistons, obrońcami tytułu mistrzowskiego (rok wcześniej pokonali w finale Lakers), którzy zaliczyli 60 zwycięstw. Jordan prawie każdej nocy był liderem drużyny pod względem liczby zdobytych punktów, ale Pippen pokazał się wreszcie światu jako ktoś groźny w obronie, kto potrafi jednocześnie prowadzić atak jak rozgrywający. Niewiele drużyn miało w składzie kogoś, kto byłby w stanie mu się przeciwstawić, zwłaszcza w sytuacji, kiedy musieli się równolegle martwić Jordanem. Michael znowu zebrał mnóstwo nagród: został wybrany do pierwszej piątki NBA, do pierwszej piątki najlepszych obrońców, po raz czwarty z rzędu zdobył tytuł króla strzelców. Wygrał też klasyfikację najlepiej przechwytujących.

Bulls przegrali z Detroit w ostatnim meczu sezonu zasadniczego, co było trzecią porażką z Pistons z rzędu. Drużyna Jacksona rozpoczynała play-offy. Jordan wciąż był niezadowolony, że koledzy nie są w stanie odpowiednio go wesprzeć w pojedynkach z Detroit. Na szczęście Pippen grał dobrze, a negatywne odczucia Michaela trochę osłabły w pierwszej rundzie, kiedy Chicago wygrało z Milwaukee 3:1. W kolejnej rundzie, przeciwko prowadzonej przez Charlesa Barkleya Philadelphii, Jordan był fantastyczny. Zdobywał średnio 43 punkty, 7,4 asysty i 6,6 zbiórki. Bulls awansowali, wygrywając 4:1, mimo że w trakcie rywalizacji zmarł 70-letni ojciec Pippena, więc Scottie musiał opuścić jeden mecz, żeby wziąć udział w pogrzebie w Arkansas. „Nigdy nie zagrałem czterech meczów z rzędu na takim poziomie jak wtedy, przeciwko Philly", powiedział potem Jordan.

Już po raz trzeci sezon Bulls miał przebiegać pod znakiem ciężkiej i bolesnej batalii z Pistons, znowu w Finałach Konferencji. Miał to też być wielki egzamin dla nowego stylu gry wprowadzonego przez Jacksona.

Wspominając play-offy sprzed roku, kiedy Bill Laimbeer znokautował go w szóstym meczu, uderzając łokciem w głowę, Pippen powiedział: „Kilka lat temu, kiedy nie było jeszcze przepisu o rażącym przewinieniu*, gdy tylko przeciwnicy wchodzili pod kosz, Pistons podcinali im nogi. Zrobiliby wszystko, byle tylko wygrać. To nie jest sposób, w jaki się powinno grać w koszykówkę. Pamiętam, jak Michael ruszył kiedyś pod kosz i Laimbeer powalił go na ziemię.

* *Flagrant foul.*

Nie miał wtedy szans zablokować tego rzutu. Kiedy grało się z nimi, zawsze trzeba było pamiętać o tym, żeby na siebie uważać".

Tak jak przewidywał Jordan, jego przyjaźń z Dumarsem nie osłabiła ostrej rywalizacji pomiędzy ich drużynami. Pistons nadal obnosili się ze swoimi słynnymi „Zasadami Jordana", które dla nich były po prostu zasadami zdrowego rozsądku: „Zmuszać Jordana do oddawania piłki". „Bezustannie uprzykrzać mu życie". „Popychać go, szturchać, powalać na ziemię". „Prowokować go na wszystkie sposoby". Dla trenerów i zawodników Bulls walka z Pistons oznaczała totalną paranoję. Kipieli z wściekłości, kiedy sztab szkoleniowy Detroit wysyłał do władz NBA kasety wideo, z których miało wynikać, że Jordan często korzysta z niesłusznie odgwizdywanych fauli. Wcześniej, podczas play-offów, John Salley z Detroit zwrócił dziennikarzom uwagę, że Pistons są drużyną, podczas gdy Bulls to teatr jednego aktora. „W naszym zespole nie ma jednego zawodnika, który nadaje ton całemu składowi – powiedział Salley ze złośliwym uśmieszkiem. – Dlatego jesteśmy drużyną. Gdyby jeden facet był u nas odpowiedzialny za wszystko, nie bylibyśmy drużyną. Bylibyśmy Chicago Bulls".

Koledzy Jordana byli oczywiście świadomi tego, jak trudno im się gra u boku lidera. Jeden z byłych zawodników, Dave Corzine, zauważył kiedyś, że jeśli cokolwiek poszło nie tak, nigdy nie było to winą Jordana. Zawsze spadało to na kogoś innego. Pomimo wysiłków trenera, żeby wdrożyć system dzielenia się piłką, Jordan wciąż był dominatorem. Do tego stopnia, że Craig Hodges i inni nazywali go często „Generałem".

Zgodnie z oczekiwaniami, Pistons zamęczyli Jordana w pierwszym meczu finałów konferencji w 1990 roku. Detroit trafiło tylko 33 z 78 rzutów z gry, a jednym z nich było podanie lobem Isiaha Thomasa do Johna Salleya, które przypadkiem wylądowało w koszu. Tak jak zwykle, Pistons uratowała ich szaleńcza obrona. „Bardziej przypominało to mecz rugby", stwierdził ponuro Phil Jackson.

Kluczowe dla zwycięstwa Detroit było 27 punktów zdobyte przez Dumarsa i jego starania w obronie. Pozwolił Jordanowi rzucić tylko 34 punkty. Reszta pierwszej piątki Chicago wywalczyła w sumie tylko 31 punktów, Bad Boys wygrali 86:77, a złośliwe uwagi Salleya się potwierdziły. Jordan został poobijany, kiedy w pierwszej kwarcie próbował zaatakować kosz. Grupa Pistons prowadzona przez Dennisa Rodmana powaliła go na ziemię, powodując stłuczenie biodra. „Myślę, że ktoś mnie podciął – powiedział potem Michael. – Ale nie wiem, kto to zrobił. Myślę, że to taki typ kontuzji, która będzie powracać".

I rzeczywiście, powróciła, przynajmniej w następnym pojedynku. W połowie drugiej kwarty Pistons objęli prowadzenie 43:26, a Jordan zaczął mecz dość sztywno. Do przerwy Chicago przegrywało 53:28. Jordan wpadł do szatni, kopnął w krzesło i zaczął się wydzierać na kolegów: „Gramy jak jakieś cipy!".

Skarceni, powrócili na parkiet w drugiej połowie ze znacznie większą energią. A Jordan w końcu na tyle się rozgrzał, że po ośmiu minutach trzeciej kwarty Bulls prowadzili 67:66. Ale na krótko. Dumars zdobył 31 punktów, trafiając 12 z 19 rzutów, a Pistons objęli w całej serii prowadzenie 2:0, wygrywając 102:93. Jordan tymczasem trafił tylko 5 z 16 rzutów, zdobywając 20 punktów. Zaraz po meczu raz jeszcze wydarł się na kolegów za beznadziejny występ i wyszedł z szatni, odmawiając rozmowy z dziennikarzami. Potem twierdził, że krytyka – tak samo jak do kolegów – była adresowana do niego.

Dziennikarze zgromadzili się w szatni wokół Dumarsa i zapytali, jakim cudem udało mu się zatrzymać Jordana. Obrońca Detroit spojrzał w sufit, jakby tam szukał pomocy. Wytłumaczył, że Jordana nie da się zatrzymać. A przecież odpowiedź nasuwała się sama – w dwóch pierwszych meczach Dumars bardzo uprzykrzał Jordanowi życie, ostro go atakując i zmuszając do sporego wysiłku w obronie. Tak też twierdzili w nieoficjalnych rozmowach poirytowani koledzy Michaela. Dzień później Jordan wściekł się podczas treningu, kiedy zobaczył wygłupiających się Pippena i Granta, i uznał, że powinni potraktować sytuację poważnie.

Jednym z obowiązków Johnny'ego Bacha w Chicago było montowanie wideo z charakterystycznych fragmentów akcji przeciwników. Trenerzy pokazywali je potem drużynie przed każdym meczem play-offów. Asystent wmontowywał często fragmenty filmów wojennych, żeby lepiej zobrazować istotę pojedynku. Tym razem Jackson powiedział, że przygotuje taki montaż sam. Przemieszał fragmenty dwóch pierwszych meczów z wideoklipami z *Czarnoksiężnika z krainy Oz*. Po klipie, w którym Dumars mija Jordana i zdobywa punkty, wkleił ujęcie ze Strachem na Wróble. Po kolejnym błędzie umieścił ujęcie ze Strachliwym Lwem, po jeszcze innym – Blaszanego Drwala. Zawodnikom bardzo się to spodobało, śmiali się. Do momentu, kiedy John Paxson zwrócił uwagę, że trener sugeruje, że nie mają serca, odwagi ani mózgu.

Na szczęście ponury nastrój zniknął podczas trzeciego meczu, rozgrywanego w Chicago Stadium. Jordan tym razem lepiej bronił, sam zdobył 47 punktów, otrzymał odpowiednią pomoc od kolegów i Bulls wygrali 107:102. Isiah

Thomas przełamał złą passę strzelecką (w dwóch pierwszych meczach trafił tylko 5 z 21 rzutów) i zdobył 36 punktów, ale Bulls wygrali też walkę na tablicach 46:36, dzięki czemu mieli więcej szans na oddanie drugiego rzutu i odnieśli zwycięstwo.

W pewnym momencie meczu numer cztery Bulls prowadzili już różnicą 19 punktów, ale Dumars zdobył ich 24 i znowu poprowadził szarżę Pistons. Ich przewaga dwukrotnie malała tylko do 3 punktów, ale Bulls trafili 18 z 22 rzutów wolnych i dowieźli zwycięstwo do końca. Tym razem to Pistons byli lepsi w zbiórkach, wygrywając 52:37, ale fatalnie pudłowali, trafiając tylko 29 z 78 rzutów. Grający ze skręconą kostką Dennis Rodman zdobył 20 punktów i 20 zbiórek, ale Jordan był lepszy, zaliczając 42 punkty. Każdy z pozostałych czterech zawodników pierwszej piątki Bulls też miał na koncie ponad 10 punktów i Chicago wygrało 108:101.

I nagle to Bad Boys, którzy uwielbiali wywierać presję na rywalach, znaleźli się w sytuacji, w której musieli wygrać mecz u siebie.

W piątym meczu James Edwards i Bill Laimbeer przełamali niemoc strzelecką i pomogli Pistons objąć prowadzenie 3:2, po zwycięstwie 97:83, w którym Dumars pozwolił Jordanowi rzucić tylko 22 punkty. Przeziębiony obrońca Detroit przez 38 minut grał z gorączką. „Grając przeciwko Jordanowi, możesz tylko się starać, mieć nadzieję i modlić się. Joe robił wszystkie te trzy rzeczy", powiedział Chuck Daly. Dumars walczył przez całą serię z takim sercem, za jakie potem wychwalano Jordana, ale niesamowity występ czołowego zawodnika Pistons został przez historię koszykówki zapomniany.

Komunikat Jordana zdawał się powoli docierać do kolegów. Pistons wrócili do Chicago, pozwolili Michaelowi rzucić tylko 29 punktów, ale mimo to wysoko przegrali mecz numer sześć. Rywalom udało się trafić w trzeciej karcie tylko 25 procent rzutów i Bulls zwiększyli przewagę z 3 punktów po pierwszej połowie do prowadzenia 80:63 na koniec trzeciej kwarty. Ostatecznie wygrali 109:91 i doprowadzili do siódmego meczu.

„Jesteśmy nakręceni bardziej niż kiedykolwiek, żeby to wygrać", zapewniał Jordan. Tymczasem siódmy mecz szybko okazał się dla Byków katastrofą. Paxson skręcił kostkę, a Pippen dostał tuż przed rozpoczęciem meczu ataku migreny. „Scottie miewał migreny już wcześniej – tłumaczył trener Mark Pfeil. – Tak naprawdę to przyszedł do mnie przed meczem i powiedział, że nic nie widzi. Zapytałem: »Możesz grać?« Już chciał odpowiedzieć, że nie, ale wtedy wskoczył pomiędzy nas Michael i powiedział: »Oczywiście, że może grać, do cholery. Ma grać w pierwszej piątce. Będzie grał, nawet jeśli oślepł«".

„Horace Grant też zagrał gorzej – dodał Pfeil. – Nie chodzi o to, że się wystraszył, to raczej kwestia braku doświadczenia i niedojrzałości. Trochę czasu musiało minąć, zanim byli w stanie się podnieść i powiedzieć: »Pieprzyć to, już wystarczająco dużo z nimi przegrywamy«. Scottie zagrał z bólem głowy i wraz z upływem czasu czuł się coraz lepiej".

Reszta ekipy – niestety wręcz przeciwnie. Szczególnie fatalna była druga kwarta, po której Chicago nie zdołało już odrobić strat. Pistons awansowali, deklasując rywali 93:74.

„To była moja najgorsza chwila w Bulls, ten siódmy mecz, w którym przegraliśmy z Pistons w hali Palace – wspomina Jackson. – Scottie Pippen siedział na ławce z migreną, John Paxson w poprzednim meczu skręcił kostkę. Musiałem tak siedzieć, zgrzytając zębami, i przetrwać połowę, w której mieliśmy problemy nawet z wyprowadzaniem piłki. Właśnie skończyła się druga kwarta, która była upokorzeniem dla całej naszej organizacji. To była moja najtrudniejsza chwila w karierze trenerskiej".

Jordan, wściekły na kolegów z drużyny, raz jeszcze nabluzgał na nich podczas przerwy, potem popłakał się, siedząc z tyłu autobusu. „Płakałem i gotowałem się – opowiadał. – Mówiłem sobie: »Hej, wychodzę na boisko, gryzę parkiet, daję z siebie wszystko i jestem jedynym, który to robi. Kolesie kopią nam tyłki, wyrywają nasze serca, odzierają nas z dumy«. Postanowiłem sobie wtedy, że to się już nigdy więcej nie powtórzy. Tego lata zacząłem dźwigać ciężary. Postanowiłem, że jeśli mam nadal znosić takie lanie, to zamierzam zacząć się odgryzać. Miałem już dość tego, że dominują nade mną fizycznie".

Z każdą kolejną porażką ekipy Jacksona w play-offach krytycy otrzymywali dodatkowe argumenty wspierające tezę, że Bulls już zawsze pozostaną drużyną jednego zawodnika. „Ciągle trafiali na Detroit i nic nie wskazywało, żeby mieli jakiś pomysł, jak to Detroit pokonać", wspomina dziennikarz David Aldridge. Niektórzy obserwatorzy zwracali uwagę na fakt, że musiało minąć wiele lat, zanim swoje pierwsze tytuły mistrzowskie zdobyły takie gwiazdy jak Wilt Chamberlain, Jerry West czy Oscar Robertson i być może Jordan zalicza się do tej samej kategorii. Inni zastanawiali się, czy nie trafi raczej do jednego worka z Elginem Baylorem, Nate'em Thurmondem, Pete'em Maravichem czy Dave'em Bingiem, wielkimi zawodnikami, którzy nigdy nie zdobyli tytułu.

Jordan dostawał szału, kiedy słuchał tego typu spekulacji i krytyki. Niedobrze mu się robiło na samą myśl o corocznych porażkach z Detroit. Przegrana z Isiahem Thomasem była bardzo trudna. Jednak najgorzej znosił to Pippen. Wszyscy, począwszy od dziennikarzy, skończywszy na kolegach z drużyny, uznali atak migreny za przejaw strachu. Mało kto już pamiętał, że grający trzeci sezon w NBA skrzydłowy dopiero co pochował ojca.

„Po meczu wracałam samolotem i okazało się, że mam miejsce obok Juanity Jordan – wspomina Cheryl Raye-Stout. – Zapytała: »Co się stało Scottiemu?«. Odparłam, że bolała go głowa. A ona na to: »Że co? Bolała go głowa?!«, i tylko westchnęła".

Po swoich największych meczach Jordan lubił zachowywać na pamiątkę buty – z myślą o przyszłych pokoleniach. Po meczu numer siedem nie chciał mieć żadnych pamiątek. „Kiedy po raz ostatni przegrali z Pistons, wymeldowywaliśmy się z hotelu, w którym Michael był razem ze Scottiem – wspomina Lacy Banks, który często brał od Jordana buty i przekazywał je na aukcję charytatywną, organizowaną dla lokalnej fundacji na rzecz walki z chorobami serca. – Powiedział: »Nie chcę tu tych śmierdzących butów. Zabieraj je. Nie chcę ich więcej widzieć«".

Joe Dumars zapamiętał przede wszystkim cierpienie malujące się na twarzy Jordana po zakończeniu siódmego meczu. „Widziałem to w jego oczach – wspominał. – Podszedł, podał wszystkim rękę i powiedział cicho: »Gratulacje i powodzenia«. Widziałem na jego twarzy ból i rozgoryczenie. Widać było, że cierpi".

Do uzdrowienia Jordana i drużyny potrzeba było czegoś znacznie więcej niż palenie szałwii przez Jacksona. Jordan jeszcze nie wiedział czego, ale jednego był pewien: to on jest tym, który musi mieć plan na przyszły sezon, a potem – wymusić jego realizację.

„Z Philem też przegraliśmy – wspomina Mark Pfeil. – Michael powiedział potem: »Hej, teraz to już musimy wspiąć się na szczyt. Zobaczycie, że was tam zabiorę. Jeśli nie chcecie być ze mną na tej łodzi, to spadajcie«".

Rozdział 25

BÓG KOSZYKÓWKI

Nawet po wielu latach w pamięci Sonny'ego Vaccaro pozostał przede wszystkim smród moczu.

Był koniec sierpnia 1990 roku. Znajdowali się w zapomnianej przez Boga i ludzi toalecie w bazie armii amerykańskiej. Michael Jordan miał zaraz zagrać dla około dwóch tysięcy żołnierzy upakowanych w małej sali gimnastycznej. Miał grać przeciwko sobie. Nie chciał jechać w tę podróż, bo znowu musiał opuścić Juanitę, która była wtedy w piątym miesiącu ciąży z synem Marcusem (miał się urodzić w Wigilię). W końcu jednak, dzięki manewrom Vaccaro, poleciał do Europy.

Świat znajdował się w przededniu wojny w Zatoce Perskiej, ale Jordan miał inne powody, dla których nie chciał zapakować się do samolotu i opuścić na dziesięć dni Ameryki. Majowa porażka w siódmym meczu z Pistons położyła się cieniem na całej drużynie Bulls, więc teraz wszyscy byli skoncentrowani na tym, co się wydarzy w przerwie letniej. Ich złość przerodziła się w konstruktywny optymizm i Jordan zamierzał to wykorzystać.

Wyjazd z Nike zaproponowany przez Vaccaro miał się odbyć tuż przed rozpoczęciem obozu treningowego, więc Jordan musiał się spieszyć, żeby zdążyć z powrotem do Chicago. Ostatnią potrzebną mu rzeczą było dopisywanie do już zapełnionego terminarza jakichś głupot. Mecz pokazowy dla armii amerykańskiej wydawał się na swój sposób atrakcyjny, choć Michael wolał się z tego typu wydarzeniami nie afiszować.

Najbardziej cieszyło go to, że będzie miał okazję odwiedzić starszego brata Ronniego. Samo to sprawiało, że podróż była warta zachodu. Trochę bardziej wątpliwe wydawało się to, że Jordan planował zagrać dla obu drużyn w meczu gwiazd, który otwierał rozgrywki hiszpańskiej ligi koszykarskiej. Obecność Jordana w wielkim wydarzeniu ligi hiszpańskiej nie miało absolutnie żadnego sensu, może poza tym, że była to okazja do pokazania słynnej amerykańskiej gwiazdy całemu hiszpańskojęzycznemu światu.

Wszystko wydawało się dość dziwne, zwłaszcza że podróż podczas bliskowschodniej wojny wymagała zwiększonych wymogów bezpieczeństwa. Dopiero kiedy Vaccaro załatwił firmowy odrzutowiec Nike i przedstawił szczegółowy plan zachowania bezpieczeństwa na każdym odcinku podróży, Jordan spojrzał na cały pomysł przychylniej.

„To była wyprawa PR-owa – tłumaczy Vaccaro. – Nike robiło coś takiego po raz pierwszy. To było coś wielkiego. Michael przecierał szlaki, a ja pojechałem razem z nim".

Ten pierwszy wyjazd stał się w kolejnych dziesięcioleciach stałym zwyczajem amerykańskich zawodników, którzy promowali w Europie buty do koszykówki. Wtedy jednak wyjazd Jordana był również ucieczką od problemów wizerunkowych. Latem Nike wdało się w konflikt PR-owy z prowadzoną przez Jessiego Jacksona Operation PUSH*. Wielebny Tyrone Crider, jeden z młodych żołnierzy Jacksona, objął posadę dyrektora operacyjnego PUSH i zaatakował przemysł obuwia sportowego za jego brak zaangażowania w działania na rzecz społeczności afroamerykańskiej.

Głównym zarzutem Cridera było to, że w zarządzie firmy z siedzibą w Oregonie nie ma ani jednego czarnoskórego reprezentanta, żadnego wiceprezesa, jedynie bardzo niewielu Afroamerykanów na stanowiskach szefów działów. Nike miało podpisane kontrakty reklamowe z kilkoma czarnoskórymi zawodnikami, nie tylko z Jordanem, i Crider o tym wiedział. Mimo to obrał sobie za cel właśnie Nike, bo przewidywał, że w ciągu kilku lat stanie się liderem na rynku obuwia sportowego.

Latem firma rozpoczęła negocjacje z PUSH, ale szybko zostały one zerwane. Kiedy PUSH zażądał wglądu w księgi rachunkowe Nike, Nike odpowiedziało żądaniami wglądu w finanse PUSH. W odpowiedzi Crider zarządził bojkot produktów Nike przez Afroamerykanów. „Nie kupujcie nike'ów! Nie noście

* People United to Save Humanity – organizacja społeczna działająca w obronie praw człowieka. Jej przewodniczący, Jesse Jackson, jest działaczem społecznym. Był pierwszym czarnoskórym kandydatem na prezydenta USA.

nike'ów!", nawoływał, otwierając 12 sierpnia kampanię. Niektórzy obserwatorzy uważali, że Crider się przeliczył, zadzierając z Nike, i że bojkot nie ma szans powodzenia. Firma chciała uniknąć otwartej wojny i zaproponowała rozwiązania, dzięki którym Afroamerykanie mieli wejść w skład kadry zarządzającej. To z kolei miało w efekcie doprowadzić do wzrostu znaczenia Jordana w firmie i nadać rozpędu rozwojowi jego marki. Jednak w tamtym momencie gwiazdor Bulls nie chciał być w żaden sposób kojarzony z tą dość obrzydliwą dyskusją, której efektem byłyby nagłówki w największych krajowych gazetach. Ostatnią rzeczą, której pragnęłoby Nike, byłyby wywiady z Air Jordanem w telewizji, rozpoczynające się od pytań o konflikt.

W dniu 15 sierpnia Michael wydał oświadczenie, w którym oświadczył, że jego zdaniem cały biznes w Ameryce powinien być sprawiedliwy i stwarzać równe możliwości rozwoju dla wszystkich. Wyznał też, że ataki PUSH na Nike są przesadzone. „Koncentrowanie się akurat na Nike tylko dlatego, że znajduje się na szczycie, jest niesprawiedliwe", głosiło oświadczenie.

Zaraz potem Jordan opuścił Stany i wyjechał do Europy. Sonny Vaccaro, który kiedyś wymyślił, jak sprawić, żeby skierować na Jordana światła reflektorów, tym razem musiał je od niego odsunąć. Nike dokonało zmian w strukturach zarządu, a Crider musiał opuścić PUSH, ponieważ na początku 1991 roku bojkot zakończył się fiaskiem. Okazało się, że Afroamerykanie nie zamierzają przestać kupować nike'ów.

Incydent pokazał Jordanowi, że takie trudne, rozpalające ciekawość opinii publicznej tematy, mogą mu przysparzać problemów w świecie biznesu. W latach 90. Nike było oskarżane przez organizacje praw człowieka o to, że ma na całym świecie setki zakładów wykorzystujących tanią siłę roboczą. Problem dotyczył też samego Jordana, który zaczął odgrywać w firmie coraz większą rolę.

Latem 1990 roku Jordan wplątał się w jeszcze jedną kontrowersyjną historię. Za pośrednictwem matki poproszono go o poparcie w kampanii wyborczej Harveya Gantta, czarnoskórego reprezentanta demokratów, który próbował pozbyć się dogmatycznego, konserwatywnego Jessiego Helmsa ze stanowiska senatora w Karolinie Północnej. Była to zacięta, naznaczona rasistowskimi treściami kampania. Zasłynęła reklamą Helmsa *Dłonie*, ukazującą białego mężczyznę, który w wyniku wprowadzenia niesprawiedliwych parytetów rasowych traci pracę na rzecz mniejszości. Autorem reklamy, bazującej na rasowych resentymentach, był strateg republikanów, Alex Castellanos. Kiedy Jordan został poproszony o udział w kampanii, odparł ludziom Gantta, że nie może tego zrobić, a zdanie, które przy tym wypowiedział, stało się sławne i przeszło do historii: „Republikanie też kupują buty".

Polityka nie przyniosła dobrobytu ani dziadkowi Michaela, Edwardowi Peoplesowi, ani całym pokoleniom czarnoskórych mieszkańców Karoliny Północnej. Nie była też priorytetem dla Deloris Jordan i jej syna w 1990 roku. Tamta odpowiedź niektórym się spodobała, ale wielu rozzłościła. Lacy Banks i inni mieszkańcy Chicago tylko potrząsnęli głowami. Wiele lat później Banks stwierdził, że Muhammad Ali nigdy by czegoś takiego nie powiedział. Odmowa udzielenia wsparcia Ganttowi, który przegrał wybory, rozsierdziła aktywistę społecznego i byłą gwiazdę NFL, Jima Browna, który powiedział o Jordanie: „Bardziej interesuje go własny wizerunek i kontrakty reklamowe niż pomoc swoim braciom".

Z drugiej strony byli ludzie tacy jak Kenny Gattison, który grał przeciwko Jordanowi jeszcze za czasów liceum. Jego zdaniem, dzięki tego typu postawie, Jordan pozostał wolny od jakichkolwiek politycznych kontrowersji i mógł reklamować wszystko. „To właśnie sprawiało, że był ikoną – uważa Gattison. – Nigdy nie wypowiedział niepotrzebnego słowa i nigdy nie dawał ludziom powodu, żeby chcieli mu dokopać".

Michael Wilbon, wspominając to w 2008 roku, napisał w felietonie dla „Washington Post": „Wtedy oficjalnie rozpoczęła się epoka, w której sportowcy zaczęli stawiać komercję nad polityką. Bycie neutralnym obrażało mniej ludzi. Sportowcy afroamerykańscy, z Jordanem na czele, po raz pierwszy w historii stali się komercyjni, atrakcyjni dla wszystkich". Jordan wziął udział w drugiej nieudanej kampanii Gantta przeciwko Helmsowi, wspierał finansowo kandydata na prezydenta z ramienia demokratów, Billa Bradleya, a w 2012 roku mocno zaangażował się w zbieranie funduszy na kampanię prezydencką Baracka Obamy.

Tak czy owak, wybory w 1990 roku stanowiły przełom dla wizerunku publicznego Jordana. J.A. Adande z ESPN wspomina, że dla wielu jego przyjaciół, którzy wcześniej uwielbiali Jordana, jego komentarz stanowił punkt zwrotny. „Niektórzy moi przyjaciele nie chcieli mieć już potem nic wspólnego z Michaelem Jordanem – mówił Adande. – Poczuli się porzuceni, uznali, że nie wypełnia swoich społecznych obowiązków. Nie mogli już cieszyć się grą Jordana koszykarza, bo przestali go szanować jako człowieka". Sam Adande też nie był w stanie pojąć, jak to możliwe, że Jordan nie chce się zaangażować w walkę ze znanym rasistą. Kilka lat później Jordan, przyciśnięty do muru podczas wywiadu dla magazynu „GQ", tłumaczył, że mając 27 lat, koncentrował się przede wszystkim na swojej karierze koszykarskiej, a nie na polityce.

„Potem to zrozumiałem, ale kiedy byłem młodszy, zgadzałem się z Jimem Brownem – wspomina wieloletni dziennikarz NBA, David Aldridge. – Myślałem sobie: »Nie, no bez przesady, Michael! Powinieneś zająć stanowisko w tej sprawie! Jesteś Michaelem Jordanem! Co oni ci mogą zrobić?«... Byłem wstrząśnięty. Dosłownie. Myślałem tak: »Michael! Nie możesz być taki przekupny! I taki prostacki! Nie możesz myśleć tylko o sobie! Tu chodzi o coś znacznie większego, ważniejszego. W całym naszym życiu jako czarnoskórych zawsze chodziło o coś więcej. To, że dziś możesz robić to, co robisz, zawdzięczasz ludziom, którzy byli przed tobą i to umożliwili«. Myślałem też: »Jak to możliwe, że Michael Jordan nie chce zająć w tej sprawie stanowiska. Jak to możliwe, że nie chce poprzeć Harveya Gantta?«. Zgadzałem się ze wszystkimi, którzy mieli do niego o to pretensje".

Aldridge uważa, że tamten moment był punktem przełomowym. Poparcie Gantta mogło wtedy pchnąć Jordana w innym kierunku, dzięki czemu byłby odbierany jako ktoś, dla kogo ważna jest sprawiedliwość społeczna, a nie ktoś, kto dba tylko o własne interesy.

„Pamiętam, jak kiedyś powiedział, że nie jest politykiem – wspominał Lacy Banks w 2011 roku. – To była jego słaba strona. Nigdy się nie angażował ani nie identyfikował z żadnym nurtem". Biorąc pod uwagę dyskomfort związany z publicznymi konfrontacjami i gęstniejącą atmosferę, sierpniowa ucieczka z Sonnym Vaccaro do Europy wydawała się wtedy najlepszym rozwiązaniem.

„Dla Michaela zawsze najważniejsze było zaufanie – tłumaczy Vaccaro. – Umiał słuchać. A ja byłem gościem, którego chciał słuchać. Nie miał ochoty jechać. Właśnie rozpoczęła się wojna w Zatoce. To były niebezpieczne czasy. Ale poprosiłem go, żeby pojechał. Załatwiłem w Nike prywatny samolot. Czuł się dzięki temu bezpieczniej. Korzystaliśmy z prywatnych lotnisk, towarzyszyli nam umundurowani, uzbrojeni faceci. To była niezła wyprawa. Pojechaliśmy do Paryża. I do Niemiec. I do Hiszpanii".

Tak właśnie znaleźli się w tej śmierdzącej, starej toalecie w bazie wojskowej w Niemczech. Znajdujące się daleko od problemów marketingowych Niemcy były najbardziej emocjonalną częścią podróży. W bazie zgromadziło się mnóstwo żołnierzy. Wokół wojny narastało wiele znaków zapytania. No i był tam Ronnie.

„Michael sędziował podczas konkursu wsadów i zagrał w drużynie złożonej z żołnierzy – wspomina Vaccaro. – Wszystko kręciło się wokół sponsoringu Nike. Zagrał przeciwko samemu sobie. Mecz odbywał się w niewielkiej sali gimnastycznej, a na trybunach siedziało ze dwa tysiące żołnierzy. Zakładaliśmy, że zagra od pięciu do dziesięciu minut w drużynie A i tyle samo w drużynie B, a potem wyślizgniemy się tylnym wyjściem do limuzyny, bo pod salką już zgromadziły się tłumy kibiców i dziennikarzy".

Jordan i Vaccaro szukali chwili spokoju w tej starej toalecie. Znajdowała się tam ławka i staroświecki pisuar w formie długiej, śmierdzącej metalowej rynny przy ścianie. Nie były to warunki, których można było się spodziewać, kiedy Vaccaro namawiał Jordana na wyprawę marketingową do Europy, ale on nawet się nie zająknął na ten temat.

„Zamknąłem drzwi tuż przed rozpoczęciem meczu – opowiada Vaccaro. – Byliśmy tam tylko we dwóch. Wszedłem do kabiny, a on odbijał sobie piłkę. W pewnym momencie ktoś wszedł i powiedział, że pora zaczynać mecz. Powiedziałem: »Dobra, Michael, idziemy«. A on na to: »Daj mi minutę«". Vaccaro przez chwilę mu się przyglądał, po czym dotarło do niego, co się dzieje".

„Ten palant przygotowywał się do meczu! Wyobrażasz sobie? – mówi, jakby wciąż był zdumiony tym, co wtedy zobaczył. – Odbijał piłkę, koncentrował się i przygotowywał się do meczu. To jest taki typ człowieka. Zamierzał zagrać najlepiej, jak potrafi, niezależnie od panującej atmosfery i okoliczności. Znajdował się w śmierdzącym kiblu gdzieś w cholernych Niemczech, a przygotowywał się tak, jakby zaraz miał się rozpocząć finałowy mecz UNC z Georgetown w hali Superdome. To pokazuje mentalność, którą miał przez całe życie".

Jordan szalał w pierwszej połowie, zapewniając swojej drużynie prowadzenie. Jego rywalami byli Amerykanie, więc łatwiej mu było przewidywać, co zrobią. Początek meczu poświęcił na ocenę przeciwników, a potem zaatakował ich z typową Jordanowską zajadłością. Zaliczał jeden przechwyt za drugim, atakował kosz jak szalony, bawił się rzutami za trzy punkty, a kiedy tempo gry spadało, przepychał się pod kosz.

„Na parkiecie był draniem", mówi bez ogródek Sonny Vaccaro.

Może i Jordan nie wiedział, jak się poruszać w świecie polityki, ale z pewnością nie stosował żadnych wykrętów w świecie rywalizacji. To była prawdziwa personifikacja „miłości do gry". Wystarczyło, jakby zagrał po kilka minut w każdej połowie, ale on nie zszedł z parkietu ani na chwilę. „W pierwszej połowie zagrał w składzie drużyny A pełne 20 minut – wspomina Vaccaro. – Po przerwie zmienił koszulkę i zagrał w drużynie B. O ile pamiętam, do przerwy było 40:25 dla drużyny Michaela".

Zawodnicy, których przed chwilą upokarzał, stali się właśnie jego kolegami z drużyny, zupełnie jak za dawnych czasów, podczas treningów Bulls, kiedy Doug Collins dokonywał w końcówce nagłej zmiany składu. Jordan zaczął się więc rozglądać po swoim nowym składzie, zastanawiając się, kto będzie w stanie sprostać wyzwaniu, a kto nie. „Pewnie się domyślacie, jak to się skończyło – powiedział Vaccaro. – Wynik na koniec meczu wyniósł chyba 82:80. Michael wygrał z samym sobą. Zagrał w meczu z żołnierzami pełne 40 minut".

Prawdziwie marketingowym etapem wyprawy była Barcelona, gdzie pełną parą szły przygotowania do igrzysk olimpijskich w 1992 roku. Jordan złożył wtedy wizytę w siedzibie Nike. Było o tym naprawdę głośno. Spotkał się z przedstawicielami Komitetu Olimpijskiego, a nawet z Associated Club Basketball, czyli z władzami ligi hiszpańskiej. „Chcieli, żeby Michael pojechał do Barcelony, a nawet wbił łopatę w ziemię, na której budowany był nowy stadion na igrzyska 1992 roku – opowiada Vaccaro. – Odbył jedną konferencję prasową w Madrycie i kolejną w Barcelonie. Zasiadał w jury w konkursie slam dunków podczas zorganizowanego przez Nike meczu gwiazd dla młodzieży".

Raz jeszcze zagrał przeciwko samemu sobie, tym razem w meczu z hiszpańskimi zawodowcami. Trochę więcej czasu zajęło mu odczytanie gry europejskich rywali, którzy grali w koszykówkę inaczej niż Amerykanie. Pomogło mu doświadczenie z igrzysk w 1984 roku. Oddał kilka rzutów z wyskoku, po czym, ku uciesze zgromadzonych w hali w Barcelonie kibiców, zabrał się do roboty.

Tłumy wiwatowały przy każdym kontakcie Jordana z piłką, a dziennikarze pisali, że „bóg koszykówki" zstąpił z niebios w ich obecności. Wspaniałe przyjęcie Jordana przez hiszpańską publiczność miało swój wpływ na koronację w Barcelonie, która odbyła się dwa lata później. „Udało się wypromować Nike na wielką skalę – powiedział Vaccaro o efektach swojego pomysłu. – Michael stał się ikoną".

Zdaniem Sonny'ego wyprawa pokazała też subtelniejszą, ale być może bardziej istotną osobistą transformację Jordana, który zaczął go słuchać. Wcześniej większość kwestii biznesowych ogarniała Deloris Jordan. Tym razem Vaccaro dostrzegł, że to Jordan stał się wielką biznesową i marketingową siłą. Wizerunek nadąsanego młodego księcia odchodził w niepamięć. Michael przejmował kontrolę nad swoją marką i robił to, co było niezbędne dla jej wzmocnienia. Zaczął wykorzystywać swoją etykę pracy, ducha walki i dojrzałość do czegoś więcej niż tylko do koszykówki. Nie chodzi o to, że wcześniej nie wypełniał swoich obowiązków. Teraz wszystko wskazywało na to, że nastolatek, który obiecywał sobie, że nigdy nie będzie normalnie pracował, w końcu sobie tę pracę znalazł.

Slam Dunk

Podczas krótkiej wizyty w Mieście Świateł – nad Sekwaną, na Champs-Élysées i przy Łuku Triumfalnym – Jordanowi tak bardzo się spodobało, że zaczął się zastanawiać nad kupieniem jakiejś drużyny w Europie, w której grałby po zakończeniu kariery w NBA.

Zdaniem Vaccaro zmiana, która zaszła w Michaelu, była ewidentna. „Przez większość czasu, który z nim spędziłem, podczas tych pierwszych lat w NBA, wciąż był młodym chłopakiem, pełnym energii, imprezującym, spotykającym się z panienkami, oczywiście zanim się pobrali z Juanitą. To była tylko część czegoś większego. Widziałem to. Teraz dojrzewał. Zaczął zdawać sobie sprawę z tego, co posiada. Przejmował odpowiedzialność za swoje imperium w Nike. Stawał się współwłaścicielem swojej marki".

Następny kontrakt potwierdzał to, co niechętnie przyznawał Phil Knight – potęga Michaela Jordana wyniosła go do pozycji pełnowartościowego partnera Nike. PUSH dopilnował, żeby proces przebiegał jak należy. „Jego kolejnym kontraktem była marka Jordan", mówił Vaccaro.

Dee Brown miał poznać nowe oblicze Jordana, kiedy będąc jeszcze debiutantem w Celtics, wygrał Konkurs Wsadów podczas Weekendu Gwiazd zorganizowanego w 1991 roku w Charlotte. NBA próbowała namówić Michaela do udziału w konkursie rozgrywanym w jego rodzinnej Karolinie, ale odmówił, uznając, że ma niewiele do zyskania, a dużo do stracenia.

Kiedy jednak dotarł do Charlotte, poczuł w sobie płomień rywalizacji, zwłaszcza gdy oglądał zwycięski dunk Browna – po dynamicznym wyskoku z zasłoniętymi oczami. Tym, co naprawdę miało znaczenie, były buty Browna – popularne Pumpy Reeboka. Wkrótce potem Brown czekał w tunelu na tyłach hali na rozpoczęcie kolejnego konkursu. Nagle pojawił się przy nim Jordan.

„To było dziwne – wspomina Brown. – Byłem tylko debiutantem i wygrałem konkurs zaledwie dwie godziny wcześniej. Byłem tam tylko ja, Michael Jordan i kilku facetów z ochrony. Siedziałem sobie, kiedy się pojawił i powiedział: »Dobra robota, młody. Wykonałeś naprawdę kawał dobrej roboty«. Ale potem dodał: »Będę musiał cię teraz zjechać«". Zatkało mnie i trochę się przestraszyłem. »Dlaczego?«, spytałem. A Michael odpowiedział: »No wiesz, bo rozpocząłeś wojnę na buty«. Ja na to: »Ale co to znaczy?«. Nie miałem pojęcia, o co chodzi. To był przecież Michael Jordan. Ja miałem tylko 21 lat i wygrałem Konkurs Wsadów. Nie rozumiałem, co do mnie mówi. Mógłby nawet podejść i powiedzieć, że twarz mi się rozpada, a ja bym mu pewnie podziękował".

Później Brown zaczął się zastanawiać, skąd Jordan wiedział, że go tam spotka. Czy specjalnie go szukał, żeby móc mu rzucić wyzwanie? Im więcej się nad tym zastanawiał, tym bardziej był pewien, że tak właśnie było.

„Zacząłem się w tym orientować – powiedział Brown. – Już wcześniej słyszałem opowieści o Michaelu, o tym, jaki jest ambitny i żądny walki. Widocznie wbił sobie do głowy, że skoro zrobiłem to, co zrobiłem, w swoich butach, to rozpoczyna się rywalizacja pomiędzy jego butami a moimi. Zapominamy o koszykówce, zaczynamy rywalizację typu: »Muszę ci skopać tyłek w czymś innym. Wiem, że nie będziesz w stanie mnie zatrzymać. Jestem najlepszym koszykarzem na świecie. Ale skoro zrobiłeś to, co zrobiłeś, w reebokach, muszę ci się przeciwstawić, żeby obronić swój biznes«".

W ciągu kilku miesięcy Jordan wkroczył na nowe terytorium i tylko kilka osób było wtedy tego świadomych. Zaczął być rozgrywającym również w biznesie obuwia sportowego. Vaccaro zwraca uwagę, że zaczął odnosić na tym polu znacznie większe sukcesy, niż sobie z tego wówczas zdawano sprawę. „Pumpy Reeboka zaistniały na rynku tylko na chwilę – powiedział Brown w wywiadzie udzielonym w 2012 roku, śmiejąc się przy tym, i dodał, że pojedynek został rozstrzygnięty szybko i definitywnie. – Oczywiście to Michael sprawił, że wojna w świecie butów się nasiliła. To pokazuje, z jakim typem rywalizacji mamy tu do czynienia. Dziś wszyscy noszą jordany".

Cena zmian

Wczesną jesienią 1990 roku 27-letni mężczyzna z apetytem nie do zaspokojenia i nieograniczoną energią, przed rozpoczęciem obozu treningowego, odebrał w końcu telefon od Phila Jacksona. Trener próbował się do niego dodzwonić przez większość letniej przerwy, ale Jordan zazwyczaj był nieobecny albo zajęty. Pewnego razu w lecie znalazł czas, żeby zagrać w dobroczynnym turnieju golfowym w Filadelfii, gdzie torby nosił za nim Charles Barkley. Obaj panowie szybko się zaprzyjaźnili. Chuck miał ogromny talent, a jego poczucie humoru pomagało Jordanowi radzić sobie ze wszystkimi bzdurami, które wokół niego narastały. Barkley jakimś cudem potrafił się ze wszystkiego śmiać. Wkrótce rozmowy telefoniczne z Charlesem stały się jednym ze zwyczajów Jordana. Zawsze uważał, że trudno go przegadać, ale – jak się okazało – nie Barkleyowi. Jordan nie był w stanie powstrzymać się od śmiechu, kiedy grubas z Alabamy twierdził, że odbierze mu w nadchodzącym sezonie tytuł króla strzelców.

Kiedy Jordan wrócił jesienią do Chicago i Bulls, miał diamentowy kolczyk w uchu i ogoloną głowę. Dla kogoś, dla kogo wizerunek był wszystkim, było to dość ryzykowne posunięcie. Wkrótce „wizerunek Jordana" miał być widoczny wszędzie wśród mężczyzn wszystkich ras.

Jordan i jego agent David Falk angażowali się w poważne dyskusje na temat życia poza koszykówką. Falk tłumaczył, że zaczęli traktować „cztery rogi boiska do koszykówki jako ograniczenie, a nie jako platformę". Jeszcze podczas tamtego sezonu, w ramach partnerstwa z After Six, firmą produkującą eleganckie ubrania, na rynku miała się pojawić linia odzieży wieczorowej dla mężczyzn 23 Night for Michael Jordan. „Nigdy nie byliśmy tak podnieceni – powiedziała Marylin Spiegel, wiceprezeska After Six, w rozmowie z magazynem »People«. – Michael jest człowiekiem lat 90.".

Jordan miał wtedy 198 centymetrów wzrostu, 114 w klatce piersiowej i 83 w pasie, ważył 88 kilogramów, więc idealnie nadawał się na modela. Stroje wieczorowe, podobnie jak odzież, kosmetyki, biżuteria, bielizna i tym podobne, miały w nadchodzącym dziesięcioleciu ukształtować wizerunek tak zwanego metroseksualnego mężczyzny.

„Kiedy byłem młody, bardzo zwracałem uwagę na modę – powiedział Jordan w rozmowie z magazynem »People«, wspominając czasy Laney High. – Wybierałem różne style, bardzo ich pragnąłem, ale nie było mnie na nie stać". Teraz oczywiście stać go było na wszystko, ale dotarł do takiego momentu w karierze, że koszykówka, dzięki której było to możliwe, przestała mu sprawiać taką przyjemność jak wcześniej. Kiedy nie grał, prawie w ogóle nie oglądał meczów. Było to jednym z tematów książki, nad którą pracował za kulisami reporter

NBA z „Chicago Tribune", Sam Smith. Książka, której publikację planowano na jesień 1991 roku, miała bazować na informacjach, uzyskanych przez Smitha z niezidentyfikowanych źródeł pochodzących z drużyny i spoza niej. Przedstawiała Jordana jako kogoś niewiarygodnie samolubnego, kto w ciągu sześciu lat spędzonych w NBA stał się cyniczny, zły, zgorzkniały i nieufny.

Taką sytuację napotkał Phil Jackson, kiedy usiadł z Jordanem na pierwszej naradzie przed rozpoczęciem sezonu. Wiedział, że kolejny raz jako pierwszy trener znalazł się na rozdrożu. Chciał przedyskutować, w jaki sposób „Michael i jego Jordanerzy", jak często nazywano drużynę, zamierzają podejść do zbliżającego się sezonu.

Jordan miał nadzieję usłyszeć od trenera, że rezygnują z ofensywy trójkątów, ale nic takiego nie miało miejsca. Przeciwnie, Jackson oczekiwał, że zawodnicy będą się jeszcze bardziej przykładać do stosowania systemu, a jednocześnie poinformował Jordana, że dla drużyny będzie lepiej, jeśli jej gwiazda nie będzie się aż tak koncentrować na zdobyciu kolejnego tytułu króla strzelców. Być może Charles Barkley potrafił czytać w myślach Jacksona.

Spotkanie nie zakończyło się niczym przyjemnym, a sezon również nie zapowiadał się lepiej. Już w 1989 roku, kiedy Bulls podjęli decyzję, że na okładce programu nadchodzącego sezonu znajdzie się zdjęcie Pippena, Jordan doszedł do wniosku, że w drużynie zachodzi proces „demichaelizacji", czyli wysiłków skupionych na tym, żeby wydobyć resztę drużyny z cienia jej gwiazdy. Do Jordana docierały pogłoski, jakoby Krause twierdził, że gdyby na jego, Michaela, miejscu był Hakeem Olajuwon, Bulls zdobyliby już dwa tytuły mistrzowskie. Dostrzegał coraz popularniejszą wśród członków zarządu klubu opinię, że nie jest typem zawodnika, który może stanąć na czele drużyny mistrzowskiej. Dziś jego ówczesne przekonanie, że nie jest należycie promowany, może wydawać się śmieszne. Jego twarz była przecież wszędzie. Ale ci, którzy go otaczali, już dawno się nauczyli, że to, jak żądny walki umysł Jordana odbiera rzeczywistość, nie zawsze się z nią pokrywa. Kiedy chciał rozpalić w sobie ogień, przywoływał w myślach coś, co miało go rozżarzyć. Ludzie, którzy go otaczali, mieli czasem problemy z oddzieleniem tego, co dzieje się naprawdę od tego, co jest wytworem jego wyobraźni.

W tym wszystkim jedna rzecz była niezaprzeczalna – coraz większa skuteczność siłowej obrony w wykonaniu Pistons. Jordan zdawał sobie sprawę z tego, że inni trenerzy podążą wkrótce tą samą drogą i wiedział, że musi ich wyprowadzić z błędu. „Wszyscy będą mnie zmuszać do oddawania rzutów z dystansu", powiedział kpiąco.

Poza tym zacieśniały się powiązania między ligą a telewizją. NBC przelicytowała CBS, zdobywając prawa do transmisji meczów NBA i zapewniając tym samym zawodnikom NBA kolejne miliony dolarów. Kontrakt Jordana, renegocjowany raptem dwa lata wcześniej, był już przestarzały, bo czynił go tylko siódmym najlepiej zarabiającym zawodnikiem w NBA. W złej sytuacji znalazł się także Pippen, któremu renegocjowany kontrakt zapewniał w tamtym sezonie zarobki na poziomie tylko 760 tysięcy dolarów, podczas gdy wielu jego słabszych kolegów zarabiało ponad milion. W związku z tym Pippen uznał, że najlepiej zrobi, jak ukryje się w hotelu w Memphis, zamiast zameldować się w tym sezonie na obozie treningowym. Dopiero jego agent przekonał go, że takie metody mogą przynieść odwrotny skutek.

W następnej dekadzie kwestie finansowe miały stać się przyczyną ogromnych konfliktów wewnątrz klubu, kiedy zawodnicy i ich agenci przekonywali się, jak twardym biznesmenem jest Reinsdorf. Uważał on, że umowa jest rzeczą świętą, a już wiele lat wcześniej postanowił sobie, że będzie unikał nieopłacalnych kontraktów, które wcześniej sparaliżowały finansowo wiele drużyn. Stosował twardą politykę unikania renegocjacji kontraktów za wszelką cenę, i choć mógłby zrobić wyjątek dla Jordana, to wiedział też, że gwiazda nie poprosi o podwyżkę, co oznaczało, że miał trochę czasu na ocenę sytuacji.

Właściciel klubu wygrywał negocjacje, stosując taktykę celowo zaniżonych ofert. Zadaniem Krausego było zaproponowanie żenująco niskiej oferty, która doprowadzała zawodników i ich agentów do szału, po czym wkraczał Reinsdorf, proponując znacznie lepsze warunki. Znał taktykę dealerów używanych samochodów – jeśli się zacznie negocjacje od absurdalnie niskiej oferty, zazwyczaj druga strona pójdzie na znacznie większe ustępstwa. Taka strategia może i była skuteczna, ale jej efektem było też to, że Jordan nie był jedynym zawodnikiem w składzie Bulls, który znienawidził Krausego. Większość graczy i ich agentów gardziło nim.

Latem 1990 roku Krause wybrał w drafcie sensacyjnego chorwackiego nastolatka, Toniego Kukoča, ale wciąż jeszcze musiał go przekonać do tego, żeby zechciał dołączyć do Bulls. W tamtych czasach koszykarze europejscy byli w większości nieefektywni w siłowo grającej NBA. Ekscytacja Krausego

Kukočem potwierdziła przeświadczenie Jordana o planach „demichaelizacji", zwłaszcza że władze klubu próbowały załatwić Chorwatowi kontrakty reklamowe na tyle kuszące, by skłonić go do rezygnacji z wciąż ważnej umowy z jedną z europejskich drużyn. Jordan i Pippen wściekli się jeszcze bardziej, gdy dowiedzieli się, że Krause próbuje wykorzystać dwa miliony dolarów, przeznaczonych na pensje dla zawodników, na opłacenie kosztów przenosin Kukoča do Ameryki.

Nie był to dla Jacksona idealny moment na ogłoszenie drużynie, że Bulls nadal będą stosować atak „równych szans" i na zasugerowanie Jordanowi, że w nadchodzącym sezonie liczba zdobywanych przez niego punktów i minut spędzonych na parkiecie będzie się musiała, dla dobra drużyny, jeszcze zmniejszyć. Ale kości zostały rzucone: wola Jacksona kontra wola Jordana. Jordan naprawdę lubił i cenił Jacksona i chciał współpracować, ale oczekiwał rozsądku.

Po sześciu latach spędzonych w lidze u różnych trenerów i z różnymi partnerami, Jordan ufał tylko sobie. Wierzył w Mike'a. Umiejętności wszystkich innych można było podać w wątpliwość. I to był najważniejszy warunek, który przyjęli, podchodząc jesienią 1990 roku do zbliżającego sie sezonu.

CZĘŚĆ VIII

COŚ WYWALCZONEGO

Rozdział 26

TRÓJKĄTY

Jednym z miejsc, które Jordan chętnie wybierał, gdy po powrocie do Chicago chciał na chwilę zniknąć, była kanapa w domu jego teściowej na South Side, gdzie mógł do woli siedzieć przed telewizorem i zajadać makaron z serem przygotowany przez Dorothy Vanoy. Juanita była już w szóstym miesiącu ciąży. Opiekowała się jednocześnie energicznym dwulatkiem i też poszukiwała schronienia w domu mamy. Miejsce było tak samo dobre jak każde inne, żeby Jordan mógł obserwować manewry Krausego, mające na celu wzmocnienie składu.

Bulls mieli tego lata wydać pieniądze na rozwiązanie kilku problemów w składzie. Jackson lubił wysokich obrońców, którzy pasowali do jego koncepcji pressingu w obronie. Bach zwracał też uwagę, że potrzebują twardego, doświadczonego obrońcy, który potrafiłby przeciwstawić się Jordanowi i wysłać go do wszystkich diabłów, kiedy będzie wywierał na kolegów zbyt silną presję albo kiedy zacznie grać egoistycznie w ataku. Do takiego opisu dobrze pasował Danny Ainge, którego można było pozyskać z Sacramento, ale Kings byli wtedy kontrolowani głównie przez byłego trenera Bulls, Dicka Mottę, a ten nie zamierzał pomagać swojemu staremu wrogowi, Jerremu Krause.

Wysiłki znowu skoncentrowały się Walterze Davisie, który był wtedy wolnym agentem w Denver. Jordan zgodził się na renegocjację części swojego kontraktu, żeby pomóc w rozwiązaniu problemów z limitem płac w drużynie, ale tylko pod warunkiem, że zaoszczędzone pieniądze zostaną wykorzystane na pozyskanie Davisa. Wydawało się już, że transfer jest przesądzony, ale w ostatniej chwili żona Davisa stwierdziła, że woli zostać w Denver. Jordan był w szoku.

Krause zdecydował więc zwiększyć głębokość obrony, sprowadzając z New Jersey Dennisa Hopsona, byłą gwiazdę konferencji Big Ten, wybranego z wysokim numerem w pierwszej rundzie draftu w 1987 roku. Na pozycję niskiego skrzydłowego sprowadził Cliffa Levingstona, wolnego agenta z Atlanty. Poza tym podpisał kontrakt ze Scottem Williamsem, skrzydłowym z Karoliny Północnej, który nie został wybrany w drafcie. Jordan był szczęśliwy, bo wreszcie miał w drużynie kolegę z Tar Heels i przygarnął Williamsa pod swoje skrzydła. Dwaj zawodnicy wybrani w drafcie w 1989 roku, B.J. Armstrong i Stacey King, też dojrzeli, i można było oczekiwać, że będą grali lepiej.

Jackson uważał, że najważniejszy był dalszy rozwój Pippena, który przeszedł drogę od skrzydłowego do rozgrywającego: „Stał się zawodnikiem, który znajdował się przy piłce tak często jak Michael. Stał się dominatorem".

Pippen pojawił się na obozie treningowym, mając już trzyletnie doświadczenie w walce z Jordanem podczas treningów. Zmianę w jego nastawieniu można było dostrzec przede wszystkim w żądzy zdobywania punktów. On też chciał być taki jak Mike. Co ważniejsze, chciał też zarabiać więcej pieniędzy, a ponieważ wiedział, że tym biznesem rządzą statystyki, zdawał sobie sprawę, że musi zdobywać więcej punktów. Jedyny problem polegał na tym, że jego nowy sposób gry dodatkowo komplikował plany Jacksona związane ze stosowaniem trójkąta.

Problemy Bulls zaczęły się już na początku sezonu, kiedy przegrali z Philly, a „sir Charles" pokonał w bezpośrednim pojedynku strzeleckim Jego Powietrzność wynikiem 37:34. Pyskówka obu panów rozkręcała się w najlepsze. Bulls rozpoczęli sezon od trzech porażek z rzędu, a po pierwszych trzech tygodniach mieli na koncie bilans 5:6, co nie odpowiadało niczyim oczekiwaniom. W dziewiątym meczu w Seattle Jordan i pyskaty debiutant Gary Payton zaczęli pojedynek trash-talkingowy jeszcze przed rozpoczęciem meczu. Jordan zdobył 33 punkty, Bulls łatwo wygrali, ale Michael zagrał tylko przez 27 minut, co dodatkowo zwiększyło jego obawy, że Jackson będzie się starał przeszkodzić mu w zdobyciu przez niego kolejnego tytułu króla strzelców.

Uwolnieni

Słaby początek sezonu przyniósł co najmniej jeden telefon Reinsdorfa do Jacksona. Właściciel sprawdzał, czy wszystko jest w porządku, ale tylko najbardziej uważni obserwatorzy dostrzegali u trenera jakiekolwiek oznaki stresu. Znacznie bardziej niż telefon od szefa martwił Jacksona widok Jordana i Pippena, konsekwentnie ignorujących instrukcje związane z systemem ataku Wintera. Zamiast tego nadal atakowali obronę przeciwnika jeden na jednego. Wspólnie z Jordanem spiskował i prowokował go Johnny Bach, który miał inny pogląd na atak Bulls. „Johnny mawiał: »Pieprzyć te trójkąty. Bierz piłkę i zdobywaj punkty. A wszyscy inni niech spadają«", wspomina Jordan.

Jackson długo tolerował niesubordynację Bacha, bo wiedział, że to też odgrywa ważną rolę w ewolucji systemu gry drużyny. „Michael musiał czasami uwalniać się z systemu", tłumaczył Bach w wywiadzie udzielonym w 2012 roku. Dodał też, że jego rady również mają sens. Bach wierzył w atak Wintera, ale jednocześnie uważał, że gwiazda drużyny musi się do niego przystosować na swój sposób. I choć problemów z tym przystosowaniem nadal nie brakowało, to działo się coś jeszcze. Jordan, który kiedyś bez trudu podporządkował się systemowi ataku Deana Smitha, zaczął szukać sposobu wykorzystania trójkątów na swoją korzyść. Bach wspomina, że przyglądanie się, jak Jordan inteligentnie nad tym pracuje, było fascynujące. Tak jakby genialny aktor próbował nadać własną mistrzowską interpretację wspaniałemu scenariuszowi, pisząc na nowo całe sceny i dialogi. „Zawodnik musi być świadom tego, jak pasuje do reszty – tłumaczył Bach. – Michael doskonale znał system trójkątów. Mógłby w nim grać na każdej pozycji".

Ofensywa trójkątów tworzyła format, w ramach którego Jordan nawiązywał kontakt ze swoimi mniej utalentowanymi kolegami. Ta struktura wymagała tego, żeby podanie trafiało do zawodnika znajdującego się na czystej pozycji. Kiedy Jordan zaczął się w końcu do tego stosować, kiedy zaczął w to wierzyć, napięcie zaczęło ustępować. System szybko wyewoluował: przez trzy kwarty Jordan grał w ramach trójkąta, a potem, w zależności od tempa i rytmu meczu, wyłamywał się z niego i w czwartej kwarcie rozpoczynał swój własny koncert gry w ataku, owocujący seriami zdobywanych punktów. Te czwarte kwarty wywoływały inny rodzaj napięcia, bo Tex Winter był zły, że Jordan próbuje sam zrobić zbyt wiele. Czasami, kiedy Michael przejmował inicjatywę, reszta drużyny się zacinała. Jednak znacznie częściej wyniki były fascynujące.

W tym sezonie życie Jordana poza parkietem przebiegało według znanego wzorca: albo zostawał w pokoju i rozgrywał z przyjaciółmi maratony karciane, albo wyskakiwał na pobliskie pole golfowe, żeby zagrać rundkę lub dwie. Często robił to popołudniami, po treningu, kiedy jego koledzy z drużyny ucinali sobie drzemkę.

Wraz z trwaniem sezonu, drużyna zaczęła odnajdywać w sobie równowagę. W skład dobrze wkomponowali się Horace Grant (12,8 punktu i 8,4 zbiórki) i John Paxson (8,7 punktu, przy skuteczności 54,8 procent). Największym problemem była ławka: Armstrong, Hodges, Perdue, King, Levingston, Williams i Hopson nie byli w stanie utrzymać prowadzenia wypracowanego przez pierwszą piątkę. Bardzo się starali, żeby egzekwować założenia ofensywne, ale wszystko wciąż zależało głównie od punktów zdobywanych przez Jordana. Problemy ławkowiczów irytowały go, ale koniec końców oznaczały one więcej czasu na parkiecie dla niego i więcej okazji do zdobywania punktów.

Najważniejsze było to, że po słabszym początku sezonu przyszedł czas na zwycięstwa, a to głównie za sprawą wysiłków defensywy. Obecność Bacha dodawała drużynie energii, ale trener asystent podkreślał, że jego wkład był niczym w porównaniu z zaangażowaniem i wysiłkami Jacksona, który uczynił z obrony bardzo ważną część tożsamości drużyny. „Miałem pewien udział we wdrażaniu rozwiązań w obronie – tłumaczył Bach. – Ale to Phil uczynił z tego swój manifest działania i przekazał go drużynie".

To były pierwsze sygnały zapowiadające, że możemy mieć do czynienia z bardzo dobrą drużyną. W grudniu obrona Bulls pozwoliła Cleveland Cavaliers rzucić tylko 5 punktów w jednej kwarcie. Atmosfera w hali Chicago Stadium była dla przyjezdnych równie przerażająca, jak sama defensywa drużyny Jacksona. Bulls ulegli Bostonowi w trzecim meczu sezonu, ale potem nie przegrali już u siebie ani razu, aż do 25 marca, kiedy to udało się ich zatrzymać drużynie Houston Rockets. Tym samym Byki wygrały na własnym parkiecie 30 meczów z rzędu.

Dzięki postępom w defensywie, atak dostał trochę więcej czasu na dostrojenie się. Kiedy to nastąpiło, zaczęli na tym korzystać zawodnicy drugiego planu, tacy jak Paxson. „John Paxson był jednym z gości, którzy wpływali na przebieg gry, i to głównie dzięki swojemu podejściu – opowiadał trener w 1995 roku. – Bronił pressingiem na całej szerokości parkietu i dokładał swoje w ataku".

W lutym Bulls wygrali 11 z 12 meczów, pokonując między innymi Pistons w hali Palace w Auburn Hills tuż przed Weekendem Gwiazd. I choć nie zagrał w tym meczu Isiah Thomas, wygrana dodała Bykom wiary. „Zwycięstwo na ich terenie dało nam pewność siebie, bo wcześniej tak trudno było nam z nimi wygrać – wspomina Paxson. – Phil podzielił się z nami swoją filozofią, która polegała na tym, żeby nie reagować na zaczepki Pistons. I to nam naprawdę pomogło".

Jeśli w ogóle było to możliwe, wynik meczu napawał Jordana optymizmem i jeszcze większą pewnością siebie. „Kiedy pojechaliśmy tam i wygraliśmy z nimi tuż przed przerwą na Mecz Gwiazd, dotarło do mnie, że możemy z nimi wygrać także w play-offach – wspomina. – Nasza seria meczów wyjazdowych trwała już od około dwóch tygodni i wszystko zaczęło funkcjonować jak należy. Wtedy to poczułem".

Kluczem do nowo powstałej dojrzałej filozofii Bulls w starciu z Pistons był mierzący 215 centymetrów Cartwright. Był równie uparty jak Jordan, dzięki czemu drużyna nauczyła się, jak postawić się rywalom z Detroit. „Jedną z rzeczy, których nas nauczył, było to, że zawodnicy Pistons celowo starają się zwiększyć poziom wzajemnej niechęci – tłumaczy Jackson. – Jeśli chcesz dotrzymać im kroku, to w pewnym momencie musisz się im fizycznie przeciwstawić. Jeśli tego nie zrobisz, trudno. Wtedy cię pokonają. Ale jeśli zechcesz podjąć walkę, to fizycznie musisz się wznieść na ich poziom. I Bill potrafił to zrobić. Przekaz Billa brzmiał: »My w ten sposób nie gramy. Ja też nie chcę tak grać. Ale jeśli to ma być jedyny sposób, żeby tych gości pokonać, to się nie boję. Pokażę im, że tego nie akceptujemy. Że nie zgadzamy się na to, jak nas traktują«. Nie jesteście sobie w stanie wyobrazić, jak to podziałało na chłopaków, zwłaszcza na Scottiego Pippena i Horace'a Granta, którzy byli bez przerwy atakowani i prowokowani przez silniejszych fizycznie rywali, takich jak Dennis Rodman czy Rick Mahorn".

W marcu Bulls zwyciężyli w dziewięciu meczach z rzędu, zapewniając sobie przewagę własnego parkietu podczas play-offów. Wygrali też ostatnie cztery mecze sezonu zasadniczego, w tym mecz z Pistons, i zakończyli sezon z bilansem 61:21.

Jordanowi udało się pogodzić własne ambicje z oczekiwaniami Jacksona. Wygrał klasyfikację na najlepszego strzelca, zdobywając średnio 31,5 punktu (plus 6 zbiórek i 5 asyst na mecz). Pippen także poprawił swoje statystyki – rozegrał w sumie 3014 minut, zdobywając średnio 18 punktów, 7 zbiórek i 6 asyst.

Podczas play-offów Jordan został po raz drugi wybrany MVP ligi.

Pierwszym rywalem Byków byli Knicks. Mecz zakończył się rekordowym, 41-punktowym zwycięstwem Chicago. Dwa kolejne spotkania też wygrali Bulls, pokonując przeciwników do zera. Potem przyszła kolej na zwycięstwo nad Charlesem Barkleyem i 76ers – 4:1. Podczas dwudniowej przerwy w rywalizacji z 76ers w Filadelfii, Jordan pojechał wraz z dziennikarzem Markiem Vancilem do kasyna w Atlantic City. Wrócili do hotelu około 6.30 rano, ale Jordan dotarł na trening Bulls o dziesiątej. Nikogo, kto go znał, to nie zdziwiło. Zdarzenie nie umknęło uwadze mediów, które później przypominały o nim, jako o pierwszym sygnale zapowiadającym potężne trzęsienie ziemi.

Koszykówka przywróciła Michaela do rzeczywistości. Bulls rozbili Sixers, doprowadzając do jedynego rewanżu, którego tak naprawdę pragnął Jordan – kolejnego pojedynku z Bad Boys w finale Konferencji Wschodniej. W maju 1991 roku Detroit było złamaną drużyną. Chuck Daly został wybrany na trenera reprezentacji olimpijskiej podczas nadchodzących igrzysk w 1992 roku, a Isiah Thomas powrócił do drużyny w kwietniu, po wyleczeniu kontuzji. Być może przeczuwał, że Daly nie zamierza go uwzględnić w składzie reprezentacji. Zaczął publicznie krytykować swojego trenera, sugerując, że obowiązki związane z prowadzeniem kadry odwracają jego uwagę od Pistons. Daly próbował go uciszyć, ale Thomas upierał się przy swoim. Prywatnie Daly'ego podobno rozwścieczyła sugestia, jakoby nie wykonywał należycie swojej pracy. „Poświęciłem na to tyle czasu, ile potrzeba na jedno spotkanie i obejrzenie kilku filmów", powiedział dziennikarzom.

Jordan i jego koledzy poczuli krew. Pistons udało się przycisnąć Bulls na początku meczu. „Wygrywaliśmy z nimi w pierwszym meczu – wspomina Brendan Malone. – Udało nam się naprawdę uciszyć halę Chicago Stadium. A potem z ławki weszli Cliff Levingston, Will Perdue i Craig Hodges. Levingston i Perdue ciężko pracowali na tablicach, a Hodgesowi wchodziło prawie wszystko".

Bulls wygrali pierwsze trzy mecze głównie dzięki nastawieniu. Lepiej egzekwowali założenia ofensywy trójkąta i – zdaniem Malone'a – właśnie to dało im przewagę. „Z czasem zaczęli coraz lepiej grać w ataku. Trudno było nam podwoić Michaela i pozostawić kogoś na czystej pozycji". System ataku Wintera stworzył w końcu więcej miejsca dla samego Jordana i więcej czystych pozycji dla jego kolegów. Po zakończeniu rywalizacji Pistons musieli zmierzyć się z krytyką, że za bardzo koncentrowali się na Jordanie i pozwalali jego kolegom na łatwe, czyste rzuty".

„Nie da się nie koncentrować przede wszystkim na nim – mówił Dumars, wspominając tamtą rywalizację. – Trudno jest wejść na parkiet i nie koncentrować się na tym gościu, skoro tak bardzo dominuje nad wszystkim, co się dzieje. Trudno jest wejść na parkiet i nie zastanawiać się nad tym, co on zaraz zrobi".

W przededniu czwartego meczu w Detroit atmosfera wokół rywalizacji zrobiła się niemiła po tym, jak Jordan podczas konferencji prasowej dał upust swojej długo skrywanej złości. „Ludzie, których znam, będą się cieszyć z tego, że Pistons nie są już mistrzami NBA – powiedział o rywalach. – Wracamy do wizerunku czystej gry. Ludzie chcą, żeby ten styl koszykówki się skończył. Kiedy mistrzami byli Boston Celtics, to grali czysto. Potem wygrało Detroit. Nie odbieram im tego. Ale to nie była czysta gra. To nie była taka koszykówka, jaką chciałoby się wspierać. Nie zamierzamy zniżać się do takiego poziomu. Owszem, czasem uprawiam trash-talking, ale generalnie to gramy twardą, czystą koszykówkę. Próbowali nas sprowokować, ale zachowaliśmy zimną krew". Swoją przemowę zakończył dość bezczelnie: „Myślę, że jesteśmy w stanie wygrać z nimi do zera".

Wypowiedzi Jordana i ich ton rozjuszyły Pistons, w szczególności Thomasa. „Nie ma mowy, żebyśmy przegrali do zera", zapowiadał Isiah. Dumars niczego nie obiecywał, ale niechęć bijąca z wypowiedzi Jordana też go niemile zaskoczyła. „Byłem zaskoczony – przyznał potem obrońca Detroit. – Byłem rozczarowany, że zaczął deprecjonować nasze osiągnięcia, nie mając pojęcia o tym, co oznaczały dla nas nasze tytuły mistrzowskie".

Brendan Malone przewidywał zakończenie ery fizycznej gry Detroit już wcześniej, podczas play-offów. David Stern powiedział wtedy, że był w szoku, obserwując, jak ostre faule i „bandytyzm" stają się wizytówką stylu gry także innych drużyn. „Tego typu koszykówka się skończyła – powiedział Malone. – Myślę, że koniec nastąpił, kiedy David Stern obejrzał kilka meczów play-offów i był świadkiem bijatyki wszczętej przez kilku zawodników. Podjął wtedy decyzję, że musi podjąć zdecydowane kroki, żeby ukrócić siłową grę w NBA".

Malone twierdzi, że sędziowie zaczęli chętniej odgwizdywać Pistons rażące przewinienia już na początku rywalizacji z Bulls. „Raz zagwizdali Joemu Dumarsowi, który wprawdzie też grał siłowo, ale raczej nie przekraczał granic – powiedział. – Zrozumiałem, że władze ligi zdecydowały, że nie będą już zezwalały na taką grę".

Dzień później spełniła się przepowiednia Jordana: Chicago wygrało z Detroit do zera. Po meczu Thomas i reszta Pistons zeszli z parkietu, nie podając rywalom rąk i nie gratulując im. Daly prosił, żeby się tak nie zachowywali. Bojkot rozsierdził kibiców zgromadzonych przed telewizorami i fanów Chicago, a być może kosztował nawet Isiaha Thomasa miejsce w składzie reprezentacji olimpijskiej.

„To, że musieli minąć naszą ławkę, dostarczyło nam mnóstwa satysfakcji – wspominał John Paxson w 20. rocznicę zwycięstwa. – Mogliśmy zobaczyć Isiaha skulonego, zgarbionego, jakby chciał być niewidzialny… Ale jednocześnie potwierdziło się to, w co wierzyliśmy: że zagraliśmy we właściwy sposób. Byli naprawdę dobrzy, ale ich czas dobiegł końca. Nadeszła nasza kolej".

Dumars nie dołączył do protestu Thomasa i zatrzymał się, żeby pogratulować przeciwnikowi. Też był zły na Jordana za jego komentarze, ale pamiętał ból malujący się na twarzy Michaela na zakończenie poprzednich sezonów. „To wspomnienie sprawiło, że zatrzymałem się i uścisnąłem mu dłoń po tym, jak nas pokonali – wspominał Dumars w 2012 roku. – Nie zamierzałem minąć gościa i nie podać mu ręki. Uścisnąłem dłoń Philowi, Michaelowi i kilku innym. Uznałem, że jeśli facet był w stanie podać mi rękę, podczas gdy na jego twarzy malowała się taka rozpacz i rozczarowanie, to nie ma mowy, żebym ja zszedł z parkietu, nie podając ręki jemu".

Malone wspomina, że Thomas i reszta ekipy Pistons była wściekła, bo uznali wypowiedzi Jordana za oznakę braku szacunku. „Chodziło też o Phila Jacksona i Texa Wintera – mówił trener asystent Detroit. – O to przekonanie, że ich sposób gry jest jedynym właściwym. Uważałem, że to nas obraża. Są przeróżne style gry w koszykówkę. Oni mieli swój i właśnie nadeszła ich pora. Horace Grant i Scottie Pippen dojrzeli i byli gotowi do realizacji wyższych celów. Obaj naprawdę znacznie się poprawili. I Michael miał wreszcie wsparcie w walce o mistrzostwo".

Dumars tłumaczył przykry incydent częściowo tym, że Thomas źle znosił porażki. Gwiazdor Detroit podobnie zareagował cztery lata wcześniej, kiedy Pistons przegrali z Celtics.

„Isiah nigdy mi nie powiedział: »Nienawidzę Michaela Jordana« – tłumaczył Dumars w 2012 roku. – Za to wielokrotnie mi mówił: »Nienawidzę przegrywać«. Niezależnie od tego, z kim by przegrał, zniósłby to równie źle. Taka jest moja opinia o tej kontrowersyjnej sytuacji".

Ten przejaw lekceważenia był policzkiem dla Bulls i sprawił, że nie zapowiadało się na poprawę relacji obydwu drużyn. „Jedyne uczucia, które w stosunku do nich żywię, to pogarda i odraza – mówił cztery lata później Jerry Reinsdorf. – David Stern poczuł w końcu presję i zmienił przepisy, żeby zakazać ich stylu gry. To nie była koszykówka. To był bandytyzm i chuliganeria… I był to też jeden z powodów, dla których staliśmy się tak popularni. Byliśmy rycerzami na białych koniach, pozytywnymi bohaterami. Pokonaliśmy Bad Boys 4:0, a oni potem zeszli z parkietu w tak żenującym stylu. Mówiłem wtedy, że to triumf dobra nad złem. Wszyscy ich nienawidzili, zwłaszcza że wykorzystali swój brutalny styl gry, żeby pokonać najpierw Celtics, a potem Lakers, drużyny, które przez lata były najpopularniejsze w NBA".

Triumf nad Bad Boys był tak wielkim osiągnięciem dla Jordana i jego Byków, że choć wciąż czekał ich wielki finał NBA, nie byli w stanie powstrzymać się przed celebracją, rozpoczętą zresztą przez samego Jerry'ego Krause. „Ruszył na przód samolotu i zaczął świętować – wspomina Jackson. – Tańczył, a chłopaki skandowały: »Dajesz, Jerry! Dajesz, Jerry!«". Dni, kiedy się z niego nabijali, na chwilę odeszły w niepamięć. Jednak zawodnicy wciąż nie mieli pojęcia, jak traktować swojego dziwacznego menedżera. „Tańczył, wygłupiał się, sam już nie wiem, co tam wyprawiał – wspominał, uśmiechając się, Jackson. – Kiedy skończył, wszyscy wybuchnęli śmiechem. Trudno powiedzieć, czy śmiali się z nim, czy z niego. To była jedna z tych szalonych chwil".

Czas na Magica

Jeszcze niedawno Bulls rozważali pozyskanie Danny'ego Ainge i Bucka Williamsa, ale obaj wylądowali ostatecznie w Portland u boku Clyde'a Drexlera. Trail Blazers byli w sezonie zasadniczym w 1991 roku najlepsi na Zachodzie, kończąc bilansem 63:19, ale doświadczeni Lakers, prowadzeni przez Magica Johnsona, znaleźli na nich sposób i triumfowali w finałach Konferencji Zachodniej, pokonując Portland 4:2.

Nagle się okazało, że Chicago będzie gospodarzem wymarzonego dla wszystkich kibiców koszykówki meczu otwarcia. Michael kontra Magic, Bulls kontra Lakers. Kierownik Bulls do spraw sprzedaży biletów, Joe O'Neil, znalazł się w koszmarnej sytuacji. Nigdy nie było mu łatwo załatwić wystarczającej dla Jordana liczby biletów na mecze u siebie, unikając jednocześnie rozwścieczenia jego kolegów. Obecnie, kiedy Bulls szli w play-offach coraz dalej, grali coraz ważniejsze i atrakcyjniejsze mecze, popyt na bilety rósł, dlatego coraz trudniej było sprostać oczekiwaniom Jordana.

„Mniej więcej wiedziałem, o jakiej liczbie biletów myśli – wspomina O'Neil. – Zawsze go prosiłem: »Tylko mnie nie zaskocz. Nie mów w ostatniej chwili, że potrzebujesz 20 biletów« (co zresztą zawsze robił)". Przyznaje też, że jednym z największych problemów było zaspokojenie oczekiwań Jordana bez jednoczesnego urażenia Pippena, Granta i reszty chłopaków. „Pamiętam, jak wchodziłem do szatni i mówiłem Scottiemu, Horace'owi i reszcie: »Dostajecie po cztery bilety na osobę. Nie proście o więcej, bo ich nie mam. Tyle. Cztery bilety dla każdego«. A potem po cichu dawałem Michaelowi 40".

Sprawa zrobiła się na tyle poważna, że O'Neil poprosił Jordana, by chował swoje bilety przed kolegami. W końcu zaczął przekazywać mu je podczas ukradkowych spotkań, w szatni hokejowej hali Chicago Stadium.

Sprawa biletów wymknęła się spod kontroli, kiedy okazało się, że Bulls będą gospodarzami pierwszego meczu z Lakers. „Do rozpoczęcia finałów zostały jeszcze ze cztery dni, a ja już byłem totalnie załamany – mówi O'Neil, wspominając ten pierwszy sezon. – Nie miałem wystarczającej liczby biletów. Michael potrzebował więcej, wszyscy potrzebowali więcej. Pamiętam, jak wróciłem któregoś dnia około siódmej do domu, podszedłem do żony i powiedziałem: »Susan, ja już nie mogę. Mam dość. Cały świat się na mnie uwziął. Michael kontra Magic. Po prostu nie mam tylu biletów. Chyba nie jestem już w stanie tego ciągnąć«. Na co żona odpowiedziała: »Mam pomysł. Może wyrzucisz śmieci?«. Wyszedłem więc z tymi śmieciami. W pewnym momencie po drugiej stronie zapalają się światła, biegnie do mnie jakiś koleś, wręcza mi kartę kredytową i mówi: »Joe, nienawidzę ci tego robić, ale czy możesz mi załatwić dwa bilety?«. Wracam do domu i mówię żonie: »Wyrzucając śmieci, dostałem kolejne zamówienie na dwa bilety«".

Nie był to pierwszy pojedynek pomiędzy Michaelem i Magikiem, który wywołał natychmiastowe zwiększenie popytu w sprzedaży wejściówek. W 1990 roku promotorzy planowali zorganizowanie pojedynku jeden na jednego pomiędzy dwiema gwiazdami, który miał być transmitowany za pośrednictwem płatnej telewizji pay-per-view. Jordan, który spędził całe życie, wyzywając rywali na pojedynki jeden na jednego, od razu uznał pomysł za zachwycający. Ale NBA, po proteście Isiaha Thomasa, ówczesnego prezesa związku zawodowego koszykarzy, zablokowała wydarzenie, ponieważ dochody z niego miały zasilić kasę uczestników. Jordan zaatakował go za wtrącanie się i zarzucił mu, że wynika to z zazdrości, bo za oglądanie obrońcy Detroit nikt nie chciałby płacić.

Johnson powiedział, że z przyjemnością wziąłby udział w pojedynku, ale odmówił angażowania się w konflikt pomiędzy Jordanem i Thomasem. „To ich sprawa", powiedział.

Magic dobrze się przy tym bawił, spekulując, jaki byłby rezultat takiej konfrontacji. Aktor Jack Nicholson, wielki fan Lakers, powiedział, że gdyby miał obstawiać wynik, postawiłby na Jordana, który był wtedy najlepszym solowym koszykarzem na świecie. Johnson z kolei był uważany za zawodnika grającego wybitnie zespołowo.

Johnson nie zamierzał jednak dać za wygraną, nawet w pojedynku słownym. „Rozgrywałem mecze jeden na jednego przez całe życie – powiedział. – Tak dorabiałem do kieszonkowego". Zapytany o to, jaki jest jego popisowy numer w takim pojedynku, odparł: „Nie mam jednej popisowej akcji. Moją najlepszą akcją jest to, że wygrywam i tyle. Robię to, co jest potrzebne, żeby wygrać".

Kibice koszykówki byli rozczarowani, że pojedynek się nie odbył. „Mnóstwo ludzi chciało go obejrzeć – mówił wtedy Johnson. – Michael jest naprawdę rozczarowany. Jego kumple są rozczarowani. Wszyscy jesteśmy rozczarowani. Było to coś, na co wszyscy czekaliśmy".

Tamtego lata 1990 roku Jordan zgodził się zagrać w charytatywnym meczu gwiazd Magica, ale tego dnia przedłużyła mu się partia golfa i spóźnił się na imprezę. Zamiast rozpocząć mecz bez największej gwiazdy ligi, Johnson postanowił go opóźnić, żeby Jordan mógł zdążyć na jego rozpoczęcie, co podobno doprowadziło Isiaha Thomasa do szału. Michael był oczywiście zachwycony, że udało mu się przysporzyć kłopotu swojemu wrogowi.

W pojedynku o mistrzostwo Magiczny Mike z liceum Laney High miał w końcu stanąć oko w oko ze swoim bohaterem. Johnson, który poprowadził wcześniej Lakers do pięciu tytułów mistrzowskich, był uważany za najlepszego w grze zespołowej zawodnika w koszykówce, podczas gdy Jordan odgrywał spektakl jednego aktora i nie potrafił się nawet powstrzymać przed nazywaniem swoich kolegów „aktorami drugoplanowymi", bez względu na to, jak często proszono go, by tego nie robił. Jakby tych wspomnień było mało, Jordan miał się spotkać również z dwoma kolegami z uczelni: Jamesem Worthym i Samem Perkinsem. Worthy miał grać z poważnie skręconą kostką, co znacznie ograniczało jego sprawność ruchową. Niektórzy eksperci uważali, że kontuzja Worthy'ego będzie kosztowała Lakers porażkę w serii finałowej. Jego nieobecność byłaby dla ekipy z Los Angeles ogromną stratą. Inni, na przykład były trener Lakers Pat Riley, który komentował finały dla telewizji NBC, przewidywał, że Lakers wygrają dzięki doświadczeniu.

Jordan i Bulls zaczęli nerwowo, ale w połowie pierwszego meczu prowadzili różnicą dwóch punktów. W drugiej połowie na akcję pod koszem, rozegraną przez Perkinsa, Vlade Divaca i Worthy'ego, Bulls odpowiedzieli rzutami z dystansu, które zdecydowały o wyniku. Perkins trafił nieprawdopodobny rzut za trzy punkty, Jordan spudłował z pięciu i pół metra równo z końcową syreną. Los Angeles wygrało mecz numer jeden wynikiem 93:91.

Jordan zdobył 36 punktów, dorzucił do tego 12 asyst, 8 zbiórek i 3 przechwyty. Trafił 14 z 24 rzutów oddanych w grze, ale nawet jego fenomenalny występ nie powstrzymał niektórych kolegów z drużyny przed nieoficjalnym kwestionowaniem niektórych jego decyzji rzutowych i pojedynków jeden na jednego. Choć drużyna Jacksona właśnie straciła przewagę własnego parkietu, trener odetchnął z ulgą. Widział, że Lakers zaczynają mieć problemy za każdym razem, kiedy Johnson opuszcza boisko. Doszedł do wniosku, że dla zawodnika znajdującego się u kresu kariery, takie brzemię może być zbyt ciężkie. Jak się okazało, miał rację.

Wydarzyło się jednak coś jeszcze, czego Jackson nie przewidział. Na początku rywalizacji Johnsona (205 centymetrów wzrostu) krył Jordan (198 centymetrów). W drugim meczu Jordan złapał dwa szybkie faule. Jego koledzy z drużyny, zwłaszcza gracze podkoszowi, Grant i Cartwright, dobrze weszli w grę. Posadzenie Jordana na ławce miało dwie konsekwencje. Po pierwsze, wspomniana dwójka miała więcej okazji rzutowych, po drugie, wyższy Pippen otrzymał zadanie krycia Johnsona. Zakładano wtedy, że 25-latek nie poradzi sobie z najbardziej przebiegłym weteranem NBA, mistrzem wśród rozgrywających. Ale nastąpiło coś wręcz przeciwnego. Długoręki Pippen błyskawicznie ograniczył możliwości Johnsona, zmieniając dynamikę meczu. Zmagając się na przemian to z Jordanem, to z Pippenem, wysoki obrońca Lakers zdołał trafić tylko 4 z 13 rzutów oddanych w grze.

Tymczasem Pippen zdobył 20 punktów, 10 asyst i 5 zbiórek, a Bulls łatwo wygrali drugi mecz.

„Zaczęliśmy dostrzegać, że fizycznie ich wykańczamy – opowiadał uradowany Pippen. – A zwłaszcza ja, cisnąc go i męcząc, bez przerwy wytrącając go z rytmu w ataku. Nie był już tak skuteczny jak w przeszłości, w pojedynku z innymi drużynami. Nie był w stanie się przedrzeć pod kosz i wykorzystać sytuację. Widać było, że jest sfrustrowany".

„Częściowo chodziło o to, żeby dać Michaelowi odpocząć – wspomina Johnny Bach. – Nie chcieliśmy, żeby bez przerwy musiał kryć Magica. Zastąpił go Scottie i nagle do nas dotarło, że skoro jest taki wielki i ma takie długie ręce, to Magic nie będzie przy nim w stanie wykonywać swoich podań ponad obrońcami. Nazywaliśmy je podaniami *halo**, bo przelatywały tuż nad głowami. Podawał piłkę tuż ponad niższymi zawodnikami. Ale teraz miał przed sobą Scottiego, który był wtedy nawet trochę wyższy niż podawane oficjalnie dwa metry. Miał długie ręce i duże dłonie. I Magic zaczął wymiękać. Widać było, że się zestarzał. A młodość nie zamierza czekać na starców".

Jordan rozpoczął mecz z rozmachem, zaliczając no-look passy do Cartwrighta i Granta, którzy zdobywali potem łatwe punkty. Po udanym rozpoczęciu meczu Bulls rzucali ze skutecznością ponad 73 procent i wygrali z dużą przewagą – 107:86. Jordan trafił aż 15 z 18 rzutów z gry, zakończył mecz, mając na koncie 33 punkty, 13 asyst, 7 zbiórek, 2 przechwyty i 1 blok. W pewnym momencie drugiej połowy Jordan trafił 13 rzutów z rzędu, a punktem kulminacyjnym tej serii była niezapomniana akcja na niespełna osiem minut przed końcem meczu. Otrzymał podanie przed linią rzutów wolnych, po czym zaatakował kosz, nie zważając na kłębiący się tam tłum. Wyskoczył, trzymając piłkę wysoko ponad głową w wyciągniętej prawej ręce, żeby zadunkować, ale kiedy dostrzegł blokującego obrońcę, w ostatniej chwili przełożył piłkę do lewej ręki i opadając, zdołał jeszcze oddać rzut od dołu, trafiając od tablicy. Hala oszalała, Phil Jackson tylko się uśmiechnął i potrząsnął głową, a komentujący mecz dziennikarz, Marv Albert, zaczął krzyczeć. Ta akcja została potem nazwana „The Move" (Przełożenie) i przeszła do historii razem ze słynnym „The Shot" z meczu z Cleveland w 1989 roku.

Wspaniały występ Jordana został częściowo przyćmiony przez Paxsona, który trafił wszystkie 8 rzutów z gry. „Czy Paxson kiedykolwiek pudłuje?", pytał potem Perkins.

Być może najbardziej drażliwą kwestią było zachowanie Jordana wobec ławki przeciwnika. Kiedy pogrom Lakers stawał się faktem, Michael zaczął ich

* *Halo* – aureola.

prowokować, wymachując w ich kierunku pięściami albo robiąc drwiące miny po kolejnych koszach, zwłaszcza po „The Move". Ekipa z Los Angeles złożyła potem w tej sprawie protest. Nawet koledzy z drużyny próbowali go powstrzymywać. Pomimo dotkliwej porażki Lakers udało się wywieźć z Chicago Stadium korzystny remis 1:1 przed trzema meczami na własnym parkiecie hali Great Western Forum. Mieli nad Bykami ogromną przewagę doświadczenia, a większość ekspertów uważała, że to właśnie doświadczenie będzie decydować o wyniku.

Pierwszym punktem zebrania Bulls przed meczem numer trzy było obejrzenie przygotowanej przez Jacksona kasety wideo, pokazującej, jak Johnson odpuszcza krycie Paxsona, żeby przejść do strefy i wprowadzić zamieszanie do ataku Chicago. Trener zwracał uwagę, że Jordan musi zacząć to zauważać i oddawać piłkę do niekrytego strzelca Bulls. Powtarzał to Michaelowi po każdym z dwóch kolejnych meczów. Bo choć Jordan podczas finałów w 1991 roku zaliczał średnio 11 asyst na mecz, to problem wciąż pozostawał nierozwiązany.

Krycie Johnsona przez Pippena w meczu numer trzy obróciło się przeciwko Chicago. Lakers objęli w drugiej połowie 13-punktowe prowadzenie, głównie za sprawą tego, że Vlade Divacowi łatwiej przychodziło zdobywanie punktów, bo miał przeciwko sobie znacznie niższego Jordana. Ale Bulls udało się zmniejszyć różnicę do 6 punktów na koniec trzeciej kwarty, co było początkiem kłopotów Lakers. Johnson był coraz bardziej zmordowany zbyt dużą liczbą minut, które musiał spędzać na parkiecie, a kostka Worthy'ego zaczęła mu w końcu dokuczać, jak się tego obawiali trenerzy Lakers. Na trzy–cztery sekundy przed końcem meczu Jordan trafił rzut, którym doprowadził do dogrywki. Bulls zdobyli w niej pierwsze 8 punktów, ostatecznie wygrywając 104:96 i obejmując w rywalizacji prowadzenie 2:1. W czwartym meczu Byki zadręczyły Lakers, pozwalając im trafić tylko 37 procent rzutów z gry. W drugiej i trzeciej kwarcie Lakers zdobyli w sumie tylko 30 punktów. Największe problemy miał pod koszem Perkins, który trafił tylko 1 z 15 rzutów. Cartwright poprowadził obronę podkoszową, która okazała się kluczowa. Zwycięzyli 97:82. Jordan zaliczył kolejny gwiazdorski występ w swoim pierwszym finale w karierze, zdobywając 28 punktów i zaliczając 13 asyst, 5 zbiórek i 2 bloki.

„Nie wierzę, że to się dzieje", powiedział dziennikarzom Magic Johnson.

„Biorąc pod uwagę to, jak bronią, wynik nie jest niespodzianką – powiedział o Bulls trener Lakers, Mike Dunleavy. – Są bardzo silni i bardzo sprytni".

Bulls znaleźli się nagle na skraju czegoś niewiarygodnego, ale wiedzieli, że muszą wykazać jeszcze trochę cierpliwości. „Objęliśmy prowadzenie 3:1 i musieliśmy długo czekać na piąty mecz, od niedzieli do środy – wspomina kierownik Bulls do spraw sprzętu sportowego, John Ligmanowski. – Te trzy dni trwały wieczność. Zanim jeszcze wygraliśmy, Michael wsiadł do drużynowego autokaru i zapytał: »No i jak się czujecie, mistrzowie świata?«. On już wiedział. To było całkiem fajne uczucie. Nie mogliśmy tylko się doczekać".

W przededniu meczu numer pięć Jordan publicznie docenił Cartwrighta i przyznał, że drużyna wiele mu zawdzięcza. „Dał nam wielką przewagę pod koszem – powiedział. – Grał bardzo solidnie… Okazał się być jednym z najważniejszych elementów całej naszej drużyny i bardzo pozytywnie zaskoczył wielu, którzy dziś tu stoją i z nim grają".

Kiedy Cartwrightowi powtórzono wypowiedź Jordana, ten tylko wzruszył ramionami. „To nie jest dla mnie takie istotne – powiedział. – Zawsze wychodziłem z założenia, że kto sieje ziarno, ten zbiera plony. Dla mnie liczy się tylko to, żebyśmy zdobyli mistrzostwo".

Każdy zawodnik pierwszej piątki Bulls oddał w meczu numer cztery przynajmniej 10 rzutów, co było dowodem zaufania ze strony Jordana i świadczyło o tym, że Jackson dopiął swego. Odkąd zaczął trenować drużynę, rzadko decydował się na bezpośrednią konfrontację z Jordanem. Jeśli chciał, żeby Michael coś zrobił, często mówił całej drużynie, że już pora zacząć to robić. Kiedy zamierzał go skrytykować, kierował zarzuty pod adresem całej ekipy. Ten sposób komunikacji pomiędzy trenerem i gwiazdą drużyny miał się potem przewijać przez wszystkie wspólnie spędzone przez nich lata. Obaj doskonale wiedzieli, o co chodzi, i obaj zaakceptowali tę metodę. Inni zawodnicy czasami po cichu na to narzekali, ale i oni musieli pogodzić się z tą wynikającą z okoliczności konwencją.

Kiedy zbliżał się termin piątego meczu, doszło do sytuacji, o której potem uwielbiali sobie opowiadać aktualni i przyszli koledzy Jordana z drużyny. Będąc u progu tytułu mistrzowskiego, mając do dyspozycji niekrytego Johna Paxsona, Jordan uparcie go ignorował i konsekwentnie próbował wejść jeden na jednego. Jackson wziął czas i z niecierpliwością zapytał: „MJ, kto jest niekryty?".

Jordan był być może zdumiony nagłą bezpośredniością pytania Jacksona, bo nic nie odpowiedział.

Jackson zapytał więc raz jeszcze: „Kto jest niekryty?".

Historię opowiadało sobie wielu kolegów Jordana, którzy potem musieli latami cierpieć z powodu jego wygórowanych oczekiwań.

„To jedna z moich ulubionych historii – mówił w wywiadzie w 2012 roku Steve Kerr, który zajmował potem w drużynie miejsce Paxsona. – Michael miał słabszą drugą połowę, był podwajany i musiał oddawać rzuty z trudnych pozycji. Phil poprosił o czas na kilka minut przed końcem meczu. Spojrzał na Michaela i zapytał: »Michael, kto jest niekryty?«. Tyle że Michael nawet nie podniósł głowy. Phil dalej swoje: »Michael, kto jest niekryty?«. W końcu Michael spojrzał na niego i burknął: »Pax!«, a Phil na to: »No to może byś mu, kurwa, podał piłkę!«".

W ciągu ostatnich czterech minut meczu Paxson trafił 5 rzutów z dystansu, bo Jordan ściągał na siebie uwagę obrońców, po czym oddawał piłkę. John zakończył mecz z 20 punktami na koncie, a Pippen dorzucił 32. Bulls zdobyli mistrzostwo, wygrywając piąty mecz 108:101. Sprawozdawca meczów Bulls, Jim Durham, wspominał w 2011 roku, że zwycięstwo spotkało się z głuchym milczeniem tłumów zgromadzonych w hali Forum. „Pamiętam tylko zawodników Bulls szalejących z radości po parkiecie i wszystkich innych, siedzących na trybunach i przyglądających się temu w milczeniu".

W cichej ceremonii pomeczowej wielki kibic Lakers, Jack Nicholson, obejmował Jacksona, a Magic Johnson szukał Jordana, żeby móc mu pogratulować. Obaj zbliżyli się do siebie po tym, jak Johnson podszedł do Michaela i powiedział mu, że powinni zapomnieć o tym, co ich różni. Jordan mówił potem, że tamte finały były prawdziwym początkiem ich przyjaźni. „Zobaczyłem w jego oczach łzy – mówił Johnson o ich rozmowie odbytej po końcowej syrenie. – Powiedziałem mu: »Udowodniłeś im wszystkim, że nie mieli racji. Jesteś prawdziwym zwycięzcą i wielkim koszykarzem«".

Łzy zamieniły się w rzekę, kiedy Michael przedarł się przez tłum do szatni, żeby móc się napawać chwilą, na którą czekał aż siedem lat. „Nigdy nie straciłem nadziei – powiedział, siedząc razem z żoną i ojcem. – Jestem taki szczęśliwy. To wielka radość dla mnie, dla mojej rodziny, dla mojego klubu. To coś, na co ciężko pracowałem przez siedem lat i mogę tylko podziękować Bogu za talent i szansę, którą dostałem".

„To była piękna scena: zapłakany Michael, przytulający go ojciec – wspomina Jim Durham. – W końcu wygrał i zrobił to na swoich warunkach".

Kiedy Jordan zaczął płakać, wyglądało na to, że nigdy już nie będzie w stanie powstrzymać łez. „Nigdy nie okazałem publicznie takich emocji – powiedział. – Kiedy tu przyszedłem, zaczynaliśmy od zera. Obiecałem, że co roku będziemy awansowali do play-offów i z każdym sezonem byliśmy coraz bliżej celu. Zawsze wierzyłem, że któregoś dnia zdobędę pierścień".

Jordan przyznał, że do zwycięstwa w ostatnim meczu potrzebne były celne rzuty Paxsona z czystej pozycji i że to Jackson zmusił go do podań do niego. „Dlatego zawsze chciałem go mieć w tej drużynie i dlatego chciałem, żeby w niej pozostał".

„Zrobiliśmy to, dokończyliśmy dzieła, to było jak blitzkrieg – wspominał Jackson. – Po wszystkim było mnóstwo radości. Michael trzymał puchar i łkał ze szczęścia... To było coś wyjątkowego".

Potem impreza Bulls przeniosła się do ich pokoi w hotelu Ritz-Carlton w Marina del Rey. „Pamiętam, jak przyszedłem do pokoju Michaela – opowiada John Ligmanowski. – Kazał mi zamówić 12 butelek szampana Dom Pérignon i przekąski dla 40 osób. Byliśmy w hotelu Ritz-Carlton, zadzwoniłem do konsjerża. Powiedziałem: »Tak jest, chciałbym zamówić 12 butelek dom i przekąski dla 40 osób«. A on na to: »Proszę chwilę zaczekać«. Nie chcieli tego przynieść, bo wiedzieli, że to nie Michael zamawia. Przekazałem mu więc słuchawkę. Chwycił ją i powiedział: »Po prostu to przynieście!«".

Bulls powrócili do Chicago i świętowali tytuł mistrzowski w Grant Parku. Towarzyszył im tłum, w którym podobno było od pół miliona do miliona osób. „Zaczynaliśmy, będąc na dnie – powiedział Jordan, przemawiając do szczęśliwych fanów. – I trudno nam było pokonać drogę na szczyt. Ale udało się".

Za kulisami mogło się wydawać, że zwycięstwo załagodzi konflikt pomiędzy Jordanem a Krausem. „Udało nam się w końcu zdobyć pierwszy tytuł mistrzowski – wspomina Jim Stack. – Michael już nigdy więcej nie powiedział publicznie, że powinniśmy dokonać takiego czy innego transferu. W końcu niechętnie oddał Jerry'emu należny mu szacunek, ale Jerry naprawdę musiał zmienić swoje postępowanie, żeby sobie na to zasłużyć. A przecież w ciągu pierwszych sezonów Michael był naprawdę nieustępliwy w swoich potyczkach z Jerrym".

Stack mówi, że po zdobyciu mistrzostwa Jordan przestał mieć Krausego na celowniku: „Nienawiść na jakiś czas zniknęła".

Rozdział 27

HAZARD

Po przeprowadzeniu swojej drużyny do Ziemi Obiecanej Jordan raptownie podążył inną, ryzykowną ścieżką. Zrobił to w momencie, kiedy Gatorade przygotowywało się do wypuszczenia nowej kampanii reklamowej, której motto brzmiało: „Chciałbym być jak Mike"*. Czas miał pokazać, że tylko od niego zależy, ile będzie w stanie osiągnąć jako koszykarz. Właśnie zdobył swój pierwszy tytuł mistrzowski, zamykając usta krytykom, którzy twierdzili, że nie potrafi grać drużynowo, ale jednocześnie wyruszył w inną, związaną z życiem poza boiskiem, podróż, która miała zagrozić jego pozytywnemu, tak starannie wypracowanemu wizerunkowi.

Tego lata Jordan i Richard Esquinas, współwłaściciel San Diego Sports Arena, rozegrali kilka hazardowych pojedynków golfowych na wysokie stawki i zaczęli zapisywać listę zwycięstw i przegranych. „Zawsze podchodziliśmy do kwestii spłaty długu bardzo elastycznie", wspominał potem Esquinas. Hazard przeniósł się na nowy, wyższy poziom, kiedy we wrześniu, w Pinehurst w Karolinie Północnej, Esquinas przegrał w ciągu jednego dnia 98 tysięcy dolarów. Chciał się odegrać, zaczął więc namawiać Jordana, żeby zagrali o podwójną stawkę, po czym wypisał mu dwa czeki, każdy na 98 tysięcy. Nie był pewien, czy ma na koncie środki wystarczające na pokrycie choćby jednego z nich, ale nie powiedział o tym Jordanowi. Jak się okazało, nie musiał tego sprawdzać. Jordan zgodził się na zakład i tak rozpoczęła się przepełniona adrenaliną dziesięciodniowa rozgrywka dwóch hazardzistów w klubie golfowym Aviara w San Diego. Jordan

* *I wanna be like Mike.*

przegrał nie tylko 98 tysięcy, w sumie był w plecy 626 tysięcy. Tym razem to on zaproponował podwojenie stawki. Esquinas, który czuł, że jest w gazie, twierdzi, że początkowo Michaela od tego odwodził, ale ostatecznie się zgodził.

„Znowu zaczął długo opowiadać o tym, jaki jest bogaty – wspominał potem. – Powiedział, że stać go na to, żeby zapłacić 1,2 miliona dolarów, jeśli przegra. Powiedział: »Zagrajmy o całą pulę. E-man, nie wierzę, że nie dasz mi się odegrać«. Próbowałem mu uzmysłowić, że mówimy o naprawdę wielkich pieniądzach. Chciałem, żeby odpuścił. Ale on nie tylko chciał to ciągnąć, on tego żądał. Powiedziałem: »Wolałbym to przerwać, ale będę z tobą uczciwy. Jeśli przegrasz, będziesz musiał zapłacić. Tylko pod tym warunkiem się zgodzę. I jeśli znowu cię pokonam, to kończymy. Nie podwajamy znowu stawki, tylko kończymy«".

Jordan szybko przegrał, a jego dług u Esquinasa urósł do miliona 252 tysięcy dolarów. Po porażce wydawał się być trochę wstrząśnięty, ale powrócił do domu do Wilmington, gdzie odbywała się ceremonia nadania jego imienia odcinkowi autostrady Interstate 40, znajdującemu się w pobliżu domu, w którym mieszkał w dzieciństwie na Gordon Road. Był tam też Dean Smith. Jego tweedowa marynarka kontrastowała z modnym, idealnie skrojonym garniturem Jordana, ozdobionym wystającą z kieszonki wytworną, jedwabną chusteczką. Podczas przecinania wstęgi Michael rozpłakał się ze wzruszenia, a kiedy wrócił na miejsce, Juanita delikatnie otarła mu łzy z policzków. Jednak najbardziej wzruszające było to, co wydarzyło się jeszcze przed rozpoczęciem uroczystości. James Jordan, ubrany w elegancki, jasnoniebieski garnitur ze znaczkiem „Być jak Mike" wpiętym w klapę, wszedł na podium, żeby uścisnąć dłoń syna. Michael, siedząc, spojrzał w górę na ojca, szeroko się uśmiechnął i poklepał go po ramieniu.

W tym samym tygodniu Jordan został powołany do reprezentacji Stanów Zjednoczonych na igrzyska olimpijskie w 1992 roku. Informację ogłoszono po krótkich negocjacjach, w których Jordan stanowczo się upierał, że zagra tylko wtedy, gdy w składzie drużyny nie znajdzie się Isiah Thomas. Po ciężkich i czasem przykrych doświadczeniach jako członka kadry na igrzyska w 1984 roku Jordan niechętnie się angażował w coś, co potem zostało nazwane Dream Teamem. Jack McCallum ze „Sports Illustrated" napisał, że komitet olimpijski zdecydował się nie zapraszać Thomasa, by uniknąć ewentualnych problemów z porozumieniem się drużyny. Artykuł sugerował, że ani Chuck Daly, ani menedżer Detroit, Jack McCloskey, który był członkiem komitetu decydującego o składzie drużyny, nie zrobili zbyt wiele, żeby stanąć w obronie Thomasa. Najgorsze było to, że cała historia uniemożliwiła Pistons odbudowanie się po koszmarnej porażce z Chicago w play-offach. Atmosfera w drużynie poważnie na tym ucierpiała. Tymczasem Esquinas zaczął wydzwaniać do Jordana, dopytując, kiedy dostanie należne mu pieniądze. Trzy lata później Esquinas ujawnił, że Jordan się roześmiał i powiedział: „Rich, prędzej cię zastrzelę, niż wypiszę ci czek na 1,2 miliona".

Odpowiedź trochę wystraszyła Esquinasa, który zaczął się zastanawiać nad tym, jak wielką wartość reprezentuje Jordan dla różnych interesariuszy. „Bałem się, że mogę zacząć być postrzegany jako zagrożenie dla Jordana i że może się to dla mnie źle skończyć", powiedział. Później przyznał: „Próbowałem to zbagatelizować, ale widziałem, że Michael nie zamierza zapłacić mi wszystkiego. Mówił coś w stylu: »No przecież ci nie zapłacę całej kwoty«. Zrozumiałem, że ściągnięcie tego długu będzie trudne".

Księga rewelacji*

Porażki Jordana w pojedynkach golfowych nie dotarły jeszcze do opinii publicznej. Tymczasem książka Sama Smitha *The Jordan Rules* okazała się tej jesieni kolejną sensacją w życiu Michaela i postawiła na nogi całe Bulls. Jordan został w niej przedstawiony w bardzo negatywnym świetle, podobnie jak zaniedbany Krause ze swoją nieposkromioną pychą. Phil Jackson przyznał potem, że dzięki książce udało się osiągnąć coś bardzo rzadkiego – Jordan i Krause w czymś się w 100 procentach zgadzali.

„Sam Smith zarobił na tej książce trochę pieniędzy – miał powiedzieć kilka lat później menedżer Bulls. – Mam nadzieję, że się tymi dolarami udławił".

Książka zawierała też wiele rewelacji na temat występującej u Jordana instynktownej wręcz potrzebie rywalizacji. Zawsze był bardzo drażliwy, więc przedstawienie jego osoby w tak negatywnym świetle mocno go zabolało i rozzłościło. Jednak opinia publiczna pokochała wizerunek zawodnika przepełnionego wolą walki, twardego niczym kamień, który doprowadzał ludzi ze swojego otoczenia do nędzy albo do wielkości. Tak więc książka zamiast zaszkodzić Jordanowi, przysporzyła mu jeszcze więcej wyznawców. On sam poczuł się

* *Book of Revelations* – tytuł jest grą słów. *Revelation* nawiązuje do Apokalipsy św. Jana, czyli Księgi Objawienia (*Book of Revelation*).

natomiast jeszcze bardziej osaczony. „*Jordan Rules* podzieliła drużynę”, mówi trener.

Jednym ze źródeł, z których Smith czerpał informacje, był Horace Grant, co szczególnie dotknęło Jordana. „Wiedziałem, że ludzie zaczną mnie atakować – powiedział Markowi Vancilowi. – Doszliśmy do punktu, w którym inni mają już dość tego, że ciągle jesteś na piedestale, krystalicznie czysty i wypolerowany. I mówią: »Zobaczmy, czy pod tą powierzchnią nie znajdziemy trochę brudu«. Ale nigdy się nie spodziewałem ataku ze strony drużyny. Sam przez osiem miesięcy udawał, że jest przyjacielem, prawie członkiem rodziny. Rodzina mówiła, że mnie nienawidzi. Skoro aż tak mnie nienawidzili, to jak byli w stanie ze mną grać?… Nie mam pojęcia, jakim cudem wygraliśmy, jeśli było wśród nas tyle nienawiści. Wydawało mi się, że całkiem nieźle się dogadujemy”.

Podobny żal Jordan okazał kilka tygodni później, kiedy zdecydował, że nie dołączy do drużyny podczas tradycyjnej ceremonii w ogrodzie Rose Garden w Białym Domu u prezydenta George’a Busha. Zamiast tego wyjechał na wycieczkę golfową z grupką kumpli, między innymi z przyjacielem z dzieciństwa, Davidem Bridgersem. Ta historia jeszcze bardziej poróżniła Jordana z Grantem.

„Myślę, że Horace nie czuł się traktowany wystarczająco poważnie, a chciał być kimś ważnym – uważa Phil Jackson. – Było w nim kilka rzeczy, które martwiły Michaela. Po pierwsze, rozmawiając z dziennikarzami, Horace mówił to, co mu ślina na język przyniosła. Jedna z sytuacji, która zaogniła stosunki z Michaelem, miała miejsce po zdobyciu przez nas pierwszego tytułu. Horace i Michael pojechali z żonami do Nowego Jorku. Poszli na kolację, a potem do teatru. Wtedy Michael po prostu powiedział Grantowi, że nie wybiera się na spotkanie z prezydentem Bushem. Powiedział: »To nie jest obowiązkowe. To jest mój czas wolny, mam inne plany«”. Horace nie miał wtedy z tym żadnego problemu. Dowiedział się o tym prywatnie i nie zareagował. Ale kiedy cała historia przedostała się do opinii publicznej, kiedy pojawili się dziennikarze i zapytali Horace’a, czy nie martwi go to, zrobił z tego wielką aferę. Skoro już zapytano go o zdanie, skorzystał z okazji, żeby zabrać głos”.

„Nigdzie się nie wybieram, nie ma mowy – powiedział Jordan, kiedy dziennikarze zapytali go o tradycyjną wizytę w Białym Domu. – Nikt mnie nie zapytał, czy ta data mi pasuje. OK, niech inne chłopaki idą, ale dla mnie Biały Dom jest jak każdy inny dom. No, może trochę czystszy”.

Na kilka dni przed spotkaniem u prezydenta Jordan zaliczył dość kłopotliwy występ w programie *Saturday Night Live*. Byli tam też Jesse Jackson i skład hip-hopowy Public Enemy. Michael nie chciał brać w tym udziału, ale namówił go Sonny Vaccaro, który nawet przyjechał do Nowego Jorku, żeby posiedzieć z nim w studiu NBC.

Vaccaro został niedawno zwolniony przez Phila Knighta z Nike, ale odnosił już sukcesy z innymi firmami produkującymi obuwie sportowe. „Kiedy Phil mnie zwolnił, zadzwonił Michael. To był jeden z pierwszych telefonów, które odebrałem – wspomina Vaccaro. – Zapytał: »Co mogę dla ciebie zrobić? Mam zadzwonić do Phila?«, ale odpowiedziałem: »Nie trzeba, już po wszystkim«".

Podobnie jak Rob Strasser i inni, którzy rozstali się z Nike, Vaccaro namawiał Jordana, żeby pod wpływem sukcesów Air Jordan stworzył własną markę. „Bardzo mi zależało, żeby Michael o to poprosił – mówił Vaccaro. – To była moja ostatnia wola i testament dla Michaela. Powiedziałem mu: »Musisz dostać udziały w firmie«. Tak to wyglądało". Jednym z ostatnich zadań Nike i Jordana było posprzątanie wszystkich drobiazgów związanych z klęską sklepów Flight 23 i z Jamesem Jordanem. „Michaela frustrowało to, że nie jest w stanie tego po prostu zamknąć – wspomina Vaccaro. – W końcu nie wytrzymał i powiedział, że James musi to zamknąć. Niezależnie od tego, ile by to miało kosztować".

W tym samym pełnym obowiązków miesiącu NBC wyemitowało *Komedię w hołdzie Michaelowi Jordanowi** – specjalny program organizacji charytatywnej Comic Relief, który miał za zadanie zbiórkę pieniędzy dla bezdomnych dzieci. Bilety na to wydarzenie, które było nagrywane w lipcu w Chicago Theatre, kosztowały do 400 dolarów, a tysiące gapiów zgromadziły się na zewnątrz, mając nadzieję, że zobaczą Jordana. Siedział razem z Juanitą w prywatnej loży i ewidentnie zażenowany przyglądał się, jak różne gwiazdy go parodiują.

Prowadzący Billy Crystal rozpoczął imprezę, nabijając się z ogromnej liczby produktów reklamowanych przez Jordana. „Mam wszystko Michaela Jordana – powiedział. Mam nawet szkła kontaktowe Michaela Jordana. Sprawiają, że wszyscy inni wydają się niżsi i wolniejsi".

Chcąc odwdzięczyć się NBC za zbiórkę pieniędzy, Vaccaro namówił w końcu Jordana na udział w programie *Saturday Night Live*. „To była największa

* *A Comedy Salute to Michael Jordan*.

rzecz na świecie – mówił. – Trochę się denerwował tym występem. Niewiele brakowało, a wycofałby się”.

Jack McCallum ze „Sports Illustrated” też znajdował się w studiu, przyglądając się, jak ekipa SNL zabawia Jordana, dostając w zamian autografy. Producenci programu chcieli zainscenizować skecz o tym, jak Jordan robi wszystko, żeby Isiah nie dostał się do reprezentacji olimpijskiej, ale Michael odmówił. Jego pierwszy występ w roli gospodarza SNL był w większości płaski i nieśmieszny, a on sam na pewno potem żałował, że się na to zgodził.

W następstwie tych wydarzeń na światło dzienne wyszły pierwsze prawdziwe problemy Jordana. W grudniu, w trakcie śledztwa prowadzonego przez policję wobec skazanego za handel kokainą mieszkańca Charlotte, niejakiego Jamesa „Slima” Boulera, okazało się, że znaleziono przy nim czek na 57 tysięcy dolarów wypisany przez Jordana. Bouler został skazany za pranie brudnych pieniędzy i unikanie płacenia podatków. Obaj twierdzili, że pieniądze były pożyczką, ale Jordan został wkrótce wezwany przed sąd, żeby zeznawać przeciwko Boulerowi.

W lutym 1992 roku, podczas napadu rabunkowego w domu, został zamordowany Eddie Dow, egzekutor skarbowy. Złodzieje zabrali z sejfu 20 tysięcy dolarów w gotówce, ale zostawili trzy czeki na 108 tysięcy dolarów podpisane przez Jordana. Prawnik reprezentujący Dowa zeznał, że czeki pochodziły z długów hazardowych, które Jordan był winien przedsiębiorcy z Karoliny Północnej, Deanowi Chapmanowi, i dwóm innym osobom. Z doniesień prasowych wynikało, że Michael często organizował w swojej rezydencji na wyspie Hilton Hill małe imprezy, podczas których odbywały się rozgrywki golfowe i gry hazardowe. Przy okazji jednej z tych imprez Jordan przegrał te pieniądze. Według prawnika Dowa jego klient brał udział w co najmniej trzech takich spotkaniach. Jordan słynął też z tego, że przed rozpoczęciem obozu treningowego organizuje „Czas Mike’a”* – pojedynki golfowe połączone z grą w pokera o wysokie stawki.

Na skutek tych doniesień komisarz NBA, David Stern, udzielił Jordanowi nagany. Liga rozpoczęła wkrótce „dochodzenie” w sprawie działań Jordana, na razie w okrojonym zakresie. Ani Jerry Krause, ani Sonny Vaccaro nie zostali wówczas przesłuchani. W 2012 roku Krause powiedział, że Bulls byli tak samo zaskoczeni, jak wszyscy inni, kiedy rewelacje na temat Jordana ujrzały światło dzienne. Dodał też, że władze klubu nigdy nie próbowały dowiedzieć się czegoś

* *Mike's Time.*

więcej na temat jego zajęć niezwiązanych z koszykówką. Było to zaskakujące, ponieważ Krause pracował pod koniec lat 70. w Los Angeles dla dyrekcji Los Angeles Lakers. Zdaniem byłego menedżera Lakers, Pete Newella, zatrudniano wtedy emerytowanych policjantów z LAPD, aby śledzili zawodników. Phil Jackson oskarżył potem Jerry'ego, znanego również jako „The Sleuth"*, że szpiegował zawodników Bulls poza boiskiem, ale on temu zaprzeczył.

„Jestem go absolutnie pewny i ufam mu jako człowiekowi", powiedział Krause o Jordanie. Nike zajęło podobne stanowisko. „W życiu prywatnym ma prawo robić to, co każdy zwykły człowiek. Nie jest prezydentem ani papieżem", oświadczył rzecznik prasowy Nike, Dusty Kidd, dopytywany przez dziennikarzy.

„Fakt, miał problem z hazardem – przyznał Sonny Vaccaro w 2012 roku. – Ale to jedyny facet, który był w stanie to przetrwać. Zdajecie sobie z tego sprawę?"

Po 20 latach od tych wydarzeń głos w tej sprawie. „Nie miałem o niczym pojęcia – powiedział. – Wiedziałem, że gra w karty w samolocie. Słyszałem, jak chłopaki przekrzykiwały się nawzajem. Nie wiedziałem, o jakie stawki grają. Potem dotarło do mnie, że o bardzo wysokie. Ale wszyscy świetni koszykarze z NBA w przeszłości robili to samo. Byłem przyzwyczajony do tego, że chłopaki grają w karty. Tak to wyglądało w NBA. Jeśli chodzi o Michaela, okazało się potem, że był to jego sposób na życie. Ale co z tego? Miał pieniądze. Nigdy nie zachował się nieprofesjonalnie. Skurczybyk codziennie pojawiał się w hali, gotowy do gry. Widziałem, jak bierze udział w setkach przedsięwzięć charytatywnych. Robił wiele szlachetnych rzeczy, ale robił też mnóstwo idiotycznych rzeczy. Jest tym, kim jest".

Władza

Koszykarskie ikony, które tak długo stawały na drodze Jordana do mistrzostwa NBA, padały jedna po drugiej jak muchy.

Najpierw wykruszyli się Isiah Thomas i jego Pistons posypali się niczym Zła Czarownica z Zachodu**. Larry Bird poległ w nierównej walce z wiekiem. Miał problemy z kręgosłupem, był coraz mnie skuteczny w rzutach, coraz wcześniej odpadał z play-offów. Ale największa ikona upadła 7 listopada 1991 roku, kiedy

* Detektyw.

** Bohaterka *Czarnoksiężnika z Krainy Oz.*

Jordan był na treningu. W tym dniu Lon Rosen, agent Magica Johnsona, zadzwonił do rzecznika prasowego Bulls, Tima Hallama.

Rosen przekazał Jordanowi tę samą złą wiadomość, która dotarła już do wąskiego grona elity NBA. Jeszcze tego popołudnia w Los Angeles Magic Johnson ogłosił, że kończy karierę, gdyż wynik testów na obecność w jego organizmie wirusa HIV okazał się pozytywny. Zszokowany Jordan z trudem odważył się zadać pytanie: „Czy on umrze?".

Takie samo pytanie zadawały sobie miliony kibiców, kiedy rozpoczął się ten dziwny, nietypowy sezon NBA. Wielu spośród najlepszych zawodników NBA przeprowadziło po cichu własne testy, bo imprezowali w LA w tych samych miejscach co Johnson. Plotkowano również o samym Jordanie, między innymi o tym, że chciał się zakładać z kolegami z drużyny o duże sumy, że uda mu się przespać z jedną czy drugą gwiazdeczką z Hollywood podczas serii meczów wyjazdowych na Zachodnim Wybrzeżu. Mówiło się, że wygrał przynajmniej jeden z tych zakładów, choć nie było do końca jasne, jak udowodnił swoje zwycięstwo.

Jeśli chodzi o koszykówkę, Bulls rozpoczęli sezon od dwóch porażek w pierwszych trzech meczach i wyglądało na to, że przechodzą kolejną transformację, naznaczoną wewnętrznymi konfliktami i narastającą frustracją. Od czasów ery Billa Russella Lakers zdołali obronić tytuł mistrzowski dopiero w 1988 roku pod wodzą Pata Rileya. Niestety presja z tym związana zniszczyła relację trenera z zawodnikami. Wkrótce Riley odszedł, a Magic Johnson totalnie się posypał.

Jackson był świadom ryzyka związanego z planami obrony tytułu. Potencjalne problemy tylko utwierdzały go w przekonaniu, że powinien nakłaniać zawodników, by szukali wsparcia w medytacji i filozofii Zen. Jak się wkrótce okazało, przyniosło to efekt w postaci ich niesamowitej koncentracji.

„Najbardziej fantastyczne było to, że nigdy nie pozwolili, aby zewnętrzne problemy wpłynęły na postawę drużyny na parkiecie", mówił po latach Jackson.

Skład drużyny został ustalony po tym, jak w listopadzie Krause wymienił z Sacramento wiecznie niezadowolonego Dennisa Hopsona na rezerwowego obrońcę, Bobby'ego Hansena. Po dwóch wspomnianych porażkach na początku sezonu szybko udało się odzyskać równowagę i Bulls zaczęli marsz ku górze, niesieni na skrzydłach rodzącej się potęgi – Scottiego Pippena. Jim Stack przyznaje, że w 1992 roku Jordan był zdecydowanie najlepszym zawodnikiem w lidze, „ale Scottie był w takiej formie, że w drużynie można było mówić o numerze jeden i numerze jeden A".

Kiedy cztery lata później Tex Winter mówił o rozwoju Pippena, zwrócił uwagę na to, że Scottie, podobnie jak Magic Johnson, wyrósł na zawodnika, który był w stanie „[…] sprawiać, że koledzy z drużyny grali lepiej… I to chyba bardziej niż Michael. Moje prywatne zdanie jest takie, że Michael – czasami, nie zawsze – szkodzi kolegom. O Pippenie niczego takiego powiedzieć nie można. Nigdy nie gra samolubnie. Michael powinien czasami grać egoistycznie, bo jest fenomenalnym strzelcem. Jest swobodny i przez większość czasu będzie szukał okazji do zdobywania punktów, podczas gdy Scottie w wielu sytuacjach zrezygnuje z okazji do oddania rzutu po to, żeby bardziej zaangażować kolegów".

Jordan był oczywiście wielką koszykarską siłą, ale to Pippen nauczył się tę siłę kanalizować tak, jak potrafiło to tylko niewielu zawodników.

Pippen już w finale NBA pokazał, że rozwinął umiejętności defensywne, które z kolei sprawiły, że Bulls stali się świetną drużyną w obronie. Skupiali się głównie na ofensywie trójkątów i w kolejnym sezonie coraz lepiej radzili sobie z egzekucją systemu. To właśnie ich obrona sprawiała rywalom najwięcej kłopotów.

„Ich obrona jest fantastyczna – powiedział bezpośredni trener Utah, Jerry Sloan, po przeanalizowaniu gry Bulls. – Kiedy ruszają w twoim kierunku, masz wrażenie, że zaraz cię zniszczą. Jeśli wtedy spanikujesz, to wpadasz w tarapaty. A większość drużyn panikuje".

Sam Jackson nazywał to przełomem, czyli momentem podczas meczu, w którym jego drużyna wchodziła na wyższy poziom. Żywiąc się paniką przeciwników, doszli w połowie sezonu do bilansu 37:5, wygrywając na przełomie listopada i grudnia między innymi 14 meczów z rzędu (najwięcej w historii klubu). W styczniu zwyciężyli w kolejnych 13 meczach z rzędu, ale pod koniec miesiąca dostali zadyszki, więc wygrali tylko 11 z 19 meczów.

„Fenomenalnie rozpoczęliśmy sezon – wspomina Chip Schaefer, który został zatrudniony jako nowy członek sztabu szkoleniowego. – Mieliśmy bilans 37:5, ale potem pojechaliśmy na zachód i przed Weekendem Gwiazd przegraliśmy cztery z sześciu meczów. Michael wyleciał z boiska podczas meczu z Utah, kiedy uderzył głową sędziego, Tommiego Wooda. To był mecz z trzema dogrywkami, podczas którego Wood odgwizdał Michaelowi faul w trzeciej dogrywce. Uderzenie głową było przypadkowe. Michael ostro zareagował i niechcący stuknęli się głowami. Wood go wyrzucił i przegraliśmy po rzutach wolnych Jeffa Malone'a".

Podczas tamtego sezonu Jordan jeszcze raz wyleciał za faule, ale potem, już do końca jego kariery w Bulls, nie zdarzyło się to ani razu, mimo że często pełnił rolę agresora w obronie pressingiem. W sumie, w 930 meczach sezonu zasadniczego, w których grał w barwach Bulls, musiał opuścić boisko z powodu fauli tylko dziesięć razy, a w 179 meczach rozegranych podczas play-offów – jedynie trzykrotnie. Od czasów Wilta Chamberlaina NBA była ligą, która dbała o to, żeby jej gwiazdy nie były dyskwalifikowane.

„To była irytująca porażka – wspomina wyrzucenie Jordana z parkietu podczas meczu z Utah ówczesny wiceprezes Bulls, Steve Schanwald. – Do tego gwizdka był to jeden z najlepszych meczów w historii. Gdyby nie ten gwizdek, mielibyśmy pewnie do czynienia z pierwszym w historii NBA meczem z czterema dogrywkami".

„Potem Michael musiał pauzować w kolejnym meczu, w Phoenix – wspomina Chip Schaefer. – Poleciał więc na Mecz Gwiazd do Orlando".

Dzień później dołączyli do niego Pippen i Jackson. Wprawdzie Magic Johnson zakończył w listopadzie karierę, ale otrzymał zgodę na powrót na Mecz Gwiazd, zagrał fenomenalnie. Został wybrany MVP.

Tej wiosny, w następstwie rewelacji na temat jego słabości do golfa i hazardu, Jordan skomentował tę mroczną stronę swojego życia w wywiadzie z Melissą Isaacson z „Tribune". „To jedna z tych rzeczy, która po prostu się wydarzyła i wszystkich zszokowała – powiedział o sławie, która nagle wkroczyła w jego życie. – To wielki ciężar i jedna z rzeczy, na którą po prostu w swoim życiu natrafiłem. Widzisz ludzi, którzy na ciebie nieustannie liczą, czujesz, że nie możesz ich zawieść, i wtedy zaczyna narastać presja. Nagle wszystko to, co robisz, trafia pod lupę, a ty musisz się zatrzymać i zastanowić: »Jak to będzie postrzegane?«".

Z początku był skruszony. Opinia publiczna wciąż nie miała pojęcia o Richardzie Esquinasie. Jordan miał wystarczająco dużo problemów po ujawnieniu w raportach policyjnych i zeznaniach jego związków z typami spod ciemnej gwiazdy. „Kiedyś pewnie będę się musiał z tym zmierzyć – powiedział w rozmowie z Isaacson. – Niewielu ludziom udaje się przejść przez życie bez blizn. Ja przetrwałem bez nich przez sześć czy siedem lat. Teraz jestem trochę poraniony, ale wiem, że muszę się wyleczyć i iść do przodu. Zostaną blizny, ale wiem, że dzięki nim będę kimś lepszym".

Może i byłoby to prawdą, gdyby udało mu się znaleźć jakieś inne ujście dla stresu. Tymczasem znajdował się w środku cyklu obejmującego rywalizację na najwyższym poziomie, przerywanego golfem, pokerowymi maratonami i posiadówkami ze swoją paczką. W tym wszystkim musiał jeszcze znajdować czas dla rodziny.

„Mówię żonie, że mam rozdwojenie jaźni – tłumaczył. – Prowadzę dwa równoległe życia. Z jednej strony mam przecież kiedyś stać się 38- czy 39-letnim dojrzałym człowiekiem, który żył pełnią życia, po czym w jakimś stopniu się ustatkował i skoncentrował na bardzo konserwatywnych rzeczach. Z drugiej strony jestem jeszcze wciąż 29-latkiem, który tak naprawdę nigdy nie miał okazji podzielić się swoimi sukcesami z przyjaciółmi, który nigdy nie robił szalonych rzeczy, jak jego rówieśnicy. I czasami mnie kusi, żeby też robić te rzeczy. Tyle że mogę je robić tylko w samotności albo w wąskim kręgu najbliższych, którzy znają mnie właśnie jako tego 29-latka".

Isaacson zapytała, czy Jordan nie mógłby po prostu żyć jako swoje alter ego. Gdyby nawet było to możliwe, byłoby to bardzo krótkie życie. Jordan to wiedział. Tam samo jak to, że czułby się bardzo nieswojo, gdyby miał w swoim prywatnym życiu popierać jakichś kandydatów w wyborach albo być traktowany jako wzór do naśladowania. Twierdził, że po prostu nie jest wystarczająco doświadczony, żeby robić to dobrze.

„Wygląda na to, że choć mamy do czynienia z lawiną, to zmierza ona we właściwym kierunku – mówił o swojej sławie i sukcesach pozasportowych. – Jeśli chodzi o sytuację finansową, to rzeczywiście tak jest, ale jednocześnie wszystko stanowi coraz większy ciężar. Z jednej strony rośnie presja, z drugiej coraz więcej ludzi mnie szanuje i podziwia. A każdy lubi być szanowany i podziwiany".

W marcu do Chicago przyjechał Richard Esquinas. W hali Stadium obejrzał zwycięski mecz Bulls z Cavaliers, w którym Jordan rzucił 44 punkty. Kolejnej nocy odwiedził Michaela i Juanitę. Zjedli kolację razem z Richardem Dentem z Chicago Bears i jego żoną. Jordan i Esquinas od miesięcy targowali się o pamiętny dług golfowy. Zdarzało im się nieregularnie grywać w trakcie sezonu i dług Jordana spadł do kwoty poniżej miliona. Temat pojawił się także tamtej nocy. Panowie wyszli do kuchni, a dyskusja zrobiła się gorąca. Jordan prosił, żeby Esquinas odpuścił, bo rewelacje o jego innych długach golfowych tylko zwiększają presję.

„Musisz dać mi trochę luzu – wspomina słowa Jordana Esquinas. – Musisz mi dać trochę czasu. Są inne rzeczy, z którymi muszę sobie poradzić".

Wiosną Bulls zakończyli sezon, wygrywając 19 z 21 meczów i osiągając najlepszy w historii klubu bilans 67:15. „Dociągnęliśmy do końca sezonu, zaliczając jedną serię zwycięstw za drugą – wspomina trener Chip Schaefer. – Drużyna była prawie znudzona sukcesami i mogła wrzucać wyższy bieg albo odpuszczać, kiedy tylko chciała".

Ponieważ struktura ofensywy trójkątów zakładała, że Jordan nie będzie zbyt często miał piłki w rękach, jego średnia zdobytych punktów spadła do 30,1 punktu na mecz, ale wciąż wystarczyła do zdobycia szóstego z rzędu tytułu króla strzelców i trzeciej nagrody MVP. Wraz z Pippenem zostali wybrani do pierwszej piątki najlepszych obrońców, a Scottiego wybrano też do najlepszej piątki NBA.

„Mieliśmy fantastyczny rok – mówił Jackson. – Wygraliśmy 67 meczów, a ja czułem, że jeśli nie zacznę studzić ich temperamentu, to spróbują wygrać 70 albo 75 meczów".

Okazało się jednak, że play-offom towarzyszyła inna atmosfera – Bulls mieli walczyć z prowadzonymi przez Pata Rileya New York Knicks, czyli drużyną, która odtworzyła metody Bad Boys z Detroit. „Niektórzy z naszych zawodników byli kontuzjowani i czekała nas rywalizacja z Nowym Jorkiem – wspomina Jackson. – Przeciwnicy nacierali na nas z energią i wigorem. Podczas tego sezonu przegraliśmy w play-offach aż siedem meczów. Drugi raz nie był już taki łatwy. Stanowił dla nas wyzwanie jako dla drużyny".

W pierwszej rundzie Bulls spotkali się z Miami Heat – drużyną, która dołączyła do NBA w 1989 roku i debiutowała w play-offach. Chicago szybko wygrało pierwsze dwa mecze w serii rozgrywancj do trzech zwycięstw, po czym pojechali do Miami na mecz numer trzy. „Pierwszy w historii mecz play-offów w Miami był nocą kołatek – wspomina sprawozdawca meczów Bulls, Tom Dore. – Za każdym razem, kiedy Michael był przy piłce albo wykonywał rzuty wolne, hala miała szaleć z kołatkami. Miało być jak najgłośniej. Cóż, przez pierwszą kwartę ta taktyka była skuteczna. Heat objęli wysokie prowadzenie i rzeczywiście zaczęliśmy się zastanawiać, czy Bulls będą w stanie odrobić straty. A potem Michael podszedł do stolika komentatorów, spojrzał na Johnny'ego Kerra, na mnie i powiedział: »Zaczynamy«. Tylko tyle. O Jezu. Absolutnie oszalał. Rzucił 56 punktów i Bulls wygrali całą serię do zera".

Próba ognia miała nastąpić w tym roku wcześnie, bo już w drugiej rundzie play-offów na Wschodzie. Siłowa gra pozwoliła Knicks wygrać pierwszy mecz w hali Chicago Stadium. Dzięki wsparciu B.J. Armstronga, który trafiał ważne rzuty w czwartej kwarcie drugiego meczu, zdołaliśmy wyrównać stan rywalizacji na 1:1. W trzecim meczu Jordanowi w końcu udało się przełamać obronę rywala i zaliczyć pierwsze w tej serii slam dunki. Wspierani przez Xaviera McDaniela Knicks zrewanżowali się w czwartym meczu, wyrównując stan rywalizacji na 2:2. W kluczowym meczu numer pięć Jordan przejął kontrolę nad grą i zaczął wchodzić pod kosz. Knicks konsekwentnie go faulowali, a on konsekwentnie trafiał rzuty wolne, w sumie 15. Zakończył mecz, mając na koncie 37 punktów, a Bulls wygrali 96:88.

„Michael to Michael – powiedział po meczu Riley. – Jego metoda polega na wchodzeniu pod kosz i atakowaniu obrońców. Kiedy gra się przeciwko komuś takiemu jak on, to po tym, jak ostro wchodzi pod kosz, widać, jak bardzo zależy mu na zwycięstwie.

Wygrywając szósty mecz w Nowym Jorku, Knicks ponownie doprowadzili do wyrównania, ale Bulls rozgromili ich w decydującym siódmym meczu w Chicago Stadium, zakończonym wynikiem 110:81.

Problemy Bulls powtórzyły się podczas finałów konferencji. Zagrali w nich przeciwko Cavaliers, którym udało się doprowadzić do remisu 2:2, ale Bulls ostatecznie wygrali 4:2. Jordan poprowadził swoją drużynę do drugiego z rzędu występu w finałach NBA. Tym razem rywalem mieli być Portland Trail Blazers – drużyna, która pominęła go w drafcie w 1984 roku, wybierając zamiast niego wysokiego zawodnika z Kentucky, Sama Bowiego. Za każdym razem, kiedy Jordan, rzucając mnóstwo punktów, rozbijał drużynę z rodzinnego miasta Nike, przez Oregon na nowo przetaczała się dyskusja, czy decyzja o wyborze Bowiego nie była największym błędem w historii draftów NBA. Sam, który opuścił dwa sezony w Kentucky z powodu przedłużającego się leczenia kontuzjowanej nogi, przyznał się w 2012 roku, że skłamał, zapewniając lekarzy z Portland, którzy badali go w 1984 roku, że noga w ogóle go nie boli – było wręcz przeciwnie.

Ironia losu polegała na tym, że to Jordan, a nie Bowie, jako pierwszy doznał w NBA poważnej kontuzji. Sam jednak nigdy nie spełnił pokładanych w nim nadziei. Kolejną ironią losu był fakt, że to Blazers udało się awansować do finałów NBA rok wcześniej, niż dokonała tego drużyna Jordana (w 1990 roku Portland przegrało walkę o tytuł z Detroit).

W ekipie Blazers z 1992 roku występowali Clyde Drexler, Danny Ainge, Cliff Robinson, Terry Porter i Buck Williams. Kibice cieszyli się na szansę obejrzenia pojedynku pomiędzy Jordanem i Drexlerem, który reprezentował podobny styl gry. Doświadczeni obserwatorzy wyczuwali, że Jordan, który był bardzo pamiętliwy, będzie chciał w pierwszym meczu pokazać, kto rządzi. Nikt jednak nie był w stanie przewidzieć wybuchu, do którego doszło podczas pierwszego meczu w Chicago Stadium. W pierwszej połowie Michael pobił rekord NBA, zdobywając 35 punktów, w tym rekordowe 6 rzutów za trzy punkty, co wystarczyło, żeby ostatecznie roznieść Blazers 122:89. Jordan zakończył mecz z 39 punktami, trafił 16 z 27 rzutów, w tym 6 rzutów za trzy punkty. Wynik skomentował wzruszeniem ramion, które stało się później jego znakiem firmowym*.

„Michaela można powstrzymać tylko w jeden sposób – powiedział Cliff Robinson. – Trzeba go zdjąć z boiska".

„Grałem dalej od kosza – mówił Jordan, który poświęcił kilka dodatkowych godzin przed pierwszym meczem na ćwiczenie rzutów z dystansu. – Rzucając trójki, czułem się, jakbym rzucał wolne. Nie miałem pojęcia, co robię, ale wpadały".

W drugim meczu, na około cztery minuty przed końcem, Drexler wypadł z boiska za faule, ale Blazers udało się zanotować serię 15:5 i doprowadzić do remisu. W dogrywce do zwycięstwa 115:104 poprowadził ich Danny Ainge, który zdobył 9 punktów z rzędu. Blazers osiągnęli swój cel, wracając z Chicago do Portland z wynikiem 1:1. Ale defensywa Bulls i solidna gra zespołowa – w trzecim meczu Pippen i Grant rzucili po 18 punktów, a Jordan dorzucił 26 – zakończyły dyskusję o ewentualnej sensacji, choć akurat w tym meczu lider Bulls nie trafił ani jednej z czterech prób za trzy punkty.

Przez większość meczu numer cztery Blazers przegrywali, ale na trzy minuty przed końcem udało im się objąć prowadzenie, którego już nie oddali, wygrywając 93:88 i wyrównując stan rywalizacji na 2:2. Jordan trafił tylko 11 z 26 rzutów z gry i stało się jasne, że kluczowy dla całego pojedynku może się okazać piąty mecz. Wielki test wytrzymałości dla obu drużyn, które rozegrały już w całym sezonie ponad 100 spotkań. Jordan z agresją przystąpił do

* Po kolejnym celnym rzucie Michael spojrzał w kierunku stanowiska komentatorów telewizyjnych, gdzie siedział między innymi Magic Johnson, uśmiechnął się bezradnie i wzruszył ramionami, jakby chciał powiedzieć, że sam nie ma pojęcia, co się dzieje. Ten gest, podobnie jak wspomniane wcześniej „The Shot", czy „The Move", przeszedł do historii jako „The Shrug" („wzruszenie ramionami").

pojedynku, raz za razem atakował kosz rywali, łapiąc u nich przewinienia i szybko wyprowadzając Bulls na prowadzenie. Trenerzy Chicago zaskoczyli Portland, rozprowadzając atak po całej szerokości parkietu, dzięki czemu Jordan miał więcej okazji do rzutów z czystej pozycji. Trafił 16 z 19 rzutów wolnych. Zdobył w sumie 46 punktów, co wystarczyło do zapewnienia Bulls ważnego zwycięstwa 119:106 i prowadzenia w całej rywalizacji 3:2. Blazers kilkakrotnie niwelowali przewagę Bulls, ale punkty zdobywane przez Jordana pozwoliły zachować w końcówce bezpieczną przewagę. Jego zaciśnięta pięść i wyzywający grymas po zakończeniu meczu raz jeszcze przypomniały Portland o tym, co wydarzyło się podczas draftu w 1984 roku.

W szóstym meczu, rozgrywanym w Chicago, Byki znalazły się w tarapatach –pod koniec trzeciej kwarty przegrywały różnicą 17 punktów. Jackson zdjął wtedy większość zawodników pierwszej piątki i wpuścił na parkiet Bobby'ego Hansena, B.J. Armstronga, Staceya Kinga, Scotta Williamsa i Scottiego Pippena. Hansen zaliczył przechwyt, trafił – i tak zaczął się rajd Bulls, z Jordanem siedzącym na ławce i wiwatującym na cześć kolegów.

Na około osiem minut przed końcem Jackson wstawił go znowu i Bulls dokończyli dzieła, wygrywając 97:93 i zdobywając drugi z rzędu tytuł mistrzowski. Radość kibiców na Chicago Stadium eksplodowała z niespotykaną siłą – był to pierwszy tytuł mistrzowski zdobyty na własnym terenie przez drużynę z Chicago od 1961 roku, kiedy Bears zdobyli mistrzostwo NFL na stadionie Soldier Field.

„Finały przeciwko Portland były i dla nas, i dla kibiców z Chicago dramatyczne – wspomina Jackson. – Odrobiliśmy stratę 17 punktów i zdobyliśmy mistrzostwo. Potem zaczęło się niesamowite świętowanie". Bulls pognali do szatni i rozpoczęli swój typowy rytuał: polewali się szampanem i zakładali nowe mistrzowskie czapeczki tył na przód. Szalejący ze szczęścia kibice zostali na hali. „Drużyna poszła do szatni, gdzie David Stern i Bob Costas mieli jej przekazać puchar imienia Larry'ego O'Briena – wspomina wiceprezes Bulls, Steve Schanwald. – Jerry Reinsdorf i Jerry Krause, Phil Jackson, Michael i Scottie stali na prowizorycznym podium i przyjmowali puchar. Wtedy nie mieliśmy jeszcze możliwości korzystania z powtórek wideo, więc kibice nie mogli dzielić tych chwil razem z nimi. W hali puszczaliśmy przez głośniki muzykę Gary'ego Glittera, a tłumy upajały się tytułem mistrzowskim… Zszedłem na dół i zapytałem Jerry'ego Reinsdorfa, czy możemy zaprowadzić chłopców z powrotem na górę. Odpowiedział: »Dla mnie OK, ale zapytaj jeszcze Phila«".

Jackson włożył do ust dwa palce i gwizdnął. Wszyscy ucichli. „Weźcie ten puchar – powiedział. – Wracamy na górę, żeby świętować razem z kibicami".

Jordan chwycił puchar, a drużyna podążyła za nim na górę. Kiedy przechodzili przez tunel, ekipa techniczna puściła na cały regulator *Eye in the Sky* w wykonaniu Alan Parsons Project, intro z meczów Bulls*.

„Tłum nagle oszalał – wspomina Schanwald. – Było tak, jakby w jednej chwili 10 tysięcy osób dostało gęsiej skórki. Niektórzy zawodnicy: Scottie, Horace, Hansen, wskoczyli na stół. Kiedy dołączył do nich Michael z pucharem, zaczęli tańczyć".

Jordan pokazywał tłumowi dwa podniesione do góry palce, a gdy wystawił trzeci, rozległ się ogłuszający ryk. Przez pewien czas towarzyszył im szczęśliwy Jackson, potem zszedł na dół, żeby móc się napawać sukcesem w samotności – w ciszy i spokoju. „Mieliśmy w tym sezonie wzloty i upadki – mówił później. – Ale łączył nas jeden cel i pomimo dzielących nas różnic skoncentrowaliśmy się na jego realizacji. Powiedziałem chłopakom: »Obrona tytułu mistrzowskiego jest wyznacznikiem wielkiej drużyny«. Przekroczyliśmy linię demarkacyjną. Zdobycie drugiego tytułu mistrzowskiego wyniosło nas na kolejny poziom".

Kilka dni później w Grant Park Pippen raz jeszcze powiedział setkom tysięcy zgromadzonych mieszkańców, że Chicago zmierza po three-peat**. Tłum wiwatował, ale zanim Michael Jordan mógł zacząć myśleć o kolejnym sezonie, musiał się zająć jeszcze jednym drobiazgiem.

* W rzeczywistości chodzi o instrumentalne intro *Sirius*, poprzedzające piosenkę *Eye in the Sky* na płycie Alan Parsons Project z 1982 roku.

** Three-peat – seria trzech tytułów z rzędu.

Na polu golfowym
w 1988 roku

Z wiceprezydentem
Bulls, Jerrym Krause,
w 1988 roku

Fot. AP Images (2)

Z żoną Juanitą po zdobyciu pierwszego tytułu mistrzowskiego w 1991 roku

Właściciel Bulls, Jerry Reinsdorf, był pewien, że choć Jordan był niedostatecznie opłacany, to nigdy nie poprosi o podwyżkę

Powyżej: Na podium po zdobyciu złotego medalu z Dream Teamem w 1992 roku

Po lewej: Wizerunek Jordana ucierpiał w 1993 roku po pojawieniu się rewelacji na temat jego problemów z hazardem

Fot. AP Images (2)

Powyżej: Z rodziną
w 1993 roku

Odsłonięcie pomnika
„The Spirit" przed
halą United Center
w listopadzie 1994 roku

Fot. AP Images (2)

Powyżej: Jordan zawsze marzył o zawodowej grze w baseball; tu z dziennikarzem Harrym Carayem

W koszulce z numerem 45 po powrocie do NBA w marcu 1995 roku

Fot. AP Images (2)

Jordan i Scottie Pippen świętują
zdobycie mistrzostwa NBA
w 1996 roku

Pippen pomaga Jordanowi
opuścić parkiet podczas „meczu
z grypą" w 1997 roku

Fot. AP Images (2)

Nawet grając w Wizards, pomagał sobie językiem

Fot. AP Images (2)

Z Yvette Prieto przy linii bocznej podczas meczu Charlotte Bobcats

Fot. AP Images

Jordan nie krył łez podczas ceremonii przyjęcia do Hall of Fame

Rozdział 28

WSZYSTKO, CO SIĘ ŚWIECI

Być może dla Pippena i Jordana byłoby lepiej, gdyby odrzucili zaproszenie do udziału w igrzyskach olimpijskich w Barcelonie w 1992 roku. Krause miał nadzieję, że tak zrobią. Wolał, żeby supergwiazdy Bulls latem odpoczęły. Ale obaj zgodzili się zagrać i Jordan wkrótce znalazł się w Dream Teamie – pierwszej amerykańskiej reprezentacji olimpijskiej, w skład której weszły największe gwiazdy zawodowej koszykówki. Ubrana w czerwono-biało-niebieskie stroje grupa miała być na całym świecie fetowana, niczym mityczni herosi. Dla promocji koszykówki może i było to dobre, ale o tej drużynie wiele mówi fakt, że najbardziej emocjonujący pod względem sportowej rywalizacji był dla niej wewnętrzny sparing. Ze wszystkich innych przeciwników zrobili miazgę, świetnie się przy tym bawiąc i zamieniając święte z założenia mecze olimpijskie w bezsensowne i nierówne pojedynki.

Jordan zdawał sobie z tego sprawę wcześniej i nie bał się głośno o tym mówić. „Jeśli wziąć pod uwagę talent drużyn, z którymi mamy zagrać, jest to jakaś masakra – mówił kilka miesięcy przed igrzyskami. – Nie mają szans. To my uczyliśmy ich koszykówki. To u nas są zawodnicy, którzy mają największe umiejętności i predyspozycje. Mówimy o najlepszych obecnie koszykarzach na świecie i najlepszej drużynie, jaką kiedykolwiek stworzono. Kto miałby nas pokonać? Japończycy? Chińczycy? Nie są w stanie sprostać naszej sprawności fizycznej. Nie wspominam nawet o przewadze psychologicznej, którą będziemy mieli dzięki temu, że mamy w składzie Magica czy kogokolwiek, kto będzie grał na pozycji rozgrywającego. Mamy Stocktona, Barkleya, mnie, Robinsona, Birda... Przestańcie. To wszystko są ludzie, których Europejczycy podziwiają, więc jakim cudem mieliby z nami wygrać? Jeśli w którymś meczu nie dojdzie do pogromu, już samo to będzie ich moralnym zwycięstwem".

Wysokie zwycięstwa często miały miejsce już podczas wcześniejszych igrzysk olimpijskich, nawet wtedy, kiedy w drużynach amerykańskich grali sami amatorzy. Teraz zawodowcy mieli dostać za szeroko reklamowane występy od 600 do 800 tysięcy dolarów. Nawet jeśli zawodnicy z kadry olimpijskiej nie byli nadmiernie zadufani, to ego każdego z nich było z pewnością znacznie większe niż reprezentantów krajów, z którymi mieli się zmierzyć. Amerykański komitet olimpijski zwrócił się w tajemnicy do każdego z zawodników z prośbą o oddanie wynagrodzenia. Jordan chętnie się zgodził. Inni, którzy nie inkasowali tyle co on od Nike, chwilę się wahali, ale w końcu oddali część lub całość. Swoją dolę dostały też z pewnością kasyna w Monako, do którego ekipa udała się z wizytą promocyjną tuż przed rozpoczęciem igrzysk.

Jordan wykorzystał obóz treningowy drużyny w La Jolla w Kalifornii do wznowienia pojedynków golfowych z Richardem Esquinasem. Grali pomiędzy treningami i Michaelowi udało się zmniejszyć dług do 902 tysięcy. Esquinas powiedział potem w rozmowie z „Los Angeles Times", że koledzy Jordana z reprezentacji wiedzieli, iż gra o pieniądze, jednak „[...] każdy był na tyle mądry, że nawet nie próbował zadać pytania, o jak duże pieniądze chodzi".

Większość golfowych zwycięstw Jordan odniósł 25 czerwca, podczas ostatniego spotkania w La Jolla Country Club.

Pewnego wieczoru Esquinas dołączył do Jordana podczas rozgrywki karcianej z Magikiem Johnsonem w apartamencie hotelowym Torrey Pines. Wejściową stawką było 100 dolarów, ale zdarzały się zakłady, w których do puli trafiały nawet cztery tysiące. Wśród graczy byli Drexler i Pippen. Siedziało tam też kilku zawodników z uniwersytetów, między innymi Bobby Hurley, Chris Webber i Eric Montross. Żaden ze studentów nie miał wystarczająco dużo pieniędzy, żeby dołączyć do gry, więc Jordan i Johnson zaczęli się oczywiście z nich nabijać. Esquinas wspomina, że za każdym razem, kiedy Michael dokładał pieniądze do puli, Johnson wbijał mu szpilę, mówiąc o kasie zarabianej na „butach tenisowych". Może i byli przyjaciółmi, ale wyglądało na to, że Johnson nigdy nie pogodził się z kontraktem Jordana z Nike, który wciąż przynosił mu profity.

Wkrótce pojawiły się jakieś dziewczyny, zaczęły odciągać zawodników od kart, a wieczór zamienił się w jedną z wielu całonocnych imprez członków Dream Teamu. Wspólne dni Esquinasa i Jordana dobiegały końca. Nadal kłócili się o to, ile pieniędzy Jordan ma zwrócić. Według różnych szacunków, Michael zapłacił od 200 do 300 tysięcy dolarów, głównie w czekach, które wypisała Juanita. Esquinas postanowił czekać na dogodną chwilę, zastanawiając się nad tym, jak podjąć ostateczną próbę ściągnięcia długu.

Dzięki igrzyskom największe gwiazdy NBA miały po raz pierwszy okazję, żeby spędzić razem trochę czasu i lepiej się poznać. Grupa szybko dostrzegła, że Jordan traktuje całą resztę obojętnie. Przez większość dni przesiadywał całymi godzinami w pokoju, palił cygara, grał w karty – słowem, robił wszystko, poza odpoczynkiem. Charles Barkley i inni nie mogli się temu nadziwić.

Chuck Daly, trener reprezentacji, mówił: „To było tak, jakbyśmy zapakowali razem Elvisa i Beatlesów. Podróż z Dream Teamem była czymś takim, jakbyśmy podróżowali z 12 gwiazdami rocka. To jedyne porównanie, jakie przychodzi mi do głowy".

W drodze po złoto Amerykanie rozegrali 14 meczów. Najmniejsza różnica w ich zwycięskich pojedynkach wynosiła 32 punkty. W tle tych pojedynków trwała nieustanna rywalizacja pomiędzy Michaelem a Magikiem. Mimo że Johnson był nosicielem wirusa HIV, trafił do składu, zapewniając wszystkim kolejne atrakcje w pełnej emocji sekwencji zdarzeń, które wydłużyły jego dobiegającą końca karierę. Wyglądało na to, że nadal pragnie dominować i udowadniać, że jest najlepszy, jakby nie liczył się fakt, że w 1991 roku jego Lakers tak łatwo dali się pokonać Bulls w finale. Wymienili z Jordanem kilka docinków w kwestii tego, kto jest na szczycie, a potem rozstrzygnęli to podczas sparingu rozegranego pomiędzy członkami drużyny w Monako, jeszcze przed wyjazdem do Barcelony. Mecz był zamknięty dla prasy, liderem jednej drużyny był Johnson, a drugiej Jordan. Wszystko zostało opisane 20 lat później w książce Jacka McCalluma *Dream Team*. „Niebieska" drużyna Johnsona, w której grali też Charles Barkley, Chris Mullin, David Robinson i Christian Laettner, szybko objęła wysokie prowadzenie, podczas gdy Jordan i Johnson nawzajem sobie pyskowali. Wkrótce drużynie Jordana, który grał razem ze Scottiem Pippenem, Karlem Malonem, Patrickiem Ewingiem i Larrym Birdem, udało się w imponujący sposób odrobić straty i wygrać. Magic był wściekły, a jeszcze bardziej zdenerwował się po meczu, kiedy Michael nucił sobie pod nosem piosenkę ze swojej reklamy Gatorade: „Czasem sobie marzę… że chciałbym być jak Mike".

„To było najfajniejszą rzeczą, jaka mi się kiedykolwiek przydarzyła na parkiecie", mówił potem Jordan.

Magic Mike pokonał bohatera swojej młodości po raz ostatni. Było momentami gorąco, ale koniec końców nawet Johnson, urodzony przywódca zgromadzenia, musiał przyznać, że jego czas minął. Jordan po raz kolejny udowodnił, że jest królem NBA.

W finale, który odbył się 8 sierpnia 1992 roku, Team USA zapewnił sobie złoto, wygrywając z Chorwacją 117:85. „Wiedzieli, że gramy najlepiej na świecie – mówił potem Daly, próbując częściowo uzasadnić, dlaczego ta nierówna gra miała sens. – Wrócili potem do domów i do końca życia mogli opowiadać swoim dzieciakom: »Grałem przeciwko Michaelowi Jordanowi, Magicowi Johnsonowi i Larry'emu Birdowi«. I im więcej będą grali przeciwko naszym najlepszym zawodnikom, tym bardziej będą pewni siebie".

Jedyną kwestią sporną dla Jordana był fakt, że drużynę sponsorował Reebok, co zmusiło go do założenia stroju z logo swojego konkurenta biznesowego. Wybrnął z ryzykownej sytuacji, zasłaniając podczas ceremonii wręczania złotych medali znak firmowy Reeboka amerykańską flagą. Sonny Vaccaro twierdzi, że Nike ani tego od Michaela nie zażądało, ani nie zaaranżowało, ale demonstracja Jordana bardzo się spodobała szefom firmy i udowodniła jego legendarną lojalność.

Niedługo potem Jordan i Pippen siedzieli razem w autokarze klubowym, rozmawiając o kolegach z reprezentacji olimpijskiej i o meczach. „Wyobraź sobie – powiedział Jordanowi Pippen – jak dobry byłby Clyde Drexler, gdyby popracował z Texem Winterem nad podstawami koszykówki".

Podobnie jak wielu koszykarzy NBA, Drexler wykorzystywał swój wielki talent, nie przywiązując szczególnej wagi do fundamentalnych szczegółów gry. Jordan był zaskoczony, widząc, jak większość jego kolegów z kadry olimpijskiej leniwie podchodzi do treningów, jak podczas nich sami siebie oszukują.

Jednym z kulminacyjnych punktów igrzysk były pełne determinacji starania Pippena i Jordana o wyłączenie z gry „odkrycia" Krausego – Toniego Kukoča, który miał dołączyć do składu Byków podczas sezonu 1993/94. W trakcie meczu oszołomili go i upokorzyli wyjątkowo agresywną obroną. Potraktowali go dokładnie tak, jak Jordan traktował każdego debiutanta, którego Krause sprowadzał do drużyny. Jednak podczas igrzysk olimpijskich wyglądało to dosyć dziwacznie i było nie na miejscu.

W domu czekało na Jordana wezwanie do sądu, gdzie miał zeznawać podczas procesu „Slima" Boulera. Miał wytłumaczyć, jak to się stało, że Bouler, przestępca skazany za handel kokainą, znalazł się w posiadaniu czeku na 57 tysięcy dolarów podpisanego przez Jego Powietrzność. Jordan najpierw zeznał, że była to pożyczka biznesowa, ale pod przysięgą przyznał się, że przegrał te pieniądze w pokera i w innych grach hazardowych podczas jednego z weekendów spędzonych w domu w Hilton Head. Nie zapytano go o trzy inne czeki znalezione w walizce Eddiego Dowa, egzekutora sądowego, zamordowanego w lutym podczas napadu rabunkowego.

Na kilka dni przed rozpoczęciem procesu Jordan, w wywiadzie z jedną z gazet z Chicago, publicznie przyznał się do kłamstwa: „[...] jest mi wstyd, ale prawda musi wyjść na jaw". Przed sądem wytłumaczył, że przegrał pieniądze, grając w Hilton Head z Boulerem i jego kolegami w golfa w formacie Nassau* przy najniższej stawce 1000 dolarów, ale zaprzeczył, jakoby padł ofiarą oszustów. „Miałem po prostu gorszy dzień, a właściwie trzy dni, bo tyle trwał nasz pojedynek", powiedział. David Stern wezwał Jordana do Nowego Jorku, żeby porozmawiać o jego problemach i podejrzanym towarzystwie, w którym się obraca. Potem, podczas konferencji prasowej, Jordan zasugerował, że ludzie, którym wypisywał czeki, nie byli tak naprawdę jego przyjaciółmi, tylko zwykłymi znajomymi, którzy przechwalali się tym, że spędzają z nim czas. Jednak dokumentacja dotycząca sprawy była imponująca i wciąż pęczniała.

Tuż przed rozpoczęciem sezonu NBA oficjalnie upomniało Jordana w związku z jego hazardową grą w golfa i podejrzanymi kontaktami towarzyskimi. Podczas obozu treningowego wydawał się być skruszony. Powiedział dziennikarzom, że nawet jeśli nie zrezygnuje z gry o pieniądze, to z pewnością będzie grał o niższe stawki. „Wygrywanie jest wspaniałe, ale kiedy przegrywasz tak wysokie sumy i musisz przez to potem tyle znosić, to nie warto – powiedział. – Myślę, że ludzie zrozumieją, jeśli przegram 40 czy 50 dolarów. Do tego łatwo jest się odnieść. Pojedynek golfowy, w którym stawką jest 20 dolarów – na coś takiego powinienem się przerzucić".

Pojedynki Nassau przy stawce 20 dolarów oznaczały, że nie można postawić więcej niż 20 dolarów na pierwsze 9 dołków, nie więcej niż 20 na drugie

* Jeden z najpopularniejszych formatów pojedynków golfowych na pieniądze. Składa się z trzech oddzielnych zakładów – początkowe dziewięć dołków, końcowe dziewięć dołków i suma 18 dołków.

9 dołków i 20 na wszystkie 18 dołków. Wartość całego zakładu nie przekroczy zatem 60 dolarów.

Nadchodzący sezon stanowił miłą odmianę po okresie spędzonym przed sądem. Bulls przymierzali się do zdobycia trzeciego z rzędu tytułu mistrzowskiego. Nie udało się tego dokonać nikomu od prawie 30 lat, kiedy to Bill Russell i jego Celtics zdobyli osiem tytułów z rzędu. W NBA grało wtedy od 10 do 12 drużyn.

Książka *The Jordan Rules* ujawniła, że Michael Jordan myśli o nieuchronnie zbliżającej się emeryturze i zdradziła fanom jego zamiar, aby w ciągu najbliższych pięciu lat uciec od ciążącej na nim presji. Nie wiedział jeszcze, co będzie potem, poza tym miał jeszcze do zdobycia tytuł mistrzowski, ale w tamtej chwili nikt nie miał pojęcia, jak ciężki będzie najbliższy rok.

Feniks*

Umysł Phila Jacksona zdawał się zapamiętywać migawki. Jedną z nich był dunk Jordana ponad Ronym Seikalym, wykonany podczas pierwszej rundy play-offów w 1992 roku, pamiętny z uwagi na powrót do lotów-wysoko-w-powietrzu-pod-kopułą-hali, jak w początkach jego kariery. „To był fenomenalny dunk, jeden z tych, w których potrafił wznieść się ponad wszystkich i spojrzeć na kosz z góry", wspominał Jackson tuż przed rozpoczęciem sezonu 1992/93.

Philowi przypomniało to stare czasy, kiedy Jordan rządził światem. Podczas tych 12 miesięcy wszystko się zmieniło. Wcześniej byli ludźmi, którzy nie są w stanie wygrać, a teraz byli dominatorami. „Kiedyś zdarzało mu się to robić, bo wiedział, że mogą z tego wyjść fajne zdjęcia – mówił trener o dunkach Jordana. – Robił to dla rozrywki, chciał wywołać efekt *in-your-face***. Teraz jest to tylko jeden z rzutów, po którym ma spore szanse na zdobycie punktów. Plakatów ma już wystarczająco dużo".

Biorąc pod uwagę transformację, jaka zaszła w Jordanie, dunk w meczu z Miami wyglądał na jedną z ostatnich takich spontanicznych akcji. Nie chodziło tylko o to, że Jackson odmienił podejście Jordana do koszykówki. Było to też efektem jego wyczynów poza boiskiem i związanego z nimi stresu. W efekcie

* Gra słów: wypaleni Bulls byli w sezonie 1992/93 niczym feniks (ang. *the phoenix*), który podczas play-offów odrodził się z popiołów, wygrywając w wielkim finale z Phoenix.

** „W twarz".

wywierano na niego coraz większą presję. „Martwiłem się tym już w poprzednim roku pod koniec sezonu i podczas play-offów – mówił Jackson, przypominając sobie trudną drogę Bulls do drugiego tytułu mistrzowskiego. – Widziałem, że jest wypalony. Miał awersję do koszykówki, a przecież nigdy wcześniej nie miał jej dość, nawet po rozegraniu tylu meczów. Tym razem wyglądało na to, że jest inaczej, zwłaszcza że w jego życiu tak wiele się działo poza koszykówką, a on jako sportowiec znalazł się w centrum zainteresowania. I wszyscy widzieli, że sprawy przybierają niewłaściwy obrót, jak choćby afera z Białym Domem czy z książką *The Jordan Rules*. Mnóstwo rzeczy, które działy się poza boiskiem, miało na niego wpływ".

Trener odniósł się do tych problemów podczas rozmowy z Michaelem. Tłumaczył mu, że jeśli Bulls mają powalczyć o trzeci tytuł, musi na nowo pokochać koszykówkę, by znów stała się dla niego intrygująca i świeża. Na drodze do tytułu znajdowało się wiele drogowskazów, a pierwszym z nich miały być 30. urodziny Jordana, wypadające już za kilka tygodni. Jackson powiedział mu, że musi umieć cieszyć się z powrotu na boisko.

Melissa Isaacson z „Tribune" zagadnęła o to Jordana tuż przed rozpoczęciem sezonu. „Musi mi to znowu sprawiać przyjemność – powiedział jej. – Muszę zacząć cieszyć się sobą".

To akurat nie było trudne, bo niedawno urodziło mu się trzecie dziecko – jasnooka Jasmine. Jego synowie byli już roześmianymi szkrabami, które przypominały Jordanowi stare dobre czasy spędzane z bratem Larrym.

Przede wszystkim miał nadzieję, że ma już za sobą wszystkie strapienia związane z życiem pozasportowym, że jedynymi sprawami, na których będzie się musiał w nadchodzącym sezonie koncentrować, będą te związane z jego rodziną i koszykówką. Nadzieje okazały się płonne. Książka Sama Smitha zawierała już scenariusz reszty jego kariery, a bieżące problemy niezwiązane ze sportem tylko go dopełniały.

Jackson był spokojniejszy, bo wiedział, że Jordan ma jeszcze trzy lata do zakończenia kontraktu. Zakładał, że to mu pozwoli skupić się bardziej na przyszłości niż na obecnych troskach.

Kiedy Isaacson zapytała Jordana, skąd będzie wiedział, że doszedł już do końca swojej kariery, odpowiedział: „Kiedy goście, z którymi wcześniej wygrywałem, zaczną wygrywać ze mną... Zawsze chcę być przed swoimi konkurentami, zawsze chcę mieć ostatnie słowo".

Jego styl gry miał się nadal rozwijać, ale jedna rzecz pozostawała niezmienna: nie chciał słyszeć o zredukowaniu czasu gry. Michael Jordan artysta był wciąż żywy. „Wciąż pragnę kreować – powiedział wtedy, w listopadzie. – To jest częścią mnie. I zawsze tak będzie".

Dobrze wiedział jednak, że sposób, w jaki rywale zaczęli go kryć, ograniczy jego akrobatyczne popisy z poprzednich lat. Od kiedy Bulls zaczęli grać trójkątem, Jordan spędził mnóstwo czasu na ćwiczeniu gry pod koszem, bo gdy był bliżej niego, atak dawał mu więcej możliwości, a obrońcom trudniej było go podwajać. Przyglądanie się Michaelowi, jak zaczyna wykorzystywać system ataku do swojego stylu gry, było dla Texa Wintera fascynujące. Jordan oczywiście rozumiał, jak zmieniło się ustawienie na parkiecie i był w stanie bez problemu dostrzec otwierające się w związku z tym możliwości, czego nie potrafił żaden inny koszykarz przed nim. Dzięki temu nawet Winter mógł spojrzeć na swoje ukochane trójkąty w nowy, inny sposób.

Jordan instynktownie rozumiał też, że zmiany w jego grze będą wymagały reedukacji kibiców. Pamiętał, jak źle opinia publiczna przyjęła końcówkę kariery Juliusa Ervinga, i chciał uniknąć powtórki tej historii. „Kiedy Dr. J. zakończył karierę, wszyscy mówili: »Tak, powinien już skończyć, jest stary« – tłumaczył Jordan. – Ale Dr. J. wciąż był dobrym koszykarzem. Problem polegał na tym, że rywale, po latach gry przeciwko niemu, dobrze go znali i próbowali wmanewrowywać go w sytuacje, w których nie będzie już w stanie być tak kreatywny jak kiedyś. A on się temu poddawał".

Jordan, zachęcony przez swojego trenera, przygotował się do zmiany stylu gry. Miał mu w tym pomóc system ataku, w ramach którego nowe rozwiązania defensywne przeciwników otwierały równocześnie nowe możliwości ofensywne. Jackson uważał, że nie jest już najważniejsze to, jak wysoko Jordan jest w stanie wyskoczyć. Nowe metody obrony stosowane przez rywali tak naprawdę sprzyjały Jordanowi, bo wymuszały na nim bardziej zrównoważone podejście do gry.

„Mój styl gry nie jest już tak widowiskowy, jak był dawniej, bo oddaję więcej rzutów z dystansu – przyznał. – Ludziom było łatwiej dostrzec moją kreatywność, gdy częściej wchodziłem pod kosz i więcej dunkowałem. Teraz jest to trudniejsze, bo obrońcy bardziej blokują w pomalowanym. Większość mojej gry bliżej kosza polega na przepychaniu się pod nim. Kiedy jestem na obwodzie, to albo zaczynają mnie podwajać, albo się cofają i pozwalają mi oddawać rzuty z wyskoku".

Rzuty z wyskoku zawsze oznaczały, że zawodnik w danym momencie jest pewny siebie. Trójkąt dawał Jordanowi więcej możliwości w sytuacji, gdy został zapędzony do rogu. Nie musiał rzucać z wyskoku ani próbować mijać obrońców i wdzierać się pod kosz. Mógł teraz prześlizgnąć się bliżej kosza, wiedząc, że atak dostarczy mu piłkę w najbardziej dogodnej chwili.

„Ta zmiana nie wynikała z moich braków czy pogorszenia się moich warunków fizycznych, ale z tego, w jaki sposób rywale bronili przeciwko mnie, tłumaczył.

Jackson, który podczas poprzednich play-offów widział, jak Jordan radzi sobie z grą bliżej kosza, nabrał pewności, że gwiazda drużyny nadal będzie modyfikować swój styl gry i odnosić dalsze sukcesy. Jordan uprzedzał, że nie zamierza angażować się w jakieś szalone eksperymenty, że zmiany będą subtelne. Kibicom obiecał, że z dunków też nie zrezygnuje. „W moim stylu gry zawsze będzie miejsce na kreatywność – powiedział w rozmowie z Isaacson. – Po prostu tak już mam. To nie jest planowane. Nauczyłem się tego bardzo wcześnie, na początku kariery. Jeśli chcesz zadowolić publiczność, to nigdy nie grasz tak, jakbyś chciał".

Niezależnie od wszystkiego, sezon 1992/93 rozpoczął się od nagłego, nieprzewidzianego i zaogniającego się konfliktu. Horace Grant obraził się, ponieważ Jackson pozwolił Jordanowi i Pippenowi przesiedzieć większość obozu treningowego. Trener chciał, żeby odpoczęli po pełnym obowiązków lecie. Grant narzekał w rozmowach z dziennikarzami, że mamy do czynienia z „podwójnymi standardami" i „preferencyjnym traktowaniem". Potem, w trakcie sezonu, oskarżył Pippena o arogancję. Koniec końców wzajemne pretensje wywołały konflikt pomiędzy dawnymi przyjaciółmi, którzy zgodnie przyznali, że nie są już ze sobą tak blisko, jak byli kiedyś. Podział, którego Jackson tak bardzo nie znosił, pogłębiał się. Do tego doszły problemy zdrowotne zawodników Bulls. 35-letni Cartwright i 32-letni Paxson poddali się latem operacji schorowanych kolan, a Pippen przez większość sezonu cierpiał z powodu kontuzji kostki. Jordana męczył kręgosłup, nadgarstek i ciągnące się od lat bóle kolan.

B.J. Armstrong, który wcześniej niespecjalnie sobie radził z wpasowaniem się w ofensywę trójkątów, poczuł się w niej wreszcie na tyle komfortowo, że mógł zastąpić Paxsona w pierwszej piątce. Trenerzy uznali, że 21-letni Armstrong ma lepsze warunki do stosowanego przez Bulls agresywnego pressingu w obronie, co może mieć kluczowe znaczenie podczas play-offów. Poza tym, jak się później okazało, został najlepszym w lidze specjalistą od rzutów za trzy punkty, które trafiał z 45-procentową skutecznością.

W sezonie zasadniczym Jackson planował zrezygnować z obrony pressingiem, ponieważ chciał zachować siły, zdrowie i energię swoich zawodników na później. Ta decyzja zirytowała Jordana, który uważał, że bez agresywnej obrony będzie im trudniej odnosić zwycięstwa. Zmiana ujawniła jeszcze jeden problem w złożonej z weteranów drużynie – nudę. Wolniejsze tempo gry zaczęło się obracać przeciwko nim do tego stopnia, że w trakcie jednego z meczów Jordan poprosił w pewnym momencie o czas i w przerwie powiedział kolegom, że mają przywrócić obronę pressingiem. W późniejszej rozmowie z dziennikarzami kwestionował strategię Jacksona: „Nadal uważam, że to nie jest słuszne podejście. Kiedy zwalniamy, wszystko robi się zbyt przekombinowane".

Problem ukazywał psychologiczny charakter rozgrywki trenera z jego najważniejszym zawodnikiem. Czasami przypominało to grę planszową, w której Jordan próbował udowodnić swoją rację. Tak czy owak, te gierki wnosiły do sezonu trochę rozrywki. Najważniejszym rywalem Bulls było coś, co Jordan nazywał „monotonią", a co było po prostu utratą radości i przyjemności z gry. Jackson martwił się tym na początku sezonu. Grudzień przyniósł trenerowi dwusetne zwycięstwo. Osiągnął je szybciej niż jakikolwiek trener w historii, ale zbyt mocno przejmował się problemami drużyny, żeby móc cieszyć się tym sukcesem.

„Chłopcy byli kontuzjowani – tłumaczył Jackson. – Pippen miał problemy z kostką, a Jordan z rozcięgnem podeszwowym* w stopie. To wszystko sprawiało, że nie mogliśmy złapać właściwego rytmu. Nie byliśmy w dobrej formie. Nawet jeśli trenowaliśmy ciężko i sumiennie, to potem brakowało nam chęci do gry".

Jordan nie opuszczał meczów, natomiast musiał rezygnować z tego, co lubił w drużynie najbardziej. „Zawsze lubiłem treningi – mówił. – Byłem zły, kiedy nie mogłem brać w nich udziału. To jak z lekcją matematyki: jeśli raz ją opuścisz, to wydaje ci się, że straciłeś bardzo wiele. Później musisz ciężko pracować, żeby nadrobić zaległości. Zawsze byłem zawodnikiem nastawionym na treningi. I zawsze w nie głęboko wierzyłem".

Potem przyznał, że utrata możliwości cieszenia się treningami była pierwszym poważnym znakiem. To podczas treningów zdarzało mu się grać najlepszą

* *Plantar fasciitis.*

koszykówkę. To, co tam wyczyniał, stanowiło preludium do jego popisów w meczach. Zawsze bardzo na to czekał i podchodził do tego z wielkim entuzjazmem. Nigdy nie chciał odpuszczać treningów.

„Wiedziałem, że zbliża się pora, żeby odejść", mówił później, sięgając pamięcią w przeszłość.

„Byli zmęczeni – wspomina członek sztabu szkoleniowego Bulls, Chip Schaefer. – Nie ma o czym mówić. Jesienią 1992 roku Michael i Scottie byli przemęczeni. To był długi i ciężki rok, zwłaszcza dla Michaela. Wyglądało to tak, jakby wszystko zawaliło mu się na głowę w jednym momencie. Prasa się go czepiała przez cały rok. Kiedy jeden problem się rozwiązywał, natychmiast pojawiał się kolejny. A to książka, a to jakaś afera. Nie miało to nic wspólnego z koszykówką. Chodziło o sprawy prywatne, które w ogóle nie powinny były mieć znaczenia. Po Jordanie widać było, że zaczyna mieć tego wszystkiego dosyć. Sam to przyznawał w prywatnych rozmowach. Widać było, że jest już tym wszystkim zmęczony, zarówno fizycznie, jak i psychicznie".

W tej sytuacji Jackson musiał uciekać się do psychologicznych sztuczek, które odświeżą drużynę i na nowo ją zmotywują. „Phil stosował dużo gierek umysłowych – wspomina Jordan. – Prowadził wojnę psychologiczną, żebyś zrozumiał, jak wiele musisz zrobić, żeby zostać zwycięzcą".

Pomogło mu w tym kilka nagród, które pojawiły się po drodze. 8 stycznia Jordan zdobył tysięczny punkt w karierze i udało mu się to osiągnąć w 620 meczach. Jedynym zawodnikiem, który dokonał tego szybciej, był Chamberlain, któremu wystarczyło 499 meczów. „Chyba znowu okazałem się gorszy od Wilta, co jest dla mnie sprawą honoru i co traktuję jako przywilej – powiedział Jordan. – Trudno mi będzie to ocenić przed zakończeniem kariery. Cieszę się z tego, ale wciąż jeszcze czeka nas długi sezon. Jestem pewien, że kiedy będę starszy, bardziej to docenię".

Mimo ciężkiej pracy Jacksona w drużynie wciąż pojawiały się problemy. W tym samym miesiącu miały miejsce dwa mecze z Orlando. Trener Magic, Matt Guokas, poinstruował swoich podopiecznych, wśród których był debiutant, center Shaquille O'Neal, żeby pilnowali Jordana. „Za każdym razem, kiedy otrzymywał piłkę w pobliżu linii rzutów wolnych, obrońca, który znajdował się najbliżej, miał go podwajać – opowiadał Guokas. – Następnie musieliśmy zadbać o to, żeby przypilnować Johna Paxsona, bo obawialiśmy się jego rzutów z dystansu. Pozostawiliśmy wtedy wiele opcji niekrytych. No i Michael rozpracował nas".

Podawał do niekrytych kolegów z drużyny, więc wszyscy przyczynili się do zwycięstwa. Pozostawiani często na wolnych pozycjach Pippen i Grant zagrali świetne spotkanie, a Bulls łatwo wygrali. Po kolejnych dwóch meczach drużyny spotkały się ponownie w hali Chicago Stadium. Tym razem Guokas postanowił dać Jordanowi poszaleć, bardziej skupiając się na powstrzymaniu jego kolegów. Orlando grało tej nocy bez dwóch zawodników pierwszej piątki, Nicka Andersona i Dennisa Scotta.

„Powiedziałem, że nie ma mowy, żebyśmy go podwajali – wspominał Guokas. – Zadanie pokrycia Jordana otrzymał drugoplanowy zawodnik, Anthony Bowie. Przykazałem chłopakom: »Nieważne, ile punktów uda mu się zdobyć, ważne, żeby nie pozwolić mu na dunki ani na layupy. Pamiętajcie, że macie wracać się do obrony. Niech rzuca z wyskoku, ile tylko chce«. W ten sposób przeciwko Michaelowi grali wszyscy dotychczas. Wychodzimy więc na boisko, odpuszczamy mu, bronimy w odległości dwóch i pół do trzech metrów od niego, czekając, czy będzie wchodził pod kosz. Ale była to jedna z tych nocy, kiedy rzuty z wyskoku mu siadały".

Jordan oddawał jeden rzut za drugim. W sumie rzucił 49 razy – najwięcej w karierze. Oddał o 7 rzutów więcej niż wszyscy jego koledzy razem wzięci. Patrzyli oni na to z niesmakiem, zwłaszcza że Magic utrzymywali niewielką stratę. „Cały czas byliśmy w grze, a oni już nie", wspominał Guokas.

Mecz zakończył się dogrywką. Jordan rzucił 64 punkty, co było jego drugim najlepszym osiągnięciem w karierze. Ale to Magic wtedy wygrali, potwierdzając słuszność strategii Guokasa – najlepiej jest uczynić z Jordana jednoosobową drużynę.

W marcowym pojedynku w Chicago debiutant z Washington Bullets, LaBradford Smith, rzucił przeciwko Jordanowi 37 punktów, a po meczu miał mu powiedzieć (tak twierdził sam Michael): „Niezły mecz, Mike". Jordan był podobno wściekły, kiedy usłyszał ten komentarz. Podczas pomeczowej konferencji prasowej mówił, że czuje się upokorzony i że zamierza się zemścić już następnej nocy, w Waszyngtonie, gdzie miał się odbyć rewanż. Potem dodał jeszcze, że ma zamiar rzucić 37 punktów jeszcze przed przerwą. Poświęcił mnóstwo czasu, opowiadając o karze, jaka spotka młodego rywala, i o tym, jak jest psychicznie nakręcony przed kolejnym meczem. Zwykle rzadko pojawiał się na przedmeczowej rozgrzewce, ale tym razem wyszedł na nią, jakby chciał od początku odnaleźć właściwy rytm. Rozpoczął mecz, trafiając wszystkie 8 rzutów, a do przerwy miał na koncie aż 36 punktów. Ostatecznie zdobył 47 punktów. Dopiero po latach wyznał, że po meczu w Chicago Smith niczego mu nie powiedział i że wymyślił tę historyjkę, aby zmotywować się do gry na jeszcze wyższym poziomie. Nasuwało się pytanie: jak długo jeszcze będzie w stanie prowadzić w swojej głowie gierki z samym sobą.

W każdym z poprzednich czterech sezonów drużyna Michaela rozgrywała ponad 100 meczów i jego kolana zaczęły to w końcu odczuwać. Kiedy przed meczem w Houston siedział w szatni, czuł się zmęczony. W pewnej chwili uświadomił sobie, że zaczyna tracić swoją legendarną koncentrację. Koledzy z drużyny, których dręczyły ich własne problemy, odczuwali to samo. Jordan zrozumiał, że może to być początek końca, że tak się dzieje, kiedy mistrzowskie drużyny nie są w stanie obronić tytułu.

We wcześniejszej fazie sezonu Jackson zauważył, że jego podopieczni więcej myślą o swojej przyszłości niż o najbliższym meczu. „Najważniejszą lekcją, związaną z odnoszeniem sukcesów, było dla mnie to, że nie wolno się zmieniać – tłumaczył potem Jordan. – Wszyscy wokół się zmieniają. Kiedy okazaliśmy się organizacją odnoszącą sukcesy, wielu naszych ludzi zaczęło się zmieniać. Nie każdy potrafił sobie z tym poradzić".

Jego zdaniem ludzie przede wszystkim zaczynają się koncentrować na własnym interesie i na tym, czego nie mają. „To wcale nie jest fajne", dodawał. To wtedy zaczął mówić kolegom z drużyny, że ma już dość i że odejdzie. Po meczu szli na kilka piw, a on wracał do tego tematu. Nikt mu nie wierzył. W końcu zaczął o tym mówić również innym – ojcu, kumplom ze swojej paczki, Deanowi Smithowi i pozostałym powiernikom. Zrozumiał, że zbliża się koniec i pragnął to wszystko zakończyć we właściwy sposób.

Czy wraz z kolegami będą w stanie odgonić złe myśli na tyle, by udało im się sięgnąć po jeszcze jeden tytuł? Dean Smith zawsze chciał zobaczyć Jordana w Chicago i pojawił się tej wiosny na ostatnim meczu sezonu zasadniczego. Kiedy spotkali się przed meczem, Jordan przyznał się swojemu dawnemu mentorowi, że zastanawia się nad rezygnacją z koszykówki. Potem wyszedł na parkiet i był tej nocy świetny w obronie, mając świadomość, że Smith właśnie temu będzie się przyglądał najbardziej surowo. Podczas treningów w Karolinie trener przyznawał punkty za obronę, nie za atak. Zawsze, kiedy Jordan wiedział, że

Smith ogląda jego mecz w telewizji, bardziej koncentrował się na grze defensywnej. Śmiał się z tego, bo od czasów uniwersyteckich minęło przecież już dziesięć lat, a Smith wciąż miał nad nim władzę. Tamtej nocy, pod koniec sezonu, zagrał słabo w ataku, bo całą energię włożył w obronę.

Po porażkach w dwóch ostatnich meczach, z Charlotte i New York Knicks, Bulls zakończyli sezon zasadniczy z 57 zwycięstwami. Był czwartym z rzędu sezonem, w którym zwyciężyli w ponad 50 meczach i wygrali swoją dywizję. Niestety utracili przewagę własnego parkietu na rzecz Knicks. Jordan zdobył siódmy z rzędu tytuł króla strzelców (30,3 punktu na mecz), wyrównując rekord Wilta Chamberlaina. Znów został wybrany do pierwszej piątki NBA i razem z Pippenem trafili do pierwszej piątki najlepszych obrońców.

„Zabawne jest wracanie do przeszłości NBA i przypominanie sobie, jak drużyny upadały i podnosiły się – zwraca uwagę trener Chip Schaefer. – Wszystkie znaki na niebie i ziemi wskazywały na to, że ten sezon będzie należał do Nowego Jorku. Spłacili swoje długi. Knicks totalnie nas zniszczyli, wygrali z nami w listopadzie różnicą 37 punktów, grając tak, jakby był to siódmy mecz podczas play-offów. Myśmy podeszli do tego meczu, ziewając. Nic wielkiego. Na początku gry Michael skręcił nogę, no i nas rozjechali. Owszem, wygraliśmy 57 meczów w sezonie, ale trochę się posypaliśmy".

Po tym, jak marzenia Knicks o zdobyciu mistrzostwa kończyły się siedmiomeczowymi porażkami z Bulls, Nowojorczycy zrozumieli, że aby wyjść z cienia Jordana, potrzebują przewagi własnego boiska. Ich trener, Pat Riley, poprowadził ich do 60 zwycięstw w sezonie, dlatego zdobyli tę przewagę. Tymczasem tuż przed rozpoczęciem play-offów Bulls wydawali się rozkojarzeni. Szybko się jednak pozbierali. W pierwszej rundzie wygrali do zera z Atlantą, a w drugiej raz jeszcze zniszczyli Cleveland Cavaliers, wygrywając również do zera. Jordan postawił kropkę nad i, trafiając w końcowej sekundzie ostatniego meczu w Cleveland zwycięski rzut i ostatecznie przypieczętowując epokę swojej dominacji nad Kawalerzystami.

„Kiedy zaczęły się play-offy, Michael znowu odnalazł w sobie motywację – wspomina Schaefer. – Ale znowu czekał nas pojedynek z Nowym Jorkiem. Nie mieliśmy przewagi własnego boiska, więc nie było zbyt wielu powodów do optymizmu".

Jordan nienawidził Knicks. „Grają jak Pistons", mówił cierpko. Co więcej, niechęć Jacksona i Rileya wywodziła się jeszcze z czasów, kiedy obaj byli koszykarzami. W pierwszym meczu w hali Madison Square Garden Knicks pozwolili Jordanowi trafić tylko 10 z 27 rzutów i wygrali 98:90.

„Powiedziałem kolegom z drużyny, że ich zawiodłem", przyznał Jordan. Historia powtórzyła się w meczu numer dwa. Spudłował 20 z 32 rzutów. New York wygrali 96:91 i objęli w całej serii prowadzenie 2:0. Po meczu w Nowym Jorku dało się wyczuć powszechne zadowolenie, czemu trudno się dziwić. „Byki przegrywają 0:2 i jeśli chcą zdobyć trzy tytuły mistrzowskie z rzędu, muszą pokonać Knicks w czterech z najbliższych pięciu meczów", pisał felietonista „New York Daily News", Mike Lupica.

Oliwy do ognia dolał artykuł w „New York Timesie", ujawniający, że Jordan był widziany w kasynie w Atlantic City tuż przed meczem numer dwa i sugerujący, że być może nie był podczas meczu wystarczająco wypoczęty. Jackson i Krause natychmiast stanęli w obronie Michaela. „Nie ma żadnego problemu z Michaelem Jordanem – powiedział dziennikarzom Krause. – Zależy mu na zwycięstwie. Jest jednym z największych zwycięzców w historii".

„Nie potrzebujemy godziny policyjnej – dodał Jackson. – To są dorośli ludzie... Muszą mieć w życiu jakąś odskocznię od ciążącej na nich presji".

Jordan nie zamierzał okazać skruchy, ale do akcji wkroczył jego ojciec, który wyjaśnił dziennikarzom, że sam namawiał syna na wizytę w Atlantic City. Prywatnie większość osób ze środowiska klubowego była zszokowana tym tłumaczeniem: Michael był przedmiotem kontroli i śledztwa NBA w sprawie „Slima" Boulera, a mimo to James Jordan uznał, że zachęcenie syna do gry w kasynie w samym środku play-offów będzie dobrym pomysłem?!

Nad Jordanem znów zawisła czarna chmura. Drużyna udała się do Chicago na dalszy ciąg rywalizacji. „Bulls przyszli potrenować w Berto Center – wspomina lokalna dziennikarka radiowa, Cheryl Raye-Stout. – Nigdy nie widziałam, żeby tylu dziennikarzy pojawiło się na treningu. Kiedy Michael wyszedł z sali, zapytałam go: »Michael, może nam po prostu przedstawisz swoją wersję zdarzeń. Opowiesz, jak było, co się stało i skąd się wzięły te historie?«. Opowiedział, po czym naskoczył na niego jakiś dziennikarz telewizyjny z lokalnej stacji i zaczął go atakować napastliwymi pytaniami, zupełnie jakby miał przed sobą jakiegoś urzędnika oskarżonego o przestępstwo. Chuck Goudie z Channel 7 zadawał pytania w stylu: »Czy robisz to przed każdym meczem? Czy jesteś uzależniony od hazardu?«. Rzucał tak i rzucał, aż w końcu Jordan przestał odpowiadać i wyszedł".

Po tym incydencie Jordan odmówił kontaktów z mediami, a koledzy z drużyny solidarnie poszli w jego ślady. Wszyscy zostali przez NBA ukarani za złamanie polityki kontaktów z mediami.

James Jordan latami kręcił się koło Michaela, przyjemnie się uśmiechał, żartował z ludźmi z jego otoczenia i konsekwentnie wspierał syna. Teraz, kiedy sytuacja była tak napięta, a jego syn kipiał z wściekłości, w pewną deszczową niedzielę postanowił porozmawiać z dziennikarzami przed klubowym ośrodkiem treningowym.

„Wszystko mi jedno. Mogę mówić w imieniu Michaela – powiedział. – To mój syn. Zrobię wszystko dla dobra swojego dziecka".

Prywatnie James wierzył w zapewnienia Michaela, który przekonywał go, że na parkiecie nie ma już więcej wyzwań i że to problemy pozasportowe odciągają go od koszykówki. Teraz rozpoczął rozmowę z dziennikarzami, prawie błagając ich o wyrozumiałość, ale po chwili z jego głosu zniknął łagodny ton. „On się czuje, jakby był w akwarium albo pod lupą – powiedział, dodając, że przecież kiedyś tak nie było. – Moglibyście powiedzieć po prostu: »Hej, ten facet jest tylko człowiekiem«. Czy to nie wystarczy? To jest teraz najważniejsze pytanie – czy to nie wystarczy? Jeśli się kopie w wiadro wypełnione wodą, w końcu nic w nim nie zostanie. Wszystko się wyleje. Musimy sobie zacząć zdawać z tego sprawę jako kibice".

Próbując przybliżyć im uczucia Michaela, James Jordan powiedział dziennikarzom: „Mój syn nie ma problemu z hazardem. On ma problem z konkurencją".

Najbliższym problemem z konkurencją byli Knicks. Jordan był pewien, że Bulls wygrają. Wydawało się, że strata jest duża, ale udało im się odbić od dna. Pippen przejął stery i Chicago łatwo wygrało trzeci mecz w hali Stadium z wynikiem 103:83.

„Po zakończeniu trzeciego meczu zrozumiałem, że wygramy – wspominał Chip Schaefer. – Kiedy pokonaliśmy ich wysoko i zmieniliśmy wynik na 2:1, Patrick Ewing powiedział coś w stylu: »Żeby wygrać, nie musimy grać tu, w Chicago«. Kiedy to usłyszałem, wiedziałem, że wygramy. Jeśli masz takie nastawienie, możesz przegrać kolejny mecz i stracić przewagę. Nie wolno ci wychodzić z założenia, że wygrasz wszystkie mecze u siebie. Kiedy to powiedział, zrozumiałem, że właśnie tak zakłada, i wiedziałem, że tak się nie stanie. To Scottie przeprowadził nas przez tę serię. Zawsze potrafił wznieść się na wyższy poziom, kiedy Michael miał trudniejszy okres. Potrafił wziąć na siebie ciężar gry i zrobić to, co trzeba".

Jordan też zrobił swoje, przekładając wypełniającą go złość na piekielną koncentrację. Najpierw w Chicago zdobył 54 punkty w meczu numer cztery i zapewnił Bykom zwycięstwo 105:95, a potem jego *triple double* (29 punktów, 10 zbiórek i 14 asyst) zdominowało statystyki piątego meczu, po którym Bulls objęli prowadzenie 3:2. Ale w końcówce tego pojedynku to bloki Pippena, które stosował przy próbach dobitek Charlesa Smitha z Nowego Jorku, pozbawiły Knicks nadziei. Wreszcie, kiedy Bulls odrobili straty podczas szóstego meczu w Chicago, Pippen dobił rywali, trafiając z rogu z wyskoku, potem dorzucając jeszcze rzut za trzy punkty i zapewniając drużynie zwycięstwo wynikiem 96:88.

To była ciężka i trudna droga, ale Bulls powracali do finałów NBA po raz trzeci z rzędu. Jordan miał stanąć oko w oko ze swoim dawnym chłopcem od noszenia kijów golfowych, Charlesem Barkleyem. Obaj byli wtedy u szczytu swoich karier. Po kilku frustrujących sezonach, spędzonych w Philadelphii, przed sezonem 1992/93 Barkley został sprzedany do Phoenix, gdzie przeżywał drugą młodość, zdobywając nagrodę MVP sezonu zasadniczego, prowadząc Suns do 62 zwycięstw, a potem, po ciężkiej potyczce z Houston Rockets, do wielkiego finału.

„To były wspaniałe finały, zarówno z punktu widzenia sportowego, jak i widowiskowego – wspomina Matt Guokas, który był wcześniej trenerem Barkleya w Philadelphii. – Myślę, że Charles czuł się tak, jakby udało mu się osiągnąć ten sam poziom, co Michael Jordan".

Podczas rywalizacji o mistrzostwo osobisty pojedynek dwójki przyjaciół znalazł się w centrum zainteresowania opinii publicznej. „Zawsze, kiedy graliśmy zacięty mecz z Bulls, Charles chciał kryć Michaela w końcówce, w ciągu ostatnich dwóch–trzech minut – wspomina Guokas. – Miał jaja, nie bał się odpowiedzialności. Nie bał się, że poniesie porażkę. Zdawał sobie sprawę z tego, że Michael może zrobić z niego głupka, ale z punktu widzenia sportowej woli walki był prawie jego odpowiednikiem".

Barkleya zawsze denerwowało to, że Jordan zamyka się gdzieś w hotelu. Sir Charles uwielbiał wychodzić, hulać po mieście i zawierać znajomości, przez co zresztą ciągle pakował się w kłopoty, kiedy jeszcze grał w Philadelphii. Ale w Phoenix, gdzie w Dolinie Słońca można było znaleźć wiele pól golfowych, nie musiał namawiać Jordana specjalnie długo na opuszczanie hotelu.

Ich pojedynek o mistrzostwo był bardzo ciężki, ale pozostawił po sobie niesmak, kiedy z obozu Bulls napłynęły plotki, że Jordan bawił się Barkleyem przez kilka lat, nie szczędząc mu pochwał i szczodrych prezentów, po to, żeby móc łatwiej dominować nad nim na parkiecie. Sam Barkley musiał się potem zastanowić, czy łącząca ich przez ostatnie trzy lata przyjaźń była szczera. Jordan, któremu nie podobało się podejście Charlesa do treningów podczas igrzysk w Barcelonie, twierdził, że to dzięki odmiennej etyce pracy miał nad nim przewagę. Z kolei Pippen nigdy nie był specjalnym fanem sir Charlesa. Publicznie go potem krytykował za „włażenie Michaelowi w dupę", co oczywiście Barkleya rozwścieczało. Nikt nie wie, jak było naprawdę. Czy Jordan rzeczywiście oszukiwał Barkleya, kiedy ten znalazł się tak blisko wymarzonego trofeum?

Po wszystkim Jordan twierdził, że decydująca była różnica doświadczenia. Wiedział, czego może się po tej serii spodziewać, jeśli chodzi o presję. Barkley nie miał o tym pojęcia. Zdaniem Jordana na tak wielki ciężar trzeba być dobrze przygotowanym.

Dla publiczności zgromadzonej przed telewizorami Barkley i Jordan stoczyli jeszcze jeden pojedynek – wojnę popkulturową. Reklama Nike kontra reklama Nike. W swojej kampanii Jordan zastanawiał się: „A gdybym był tylko koszykarzem?", podczas gdy Barkley w swojej deklarował: „Nie jestem wzorem do naśladowania", nawiązując do swojego kontrowersyjnego wizerunku. Niektórzy krytycy uważali go za kolejnego wysoko opłacanego, ale nieodpowiedzialnego artystę. Inni odebrali oświadczenie Barkleya jako przypomnienie tego, że zawodowi sportowcy są tylko produktami, stworzonymi przez media, i że prawdziwe zaszczepienie w młodych ludziach wartości odbywa się tak naprawdę w ich domach. Tak samo tłumaczył to Barkley, ale jego krytycy nie chcieli tego słuchać. Woleli skupiać się na plotkach rozsiewanych przez tabloidy, rozpisujące się o jego rzekomych schadzkach z Madonną w restauracji w Phoenix. Jordan miał za uszami afery hazardowe, a sir Charles zawsze pozostawał sir Charlesem.

W 1993 roku ironia losu polegała na tym, że Barkley od początku swojej kariery w NBA nie wykazywał się specjalną przezornością i nigdy nie dbał o swój publiczny wizerunek, podczas gdy bardziej rozważny Jordan prowadził się ostrożnie, zawsze robiąc i mówiąc to, co było poprawne politycznie. Konsekwentnie budował w Chicago swoją potęgę. Kiedy zdarzające się od czasu do czasu bijatyki Barkleya w barach albo jego niefortunne wypowiedzi dla mediów trafiały na nagłówki gazet, Jordan publicznie stawał w jego obronie.

Usprawiedliwiał go przede wszystkim tym, że Charles często robi albo mówi coś, zanim pomyśli, ale że jest jednocześnie uczciwym, szczerym człowiekiem i twardym zawodnikiem. Tyle że tym razem to Jordan pojawił się w Phoenix ze swoimi własnymi psami z brukowców, węszącymi za kolejnym skandalem.

Na szczęście grali wtedy wystarczająco dobrą koszykówkę, żeby przyćmić rewelacje brukowców. Bulls rozpoczęli rywalizację w nowo otwartej hali America West Arena bardzo pewni siebie. Zawsze dobrze radzili sobie z Philadelphią, w której grał wcześniej Barkley. Obrona Pippena i Granta znowu uprzykrzała życie krępemu skrzydłowemu, a B.J. Armstrong był na tyle szybki, że udawało mu się powstrzymać rozgrywającego Phoenix, Kevina Johnsona.

Wtedy, jakby zaplanował to jakiś geniusz strategii medialnej, w przededniu Finałów, wyszła na światło dzienne mroczna część życia Jordana. Jak tylko afera z Atlantic City zniknęła z czołówek gazet, pojawił się Richard Esquinas, z wydaną przez siebie książką *Michael & Me: Our Gambling Addiction... My Cry for Help!*[*]. Esquinas opisał w niej szczegółowo swoje zakłady z Jordanem o duże pieniądze.

W wywiadzie dla telewizji NBC, udzielonym w przerwie pierwszego meczu Finałów, Jordan przyznał się, że przegrał z Esquinasem duże sumy, ale że nigdy nie było mowy o stawkach, o jakich mowa w książce. Tymczasem Esquinas zaprezentował kopie swoich zeznań podatkowych i czeków wypisanych przez Jordana. Spłacił około 300 tysięcy dolarów, a następnie zwrócił się do prawników z Chicago, żeby utrzymywali Esquinasa w bezpiecznej odległości.

„Dla hazardzistów nie ma miejsca w sporcie – napisał felietonista »Sporting News«, Dave Kindred. – Łatwo ich szantażować. Są podatni na pokusę obstawiania tego, na czym znają się najlepiej, czyli swoich meczów. A to podważa wiarę opinii publicznej w to, że mecze rozgrywane są uczciwie. Ale Jordan wydawał się tym nie przejmować. Tak jakby zamierzał prowadzić życie w zgodzie z filozofią głoszoną przez reklamowane przez siebie buty: „Po prostu to zrób"[**].

Obrońcy Jordana podkreślają, że nigdy nie został oskarżony o obstawianie meczów NBA. „Newsweek" sugerował jednak, że nawet jeśli to prawda, to pewnie była to jedyna rzecz, której nie obstawiał. „W czasie treningów chciał

* „Michael i ja: nasze uzależnienie od hazardu... I moje wołanie o pomoc!"

** *Just do it.*

zakładać się z kolegami, czy uda mu się trafić jakiś cyrkowy rzut*, albo chciał z nimi grać na pieniądze w H-O-R-S-E. Gdy lecieli samolotem, namawiał ich na rozgrywkę w oczko albo w remika. Podczas meczów wyjazdowych organizował w swoim pokoju hotelowym całonocne maratony pokerowe. Trzy lata temu drużyna zaczęła korzystać z własnego samolotu czarterowego, teoretycznie po to, żeby chronić prywatność zawodników, ale można się teraz domyślać, że chodziło również o to, żebyśmy nie musieli patrzeć, jak na stolikach w poczekalni lotniskowej porozkładane są studolarowe banknoty, bo taka była stawka w rozgrywkach karcianych Jordana".

Obawy o to, czy te afery nie zaszkodzą Bulls, zostały szybko rozwiane, kiedy Chicago łatwo wygrało pierwszy mecz 100:92. Jordan zdobył 31 punktów, Pippen 27, a defensywa Bulls na tyle uprzykrzyła życie Barkleyowi, że pozwoliła mu trafić tylko 9 z 25 rzutów.

Suns jeszcze nie zdążyli się dobrze otrząsnąć po porażce w pierwszym meczu, a już wpadli w poważniejsze kłopoty podczas meczu numer dwa. Barkley i Jordan rzucili po 42 punkty, ale Jordan był na dodatek o krok od *triple double*, zaliczając 12 zbiórek i 9 asyst oraz 2 przechwyty, a to wszystko w ciągu 40 minut gry. Wykorzystał 18 z 36 rzutów z gry, w tym obie próby za trzy punkty, a Bulls wygrali 111:108.

Obrona Chicago ukróciła też popisy Kevina Johnsona i skrzydłowego Dana Majerle, a Bulls objęli prowadzenie 2:0. Częściowo było to efektem schematów defensywnych rozpisanych przez Johnny'ego Bacha dla Armstronga, który tak bardzo uprzykrzał życie Kevinowi Johnsonowi, że ten, sfrustrowany, przesiedział całą czwartą kwartę. Phoenix stanęło nagle w obliczu trzech meczów w Chicago i zagrożenia przegraną do zera. Jednak jakimś cudem Suns udało się pozbierać i po trzech dogrywkach wygrać trzeci mecz 129:121. „Myślałem, że to się nigdy nie skończy", powiedział potem Jackson.

W odpowiedzi Jordan zdobył 55 punktów w czwartym meczu, który Bulls wygrali 108:98 i objęli prowadzenie 3:1. Phoenix zostawiło mu więcej przestrzeni, a on to wykorzystał, szybując pod kosz i zaliczając przepiękne slam dunki i imponujące rzuty od tablicy. W ciągu 46 minut gry trafił 21 z 37 rzutów, dodał do tego 13 rzutów wolnych, zaliczył 8 zbiórek i 4 asysty. Phoenix udało się pod koniec zmniejszyć stratę do 2 punktów, ale presja, jaką wywierał Armstrong,

* *Trick shot.*

i jego kluczowy przechwyt pod koniec meczu zwieńczyły dzieło. Uzyskane przez Jordana 55 punktów oznaczało wyrównanie z drugim najlepszym wynikiem pod względem zdobytych w meczu finałów NBA punktów, należącym do Ricka Barry'ego z Golden State. Rekordzistą był Elgin Baylor, który w 1962 roku, w meczu z Bostonem, zdobył 61 punktów.

Przed piątym meczem, rozgrywanym u siebie, Bulls, którzy prowadzili 3:1, byli o krok od trzeciego tytułu mistrzowskiego. Wtedy niespodziewanie się zachwiali. Jordan obiecał kolegom, że jeśli nie wykorzystają przewagi własnego parkietu i nie wygrają piątego meczu, nie poleci z nimi do Phoenix. Żeby być wiarygodnym, zdobył 41 punktów w ciągu 44 minut, trafiając aż 16 z 29 rzutów z gry, dodając do tego 7 zbiórek, 7 asyst i 2 bloki. Mimo to Chicago się potknęło w wyniku skutecznej defensywy Suns. Jordan przestał zdobywać łatwe rzuty, bo obrona Phoenix tłoczyła się przed koszem.

Johnson zdobył 25 punktów, a Barkley 24. Suns odnieśli wymarzone zwycięstwo 108:98, więc rywalizacja przeniosła się z powrotem do Arizony. Zdobycie przez Chicago poprzednich tytułów mistrzowskich kończyło się szaloną falą świętowania, która przetaczała się przez miasto, więc przed piątym meczem wielu kupców pozabijało deskami swoje sklepy. „Zrobiliśmy miastu przysługę – mówił Barkley, opuszczając Chicago. – Możecie zdjąć te deski. Wracamy do Phoenix".

Jordan był wściekły z powodu porażki i zły na kolegów, którzy także zmagali się z rozczarowaniem. Jego żona i starsza siostra błagały go, żeby załatwił prywatny odrzutowiec, który zabierze rodzinę na szósty mecz. To go uspokoiło.

Rodzina Jordanów nadal była podzielona, a James i Deloris walczyli o dochody i tantiemy ze sprzedaży sklepów Flight 23. Sis pisała o tym ze smutkiem, zwłaszcza że rodzice próbowali wciągnąć do swojej wojny dzieci, szczególnie Michaela. Siedziała teraz i patrzyła na brata, który „nie miał już do dyspozycji tylu godzin w ciągu dnia, ani tylu rąk, żeby móc się zająć tym wszystkim, co na niego spadło". W jej wspomnieniach pojawiło się i takie wyznanie: „Przyglądałam się z oddali, jak walczy ze swoim życiem na boisku i poza nim… płynąc razem z falami wielkiego sukcesu i zabierając w tę podróż swoich kolegów z drużyny i członków swojej rodziny".

„Michael zdaje się wyczuwać, czego potrzebuje drużyna – wspomina komentator meczów Bulls, Tom Dore. – Właśnie przegrali mecz, ale Michael wsiadł do samolotu lecącego do Phoenix i powiedział: »Cześć, Mistrzowie Świata«. Zapalił

30-centymetrowe cygaro i świętował mistrzostwo, bo wiedział, że jest już po wszystkim. Wiedział, że pojadą do Phoenix i wygrają. Nie miał co do tego wątpliwości i myślę, że pomógł tym pozostałym wypracować pewność siebie. Zarażał ich swoją arogancją. Po prostu sprawił, że uwierzyli w zwycięstwo".

Ta werwa wydawała się napędzać Chicago przez pierwsze trzy kwarty szóstego meczu, kiedy Bulls i ich falanga obrońców – Jordan, Armstrong, Paxson, a nawet rzadko wykorzystywany rezerwowy, Trent Tucker – trafiali jedną trójkę za drugą, w sumie 9 w ciągu trzech pierwszych kwart, po których Bulls prowadzili 87:79.

Potem, będąc o krok od tytułu, znowu się zatrzymali. W pierwszych 11 akcjach w czwartej kwarcie spudłowali 9 rzutów i zaliczyli 2 straty. Suns zmniejszyli przewagę przeciwnika do 1 punktu, potem zaliczyli jeszcze jedną serię i na 90 sekund przed końcem meczu objęli prowadzenie 98:94. Po niecelnym rzucie Jordan zebrał piłkę w obronie i wjechał pod kosz rywala, pomimo tłoczących się tam obrońców, zdobywając punkty rzutem od tablicy. Na 38 sekund przed końcem Suns prowadzili 98:96. Rzuty skrzydłowego Suns, Dana Majerle, ratowały im wcześniej skórę, ale tym razem Majerle zaliczył w kolejnej akcji airballa. Bulls dostali jeszcze jedną szansę. Do końca zostało 14,1 sekundy. Po przerwie na żądanie Jordan podał piłkę do Armstronga, potem dostał ją z powrotem i podał do Pippena. Akcja była zaplanowana tak, żeby piłka trafiła do najbardziej pewnego ogniwa Bulls. Ale Pippen dotrzegł, że Jordan jest kryty, więc ruszył pod kosz, gdzie czekał na niego center Suns, Mark West. W pobliżu linii końcowej stał samotnie Grant, który w ciągu całego meczu zdobył tylko jeden punkt, a kilka chwil wcześniej, mając szansę na dobitkę, prawie przerzucił piłkę nad koszem. Pippen podał do niego. Kiedy ważyły się losy meczu, Grant przejął podanie, po czym oddał piłkę na obwód do Paxsona, który stał po lewej stronie za linią rzutów za trzy punkty.

„Wiedziałem, że Pax trafi, już w chwili, kiedy oddawał rzut", powiedział Jordan.

Ta trójka, razem z blokiem Granta na rzucie Kevina Johnsona, chwilę później zakończyła suspens i przyniosła Bykom trzeci tytuł mistrzowski.

Podczas finałów Jordan zdobywał średnio 41 punktów na mecz, bijąc rekord finałów (40,8 punktu) ustanowiony przez Ricka Barry'ego w 1967 roku.

Spokojniejsza niż zwykle impreza odbyła się po meczu w apartamencie Jordana. Ubrany tylko w krótkie spodenki, Michael odpoczywał. Był z nim

George Koehler, który otwierał jednego drogiego szampana za drugim. Był tam też Quinn Buckner. Ciche świętowanie Jordan zachował jednak dla rodziny. Sis, Michael i Deloris siedzieli na jednej kanapie, a na drugiej, naprzeciwko nich, siedzieli James i Roz. Wszyscy byli zrelaksowani i uśmiechnięci. Michael zaczął się nawet przepychać z młodszą siostrą, jakby chciał rozpocząć zapaśniczy pojedynek. Wtedy byli razem po raz ostatni.

Osobiste problemy Jordana narastały, a dla jego najbliższych było oczywiste, że ma już dość tego zgiełku wokół siebie i braku prywatności. W wypowiedziach publicznych sugerował możliwość zakończenia kariery. Sam Smith pisał w *The Jordan Rules*, że być może Michael zrobiłby to wcześniej, gdyby nie obawa przed utratą kontraktów reklamowych i dochodów ze sprzedaży Nike. Prawdopodobieństwo, że przez swoje pozasportowe problemy zrezygnuje z koszykówki, wzrosło po zdobyciu trzeciego tytułu mistrzowskiego.

Podczas sesji dla mediów dziennikarze tłoczyli się wokół niego i pytali, czy rzeczywiście zamierza zakończyć karierę. „Nie – zapewnił ich. – Moja miłość do koszykówki jest wciąż wystarczająco silna”.

CZĘŚĆ IX

TAK DALEKO, DALEKO

Rozdział 29

LEXUS

Michael sprawił, że wygrywanie mogło się wydawać łatwe. Tylko Phil Jackson i wąski wewnętrzny krąg Bulls pojmowali, jaką udręką były dla niego te trzy tytuły mistrzowskie. Wiedzieli też, że za jego sukcesem kryły się ogromne pokłady silnej woli, psychiczna odporność, ale niekiedy także strach.

Latem 1993 roku na Michaela czekała kolejna powódź kłopotów i mnóstwo cierpienia. Największe wiązały się z Jamesem Jordanem, którego świat się rozpadał. W Chicago czekał go proces o ojcostwo. Interesy, które pootwierał razem z Larrym po fiasku sieci sklepów Fight 23, też się sypały, bo władze upomniały się o niezapłacone podatki, a dostawcy zaczęli opróżniać półki z nieopłaconych towarów. Do tego James nadal prowadził otwartą wojnę z Deloris, a ich wspólny rachunek bankowy został zamknięty, co uniemożliwiło mu wzięcie kredytu, który mógłby uratować jego biznes. Nie było pieniędzy na wypłaty dla pracowników, a każdy telefon od sekretarki zdawał się zwiastować kolejne kłopoty. Według Sis ojciec bez przerwy narzekał, że żona próbuje go zrujnować na oczach dzieci.

W dniu 22 lipca 1993 roku James i Deloris Jordan opuścili swój dom na przedmieściach Charlotte i pojechali w przeciwnych kierunkach. Pani Jordan wsiadła w samolot do Chicago, żeby odwiedzić syna, a pan Jordan wsiadł do swojego lexusa w kolorze żurawinowym i pojechał przez cały stan do Pender County na pogrzeb starego przyjaciela. Lexus, prezent od syna, był dla Jamesa Jordana powodem do dumy. Na specjalnie zamówionej tablicy rejestracyjnej widniał napis UNC0023. Następnego dnia miał polecieć do Chicago na mecz baseballowy celebrytów, którego gospodarzem miał być Michael. Po tym spotkaniu Jordan miał pojechać z mamą na dłuższe wakacje do Kalifornii.

Ponad dziesięć dni później, 2 sierpnia, w dniu 57. urodzin Jamesa Jordana, Sis odebrała telefon od sekretarki ojca. Kobieta była zdenerwowana. Szef zazwyczaj codziennie się jej meldował, a teraz nie rozmawiała z nim już od prawie dwóch tygodni. Wtedy Sis uzmysłowiła sobie, w jak fatalnej kondycji znajdują się interesy jej ojca. Czeki na wypłaty dla pracowników okazały się nie mieć pokrycia, więc pracownicy odchodzili z pracy. Sekretarka powiedziała też córce Jamesa, że jej ojciec nie pojawił się lotnisku, skąd 23 lipca miał lecieć do Chicago.

Przez wiele lat James Jordan dużo podróżował, próbując nadążyć za napiętym terminarzem syna. „Dużo jeździł sam – mówił potem Michael. – Czasami dlatego, że pokłócił się z matką, czasami po prostu dlatego, że chciał spędzić czas w samotności. Bardzo mu się podobało na emeryturze, cieszył się, że może robić to, co chce i kiedy chce. Nie było w tym nic dziwnego".

Sis zadzwoniła do matki, która wróciła właśnie po dwóch tygodniach nieobecności do domu, i podzieliła się z nią obawami sekretarki. Deloris powiedziała, że dom wygląda dokładnie tak samo jak w dniu jej wyjazdu i wszystko wskazuje na to, że nikt w nim ostatnio nie przebywał. Próbowała uspokoić córkę, mówiąc, że gdziekolwiek jest James Jordan, na pewno chce tam być.

Rosnące obawy

W dniu 4 sierpnia Sis ponownie zadzwoniła do firmy ojca. Jak się okazało, nadal się nie odezwał. Dwa dni później dowiedziała się, że matka i Larry odwiedzili jego firmę, a Deloris zapłaciła rachunki. Córka pomyślała, że może to oznaczać pogodzenie się rodziców. W weekend zadzwoniła do matki, która powiedziała jej, że być może James jest w Hilton Head, dokąd planował się przeprowadzić.

Po kilku dnaich zadzwonił sąsiad i powiedział Sis, żeby włączyła telewizor. Znaleziono lexusa Jamesa Jordana – był rozebrany i zdewastowany. Kiedy Michael to usłyszał, zrozumiał, że stało się coś strasznego.

„On bardzo dbał o ten samochód", powiedział potem.

Policja znalazła samochód 5 sierpnia w okolicy lasku, w pobliżu głównej drogi w Fayetteville w Karolinie Północnej. Tylne okno było rozbite, skradziono głośniki stereo, opony i tablice rejestracyjne. Policja zidentyfikowała właścicieli auta w salonie Lexusa i skontaktowała się z rodziną Jordanów. Przeszukano teren w pobliżu samochodu, ale niczego nie znaleziono. Udało się ustalić, że pan Jordan wziął udział w ceremonii pogrzebowej 22 lipca, wieczorem odwiedził znajomą i ruszył w trzyipółgodzinną podróż do domu.

„Gdyby pan Jordan nie informował nikogo o miejscu swojego pobytu przez kilka dni, to nie byłoby w tym nic dziwnego, ale chodziło o ponad 20 dni", powiedział dziennikarzom kapitan Art Binder z Departamentu Szeryfa w Cumberland County.

Natychmiast po usłyszeniu wiadomości, Michael wyjechał z Karoliny Północnej. Policja szybko skojarzyła samochód z ciałem w stanie rozkładu, znalezionym 3 sierpnia w bagnistym potoku, w pobliżu McColl w Karolinie Południowej. Lokalny patomorfolog powiedział potem, że zwłoki zostały umieszczone w worku i pozostawione przez większość dnia na tylnym siedzeniu jego pick-upa. Policja z Karoliny Południowej przeprowadziła sekcję zwłok, zrobiła zdjęcia i ustaliła, że ofiara zginęła w wyniku pojedynczego strzału w pierś z pistoletu kaliber .38. W dniu 7 sierpnia koroner, Tim Brown, zrobił odcisk szczęki i dłoni niezidentyfikowanych zwłok i zarządził kremację szczątków.

„To była moja decyzja – powiedział dziennikarzom, kiedy już potwierdziło się, że ofiarą był ojciec Michaela Jordana. – Miałem ciało znajdujące się w stanie rozkładu i nie było sensu, żeby wstawiać je do chłodni".

Zszokowana rodzina Jordanów zaczęła szybko załatwiać formalności pogrzebowe. Pochówek miał się odbyć w najbliższy weekend w kościele Rockfish AME w Teachey. Tymczasem policja szybko sprawdziła połączenia wykonane z komórki w lexusie – ślady prowadziły do dwóch 18-latków z Lumberton w Karolinie Północnej. W dniu pogrzebu w Teachey aresztowano Larry'ego Martina Demery'ego i Daniela Andre Greena. Postawiono im zarzuty morderstwa pierwszego stopnia, zamiaru popełnienia napadu z użyciem broni i napadu z użyciem broni. Szeryf z Robeson County, Hubert Stone, poinformował, że dwa miesiące wcześniej Green wyszedł na wolność po odsiedzeniu dwóch lat w zakładzie poprawczym w Robeson County za napaść z bronią w ręku z zamiarem zabicia i rozboju.

Według śledczych James Jordan stał się przypadkową ofiarą. W dniu 23 lipca, nad ranem, zatrzymał samochód w dobrze oświetlonym miejscu przy autostradzie Interstate 95, w pobliżu Lumberton. Kapitan Art Binder mówił, że uzbrojeni nastolatkowie planowali napaść z kradzieżą. Czekali przy pobliskim zjeździe z autostrady, kiedy pan Jordan się zatrzymał. Prawdopodobnie chciał po prostu odpocząć. Śmiertelnie go postrzelili. Dowiedzieli się, kim jest, dopiero później, gdy przeglądali jego portfel. „Kiedy się zorientowali, że to ojciec Michaela Jordana, chcieli mieć pewność, że zatrą ślady najlepiej, jak się da. Po jakimś czasie zdecydowali, że wywiozą ciało do Karoliny Południowej".

Pojechali do odległego o 30 mil miejsca, tuż za granicą stanu, i wrzucili zwłoki Jamesa Jordana do bagnistego potoku. Lexusa zatrzymali jeszcze przez trzy dni. Nagrali na wideo, jak chwalą się tym, czego dokonali, po czym porzucili samochód na drodze polnej na peryferiach Fayetteville, około 60 mil od miejsca, w którym pozbyli się zwłok.

„W miarę, jak odkrywaliśmy kolejne szczegóły tej tragicznej historii, docierało do nas, że to, co spotkało pana Jordana, było przypadkowym aktem przemocy, którego wszyscy się tak obawiamy – powiedział Jim Coman, dyrektor biura śledczego w Karolinie Północnej. – To mogło spotkać każdego z nas".

Spekulacje

Okoliczności śmierci Jamesa Jordana uruchomiły lawinę teorii spiskowych. Dlaczego tak się spieszono z kremacją? Dlaczego nie zgłoszono zaginięcia? Jak to możliwe, że nie było go przez dwa tygodnie i żaden z członków rodziny niczego nie podejrzewał? Czy miało to coś wspólnego z problemami hazardowymi Michaela? Jak to się stało, że minęły jego 57. urodziny i nikt z rodziny nie zorientował się, że zaginął? Zagadka tylko się zagmatwała, kiedy Deloris Jordan zeznała, że po raz ostatni rozmawiała z mężem 26 lipca, a także kiedy lokalna sprzedawczyni zgłosiła, że kilka dni po rzekomej dacie zbrodni widziała u siebie w sklepie kogoś, kto wyglądał jak James Jordan, z dwoma nastolatkami. Śledczy ustalili potem, że obie się pomyliły.

Tymczasem w niedzielę, 15 sierpnia, rodzina wzięła udział w pełnej emocji uroczystości pogrzebowej. Kościół był przepełniony, dlatego wielu ludzi musiało stać na zewnątrz. Jordan powoli podszedł do ambony, odebrał kondolencje od 200 żałobników, między innymi od B.J. Armstronga, Ahmada Rashāda i Davida Falka. „Zawsze się zastanawiałem, jak to jest", powiedział ze smutnym uśmiechem.

Jordan przemawiał cicho, głos łamał mu się ze wzruszenia. Podziękował obojgu rodzicom i opowiadał o tym, jak wiele wysiłku kosztowało ich wychowanie i edukacja dzieci, jak zawsze zachęcali je do ustanawiania sobie w życiu celów, dla których warto żyć. „Nie zatrzymujmy się na jego śmierci, ale świętujmy życie, którym żył", powiedział, lekko się uśmiechając.

Potem mocno przytulił matkę, wciąż się uśmiechając i szepcząc jej coś do ucha, po czym wyprowadził ją z kościoła na cmentarz. Wielu starszych ludzi zapamiętało Jamesa Jordana jako przedsiębiorczego, młodego człowieka, który lubił pokazywać, że umie sobie w życiu poradzić.

„Miał poczucie humoru. Gdy o czymś opowiadał, nie przestawałeś się śmiać – mówił w wywiadzie dla »Tribune« jego 71-letni kuzyn, wielebny Andre Carr z pobliskiego Rocky Point. – Zawsze miał coś zabawnego do powiedzenia. W jego duszy było coś takiego, że dla każdego był przyjacielem. Spotykałeś go i czułeś się tak, jakbyś go znał od zawsze. Był typem ojca, który zawsze próbował cię podbudować. Był takim wesołym człowiekiem".

W czwartek, za pośrednictwem biura Falka, Jordan wydał oświadczenie. „Wiele ciepłych słów i modlitwy, które do mnie docierają, pomagają mi przetrwać ten ciężki czas – powiedział w nim. – Chciałbym też wyrazić wdzięczność lokalnym, stanowym i federalnym służbom bezpieczeństwa za ich wysiłki. Próbuję sobie poradzić z przytłaczającym poczuciem straty i smutku tak, jak oczekiwałby tego ode mnie mój ojciec. Nie jestem w stanie pojąć ludzi, którzy posypują solą otwarte rany, sugerując, że moje błędy i przewinienia mogą mieć jakiś związek ze śmiercią mojego ojca". Dodał, że te „bezpodstawne doniesienia" są szczególnie przykre dla jego rodziny.

W piątek miał zagrać w turnieju golfowym Rose Elder Invitational w Lansdowne Resort w Leesburgu w Wirginii. We wtorek musiał podjąć decyzję, czy wziąć udział we własnej imprezie charytatywnej – Michael Jordan/Ronald McDonald Children's Charities Celebrity Golf Classic w klubie golfowym Seven Bridges w Woodridge, również w Wirginii. Ostatecznie zdecydował, że dyskretnie pojawi się na obu eventach, choć nadal spekulowano na temat śmierci jego ojca.

„To właśnie doprowadzało nas w Normie Van Lierze do szału – mówił Phil Jackson o byłym obrońcy Bulls, który został potem ich komentatorem sportowym. – Rozpowszechniał teorie na temat śmierci ojca Michaela, hazardu i NBA. W końcu Michael do niego poszedł i powiedział: »Słuchaj, Norm, daj sobie spokój z tym hazardem i NBA, z tymi teoriami spiskowymi na temat śmierci mojego ojca. Tutaj nie ma żadnych spisków«. Lęgnie się niektórym w głowie taka paranoja i doprowadza cię do szaleństwa".

Od początku relacji z Michaelem Jackson wykazywał niezwykłą intuicję. Potrafił go wspierać i podtrzymywać na duchu. Stał się dla niego kompanem i przewodnikiem, a on odwdzięczał się tym samym. Ich pomysły i odmienne wizje często wzajemnie ich inspirowały. Teraz jednak Michael był w złym stanie emocjonalnym po śmierci ojca, więc w ciągu najbliższych tygodni w jego myślach nie było miejsca na koszykówkę.

Jesienią, gdy zbliżał się obóz treningowy, David Falk poinformował Jerry'ego Reinsdorfa, że Jordan jest gotowy zakończyć karierę. Jako przyczyny nie wymienił wprawdzie śmierci Jamesa Jordana, jednak właściciel domyślał się, że trauma związana ze stratą ojca na pewno miała wpływ na tę decyzję. Natychmiast pojawiły się spekulacje, że Jordan wycofuje się na znak protestu przeciwko zbyt niskiemu kontaktowi, ale Reinsdorf zdecydowanie zaprzeczył: „Michael powiedział mi: »Nie chodzi o pieniądze. Nie chcę już grać w koszykówkę. Chcę zakończyć karierę«".

„Co chcesz robić?", zapytał Reinsdorf.

„Chcę grać w baseball", odpowiedział Michael.

Właściciel przypomina sobie, że zapytał Jordana, czy rozmawiał już na ten temat z Jacksonem, ale on odparł, że nie potrafi się na tę rozmowę zdecydować. „Znając Phila, mistrza psychologii, wiedziałem, że spróbuje dostać mi się do głowy i zobaczyć, co tak naprawdę myślę", wspomina Jordan.

Michael dobrze wiedział, czego chce. Jackson oczywiście miał w zanadrzu parę argumentów, których zamierzał użyć, ale kiedy się spotkali, był ostrożny i delikatny. Zwrócił Jordanowi uwagę na fakt, że Bóg obdarzył go wielkim darem, i że opuszczenie teraz koszykówki nie pozwoli milionom kibiców cieszyć się nim. Poprosił też, żeby przemyślał swoją decyzję. Ale Michael był stanowczy. „Nie, ja już podjąłem decyzję", powiedział.

Jordan chciał wiedzieć jedno: jak trener zamierzał przeprowadzić go przez kolejny, trwający 82 mecze sezon zasadniczy, w sytuacji, gdy on nie był już w stanie wykrzesać z siebie ani krzty motywacji. Nie potrafił potraktować tej rywalizacji jako jakiegokolwiek wyzwania. Jackson nie miał na to dobrego sposobu. Jordan nie chciał zakończyć kariery porażką, prezentując coraz gorsze umiejętności, znajdując się w ogniu powszechnej krytyki, jak to wcześniej miało miejsce w przypadku Juliusa Ervinga.

Jackson raz jeszcze zmienił strategię i zapytał Jordana, czy nie chciałby po prostu zrobić sobie rocznej przerwy. Odpowiedź brzmiała: „Nie". Jordan nie chciał odwlekać decyzji, bo nie chciał mieć żadnych otwartych spraw. Jackson już wiedział, że nie zmieni decyzji Michaela, więc powiedział mu, że go rozumie, i że jest po jego stronie. Powiedział też, że go kocha, a potem się rozpłakał. Choć Jordan spodziewał się, że nie będzie łatwo, zaskoczyła go pełna emocji reakcja nie tylko trenera, ale także kolegów z drużyny i pozostałych trenerów. Toni Kukoč, który właśnie przyjechał do Stanów, żeby zagrać w Bulls, zareagował bardzo emocjonalnie, co szczególnie zdziwiło Michaela. Inni koledzy z drużyny również byli poruszeni. Wtedy uświadomił sobie, że czasem ludzie, których przez wiele lat łączyła głównie praca, nie mają pojęcia, jak głębokie uczucia żywią w stosunku do siebie.

Johnny Bach wspomina, jak Jordan poinformował o swojej decyzji sztab szkoleniowy. „Powiedział: »Kończę karierę, panowie«. Nie mogłem w to uwierzyć. Życzyliśmy mu powodzenia. To był druzgocący dzień".

W dniu 6 października 1993 roku Jordan publicznie ogłosił zakończenie kariery. „Gdyby żył mój ojciec, podjąłbym taką samą decyzję", zapewnił.

Powiedział coś jeszcze: „Za jakieś pięć lat, jeśli znowu poczuję to mrowienie, jeśli Bulls będą mnie jeszcze chcieli, jeśli David Stern pozwoli mi wrócić do NBA, może wrócę". Ta wypowiedź wywołała kolejne spekulacje, że to David Stern nakłonił Jordana do rezygnacji, że być może nawet go do tego zmusił.

Dave Kindred na łamach „Sporting News" pytał wprost: „Czy panowie się dogadali?: »Hej, MJ, skończysz karierę, a my zrezygnujemy ze śledztwa«. Czy David Stern poradził/nakazał Jordanowi, żeby odszedł, pograł sobie w baseballa czy coś w tym rodzaju, żeby zamieść aferę hazardową pod dywan?".

„Sports Illustrated" też wspomniał o spekulacjach, według których Jordan odchodzi, chcąc uniknąć kolejnego śledztwa NBA w sprawie swoich zakładów, oraz o tym, że podczas konferencji prasowej zataił swoje problemy z hazardem.

Falk i Stern zgodnie oświadczyli, że nie ma żadnego związku pomiędzy hazardem Jordana i zakończeniem przez niego kariery. Stern dodał nawet, że każdy, kto coś takiego sugeruje, jest „obelżywy i obrzydliwy".

Stern powiedział dziennikarzom, że śledztwo ligi w sprawie Jordana zostało już zamknięte, podkreślając z naciskiem, że Jordan na pewno nigdy nie obstawiał meczów NBA i że nie jest uzależniony od hazardu.

Dużo później, bo w 2005 roku, w wywiadzie z Edem Bradleyem z programu *60 Minut*, Jordan w końcu przyznał się do tego, że ma problem. „Owszem, zdarzało mi się znajdować w sytuacji, kiedy nie byłem w stanie odpuścić i przekraczałem granice – powiedział Bradleyowi. – Czy to już nałóg? Może tak, chociaż zależy jak się na to spojrzy. Jeśli ryzykujesz utratą środków do życia i narażasz na niebezpieczeństwo swoją rodzinę, to na pewno tak".

Sonny Vaccaro zwraca uwagę na fakt, że Jordan był tak wielki i tak ważny dla NBA, że pewnie był jedynym zawodnikiem, któremu mogły ujść na sucho problemy z hazardem. Jego zdaniem każdy gorszy zawodnik zostałby od razu zawieszony, ale w tym przypadku NBA uznała, że lepiej będzie po prostu zamknąć śledztwo.

Teoria, zgodnie z którą David Stern miałby zmusić Jordana do odejścia z NBA, wydaje się bardzo mało prawdopodobna. Michael nie krył jednak złości na Sterna. Miał mu za złe, że nie zrobił więcej, żeby zakończyć teorie spiskowe, według których śmierć Jamesa Jordana miała związek z długami hazardowymi jego syna, mimo że żadne śledztwo nie powiązało ze sobą tych faktów.

Decyzję o zakończeniu kariery Jordan podjął tak szybko, że nie miał czasu poinformować o tym swojej matki, która była wtedy w Afryce. „Byłem wtedy w Kenii z mamą Michaela i grupką dzieciaków ze szkoły – wspomina wiceprezes Bulls, Steve Schanwald. – Przebywaliśmy na safari, w jakiejś odległej części Kenii, mieszkaliśmy w namiotach. Totalny spokój. Nie było gazet, radia, telewizji, niczego. Mówiłem wszystkim, że nawet gdyby nadszedł koniec świata, to byśmy się o tym nie dowiedzieli. W końcu, po raz pierwszy od dziesięciu dni, polecieliśmy do Nairobi, z powrotem do cywilizacji. Po wyjściu z samolotu wsiadłem do autobusu, który miał nas zawieźć na lunch. Kierowca czytał kenijską gazetę »Daily Nation«. Na ostatniej stronie było zdjęcie Michaela i nagłówek: »Michael Jordan kończy karierę«. Myślałem, że to jakiś głupi dowcip. Okazało się, że dwa dni wcześniej Michael rzeczywiście ogłosił zakończenie kariery. Jego mama też nie miała o niczym pojęcia. Podszedłem do niej i podziękowałem za to, że wypożyczyła nam syna na dziewięć wspaniałych lat. Spytała: »O czym ty mówisz?«. A ja powiedziałem: »Pani Jordan, pani syn dwa dni temu zakończył karierę«. Zapytała: »Naprawdę to zrobił? Nie wierzę!«. Wróciłem więc na miejsce, wziąłem tę gazetę i jej pokazałem. Tak właśnie się dowiedziała, że Michael się wycofał. Tamtej nocy, przy kolacji, kupiłem dla każdego szampana i wznieśliśmy toast za wspaniałą karierę Michaela. Kiedy wróciłem do Chicago, uroczysty nastrój prysł. Ludzie byli ewidentnie załamani. Wszystko wydarzyło się tak nagle, tak szybko, że wszyscy stracili wiatr w żaglach".

Być może największą pustkę odczuwało przywództwo NBA, które musiało teraz poradzić sobie z koniecznością znalezienia następcy największej atrakcji w historii koszykówki. Ironia polegała na tym, że równolegle pojawiały się doniesienia, jakoby Stern poprosił Jordana, by jeszcze nie rezygnował. Jednak żaden z panów nie wdawał się w dyskusje na ten temat. Pytanie, czy to prawda, miało na zawsze pozostać bez odpowiedzi.

Rozdział 30

DIAMENTOWE MARZENIE*

Steve Kerr pojawił się w Chicago niedługo przed rozpoczęciem w 1993 roku obozu treningowego. Wolny agent, niezbyt szybki obrońca o blond włosach, obdarzony zabójczym rzutem, dołączył do drużyny pełen obaw, czy będzie w stanie przebić się do składu. Jednocześnie nie mógł się tego doczekać. Słyszał wiele krążących po NBA historii o tym, jak trudno jest być kolegą Jordana z drużyny. Tydzień po podpisaniu kontraktu okazało się jednak, że „czynnik jordanowski" nagle zniknął.

Jego jedynym związkiem z MJ-em miały być w nadchodzących tygodniach momenty, kiedy Michael pojawiał się w sali, żeby obejrzeć trening drużyny, którą właśnie opuścił. Pustka, którą po sobie pozostawił, była ogromna. Od dawna wysyłał sygnały, że zamierza odejść, ale teraz, krótko po ogłoszeniu światu swojej decyzji, wrócił na chwilę, jakby chciał sprawdzić, jak prezentuje się drużyna bez niego. Jakby miał nadzieję, że uświadomienie sobie ostateczności tej decyzji pomoże mu w odnalezieniu nowej drogi. Sam musiał przyznać, że fakt, iż miał wreszcie czas dla rodziny, wcale mu nie pomógł odzyskać spokoju. Wciąż był w żałobie, o czym opinia publiczna i dziennikarze już nie pamiętali, i próbował na nowo się odnaleźć.

„Przychodził do nas raz na jakiś czas, żeby popatrzeć na nasz trening – wspomina Kerr. – Myślę, że chciał po prostu popatrzeć na kolegów i powspominać. Widzieliśmy go parę razy. Pojawił się też na kilku meczach, zasiadał w loży w hali

* W języku angielskim boisko baseballowe jest nazywane boiskiem diamentowym (*diamond field*), tytuł jest więc nawiązaniem do uprawianej przez Jordana dyscypliny.

United Center*. Ta cicha obecność Jordana, przyglądającego się treningowi zza linii bocznej, przerażała perspektywą zbliżających się zmian.

„Myślę, że w pewnym momencie staliśmy się drużyną Phila – uważa Kerr. – Wcześniej mnie tu nie było, ale jestem pewien, że choć Phil był dominujący, a jego obecność z pewnością już dawniej była odczuwalna, to tak naprawdę staliśmy się jego drużyną dopiero wtedy, kiedy Michael zakończył karierę. Nie było innego wyjścia. Jego dominacja stała się wszechobecna. Nasza drużyna była mieszaniną silnych charakterów, specyficznym zbiorem ego... mieliśmy kilku naprawdę wielkich koszykarzy. Scottie nigdy nie był typem przywódcy, który przejąłby kontrolę nad drużyną. Był dla wszystkich ulubionym kolegą w zespole, między innymi dlatego, że był podatny na wpływy. A Phil taki nie był".

Niektórzy obserwatorzy nie doceniali Jacksona i sugerowali, że jego sukcesy były pochodną umiejętności Jordana. Nie rozumieli, jak dominującą był osobowością. Okazało się to kluczowe w sytuacji, kiedy miejsce w drużynie najlepszego zawodnika, toczącego walkę z zarządem klubu o swoje zarobki, nie było pewne. Kilka lat wcześniej Pippen nalegał na podpisanie długoterminowego kontraktu, który wkrótce okazał się nieprzystający do nowych realiów płacowych, bo zarobki zawodników NBA rosły bardzo szybko. Wprawdzie klub zgodził się oddać mu pieniądze, z których zrezygnował podczas negocjacji, ale Reinsdorf nie chciał przystać na renegocjację kontraktu.

„Myślę, że Scottie był bezbronny, bo był tylko człowiekiem – tłumaczy Kerr. – To dlatego wszyscy go kochali. Podpisał ten długi kontrakt. Był ewidentnie niedostatecznie wynagradzany. Ciężko mu było z tym żyć. Czuł się niedoceniony. Odczuwał to, co w takiej sytuacji odczuwałby każdy z nas. To dlatego tak bardzo go ceniliśmy, bo czuliśmy się tacy, jak on, choć przecież pod względem fizycznym byliśmy różni. Emocjonalnie to z nim identyfikowaliśmy się bardziej niż z Michaelem. Michael nie przypominał zwykłego człowieka, bo był tak silny i pewny siebie".

Niewiele później Jordan przestał być nadczłowiekiem. Od sierpnia, kiedy stracił ojca, czuł się zagubiony, a każdy nowy szczegół związany z jego śmiercią pogłębiał smutek i rozpacz. Nie potrafił się jednak od tego oderwać i chłonął każdą nową informację dotyczącą zbrodni albo wsłuchiwał się w telewizyjne doniesienia o aresztowaniach.

* Nowa hala w Chicago, która w 1994 roku zastąpiła starą w Chicago Stadium.

Jordan rzadko przyznawał się do słabości, ale teraz naprawdę poszukiwał schronienia, do którego mógłby uciec. Jesienią pojawiły się plotki, że za zgodą Reinsdorfa pojawia się w baseballowym ośrodku treningowym White Sox w Comiskey Park, żeby potrenować uderzenia kijem. Jak to Jordan, przychodził tam pięć razy w tygodniu, próbując na nowo nauczyć się dyscypliny, którą porzucił ponad dziesięć lat temu. Korzystał z pomocy zawodników White Sox, Franka Thomasa, Mike'a Huffa, Dana Pasqua i Julio Franco. Zaczął się zastanawiać nad powrotem do sportu, który tak bardzo kochał jego ojciec, co zaznaczał nawet wtedy, kiedy Jordan rządził już w świecie koszykówki.

„Prawdziwym marzeniem jego ojca było, żeby został baseballistą – mówił kilka miesięcy później Phil Jackson. – Jego ojciec chciał grać zawodowo w baseball i grał nawet w lidze półzawodowej. Kiedy go zabrakło, Michael chyba zaczął żyć jego marzeniami. O tym właśnie pomyślałem, kiedy to usłyszałem: »Jezu, czy on naprawdę chce grać zawodowo w baseball?«. Ale potem zrozumiałem, że koszykarze zawsze fantazjują o tym, że mogliby być baseballistami".

Sox

Jordan zdradził swoje plany w rozmowie z Bobem Greene'em z „Chicago Tribune", z którym pracował nad książką *Hang Time*. Przejeżdżali któregoś dnia obok Comiskey Park, a Jordan przyznał, że być może wkrótce będzie tam pracował. Sama przejażdżka była dla dziennikarza odkrywcza, bo był świadkiem szalonych reakcji ludzi, których spotykali po drodze – dorośli mężczyźni zatrzymywali samochody na środku ulicy i wyskakiwali z nich albo pukali w szybę corvetty, błagając Jordana o autograf. Greene był zdumiony, że Jordan godzi się z tymi niekiedy niebezpiecznymi akcjami i traktuje je jak codzienną rutynę. Dziennikarz pomyślał, że nietrudno zrozumieć, dlaczego Michael spędzał tyle czasu w pokojach hotelowych, za zamkniętymi drzwiami.

Gwiazdor był przyzwyczajony do tego, że musi oddać każdy skrawek swojej prywatności wygłodniałej publiczności. Pewnego razu, w Kalifornii, jechali z przyjacielem na rowerach po plaży i natrafili na rozgrywany w parku mecz koszykarski. Jordan chciał dołączyć do grających, więc jego kumpel podszedł do zawodników, by ich uprzedzić. Ci, dopóki nie zobaczyli Jego Powietrzności we własnej osobie, myśleli, że robi sobie z nich jaja. Michael wskoczył na boisko i przypomniał sobie trochę z dawnej radości, jaką sprawiała mu gra w koszykówkę. Wtedy, w ułamku sekundy, wokół boiska pojawił się gigantyczny tłum i Jordan musiał uciekać, zanim zrobiło się niebezpiecznie. Jordan powiedział Greene'owi, że zastanawiał się nad wykorzystaniem tej sceny do swojej nowej reklamy, a dziennikarz nie miał pojęcia, czy mówi serio, czy żartuje.

Greene zachował newsa o baseballu dla siebie, ale inni z otoczenia Jordana zaczęli wprowadzać pomysł w życie. Sonny Vaccaro, który pracował już dla jednego z konkurentów Nike, pamięta, jak Jordan zadzwonił do niego, żeby go poinformować o swojej decyzji. „Powiedział, że się nad tym zastanawia, i mnie przekonał. Chciał spróbować. Nigdy nie słyszałem, żeby ktoś mu to sugerował. Powiedział: »Spróbuję pograć w baseball«. Zawsze uważał się za baseballistę. Właśnie tak chciał do tego podchodzić... Łatwo mu to przychodziło, bo był bardzo głodny nowego wyzwania".

Vaccaro był zdumiony, że wraz z podjęciem przez Jordana decyzji o rozpoczęciu kariery w baseballu wątek hazardu został przez NBA zapomniany. „To nie było dla Michaela łatwe, ale zrozumiał, że dokonał kilku błędnych wyborów, przeprosił za to i ruszył dalej – mówił potem David Falk, dostarczając zwolennikom teorii spiskowych nowych kąsków, którymi mogli się karmić. – Podjęcie decyzji o zakończeniu kariery wymagało wielkiej odwagi, ale bardziej odważne było zdecydowanie się na grę w baseball i narażenie się na ryzyko porażki po niewiarygodnych sukcesach odnoszonych w innej dyscyplinie. Ale Michael niczego się nie boi".

W styczniu Jordan zadzwonił do Boba Greene'a, żeby oficjalnie to ogłosić. Od wielu tygodni pracował w ośrodku treningowym Comiskey i planował, że wiosną dołączy do obozu treningowego White Sox w Sarasocie na Florydzie. Powiedział Greene'owi, że nie chodzi tu o żadne fantazje, że wszystko odbędzie się naprawdę. Wiedział, że mnóstwo ludzi będzie w niego wątpić, ale miał nadzieję, że ci, którzy zawsze w niego wierzyli, będą go napędzać. Wiele osób zadawało sobie pytanie: „To pokuta czy pielgrzymka? A może jedno i drugie?".

Jordan pojawił się w Sarasocie razem z Greene'em, który pracował wtedy nad kolejną książką, na kilka dni przed swoimi 31. urodzinami. Pierwszy dzień był szczególny. White Sox, ubrani w swoje charakterystyczne koszulki i spodenki, czekali gotowi na kalistenikę*, a Jordan stał przy swojej szafce, ubrany w strój

* Kalistenika – trening oparty na ćwiczeniach wykorzystujących masę ciała, na przykład pompkach.

meczowy z numerem 45, niczym dzieciak czekający na rozpoczęcie meczu Little League.

„Nagle poczułem się znowu jak dziecko", mówił wcześniej. Jedyna różnica polegała na jego legendarnym podejściu, co sprawiło, że trener White Sox Walt Hriniak opisał go jako „wyjątkowo pracowitego skurwiela". Hriniak dziwił się, że kiedy coś się Jordanowi kazało, to on się do tego stosował.

Oczywiście żadna z tych rzeczy nie czyniła z niego jeszcze dobrego baseballisty. Nie grał w baseball od marca 1981 roku, kiedy odszedł z drużyny liceum Laney. Był jednak mocno zdeterminowany, żeby nauczyć się gry na najwyższym poziomie, więc wiosną pracował codziennie od rana do nocy. Niestety, od początku było widać, że nadzieje są płonne.

Przyczyną była w dużej mierze jego własna legenda. Mając nadzieję na to, że będą świadkami czegoś wielkiego, do Sarasoty zjechały tysiące kibiców. Władze drużyny musiały podjąć decyzję o postawieniu barierek wokół Ed Smith Stadium, żeby powstrzymać napierające tłumy. Wiosenne treningi były zazwyczaj dość ospałe, ale tym razem było inaczej. Trzeba było zatrudnić dodatkowych ochroniarzy i specjalistów od PR. Trzeba było eskortować zawodników do i z klubowego autobusu. I wszędzie byli dziennikarze.

Tłumy ludzi tłoczyły się pod płotami, wszyscy prosili o autografy, a Jordan dzielnie wypełniał swoje obowiązki, co było kolejnym problemem i kontrastowało ze zwyczajami jego nowych kolegów. Baseballiści od lat odmawiali podpisywania autografów, powołując się na ustalenia ich związku zawodowego, na co już Reinsdorf kręcił głową z dezaprobatą. I oto nagle Jordan rozdawał jeden autograf za drugim, organizował konferencje prasowe. Nie był świadomy tego, że postępując w ten sposób, ryzykuje, ponieważ mur oddzielający go od nowych kolegów, spośród których niejeden przyjął go całkiem serdecznie, mógł jeszcze urosnąć.

Ucieczką Michaela od tego wszystkiego był dom, który wynajął sobie na pobliskim ogrodzonym osiedlu. Mógł w nim przesiadywać godzinami na tarasie, gapiąc się z podziwem na gwiazdy i dumając, jak pewnie robił to 100 lat wcześniej Dawson Jordan. Wyczuwał obecność ojca wszędzie tam, gdzie się udał, a każdy drobny szczegół gry przywoływał wspomnienia o Jamesie Jordanie rzucającym mu piłkę baseballową na podwórku.

Jordan mówił do siebie: „Tato, robimy to razem, ty i ja".

Brakowało mu przyjacielskich rad, których James udzielał mu codziennie w jego koszykarskim życiu. Choć nigdy nie dał tego po sobie poznać, choć nie zamierzał ustępować, nowe wyzwanie bardzo szybko zaczęło go przerastać. Podobne odczucia miały tysiące fanów, którzy przyjechali na Florydę, żeby zobaczyć wspaniałego sportowca, a zobaczyli niezdarną, niepewną postać, która kompletnie nie pasuje do tego miejsca.

Przez lata był na parkiecie koszykarskim samcem alfa, jak lubił go nazywać Phil Jackson, a teraz znalazł się w sytuacji, w której jego największym marzeniem było to, żeby w ogóle zakwalifikować się do drużyny. Złapał się na tym, że codziennie sprawdza ustalony przez kierownika drużyny skład, czego nie robił od tamtego pamiętnego dnia, kiedy nie został uwzględniony w składzie reprezentacji w Laney. Jego nowi koledzy musieli przyznać jedno: koleś nie bał się, że wypadnie źle. Dawał z siebie wszystko. Starał się przebić do pierwszej bazy, próbując swoje słabiutkie odbicia w ziemię zamienić w prawdziwe uderzenia. Kilka razy był nawet blisko, ale w końcu nie udało mu się zaliczyć ani jednego odbicia na dziesięć prób. Niektórzy uważali, że jest zbyt wysoki i w ogóle zbyt potężny na baseball. Nawet Michael się z tym zgodził. „Spójrzcie na te ręce", powiedział, porównując swoje długie kończyny z rękami kolegów z drużyny.

Wśród wielu dziennikarzy, którzy pojawili się w Sarasocie, żeby uczestniczyć w spektaklu, był Steve Wulf ze „Sports Illustrated", autor szyderczego artykułu, z którego wydawcy zrobili niesławny tekst okładkowy o tytule: *Pakuj się, Michael! Jordan i White Sox kompromitacją dla baseballu.* Niektórzy zawodnicy też dołożyli swoje. „Lepiej, żeby sobie dobrze zawiązał te swoje air jordany, kiedy będę rzucał mu piłkę – powiedział Wulfowi rzucający Seattle Mariners, Randy Johnson. – Chętnie zobaczę, jak długo szybować będzie piłka*, którą mu rzucę". Nie wszystkie komentarze były aż tak bezczelne, a niektórzy wypowiadali się anonimowo. George Brett, były trzeciobazowy, który przeniósł się do dyrekcji Kansas City Royals, mówił szczerze: „Znam wielu zawodników, którzy trzymają kciuki, żeby mu się nie udało, bo jego sukces byłby dla nich policzkiem".

Bob Greene zauważył potem, że ten sam magazyn wykorzystywał wcześniej dziesiątki razy wizerunek Jordana na okładce dla zwiększenia sprzedaży, a w reklamach telewizyjnych namawiał czytelników na prenumeratę, kusząc ich przeróżnymi jordanowskimi gadżetami. Głęboko zraniony Jordan obiecał sobie, że

* *Air time.*

już nigdy nie zamieni słowa z ludźmi ze „Sports Illustrated". Mimo tego wszystkiego, co nastąpiło później, dotrzymał obietnicy.

Tego typu upokorzenia jak zwykle tylko rozpalały w nim ogień. „Naprawdę próbuję nauczyć się tego sportu", mówił przyjaciołom.

Po sześciu meczach przedsezonowych udało mu się w końcu zająć miejsce w składzie jako zawodnik pola. W pierwszym meczu, przeciwko Twins, rozegrał ładną akcję w szóstym inningu jako zawodnik prawego pola, potem odrzucił piłkę na trzecią bazę. Tuż za nim Dann Howitt zaliczył home runa, co oznaczało punkty zdobyte przez Michaela Jordana, którego po chwili otoczyli koledzy z drużyny z gratulacjami.

Nie zmieniało to faktu, że nie miał szans znaleźć się wśród 25-ciu zawodników, którzy załapią się w tym sezonie do składu. Tydzień przed rozpoczęciem wiosennych treningów trafił do drużyny Birmingham Barons z Alabamy, grającej w Double-A Southern League, przeznaczonej dla perspektywicznych zawodników, w większości młodych talentów. Spędził jeszcze tydzień na Florydzie, trenując z zawodnikami z innych podrzędnych lig. Perspektywiczny 31-latek otoczony przez nastolatków z trądzikiem na twarzach.

Słodki dom, Chicago*

Siódmego kwietnia Michael Jordan powrócił do Chicago, żeby na stadionie Wrigley zagrać w Windy City Classic – pokazowym derbowym meczu towarzyskim pomiędzy Chicago White Sox i Chicago Cubs. Na początku trener Sox, Gene Lamont, nie zamierzał wstawić go do pierwszego składu, ale 35 tysięcy zgromadzonych kibiców przyszło tam przede wszystkim po to, żeby zobaczyć Michaela w akcji. Ku ich uciesze Jordan wyszedł na pierwszy inning. Zaliczył dwa z pięciu uderzeń i dwa RBI w meczu, który po dziesięciu inningach zakończył się remisem 4:4. Jego niezła gra na prawym polu i ciężka praca w bazie domowej zostały przez uszczęśliwiony tłum nagrodzona owacją na stojąco, co w baseballu ma miejsce bardzo rzadko.

„Co za dzień w wykonaniu Michaela Jordana", mówił sprawozdawca meczów Cubs, Harry Caray. Przed meczem przeprowadził wywiad z Jordanem, który nawet nie próbował powstrzymać szerokiego uśmiechu. Caray wiedział, że Jordan robi to, o czym marzą wszystkie dzieciaki. Chciał jednak wiedzieć,

* *Sweet Home, Chicago* – piosenka bluesowa z 1937 roku, nieoficjalny hymn Chicago.

czy Michael nie będzie zły, jeśli pomimo włożenia w to tak wielkiego wysiłku dowie się, że nie jest w stanie grać w baseball na poziomie profesjonalnym. Jordan odpowiedział, że nie, ponieważ uzna wtedy, że zrobił to w hołdzie dla baseballu. Postanowił podjąć próbę, sprawdzić, czy da radę. Chciał mieć z tego jak najwięcej radości.

Jego współpracownicy przyznali potem, że był to z pewnością jego najszczęśliwszy dzień w całym baseballowym życiu, a być może nawet najszczęśliwszy w ogóle. Mecz, transmitowany przez superstację telewizyjną WGN, był dla telewidzów na całym świecie dowodem na to, że być może cała ta baseballowa przygoda Jordana nie jest taka głupia i kompletnie pozbawiona sensu.

Następnego dnia przyjechał do Birmingham, gdzie już czekały na niego tysiące fanów. Przybyli z całego kraju, wielka jordanowska fala, która miała przez najbliższe tygodnie przelewać się przez podrzędną ligę baseballową, bijąc rekordy frekwencji i wykupując ze sklepików klubowych wszystkie możliwe gadżety.

Do Birmingham przyjechał też J.A. Adande z „Washington Post", żeby napisać artykuł o tym fenomenie. „Pamiętam, jak się tam pojawiłem. Usiadłem na trybunach i patrzyłem na niego stojącego na zapolu. Wyglądało to jakoś tak surrealistycznie – wspomina Adande. – Oto on, Michael Jordan, na stadionie baseballowym w jakiejś podrzędnej lidze w Birmingham w Alabamie. Jak to możliwe?"

Bob Greene także był pod wrażeniem widoku tysięcy ludzi, czekających pewnego wieczoru godzinami, pomimo lejącego deszczu, który spowodował opóźnienie meczu, tylko po to, żeby zobaczyć, jak Michael gra. Jordan był bardzo zawstydzony, kiedy podczas wiosennych treningów słyszał, jak kibice spontanicznie skandują: „Chcę być jak Mike". Tego typu szał nigdy nie zdarzał się podczas obozów treningowych, a przecież tutaj mieliśmy do czynienia z podrzędną ligą, z zapleczem ligi baseballowej. Mimo to ci wszyscy ludzie przyjeżdżali, pożerali go wzrokiem i skandowali jego imię.

Niestety, podczas meczu otwarcia w Birmingham „odwdzięczył" im się 7 strikeoutami* w pierwszych 9 uderzeniach. Udało mu się odbić piłkę tylko dwukrotnie. Raz piłka odbiła się prosto w ziemię, a drugi raz poleciała w górę.

* Strikeout – wyeliminowanie pałkarza w baseballu.

Dziennikarze, wśród których było wiele znajomych twarzy, jeszcze z czasów koszykarskich, byli zaskoczeni brakiem iskry w jego oczach, oznaczającej pewność siebie.

„To było żenujące i frustrujące. Myślałem, że dostanę szału – powiedział Jordan dziennikarzowi specjalizującemu się w koszykówce, Irze Berkowowi z »New York Timesa«. – Nie pamiętam, kiedy ostatnio czułem to wszystko naraz. Tak ciężko pracowałem, żeby nie wyjść na głupka. Przez ostatnie dziewięć lat żyłem w sytuacji, w której miałem świat u stóp. Teraz jestem tylko członkiem podrzędnej ligi, który próbuje przebić się do pierwszej ligi".

Tłumaczył, że ziarno zostało zasiane jeszcze w 1990 roku, zanim po raz pierwszy uniósł puchar mistrzowski. „Wszystko zaczęło się od marzenia mojego ojca – mówił. – Widzieliśmy Bo Jacksona i Deiona Sandersa, jak próbują sił w dwóch różnych dyscyplinach sportu, i ojciec powiedział mi, że czuje, iż też dałbym radę w baseballu. Powiedział: »Masz umiejętności«. Uważał, że w koszykówce udowodniłem już wszystko, i że mógłbym spróbować sił w baseballu. Odpowiedziałem: »Nie, niczego jeszcze nie dokonałem. Nie zdobyłem tytułu mistrzowskiego«. Potem, kiedy go w końcu zdobyłem, od czasu do czasu powracaliśmy do rozmowy o baseballu. Później doszły jeszcze dwa kolejne tytuły. A potem zginął".

Nie wahał się mówić o tym, że cały czas, gdy spełnia marzenie ojca, czuje przy sobie jego obecność. „Rozmawiam z nim przede wszystkim w duszy – powiedział, siedząc przed swoją nową szafką w dużej szatni Barons. – Mówi, żebym dalej robił to, co robię. »Próbuj dalej. Uda ci się. Nie bój się porażki. I nie przejmuj się dziennikarzami«. Potem opowiadał coś śmiesznego albo przypominał jakieś wydarzenie z mojego dzieciństwa, jedną z naszych wielu baseballowych rozgrywek na podwórku".

Autokar

Wieść o tym, że Jordan kupił nowy, drogi autokar, żeby móc w luksusach podróżować z nowymi kolegami z drużyny po bezdrożach Południa, szybko się rozeszła. Nie była jednak prawdziwa. Michael twierdzi, że nawet go nie wynajął. Dostawca autokarów dla Barons podjął po prostu decyzję, że wyposaży drużynę w luksusowy autokar z leżącymi fotelami i salonem z tyłu, żeby trochę umilić jej nudne podróże między Nashville, Raleigh, Greenville i Orlando.

Jordan wyjaśnił, że lepszy autokar dał mu więcej możliwości, żeby się rozciągać, ale przyznał, że odetchnął z ulgą z jeszcze jednego powodu. „Nie chciałbym, żeby stary autobus zepsuł się gdzieś na południu o pierwszej w nocy – powiedział. – Nigdy nie wiesz, kto za tobą jedzie. Nie chciałbym się znaleźć w kłopotliwym położeniu. Ciągle myślę o tym, co się stało z moim ojcem".

Z tych samych powodów kupił dwie sztuki broni palnej, które trzymał w swoim domu na przedmieściach Chicago. Zawsze był ostrożny, ale teraz, po zamordowaniu ojca, zaczął uważać jeszcze bardziej.

Mówiło się, że zaprzyjaźnił się z otaczającymi go młodymi kolegami z Barons. Grał z nimi w domino na niewielkie sumy, dzięki czemu mogli czasem zajrzeć do jego wypchanego banknotami o wysokich nominałach portfela. Często jednak, podczas długich podróży, siedział samotnie i uśmiechał się do siebie.

W każdej drużynie, w której grał od kiedy skończył sześć lat, pojawiała się jakaś bariera emocjonalna. W Chicago wyznał Johnny'emu Bachowi, że od dziecka przez wiele lat czuł się wyalienowany, bo był jedynym czarnoskórym zawodnikiem w drużynie białych. Te pierwsze doświadczenia w baseballu w pewien sposób go ukształtowały. Większość pracy Phila Jacksona jako trenera koncentrowała się na przełamywaniu barier pomiędzy Jordanem i resztą drużyny.

Występy w podrzędnej lidze przywróciły wspomnienia o chwilach spędzanych w dzieciństwie z ojcem i dawne poczucie alienacji. Dystans pomiędzy Jordanem i jego młodymi kolegami nie był niczym zaskakującym. Nie był niegrzeczny, niemiły ani arogancki, przynajmniej nie jako baseballista, jednak większość czasu spędzał sam albo w towarzystwie swojej świty, która zresztą skurczyła się do jednej osoby – George'a Koehlera. W weekendy odwiedzała go Juanita z dziećmi. Ale najczęściej był tylko Koehler, Jordan i wielki smutek. W 2011 roku Jack McCallum przycisnął Michaela, żeby opowiedział mu o tych doświadczeniach. „To był baseball – odpowiedział Jordan. – Barons. Spędziłem tam wiele samotnych nocy. Tylko ja i George. Nieraz gadaliśmy podczas wyjazdów przez całą noc. Myślałem o ojcu, o tym, jak kochał baseball i jak o nim zawsze rozmawialiśmy. Wiedziałem, że patrzy na mnie z góry i że jest szczęśliwy. Dzięki temu ja też byłem szczęśliwy".

W Alabamie Jordan, wychowany w Karolinie Północnej, przeżył szok kulturowy. Zamieszkał w wynajętym domu w Birmingham, w którym miał kosz do koszykówki, dzięki któremu mógł się bawić z dzieciakami z sąsiedztwa. Szybko poznał najlepsze w okolicy pola golfowe, knajpy z żeberkami i miejsca do gry w bilard. Wkrótce rozluźniony Jordan zaliczył 12 uderzeń z rzędu, które wyniosły jego skuteczność powyżej .300. Ale potem dopadł go kryzys i im dłużej trwał sezon, tym gorzej mu szło.

„Próbuje konkurować z rzucającymi, którzy posłali w swojej baseballowej karierze już 350 tysięcy szybkich piłek i 204 tysiące podkręconych – mówił o Jordanie trener rzutów w Rangers, Tom House. – Baseball opiera się na powtarzalności. Gdyby Michael kontynuował grę w baseball po zakończeniu szkoły średniej, pewnie mógłby zarobić w baseballu tyle pieniędzy, co w koszykówce, ale jak na razie nie robi wielkiej kariery w lidze Double-A, a przecież stąd są jeszcze lata świetlne do ligi zawodowej".

Kiedy w październiku Jordan ogłosił zakończenie kariery, Lacy Banks napisał następnego dnia felieton, w którym prorokował, że pewnego dnia Michael powróci do koszykówki. Po zapoznaniu się z coraz gorszymi statystykami baseballowymi Michaela przyjechał na trzy dni do Birmingham, żeby przycisnąć go w tej sprawie. Ale Jordan zaprzeczył.

„Nadal tego nie kupuję – napisał Banks w »Sun-Times«. – A jego ostatnie fatalne występy baseballowe są dla mnie potwierdzeniem".

Kiedy Banks zapytał Jordana o jego „chwalebny powrót" do NBA, siedzący przy swojej szafce Michael zaczął się śmiać.

„Mówisz o tym, jak o jakimś przeżyciu religijnym albo czymś podobnym", śmiał się Michael.

„Jordan był bardzo stanowczy i powtarzał, że koszykówkę ma już za sobą – wspomina J.A. Adande, który współpracował wtedy z Banksem w »Sun-Timesie«. – Potem przyjechał Lacy i zapytał: »Nie ma nawet malusieńkiej szansy?«. Michael odpowiedział coś w stylu: »Szansa jest zawsze, ale w tej chwili ta szansa jest naprawdę tyci-maciupeńka«".

Terry Francona, kierownik drużyny Barons, mimo fatalnego kryzysu drużyny widział, że Jordan jest coraz lepszy. Pewnego wieczoru, po swoim najgorszym meczu, Michael został, żeby zapytać go, co ten tak naprawdę sądzi o jego przyszłości w baseballu. Potem przyznał, że rozmowa miała miejsce w momencie, kiedy zaczął się zastanawiać nad rezygnacją. Nie chciał stać się pośmiewiskiem. Co więcej, nie zamierzał zabierać miejsca jakiemuś młodemu, perspektywicznemu graczowi, który z uwagi na wiek miał większą szansę, żeby się wybić. Francona powiedział Jordanowi, że choć postępy w baseballu dokonują się zazwyczaj powoli, to w jego przypadku dostrzega duży progres. Każdy, kto znał się na tym sporcie, widział, jak niezwykłe i niewyobrażalne są wysiłki Jordana.

W ciągu ostatniego miesiąca sezonu uderzał ze skutecznością .260, co podniosło jego średnią z sezonu do nędznego .202. Przy 436 próbach odbicia udało mu się trafić tylko 88 uderzeń, w tym 17 do drugiej bazy i raz do trzeciej. Zaliczył 30 razy bazę i 46 runów. Dzięki stałej poprawie wyników awansował. Trafił do drużyny Scottsdale Scorpions z Arizona Fall League. Można było powiedzieć, że odniósł sukces, choć poza Terrym Franconą i niektórymi członkami kierownictwa White Sox mało kto tak uważał.

Dla samego Jordana oznaczało to mroczne perspektywy na przyszłość. Jego niegdyś wspaniała pewność siebie rozleciała się na kawałki, ale nie zamierzał się poddawać. Napędzały go emocje, zrozumiałe dla niewielu osób, być może tylko dla niego. Dotarł do zwrotnego punktu w swoim życiu. Towarzyszyła mu furia tak cicha, że nawet sam ledwo mógł ją rozpoznać. Oślepiająca, choć jeszcze nie wypowiedziana wściekłość miała narastać w nadchodzących latach, aż do momentu, w którym padnie kluczowe dla jego życia pytanie: czy kiedykolwiek uda mu się jej pozbyć?

Rozdział 31

ZAPRASZAMY PONOWNIE

Michael Jordan wytrwale pracował na pozycji pałkarza, żeby dostosować się do rytmu miotacza, ale jednocześnie drugim okiem spoglądał na świat, który pozostawił za sobą. Śledził postępy Bulls i śmieszyły go marne starania NBA, która próbowała znaleźć kogoś na jego zastępstwo – nową marketingową machinę, która napędzałaby koszykówkę. Wiosną 1994 roku najbardziej zaintrygował go przełomowy sezon Pippena. Scottie wyszedł wreszcie z cienia Michaela, dojrzał i zademonstrował pełnię talentu. W lutym, podczas Meczu Gwiazd, został wybrany MVP, a w ciągu sezonu zasadniczego zdobywał średnio 22 punkty, zaliczał 8,7 zbiórki, 5,6 asysty i 2,9 przechwytów na mecz. Bulls wygrali 55 meczów, tylko o dwa mniej, niż rok wcześniej, gdy grali z Jordanem.

Na pierwszy rzut oka drużyna radziła sobie całkiem dobrze, ale za kulisami kipiał gniew Scottiego. Bulls przeszli przez pierwszą rundę play-offów i w drugiej stanęli oko w oko z New York Knicks. Po dwóch meczach przegrywali 0:2. Kluczowy miał być mecz numer trzy. Bulls zaczęli go źle, ale w czwartej kwarcie doganiali Knicks*. Na 1,8 sekundy przed końcem meczu Patrick Ewing trafił spod kosza, wyrównując na 102:102. Podczas przerwy na żądanie, która nastąpiła zaraz potem, Phil Jackson rozrysował akcję. Pippen miał wybijać piłkę z boku i podać do Toniego Kukoča, który miał oddać decydujący rzut. Scottie się wściekł, nabluzgał na trenera i ostatnią akcję spędził na ławce, odmawiając powrotu na parkiet. Świadkiem całego wydarzenia – wściekłości Pippena

* Autor się myli, Bulls prowadzili po pierwszych trzech kwartach różnicą 19 punktów i to Knicks omal nie odrobili strat w decydującej kwarcie, którą wygrali 32:15.

i szoku jego kolegów z drużyny – była Andrea Kremer, dziennikarka ESPN, stojąca ze swoim kamerzystą kilka kroków dalej. Najbardziej zszokowany i zły na całą sytuację był Bill Cartwright.

Zażenowany Jackson kazał wybić piłkę z boku Pete'owi Myersowi. Kukoč przejął podanie i oddał pewny rzut z niespełna siedmiu metrów, zapewniając swojej drużynie odniesione w dramatycznych okolicznościach zwycięstwo. Był to czwarty mecz w tym sezonie, który Bulls wygrali dzięki jego trafieniu w ostatniej sekundzie. Świętowanie przyćmił jednak skandal związany z zachowaniem Pippena. Mediom tłumaczono, że uznał to za oznakę braku szacunku. Uważał, że po tak wspaniałym sezonie to on powinien był oddać decydujący rzut. Nie wspominano o zazdrości w stosunku do koszykarza z Europy, który już w pierwszym sezonie zarabiał podobnie do niego. Po meczu Jackson powiedział dziennikarzom: „Jeśli chodzi o ostatnią akcję, to Scottie Pippen nie brał w niej udziału. Poprosił, żeby go z niej zwolnić. Tyle mam do powiedzenia na ten temat".

„Wymieniliśmy między sobą kilka słów – powiedział potem Pippen dziennikarzom w szatni. – I tyle. To nie jest tak, że Phil zdjął mnie z boiska. Po prostu wymieniliśmy kilka słów i zdecydowałem, że lepiej będzie, jak usiądę. Pewnie byłem sfrustrowany. Zawaliliśmy w tym meczu prawie wszystko, co mogliśmy zawalić. Mimo to udało nam się wygrać. Phil zaplanował wszystko tak, jak trzeba, a Toni trafił niesamowity rzut".

Oglądający mecz w Birmingham Jordan był zszokowany. „Biedny Scottie – powiedział dziennikarzom, nie zdając sobie jeszcze sprawy z tego, jak bardzo ten incydent zaważy na jego własnej karierze. – Zawsze mu tłumaczyłem, że niełatwo jest być mną. Teraz to wie". Jordanowi było Pippena żal, bo wiedział, że incydent przysporzy jego przyjacielowi jeszcze więcej kłopotów.

„Przeprosiłem już kolegów z drużyny i Phila Jacksona – powiedział dziennikarzom Pippen kilka dni później. – Nie sądzę, żebym musiał jeszcze kogoś przepraszać".

Bulls ostatecznie przegrali w siedmiu meczach.

„To było druzgocące – mówił wtedy Steve Kerr. – Scottie nigdy nie był w stanie realnie ocenić swoich działań. Bardzo mi go żal". Krause był z powodu tego incydentu wściekły, ponieważ nie był to odosobniony przypadek. Pippen przez większość sezonu publicznie kłócił się z menedżerem o swój kontrakt. „Nie możecie mnie nazywać kimś, kto łatwo rezygnuje i opuszcza drużynę w potrzebie – bronił się Pippen. – Możecie na to spojrzeć inaczej i powiedzieć, że popełniłem głupi błąd. I to by było na tyle. Nie jestem tchórzem. Podchodzę do koszykówki tak samo poważnie jak każdy. Staram się grać mądrze, twardo i drużynowo".

Choć Pippen był wtedy uważany za jednego z najlepszych zawodników w NBA, to Krause rozpoczął starania, żeby go sprzedać. Nikt jednak nie oferował mu w zamian zawodnika o porównywalnej wartości. W końcu ustalił szczegóły transferu z Seattle. Do Bulls miał trafić skrzydłowy Shawn Kemp, a także wybór w drafcie, w którym Krause zamierzał wziąć Eddiego Jonesa – młodego, zdolnego obrońcę z Temple. Właściciel Seattle w ostatniej chwili się jednak wycofał, a plany Krausego wyszły na jaw. Pippen, który już wcześniej był niezadowolony z powodu swojego kontraktu, dostał szału, kiedy się dowiedział, że klub próbuje go sprzedać.

Wciąż powracające wzajemne pretensje zdominowały atmosferę całej przerwy letniej. Horace Grant, który był wtedy wolnym agentem, wdał się w podobny spór z Jerrym Reinsdorfem i wkrótce opuścił drużynę. Podpisał kontrakt z Orlando Magic. Cartwright najpierw ogłosił, że kończy ze sportem, ale wkrótce pojawił się ponownie w SuperSonics. John Paxson zaś podjął decyzję o zakończeniu kariery.

Jackson przyglądał się rozpadowi swojej świetnej drużyny, będąc w trakcie trudnych negocjacji z Krausem w sprawie nowego kontraktu. Trener podjął też najbardziej kontrowersyjną decyzję tego lata, kiedy nagle, zaraz po zakończeniu play-offów, zwolnił Johnny'ego Bacha. Dla starszego asystenta trenera był to fatalny moment na dymisję. Za kilka tygodni miał skończyć 70 lat. Najśmieszniejsze w tym wszystkim było zdaniem Bacha to, że ich sztab szkoleniowy chyba nigdy nie współpracował lepiej niż podczas sezonu 1993/94. „Pod koniec roku nie miałem podstaw przypuszczać, że mój kontrakt nie zostanie przedłużony – wspomina Bach. – Jako pierwszy powiedział mi o tym Phil. Stwierdził: »Nie przedłużymy ci kontraktu«. Byłem w szoku. Zanim zdążyłem coś powiedzieć w swojej obronie, dodał: »Dla ciebie też będzie lepiej, jeśli odejdziesz. Organizacja podjęła decyzję«. Byłem rozczarowany. A może raczej – byłem w szoku. Nie kłóciłem się. Po prostu nie mogłem w to uwierzyć. Poszedłem porozmawiać z Krausem, a on powiedział mi to samo. Wstałem więc i wyszedłem. Przeżywałem wtedy w życiu duży kryzys. Trwała moja sprawa rozwodowa, która miała zakończyć moje wieloletnie małżeństwo. Musiałem się przestawić. Tamtego lata zawalił się cały mój świat. Potem miałem atak serca. To wszystko było szokiem i zajęło mi trochę czasu, zanim nauczyłem się znowu wierzyć i ufać ludziom".

Tajemnicze zwolnienie Bacha wyglądało na zemstę. Najwyraźniej popadł w niełaskę Jacksona, bo czasami zachęcał Jordana, żeby kierował się instynktem i ignorował trójkąty. Niektórzy w organizacji uważali, że przez relację Bacha z Jordanem sprawowanie kontroli nad drużyną przez Jacksona było zagrożone, choć przecież Bach bardzo Jacksona wspierał. Musiało być w nim coś takiego, co Jacksona rozzłościło. „Byliśmy zupełnie innymi ludźmi", przyznał Bach.

Zarówno wtedy, jak i później Jackson przedstawiał zwolnienie Bacha jako efekt wściekłości Krausego na książkę *The Jordan Rules*.

„Relacja Jerry'ego Krause z Johnnym Bachem stawiała nas w bardzo niekomfortowej sytuacji – mówił Jackson o zwolnieniu Bacha kilka miesięcy później. – W końcu musiało to nastąpić. Wszystko poszło nie tak. Zwłaszcza z punktu widzenia sztabu szkoleniowego, bo powinniśmy trzymać się i pracować razem. Jerry po prostu winił Johnny'ego Bacha za mnóstwo rzeczy, które zostały opisane w *The Jordan Rules*. I nie mam wątpliwości, że Johnny rzeczywiście był źródłem wielu informacji. Jerry uważał, że Johnny za dużo gada. A on wyczuwał tę niechęć i brak szacunku, więc odmawiał okazywania mu posłuszeństwa. Nie chciał tego robić tylko dlatego, że Jerry był szefem".

„To wszystko ciągnęło się zbyt długo – powiedział Jackson. – Pewnie mogłem próbować trzymać ich od siebie z daleka jeszcze przez jakiś czas. Ale nie podobało mi się to, że nie stanowimy zgranej drużyny. To był mój sztab i moje pole działania. Uznałem, że to dobry moment, bo Johnny będzie miał jeszcze szansę, żeby znaleźć sobie inną pracę w lidze. Wszystko skończyło się dobrze, ale oczywiście wolałbym go nie stawiać w tak rozczarowującej sytuacji, podobnie jak sam nie chciałbym się w takiej sytuacji znaleźć".

Dopiero po kilku latach okazało się, że Jackson próbował ukryć rolę, którą sam odegrał przy powstaniu książki. Sam Smith w końcu przyznał się Reinsdorfowi, że to Jackson, a nie Bach, był jednym z jego źródeł. A Reinsdorf nie dochował tajemnicy i powiedział o tym Krausemu. Rewelacje rozzłościły menedżera, bo uznał, że Jackson go oszukał, zapewniając go, że to Bach był anonimowym źródłem opisywanych w książce tajemnic szatni. Smith także potem potwierdził, że to Jackson był jego źródłem. „Phil i zawodnicy Bulls odegrali znacznie większą rolę niż Johnny Bach", mówił Sam.

„Phil mnie okłamał – powiedział pytany o to Krause. – To on tak naprawdę doprowadził do zwolnienia Bacha".

„To Phil był autorem pomysłu zwolnienia Bacha – przyznaje również Jerry Reinsdorf. – Powiedział mi, że zła relacja pomiędzy Krausem i Bachem stawia nas w patowej sytuacji. To był pomysł Phila. Nikt go do tego nie namawiał".

Kiedy Bach wyzdrowiał po ataku serca, został w końcu zatrudniony przez Charlotte Hornets. Minęło kilka lat, zanim się dowiedział, jakie były prawdziwe powody jego zwolnienia – że miał rzekomo w tajemnicy dostarczać informacji Smithowi. Bach powiedział, że przeczytał książkę jeszcze trzy czy cztery razy, poszukując szkodliwych faktów, których miał niby dostarczyć. Ale wszystkie jego wypowiedzi były podpisane jego nazwiskiem i nie było w nich nic skandalicznego.

„Nie znalazłem w książce ani jednej swojej wypowiedzi, która byłaby nie na miejscu – powiedział. – Sam jest oczywiście bardzo dobrym dziennikarzem śledczym. Książka przedstawiała Michaela w sposób, który mu się nie spodobał i który bazował na czyichś wypowiedziach". „To był całkiem dokładny i trafny portret – mówił Bach. – Nie uważam, żeby Sam przedstawił kogoś, kim Michael nie był".

Krause mówił, że był zrozpaczony tym, że dał się oszukać i wrobić w zwolnienie niewinnego człowieka. Kiedy kilka lat później kłamstwo wyszło na jaw, Bach pracował już jako asystent trenera w Detroit. Pewnej nocy, kiedy przyjechał z drużyną do Chicago na mecz z Bulls, jeden z dyrektorów Pistons, Rick Sund, powiedział Bachowi, że Krause chciałby z nim porozmawiać. Bach miał mieszane uczucia, ale zgodził się na spotkanie i był bardzo zaskoczony. „Kiedy Jerry ze mną rozmawiał, był pełen emocji, podobnie jak ja. Przez ten cały czas byłem przekonany, że decydowała organizacja, a nie Phil. To był niesamowity gest ze strony Jerry'ego, że zechciał ze mną o tym porozmawiać. Widać było, że mu naprawdę zależy – mówił Bach o przeprosinach Krausego. – Przyjąłem przeprosiny".

Bach przyznał, że poruszył potem tę kwestię w rozmowie z Jacksonem, ale to, co sobie powiedzieli, pozostało między nimi. „Niech zostanie tak, jak jest. Oczywiście, że wiedział, jak się czuję. Zawsze uważałem, że mamy bardzo silną relację. Siedzieliśmy razem na ławce trenerskiej przez pięć lat. Kiedy jesteś asystentem, to nie zawsze masz świadomość wszystkiego, co się wokół ciebie dzieje. Byłem dość naiwny, a najlepszym dowodem mojej naiwności jest to, że nie potrafiłem się nawet obronić. Teraz to wszystko jest już nieistotne. Ale kiedyś było".

Cały incydent ujawnił intrygujący element strategii Jacksona wobec Jordana. Po co ryzykował posadą, o której tak marzył, albo relacją z największą koszykarską gwiazdą na świecie, dostarczając dziennikarzowi informacji o niej albo o swoim szefie? Jeden z wieloletnich pracowników Bulls, który pracował wówczas z Jacksonem na co dzień, uważa, że trener zrobił to po to, żeby zyskać większą kontrolę nad drużyną. Mówi, że książka jeszcze bardziej zraziła zawodników do Krausego, zabezpieczając pozycję Jacksona jako przywódcy drużyny. „To było coś w stylu: »Weźmy się za Michaela. Dajmy mu wycisk i wykorzystajmy go do własnych celów«. Phil stawał po stronie Michaela, jednocześnie zrażając go do dziennikarzy. Wykorzystywał podejście My-Przeciwko-Mediom i My-Przeciwko-Organizacji, bo wiedział, że dzięki temu może się stać przywódcą całej paczki".

Przez wiele lat trener nie komentował oskarżeń Reinsdorfa i Krausego, choć w wywiadzie przeprowadzonym w 2012 roku zwrócił uwagę, że *The Jordan Rules* była bardzo ważnym elementem ewolucji Bulls, sprowadziła Jordana do poziomu bliższego reszcie kolegów z drużyny. Będąc trenerem, Jackson miał pełne prawo dążyć do sytuacji, w której będzie mógł traktować wszystkich zawodników na równi, ale, chcąc osiągnąć ten cel, sięgnął po niewłaściwe środki. „Phil jest mistrzem gierek psychologicznych", mówił o swoim trenerze przy kilku okazjach Jordan.

Michael był bardzo zaniepokojony informacją o zwolnieniu swojego ulubionego trenera, ale nie miał pojęcia, co się tak naprawdę stało. Próbował mu potem jakoś pomóc. Często też podkreślał, jak wyjątkowa relacja łączyła go z Jacksonem. Opowiadał o wzajemnych długich rozmowach, o dyskusjach i wymianach poglądów. Nie tylko dotyczących koszykówki, ale również życia w ogóle.

„Rozmawialiśmy o przeróżnych rzeczach – mówił Jordan. – To były debaty filozoficzne". Było oczywiste, że i on i Jackson uwielbiali te dyskusje. „Prowokowaliśmy się nawzajem – wspomina Jordan. – Sporo się od niego nauczyłem, ale myślę, że i on dowiedział się, jak to wszystko wygląda z perspektywy zawodnika. Wiele lat wcześniej sam grał, ale ja poszerzałem jego wiedzę o współczesny punkt widzenia. Szliśmy na wzajemne ustępstwa. Zawsze uważnie go słuchałem. Nie tyle się kłóciliśmy, co raczej wymienialiśmy poglądy, a on mówił coś w stylu: »Pomyśl o tym, pomyśl o tamtym«".

Efektem tego wszystkiego był wzrost zaufania. Jordan wspominał potem, że z czasem zaczynał coraz bardziej wierzyć Jacksonowi. Trenerowi coraz częściej udawało się przekonać do swego Jordana, a drużyna zaczęła zdobywać tytuły mistrzowskie. Trener odnalazł nowe sposoby na motywowanie supergwiazdy i utrzymywanie równowagi w ataku pomiędzy Michaelem i jego kolegami. Nauczył się wpływać na podejście Jordana, który na każdym kroku musiał się zmagać z ogromną presją. Otrzymane lekcje miały pomóc Jordanowi nie tylko w koszykówce, lecz również w baseballu.

Znowu w hali Stadium

We wrześniu Jordan przyjechał do Chicago, żeby zagrać w charytatywnym meczu gwiazd Pippena All-Star Classic, organizowanym na rzecz Operation PUSH Jesse Jacksona. Początkowo wahał się, czy przyjąć zaproszenie. Być może wciąż miał żal o bojkot sprzed czterech lat. Dzięki tej imprezie miał jednak okazję ponownie, po raz ostatni, zagrać w hali Chicago Stadium. Stary obiekt miał zostać w ciągu najbliższych miesięcy zburzony. Zastąpiła go wybudowana za 150 milionów dolarów hali United Center, znajdująca się po drugiej stronie ulicy Madison. Pokusa gry w hali Stadium okazała się zbyt silna. Jordan pojawił się i napotkał całą masę kibiców marzących tylko o jednym – żeby go odzyskać. Jego drużyna, ubrana w białe stroje, zagrała przeciwko drużynie Pippena w czerwonych strojach. Dwaj ekskoledzy z drużyny walczyli przeciwko sobie z niespodziewaną zaciekłością. Jordan nie zamierzał pozwolić na to, żeby ktokolwiek powiedział, że „nie ma w sobie już tego czegoś". Odnalazł w sobie stary ogień, oddał 46 rzutów, trafił 24 i zdobył 52 punkty. Jego ekipa wygrała 187:150, a kibice prawdopodobnie pobili tej nocy rekord liczby owacji na stojąco. Kiedy już było po wszystkim, Jordan objął Pippena w pobliżu tablicy wyników, pomachał ręką do tłumów, a potem wyszedł na środek boiska, podciągnął spodenki, kucnął i ucałował parkiet, ostatecznie żegnając się z miejscem, które było świadkiem jego drogi do wielkości.

„Pożegnałem halę Stadium pocałunkiem, żegnając jednocześnie wszystkie lata, które tam spędziłem – powiedział potem dziennikarzom. – Ale nie, to nie był pocałunek żegnający koszykówkę. Zawsze będę ją kochał i zawsze będę w nią grał. Tyle że nie będę już tego robił zawodowo".

I rzeczywiście, rozegrał tej jesieni kilka meczów sparingowych w Scottsdale, gdzie brał udział w baseballowych rozgrywkach Arizona Fall League. Terry Francona zauważył, że w ostatnim miesiącu, spędzonym w Birmingham, widać było u Jordana postępy. Mocniej i precyzyjniej odbijał piłkę. W lidze dla najbardziej perspektywicznych, młodych zawodników w Scottsdale odbijał z przyzwoitą skutecznością .255.

Bob Greene pojechał z Jordanem do Arizony, gdzie było szaro, pusto, wietrznie i zimno, a na odkrytych trybunach nie zasiadało zbyt wielu kibiców. Jakiś czas potem do syna zadzwoniła Deloris Jordan i wyczuła w jego głosie coś, co kazało jej go odwiedzić. Kilka dni później George Koehler odebrał ją z lotniska i zabrał na stadion na mecz Michaela. W Arizonie było relatywnie mniej kibiców niż w Birmingham. Greene zwrócił uwagę, jak Michael zszedł z ławki rezerwowych i zaczął się rozglądać po tłumie, aż wreszcie wypatrzył matkę. Od razu zaświeciły mu się oczy i szeroko się uśmiechnął, co było wtedy rzadkim widokiem.

Tej samej jesieni powrócił jeszcze do Chicago na ceremonię „W hołdzie Michaelowi", podczas której jego koszulka z numerem 23 miała zostać zastrzeżona i zawieszona pod kopułą nowej hali Bulls. Klub chciał połączyć to wydarzenie z odsłonięciem przed nową halą pomnika z brązu, przedstawiającego Jego Powietrzność w akcji, nazwanego „The Spirit"*. Jordan miał problem z tym pomnikiem. Widział jego projekt, a nawet go zaakceptował, ale przecież wizerunek publiczny osoby wyniosłej uczynił już jego życie koszmarem. W rozmowie z Greene'em wyznał, że jest przecież prawdziwym człowiekiem, a nie jakimś pomnikiem, i że obecność statuy przed halą United Center jeszcze bardziej zwiększy dystans między nim a otaczającym go światem. Ale pomnik okazał się hitem, bo niemal natychmiast ogromne rzesze turystów zjeżdżały się ze Stanów i z całego świata, żeby go podziwiać.

Jordan czuł, że lepiej będzie uniknąć ceremonii, , ale było jeszcze gorzej, niż przewidywał, bo całe wydarzenie było na żywo transmitowane przez telewizję TNT. Po serii wystąpień, przemówień i dziwnych skeczy na scenę wyszli Reinsdorf i Krause, a 21 tysięcy kibiców, zgromadzonych w hali, wciąż niezadowolonych z rozczarowujących wyników z tego lata, zaczęło głośno buczeć.

* Duch.

„Hej, przestańcie – próbował zdyscyplinować kibiców Jordan. – Jerry i Jerry to dobrzy goście".

To nie jest tak, że „Jerry i Jerry" słyszeli buczenie po raz pierwszy. W latach 1991–1993 na każdej z trzech ceremonii z okazji zdobycia przez Bulls tytułu mistrzowskiego Krause witany był przez kibiców bezlitosnym buczeniem. Trener Chip Schaefer, który siedział w pobliżu, zobaczył, że kiedy fani zaczęli buczeć, żona Krausego, Thelma, rozpłakała się. Menedżer już dawno uodpornił się na reakcje kibiców, ale widok zapłakanej żony, którą musiał pocieszać Dean Smith, doprowadził go do szału.

„Dean podszedł do niej i powiedział, że to miłe ze strony Michaela, że wypowiedział moje imię – wspomina Krause. – Thel tylko na niego spojrzała i odparła: »Za późno! Bzdura. Jest za późno, do cholery! Mógł to zrobić już dawno temu«. Dean był dosyć wkurwiony... Ale ja byłem z mojej żony naprawdę dumny. Powiedziała to tej nocy jeszcze kilku osobom. Ochrzaniła Deana Smitha. I jeszcze kilka osób tej nocy. Była naprawdę wściekła. Siedziała po wszystkim ze łzami w oczach".

Podobnie jak jego żona, Krause miał do Jordana żal o to, że ten nigdy nie stanął w jego obronie. „Michael miał przez te wszystkie lata mnóstwo okazji, żeby coś zrobić – mówił potem Krause – ale nie zrobił nic".

„Jerry nigdy nie potrafił zbudować swojego pozytywnego wizerunku – mówił wtedy Phil Jackson. – I to właśnie pozbawiło go szans na to, żeby ludzie w Chicago go polubili. Traktowali go jak kogoś w rodzaju burmistrza, a burmistrz jest zawsze publicznie wygwizdywany. Jerry to właśnie taki typ człowieka. Musiał wykonywać mnóstwo brudnej roboty... I robił to na tyle często, że stał się w końcu kimś, kogo nie da się lubić".

Ale Krause wytrzymał. „Wszyscy dyrektorzy generalni popełniają błędy – mówił Reinsdorf. – Jerry jest niewiarygodnie lojalny, ale najważniejsze jest to, że ma wyniki. Ma wyniki, ponieważ bardzo ciężko pracuje. No i ma nosa do talentów".

„Biedny Jerry, wszyscy mu próbowali dokopać. Ja również – powiedział wtedy dziennikarz sportowy z Chicago, Bob Logan. – Ale dostał w życiu to, czego chciał. Zarządza klubem koszykarskim. Ma trzy mistrzowskie pierścienie. Myślę jednak, że nie było ani jednego dnia, po którym byłby w pełni zadowolony. Zawsze jest coś takiego, czego jeszcze pragnie, albo coś, co działa nie do końca tak, jak powinno".

Niedługo przed ceremonią na cześć Jordana Krause przyznał, że nie może się doczekać stworzenia mistrzowskiej drużyny bez Jordana w składzie. „Rozmawialiśmy o tym z Jerrym – przyznał szczerze Krause. – Pewnie, że chcieliśmy wygrać bez Michaela. Byłoby to potwierdzenie naszych umiejętności, no i coś osobistego. Jasne, to też kwestia mojego ego. Może nie jest jakieś gigantyczne, ale nie jest też małe. Uważam, że jestem dobry w tym, co robię, i raz w życiu chciałbym, żeby świat przyznał, że wygrałem i że nie stało się to dzięki Michaelowi". Niestety, podczas play-offów w 1994 roku nie udało się tego dokonać.

Nawet w dniu, w którym celebrowano zakończenie kariery Jordana, Phil Jackson wyczuwał, że Michael się w środku gotuje. Niektórzy właściciele klubów NBA po cichu sugerowali Reinsdorfowi, że może liga powinna zaproponować Michaelowi jakiś wielki plan finansowy, żeby skusić go do powrotu. Jeden z dziennikarzy zapytał Jordana, czy kontrakt wart 100 milionów dolarów skłoniłby go do powrotu do koszykówki. „Gdybym grał dla pieniędzy – odpowiedział cierpko Michael – to musiałoby to być 300 milionów".

Gdyby chciał grać dla pieniędzy, to z pewnością nie grałby w baseball, gdzie jego marne stypendium było niczym przy 30 milionach dolarów z dochodów reklamowych. Major League Baseball sparaliżował w sierpniu strajk, który trwał podczas świąt i skończył się dopiero w lutym. Nie miało to wpływu na ligi podrzędne, więc wiosną Jordan zameldował się na treningach. Szybko jednak się zorientował, że walka pomiędzy właścicielami i zawodnikami prędko się nie skończy. Potem doszło do niemiłej wymiany zdań z zarządem White Sox w sprawie szafki w szatni i miejsca parkingowego. Ale najbardziej zniechęciło go rosnące poczucie, że jest wykorzystywany przez władze klubu tylko do treningów. Nie miał ochoty być ławkowiczem albo – co gorsza – zapchajdziurą. W końcu podjął decyzję o zakończeniu tego etapu w życiu i pojechał do domu. Poinformował o tym Reinsdorfa telefonicznie: „Myślę, że popełniasz błąd", powiedział Jerry. „Nie – odparł Jordan. – Już podjąłem decyzję". „I co będziesz teraz robił?", zapytał właściciel. „Jeszcze nie wiem", przyznał Michael.

„W Arizona Fall League odbijał ze skutecznością .260 – mówił potem Reinsdorf. – Naprawdę uważałem, że robi postępy. Ale w wyniku strajku nie miał szans na grę w White Sox w 1995 roku".

10 marca ogłosił zakończenie kariery baseballowej, mówiąc, że gra w drugiej lidze pozwoliła mu przypomnieć sobie o etyce pracy, która kiedyś sprawiła, że stał się wielkim koszykarzem. „Poznałem tysiące nowych

kibiców – powiedział. – I nauczyłem się, że drugie ligi stanowią tak naprawdę fundament baseballu. Grają często w fatalnych warunkach, mało kto się nimi interesuje, ale zasługują na szacunek fanów i wszystkich tych, którzy są związani z baseballem".

Phil Jackson powiedział, że to nie Jordan zawiódł baseball. „To baseball zawiódł jego".

Dni w Berto Center

Z początku Jordan próbował pojawiać się na treningach Bulls po cichu, ale szybko stało się jasne, że to nie jest możliwe, zwłaszcza w sytuacji, kiedy w klubie nie działo się nic ciekawego. Pierwszy sygnał był ledwo zauważalny. Może to był telefon do starego przyjaciela? A może powiew dymu gdzieś na zewnątrz gabinetu Phila Jacksona? Niezależnie od tego, co to było, w marcu sygnał dotarł do wszystkich tych, do których miał dotrzeć. Czy MJ naprawdę zastanawia się nad powrotem? Przyjdzie na trening, założy strój i zobaczy, jak jest?

Tak zaczął się rok, w którym świat naprawdę stracił głowę na punkcie koszykówki z Chicago.

„Od kilku tygodni pojawiały się plotki, że wraca – wspomina Chip Schaefer. – Jadłem obiad z Larrym Krystkowiakiem, Lukiem Longleyem i Steve'em Kerrem, czyli chłopakami, którzy nie grali w jednej drużynie z Michaelem. Byli podekscytowani jak dzieci perspektywą wspólnej gry. Pamiętam, jak siedziałem, słuchałem ich i myślałem sobie: »Chłopcy, nie macie zielonego pojęcia, jakie to trudne grać razem z nim«".

Steve Kerr wspomina, że sezon przed powrotem Jordana był bardzo dziwny. Rok wcześniej Bulls radzili sobie bez Jordana dobrze, ale skład w 1995 roku był znacznie gorszy. Tarcia i kontrowersje w końcu ich dopadły. „Moim zdaniem w tym pierwszym sezonie, kiedy go nie było, wciąż wyczuwało się na każdym kroku jego obecność. To dodawało drużynie energii – tłumaczył Kerr. – Mieliśmy jeszcze Cartwrighta, Paxsona i Horace'a Granta, wszystkich tych gości, którzy wciąż byli mistrzami, którzy czuli się jak mistrzowie i pociągnęli nas, mimo że Michaela już nie było. Ale rok później to przestało działać. Brakowało nam Cartwrighta, Paxsona i Granta. Brakowało nam ich przywództwa. Nagle byliśmy zdziesiątkowani – nie mieliśmy formy ani dobrego przywódcy. Dopadła nas rzeczywistość. Zwiędliśmy, zatraciliśmy siłę i energię. Mieliśmy kłopoty".

Kerr mówi, że Jordanowi już wcześniej zdarzało się pojawiać na treningach Bulls, ale nie nawiązywał relacji z nowymi kolegami. „Raz na jakiś czas przychodził na trening, ale był dla nowych, którzy z nim wcześniej nie grali, raczej niedostępny. Wiedzieliśmy, kim był i jaką aurę wokół siebie roztaczał. Był raczej przerażającym gościem, zwłaszcza jeśli się go nie znało. Przecież nie podejdziesz do Michaela Jordana i nie powiesz: »Hej, jak leci?«. Zawsze wyczuwało się jego obecność, a to wprowadzało niepokój. Nikt z nas wtedy nie znał go za dobrze".

Po kilku dniach był już gotowy. Miał wystarczającą ilość energii, żeby wywołać falę sztormową. Wciąż jednak jeszcze nie było jasne, czy podjął decyzję o powrocie. Ta informacja po raz pierwszy pojawiła się w jednej ze stacji radiowych. Rozpoczęło się istne szaleństwo. Kolejne dziesięć dni było największym oczekiwaniem w historii sportu. Czy Michael Jordan wraca do koszykówki? W pobliżu ośrodków treningowych w Berto Center błyskawicznie wyrosła wioska złożona z wozów transmisyjnych i reprezentantów mediów ze wszystkich możliwych stacji telewizyjnych i gazet. Wszyscy oczekiwali jakiegoś oświadczenia. Ale okna ośrodka treningowego były schowane za wielkimi ekranami. Słychać było okrzyki, odgłos odbijanej piłki. Mówiło się, że Jordan trenuje razem z drużyną, ale że jeszcze nie podjął żadnej decyzji, że trwają prace nad ustaleniem szczegółów. Tymczasem podczas treningów grał jako rozgrywający w żółtej koszulce – przeznaczonej dla drugiej drużyny.

Jordan kontra Pippen. Jak za starych dobrych czasów.

„Już sama możliwość grania z nim jest fajna – mówił center Will Perdue, który grał z Jordanem we wszystkich trzech drużynach mistrzowskich. – Sama możliwość patrzenia na niego".

Tak naprawdę cała sytuacja nie byłaby taka szalona, a szum nie byłby tak ogromny, gdyby oczekiwanie nie trwało aż dziesięć dni. Reinsdorf wolał, żeby Michael zaczekał. Sam Jordan też się wahał, czy chce wrócić do koszykówki, bo rozczarował go baseball, czy zrobić to z miłości do tej dyscypliny. W trakcie oczekiwania tysiące kibiców zmierzały do Berto Center, jakby przyciągał ich jakiś wielki magnes. Tłumy rozłożyły się na parkingu przed pobliskim hotelem, próbując uchwycić Jego Powietrzność, jak codziennie przemyka, wychodząc z treningu. A on wciąż milczał, pozwalając stacjom telewizyjnym, nadającym informacje przez 24 godziny na dobę, na niekończące się spekulacje, powtarzane potem przez stacje radiowe na całym kontynencie.

Jakiś tydzień później wszyscy zaczęli się niecierpliwić, a niektórzy goście programów sportowych w Chicago zaczęli sugerować, że Michael bawi się opinią publiczną. Mogło to zresztą być prawdą. David Falk patrzył na to z niekłamaną radością. Nie sposób byłoby kupić czasu, który historie na temat Jordana zajmowały w mediach. „USA Today" wyliczył, że wartość giełdowa firm, które zatrudniały Jordana, wzrosła w ciągu ostatnich dni w sumie o dwa miliardy dolarów. To oczywiście tylko podsyciło spekulacje, że Jordan jest zaangażowany w jakieś manipulacje finansowe.

Ale w czwartek, 16 marca, Jackson uznał, że to już zaszło za daleko. Poprosił Jordana, żeby tego dnia nie przychodził na trening, bo tłum dziennikarzy pod Berto Center jest zbyt wielki. Po południu trener powiedział dziennikarzom, że Jordan i Reinsdorf podjęli rozmowy i że decyzji należy się spodziewać w ciągu najbliższych trzech–czterech dni. Choć Michael pojawił się tylko na kilku treningach, wywołując gigantyczny szum medialny, to i tak udowodnił, że samą obecnością jest w stanie dodać drużynie energii. W piątek Bulls wygrali po raz trzeci z rzędu i poprawili swoją pozycję w tabeli, a po meczu z Milwaukee Buck w hali United Center mieli już dodatni bilans. Pojawiły się nawet spekulacje, że może Jordan pojawi się niespodziewanie i zagra w tym meczu, ale przyszła tylko jego ekipa ochroniarska, żeby ocenić stopień bezpieczeństwa w hali.

Następnego dnia rano chicagowskie stacje radiowe nagle doniosły, że decyzja została podjęta, że Jordan wyda oświadczenie o powrocie do NBA jeszcze tego samego dnia i że w niedzielę zagra w transmitowanym na cały kraj meczu z Indianą. Wiadomość szybko dotarła do menedżerów restauracji Michaela Jordana, znajdującej się na ulicy LaSalle, którzy od razu podjęli decyzję o ponownym otwarciu sklepiku z pamiątkami. Jeszcze w lutym biznes kręcił się słabo, ale pogłoski o powrocie Jordana sprawiły, że w marcu tłumy znowu zaczęły codziennie walić drzwiami i oknami. Kibice czuwali przed halą United Center pod pomnikiem Jordana, który stał się czymś w rodzaju miejsca kultu. Tłumy kibiców i dziennikarzy kłębiły się pod Berto Center. Niektórzy kibice wynajęli nawet apartamenty w pobliskim hotelu Residence Inn i stali na balkonach, czekając na oficjalne wystąpienie.

Trening nagle dobiegł końca. Corvette Jordana pojawiła się na jezdni, nie zważając na wiwatujących szaleńczo kibiców, odjechała z piskiem opon. Po chwili w swoim range roverze halę opuścił Pippen, który zatrzymał się na chwilę i posłał kibicom przez okno wielki uśmiech. Zaraz potem Peter Vecsey z telewizji NBC zaczął rozmawiać z kibicami. Mówił im, że Jordan wraca, że zagra w niedzielę z Indianą i że prawdopodobnie znowu założy zastrzeżony wcześniej numer 23. Szaleństwo opanowało całe miasto. Chicago, jak zażartował jeden ze sprawozdawców radiowych, znalazło się w stanie „jorgazmu".

Największa gwiazda ze wszystkich przerwała milczenie jednowyrazowym oświadczeniem dla prasy wydanym przez Falka. Brzmiało ono: „Wracam"*.

W sobotę Jordan wbrew zasadom NBA poleciał do Indianapolis prywatnym odrzutowcem. Gdy samolot wylądował, Michael siedział samotnie na pasie startowym. Miał zagrać swój pierwszy od śmierci ojca mecz w NBA i chciał sobie pozwolić na chwilę osobistych wspomnień. Potem pojechał do centrum w kawalkadzie limuzyn wiozących jego 20-osobową ekipę ochroniarską. Potrzebował jej, żeby poradziła sobie z tłumem zgromadzonym wokół hali Market Square Arena, którą trzeba było otoczyć płotem.

Czekając na rozpoczęcie meczu, atmosferze poddał się trener Indiany, Larry Brown, który zażartował, że czuje się tak, jakby „Elvis i Beatlesi wrócili".

W końcu, niedługo po 12.00, Michael wyszedł razem z kolegami z szatni dla gości i stanął przed tłumem zgromadzonym na korytarzu. Żując gumę, rozejrzał się i zmarszczył brwi. Był gotów wznowić karierę przerwaną 18-miesięczną „emeryturą".

Szalona gra wstępna dobiegała wreszcie końca, a koszykarska opinia publiczna mogła świętować powrót swojego faraona. Byli tam wszyscy święci koszykówki. „NBC przywiozła to, co miała najlepsze – wspomina Matt Guokas, który awansował i był analitykiem stacji. – Przyleciał nawet Bob Costas, żeby poprowadzić przedmeczowe *show*".

Gdyby Jordan postanowił zorganizować własne Super Bowl, nie mogłoby wypaść lepiej. Bulls otoczeni ze wszystkich stron przez kamery weszli do hali, otwierając kolejny rozdział sagi o Air Jordanie. Ale była jeszcze jedna rzecz, która nie pasowała. Miał na sobie koszulkę z numerem 45, w której grał w podrzędnej lidze i w liceum, a to przecież z numerem 23 zdobył sławę. Tłumaczył potem, że postanowił nie zakładać więcej numeru 23, bo był to numer, z którym po raz ostatni oglądał go jego ojciec. Producent stroju sportowego Champion, który posiadał licencję na koszulki NBA, natychmiast zarządził zmianę i rozpoczął

* *I'm back.*

produkcję 200 tysięcy koszulek z numerem 45, żeby móc je sprzedawać na całym świecie.

Tłumy niespecjalnie przejęły się tym, że Michael był w tamtym meczu z Indianą trochę drewniany. Trafił tylko 7 z 28 rzutów, ale jego intensywność w obronie pomogła Bulls, którzy przegrali z liderami dywizji, z Pacers, dopiero po dogrywce. Po meczu Jordan przerwał milczenie i skomentował szaleństwo towarzyszące mu przez ostatnie dziesięć dni.

„Jestem tylko człowiekiem – powiedział. – Nie spodziewałem się tego. To trochę zawstydzające".

Opóźniał swój powrót, bo oczekiwał zapewnienia, że Bulls zatrzymają w drużynie Pippena i Armstronga, a Reinsdorf odmawiał. Jordan potrzebował też czasu, żeby przemyśleć własne motywy i mieć pewność, że miłość do koszykówki jest prawdziwa. Jak twierdził, to dlatego wrócił, nie dla pieniędzy. Zorientował się, że liga wstrzymała wszelkie renegocjacje kontraktów, pracując nad nową umową zbiorową ze związkiem zawodowym koszykarzy, więc musiał grać za pensję 3,9 miliona dolarów, bo tyle zarabiał, kiedy odszedł w 1993 roku z NBA. Choć Bulls nie musieli tego robić, to zapłacili mu całą pensję za sezony 1993/94 i 1994/95, chociaż grał tylko przez część tego drugiego. Jak mówił, jego powrót bazował tylko i wyłącznie na miłości do koszykówki.

„Chciałem na nowo wlać do tego sportu coś pozytywnego – mówił o swoim powrocie, podkreślając, że nie podobają mu się absurdalnie wysokie kontrakty niektórych młodszych kolegów. – Ostatnio było tu dużo negatywów. Młodzi zawodnicy nie chcieli brać na siebie odpowiedzialności, nie chcieli grać z czystej miłości do koszykówki. Powinniśmy kochać ten sport, a nie go wykorzystywać... Bądźmy pozytywni, zachowujmy się jak dżentelmeni i profesjonaliści".

Trzy dni później rewia Michaela Jordana przeniosła się do Bostonu, gdzie zdobył 27 punktów, trafiając 9 z 17 rzutów. Tym razem Bulls wygrali. Potem uradował swoich wyznawców, trafiając w ostatniej sekundzie rzut, który zdecydował o zwycięstwie nad Atlantą. A potem miało nastąpić wielkie show w Madison Square Garden.

Trenera Knicks, Pata Rileya, zaalarmowało już to, że zobaczył, jak Jordan odnajduje swój rytm podczas meczu z Hawks. Riley, jeden z najlepiej poinformowanych ludzi w świecie koszykówki, potrafił wyczuć burzę. Jordan i Falk też to wyczuwali. Michael potrzebował trzech meczów, żeby się rozgrzać przed trudnym pojedynkiem z ekipą Rileya, mającą w składzie mierzącego

195 centymetrów Johna Starksa, który w przeszłości był dobry w kryciu. Powrót Wybrańca do Gotham miał przyciągnąć przed telewizory największą liczbę widzów w historii telewizji TNT. Miasto szalało z podniecenia. „Byki na Broadwayu", krzyczał wielki neon obok hali Garden. Wszyscy mówili tylko o tym, że właśnie tworzy się historia. Od czasów debiutanckiego sezonu Jordana nic nie rozgrzewało go bardziej od wspaniałego nowojorskiego obiektu. To tam swoją grą ustanawiał własne kredo. Największy wówczas sukces odniósł w 1986 roku, kiedy wrócił do gry po kontuzji stopy i zdobywając 50 punktów pobił należący do zawodnika drużyny przeciwnej rekord hali.

Ta noc miała podobny klimat. „Przybyłem z misją zdobywania punktów", powiedział potem, jakby uznał, że wypada się wytłumaczyć.

Udowodnił to już na początku meczu. W pierwszej kwarcie zaczął trafiać z dystansu, kiedy zauważył, że Starks wycofuje się pod kosz, żeby uchronić się przed jego akcjami. Pozwolił Jordanowi odnaleźć rytm, którego MJ zawsze szukał, niezależnie od tego, czy uderzał w piłkę kijem baseballowym czy kijem golfowym, czy grał w koszykówkę czy w ping ponga z Lacym Banksem. Chwycił rywali za gardło i nawet Spike Lee i inni właściciele karnetów Knicks po cichu się cieszyli. Po zakończeniu trzeciej kwarty miał na koncie 49 punktów, po czym pobił własny rekord hali Garden. Zdobywając 55 punktów, zaliczył kolejny mecz, który przeszedł do historii i doczekał się własnej nazwy: *double nickel game**.

Najbardziej niesamowite było zakończenie spotkania. Rywalizacja była zacięta, ale Jordan przejął w końcowych sekundach kontrolę nad meczem. Ściągnął na siebie uwagę całej nowojorskiej defensywy, podczas gdy pod koszem rywali znalazł się niepilnowany jego nowy kolega z drużyny, Bill Wennington, gotowy do wykonania zwycięskiego slam dunku.

Po meczu Riley wyglądał, jakby przez całe 48 minut obgryzał nogę od stolika sędziowskiego. „Nie było innego zawodnika w historii koszykówki, który miałby taki wpływ na grę", przyznał.

W salonie prasowym Jordan raz jeszcze przypomniał Starksowi, że jest mistrzem trash-talkingu. „Chyba zapomniał, jak się ze mną gra", powiedział, nie potrafiąc się pohamować.

* *Double nickel* – w slangu CB radia ograniczenie prędkości do 55 mil na godzinę.

Ten występ bardziej niż cokolwiek innego stworzył wrażenie, że Michael magicznie powrócił do koszykówki, jakby nie miał żadnej przerwy. I że kto wie – może zaraz rozpocznie marsz po czwarty tytuł mistrzowski. Chyba nikt nie był bardziej pod wpływem Jordana niż jego trenerzy i koledzy z drużyny. Już sam bilans umacniał ich wiarę. Z Jordanem w składzie świetnie przeszli przez końcówkę sezonu, wygrywając 13 z 17 meczów, zaliczając po drodze dwie serie po sześć zwycięstw z rzędu. Kibice w United Center szaleli ze szczęścia. Nowa hala, która w żargonie używanym w Wietrznym Mieście zaczęła być szybko nazywana UC, wydawała się Jordanowi dziwna i obca. Kiedyś obiecywał, że nigdy tu nie zagra. Zmienił oczywiście zdanie, ale nadal jej nie lubił i żartował, że najchętniej „wysadziłby ją w powietrze". Tamtej wiosny Chicago Stadium znajdowała się jeszcze po drugiej stronie ulicy (chociaż tak właściwie była to już tylko powiększająca się dziura powstała w wyniku jej wyburzenia). W dniach meczów światła padały na stary „sarkofag z piaskowca", jakby duchy przeszłości, tak jak reszta Chicago, czekały tam na swojego starego przyjaciela Michaela. Jordan wciąż jednak nie mógł się przyzwyczaić i miewał gorsze występy, głównie ze względu na wciąż obecne napięcie czające się za kulisami.

„To dziwne uczucie, kiedy musisz grać bez kogoś przez 65 meczów – mówił Steve Kerr w 2012 roku. – A potem ten ktoś, kto przy okazji jest najbardziej dominującym sportowcem wszech czasów, po prostu wraca do gry. Z pewnością potrzebowaliśmy trochę czasu, żeby się przyzwyczaić. Wszyscy mieliśmy zawroty głowy. Ale byliśmy też bardzo podnieceni, bo czuliśmy, że możemy zacząć znowu wygrywać".

Jeśli chodzi o czas spędzany z samym Michaelem, to drużyna musiała się nauczyć znosić pogardę. Kerr był w szoku, jak szybko Jordan przejął kontrolę nad drużyną i wpłynął, pozytywnie i negatywnie jednocześnie, na jej mentalność. „Był tak intensywny… i tak protekcjonalnie nas traktował. Nikt z nas nie czuł się z tym komfortowo. Na co dzień po prostu dominował na treningach. Nawet nie chodzi o to, że dominował fizycznie, ale emocjonalnie, i to w zastraszający sposób. Miał nas nakłonić do walki, niezależnie od tego, czy mieliśmy na to ochotę, czy nie. Zdarzają się takie dni, że, no cóż… jesteś zawodnikiem NBA i jesteś po prostu wyczerpany. Każda drużyna przechodzi przez coś takiego. Zdarzają się takie dni, że wychodzisz, oddajesz kilka rzutów i po prostu musisz odpocząć. Ale Michael nie potrzebuje odpoczynku… On nie śpi. Serio, on nie odpoczywa. Ale inni zawodnicy tego potrzebują i w dniach, kiedy byli zmęczeni, on się z nich nabijał. Najpierw się do nas przymilał… po czym zaczynał na nas wrzeszczeć. Bywało trudno. Naprawdę niełatwo było sobie z tym poradzić".

Dla opinii publicznej najważniejsze pozostawało jedno: jak to się wszystko skończy. Bulls zajęli w sezonie zasadniczym piąte miejsce w Konferencji Wschodniej i nie mieli nawet w play-offach przewagi własnego boiska. Ale i tak udało im się pokonać w pierwszej rundzie Charlotte Hornets 3:1. Johnny Bach, który znalazł zatrudnienie w Hornets, siedział na ich ławce i przyglądał się z utęsknieniem tej rywalizacji. Jordan ciepło przywitał swojego starego trenera. „Byłbym bardzo szczęśliwy, gdybym mógł być z nim – przyznał potem Bach. – Ale widocznie musiało być inaczej".

Jordan bez trudu zaakceptował wersję Jacksona, że to Krause zażyczył sobie zwolnienia Bacha. Właśnie to, wraz z konfliktami z Pippenem, sprawiło, że w stosunkach z dyrektorem generalnym nie było mowy o żadnej odwilży, do której mogło doprowadzić zdobycie trzech tytułów mistrzowskich.

Kolejnym rywalem Chicago byli Orlando Magic. Do Shaquille'a O'Neala dołączył Horace Grant i razem stworzyli frontcourt, który wraz z Anfernee Hardawayem, Dennisem Scottem i Nickiem Andersonem stał się drużyną siłową, która zazwyczaj rozstrzygała rywalizację pod koszem. Rozbili Byki w hali United Center wkrótce po powrocie Jordana do NBA. Ta rozgrywka miała osobisty podtekst, bo Grant bardzo chciał pokazać Reinsdorfowi, Krausemu i Jordanowi, co stracili i co – jego zdaniem – w niewystarczającym stopniu szanowali.

Bulls zaczęli bardzo dobrze i w pierwszym meczu prowadzili 91:90, ale przegrali w końcówce po dwóch stratach Jordana. Za pierwszym razem piłkę zabrał mu Anderson, kiedy Michael musiał już tylko dokozłować do końca meczu. Wywołało to wspomnienia z jego ostatniego spotkania w liceum. „Numer 45 to nie numer 23", powiedział po meczu Anderson, dodając, że Jordan nie jest już tak wybuchowy jak przed epizodem baseballowym.

„Dramat, przez który Michael przechodził podczas tamtych play-offów, trochę nas dręczył – mówił potem Jackson. – Ale znałem Jordana zbyt dobrze, żeby się martwić. Po pierwszym meczu z Orlando, w którym stracił piłkę, objąłem go tylko i powiedziałem: »Tyle razy dzięki tobie wygraliśmy, że nie liczyłem, iż coś takiego kiedykolwiek zobaczę. Ale wykorzystajmy to jako narzędzie. Zbudujmy na tym coś pozytywnego. Jesteśmy zawsze z tobą. Nie zapominaj o tym«. W życiu bym się nie spodziewał, że będę kiedyś musiał podejść do Michaela i mówić mu coś takiego".

Po meczu Jordan odmówił rozmowy z dziennikarzami. Na następnym spotkaniu pojawił się ubrany w stary numer 23, nie uprzedzając o zmianie władz ligi, która nałożyła na niego grzywnę w wysokości 25 tysięcy dolarów. NBA przypomniała jednocześnie Jordanowi, że ma obowiązek rozmawiać z dziennikarzami.

„Nie przyjąłem tego źle – skomentował Jordan wypowiedź Andersona, kiedy został w końcu zmuszony, żeby zabrać głos. – Dwa lata temu ustanowiłem tak wysokie standardy, że w ciągu 20 meczów nie udało mi się do nich jeszcze dorównać. Zdaję sobie sprawę z tego, że za to właśnie będę oceniany. Muszę sprostać własnym oczekiwaniom".

Bulls wygrali drugi mecz i wyrównali stan rywalizacji, odbierając rywalom przewagę własnego boiska. Planowali przejąć kontrolę nad serią w trzecim meczu rozgrywanym w hali United Center. Jordan zdobył 40 punktów, ale musiał w tym celu oddać 31 rzutów i czasami wyglądał, jakby zapomniał, że Bulls atakują zespołowo. Orlando wygrało kluczowe spotkanie, ale Jordan poprawił trochę selekcję rzutów w czwartym meczu i Chicago doprowadziło do remisu 2:2. Kiedy zapytano Jordana o jego przyszłość, otoczony tłumem reporterów odpowiedział: „Każdy ma swoje zdanie na temat Michaela Jordana, poza Michaelem Jordanem. Wróciłem na ten i kolejny sezon – tak na to patrzmy".

Od tego momentu zaczął pudłować jeden rzut za drugim i kiksować. Musiał patrzeć, jak Grant przejmuje kontrolę nad rywalizacją. Jackson podjął decyzję o podwojeniu O'Neala, pozostawiając Granta bez krycia. Wyszedł z założenia, że nawet jeśli Grant będzie trafiał, to tylko za 2 punkty. Strategia przyniosła odwrotny skutek. Grant zdobywał dużo punktów w pierwszej fazie meczu, pokazując słabość Chicago na pozycji silnego skrzydłowego. Magic wygrali w końcu rywalizację 4:2, w decydującym meczu zwyciężając na parkiecie Bulls. Młodzi zawodnicy Orlando ponieśli Granta na ramionach, świętując zwycięstwo.

Na korytarzu członkowie sztabu szkoleniowego Bulls zaniemówili. Nie mogli uwierzyć w to, co się stało. Tex Winter przyznał, że Nick Anderson ma rację. „Michael nie jest już tym samym koszykarzem".

„Postarzał się, jak my wszyscy – przyznał potem Jackson. – Ale nadal jest Michaelem Jordanem".

Jackson przewidywał, że Jordan odnajdzie swój rytm i w nadchodzącym sezonie będzie trafiał ze skutecznością ponad 50 procent. „Założyłbym się o ostatniego dolara, że tak będzie – mówił trener. – Czy uda mu się przełamać każdą obronę, jaką posyłają przeciwko niemu rywale? Wszystkie podwojenia i potrojenia? Nie. Ale prawdopodobnie będzie wiedział, w którą stronę warto wykonać podanie".

Kilka tygodni później Jackson przyznał, że aby zbudować drużynę, Jordan będzie potrzebował pełnego, 82-meczowego cyklu spotkań. „Widział i słyszał krytykę, która mu towarzyszyła przez całe play-offy. W Chicago wszyscy wszystkich o coś winili, marudzili i zgrzytali zębami. Ale Michael potrafił to wykorzystać na swoją korzyść".

Steve Kerr w 2012 roku wspominał to jako jeden z najbardziej upokarzających momentów w karierze Jordana. „W połowie boiska piłkę odbiera mu Nick Anderson. Mieliśmy wtedy jeszcze zwycięstwo w kieszeni, ale potem przegraliśmy całą rywalizację. Michael rozegrał kilka fenomenalnych, ale i kilka fatalnych meczów, a ja zawsze sądziłem, że to kwestia pecha, iż porażki zdarzały mu sie podczas play-offów. Uważam, że baseball też miał w tym wszystkim swoje znaczenie, bo przecież ostatni tytuł koszykarski zdobył w 1993 roku, więc już od dwóch lat nie miał pojęcia, jak to jest być na szczycie".

Zawodząc drużynę, zranił swoją przemożną dumę. Przez tyle lat dźwigał losy Bulls na swoich barkach i gwarantował im zwycięstwa. Zaliczał wspaniałe występy, a fani go za to wielbili. Ale teraz zapowiadało się na jego upadek.

Rozdział 32

OBÓZ TRENINGOWY

Głośno zapowiadany powrót Michaela Jordana ujawnił coś, o czym sam MJ nie miał pojęcia. Nie wiedział, co to znaczy być bezradnym, zwłaszcza na parkiecie koszykarskim. „Koszykówka udzieliła mi lekcji podczas ostatnich play-offów – przyznał jesienią. – Zmusiła mnie do powrotu do sali gimnastycznej, żebym mógł nauczyć się jej na nowo".

Naturalnie kibice i dziennikarze kładli winę na karb czegoś innego – tym razem dostało się Chicago za atak. Sportowe programy radiowe w Chicago głośno spekulowały, że trójkąty już w Bulls nie działają. Nawet sam Tex Winter zaczął mieć wątpliwości i bardzo chciał, żeby Jordan powiedział, co o tym myśli.

„Przyszedł do mnie – wspomina Jackson – i powiedział: »Phil, chcę, żebyś go zapytał, czy uważa, że powinniśmy zmienić system ataku. Czy dalej mamy grać trójkątami? Proszę, zapytaj go o to w moim imieniu«. Zapytałem więc, a Michael odpowiedział: »Atak trójkątem jest kręgosłupem tej drużyny. To nasz system, coś, na czym wszyscy możemy polegać, dzięki czemu wiemy, jak mamy się poruszać i jak działać«".

„Michael miał już wtedy na koncie trzy tytuły mistrzowskie, które zdobył, grając trójkątem, więc absolutnie wierzył w ten system ataku. Wierzył też w Phila – tłumaczył Steve Kerr. – Zresztą Jackson zawsze powtarzał nam na treningach: »Nie gram trójkątem z uwagi na Michaela albo na Scottiego. Oni zdobywaliby punkty niezależnie od tego, jaki system ataku byśmy realizowali. Gram trójkątem z uwagi na całą resztę chłopaków«. Mówił to, stojąc przed Michaelem. Myślę, że to było całkiem sprytne, bo wszyscy wiedzieli, że na swój sposób ten system ograniczał możliwości Michaela. Jeśli chcielibyśmy, żeby zdobywał 40 punktów, to moglibyśmy grać na niego, torować mu drogę i pewnie by mu się udawało. Ale nie było szans, żebyśmy w ten sposób wygrywali. I Michael o tym wiedział".

Ale przyszłość drużyny w znacznie większym stopniu niż od wybranego systemu ataku zależała od samego Jordana – bo co jeśli znowu zrezygnuje? Dla większości obserwatorów było jasne, że jego czasy jako największego dominatora w świecie koszykówki minęły. Nawet w sztabie Bulls spekulowano, że może będzie wolał znów zakończyć karierę, niż męczyć się trudnym życiem w NBA. Spekulacje nasiliły się latem, kiedy Jordan zaangażował się w walkę o nową umowę zbiorową pomiędzy NBA i związkiem zawodowym koszykarzy. Wcześniej zagadnienia związane z pracą i kontraktem w ogóle go nie interesowały. Nigdy nawet nie próbował renegocjować swojego kontraktu z Bulls. A tu wręcz przeciwnie: dzięki staraniom Davida Falka objął rolę przywódcy w staraniach o wymuszenie na NBA lepszych kontraktów i większego pola do negocjacji dla zawodników. Problemy udało się w końcu rozwiązać, ale cała historia pokazała nową twarz Michaela, bardziej agresywnego w załatwianiu spraw poza boiskiem.

Pomimo obaw kibiców o przyszłość Michaela i jego drużyny sztab szkoleniowy Bulls podchodził do swoich szans w miarę optymistycznie. Wiedzieli, że najgroźniejszym rywalem na Wschodzie będzie utalentowana, młoda drużyna z Orlando i że jeśli Bulls chcą zdobyć jeszcze jeden tytuł mistrzowski, to muszą znaleźć sposób na Magic. Chicago potrzebowało silnego skrzydłowego, który wzmocni ich pozycję pod koszem, oraz wysokich obrońców, potrafiących przeciwdziałać tercetowi z Orlando – Anfernee Hardawayowi, Nickowi Andersonowi i Brianowi Shawowi.

Pierwszym ruchem Krausego była decyzja o pozostawieniu B.J. Armstronga na liście transferowej w expansion drafcie*. Większy obrońca, który miał zastąpić Armstronga, już był w składzie drużyny. Był nim eksuczestnik Meczu Gwiazd Ron Harper, z którym Krause podpisał kontrakt w 1994 roku, próbując zapełnić dziurę po Jordanie. Kontuzje kolan doprowadziły do spadku formy Harpera, który, jako młody zawodnik w Cleveland Cavaliers, był supergwiazdą.

* W 1995 roku do NBA przyjmowano dwie nowe drużyny – Toronto Raptors i Vancouver Grizzlies. Kiedy tak się dzieje, organizowany jest tak zwany expansion draft, w ramach którego wszystkie drużyny muszą wystawić na listę transferową wybranych przez siebie zawodników, z których nowe ekipy mogą kompletować swój skład.

Frustrował go system ataku trójkątami, ale Jacksonowi udało się go przekonać, że jeśli poprawi kondycję fizyczną, to może być w nadchodzącym sezonie ważnym elementem gry Bulls.

Jordan również musiał zmienić swój sposób myślenia i trenowania, żeby zmienić coś, co Reinsdorf nazywał „ciałem baseballisty" w szczuplejsze ciało koszykarza. Jordan planował spędzić lato w Hollywood, gdzie w Warner Bros. kręcił *Kosmiczny mecz* – film animowany z Królikiem Bugsem. Co zaskakujące, trenerzy Bulls nie martwili się tym, że Jordan bierze na siebie zbyt wiele obowiązków.

„Nie martwiliśmy się o Michaela – powiedział Winter. – Wiedzieliśmy, że potrafi o siebie zadbać i że da sobie radę".

Przez większą część czasu jego salą gimnastyczną był parkiet zainscenizowany w studiu w Hollywood. Jordan mógł tam pracować nad swoją grą, będąc jednocześnie do dyspozycji ekipy filmowej, kiedy tylko nadchodził czas na kręcenie kolejnego ujęcia. Krause od lat zachęcał Jordana, żeby ten bardziej się przykładał do pracy na siłowni, a Dean Smith z kolei nigdy nie był fanem zbyt napakowanych zawodników. Jordanowi bliżej było do tego drugiego podejścia.

Zazwyczaj im więcej Krause mówił o dźwiganiu ciężarów, tym więcej czasu Jordan spędzał na przeczesywaniu okolicy w poszukiwaniu partyjek golfa. Ale Orlando też przykuło jego uwagę. Krause od dawna namawiał Jordana, żeby popracował z kierownikiem siłowni w Bulls, Alem Vermeilem, bratem byłego trenera Philadelphia Eagles, Dicka Vermeila. Jordan jednak podejrzliwie podchodził do wszystkiego, co sugerował mu GM. Zamiast tego poprosił o pomoc Tima Grovera, osobistego trenera Juanity. Jordan, Harper i Pippen codziennie rano pracowali z Groverem, nazywając swoją grupkę „klubem śniadaniowym". Po pewnym czasie Byki zaczęły być uznawane za jedną z najlepiej przygotowanych fizycznie drużyn w historii koszykówki. A Grover miał być wkrótce przez wszystkich postrzegany jako guru, który pomógł odbudować ciało i formę MJ-a.

„Nigdy nie widziałem, żeby ktoś pracował ciężej od Michaela Jordana – mówił tej jesieni Grover. – Wypełniał swoje wszystkie letnie obowiązki. Występował w reklamach, brał udział w spotkaniach publicznych i nakręcił film, ale to program ćwiczeń był u niego zawsze na pierwszym miejscu".

Realizowany w męczarniach plan przygotowania kondycyjnego stanowił dla Jordana początek całorocznych wysiłków, mających pomóc mu odzyskać dominującą pozycję w NBA. Zbliżał się już do 33. urodzin i próbował się przygotować nie tylko na walkę z utalentowanymi młodymi zawodnikami. Chciał również zmierzyć się z upiorami własnej młodości.

„Jestem typem człowieka, który rozkwita pod wpływem stawianych przed nim wyzwań – tłumaczył wtedy Jordan. – Czuję dumę, kiedy ludzie mówią, że jestem najlepszym koszykarzem na świecie. Kiedy jednak odszedłem, to spadłem w tych rankingach. Myślę, że dziś jestem w nich za takimi zawodnikami jak Shaquille O'Neal, Hakeem Olajuwon, Scottie Pippen, David Robinson czy Charles Barkley. Dlatego postanowiłem ciężko pracować na obozie treningowym, zagrać we wszystkich meczach sparingowych i we wszystkich meczach sezonu zasadniczego. W tym wieku muszę ciężej pracować. Nie mogę sobie pozwolić na taryfę ulgową. Planuję wejść w play-offy, mając za sobą pełny sezon pracy kondycyjnej".

Nie zamierzał tego lata przestawać grać, nawet gdy kręcił film. Jordan zaaranżował tam boisko do koszykówki, na które zapraszał różnych zawodników z NBA, żeby między poszczególnymi ujęciami rozgrywać z nimi mecze. Ta letnia rywalizacja była dla niego świetną rozrywką, ale kiedy nakręcił ostatnie ujęcie, spakował się i powrócił do Chicago na obóz treningowy, był już niesamowicie skoncentrowany i pełen furii. Każdy, kto wszedłby mu wtedy w drogę, gorzko by tego pożałował.

Złość

Kiedy Jim Stack wpadł na ten pomysł i po raz pierwszy to zasugerował, Jerry Krause go zignorował. Wiedział, że Jordan i Pippen dostaną szału, jeśli Dennis Rodman pojawi się chociaż w pobliżu Bulls. A Jerry Reinsdorf? Przecież oni wszyscy nienawidzili Pistons, tych pieprzonych Bad Boysów. Stack jednak był prawie pewien, że to zadziała.

„Na początku lata przyszedł do mnie Jim Stack i poprosił, żebym zastanowił się nad Rodmanem – powiedział Krause. – Zbywałem go, więc zaczął mnie w końcu błagać. Poprosił, żebym sprawdził, czy wszystkie złe rzeczy, które słyszeliśmy na temat Dennisa, były na pewno prawdą. Gdyby nie jego upór, to na pewno nie zawracalibyśmy sobie głowy sprawdzaniem, które z plotek są prawdziwe, a które nie".

Im bardziej sprawdzali Rodmana, tym bardziej Krause był zaintrygowany. Żeby dowiedzieć się czegoś o Rodmanie, Bulls skontaktowali się z przeróżnymi osobami: z jego przyjaciółki, wrogami, byłymi trenerami, dawnymi kolegami z drużyny. Chuck Daly zapewnił ich, że Dennis stawi się na wezwanie, że będzie ciężko pracował i twardo grał. Ale Krause wciąż się wahał.

„Cała liga śmiertelnie bała się Dennisa", mówił Brendan Malone, były asystent trenera w Pistons.

Reinsdorf jak zawsze był ostrożny: „Powolutku, spokojnie. Taki facet jest w stanie wszystko zniszczyć w ciągu kilku dni".

Kiedy po raz pierwszy skontaktowali się z Rodmanem, nie mógł w to uwierzyć. Już w połowie rozmowy Krause zorientował się, że lubi tego gościa. Usatysfakcjonowany wysłał Dennisa na rozmowę z Jacksonem, który spędził z nim wiele godzin, analizując jego nastawienie. To, że Rodman pragnął dołączyć do Bulls, żeby móc zagrać razem z Jordanem, było oczywiste. Pozwolił nawet szefostwu drużyny na rozmowę z psychiatrą, do którego chodził. Sztab szkoleniowy obawiał się, że pomysł trudno będzie sprzedać Pippenowi i Jordanowi, ale dwaj panowie podeszli do tego racjonalnie. „Jeśli jest gotów i chce z nami grać, to super – powiedział Pippen. – Ale jeśli zacznie psuć atmosferę w drużynie, to go nie potrzebujemy. Zrobilibyśmy duży krok wstecz".

Kiedy już Jordan i Pippen się zgodzili, to na początku października, tuż przed rozpoczęciem obozu treningowego, Krause oddał za Rodmana do San Antonio rezerwowego centra Willa Perdue.

I tak oto Dennis „Robak" Rodman, 34-letnie duże dziecko, został zawodnikiem Chicago Bulls. Oczekiwał dwu- albo trzyletniego kontraktu za około 15 milionów. „Włożę pięć milionów do banku i będę żył z odsetek, imprezując jak szalony", powiedział dziennikarzom i, jak się potem okazało, tak właśnie zrobił.

W poprzednich sezonach Bulls byli pod koszem uzależnieni od trójki centrów: Willa Perdue, Billa Wenningtona i Luca Longleya. Perdue blokował rzuty rywali, Wennington nieźle spisywał się w ataku, a Longley, mierzący 218 centymetrów i ważący 132 kilogramy, był na tyle potężny, że mógł walczyć z takimi gigantami kosza i dominatorami na boisku jak Shaquille O'Neal. Żaden z trzech centrów Chicago nie stanowił siły sam w sobie, ale wspólnie utworzyli coś, co prasa nazwała „trójgłowym monstrum". Perdue został jednak sprzedany, ale Rodman miał być silnym skrzydłowym, który będzie wspomagać na centrze pozostałe dwugłowe monstrum.

Żeby móc łatwiej radzić sobie z Rodmanem, Bulls podpisali kontrakt z jego dawnym kolegą z San Antonio, Jackiem Haleyem, a potem ściągnęli jeszcze byłego członka ekipy Bad Boys, Jamesa Edwardsa, który miał pomóc drużynie na pozycji centra. Następnie zatrudnili jeszcze wysokiego eksgracza Pistons, Johna Salleya. Wszystko to było częścią planu związanego z Rodmanem. Trenerzy Bulls uważali, że mając do dyspozycji w pełni zaangażowanego Jordana – wraz z Pippenem, Longleyem, dojrzewającym Kukočem, powracającym do zdrowia Harperem i wreszcie z nowym nabytkiem, Rodmanem, mają wszystkie potrzebne elementy układanki. Bulls nienawidzili kiedyś Bad Boys, ale teraz mieli skorzystać z kilku ich zawodników.

Wyzwanie polegało na tym, żeby to zadziałało. Rodman pojawił się w mieście z włosami przefarbowanymi na czerwony kolor Bulls, z czarnym Bykiem z tyłu głowy i z paznokciami pomalowanymi w bycze motywy. „Rozumiem, że podchodzą do mnie trochę nieufnie i ostrożnie – powiedział. – Zastanawiają się, jak zareaguje na mnie drużyna. Dowiedzą się już za chwilę, podczas obozu treningowego i podczas meczów przedsezonowych. Myślę, że Michael dobrze wie, iż może na mnie liczyć. Będę robił to, co do mnie należy. Mam nadzieję, że Scottie też o tym wie".

Szaleństwo związane z historią powrotu Jordana do NBA wreszcie dobiegało końca, ale rozpoczynała się już w Chicago nowa karuzela medialna, czyli przywitanie Robaka. Kto by się spodziewał, że kibice w Wietrznym Mieście tak błyskawicznie i tak mocno pokochają tego wytatuowanego gościa. Pojawił się, będąc na skraju bankructwa, ale bardzo szybko miał już na koncie wiele kontraktów reklamowych i mnóstwo pieniędzy. W historii miasta było wielu gangsterów, nieuczciwych polityków i słynnych bandziorów, ale Rodman był niewątpliwie jedną z najbardziej barwnych osobowości, jakie przewinęły się przez Chicago. Jak miał wkrótce zauważyć Jackson, nowy skrzydłowy Bulls był w pierwszej kolejności klaunem. Bo czy ktoś mógłby przegapić faceta, który pojawił się na konferencji prasowej ubrany w suknię ślubną?

Przez to wielkie wejście Rodmana kibice nawet się nie spodziewali, że tej jesieni będzie miał miejsce przedziwny, niemal piekielny obóz treningowy. Prawda o tym, co się działo w Berto Center podczas tych długich dni, miała wyjść na jaw dopiero po latach. Kiedy już było po wszystkim, Bulls opuścili ośrodek treningowy niczym gromada skazańców na zwolnieniu warunkowym, przerażonych i przerażających jednocześnie.

„Bardzo szybko to do mnie dotarło – wspominał w 2012 roku Steve Kerr. – To był szalony obóz, bardzo intensywny i skoncentrowany na rywalizacji.

Michael pojawił się po swoim powrocie do NBA i po play-offach, w których nie zagrał zbyt dobrze, przynajmniej biorąc pod uwagę jego standardy. Chciał sobie coś udowodnić i przywrócić właściwy porządek. Każdy trening był niczym wojna".

Jeśli Dennis Rodman planował, że będzie sprawiać jakieś kłopoty, to szybko porzucił ten pomysł – tak przerażający był Jordan. Tak naprawdę Rodman nawet nie rozmawiał z nowymi kolegami z drużyny. Wolał pracować w ciszy, co robiło się z każdym dniem coraz dziwniejsze. „To był trudny obóz treningowy, bo każdy był ostrożny – opowiadał potem Jack Haley. – Wyobraź sobie, że jesteś Michaelem Jordanem. Albo Scottiem Pippenem. Dlaczego niby miałbyś się zajmować Dennisem? Rok wcześniej Michael Jordan zarobił 50 milionów dolarów. Dlaczego niby miałby podchodzić do jakiegoś kolesia i zacząć mu schlebiać, żeby zechciał coś powiedzieć? Przyszli, uścisnęli sobie dłonie, przywitali go w drużynie i takie tam. Ale poza tym był to powolny proces".

„Myślę, że wszyscy podchodzili sceptycznie do tego, co się może wydarzyć – wspomina John Paxson, który został wtedy zatrudniony jako asystent trenera. – Ale jednocześnie patrzyliśmy na to z optymizmem. Ta nadzieja wynikała z osobowości Phila. Wychodziliśmy z założenia, że jeśli jest w lidze ktoś, kto byłby w stanie dogadać się z Dennisem; ktoś, kogo Dennis by szanował jako trenera, to tą osobą może być tylko Phil".

Najbardziej niepokojąca, jeśli chodzi o atmosferę w drużynie, była relacja pomiędzy Rodmanem i Pippenem. „Nie, nie rozmawiałem jeszcze z Dennisem – przyznał na początku sezonu Pippen. – Ale przecież ja nigdy w życiu nie rozmawiałem z Dennisem, więc nie widzę w tym nic dziwnego".

Z perspektywy czasu można powiedzieć, że dodatkowa atrakcja w postaci Rodmana była dla drużyny błogosławieństwem, bo dzięki niemu udało się ukryć to, co naprawdę działo się podczas przygotowań do sezonu. Jordan był jeszcze trudniejszy w obyciu niż wiosną. Był znacznie bardziej ostry i natarczywy w relacji z kolegami niż przed zakończeniem kariery. „Kiedy powrócił po zabójstwie jego ojca, był już zupełnie innym zwierzęciem", mówił Lacy Banks. Drużyna została przecież pod jego nieobecność przebudowana. Przyszło mu pracować z grupą zawodników, którzy nie mieli pojęcia, jak zdobywa się mistrzostwo. „Większość z tych zawodników trafiła do nas z uczelni, które nigdy nawet nie zbliżyły się do zdobycia tytułu mistrzowskiego – tak Jordan tłumaczył, dlaczego ostro traktuje nowych kolegów. – Muszę po prostu trochę przyspieszyć ten proces".

Kolejnym ważnym wydarzeniem był letni lokaut w NBA. Za namową Falka Jordan stanął na czele nieudanej akcji, która miała na celu zdyskredytowanie związku zawodowego, podczas gdy Kerr stał po drugiej stronie barykady. Reinsdorf sprzeciwiał się temu, żeby Jordan stanął na czele buntowników, ale ten i tak to zrobił. „Wisiało nad nami widmo lokautu – wspomina Kerr. – Drugie dno polegało na tym, że reprezentowałem interesy zawodników Bulls, a Michael był jednym z ludzi Davida Falka, którzy nie byli zadowoleni z przywództwa związku. Każdy trening, każde ćwiczenie było bardzo intensywne".

Kerr wyczuwał niechęć Jordana. Wiedział, że jest bardzo poirytowany. Steve śmieje się, że nie było w tym pobudek rasistowskich. „Nigdy nie używał epitetów rasistowskich. Był ponad to. Nie dyskryminował nikogo z powodu rasy. On po prostu próbował nas wszystkich zniszczyć. Ale myślę, że to było wykalkulowane. On nas sprawdzał. Wtedy pewnie nie zdawaliśmy sobie z tego sprawy, ale on nas testował, a my musieliśmy przyjąć to na klatę".

Czas próby dla Kerra wypadł trzeciego dnia obozu treningowego. „Opowiem, jak ja to pamiętam – wspominał w 2012 roku. – Rozgrywaliśmy sparing i zawodnicy pierwszej piątki z nami wygrywali. Graliśmy w czerwonych koszulkach, a oni ciągle faulowali. Michael sparował nieprawdopodobnie siłowo. Phil akurat wyszedł na chwilę do biura. Musiał odebrać jakiś telefon czy coś w tym rodzaju. To, że go nie było, sprawiło, że sytuacja wymknęła się trochę spod kontroli. Michael gadał jakieś bzdury. Nie pamiętam do końca, co mówił, ale miałem już tego naprawdę dosyć. No sam rozumiesz, bez przerwy nas faulowali. Michael ciągle to robił. Trenerzy asystenci byli sędziami i nie chcieli gwizdać przewinień Michaelowi. Gadał i gadał, więc zacząłem mu odpyskowywać".

„Nie wiem, czy ktoś wcześniej odważył się to zrobić", opowiadał, śmiejąc się.

Kerr był przy piłce, a Michael znowu go sfaulował. „Krył mnie i chyba użyłem ręki, walnąłem go łokciem czy coś w tym rodzaju, żeby go od siebie odsunąć, ale on ciągle gadał. Coś mu odszczeknąłem i kiedy w następnej akcji pobiegłem pod kosz i dostałem od niego łokciem, to mu oddałem. Wtedy ot po prostu się na mnie rzucił. Jud Buechler powiedział potem: »Był jak velociraptor«. Byłem chłopakiem z *Parku Jurajskiego* zaatakowanym przez welociraptora. Nie miałem szans. Zrobiła się awantura. Wrzeszczeliśmy na siebie, ale dzięki Bogu podbiegli koledzy i nas rozdzielili. Po wszystkim miałem podbite oko. Najwyraźniej dostałem, choć nawet tego nie pamiętam".

To była pierwsza i jedyna bójka na pięści w życiu Kerra. „Warczeliśmy na siebie i wszystko wymknęło się spod kontroli – wspomina Kerr, syn dyplomaty. – Chciał nam pokazać, jak bardzo skopali nam tyłki. Ale ja przecież o tym dobrze wiedziałem. Nie musiał mi nic mówić. Dlaczego niby miałem się nie zdenerwować? Przecież to naturalne. Inni chłopcy też byli wkurwieni. Ale akurat padło na mnie".

Jackson potraktował ten incydent jako poważne zagrożenie dla atmosfery w drużynie. „Michael wypadł z treningu wściekły jak chmura gradowa – mówił Kerr. – Phil zszedł, żeby ze mną o tym porozmawiać. Powiedział: »Musicie sobie z Michaelem wszystko wyjaśnić. Musisz z nim porozmawiać i musicie się pogodzić«. Wróciłem do domu, a na mojej automatycznej sekretarce było już nagranie. Dzwonił Michael i przepraszał. To było dziwne, ale od tamtego dnia nasza relacja była już fantastyczna. Jeszcze przez kilka dni czuliśmy się dosyć dziwnie w związku z tym, co się stało, ale ewidentnie mnie potem zaakceptował".

Po tamtym zajściu Jordan przejął kontrolę nad drużyną. Już wcześniej wykorzystywał swoją złość i mentalne zastraszanie do wywierania nacisku na grupę, ale teraz doszło do tego zagrożenie przemocą. Stworzył atmosferę, w której przez najbliższe trzy lata mógł nadawać Bykom rytm i tempo, w którym czuł się najlepiej. Nie był w swoich wysiłkach samotny. Wspólnie z Jacksonem, drugą dominującą osobowością w drużynie, stworzył bezwzględnie zdyscyplinowaną grupę.

To dlatego Jackson nazywał Jordana samcem alfa. Próbował go temperować i kierować jego zawziętością dzięki nauce technik *mindfulness*, medytacji i praktyk zen. „Nie zabierał zbyt często głosu we własnej sprawie – mówi Kerr o podejściu Jordana. – Ale bardzo często wypowiadał się o koszykówce. Miał swoją opinię na każdy temat. Podczas sesji wideo bez przerwy zabierał głos. Czasami Phil prosił go o wypowiedź, która motywowała nas przed meczem. Ale raczej nie miało to wymiaru osobistego".

Kerr mówi, że takie bezprecedensowe podejście najbardziej ekstremalny wymiar miało podczas pierwszego obozu treningowego po powrocie Jordana, lecz podobna dynamika utrzymywała się przez trzy kolejne, burzliwe, ale pełne sukcesów sezony. „Michael ma świadomość, że przeraża innych ludzi – mówił tej jesieni Jackson. – Już w zeszłym roku, kiedy wrócił, musiałem go powstrzymywać. Dobrze się czuł, grając razem z Perdue… a w stosunku do Longleya był ostry. Czasami podawał mu piłkę w taki sposób, że nikt nie byłby w stanie jej złapać, po czym tylko gapił się na niego tym swoim słynnym spojrzeniem. Tłumaczyłem mu, że Luc to nie Will Perdue i że jeśli testuje go, żeby sprawdzić siłę jego charakteru, to dobrze. Ale mówiłem też, że chcę, by grali razem, że Luc jest wielki, nie boi się, jest w stanie się przepchnąć i jeśli przyjdzie nam grać z Orlando, to musimy mieć w składzie kogoś, kto będzie w stanie stawić czoła Shaquille'owi O'Nealowi".

Jackson, który zawsze dbał o to, żeby hierarchia w drużynie była jasno ustalona, miał teraz do dyspozycji Jordana jako swojego egzekutora. Pomagał im Tex Winter, który też miał swoje ostre sposoby na to, żeby pogonić zawodników, jeśli odpuszczali i zwalniali.

Zen

Jackson zatrudnił George'a Mumforda, psychologa i specjalistę od technik *mindfulness*, który uczył zawodników technik medytacji i wykonywał z nimi ćwiczenia z budowania więzi. Prowadził też z zawodnikami sesje indywidualne, żeby pomóc im zrozumieć dynamikę drużyny. Pomagał im między innymi nauczyć się, jak znosić tyranię Jordana, i zrozumieć wysiłki Jacksona, który chce zaszczepić w nich wspólną wizję ich celu. Kerr dostrzegł, że duże wrażenie robiło obserwowanie, jak Jordan zaczyna doceniać łagodniejsze podejście Jacksona do drużyny. „To właśnie było kluczem do wszystkiego. Gdyby Michael nie ufał Philowi, to nigdy by to nie zadziałało. Ale on tak bardzo szanował Phila, że zaakceptował jego metody".

Czasem mogło się wydawać niestosowne, że Jackson przeznaczał 30 minut cennego czasu treningu na sadzanie zawodników na podłodze i nakłanianie ich do medytacji w ciemności tylko po to, żeby zaraz po rozpoczęciu ćwiczeń mogli być świadkami furii Jordana. Jak wspomniał Kerr, Jackson powiedział im, że wprowadził system ataku trójkątami nie dla Jordana, ale dla reszty zawodników. Medytacje wydawały się przebiegać wokół podobnego, ale odwróconego wzorca. Trener tak naprawdę nie stosował medytacji dla reszty zawodników. Wykorzystywał ją, bo miał nadzieję, że dzięki niej uda się powstrzymać Jordana przed stłamszeniem jednego z obiecujących kolegów z drużyny.

Jordan bardzo szybko zaufał Mumfordowi i powiedział mu, że gdyby spotkali się wcześniej, to może nie spędzałby życia jako więzień w pokoju hotelowym. Pippen również pomógł w ustanowieniu hierarchii. Zdarzało mu się wybuchnąć złością, ale był jednocześnie wyrozumiałym i empatycznym kolegą z drużyny. Przetrwał szkołę mocnych ciosów MJ-a i, jak mówi Kerr, jesienią 1995 roku on i Jordan stanowili serce drużyny. „Kiedy dołączyłem do zespołu, łączyła ich fantastyczna relacja. Mieli swój klub śniadaniowy, w ramach którego Harper i Pippen przychodzili rano do Michaela do domu i pracowali razem na siłowni. Dźwigali ciężary, a potem przyjeżdżali na trening. Byli ze sobą bardzo związani. Ta rola idealnie pasowała do Scottiego – nie musiał rządzić, ale na swój sposób mógł dominować".

Jordan nadal był samcem alfa, ale z Pippenem stworzył duet, który wspólnie był znacznie potężniejszy od każdego z nich z osobna. „Stanowili idealną kombinację po obu stronach parkietu – tłumaczy Kerr. – Obaj byli wszechstronni w obronie, dlatego mogli się wymieniać i siać spustoszenie w ataku przeciwników. Scottie jednak tak naprawdę wolał podawać, a Michael rzucać. Koniec końców, podczas jednego z meczów finałowych, Michael po prostu przytulił Scottiego, wziął go pod ramię i ogłosił światu, że to wszystko nie byłoby bez niego możliwe. Tak, to była wspaniała relacja".

I w taką właśnie atmosferę, być może najbardziej niezwykłą w historii Chicago, trafił Dennis Rodman. Wszyscy w klubie byli bardzo ciekawi, czy się wpasuje w nową hierarchię i przyjmie tożsamość drużyny. „Prawie ze sobą nie rozmawiali – mówił Kerr o Rodmanie i Jordanie. – Ale wyczuwało się ich wzajemny szacunek do siebie. Michael nigdy nie obierał sobie Dennisa za cel ataków. Nigdy. A Dennis tak jakby podporządkowywał się Michaelowi – emocjonalnie, nie fizycznie. Nigdy nie zrobił dla Michaela czegoś, czego nie zrobiłby dla reszty z nas, ale wyczuwało się, że to »Michael jest tym najlepszym, a ja jestem poniżej, więc nie będę z nim zadzierał i *vice versa*«. To było bardzo ciekawe".

Głównym celem wściekłych ataków Jordana pozostawały gwiazdy z zagranicy: Australijczyk Luc Longley i Chorwat Toni Kukoč. Wszyscy, łącznie z samym Jordanem, uważali, że traktował ich bardzo ostro. Miało tak już zostać przez kolejne trzy lata, które spędził w Chicago. „Ci kolesie byli naprawdę utalentowani. Zwłaszcza Toni miał niesamowity talent – twierdził Kerr. – Luc był bardzo ważną częścią drużyny, dosłownie i w przenośni, biorąc pod uwagę rolę, jaką odgrywał na boisku. Naprawdę potrzebowaliśmy gościa, który będzie chronił przestrzeń pod koszem i będzie filarem obrony oraz zbiórek. Musieliśmy rozpalić pod Lukiem ogień, żeby wydobyć z niego to, co najlepsze. Dlatego uważam, że Michael, Phil, Tex i Scottie mieli swoje powody, żeby tak się ich dwóch czepiać. Robili to dlatego, że tamci tego potrzebowali. Musieli czasem dostać kopa w dupę. Toni był czasem taki wyluzowany. Ja też czasem bywam wyluzowany, ale kiedy trzeba, to się koncentruję. Mam w sobie taki guzik, który wystarczy przycisnąć... Nieraz potrafiłem się wściec tak bardzo, że mogłem przywalić. Ale nigdy nie widziałem, żeby Toni kogoś uderzył. I nigdy nie widziałem, żeby zrobił to Luc. Obaj byli chyba z punktu widzenia Michaela zbyt grzeczni".

Tex Winter bywał świadkiem różnych zmian w dynamice drużyny, ale to, jak zmienił się Jordan po powrocie do koszykówki, poraziło go. „Zaczął rzucać sobie wyzwania w inny sposób", teoretyzował doświadczony trener. Tłumaczył, że skoro Jordan był taki ostry wobec kolegów z drużyny, to nie zostawiał sobie zbyt wiele miejsca na własne błędy i rozczarowania.

Kerr uważa podobnie. „Jeśliby przejrzeć historię jego kariery, to jest ona wypełniona momentami, w których sam sobie stawiał wyzwania, żeby jeszcze podnieść poprzeczkę. Największe wrażenie robi na mnie to, że ustanawiał sobie standardy tak niewiarygodnie wysoko, że trudno było od niego oczekiwać, by się ich trzymał. W każdym meczu, w każdej hali, do której przyjeżdżaliśmy, oczekiwano, że zdobędzie 40 punktów. I on coś takiego uwielbia. To jest w nim fantastyczne. Ta kombinacja niesamowitych umiejętności koszykarskich, ambicji i woli walki w człowieku szanującym etykę pracy. Niewiarygodna kombinacja".

Kiedy dwa lata później Jordan spoglądał w przeszłość, to przyznał, że czasami był zbyt ostry i że mógł tym wystraszyć parę osób. „Jeśli będziesz mieć taką samą motywację, takie same cele i pogląd na to, jak je osiągnąć, to będziesz mnie lepiej rozumieć jako przywódcę – tłumaczył. – Jeśli się nie dogadujemy, to z pewnością nie rozumiesz, jak bardzo musisz się poświęcić, by odnieść sukces. I rzeczywiście, być może doprowadziłem do tego, że uciekli, ale wcale tego nie chciałem. Zrobiłem to, żeby zrozumieli, jak zostać mistrzem, co trzeba poświęcić, żeby odnieść zwycięstwo. To nie jest tak, że codziennie jestem trudny. Są dni, kiedy trzeba odpuścić, zrelaksować się i pozwolić, żeby napięcie opadło. Ale jeżeli przez większość czasu musisz być skoncentrowany, to po prostu masz być skoncentrowany. I tyle. Tego właśnie oczekiwałem jako przywódca".

„Nie byłem w tym sam – podkreślał, powtarzając opinię Kerra. – Pip robił to samo, Phil też. Tyle że ja pewnie robiłem to bardziej konsekwentnie. To dlatego, że jestem tu najdłużej. Czuję, że moim obowiązkiem jest, żebyśmy wiedzieli, czego od siebie oczekujemy i jaki poziom chcemy reprezentować".

Jordan dobrze wiedział, na czym polega zastraszanie, zwłaszcza po batach, które zbierał od Pistons. Ale trzeba było jeszcze nauczyć tego innych. Zrozumiał to w 1990 roku, kiedy dał z siebie wszystko. Wtedy do niego dotarło, że jego koledzy z drużyny nie podeszli do tego tak samo. Postanowił, że nie będzie już brał udziału w bitwach otoczony przez towarzyszy broni o słabych sercach. „Chodzi o to, żeby przejść ten pierdolony etap od bycia drużyną »przegrywaczy« do bycia drużyną mistrzowską", mówił potem. Jordan chwycił drużynę za gardło, żeby wynieść ją na wyższy poziom. I już samo to oszołomiło Steve'a Kerra. „Czyli tak to wygląda", powiedział do siebie.

Jordan chętnie przyznawał, że jego status w zawodowej koszykówce pozwalał mu na robienie rzeczy, które nie uszłyby na sucho żadnemu innemu zawodnikowi. Ba – pewnie nawet żadnemu trenerowi. „Chodzi o to, żeby robić to tak, by koledzy właściwie interpretowali naszą relację – mówił. – To nic osobistego. Uwielbiam swoich kolegów. Zrobiłbym dla nich wszystko. Oddałbym wszystko, żeby osiągnęli sukces. Ale oni muszą zrobić to samo. I muszą rozumieć, czego się od nich oczekuje".

„To, że Jordanowi zdarzało się czasami odstraszyć niedoszłych kolegów z drużyny, mogło być nawet dobre – uważa Kerr. – Trzeba pozbywać się ludzi, którzy nie są w stanie ci pomóc. A Michael ma swoje metody, żeby takich ludzi i ich słabości wyczuć..."

„Oczywiście wszyscy mamy swoje słabości – dodawał, śmiejąc się Kerr. – Wszyscy oprócz Michaela. I to on nas zmusza do walki, to on nas zmusza, żebyśmy byli ambitni, żebyśmy pokonywali własne słabości, żebyśmy się z nimi nie godzili, żebyśmy stawali się coraz lepsi". Ale nie zrozummy go opacznie, Kerr wcale nie ma na myśli tego, że Jordan ich motywował. „Nie powiedziałbym, że nas pozytywnie zachęcał".

„Myślę, że podobnie traktował kolegów z drużyny Larry Bird – mówił trener Chip Schaefer. – Z niezliczonych treningów Lakers, na których bywałem, kiedy pracowałem w Layola Marymount, wiem, że Magic Johnson też potrafił być niezłym skurwielem. Jeśli nie złapałeś któregoś z jego podań, jeśli nie trafiłeś prostego layupu albo nie wykonałeś zadania w obronie, to, stary..., potrafił cię zabić jednym spojrzeniem. Tak to wyglądało".

Trochę czasu musiało minąć, zanim opinia publiczna dostrzegła, że Jordan zrobił się ostrzejszy. Bruce Levine, reporter jednej ze stacji sportowych w Chicago, dobrze poznał Jordana przez te wszystkie lata. Powoli zaczęło do niego docierać, co oznaczała dla Michaela śmierć jego ojca. „Przedtem wszystko po nim spływało. Nie pozwalał, żeby cokolwiek odciągało jego uwagę – tłumaczył Levine. – Przed meczem potrafił przesiadywać z nami przez pół godziny albo 40 minut w szatni, rozciągając się i gadając o wszystkim, tylko nie o koszykówce. Rozciągał się na podłodze i siedzieliśmy tak przez 45 minut gadając o różnych rzeczach. Dobrze się bawiliśmy. On zadawał nam pytania. Był bardzo dociekliwy. Wciąż dowiadywał się nowych rzeczy o życiu, wciąż się uczył. Ale kiedy wydarzyła się ta historia z jego ojcem, a media opisywały jego pogrzeb tak, jak opisywały, to już nigdy potem nie traktował nas, dziennikarzy, jak dawniej. Przestał nam ufać. Dotyczyło to nawet ludzi takich jak ja, których można było od biedy nazwać przyjaciółmi. To się po prostu zmieniło. Na pewno było mu źle. Nadal poświęcał nam dużo czasu, ale nie bawiliśmy się już razem".

To, co było w surowości Jordana trudne do odczytania, to fakt, że próbował to czasem ukryć pod wesołą przykrywką trash-talkingu. „Michael postanowił, że gra w koszykówkę będzie mu sprawiała przyjemność – mówił Tex Winter. – Myślę, że postanowił to już dawno temu. Lubi grać. Chce to robić z uśmiechem i na luzie. Przynajmniej próbuje. Nie zawsze się zgadzam z jego metodami, ale jeśli tego właśnie potrzebuje, żeby mieć z koszykówki przyjemność i stawiać sobie kolejne wyzwania, to niech tak będzie".

Zadanie zintegrowania nowej, ostrzejszej wersji Jordana z drużyną należało do Jacksona. Od kiedy Michael powrócił do NBA, trener wciąż mu przypominał, że Bulls są tylko tak dobrzy, jak ich najsłabsze ogniwo. To właśnie doprowadziło do piekielnie trudnego obozu treningowego. Sztuczki trenera obejmowały gierki psychologiczne, podstępy i oszustwa, motywacyjne zabawy w chowanego. Czasem – jeśli było to potrzebne – stawiał sprawę jasno, a nawet doprowadzał do bezpośredniej konfrontacji. Wraz z upływem wspólnie spędzonego czasu w wysiłkach Jacksona było coraz więcej dyplomacji, łagodności i wyrozumiałości. Okazywany Jordanowi szacunek charakteryzowała jednak podwójna motywacja.

„Phil przedstawiał Michaelowi wszystko w stylu: »Musimy zrobić to i to« – zauważył po jednym z meczów rezerwowy center Bill Wennington. – Za każdym razem, kiedy podczas spotkania okazuje się, że jest jakiś problem z Michaelem, to Phil mówi: »Musimy to zrobić«. Gdyby chodziło o mnie, powiedziałby: »Bill, musisz się lepiej zastawiać«. Ale do Michaela zawsze mówił per »my«. Jeśli chodziło o kogoś z nas, to słyszeliśmy: »Steve, musisz oddać ten rzut«. Michael mógłby się źle zastawić, ale wtedy Phil stwierdziłby: »Cóż, musimy się lepiej zastawiać«. Ale gdy rozumie się, dlaczego tak było, to nie ma się z tym takiego problemu".

Jordan od dawna oskarżał Jacksona o stosowanie gierek psychologicznych, ale sam też je rozgrywał, tyle że był w tym znacznie ostrzejszy. „Na tym to polega, na mentalności – mówił Jordan. – Trzeba zmusić ich do myślenia. Nie jesteśmy drużyną siłową. Nie mamy przewagi fizycznej. Mamy przewagę mentalną".

„Były okrutne – mówił Kerr o gierkach psychologicznych Jordana. – Ale pozytywne było to, że musieliśmy się z nimi zmagać tylko podczas treningów. Wiedzieliśmy, że nasi rywale będą musieli je znosić podczas meczów".

Muggsy Bogues mógłby to potwierdzić. W kluczowym momencie rywalizacji w play-offach w 1995 roku, pomiędzy Bulls i Charlotte Hornets, Jordan cofnął się, żeby dać mierzącemu 160 centymetrów Boguesowi więcej miejsca. Powiedział do niego: „Rzucaj, ty karle pierdolony". Bogues spudłował, stracił pewność siebie, a potem miał powiedzieć Johnny'emu Bachowi, że ta akcja rozpoczęła jego drogę ku upadkowi.

Niezależnie od tego, czy było się jego przyjacielem czy wrogiem, Jordan potrafił głęboko wniknąć w psychikę ludzi ze swojego otoczenia. Sprawozdawca sportowy z Chicago, Jim Rose, był tego świadkiem, kiedy zagrał z Jordanem i kilkoma innymi gwiazdami NBA w meczu charytatywnym. Rose relacjonował mecze Bulls i wiedział, jak bardzo wymagający jest Jordan, więc przez wiele tygodni trenował, przygotowując się do meczu. Kiedy w jego trakcie nie trafił prostego layupu, doprowadził Jordana do wściekłości. „Nie jesteś wystarczająco czarny", miał warknąć do Rose'a, który poczuł się bardzo urażony i rzucił w niego piłką. Został potem przez gwiazdę przeproszony. Ten incydent pokazał, jaką Jordan miał intuicję. Wiedział, które guziki musi nacisnąć, żeby trafić kolegę z drużyny w jego najczulszy punkt. „Miał z tego niezłą zabawę – mówił Rose. – Michael nienawidzi przegrywać. Nie trafiłem layupu. Zdenerwowałem się, rzuciłem w niego piłką i wściekły zszedłem z boiska. Michael nie ma jednak w sobie ani krzty okrucieństwa. Jest wspaniałym człowiekiem. Tyle że zdarzają się chwile, kiedy górę nad nim bierze jego konkurencyjna, żądna walki natura".

Jim Stack często się dziwił, skąd bierze się różnica pomiędzy wizerunkiem Jordana podziwianego przez opinię publiczną a okropną apodyktyczną postacią z treningów w Chicago. „Nike pomogło mu wykreować wizerunek – uważa Stack, dodając, że w publicznym wizerunku Jordana było sporo prawdy. – Michael był dobrze wychowany. James i Deloris wykonali kawał dobrej roboty. Ale kiedy włączał się jego tryb konkurencyjności, to bywał nieznośny. Poza parkietem był jednym z najbardziej ujmujących i charyzmatycznych bohaterów wszech czasów. Postawiłbym go w jednej kategorii z Muhammadem Alim. Był czarujący, pełen szacunku dla innych i zawsze mówił to, co należy. Ale kiedy włączał się w nim tryb rywalizacji, to był w stanie wyrwać ci serce".

CZĘŚĆ X

WŚCIEKŁOŚĆ

Rozdział 33

KARNAWAŁ

Po tym, jak podczas obozu treningowego byli wyśmiewani, torturowani, napadani i terroryzowani, Bulls powrócili turbonaładowani, a Dennis Rodman, ze swoją wielobarwną rozbujaną czupryną, okazał się kimś znacznie więcej niż tylko ozdobnikiem w kapturze. Sama jego energia i entuzjazm sprawiły, że drużyna z miejsca stała się lepsza. Sposób, w jaki zaliczał kolejne serie zbiórek w ataku, sprawiał, że procent skuteczności rzutów z gry stawał się w zasadzie nieistotny. Jego koledzy z drużyny mogli mieć pewność, że nawet jeśli zdarzy im się nie trafić do kosza, to szalony, wymachujący rękami Rodman zbierze piłkę, dając im szansę na kolejny rzut. Już w pierwszym meczu przedsezonowym zebrał dziesięć piłek.

„Kiedy jeszcze lepiej zapozna się z nami na parkiecie i kiedy w jego grze znajdzie się więcej ciągłości, wtedy naprawdę zacznie błyszczeć", przewidywał ostrożnie Jordan. Jackson myślał tak samo.

„To był pierwszy mecz przedsezonowy – wspomina Jack Haley. – Dennis wszedł na parkiet, rzucił piłką w trybuny, został ukarany przewinieniem za opóźnianie gry, zaczął wrzeszczeć na sędziego i dostał jeszcze przewinienie techniczne. Od razu spojrzałem na ławkę, żeby zobaczyć, jak zareaguje Phil Jackson. Ale on tylko się uśmiechał. Pochylił się do naszego asystenta trenera Jimmy'ego Cleamonsa i powiedział: »O Boże, on mi przypomina mnie«".

Tłumy zgromadzone w hali United Center bardzo szybko pokochały szalone podejście Rodmana do koszykówki. Na zakończenie każdego meczu widzowie byli przez niego nagradzani spektaklem rzucania przepoconej koszulki w kierunku trybun, po czym Rodman biegł w podskokach, z nagą klatą, do szatni. Najszczęśliwsze były fanki. Zawsze kiedy wkraczał do jakiegoś chicagowskiego baru, kobiety czuły się zobowiązane podnieść koszulki i pokazać mu piersi. Wydawało się, że nadchodzący sezon musi doprowadzić krainę Chicago na nowe, nieznane terytorium.

Wcześniej Rodman zachowywał się tak, jakby nie istniały żadne ograniczenia, ale obecność Jordana bardzo szybko je nakreśliła. Media bez przerwy spekulowały, jak Jackson poradzi sobie z Rodmanem, ale trener był wyluzowany, bo wiedział, że Jordan zajmie się tym lepiej.

Lacy Banks uwielbiał snuć przepowiednie, a niektóre z nich były tak absurdalne, że musiał potem jeszcze przez wiele lat się z nich tłumaczyć. Jesienią, podczas okresu przedsezonowego, Lacy zapowiedział, że Bulls wygrają w sezonie zasadniczym 70 meczów. Jordan, jakby chcąc to potwierdzić, starał się wprowadzić drużynę w odpowiedni rytm i w pierwszym meczu sezonu przeciwko Charlotte Hornets w United Center zdobył 42 punkty. Niestety podczas tego spotkania miała również miejsce ostra awantura pomiędzy Juanitą a rodziną jej męża. Razem zasiadali w loży – w jej jednej części Juanita zabawiała swoją rodzinę i przyjaciół, podczas gdy Jordanowie zebrali się i świetnie się bawili we własnym towarzystwie w drugiej części. Coś w ich zachowaniu najwyraźniej obraziło Juanitę. Sis pamięta, że była bardzo zaskoczona, kiedy pod koniec wieczoru wściekła żona jej brata ich zaatakowała. Deloris i jej dzieci myślały, że musiało dojść do jakiegoś nieporozumienia. Ale dzień później wściekły Michael zadzwonił do matki i ją zbluzgał. Wyraził niezadowolenie, że rodzina naruszyła jego spokój.

Tak naprawdę nie wiadomo, o co poszło – zdaje się, że po prostu zbierało się na taką awanturę od jakiegoś czasu – ale ten incydent stanowił kolejny krok w wyobcowywaniu się Jordana od matki i rodzeństwa. W pewnym momencie zmienił zamki w biurze Fundacji Jamesa R. Jordana, żeby uniemożliwić Deloris wejście. Napięcie rosło, bo brat Michaela, Larry, planował wprowadzić na rynek wodę kolońską Jordan. Mimo że Michael był świadomy planów brata, to za pośrednictwem swojego agenta rozpoczął współpracę ze znanymi reprezentantami przemysłu perfumeryjnego. Jej efektem miało być wprowadzenie jego własnej linii perfum. Michael poinformował brata o swoich planach, gdy ten zainwestował już w swój pomysł mnóstwo czasu i pieniędzy. Larry był zdruzgotany, a Deloris wściekła się na swojego słynnego syna. Michael zaproponował bratu posadę w swoim nowym biznesie, ale w żaden sposób nie wpłynęło to na poprawę złej atmosfery, narastającej w rodzinie od śmierci Jamesa Jordana. Jedno było pewne – Michael Jordan wyciągnął wnioski z fiaska biznesowego sklepów Flight 23. Nie miał już ochoty na robienie interesów z rodziną.

Tego typu prywatne dramaty, w połączeniu z procesem dwójki mężczyzn oskarżonych o zamordowanie Jamesa Jordana, rozgrywały się przed magicznym sezonem 1995/96. Proces, przesłuchania i obrady trwały przez wiele miesięcy i zakończyły się w marcu skazaniem obu morderców na dożywocie. Przez większość czasu media sportowe szanowały to, że Jordan nie chce się wypowiadać na temat postępowania sądowego, ale sprawa przez wiele miesięcy nie schodziła z pierwszych stron gazet, równolegle z fenomenalnym sezonem Bulls.

Kiedy Jordan wygarnął w końcu matce, co myśli, dał tym samym upust złości i frustracji, które trawiły go od miesięcy. Zawsze kochał rodzinę, ale było jasne, że młodzi mężczyźni, którzy zamordowali mu ojca, odebrali mu równocześnie coś bardzo cennego. Członkowie rodziny ofiar morderstwa zawsze głęboko i gruntownie się zmieniają i trudno jest im znów się z kimś zidentyfikować, nawet z najbliższymi. Ojciec Jordana nie żył już od dwóch lat, ale czas nie zagoił jeszcze wszystkich ran i nie uładził konfliktów.

Ojciec Steve'a Kerra, profesor na Uniwersytecie Amerykańskim w Bejrucie, został zamordowany przez terrorystów, kiedy Kerr był jeszcze pierwszoroczniakiem na Uniwersytecie w Arizonie. Jordan wiedział, że z Kerrem łączy go coś szczególnego, ale przez te wszystkie lata ani razu o tym nie rozmawiali. Życie Jordana nieustannie znajdowało się pod obserwacją opinii publicznej, bardziej niż kogokolwiek innego. Ale jednocześnie obejmowało tak prywatne obszary, że z nikim nie chciał się nimi dzielić.

„Nie rozmawiał o tym nawet z kolegami z drużyny – mówi Kerr. – Powiedziałbym, że w ciągu pięciu lat, które spędziłem, grając w jednej drużynie z Michaelem, zjedliśmy razem kilka posiłków, nic więcej. Nie mam na myśli wspólnych posiłków w klubie czy w samolocie, tylko wspólne wyjścia z drużyną na miasto. Michael cały czas spędzał w swoim apartamencie. Był więźniem własnego życia. Raz, może dwa razy w roku znajdowaliśmy się w tej samej restauracji, siedząc z kolegami z drużyny w pięciu albo w sześciu przy tym samym stoliku. Ale nigdy nie było tak, że zjedliśmy śniadanie czy lunch tylko we dwóch. Nie stało się tak, bo żył w takim świecie, w jakim żył. Z każdym innym kolegą z drużyny mieliśmy swoje wspólne tajemnice, prowadziliśmy rozmowy, podczas których gadaliśmy o różnych rzeczach... także o tych intymnych. Ale nigdy, przenigdy, nic takiego nie miało miejsca z Michaelem. Bo mimo że był liderem i największym dominatorem, to zawsze utrzymywał pewien dystans".

Zbliżał się najbardziej niezwykły sezon i nie było czasu na analizowanie sytuacji. Jeden z pozytywów na linii Jackson – Jordan był taki, że bardzo szybko ustalona została hierarchia w drużynie. Na pozycji centra Longley bardzo pragnął grać w pierwszej piątce, podczas gdy Wennington czuł się komfortowo w roli rezerwowego. A dzięki pozyskaniu 39-letniego Edwardsa, byłego zawodnika Pistons, Bulls mieli jeszcze większą głębię pod koszem.

„Czułem się dość dziwnie, dołączając do Bulls po tych wszystkich bitwach, które między sobą toczyliśmy – wspomina Edwards. Był też ciekaw, jak Jordan przyjmie Rodmana. – Michael zdawał się bardzo szanować Dennisa. Dopóki Rodman robił na parkiecie to, co do niego należało, nic innego Michaela nie interesowało".

Krause pozyskał także Randy'ego Browna, żeby razem z Kerrem pełnił funkcję rezerwowego obrońcy. Z ławki wchodzili również Jud Buechler, Dickey Simpkins i wybrany w pierwszej rundzie draftu Jason Caffey z Uniwersytetu w Alabamie. Problemem mogło być to, że Toni Kukoč nie chciał grać z ławki, jako trzeci skrzydłowy, a w pierwszej piątce, ale jego pozycja w składzie przypadła Rodmanowi.

Zanim jednak Rodman na dobre wpasował się w Bulls, to z powodu kontuzji łydki musiał przez miesiąc pauzować. Nie zmieniło to faktu, że sezon udało się rozpocząć od pięciu zwycięstw, co było najlepszym startem w historii Bulls. Udany początek wprawił zespół z Chicago w zadowolenie. Kiedy jednak w szóstym spotkaniu przyzwyczajali się już do swoich nowych, czarnych strojów wyjazdowych, zostali sprowadzeni na ziemię przez Orlando Magic. Obrońca Orlando Penny Hardaway zagrał lepiej od Jordana i poprowadził swoją drużynę do ważnego zwycięstwa na własnym parkiecie. Bulls odpowiedzieli dwiema szybkimi wygranymi w Chicago, po czym udali się na serię meczów wyjazdowych i wygrali sześć z siedmiu spotkań. W pierwszym z nich, w Dallas, wygrali po dogrywce 108:102, a Jordan zdobył 36 punktów (w tym 6 z 14 ostatnich punktów Bulls).

„Jesteśmy bardzo agresywną i pewną siebie drużyną – powiedział potem Jackson. – Myślę, że ludzie są zaskoczeni tym, kim jesteśmy, i tym, jak gramy, pewnie też nie radzą sobie zbyt dobrze z naszą wysoką rotacją w obronie. Dzięki temu mamy więcej łatwych szans w ataku i od początku zyskujemy przewagę".

W pierwszych dniach grudnia Bulls zakończyli serię wyjazdową zwycięstwem nad Los Angeles Clippers. Jordan zdobył w tym pojedynku 37 punktów. „Czuję, że już naprawdę wróciłem do NBA jako zawodnik – powiedział, opisując pierwszy miesiąc sezonu. – Znów mam swoje umiejętności. I pewność siebie. Teraz chodzi już tylko o to, żebym wybiegał na parkiet i robił swoje, żebym grał codziennie tak, jak potrafię".

Przed swoją przygodą baseballową Jordan rzucał z imponującą skutecznością 51,6 procent z gry, ale podczas trwającego 17 meczów powrotu wiosną 1995 roku pogorszył się na tym obszarze do 44,1 procent. Teraz było już lepiej – 49,3 procent. Liczba średnio zdobywanych przez niego punktów również zaczęła się zbliżać do 30, po tym jak w 1995 roku zanotował swoją najgorszą średnią w karierze, 26,9 punktu. Lacy Banks przygotował symulację, z której wynikało, że jeśli Jordan będzie grał do 1998 roku, to znajdzie się na trzecim miejscu na liście strzelców wszech czasów, z blisko 29 tysiącami punktów, przegrywając tylko z Wiltem Chamberlainem i Kareemem Abdul-Jabbarem, liderem rankingu, który zdobył 38397 punktów. Banks zapytał Jordana o ewentualną pogoń za rekordem wszech czasów. „Zapomnijmy o Jabbarze – odpowiedział Jordan. – Nie ma mowy, żebym grał w NBA przez 20 lat".

„Jest dokładnie tam, gdzie się spodziewałem, że się znajdzie – mówił dziennikarzom Ron Harper. – Jest liderem klasyfikacji najlepszych strzelców, i to z dużą przewagą nad peletonem. Jeśli ktoś miał wątpliwości, że to najlepszy koszykarz w historii, to chyba już ich nie ma".

„Biorąc pod uwagę metrykę, to pewnie jestem już dość wiekowy – mówił Jordan. – Ale co do umiejętności, to myślę, że wciąż jeszcze jestem w stanie grać w koszykówkę tak, jak chcę... Ludzie najczęściej zadają mi teraz pytanie, jak bym porównał dwóch zawodników: tego sprzed baseballu i tego po baseballu. Mówiąc szczerze, myślę, że są tacy sami. Wystarczy spojrzeć na statystyki. Mam nadzieję, że pod koniec sezonu też dostrzeżecie, że to ten sam zawodnik, tyle że po dwóch latach przerwy. Jestem dziś nieustannie porównywany do Michaela Jordana i zdaniem niektórych jestem gorszy. Ale myślę, że nikt nie ma takiej szansy jak ja, żeby nim być, bo ja po prostu nim *jestem*. I wciąż się rozwijam".

Następny

W tym sezonie w lidze pojawiła się fala młodych, utalentowanych koszykarzy. Rzucający obrońca z Los Angeles Brent Barry wspomina, że żaden z nich nie sądził, iż będzie musiał studiować nagrania z akcjami Jordana, bo wszyscy spędzili całe życie, oglądając je w telewizji. Ale poznać go osobiście – to było zupełnie inne doświadczenie.

Eddie Jones dołączył jesienią do Lakers z uczelni Temple. „Kiedy zobaczyłem Michaela wchodzącego na parkiet, byłem podekscytowany – wspomina. – Wiedziałem, że będzie chciał mi pokazać, gdzie jest moje miejsce. W końcu ostro atakował każdego zawodnika, przeciwko któremu przyszło mu grać... Kiedy Michael stawał naprzeciwko kogoś znanego jako dobry obrońca, czuł się dodatkowo zmotywowany. Chciał wtedy wyjść na parkiet i zniszczyć cię już w pierwszej kwarcie. To była właśnie ta jego słynna wola walki. Dla niej żył. Tak jakby mówił: »Hej, wszyscy opowiadają, jaki dobry z ciebie obrońca. Zaraz ci pokażę, czy rzeczywiście tak dobrze bronisz«".

Jerry Stackhouse, debiutant z Karoliny Północnej, dostał podobną lekcję, po tym jak się przechwalał, że sądząc po letnich pojedynkach, które prowadzili w Chapel Hill, da sobie z Jordanem radę. „Nikt w lidze nie będzie w stanie mnie powstrzymać, nawet Michael Jordan", powiedział w rozmowie z dziennikarzem jednej z gazet z Filadelfii. Tej samej nocy Jordan odpowiedział, rzucając 48 punktów i pozwalając Stackhouse'owi zdobyć jedynie 9.

„To był wręcz podręcznikowy pokaz koszykówki", powiedział Julius Erving, który oglądał ten mecz z trybun.

Potem Jordan rzucił jeszcze 53 punkty w pojedynku z najgorętszą młodą gwiazdą, Grantem Hillem, którego trenował Doug Collins. Collins natychmiast dostrzegł różnicę pomiędzy dwoma zawodnikami. „Grantowi bardziej zależy na tym, żeby ludzie go lubili, i na tym, by ich uszczęśliwiać – mówił były trener Jordana. – A Michael chce tylko poderżnąć ci gardło". Bulls wygrali w listopadzie 12 z 14 meczów, potem jeszcze 13 z 14 w grudniu i rozpoczęli rok 1996 z fantastycznym bilansem 25:3. Znajdowali się wtedy w trakcie serii 18 zwycięstw z rzędu, po tym jak wcześniej zaliczyli już jedną serię 12 wygranych. Z każdym kolejnym zwycięstwem narastały spekulacje, że Chicago może wygrać 70 meczów w sezonie i pobić rekord wszech czasów, ustanowiony w 1972 roku przez Los Angeles Lakers, którzy zaliczyli wtedy bilans 69:13. Jerry West, wiceprezydent Lakers, który był gwiazdą tamtej ekipy, powiedział, że tylko kontuzje mogą powstrzymać Bulls przed odniesieniem 70 zwycięstw.

„Wspominam Celtics z 1986 roku, kiedy Bill Walton i Kevin McHale wchodzili z ławki – mówił Jordan, próbując porównać swoją drużynę z innymi teamami, które znał. – Trudno było sobie poradzić z tamtymi gośćmi. Długo grali razem, my zaś dopiero się poznajemy. Wiedzieli o sobie wszystko, znali na pamięć nawzajem swoje ręce, nogi, palce. My dopiero się tego uczymy".

Jordanowi zwracano uwagę, że większość najlepszych drużyn NBA miała w składzie dominującego obrońcę pod koszem, kogoś, kto powstrzymywał rywali przed zdobywaniem punktów spod obręczy. „Nie mamy takiego zwierza – przyznał – ale myślę, że obecność Pippena nam to rekompensuje. Nie wydaje mi się, żeby którakolwiek z tych wielkich drużyn, może z wyjątkiem Boston Celtics z 1986 roku, miała w składzie niskiego skrzydłowego, który byłby tak wszechstronny w ataku i obronie jak Scottie Pippen".

W tym czasie Tex Winter zaczął się martwić, że skupienie się Rodmana na walce o kolejny tytuł najlepiej zbierającego może źle wpłynąć na strukturę drużyny. Poza tym nie był pewien, czy Rodman jest w stanie zapanować nad swoimi emocjami. Jednak z każdym kolejnym meczem były gracz Pistons wydawał się coraz lepiej dogadywać z kolegami z drużyny. „Dennis był inny – wspomina, śmiejąc się, Kerr. – Chciał być blisko nas, tyle że nie zawsze wiedział, jak to zrobić. Był bardzo nieśmiały. Ale skończyło się tak, że to biali nawiązali z Dennisem bliższą relację, bo uwielbiał Pearl Jam i Smashing Pumpkins. Chodziliśmy z nim na koncerty… i koniec końców Dennis czuł się lepiej w towarzystwie białych niż czarnych. My też dobrze się z nim bawiliśmy, czasem wychodziliśmy razem na miasto i imprezowaliśmy przez całą noc. W ten sposób budowaliśmy naszą więź".

Na parkiecie Rodman tworzył więź z Jordanem i Pippenem, dzięki czemu Bulls stawali się potęgą w defensywie. Swoje niedobory we wzroście nadrabiał siłą, po godzinach spędzał mnóstwo czasu na siłowni. Przeciwnicy nie byli w stanie go przepchać, dzięki czemu Chicago mogło powstrzymywać rywali pod koszem, jeśli tym w ogóle udawało się tam przedostać. Kiedy obrońcy przeciwnika rozpoczynali akcję ofensywną, to zazwyczaj najpierw napotykali Jordana, pochylonego nisko na ugiętych kolanach i sztywno w nich wpatrzonego, jakby chciał powiedzieć: „No, dawaj, pozwolę ci rzucić z dystansu. No rzucaj! Co, nie chcesz?". Wraz z upływem sezonu stawało się jasne, że większość drużyn woli omijać Chicago szerokim łukiem.

Podczas swojego wspaniałego początku rozgrywek Bulls często przez pierwsze dwie–trzy kwarty bawili się z rywalami, po czym się spinali i ostro kończyli. Kiedy w styczniu wygrali wszystkie 14 meczów, Jackson zaczął otwarcie mówić, że da zawodnikom odpocząć, żeby przegrali kilka spotkań i trochę zwolnili. Wyglądało to tak, jakby bał się, że upoją się wygrywaniem podczas sezonu zasadniczego i wystrzelają się z energii przed rozpoczęciem play-offów. „Może zacznę ich wybijać z rytmu, dając niektórym odpocząć i stosując inną rotację z ławki – tłumaczył. – Poważnie się nad tym zastanawiam".

Jordan tego nie chciał. Jego koncentracji nie sposób było przełamać. Zafascynowany jego grą Julius Erving przeprowadził z nim wywiad telewizyjny, w którym zapytał o zmianę podejścia do gry wraz z wiekiem. „Mentalnie, jeśli chodzi o doświadczenie i wiedzę koszykarską, jestem lepszy – odpowiedział Jordan. – Fizycznie pewnie nie jestem już taki szybki, nie mam takiej motoryki. Ale rozwój mentalny może się czasem okazać ważniejszy od fizycznego. Nadal, tak jak kiedyś, jestem w stanie wyskoczyć z linii rzutów wolnych". „Wydajesz się grać w strefie, jakby było to zarezerwowane tylko dla ciebie – powiedział Erving. – Jak to jest, kiedy tam jesteś, Mike? Jakie to uczucie?" „Tak, jakby każdy ruch, każdy krok, jakby każda decyzja, którą podejmujesz, była właściwa", odpowiedział Jordan.

George Mumford mówił, że Jordan żyje „chwilą obecną". Każdy zawodnik był w stanie czasami znaleźć się w strefie, ale Michael sprawiał wrażenie, jakby tam zamieszkał. Zmienił swoje podejście do gry – teraz opierała się na pozostawaniu tyłem do kosza i rzutach z półdystansu, których rywale nie potrafili wybronić. Stał się groźny pod koszem, niczym wielki center, który jest w stanie konsekwentnie prowadzić atak. Robił to pomimo bólu kolan, które przed meczami musiał okładać lodem. Czasami dokuczały mu do tego stopnia, że opuszczał treningi.

W połowie lutego zdobył w meczu z Pacers 44 punkty, a Scottie Pippen dorzucił 40. Komentujący mecz Matt Guokas zwrócił uwagę, że Elginowi Baylorowi i Jerry'emu Westowi, dwóm wybitnym strzelcom, zaliczanym do najlepszych w historii, podobna sztuka udała się jedynie raz lub dwa. Z każdym meczem Pippen i Jordan stawali się tandemem idealnym. Podczas gdy Jordan w prawie każdym meczu sezonu szedł do linii końcowej, Guokas mówił: „To jedna z Zasad Jordana: nie pozwolić Michaelowi iść do linii końcowej".

W lutym niszczycielska siła Bulls doprowadziła do wygrania 11 z 14 meczów. I chociaż w marcu doszło do incydentu z udziałem Rodmana, który uderzył głową sędziego i został zawieszony na sześć spotkań, to nawet w tym miesiącu udało się wygrać 12 z 14 pojedynków. 70 zwycięstw w sezonie, które przewidywał Lacy Banks, zaczynało być coraz bardziej prawdopodobne.

„W naszej drużynie najbardziej niezwykłe jest to – mówił Jack Haley – że w osobie Michaela Jordana mamy pewnie najlepszego koszykarza w NBA, w osobie Dennisa Rodmana mamy najlepiej zbierającego w lidze, a w osobie Scottiego Pippena prawdopodobnie tegorocznego MVP ligi. Ale najbardziej niezwykła jest etyka pracy, którą ci goście wdrażają codziennie na parkiecie. Mają na koncie tyle pieniędzy, tyle tytułów mistrzowskich, a mimo to odnajdują w sobie motywację do walki o kolejne mistrzostwo. Przez tyle miesięcy... Do tego bez przerwy są skoncentrowani".

Rodman podkreślił, jak bardzo nie może się doczekać wielkiego wydarzenia, paradując z nową blond fryzurą z pozawijanymi czerwonymi pasemkami. Potem, kiedy rozpoczynał się historyczny tydzień, zmienił kolor włosów na odcień różu. Historyczne 70. zwycięstwo zostało odniesione w Milwaukee, we wtorek 16 kwietnia. Bulls zakończyli sezon zasadniczy wygraną z Washingtonem i bilansem 72:10.

W pierwszej rundzie play-offów drużyna z Chicago rozjechała Miami Heat w trzech szybkich meczach. Potem miał miejsce rewanż z Knicks, którym po dogrywce na własnym parkiecie raz udało się wygrać. Jordan nie zamierzał się tym przejmować – w piątym meczu w Chicago zdobył 35 punktów, a Bulls wygrali całą serię 4:1. Po jednym z koszy zdobytych w końcówce, wracając na swoją połowę boiska, pomachał na pożegnanie słynnemu kibicowi Knicks Spike'owi Lee, który siedział przy linii bocznej, z ręcznikiem owiniętym wokół ramion. „Zawsze byłem znany jako zawodnik, który jest w stanie wykończyć tę drużynę", powiedział po meczu Jordan.

Przygotowując zespół na rywalizację z Orlando, Jackson wmontował w filmiki z akcjami Magic ujęcia z *Pulp Fiction*, a konkretnie opowieści o dwóch wynajętych zabójcach. Komunikat dotarł do zawodników. Przez 28 minut pierwszego meczu Rodman nie pozwolił Horace'owi Grantowi zdobyć ani jednego punktu; potem skrzydłowy Orlando doznał kontuzji ramienia i nie zagrał już do końca rywalizacji. Pojedynek pomiędzy dwiema najlepszymi drużynami w lidze zakończył się wynikiem 121:83 – 38-punktowym upokorzeniem Magic.

Przed meczem komisarz David Stern wręczył Jordanowi nagrodę MVP sezonu zasadniczego. „Wciąż określasz standardy wielkości, determinacji i przywództwa", powiedział.

Kiedy w połowie drugiego meczu Bulls przegrywali różnicą 18 punktów, Jackson powiedział im w szatni, że znajdują się dokładnie tam, gdzie chcieli. I rzeczywiście, bo przecież Bulls bawili się tak z rywalami przez cały sezon. W drugiej połowie łatwo odrobili straty i odnieśli zwycięstwo. „Kiedy ludzie tacy jak Michael i Scottie wyczuwają krew, są gotowi, żeby zabić", powiedział dziennikarzom Kerr.

Najdziwniejszym widokiem finałów konferencji był Rodman kryjący ogromnego Shaquille'a O'Neala – blokując ogromnego centra, bez żadnych kompleksów wieszał się na jego udzie. Siedzący przy linii bocznej skaut Brendan Malone nie mógł się nadziwić, jak wiele Rodman wniósł do Bulls i jak wspaniale Jordan rozwinął swoją grę. Orlando przegrało cztery spotkania, a Jordan dobitnie zrewanżował się za swoją porażkę sprzed roku. „To najgorszy koleś, jaki kiedykolwiek zawiązał buty koszykarskie", powiedział Nick Anderson po tym, jak Jordan zdobył 45 punktów w czwartym pojedynku, który zdecydował o wygranej do zera. Doktor Jack Ramsey, były trener, obecnie ekspert telewizyjny, zwrócił uwagę na fakt, że gwiazdor Bulls dokonał tego, jednocząc się z drużyną.

Seattle

Na starcie finałowe Bulls musieli czekać dziewięć dni. Konferencję Zachodnią wygrali Seattle Supersonics. Finały NBA w 1996 roku rozpoczęły się 5 czerwca, a Bulls byli u bukmacherów zdecydowanymi faworytami (10 do 1), choć Sonics w sezonie zasadniczym też zrobili wrażenie, wygrywając 64 mecze. Jordan niepokoił się tylko jednym: zbliżającym się Dniem Ojca. Pamiętał, że kiedy ostatnio, trzy lata wcześniej, walczył o tytuł mistrzowski, cała jego rodzina – w tym James – świętowała wspólnie zwycięstwo w jego pokoju hotelowym w Phoenix. Teraz, kiedy zbliżał się do zdobycia kolejnego kamienia milowego, był skłócony z rodziną, choć matka wciąż starała się go wspierać. Na dzień przed rozpoczęciem rywalizacji w finałach do Chicago przyjechała księżna Diana, by w Muzeum Historii Naturalnej wziąć udział w akcji charytatywnej. Deloris, wielbicielka Diany, była w rozterce w związku ze zbieżnością dat. Chciała uczestniczyć w wieczornej kolacji i tańcach przy świecach, więc ubrała się w suknię wieczorową, wzięła udział w kolacji z księżną, po czym się przebrała i przejechała na drugą stronę miasta, żeby obejrzeć występ syna. „Wiem, że Michael chce, żebym tam była", tłumaczyła.

Na pierwszy mecz finałów NBA udzieliła dziennikarzom z całego świata około 1600 akredytacji. Na Chicago patrzył cały świat, tak jak to zazwyczaj miało miejsce z występami Jordana, zwłaszcza że tym razem jego kolega z drużyny, Rodman, szykował nową fryzurę, z czerwono-zielono-niebieskimi hieroglifami na czaszce. Dziennikarze wypytywali Jordana, czy teraz, kiedy jego taktyka polega głównie na grze tyłem do kosza i rzutach z wyskoku, nadal byłby w stanie latać i pakować dunki, które kiedyś uczyniły go sławnym. „Czy wciąż umiałbym tak odlecieć? Nie wiem – odpowiedział. – Nie miałem okazji tego wypróbować, bo obrońcy nie bronią mnie już jeden na jednego. Mówiąc uczciwie, pewnie nie byłbym już w stanie tego zrobić… Ale wolę nie wiedzieć, czy dałbym jeszcze radę, bo dzięki temu wciąż mogę myśleć, że tak. Dopóki wierzę, że coś potrafię, wszystko inne nie ma znaczenia".

Trener Seattle, George Karl, zatrudnił Brendana Malone'a, żeby ten przeanalizował grę Bulls podczas play-offów. Miał nadzieję, że może w tej serii uda się wprowadzić w życie niesławne Zasady Jordana. Tuż przed rozpoczęciem finałów Malone i Chuck Daly spotkali Jordana przy wejściu do hali. „Michael do mnie podszedł – wspominał Malone w wywiadzie przeprowadzonym w 2011 roku. – Był zły, bo wiedział, że jestem tu dlatego, żeby Sonics mogli spróbować go lepiej kryć". Powiedział ostro: „Nie wygrasz ze mną". „Był zdenerwowany – wspomina Malone. Chuck na mnie spojrzał i stwierdził: »No, udało ci się go wyprowadzić z równowagi«".

„Trzeba spróbować im dorównać pod względem intensywności gry – mówił wtedy dziennikarzom Malone. – Zapomnijmy o fundamentach. Oni już od pierwszej kwarty będą próbowali wyrwać rywalom serca".

Jednocześnie miał rację i jej nie miał. Jordan oczywiście zaatakował, ale wynik zależał również od rywalizacji na poszczególnych pozycjach. Na początku serii George Karl powierzył zadanie krycia Jordana mierzącemu 208 centymetrów Detlefowi Schrempfowi, wychodząc z założenia, że gdy tylko Michael ruszy pod kosz, to obrońca Hersey Hawkins natychmiast weźmie się do podwajania. Był to wielki błąd. Jordan rzucił 28 punktów, ale nieźle radzili sobie też inni zawodnicy – Pippen rzucił 21 punktów, Kukoč 18, Harper 15, a Longley 14. Karl przesunął potem Gary'ego Paytona, zdobywcę nagrody dla najlepszego obrońcy w NBA, do krycia Jordana, ale było już za późno. W czwartej kwarcie obrona Bulls wymusiła 7 strat, a Kukoč zdobył 10 punktów. Mecz zakończył się zwycięstwem Byków 107:90.

W drugim pojedynku Chicago trafiało ze skutecznością 39 procent, ale to oznaczało tylko więcej okazji do wykazania się dla Rodmana. Skończył mecz z 20 zbiórkami, wyrównując rekord finałów i zbierając 11 piłek w ataku. Jordan miał problemy, ale zdołał rzucić 29 punktów. Do tego obrona wymusiła kolejne 20 strat Sonics, w tym serię podczas trzech minut trzeciej kwarty, kiedy Chicago zwiększyło przewagę z 66:64 do 76:65.

Jordan wściekł się na Kukoča, który bał się rzucać. „Co, boisz się? – prowokował. – Jeśli tak, to usiądź na ławce. Bo jeśli jesteś na parkiecie, to masz rzucać".

Kukoč trafił dwie trójki, a kilka chwil później Jordan nagrodził go podaniem na slam dunk i Bulls wygrali drugi mecz 92:88. Harperowi dokuczał ból kolana i Jackson oraz Winter obawiali się trudnej przeprawy podczas kolejnych trzech meczów w hali Key Arena w Seattle. Ale w trzecim meczu Sonics wyglądali na dziwnie przybitych. Kukoč zajął miejsce Harpera w pierwszej piątce, przez co łatwiej można było zrobić krzywdę defensywie Bulls. Wobec tego drużyna z Chicago już od początku meczu skupiała się na ataku. Jordan zdobył 12 punktów i na koniec pierwszej kwarty Bulls prowadzili 34:12. Do przerwy jeszcze zwiększyli przewagę i w połowie meczu wynik wynosił 62:38. Michael zdobył ostatecznie 36 punktów, ale największą niespodzianką było 19 punktów Longleya, który w drugim meczu zagrał bardzo słabo. Jackson, zapytany, co tak odmieniło grę centra Bulls, odpowiedział: „To, że dostał opieprz od dosłownie wszystkich w klubie. Nie sądzę, żeby kiedykolwiek ktoś został bardziej zaatakowany przez tyle osób niż Luc po piątkowym meczu. Dostało mu się i od Texa, i od Michaela. Przez ostatnie kilka dni musiałem pracować nad przywróceniem jego pewności siebie".

Bulls wydawali się zmierzać do zwycięstwa do zera, co oznaczałoby bilans 15:1 podczas play-offów – najlepszy w historii NBA. Przez dwa kolejne dni treningów wyczuwało się już atmosferę koronacji, a media porównywały Bulls do najwspanialszych drużyn w historii. Analityk ESPN Jack Ramsay stwierdził, że Byki są być może najlepiej broniącą drużyną w historii. „Dwaj najlepsi obrońcy w NBA to Pippen i Jordan – powiedział. – Są niesłychanie twardzi. W każdej serii obnażali słabości rywala, rozbierali do naga, odzierali ze wszystkiego. To było żenujące".

Ramsay dodawał, że kluczem do napędu Bulls jest Jordan. „Jest ponadprzeciętnym walczakiem, każdego wynosi ponad jego standardowy indywidualny poziom. Patrzyłem na Steve'a Kerra, o którym mówi się, że nie broni i umie tylko dobrze rzucać z miejsca. Ale spójrzcie na niego: on naprawdę broni i prosto w twarz rzuca wyzwanie każdemu, kogo kryje. Nawet jeśli zostaje pokonany, to nie uchyli się od wykonania zadania. Jest w stanie sam rozegrać piłkę i stworzyć sobie pozycję do oddania rzutu. Wcześniej nie byłby w stanie dokonać czegoś takiego. Wpływ Michaela na wszystkich jego kolegów jest ogromny".

Dopiero przed czwartym meczem George Karl, który też grał kiedyś u Deana Smitha w Karolinie, doszedł do wniosku, że nie zrobił nic, żeby sprowokować Jordana. Załatwił więc, by Tassie Dempsey, która od 30 lat gotowała dla koszykarzy Tar Heels, przyleciała do Seattle, żeby kibicować Sonics. Jordan był w szoku, kiedy zobaczył ją w czwartek przed meczem. Zapytał: „Mama Di, a ty co tu robisz?". „Przyjechałam kibicować George'owi".

Żona Karla powiedziała niedowierzającemu Jordanowi: „Wiesz, Michael, Mama Di przynosi nam szczęście". Zawsze przesądny Jordan odparł: „W takim razie wracasz do domu, Mama Di. Jeśli przynosisz im szczęście, to musisz wrócić do domu".

Ale to Gary Payton okazał się większym problemem dla MJ-a niż Mama Di. Przez większość serii Payton krył Pippena, ale w niektórych momentach trzeciego meczu Karl dostrzegł, że dobrze broni Jordana, więc zmienił krycie i ustawił Paytona naprzeciwko Michaela. Ron Harper nadal cierpiał z powodu bólu kolana, co oznaczało, że Jordan też musiał spędzać więcej czasu na kryciu Paytona. Chicago nagle przestało wywierać presję, tak kluczową dla ich defensywy. Bez Harpera Jordan i Pippen nie mogli już siać takiego spustoszenia. Sonics rozstrzygnęli wynik meczu podczas ataku w drugiej kwarcie, po którym Chicago już się nie pozbierało. Sfrustrowany kryciem przez Paytona Jordan w furii nawrzeszczał i na kolegów z drużyny, i na sędziów. W połowie czwartej kwarty odgwizdano mu błąd podwójnego kozłowania. Znów się wściekł i tupnął nogą. Kilka minut później zszedł z boiska, trafiwszy tylko 6 z 19 rzutów, i warczał rozjuszony z ławki, podczas gdy Pippen śmiał się, ściskając go za ramię. Payton zrobił swoje, a kibice Seattle mieli o czym myśleć, bo kto wie, jak by to wyglądało, gdyby Payton częściej krył Jordana już podczas poprzednich meczów.

Harper nie wystąpił również w piątym spotkaniu, a Bulls, choć mieli drugą szansę na zakończenie rywalizacji, zagrali źle – przegrywali, potem częściowo odrobili straty, ale ostatecznie polegli 89:78. Finały w jakiś cudowny sposób miały się znowu przenieść do Chicago. *Radość szóstego meczu*, tak dzień później brzmiały nagłówki gazet w Seattle.

Jordan był wściekły, że nie udało się jeszcze zakończyć rywalizacji. Podczas play-offów rezerwowy center James Edwards wpadał po meczu do pokoju Jordana, żeby zapalić cygaro z Ahmadem Rashadem i Michaelem, który zawsze miał przy sobie walizeczkę z cygarami w najlepszym gatunku. Zazwyczaj działo się wówczas coś ciekawego. Kiedy jednak pojawił się po piątym meczu, był zaskoczony wściekłością gwiazdora Bulls. „Nigdy wcześniej nie widziałem go tak zdenerwowanego. Powtarzał tylko: »Powinniśmy byli dzisiaj wygrać. Powinno już być po wszystkim«. Powiedziałem mu, że dokończymy robotę po powrocie do domu, ale nie chciał mnie słuchać. Powtarzał tylko, że powinno już być po wszystkim".

Jordan kończył ten sezon tak, jak go zaczął – okazując swoje najbardziej negatywne emocje. Chciał zamknąć rywalizację tak szybko, jak to możliwe, pragnął zrzucić z siebie ciężar i ogromną presję, pod którą się znajdował od momentu, kiedy podjął decyzję o powrocie do NBA. Pojedynek o mistrzostwo nie był jego najlepszym występem. Trafiał ze skutecznością 41,5 procent z gry i miał zakończyć serię, zdobywając średnio 27,3 punktu, czyli o wiele mniej, niż zdobywał średnio podczas play-offów (36). Był jeszcze jeden powód jego rozgoryczenia – chciał zakończyć rywalizację przed Dniem Ojca. „Ciągle o nim myślę", przyznał.

Szósty mecz miał się odbyć w niedzielę, właśnie w Dzień Ojca. W Michaelu buzowały emocje i postanowił zadedykować mecz pamięci Jamesa Jordana. Hala United Center grzmiała tego popołudnia przy każdej akcji, a wielki aplauz miał miejsce już podczas przedmeczowej ceremonii przedstawiania zawodników. Fale dźwiękowe jakby się skompresowały, po czym eksplodowały, kiedy spiker Ray Clay zaintonował legendarne *From North Carolina...**. Sonics stali tymczasem przy linii bocznej i czuli się cokolwiek niepewnie. Publiczność oszalała z radości raz jeszcze, zaraz po rozpoczęciu meczu, kiedy Pippen pognał w kierunku kosza i rzucając od dołu, zdobył pierwsze punkty. Do składu powrócił Harper, a wraz z nim presja Bulls, którzy rzucili się na Sonics z pasją i agresją. Ron zagrał przez 38 minut i za każdym razem, kiedy siadał na ławce, asystent trenera spryskiwał mu kolano znieczulającym sprayem. Pobudzony obecnością doświadczonego kolegi Pippen już w pierwszej kwarcie zaliczył 7 punktów i 2 przechwyty,

* Fragment zapowiedzi przedmeczowej, która zawsze wprowadzała fanów w ekstazę: „Z Karoliny Północnej, na pozycji obrońcy, 195 centymetrów wzrostu, Michael Jooordan".

pomagając Bulls w objęciu prowadzenia 16:12. Bulls kontynuowali dominację w trzeciej kwarcie – zaliczyli serię 19:9, zakończoną wspaniałym kontratakiem i podaniem Pippena do Rodmana, który trafił rzut od tyłu, po czym wyciągnął pięść wysoko w górę, raz jeszcze wywołując na trybunach eksplozję szaleństwa. Kiedy później trafił rzut wolny, a Bulls objęli prowadzenie 62:47, w hali zrobiło się jeszcze głośniej. Pod koniec trzeciej kwarty Jackson posadził Jordana na dłuższą chwilę na ławce, żeby wypoczęty mógł dokończyć dzieła w czwartej kwarcie. Ale Jordan był wtedy wrakiem emocjonalnym – bez przerwy go podwajano, a gwiazdą wieczoru okazał się Kukoč, który trafił za trzy punkty z rogu, wyprowadzając Bulls na prowadzenie 70:58. Potem kolejną trójkę trafił na 2:44 przed końcem meczu Kerr, a cała hala rozpoczęła szalony taniec w rytm melodii *Whoomp! (There It Is)**. Ostatnia trójka Pippena miała miejsce po podaniu Jordana na 57 sekund przed końcem, a chwilę później, podczas ostatniej akcji tego naprawdę historycznego sezonu, Jordan przekozłował w okolicy środka boiska i przekazał piłkę Pippenowi, który oddał ostatni rzut, nawet nie trafiając w obręcz.

Jordan uwolnił się z objęć Jacksona, żeby dołączyć do tłumu walczącego o piłkę meczową. Przez chwilę tarzał się na podłodze z Randym Brownem. Przechwycił piłkę i zniknął, mocno przyciskając ją do głowy. Schował się w szatni, próbując uciec od kamer telewizji NBC, a następnie szukał schronienia w pokoju trenerów. Zwinął się na podłodze i szlochał ze szczęścia i z bólu. Nieustannie pamiętał, że to Dzień Ojca.

„Przepraszam, że przez 18 miesięcy mnie nie było – powiedział, odbierając nagrodę MVP Finałów. – Cieszę się, że wróciłem, i cieszę się, że tytuł mistrzowski powrócił do Chicago". Zawodnicy skakali po stoliku dla dziennikarzy, tańcząc razem z kibicami taniec zwycięstwa, tak jak to robili w 1992 roku, kiedy po raz ostatni wygrali w swoim mieście. Był z nimi Rodman, już bez koszulki. „Myślę, że możemy powiedzieć, że jesteśmy najlepszą drużyną wszech czasów", powiedział z satysfakcją Pippen. „To lata 90., ale oni grają z mentalnością właściwą dla zawodników poprzednich dekad – stwierdził George Karl. – To stara, dobra koszykówka. Nie znam się na epoce Birda czy na epoce Magica. To były wielkie drużyny, ale ci Bulls grają z dokładnie taką samą mentalnością. Podoba mi się ich serce do gry i ich filozofia".

* Utwór hip-hopowy grupy Tag Team.

W euforii związanej ze zdobyciem mistrzostwa sportowcy i trenerzy starają się raczej zachować powściągliwość. Po co obiecywać kolejny tytuł i znowu ściągać na siebie destrukcyjnie działającą presję? Dlaczego nie rozkoszować się aktualnym osiągnięciem, zwłaszcza w sytuacji, kiedy właśnie zakończyło się najlepszy sezon w historii koszykówki? Ale Jordan zawsze podążał swoją własną drogą. „Kolejna liczba to pięć", powiedział z tym samym uśmiechem, który kiedyś tak ujął Sonny'ego Vaccaro.

Rozdział 34

ROZLICZENIE

Po tym, jak po raz kolejny powrócił na szczyt, Jordan mógł się skoncentrować na byciu wolnym agentem i skorzystać z możliwości rozwiązania sprawy rozbieżności pomiędzy swoimi zarobkami a pensjami innych zawodników w lidze. W przypadku Bulls negocjacje kontraktów często wywołują kłótnie i są przyczyną wzajemnych żalów. Bogactwo i sława nie sprawiły, że zawodnicy stali się odporni na ciosy. Jest nawet wręcz przeciwnie – im większe ego, tym głębsze rany.

„Latem wszyscy skupili się na Michaelu – mówił wtedy Steve Kerr. – Zdobyliśmy mistrzostwo, a on wszedł na podium i obiecał walkę o kolejne". Kerr uważa, że to rozwścieczyło zarząd „i ustaliło ton na całe lato".

Reinsdorfa i Jordana zawsze łączyła silna relacja. W latach 90., kiedy zarobki koszykarzy poszybowały w górę, mówiło się, że Jordan jest niezadowolony, bo zarabia około czterech milionów rocznie, podczas gdy kilkunastu gorszych zawodników zarabia dwa razy tyle. Jednocześnie był zbyt dumny, żeby prosić o renegocjację kontraktu. Chciał z godnością występować do końca jego trwania. Kiedy jednak jesienią 1993 roku nieoczekiwanie zakończył karierę, natychmiast pojawiły się insynuacje, że w jakiejś mierze zrobił to z powodu niskiego kontraktu.

Bulls płacili Jordanowi nawet po zakończeniu przez niego kariery, co według jednego ze wspólników Reinsdorfa miało być gestem lojalności. Co bardziej cyniczni obserwatorzy uważali, że wciąż płacąc Jordanowi, klub może nie zatrudniać nikogo na jego miejsce, co było istotne z punktu widzenia gąszczu zasad związanych z *salary cap*. Tak czy owak, okoliczności pokazują, jak trudno było dbać o osobiste relacje w obliczu potencjalnych konfliktów biznesowych.

Jak widać, nawet miłe, szczere gesty mogą być interpretowane jako podstępne sztuczki.

Reinsdorf i Jordan byli w pewnym sensie partnerami w ramach lukratywnego przedsięwzięcia sportowo-rozrywkowego. Problem w tym, że będąc zawodnikiem Jordan nie mógł mieć w tym partnerstwie równego udziału. Reinsdorf był więc zarządem, a Jordan siłą roboczą. Koszty utrzymania siły roboczej były z góry ustalone, podczas gdy dochody z przedsięwzięcia rosły. Ale zyskiwała na tym tylko jedna strona.

Jordan oczywiście zarabiał swoje dziesiątki milionów dolarów poza boiskiem, jednak wysokość jego kontraktu wywoływała w nim poczucie niesprawiedliwości. Kiedy w 1995 roku wrócił do gry w koszykówkę, wciąż jeszcze obowiązywała go stara umowa, co oznaczało, że suma kosztów ponoszonych przez Bulls wynosiła mniej niż 30 milionów dolarów, podczas gdy klub zgarniał dziesiątki milionów dolarów zysku. Był to oczywiście tylko miły bonus przy ogromnym wzroście wartości klubu, spowodowanym wspaniałą grą Jordana i serią tytułów mistrzowskich. Grupa przedsiębiorców, na której czele stał Reinsdorf, kupiła klub w trakcie debiutanckiego sezonu Jordana za około 15 milionów dolarów, po czym przyglądała się, jak jego wartość w ciągu kolejnych dziesięciu lat wzrasta ponad 30-krotnie.

W NBA panowało silne poczucie, że Jordanowi należy się więcej. Uważał tak nie tylko on i jego współpracownicy, ale każdy, kto miał cokolwiek wspólnego z koszykówką. Jego gra podczas historycznego sezonu 1995/96 tylko wzmocniła to przekonanie. Kiedy mistrzowski sezon dobiegł końca, wreszcie wypełnił się również długi kontrakt Michaela. Wtedy też zaczęły się prawdziwe kłopoty.

Już kilka dni po zakończeniu świętowania zdobycia tytułu mistrzowskiego reprezentanci gwiazdy Bulls zaczęli rozmawiać z Reinsdorfem o nowym kontrakcie. W wywiadzie przeprowadzonym w 1998 roku Jordan tak wspominał swoje podejście: „Poinstruowałem moich agentów: »Tylko nie podawajcie żadnej ceny. Jestem w tej drużynie naprawdę od dawna. Wszyscy wiedzą, jaka jest albo jaka mogłaby być moja wartość rynkowa. Jeśli Jerry dotrzyma słowa i uczciwie podejdzie do naszej relacji, to zanim przedstawicie swoje stanowisko, po prostu go wysłuchajcie«. Falk miał być obecny przy rozmowach, wysłuchać każdej ze stron, ale nie negocjować. Bo żadne negocjacje nie powinny mieć miejsca. Nie traktowaliśmy tego w ten sposób. Uważaliśmy, że Bulls mają po prostu szansę z własnej woli zapłacić mi tyle, ile byłem wart dla organizacji”.

Jordan był jednocześnie świadomy niechęci Reinsdorfa do wydawania pieniędzy. Uważał, że męczące negocjacje tylko deprecjonują wszystko to, co osiągnął dla Bulls. On i jego agenci postanowili więc sprawdzić, co ma do zaoferowania rynek. Otrzymali propozycję z New York Knickerbockers. Czy Jordan mógłby zrezygnować z gry dla Bulls i przejść do Knicks? Odpowiedział: „Tak".

Oferta Knicks gwarantowała tak naprawdę kilkumilionowe wynagrodzenie bazowe, które miało zostać powiększone o wielomilionowy kontrakt usługowy z jedną z powiązanych z nimi firm. Kiedy Reinsdorf dowiedział się o propozycji, był tak wściekły, że zażądał odpowiedzi od władz ligi na pytanie, czy taki ruch byłby w ogóle legalny, skoro zakłada ominięcie przepisów *salary cap*. Właściciel Bulls zagroził nawet procesem, który miałby zablokować ofertę Knicks, ale wysoko postawiony oficjel w NBA odradził mu ten ruch, tłumacząc, że to nic nie da. Skierowanie do sądu sprawy przeciwko popularnej gwieździe NBA i Knicksom mogło się spotkać z krytyką, a nawet z ostrym sprzeciwem.

David Falk oczekiwał wysokiego rocznego kontraktu, który miałby odzwierciedlać wkład Jordana w sukcesy Bulls. Reinsdorf nie zaproponował jednak niczego konkretnego, więc do akcji wkroczył Jordan. „Z tego co wiem, nie było mowy o żadnych kwotach, dopóki nie przejąłem inicjatywy – wspomina. – Nikt nie chciał wyłożyć oferty na stół. Każdy się czaił, czekając, aż ktoś inny jako pierwszy poda kwotę. Ale to nie mieliśmy być my. Myśleliśmy o pewnej sumie, uważaliśmy jednak, że to Bulls powinni określić, ile jestem ich zdaniem wart. Oczekiwaliśmy, że zrobią to uczciwie, nie pod wpływem Davida czy mnie. Powinni powiedzieć, co czują i ile znaczę dla tej organizacji".

Jordan miał w końcu dość obaw Reinsdorfa przed złożeniem oferty, więc jego agent zorganizował wspólną telekonferencję z właścicielem Bulls. Michael grał akurat w golfa. Powiedział Reinsdorfowi, że jeśli klub chce przedłużyć z nim kontrakt, to ma to być umowa na rok za ponad 30 milionów dolarów. Dodał, że Reinsdorf ma godzinę na podjęcie decyzji.

„Kiedy trwały negocjacje, byłem w Tahoe na turnieju golfowym gwiazd – opowiada Jordan. – Rozmawialiśmy równolegle z Nowym Jorkiem. Mieliśmy się z nimi zobaczyć zaraz po spotkaniu z Reinsdorfem. Wszystko miało się rozegrać chyba w ciągu godziny. David chciał, żeby Bulls złożyli ofertę i żebyśmy zdążyli ją przedyskutować, zanim udamy się na rozmowy z Knicks. Ale Reinsdorf uważał, że z uwagi na rozmowy z Nowym Jorkiem ma jeszcze trochę czasu".

Krause potem opowiadał, że Jordan podchodził do negocjacji bez żadnych emocji, „na zimno".

Choć Reinsdorf nigdy tego nie przyznał ani nie mówił o tym publicznie, poczuł się zraniony. Wcześniej uważał, że z Jordanem łączy go osobista relacja. Przecież to on dał Michaelowi szansę na rozpoczęcie kariery baseballowej w White Sox. Przecież to on zawsze okazywał swojej gwieździe szacunek. Reinsdorf mówił później najbliższym współpracownikom, że zaczął się zastanawiać, czy Jordan nie udawał przyjaźni, żeby móc go potem wykorzystać. Kiedy minął smutek, pojawiła się złość. Ale zrozumiał, że nie ma wyboru. Musiał przystać na warunki Jordana.

Nawet Reinsdorfowi trudno jednak było dyskutować z sumą, którą podał Jordan. Gwiazdor mógł tak naprawdę zażądać znacznie więcej i pewnie opinia publiczna by go poparła, ale zgadzając się na warunki Michaela Reinsdorf powiedział mu coś, co jeszcze pogorszyło ich relację. Stwierdził, że do końca życia będzie żałował tego, że zapłacił mu te 30 milionów.

„Michael ma żal do Jerry'ego – mówił potem jeden z pracowników Bulls – bo kiedy Jerry w końcu zgodził się zapłacić mu te 30 milionów, rzucił coś w stylu: będziesz żałował tej decyzji. Któregoś dnia, jesienią, Michael powiedział do kolegów w sali treningowej: »Wiecie, co mnie najbardziej wkurzyło? To, że Jerry powiedział, że do końca życia będzie tego żałował. Co to ma znaczyć, do kurwy nędzy? Mógł przecież powiedzieć, że na to zasługuję, że jestem najlepszym koszykarzem w historii, że jestem wiele wart i dla Chicago, i dla klubu. Mógł powiedzieć: cieszę się, że mogę ci zapłacić te 30 milionów. Nawet jeśli tak nie uważał i nawet jeśli żałował, to po co mi o tym mówił?«. Luc zapytał: »Serio? Jerry naprawdę ci powiedział, że będzie tego żałował?«. Michael odparł: »Dokładnie tak. Nie mogę uwierzyć, że właściciel naszego klubu mógł powiedzieć coś takiego«. To wywołało ogromne rozgoryczenie i było powodem wzajemnych pretensji".

Reinsdorf wyjaśnia: „Powiedziałem, że *być może* będę tego żałował".

Jordan wspomina to jednak inaczej: „Tak naprawdę to powiedział: »Wiem, że kiedyś będę tego żałował«. Zepsuł wszystko. Odebrał wszystkiemu sens. Przez tę wypowiedź nie czułem z jego strony żadnej wdzięczności. Uważałem, że nie powinien był czegoś takiego mówić".

Kilka sezonów wcześniej właściciel klubu miał już powiedzieć coś podobnego, kiedy Paxsonowi udało się w końcu wywalczyć znaczącą podwyżkę po kilku latach gry w ramach kontraktu, na mocy którego zarabiał relatywnie niewiele. Podpisując umowę z pracowitym Paxsonem, Reinsdorf powiedział: „Nie mogę uwierzyć, że płacę ci takie pieniądze".

Choć Paxson, który został potem prezydentem Bulls, nigdy nie komentował publicznie tej wypowiedzi, to źródła potwierdzają, że też poczuł się dotknięty. Negocjacje Jordana i Paxsona pokazują mentalność zarządu Bulls i Reinsdorfa, który w każdej rozmowie na temat wysokości kontraktu pragnie być górą. Jeden z byłych zawodników Bulls uważa, że takie podejście zniszczyło jakąkolwiek szansę na dobre relacje pomiędzy zawodnikami i zarządem, a jego efektem było rozgoryczenie Krausego i Reinsdorfa za każdym razem, kiedy uznawali, że podczas negocjacji ktoś okazał się od nich lepszy.

„Jest lojalny i uczciwy – mówił o Reinsdorfie Phil Jackson. – Jest prawdomówny. Jego słowa wiele znaczą. Ale jest coś w tym, że za każdym razem próbuje cię wystrychnąć na dudka. Stara się wygrać kontrakt. Kiedy chodzi o pieniądze, to on musi mieć ostatnie słowo. Ludzie, którym ufam, potwierdzają, że w rozmowie z Jordanem rzucił coś takiego. Podobne teksty naprawdę potrafią zranić. Zwłaszcza że prawie wszyscy lubią Jerry'ego Reinsdorfa. Z drugiej strony – dodaje Jackson ze śmiechem – Jerry to Jerry. Niechętnie wydaje pieniądze, nawet na samego siebie. Kiedy już to robi, to oczekuje wartości. Kto tego nie oczekuje? Właścicielom było naprawdę trudno pogodzić się z wysokością kwot, które koszykarze zaczęli zarabiać w ciągu ostatnich dziesięciu lat. To były ogromne pieniądze".

Kult

Debiutant Ray Allen stał nerwowo na korytarzu hali United Center. Chciał choć przez ułamek sekundy zobaczyć Wybrańca, niczym młody wyznawca, ukrywający się w gaju oliwnym, żeby dostrzec Buddę. Allen, wybrany w pierwszej rundzie draftu przez Milwaukee Bucks, spędził niezliczone godziny na studiowaniu nagrań z akcjami Jordana – a zwłaszcza jednej konkretnej akcji. „To było wtedy, kiedy urwał się podwajającym go Starksowi i Oakleyowi, wpadł pod kosz i zapakował piłkę od góry nad Ewingiem". Allen oglądał to setki razy i zawsze był w szoku.

Im bliżej było do ich pierwszego pojedynku, tym bardziej się martwił. Choć to tylko mecz przedsezonowy, co jeśli Jordan postanowi w nim nie zagrać? Ale oto nagle się pojawił, krocząc w kierunku wejścia do hali w śnieżnobiałym stroju gospodarzy. Serce Allena zabiło trochę mocniej, oczy jeszcze szerzej się otworzyły. Zebrał się w sobie, żeby stawić czoła swojemu bohaterowi, próbując zapamiętać każdy, nawet najdrobniejszy szczegół, żeby móc potem opowiadać swoim kumplom, jak było.

„Niesamowite było już samo to, że miałem zostać przedstawiony Mike'owi. Nie mówiąc już o przygotowaniach do meczu, myśleniu o nim, i fakcie, że go wreszcie zobaczyłem", mówił potem Allen głosem więznącym w krtani.

Niespełna dwa lata wcześniej Allen rozegrał dobry drugi sezon na Uniwersytecie Connecticut i zastanawiał się nad przejściem do NBA. To były czasy, kiedy w kontraktach płacowych debiutantów nie było jeszcze ustanowionych limitów, a liga rozpoczynała od uczelni poszukiwania „następnego Michaela Jordana". Wysiłki były próżne i bardzo kosztowne. Donyell Marshall, kolega Allena z Connecticut, otrzymał gwarantowane 40 milionów dolarów i okazał się niewypałem. Allen postanowił zostać na uczelni jeszcze przez rok, żeby podciągnąć się przed pojedynkiem z Jordanem.

Po dobrych występach na trzecim roku podjął decyzję i miał teraz stanąć oko w oko z mistrzem. Kiedy lekko stuknął się z Michaelem pięściami, robił to z udawaną nonszalancją. Pozwolił sobie tylko na króciutkie spojrzenie w oczy zabójcy i dostrzegł w nich błysk rozbawienia, świadczący o wielkiej pewności siebie króla koszykówki.

Piłka powędrowała w górę, a Allen rozpoczął niezapomnianą pierwszą kwartę. „Nie chciałem grać przeciwko niemu pasywnie – przyznał potem. – Nie chciałem, żeby pomyślał, że nie jestem gotów na wyzwanie". Wiedział, że Jordan ostro wejdzie w mecz i że musi być w stosunku do niego agresywny już od samego początku. Pokazał, co potrafi. Na różne sposoby trafił kilka rzutów ponad Jordanem – raz za trzy punkty, kiedy indziej z wyskoku z półdystansu, potem wejściem pod kosz zakończonym slam dunkiem. W jego głowie grało *Alleluja* Haendla, ale nie pozwalał, żeby wpłynęło to na jego grę. W pierwszej kwarcie zdobył 9 punktów, a Jordan rozpaczliwie walczył, żeby go pokryć. Próbował nawet używać trash-talkingu, żeby go zdekoncentrować. Kiedy już było po wszystkim, Allen stał w szatni Bucks wyraźnie oszołomiony, jakby właśnie obudził się ze snu. „Mike to Mike, jest niewiarygodny", powiedział, próbując zabrzmieć jak doświadczony weteran. „Ray Allen będzie bardzo dobrym koszykarzem – docenił go Jordan. – Podobało mi się, jak ostro wszedł w mecz".

Wszystko to, co Jordan zrobił dla koszykówki, sprawiło, że z draftu w 1996 roku napłynęła do ligi kolejna fala talentów. Do Raya Allena dołączył w Los Angeles między innymi pewien nastolatek, niejaki Kobe Bryant, a w Philadelphii Allen Iverson. Lato 1996 roku wiązało się również ze zmianą klubu przez bardzo wielu weteranów NBA. Na rynku pojawiło się blisko 200 wolnych agentów. Drużyny były skłonne wydać miliardy dolarów, żeby pozyskać największe gwiazdy, a prawie wszystko to było zasługą Jordana. Żaden z transferów nie był jednak tak głośny, jak przejście Shaquille'a O'Neala z Orlando do Los Angeles Lakers na mocy kontraktu wartego 123 miliony dolarów.

Przed rozpoczęciem sezonu Bulls mieli zagrać mecz przedsezonowy w hali Thomas & Mack Center w Las Vegas, co było dosyć dziwnym wyborem, zważywszy na wcześniejsze przygody hazardowe Jordana i ostatnie problemy Rodmana (Jack Haley ujawnił, że w ciągu kilku ostatnich miesięcy Rodman odbył 19 różnych wypraw do stolików do gry w kości i przegrał tam mnóstwo pieniędzy). Ale ekscentryczność Rodmana idealnie pasowała do klimatu Vegas. W kulturze kreowanych sztucznie gwiazd specjalista od zbiórek prezentował pewne ekstremum: latem ożenił się z samym sobą podczas imprezy PR-owej w Nowym Jorku, która miała wypromować jego nową książkę *Zły do szpiku kości*.

Mecze przedsezonowe w NBA były zazwyczaj nudnymi wyjazdami, pokazami, które liga organizowała w strategicznych miejscach na całym świecie – w Meksyku, w Londynie, w Japonii, albo w halach, do których nie jest im po drodze, ale znajdują się w okolicy miejsca urodzenia gwiazdy lub w pobliżu jego uczelni. Dawniej Bulls grywali takie pojedynki w Chapel Hill. Ten wyjazd dawał jednak możliwość niezapomnianego spojrzenia na Jordana w czasach jego największej świetności, zanim nadeszło rozgoryczenie, które znowu go wypaliło i sprawiło, że zrezygnował z koszykówki.

Bulls tak naprawdę rozpoczęli okres przedsezonowy dzień wcześniej w Albuquerque jednym z dwóch meczów przeciwko Seattle, które miały być rewanżem za czerwcowe finały. Zaraz potem szybko opuścili miasto i prywatnym, bogato wyposażonym odrzutowcem udali się do Las Vegas. Steve Wynn, prezes hotelu Mirage Resorts, za darmo zakwaterował Rodmana i Jordana w imponujących willach o powierzchni prawie 400 metrów kwadratowych. Reszta Bulls zamieszkała w pokojach hotelowych. Jackson zrezygnował z porannego treningu, żeby Michael mógł rozegrać tyle partyjek golfa, ile będzie chciał.

Sobotni mecz pomiędzy Bulls i SuperSonics obejmował pełny przepychanek i ciosów pojedynek Jordana z Craigiem Ehlo. W pewnym momencie Jordan próbował nawet uderzyć Ehlo, ale chybił, a sędziowie to zignorowali. Po zakończeniu meczu Michael się z tego śmiał: „Już tyle razy grałem przeciwko Ehlo. Czasem jemu takie rzeczy uchodzą na sucho, a czasem uchodzą mnie. Na tym polega piękno koszykówki. Mam dla niego mnóstwo szacunku, lubię przeciwko niemu grać, bo zawsze fajne jest to oczekiwanie, który z nas pierwszy nie wytrzyma i zrobi coś nieczystego. Na tym to polega".

Po drodze miała jeszcze miejsce premiera filmu *Kosmiczny mecz*. „Myślę, że pójdzie dobrze – mówił Jordan – ale się denerwuję. To dla mnie zupełnie inne pole walki. Studio zainwestowało w to przedsięwzięcie mnóstwo pieniędzy, ale wydaje mi się, że wywiązałem się z zadania. Starałem się, jak umiałem najlepiej, i jeśli wyszło dobrze… to super, mógłbym zrobić to znowu. A jeśli nie wyszło, to przynajmniej będę wiedział, gdzie jest moje miejsce w tym biznesie. Wtedy pozostanę przy 30-sekundowych reklamach". Koniec końców film okazał się sukcesem i zarobił 400 milionów dolarów. David Falk namawiał Jordana na kolejne próby, ale ten zmienił zdanie i w ciągu kolejnych lat odrzucił mnóstwo ofert. Kiedy tego wieczoru opuszczał szatnię, z cienia wyszedł przestraszony chłopiec z nowiutką piłką do koszykówki i czarnym niezmywalnym flamastrem. Jordan skrzywił się i spojrzał na chłopca. „Czy ktoś mi za to zapłaci? – zapytał, sięgając po piłkę i marker. – Normalnie zarabiam kwoty siedmiocyfrowe". Chłopiec zdobył się na odwagę i zaproponował: „Mam… mam pięć dolarów". Jordan się uśmiechnął. „Nie ma problemu", odparł, próbując wyjaśnić, że tylko żartował. Spróbował się podpisać na piłce, ale flamaster nie zostawiał prawie żadnych śladów i autograf był niemal niewidoczny. Jordan zmarszczył brwi. „Młody – powiedział – dałeś mi jakiś tani mazak". Na twarzy chłopca pojawiły się panika i niedowierzanie. Włożył rękę do kieszeni, próbując znaleźć coś do pisania, żeby podjąć jeszcze jedną próbę. „Myślałem, że próbujesz znaleźć jakieś pieniądze", powiedział, śmiejąc się, Jordan.

Można mu to wybaczyć. Od wielu lat zarabiał dzięki koszykówce krocie – tylko w sezonie 1995/96 zgromadził ponad 40 milionów dolarów na kontraktach niezwiązanych z występami na parkiecie. W sezonie 1996/97 miał zarobić jeszcze więcej, po tym jak wprowadził na rynek linię kosmetyków obrandowaną swoim imieniem (w ciągu dwóch pierwszych miesięcy sprzedało się ponad półtora miliona opakowań) i wystąpił w *Kosmicznym meczu*, który już pierwszego weekendu pobił rekordy sprzedaży biletów. Pokazał, że zasługuje na przydomek, który w reklamach Nike nadał mu Spike Lee: naprawdę stał się Kasą (Money). Ludzie z całego świata gotowi byli płacić za to, żeby go zobaczyć, żeby być bliżej niego, nosić jego buty albo jego koszulki, pić jego gatorade, zajadać się jego frytkami w McDonald's, kupować jego bokserki Hanes, uderzać w jego piłki golfowe, czytać jego książki i kolekcjonować karty z jego wizerunkiem. Co więcej, zyski Jordana jako idola były tylko ułamkiem jego wkładu w zarobki NBA (nie wspominając o tym, co zrobił dla marki Uniwersytetu Karoliny Północnej). Jego przyjście do ligi w 1984 roku doprowadziło do ponaddziesięciokrotnego zwiększenia przychodów – ze 150 milionów dolarów w 1984 roku do niewiarygodnych dwóch miliardów rocznie w połowie lat 90.

Wbrew pozorom obawy Phila Jacksona, które odczuwał podczas tamtych meczów przedsezonowych, były uzasadnione. Za kulisami zaczęły narastać konflikty pomiędzy zawodnikami i zarządem, a także pomiędzy samym Jacksonem i zarządem. „To będzie inny sezon – powiedział trener tamtego sobotniego wieczoru w Las Vegas. – Nie wiem, czego mogę oczekiwać, staram się więc nie oczekiwać niczego. Niech się dzieje, co chce. Wszystkie nasze scenariusze, wszystkie przygotowania mogą pójść na marne. Sami możemy zmarnować nasze szanse".

Odpalamy raz jeszcze i jazda!

Jordan przyzwyczaił się już do wysiłków Jacksona, mających na celu uspokojenie go na tyle, żeby wszystko zaczęło działać jak należy. Trener nigdy nie próbował okiełznać ognia płonącego w Michaelu, starał się jedynie regulować poziom płomienia, żeby zapewnić drużynie kolejną mistrzowską paradę. Jordan dostrzegł zasadność takiego podejścia. Zaakceptował wszystkie decyzje, począwszy od systemu ataku Texa Wintera, aż do medytacji i ćwiczeń z mindfulness George'a Mumforda. Potrafił już podczas treningu siedzieć w ciemności na podłodze i tak jak pozostali oddawać się pozytywnemu myśleniu. „To nasz guru – odpowiedział pytany o dziwactwa trenera. – Ma ten swój yen, całe to zen i umie sprawić, że wychodzi nam to na dobre".

James Edwards z dużym zainteresowaniem przyglądał się dynamice relacji Jacksona z Jordanem. Uznał, że to idealny związek pomiędzy zawodnikiem i trenerem. „Phil wiedział, o czym myśli Mike, a Mike wiedział, o czym myśli Phil. Byli ze sobą naprawdę zżyci".

Wszyscy rozumieli, o co chodzi, kiedy Jackson mówił o duchowym podejściu do koszykówki. Jordan twierdził, że to zasługa Jacksona, że nauczył się bardziej zwracać uwagę na mniej utalentowanych kolegów z drużyny: „Tak naprawdę to Phil nauczył mnie cierpliwości i wyrozumiałości w stosunku do aktorów drugoplanowych, dzięki czemu mieli szansę się rozwinąć". Jedyne, co Jacksonowi nigdy się nie udało, to oduczenie Jordana nazywania pozostałych zawodników „aktorami drugiego planu". To jednak tylko przypominało, że w Bulls wcale nie jest idealnie. O tym, że nie jest doskonale, świadczył narastający w drużynie podczas sezonu 1996/97 strach.

Początek nowych rozgrywek przyniósł obiecującą serię zwycięstw i wspaniałych występów Michaela. W przerwie letniej zrzucił ponad trzy i pół kilograma, ważył teraz 95 kilo, dzięki czemu mniej dokuczały mu kolana, których ból spowalniał jego grę w poprzednim sezonie. Szczuplejszy Jordan rozpoczął wraz z kolegami sezon od 12 zwycięstw z rzędu, a największe wrażenie zrobiło jego 50 punktów w wygranym 106:100 pojedynku z Miami, przez większość którego Jordan szczerzył się i przekomarzał z trenerem Patem Rileyem. Bulls przyjechali na to spotkanie prosto z Vancouver i przeczytali w lokalnej prasie, że zawodnicy Miami opowiadają, jak to Bulls nie okazywali im wystarczająco dużo szacunku podczas wygranego do zera pojedynku w play-offach.

Podczas meczu, po kolejnej olśniewającej akcji, Riley zażartował, nazywając Michaela szczurem. „Jest bardzo waleczny – powiedział potem Jordan o Rileyu, uśmiechając się. – I ja też jestem. Musimy się cieszyć ostatnimi chwilami gwiazdorstwa i sukcesu. To napędza mnie bardziej niż cokolwiek innego. Moją motywacją jest dążenie do doskonałości".

Święto Dziękczynienia uczcił, zdobywając 195 punktów w ciągu pięciu meczów. W grudniu rzucił 30 punktów młodym Lakers. Pokazał wtedy, że potrafi dzielić się sukcesem – Pippen zdobył 35 punktów, a Kukoč 31. Potem, aż do połowy lutego, pokazywał się przede wszystkich w pojedynkach ze starymi przyjaciółmi – rzucił 45 punktów Cavs, 51 punktów Knicksom, 45 punktów Gary'emu Paytonowi i Seattle oraz 47 punktów w meczu z Denver Nuggets.

Trener Knicks, Jeff Van Gundy, który miał w składzie dwóch spośród najlepszych kumpli Jordana, Oakleya i Ewinga, nazwał Michaela oszustem, więc ten odpłacił mu się, rzucając Knicks 51 oczek, czym ustanowił rekord sezonu. „Ma na nich sposób: usypia ich czujność, zaprzyjaźnia się z nimi, sprawia, że robią się bardziej miękcy, udaje, że mu na nich zależy – mówił Van Gundy. – A kiedy przychodzi co do czego, to ich niszczy. To kluczowe dla każdego zawodnika, żeby zdał sobie z tego sprawę i nie dał się na to nabrać".

„Byłem przygotowany, żeby zrobić wszystko, co trzeba, żeby wygrać – powiedział potem Jordan. Po raz 36. w karierze zdobył 50 lub więcej punktów. – Były takie momenty, kiedy wszystko wychodziło mi tak dobrze, jakby odbywało się w zwolnionym tempie. Poddałem się temu, relaksowałem się i grałem".

Atak na Michaela za pośrednictwem mediów był zapewne błędem taktycznym trenera Knicks. „Zdaje się, że wyszedł na parkiet i zagrał tak, jakby chodziło o jakąś vendettę, o rachunki do wyrównania", powiedział Jackson.

Jordan zakończył mecz, pieczętując zwycięstwo kolejnym fadeawayem (rzutem z odchylenia), trafionym z sześciu i pół metra, po czym wrzasnął coś w kierunku Van Gundy'ego. „To nie były zbyt miłe słowa – przyznał potem. – Zdaje się, że dzisiejszej nocy nie zyskałem tu zbyt wielu przyjaciół". Dodał, że Van Gundy nie popisał się swoją wypowiedzią. „Zdaje się, że chciał tym zmotywować swoich zawodników, ale nie uważam, żeby na parkiecie zachowywali się w stosunku do mnie przyjaźnie. Nie wychodzę na parkiet, oczekując przyjaźni, ale kiedy go opuszczam, to nie zabieram ze sobą tego, co się na nim wydarzyło. To tylko mecz koszykówki. Nie traktuję gry jako wojny, która przenosi się poza parkiet. A jeśli on uważa, że wykorzystuję swoich przyjaciół, to jego sprawa".

Takie chwile napędzały Bulls. Znowu przeszli przez sezon seriami zwycięstw i zakończyli go z bilansem 69:13, wyrównując drugi rezultat w tabeli wszech czasów. Jordan rzucał średnio 29,6 punktu i zdobył kolejny, już dziewiąty, tytuł króla strzelców. Po raz 11. został wybrany do Meczu Gwiazd, gdzie w Cleveland zaliczył pierwsze *triple double* w historii Meczów Gwiazd. Mecz pokrywał się z 50-leciem ligi, a Jordan i Pippen zostali uhonorowani włączeniem do listy 50 najlepszych koszykarzy w historii NBA. W listopadzie w San Antonio Michael zdobył swój 25-tysięczny punkt w karierze, a w kwietniu wyprzedził Oscara Robertsona na piątym miejscu na liście strzelców wszech czasów.

Razem

Gdy zbliżały się play-offy, Jackson poprosił zawodników, żeby raz jeszcze skupili się na budowaniu prawdziwej wzajemnej więzi. Tym razem wmontował w nagranie z akcjami fragmenty filmu *Co z tym Bobem?*. Bill Murray wcielił się w nim w pacjenta, który próbuje się wprowadzić do swojego samolubnego i niesympatycznego psychiatry. Był nim oczywiście Krause. „Zawsze kiedy pokazywał nam jakieś akcje meczowe, to miksował je z fragmentami filmu – mówił center Bulls Bill Wennington. – Obejrzeliśmy chyba cały film. Dawał nam do zrozumienia, że musimy być razem i musimy powoli, ale miarowo dążyć do tego, żeby jechać dalej i zacząć lepiej grać".

Jackson wykorzystywał również fragmenty ze starych filmów *Three Stooges*. „Kiedy zbieraliśmy się razem na porannych sesjach, Tex Winter lubił śpiewać nam ich piosenkę – tłumaczył Wennington. – »Pora się zgromadzić. Razem. Razem. Pora się zgromadzić. I być znowu razem«. Tę piosenkę śpiewają w *Three Stooges*, kiedy Moe połyka harmonijkę, a potem oni grają na nim jak na harmonijce".

Temat konieczności stworzenia wspólnej więzi zaprzątał również głowę Jordana, Jacksona i Rodmana, bo wszyscy mieli podpisane kontrakty tylko do końca sezonu. Czy zostaną na przyszły rok w Bulls? Prasa chicagowska spekulowała na potęgę, a niepewność z jednej strony zakłócała spokój drużyny, a z drugiej ją motywowała.

Być może najważniejszym efektem poszukiwań wspólnej więzi było subtelne uzmysłowienie Michaelowi, że nie powinien aż tak krytykować kolegów i kierować na nich swojej złości. Jordan, Pippen i Harper tworzyli solidny rdzeń drużyny. Rodman był oczywiście bytem samym w sobie. Podobnie jak Kukoč, który pozostawał na swój sposób wyizolowany od reszty z uwagi na różnice kulturowe. Simpkins, Caffey i Brown spędzali razem trochę czasu poza parkietem, a poza tym mieliśmy kontyngent z Arizony – Buechlera i Kerra, do których dołączali czasem Australijczyk Longley i Kanadyjczyk Wennington.

Washington Bullets przegrali pierwszy mecz pierwszej rundy play-offów, ale w drugim wyszli na prowadzenie, a cała gadka Jacksona o wspólnej więzi i potrzebie bycia razem zniknęła we mgle hali United Center. Bullets prowadzili do przerwy 65:58. Mimo zdobytych 26 punktów Jordan w przerwie przywitał Jacksona i kolegów z zespołu z grymasem złości na twarzy. „Michael był w przerwie naprawdę wściekły. Philowi też to się nie podobało – przyznał Kerr. – Ale nie mieliśmy co dokonywać zbyt wielu zmian w grze, może poza zmianą nastawienia. Michael tylko podniósł trochę głos i powiedział, że musimy grać lepiej".

Dzięki znakomitej grze Jordana i pułapkom defensywnym Bulls w trzeciej kwarcie zaliczyli imponującą serię 16:2, która ożywiła ospałą publiczność. W obronie drużyna pracowała zespołowo, ale w ataku Jordan robił prawie wszystko sam, rzucając jednego jumpera za drugim. Podczas przerw w grze siedział bez ruchu z ręcznikiem na ramionach i pochyloną głową, starając się oszczędzać energię. Na pięć minut przed końcem meczu wjechał pod kosz i zdobył kolejne punkty, wyprowadzając Bulls na trzypunktowe prowadzenie. Kilka chwil później znowu dostał piłkę, ruszył w kierunku kosza i zamarkował rzut, zmuszając wszystkich obrońców przeciwnika do wyskoku. Kiedy już opadali, sam wyskoczył i wpakował piłkę do kosza. W kolejnej akcji, opadając po wyskoku, trafił praktycznie niemożliwy rzut z prawej strony. Bulls objęli siedmiopunktowe prowadzenie a on miał już na koncie 49 punktów.

Kiedy na mniej więcej minutę przed końcem Bullets zmniejszyli stratę na 103:100, Jordan odpowiedział kolejnym jumperem. Potem, na 34 sekundy przed końcem, trafił od tablicy, wyprowadzając Bulls na prowadzenie 107:102. Zwieńczył 55-punktowe dzieło (po raz ósmy w karierze rzucił podczas play-offów ponad 50 punktów) dwoma rzutami wolnymi, które zapewniły Bulls zwycięstwo 109:104 i prowadzenie w całej rywalizacji 2:0.

Longley powiedział potem, że zdumiewająca była sama kondycja 34-letniego Jordana oraz to, że był w stanie przez 44 minuty grać na najwyższych obrotach w ataku i intensywnie w obronie. „To jeden z tych meczów, w których Michael pokazuje, kim tak naprawdę jest – podsumował center Bulls. – Jeden z występów, których nie sposób nie podziwiać. Mnie najbardziej imponuje w nim wysoka częstotliwość tak znakomitych pojedynków podczas jednego sezonu. Być może zaliczył w ciągu roku tylko trzy czy cztery występy, w których rzucił 50 punktów, ale mecze, w których zdobywa 30–40 punktów, zdarzają mu się praktycznie codziennie".

Po kolejnym zwycięstwie Bulls wygrali z Washingtonem do zera, po czym równie łatwo, 4:1, rozprawili się z Atlantą Hawks. Pomimo rozpędu drużyny, sztab szkoleniowy martwił się tym, że Jordan tak bardzo koncentruje się na ofensywie, jakby sam musiał dźwigać wszystko na swoich barkach. „Michael nie rzucał zbyt dobrze – przyznał Winter. – Tak było przez całą serię. Kiedy oddaje 25 czy 27 rzutów i nie rzuca zbyt dobrze, to wywiera zbyt dużą presję na całym ataku. Jeśli spada mu skuteczność, to nie powinien oddawać aż tylu rzutów. Phil powiedział mu, żeby się do niczego nie zmuszał, żeby nie próbował robić zbyt wiele, żeby więcej podawał. Michael o tym wie, to inteligentny zawodnik, ale jednocześnie jest taki waleczny, ma taką pewność siebie i wiarę we własne umiejętności, że trudno nad nim zapanować. Nigdy nie miałem do czynienia z zawodnikiem, który nie miałby prawie żadnych zahamowań. To jednak właśnie dzięki temu Jordan jest takim wspaniałym koszykarzem. On nie ma sumienia".

Atlanta przegrała mecz numer pięć, lecz na trzy minuty przed końcem Jordan został ukarany za faul techniczny, ponieważ wymachiwał palcem wskazującym w kierunku Dikembe Mutombo po tym, jak nad nim zadunkował (Mutombo też był znany z pokazywania palca rywalom po ich udanych blokach). Zwycięstwo wprowadziło Bulls do siódmego Finału Konferencji w ciągu ostatnich dziewięciu sezonów. Spodziewano się, że ich rywalami będą Knicks, ale zamiast tego trafili na prowadzonych przez Rileya Heat. Dla Jacksona nie stanowiło to problemu – po dotkliwej porażce pod koniec sezonu w 1996 roku powiedział tylko swoim zawodnikom: „Nigdy więcej z tym gościem nie przegrywajcie". Chicago szybko wygrało trzy mecze i objęło prowadzenie 3:0, a Jordan uznał, że to najlepszy moment, żeby pograć sobie w Miami w golfa. Poszedł z nim fotograf Bulls, Bill, który próbował zrobić mu zdjęcie w wózku golfowym. „Hej, Bill Smith, z drogi", zawołał, śmiejąc się, Jordan i rozpędził wózek w kierunku fotografa, który musiał salwować się ucieczką.

Następnego dnia Jordan zapłacił za swoje wygłupy, trafiając w czwartym meczu tylko 2 z 22 rzutów. Eddie Pinckney, który grał wtedy w Heat, dobrze pamięta zakończenie tego spotkania: „To był mój ostatni sezon w karierze, Bulls byli na najlepszej drodze, żeby nas wyeliminować. Wynajęli restaurację, żeby świętować zwycięstwo. Pat Riley się o tym dowiedział i powtórzył to nam. Był naprawdę wściekły. Odjechaliśmy im i wygrywaliśmy wysoko, chyba 15 czy 20 punktami. Było już właściwie pozamiatane. No i Voshon Lenard (obrońca Heat) postanowił, że zagada do Michaela Jordana. Stwierdził, że w Chicago skopiemy im tyłki. Jordan wrócił na parkiet i zaczął trafiać jeden rzut za drugim, wrzeszcząc na całe gardło: »Nie wygracie już więcej żadnego pierdolonego meczu!«. Był naprawdę wkurwiony".

Bulls przegrywali różnicą 21 punktów. Czas uciekał, ale Jordan przełączył bieg. Poprowadził comeback Chicago 22:5 i na koniec trzeciej kwarty Bulls udało się zmniejszyć stratę do czterech punktów, 61:57. Heat znów ruszyli do ataku na początku czwartej kwarty, zwiększając przewagę do 72:60. Ale potem Jordan zdobył dla Chicago 18 punktów z rzędu i na dwie minuty i 19 sekund przed końcem Miami prowadziło tylko jednym punktem. Ostatecznie Heat wygrali, trafiając 6 ostatnich rzutów wolnych.

„To był jeden z moich ulubionych meczów Michaela – mówił Steve Kerr w 2012 roku. – Bo jeśli spojrzeć na statystyki, to przed czwartą kwartą trafił tylko 2 z 22 rzutów, czasami rzucając airballe. Na pewno duży wpływ na to miały wszystkie dołki golfowe, które rozegrali dzień wcześniej z Ahmadem Rashādem. W czwartej kwarcie kompletnie jednak ześwirował. Zaczął się wydzierać na ławkę Heat. To był najwspanialszy pokaz pewności siebie, jaki kiedykolwiek obserwowałem... Chodzi mi o to, że jakim cudem ktoś może dokonać czegoś takiego po tym, jak w ciągu trzech pierwszych kwart nie trafił 20 z 22 rzutów. Spudłował prawie wszystko, grając w meczu play-offów przeciwko drużynie, która tak świetnie broni. Nie zawahał się ani przez chwilę. Po prostu robił swoje. W końcu zaskoczyło i potem już poszło".

Nie było mowy, żeby świadkowie tego spektaklu o nim zapomnieli. Jordan rzucił w czwartej kwarcie 20 z 23 punktów zdobytych przez Chicago. „Kiedy zaczęło mu wpadać, to po prostu wpadało, jedno za drugim, jedno za drugim, jedno za drugim – opowiadał Tim Hardaway. – To jest strzelec, to jest gość!".

Zapytany o fatalną pierwszą połowę, Jordan tylko spojrzał spode łba. „Nie zamierzamy się tym przejmować", burknął.

„Wróciliśmy do Chicago i nie byliśmy w stanie wyprowadzić piłki pod ich kosz", wspominał Pinckney ze śmiechem. Jordan rozpoczął piąty mecz od 15 punktów w pierwszej kwarcie, a Bulls objęli prowadzenie 33:19, zamykając dyskusję na temat ewentualnego rozstrzygnięcia.

„To najlepsza drużyna od czasu, kiedy Celtics wygrali 11 razy w ciągu 13 lat – powiedział potem dziennikarzom Riley. – Nie sądzę, żeby ktoś był w stanie z nimi wygrać przed zakończeniem kariery Michaela. Czasami jest tak, że budujesz świetną drużynę i okazuje się, że nie jesteś w stanie zdobyć mistrzostwa, bo masz pecha, że urodziłeś się w tym samym czasie, w którym miała miejsce wspaniała seria Jordana".

W finale Konferencji Zachodniej walczyli Houston i Utah, a Jordan przyznał, że chciałby się zmierzyć z Rockets. Olajuwon został w drafcie w 1984 roku wybrany przed nim i poprowadził Rockets do dwóch tytułów mistrzowskich. W tym czasie Jordan przerwał karierę koszykarską i skupił się na baseballu. Wisienką na torcie miał być Charles Barkley, obecnie skrzydłowy Rockets. Ale z drugiej strony Utah też mogli go zmotywować. Skrzydłowy Jazz, Karl „Listonosz" Malone, miał zostać wybrany MVP ligi, mimo że ze średnią 29,6 punktu na mecz to Jordan był najlepszym strzelcem. Michael został za to wybrany do pierwszej piątki NBA i – razem z Pippenem – do pierwszej piątki najlepszych obrońców. Malone zajął drugie miejsce w rankingu najlepszych strzelców i po raz dziewiąty w karierze został wybrany do pierwszej piątki NBA. Możliwe, że była to nagroda za całokształt kariery, jak to czasami miało miejsce w przypadku innych wyborów MVP. Fani Jordana narzekali więc, że został mu skradziony kolejny tytuł MVP. Pat Riley uważał, że nie ma znaczenia, kto wygra na Zachodzie. „Myślę, że Chicago wygrałoby z każdym", dodał.

John Stockton z Utah załatwił sprawę w szóstym meczu Finałów Konferencji Zachodniej, trafiając decydujący rzut w ostatniej sekundzie i wprowadzając Jazz do finałów NBA po raz pierwszy w ich 30-letniej historii. Stockton, Malone i spółka napędzili mistrzom strachu w pierwszym meczu finałów, rozgrywanym w hali United Center. Na niespełna minutę przed końcem Utah prowadziło 82:81, a Jordan miał rzucać dwa wolne. Kibice skandowali: „MVP! MVP!". Michael trafił pierwszy rzut wolny, doprowadzając do remisu, ale spudłował drugi, uciszając tłum. Po chwili dwa wolne miał rzucać Malone, a Pippen szepnął mu do ucha: „Listonosz nie dostarcza przesyłek w niedzielę". W potwornym hałasie Malone spudłował oba wolne i na siedem i pół sekundy przed końcem Bulls zebrali piłkę. Jazz, o dziwo, podjęli decyzję o niepodwajaniu Jordana w ostatniej akcji. Kiedy piłka wpadła do kosza, 21 tysięcy kibiców, zgromadzonych w hali, poderwało się z siedzeń w ekstazie. Jordan zdobył 31 punktów, trafiając 13 z 27 rzutów. Drugi mecz zakończył się pogromem Jazz, a Jordan zaliczył 38 punktów, 13 zbiórek i 9 asyst. Gdyby Pippen nie spudłował prostego layupa po jego podaniu w końcówce, zaliczyłby *triple double*.

Jazz wygrali trzeci mecz u siebie, w Salt Lake City, mimo że Pippen wyrównał rekord finałów NBA, siedmiokrotnie trafiając za trzy punkty. Media i kibice nie mieli o tym pojęcia, ale wynik czwartego meczu był efektem błędu sztabu Chicago, popełnionego podczas największego rozczarowania sezonu w wykonaniu Bulls. Atak drużyny nie funkcjonował najlepiej, ale przez 45 minut zawodnicy grali spektakularnie w obronie – wystarczająco dobrze, żeby odnieść zwycięstwo. Na dwie minuty i 38 sekund przed końcem meczu prowadzili 71:66 i wydawało się, że kontrolują przebieg spotkania i obejmą w całej serii prowadzenie 3:1. Ale wtedy kontrolę nad meczem przejął John Stockton, a Bulls w nietypowy dla siebie sposób kompletnie się posypali. Potem okazało się, że asystent Bulls przez pomyłkę zamienił pitą przez zawodników gatorade na gatorlode – ciężki napój uzupełniający niedoboru węglowodanów. „Czuli się tak, jakby zjedli pieczone ziemniaki", tłumaczył potem trener Chip Schaefer. Pod koniec meczu zawodnicy Chicago zaczęli narzekać na skurcze żołądka, a Jordan nawet poprosił o posadzenie go na chwilę na ławce, co w kluczowych momentach meczu nie zdarzało się praktycznie nigdy.

Dzięki Stocktonowi, który z siedmiu i pół metra trafił za trzy punkty, Jazz objęli prowadzenie. Jordan, który mimo problemów żołądkowych wrócił do gry, odpowiedział trójką i kiedy Jeff Hornacek z Utah nie trafił po wejściu pod kosz, wydawało się, że Bulls dokończą dzieło. Stockton odebrał jednak piłkę Jordanowi przed linią rzutów wolnych, po czym ruszył przez parkiet na drugą stronę boiska. Michael jakimś cudem się pozbierał, pognał pod swój kosz, wywołując podziw trenera Utah, Jerry'ego Sloana, dogonił Stocktona i zablokował jego rzut, ale sędziowie odgwizdali mu faul.

Jazz wyszli na prowadzenie 74:73. Na 17 sekund przed końcem Bulls sfaulowali Malone'a, powtarzając historię z pierwszego meczu. Przy pierwszym rzucie wolnym piłka zatańczyła po obręczy, ale wpadła do kosza, drugi był już czysty i Utah objęło prowadzenie 76:73. Bulls nie mieli już do dyspozycji przerw na żądanie, mogli więc tylko zdać się na wymuszony, niecelny rzut Jordana za trzy punkty, na który Utah odpowiedzieli kontratakiem zwieńczonym slam dunkiem. Mecz zakończył się wynikiem 78:73, co było drugim najniższym wynikiem w historii finałów NBA. Stan rywalizacji został wyrównany na 2:2.

Grypa

Skuteczność Jordana spadła do 40 procent. W dwóch pierwszych meczach trafiał tylko 51 procent rzutów. Potem nastąpiło coś niesamowitego – „flu game" (mecz z grypą). Wiele lat później pisano, że w przededniu meczu numer pięć, gdzieś w zamku w górach Utah, Jordan miał sobie do późna dogadzać, paląc cygara, grając w karty i pijąc drinki. Oficjalne oświadczenie dzień później głosiło, że dopadła go „choroba wirusowa".

„Komentowałem tamten mecz – wspomina były sprawozdawca NBA, Matt Guokas, który pracował wtedy z Marvem Albertem. – Marv świetnie sobie radził z komentowaniem meczu akcja po akcji. Dobrze oddawał jego dramaturgię. Myślałem, patrząc na Michaela: »Wielkie mi halo, przecież gra świetnie jak zawsze«. Ale Marv coś wyczuwał i swoimi komentarzami sprawiał, że kibice mieli wrażenie, iż są świadkami czegoś wielkiego. Niektórzy nawet wysnuwali teorie spiskowe dotyczące stanu zdrowia Michaela. My jednak wyszliśmy z założenia, że na pierwszy rzut oka widać, iż Jordan ma grypę. Po prostu wyszedł na parkiet i zagrał. Ale już wtedy krążyły plotki, że spędził noc w górskiej posiadłości Roberta Redforda, grając w pokera i ostro imprezując".

Podobne zarzuty formułował w internetowym klipie w 2012 roku Jalen Rose z ESPN. Na zawsze pozostanie tajemnicą Jordana, czy był to prawdziwy wirus, czy choroba filipińska. Na pewno był znany z tego, że mało spał i miał słabość do rozrywek pozakoszykarskich. Niezależnie od tego, co sprawiło, że się pochorował, jego gra była autentyczna. Im mniej czasu pozostawało do piątego meczu, tym więcej czarnych chmur kłębiło się wokół Bulls. Koledzy byli w szoku już wtedy, kiedy Jordan nie stawił się na porannej rozgrzewce. Dopadła go choroba? Nie pojawia się na kluczowym treningu? To się po prostu nie zdarzało.

„Trochę się boimy – mówił przed meczem rezerwowy skrzydłowy Bulls, Jason Caffey, siedząc w szatni z szeroko otwartymi oczami. – W takiej sytuacji nigdy nie wiadomo, co się dzieje". Niedaleko, w zaciemnionej salce treningowej, leżał Jordan bez ruchu. Starzy obserwatorzy jego wyczynów widzieli już coś podobnego, kiedy jeszcze był w liceum.

„Michael jest chory? – zapytał jeden z dziennikarzy. – Czyli rzuci 40 punktów".

Jordan był powszechnie znany z tego, że lubi dramatyzować, ale tym razem w jego zachowaniu nie było ani trochę udawania. „Gram z Michaelem od wielu sezonów i nigdy nie widziałem, żeby był aż tak chory – powiedział potem Pippen. – Nie wiedziałem nawet, czy będzie w stanie włożyć strój. Jest najlepszy i dla mnie zawsze będzie MVP".

Rozpoczął się mecz. Momentami wydawało się, że Jordan jedzie na adrenalinie. Zdobył pierwsze 4 punkty dla Chicago, a potem osłabł. Na początku drugiej kwarty Utah wyszło na 16-punktowe prowadzenie, 34:18. Jordan skoncentrował się na przestrzeni pod koszem i rozpoczął atak. Podczas serii, którą Bulls wygrali 19:6, zmniejszając stratę do 3 punktów, 42:39, zdobył 6 kolejnych oczek.

Bykom było trochę lżej, kiedy Malone popełnił trzeci faul i musiał usiąść na ławce. Wejścia Jordana pod kosz również zaczęły przynosić efekty. Po 8 rzutach wolnych w drugiej kwarcie Chicago po raz pierwszy objęło prowadzenie z wynikiem 45:44. W trzeciej kwarcie Malone nadal miał problemy z faulami, a tempo meczu stało się wolniejsze. Przed czwartą kwartą Utah objęli jednak prowadzenie różnicą 5 punktów, a na jej początku zwiększyli je jeszcze do 8 punktów.

Jordan przezwyciężył słabość i odnalazł właściwy rytm. Zdobył kolejne 15 punktów, z każdym zebraniem piłki wywierając coraz większą presję na Jazz. Kiedy na 46 sekund przed końcem stanął na linii rzutów wolnych, Bulls przegrywali jednym punktem. Trafił pierwszego wolnego, spudłował drugiego, ale rzucił się po piłkę i udało mu się ją odzyskać. Kilka chwil później trafił za 3 punkty po podaniu Pippena. Bulls wykorzystali swoje doświadczenia mistrzowskie i objęli w całej rywalizacji prowadzenie 3:2. Po zakończeniu meczu Jordan stał pod koszem Utah, wymachując triumfalnie pięścią.

„Jeśli chodzi o wielkie zwycięstwa, myślę, że to było największe, bo odniesione w takich okolicznościach, podczas play-offów. Przegrywaliśmy w pierwszej połowie i skutecznie walczyliśmy do końca", powiedział Phil Jackson. „Grałem tak, że o mało nie zemdlałem – przyznał Jordan. – Byłem odwodniony, ale chciałem dać z siebie wszystko, żeby wygrać ten mecz. Robiłem, co mogłem, i bardzo się cieszę, że odnieśliśmy zwycięstwo. Porażka byłaby dla nas czymś strasznym. W przerwie czułem się naprawdę bardzo zmęczony i osłabiony. Poprosiłem Phila, żeby wpuszczał mnie na parkiet na krótkie zrywy, ale jakoś udało mi się odnaleźć w sobie energię i siłę. Naprawdę bardzo tego pragnąłem".

Zakończył mecz z 38 punktami na koncie, trafił 13 z 27 rzutów z gry, zaliczył też 7 zbiórek, 5 asyst, 3 przechwyty i 1 blok. „Przez cały dzień nie wstawał z łóżka, bo w pozycji stojącej miał mdłości i zawroty głowy – wyznał Jackson. – Baliśmy się, bo nie wiedzieliśmy, ile minut będzie w stanie zagrać. Jordan jednak powiedział tylko: »Pozwólcie mi grać«. I zagrał przez 44 minuty. To było coś niesamowitego".

Zwycięstwo nie byłoby możliwe, gdyby nie gra Pippena w obronie i na całej szerokości parkietu. Scottie rzucił 17 punktów i zaliczył 10 zbiórek oraz 5 asyst. „Michael był wspaniały, wszyscy to wiemy – powiedział Charles Barkley, który oglądał mecz, siedząc przy linii bocznej w hali Delta Center. – Mimo to uważam, że kluczowa dla wyniku meczu była druga kwarta. Jazz mieli wtedy szansę na rozgromienie Chicago, ale jej nie wykorzystali. Stało się tak między innymi dzięki kilku wspaniałym akcjom Scottiego".

Rywalizacja wróciła w końcu do Chicago. Jordan po raz kolejny zapewnił wspaniałą końcówkę meczu, niczym z hollywoodzkiego scenariusza. Jazz na początku objęli prowadzenie i długo je utrzymywali, jednak presja, którą wywierali na nich Bulls, w końcu zaczęła przynosić efekty. Jordan dał swojej drużynie 39 punktów i dwie godziny wspaniałej gry w obronie, a wszystko zwieńczyło urocze podanie do Steve'a Kerra. Steve wciąż miał do siebie pretensje o nietrafioną trójkę, która w czwartym meczu mogła doprowadzić do dogrywki. „Steve nie mógł się pogodzić z wynikiem czwartego meczu – tłumaczył potem Jordan. – Godzinami płakał w poduszkę, bo uważał, że zawiódł drużynę i tych wszystkich, którzy uważają go za jednego z najlepszych strzelców w lidze. Miał okazję nas uratować i był bardzo zawiedziony. Kiedy Phil rozrysował akcję (wszyscy zgromadzeni w hali i przed telewizorami spodziewali się, że zostanie dograna do mnie) spojrzałem na Steve'a i powiedziałem: »To będzie twoja szansa, bo Stockton na pewno ruszy do pomocy w moim kierunku. Ja wtedy podam piłkę do ciebie«. Odparł: »Po prostu daj mi piłkę«". Jordan zwrócił uwagę, że tak samo odpowiedziałby John Paxson. Kerr trafił, kibice szaleli ze szczęścia, a Chicago zdobyło swój piąty tytuł.

„Steve Kerr dzisiaj w końcu zasłużył – powiedział Jordan. – Wierzyłem w niego, podałem mu piłkę, a on trafił do kosza. Cieszę się, że się zrehabilitował, bo gdyby spudłował, pewnie nie mógłby spać przez całe lato. Bardzo się cieszę, że mu się udało".

„Na koniec, kiedy Michael podał mi piłkę, trafiłem – wspominał Kerr, śmiejąc się. – Ale nigdy nie zapomnę, jak Michael udzielił po meczu wywiadu i powiedział: »No cóż, Steve Kerr dzisiaj w końcu zasłużył na szacunek«. I pamiętam, jak myślałem sobie: »Jak to, a wcześniej to nie zasługiwałem na szacunek?! Zaraz, a czy przypadkiem nie zdobyliśmy w zeszłym roku tytułu? Zdaje się, że wtedy też trafiłem kilka rzutów. Chyba zrobiłem dla drużyny parę dobrych rzeczy«".

Cóż, tak wyglądało życie aktorów drugiego planu.

Większość drużyny słabo zagrała w tej serii, ale współpraca Pippena z Jordanem była mistrzowska. Michael był oczywistym wyborem MVP, ale Pippen cały czas dotrzymywał mu kroku. Jordan powiedział potem, że zatrzyma nagrodę MVP, ale da Pippenowi w prezencie samochód, wchodzący w skład nagrody: „Zadbam, żeby go dostał, bo jest dla mnie jak młodszy brat. Potrafi przezwyciężyć ból. Codziennie ciężko razem pracujemy. Towarzyszy mi w codziennych treningach, a dzięki systematycznej pracy unikamy kontuzji i możemy dawać naszemu miastu i naszej organizacji tyle radości i tyle tytułów mistrzowskich".

Im dłużej Jordan mówił, tym robił się coraz śmielszy, aż w końcu wezwał Jerry'ego Reinsdorfa, żeby ten utrzymał drużynę, by w kolejnym sezonie dać jej szansę na obronę tytułu. Dla opinii publicznej było to oczywiste. Ale dla tych, którzy orientowali się w temacie, zwiastowało kolejne problemy.

Rozdział 35

WESOŁY AUTOBUS

Jordan nawet wtedy, kiedy prowadził Bulls do piątego tytułu mistrzowskiego, nakręcał swoich kolegów, nabijając się z Jerry'ego Krause w autobusie klubowym. Od kiedy powrócił do gry w koszykówkę, jeszcze bardziej nie lubił dyrektora generalnego Bulls i był na niego cięty. Nie podobało mu się jego zdaniem niesprawiedliwe traktowanie Pippena przez Krausego. Uważał też, że to dyrektor generalny jest odpowiedzialny za zwolnienie Johnny'ego Bacha, jego ulubionego trenera. Choć Jackson próbował odwieść Krausego od pomysłu wspólnej jazdy autobusem z drużyną, to jego obecność sprawiała, że był jeszcze wdzięczniejszym obiektem żartów Jordana. Podczas rywalizacji z Utah dowcipy zrobiły się jeszcze ostrzejsze. Czy chodziło o to, że Jordan był zły? A może to jego okrutne poczucie humoru wymknęło się spod kontroli? Niezależnie od tego, jak brzmi odpowiedź, to konfrontacja w klubowym autobusie w 1997 roku stała się początkiem nowego etapu ich wzajemnego konfliktu.

„Źle się stało, że tak się to potoczyło – mówi Jim Stack. – To nie powinno było tak wyglądać". Jak to bywa w podobnych sytuacjach, zaczęło się od alkoholu. W ciągu pierwszej godziny po zakończeniu wyjazdowego zwycięstwa Jordan wraz z kolegami wypijali razem kilka piw i palili cygara, co nie było w ówczesnej zawodowej koszykówce czymś szczególnie dziwnym. Kiedy Michael zaczął się z Krausego nabijać, z pewnością nie był pijany, ale już na tyle podchmielony, że odezwało się jego złośliwe poczucie humoru.

Przez wiele lat Jordan siedział po meczach z tyłu klubowego autobusu, atakując kolegów i każdego, kto znalazł się w jego zasięgu, swoim ostrym niczym laser sarkazmem. Miał oczywiście swoje ulubione cele: wypominał często

Kukočowi jego występ podczas igrzysk w 1992 roku albo szydził z jego umiejętności defensywnych. Częstym obiektem żartów był też, z uwagi na jego tuszę, kierownik do spraw sprzętu sportowego John Ligmanowski. Wspomina on, że próbował się Jordanowi odgryźć, ale nie było to łatwe. Twierdzi, że Jordan wykorzystywał też swoje poczucie humoru do sprawowania kontroli nad drużyną. „Jeśli uważał, że ktoś nie robi tego, co do niego należy, to zawsze powiedział dwa słowa na ten temat".

Kiedy zapytano Jordana o jego szyderstwa, odparł: „Nie podchodzę do wszystkiego śmiertelnie serio. Ale podchodzę wystarczająco serio. Potrafię śmiać się z siebie, zanim zacznę się śmiać z kogoś innego. I to jest najważniejsze. Ale poza tym potrafię też być ostry".

Wyjątkowo ostry był w stosunku do Krausego podczas rywalizacji finałowej z Utah. Częściowo mogło to być efektem nieustannego, trwającego wiele lat wbijania Jordanowi szpilek przez menedżera, który nieudolnie próbował w ten sposób doprowadzić do pogłębienia ich wzajemnej relacji.

„Jerry Krause! Jerry Krause! – krzyczał Jordan któregoś dnia z tyłu autobusu. – Hej, Krause, jedźmy razem na ryby. Tylko pamiętaj, każdy zabiera swoją wędkę. I nie martw się, jeśli nic nie złowimy, to sam będziesz mógł zjeść przynętę". Innym razem zawołał: „Brad Sellers, hej, to był dopiero świetny wybór w drafcie!".

Zawodnicy, siedzący z tyłu autobusu, wybuchali śmiechem, podczas gdy członkowie sztabu szkoleniowego tylko zagryzali wargi. Krause był wiceprezesem drużyny i jej dyrektorem generalnym, nie wspominając o tym, że był ich szefem. Jackson, który nigdy nie był obiektem docinków Jordana, wydawał się nawet rozbawiony.

„Chłopcy wypijali z tyłu po kilka piw, po czym zaczynali swoje", mówił jeden z członków sztabu Bulls. Inny pracownik klubu dodał: „Phil czasem tylko siedział i nie reagował. Wyobraź to sobie: jesteś Philem Jacksonem, a twój szef jest właśnie wyśmiewany przez jednego z zawodników. Wypadałoby przynajmniej coś powiedzieć. Ale Phil w takich sytuacjach nie uciszał Michaela. Chłopcy zachowywali się jak w podstawówce, jak uczniowie, którzy uwzięli się na jednego z kolegów".

„Z perspektywy czasu trudno mi stwierdzić, czy Phil mógł coś zrobić – mówi Chip Schaefer. – Bo niby co? Miał się odwrócić i powiedzieć: »Dobra, Michael, dość tego«?".

Ponieważ drużyna wygrywała i była na dobrej drodze do tytułu mistrzowskiego, Krause znosił upokorzenie w milczeniu. Czasami, kiedy robiło się zbyt ostro, zwracał się do osoby, która siedziała najbliżej niego i mówił: „Ta morda z Karoliny Północnej znowu zaczyna".

„Może to był taki mechanizm obronny Jerry'ego – komentował milczenie Krausego Tex Winter. – Ale nie sprawiał wrażenia, jakby go to specjalnie denerwowało. Chyba po prostu miał dość grubą skórę".

Chip Schaefer wspominał dzień, kiedy drużyna wracała po jednym z meczów do siebie. „Zwolniliśmy do około 40 kilometrów na godzinę, bo musieliśmy wspiąć się na podjazd do Park City. Ta sytuacja sprowokowała Jordana". „Hej, Jerry Krause, wczoraj autobus jechał szybciej, bo nie było w nim twojej grubej dupy!", krzyknął, a reszta drużyny parsknęła śmiechem.

„Krause nawet nie miał się jak Michaelowi odgryźć. Nazywał go Łysolem, czy coś w tym guście – mówił jeden z pracowników Bulls. – Chłopaki obalali kilka piwek i siedzieli z tyłu, paląc cygara i ciesząc się ze zwycięstwa. Gdyby Jerry coś na to odpowiedział, to tylko dolałby oliwy do ognia i już zupełnie by go zmasakrowali. Cóż, tacy byli".

Schaefer mówi: „Nie sądzę, żeby chcieli kogoś obrazić. Pili to swoje gatorade, gatorlode i sączyli też piwo. Złośliwość jest czymś okrutnym – i w stosunku do sześciolatków na podwórku, i do dziesięciolatków, i piętnastolatków, i do dorosłych również. Czy słuchałem tych docinków i się uśmiechałem? Pewnie tak. Ale słyszałem też wiele komentarzy, po których modliłem się w duchu, żeby się zamknął i dał mu w końcu spokój".

„To zawsze było bardzo niezręczne – wspomina Steve Kerr. – Pamiętam, jak kiedyś Jud Buechler powiedział: »Wyobrażacie sobie, żeby James Worthy traktował tak Jerry'ego Westa?«".

Jordan był znany z tego, że wszystkich w drużynie testował. Miał też inne, poza Krausem, obiekty żartów. Kerr opowiada: „Pamiętam, jak kiedyś, podczas innego wyjazdu, Michael znów zaczął nadawać z tyłu autobusu. Krause tradycyjnie siedział z przodu. Ron Harper chciał się dołączyć do zabawy, ale Michael szybko go zgasił, mówiąc: »Nie, nie, tobie tego nie wolno. Tylko ja mogę to robić«".

Chociaż zawodnicy często na siebie naskakiwali, dla Kerra było oczywiste, że Jordan po prostu nie chciał doprowadzić do buntu całej drużyny. „Chciał tylko podręczyć Krausego. Wszystkich testował, ale to akurat nie był test. To był czysty mobbing. I nie jestem pewien, skąd się to wzięło. To było żenujące. Nie wiem, co go do tego zmuszało, ale z jakiegoś powodu nieustannie to robił".

Kerr wspomina te chwile jako totalnie upokarzające. Dodaje, że nigdy wcześniej nie znalazł się w sytuacji, kiedy jeden człowiek robił coś takiego drugiemu, a już na pewno nie swojemu przełożonemu. Luc Longley przyznaje, że choć docinki Jordana bawiły jego kolegów, były one jednocześnie bardzo nieprzyjemne, zwłaszcza jeśli padło się ich obiektem. „Zdarzało się, że atmosfera robiła się napięta. Ale w większości przypadków było śmiesznie. Miał taką pozycję, że mógł się w miarę bezpiecznie nabijać z innych. Ale jeśli inni nabijali się z niego, to też całkiem dobrze sobie z tym radził. Zazwyczaj nie było w tym niczego okrutnego".

„Myślę, że zawsze towarzyszył temu jakiś rodzaj napięcia – mówił Bill Wennington. – Z jakiegoś powodu Michael zawsze naskakiwał na Jerry'ego. Kiedy Krause był w pobliżu, Michael go atakował, zwłaszcza w oficjalnych sytuacjach, kiedy w okolicy byli inni zawodnicy. Wszystko działo się w autobusie, więc Jerry nawet nie mógł wyjść. Był skazany na wysłuchiwanie docinków Michaela".

„Jest bardzo inteligentny – mówił o Jordanie Chip Schaefer. – Najgorsze, co mógł zrobić, to spróbować się odciąć. Jeśli odpuszczałeś, to w końcu dawał ci spokój. Ale jeśli zacząłby się z ciebie nabijać, a ty byś się odwrócił i powiedział: »Do kogo mówisz, Łysolu?«, to przeniósłbyś konfrontację na wyższy poziom. Lepiej było więc śmiać się z tego w duchu, mając nadzieję, że zaraz przerzuci się na kogoś innego".

„Dzięki swej pozycji i umiejętnościom Michael uważa, że wolno mu więcej – tłumaczył Wennington. – Jeśli chodzi o to, co robi dla drużyny, to na pewno jest wspaniałym koszykarzem i znakomitym liderem. A liderzy mogą atakować kogo chcą. To on jest na szczycie hierarchii i każdemu, kto jest poniżej, może się dostać. Musisz więc, przynajmniej ja tak robiłem, brać to na klatę. Jeśli spróbujesz odpowiedzieć atakiem, to nikt nie stanie po twojej stronie. Wszyscy pójdą za nim, bo nikt nie będzie chciał zostać przez niego zaatakowanym. Będziesz miał całą dwunastkę przeciwko sobie. Trzeba po prostu wziąć głęboki oddech i to przetrzymać. Jordan mógł przyczepić się do każdego. Łapał odpowiedni nastrój, wybierał sobie ofiarę i tyle. Trzeba jednak było uważać, bo zdarzało się, że kiedy się z kogoś nabijał i zaczynałeś się zbyt głośno śmiać, to się odwracał, spoglądał na ciebie i mówił: »No to teraz zajmiemy się tobą!«".

Oczywiście ataki Jordana znacznie łatwiej było znosić po zwycięstwie. „Bez przerwy się z kogoś naśmiewa – mówił wtedy Kerr. – Ale zdarzają się wesołe chwile, takie, które naprawdę zapadają w pamięć. Zdarzało mu się mówić wyjątkowo zabawne rzeczy. I to, co jest w tym wyjątkowego, to fakt, że wszystko odbywa się w autobusie, tylko w kręgu zawodników. To takie intymne chwile, które zdarzają się zaraz po pełnym emocji meczu. Kolesie wsiadają do autobusu i robi się wesoło".

„Michael to znakomity komik – mówił Ron Harper. – Sprawia, że wszyscy się odprężają. Kiedy atmosfera jest napięta, na przykład po zaciętych spotkaniach, mówi coś takiego, że jesteśmy w stanie naprawdę wrzucić na luz. Potrafi zaskakiwać. Nadaje z tyłu autobusu i bardzo często czepia się Jerry'ego Krause".

Zapytany, czy Krause dobrze znosi docinki Jordana, Harper tylko smutno się zaśmiał. „Chyba nie ma specjalnie wyboru, prawda?". Z kolei Tex Winter mówi: „Być może Jerry ma tę umiejętność, że widzi Michaela takiego, jakim jest. Wie, że uwielbia rzucać innym wyzwania, uwielbia ich deprecjonować i na nich naskakiwać. Myślę, że to akceptuje. W sumie nie ma wyjścia, bo Michael po prostu jest wielki. Jerry jest pierwszą osobą, która to przyzna. Każdy w Bulls doskonale wie, jak cenny jest dla klubu Michael". Jednocześnie Winter uważał, że cała sytuacja spowodowała frustrację Krausego, związaną z zarządzaniem klubem. Spytany, czy Jordan przekroczył granice w relacji z przełożonym, odparł: „Nie wiem, czy w ogóle można mówić o granicy, skoro tak często ją przekracza". Dodał, że cała sytuacja była efektem starcia się różnych osobowości.

Inny pracownik Bulls, który przyglądał się ich wzajemnej relacji, twierdzi, że choć Krause nigdy w to nie uwierzył, to Jackson naprawdę poprosił Jordana, żeby ten trochę odpuścił dyrektorowi generalnemu. Ponoć Jordan odpowiedział, że zdaje sobie sprawę z tego, że nie powinien być taki ostry, ale przyznał: „Czasami po prostu nie potrafię się powstrzymać".

„Myślę, że poruszyli ten temat – zgodził się Winter. – Phil rozmawiał z Michaelem. Tłumaczył mu, że powinien nauczyć się bardziej szanować autorytety. Sądzę, że trochę nam pomógł. Ale z drugiej strony, jeśli mam być szczery, to czasami myślę, że mógłby pomóc bardziej". Winter twierdzi, że mówił Jacksonowi, iż powinien zrobić więcej, by rozluźnić atmosferę.

„Teraz sprawia wrażenie, jakby pozwalał sobie na znacznie więcej – mówił Jackson o powrocie Jordana do Bulls. – Jest bardziej szczery w wyrażaniu uczuć, bez ogródek mówi to, co myśli. Słyszymy od niego rzeczy, które kiedyś zachowywał dla siebie. Zapytany o tę sprawę Jerry powie wam, że Jordan od dawna nosi w sobie jedną urazę: »To ja jestem tym człowiekiem, który kiedyś nie pozwolił mu grać, dlatego będzie miał do mnie pretensje o to do końca życia«".

„Wyrażam się teraz głośniej i wyraźniej, niż robiłem to dziesięć lat temu", powiedział Jordan, zapytany o ten incydent po zakończeniu play-offów.

Zaraz po finałach w 1997 roku jeden z pracowników widział, jak Jordan przytula Krausego. „Chwycił go i objął – powiedział. – To nie był taki krótki uścisk na pokaz, lecz długi, serdeczny, płynący prosto z serca. Michael przytulił też żonę Krausego, Thelmę. Uśmiechała się. Czuliśmy się prawie jak rodzina".

W nadchodzącym lecie, które miało obfitować w negocjacje i konfrontacje, nie było już jednak miejsca na żadne serdeczności. W zasadzie stało się jasne, że nie będzie więcej żadnych uścisków.

Ostatni raz

Parkiet koszykarski był dla Michaela Jordana miejscem, gdzie wszystko stawało się przejrzyste. Krawędzie były tam ostre i czyste, ograniczone przez zgiełk tłumu. Jego granice wyznaczało skupienie Jordana na konkretnym zadaniu. Szczególnie widoczne było to w ostatnim sezonie. Decyzje, które podejmował, były najlepszymi z możliwych. Osiągnął poziom, który wprawiał w zdumienie nawet jego najpilniejszych obserwatorów.

Isiah Thomas, Doug Collins i Bob Costas wspólnie komentowali jeden z meczów w tym sezonie i doszli do wniosku, że powinni w końcu przestać mówić o Jordanie, bo wszystko, co robił, było tak dobre, poprawne i precyzyjne, że można było tylko wyrażać nieustający zachwyt. Można zaryzykować twierdzenie, że nikt inny w historii nie grał w koszykówkę lepiej niż Jordan pod koniec swojej kariery.

Jego drużyna już siódmy rok z rzędu stosowała system trójkątów. Dzięki temu na parkiecie panował porządek, ale dopiero rola Jordana nadawała atakom Byków tego czegoś. Michael potrafił jednym prostym krokiem poruszyć całą obroną przeciwnika. Nikt nie znał systemu ataku Wintera lepiej od Michaela, nie wyłączając być może nawet samego Wintera. Jordan miał ten kinestetyczny zmysł, tę umiejętność odczytywania tego, co dzieje się na parkiecie. System ofensywny udoskonalił tę umiejętność. Jordan dostrzegał ograniczenia i na bieżąco decydował, jak ma się wobec nich zachować, dopóki nie znajdzie lepszej opcji.

Jordan niby nie potrzebował systemu i często robił daną rzecz po swojemu, ale przy tysiącach akcji, będąc w posiadaniu piłki, wykorzystywał go do perfekcji. Bez przerwy pracował pod koszem, a trójkąty sprawiały, że rywalom było trudniej go podwajać. Często jedynym, co musiał zrobić, było odwrócenie się w kierunku linii końcowej i ucieczka od podwojenia, żeby znaleźć pozycję do oddania rzutu. Często po prostu kozłował w kierunku miejsc, które nikomu innemu nie przyszłyby do głowy. Jednocześnie system, kiedy go stosował, stwarzał mu mnóstwo okazji do oddania rzutu. A on przecież był fantastycznym strzelcem.

„Trenowałem go przez trzy lata – mówił Doug Collins – i kiedy widzę, na jakim poziomie wciąż jest w stanie grać w koszykówkę, zapiera mi dech w piersiach".

Nawet jego przeciwnicy sprawiali wrażenie, jakby nie mogli się doczekać, co teraz zrobi. Miał 35 lat, był w fantastycznej formie i w pewnym momencie ludzie zaczęli się zastanawiać, czy w jakiś cudowny sposób nie robi się coraz młodszy. Zrzucenie czterech kilogramów z pewnością sprawiło, że wyglądał młodziej. Większość koszykarzy przegrywała wojnę z wiekiem, ale w jego przypadku wiek wydawał się nie mieć znaczenia. „Facet ma w sobie napęd, który nigdy nie szwankuje", zachwycał się Isiah Thomas.

Piękno Jordana na parkiecie pozostawało w ostrym kontraście z konfliktem, w którym pozostawał ze swoim dyrektorem generalnym. Po otrzęsinach, które Jordan zgotował mu w autobusie w Utah, konflikt zdawał się już zawładnąć Krausem na dobre. Menedżer twierdził, że docinki Jordana w ogóle nie zrobiły na nim wrażenia, ale jego zachowanie wskazywało na coś innego. Znęcanie się nad Krausem było jednym z głównych powodów pogarszania się relacji pomiędzy zawodnikami, trenerami i zarządem klubu. Potem Bulls zdobyli tytuł, a Jordan wskoczył na podium i zażądał, żeby Krause ściągnął Jacksona i pozostałych zawodników, żeby podjęli jeszcze jedną próbę walki o mistrzostwo. Ten incydent uraził Reinsdorfa, który uznał, że Jordan wykorzystał okazję, żeby coś na nim wymusić. Nie dał mu szansy na dobrowolne złożenie oferty.

Michael zdawał sobie jednak sprawę, że w takiej chwili, przy takich emocjach, będzie w stanie rozegrać to najlepiej. Nie zamierzał siedzieć i czekać, aż sprawa zostanie załatwiona gdzieś w salach konferencyjnych Bulls. Publiczny apel adresowany do Reinsdorfa, żeby ściągnął Jacksona i resztę na jeszcze jeden rok, ustalił wzorzec relacji na kolejny, jakże burzliwy sezon 1997/98, w którym Jordan i Jackson publicznie zajmowali stanowisko w swojej sprawie, podczas gdy Reinsdorf prywatnie dostawał szału.

Jeśli chodzi o nowy kontrakt Jordana, to negocjacje nie były specjalnie skomplikowane. Podpisał roczną umowę na ponad 30 milionów dolarów. Jackson dla odmiany z rozgoryczeniem spierał się z Krausem o wartość pracy trenera. Dyrektor generalny nie chciał przyjąć do wiadomości, że pensje trenerskie się zmieniają. W końcu, w lipcu 1997 roku, Krause ogłosił podpisanie z Jacksonem rocznego kontraktu opiewającego na sześć milionów dolarów, ale podkreślił, że będzie to ostatni sezon Jacksona z drużyną, nawet jeśli Bulls wygrają wszystkie 82 mecze.

„Jerry niefortunnie sformułował oświadczenie dla prasy i niepotrzebnie pozwolił sobie na okazanie emocji", powiedział potem Jackson. Krause przyznał: „Oczywiście nie zamierzałem ogłosić tego z radością. Ale mogłem to pewnie zrobić lepiej. Cóż, czasami nie robię tego, co trzeba".

Menedżer nie powiedział, co ostatecznie zdecydowało o terminie rozstania z Jacksonem, ale relacja pomiędzy nim a trenerem z pewnością do reszty się pogorszyła. „To by było na tyle – stwierdził Krause. – Phil i ja dobrze o tym wiemy. Wiedzą o tym wszyscy". Krause stanął w opozycji do cieszącego się dużą popularnością Jacksona. Sytuacja zrobiła się jeszcze mniej ciekawa wraz z rozpoczęciem obozu treningowego, kiedy Jordan ogłosił, że jeśli Jackson nie wróci, to on kończy karierę.

W jednej chwili Jerry Krause przysporzył sobie wrogów w dwóch najpopularniejszych ludziach w świecie koszykówki. Opinia publiczna z każdym dniem stawała się coraz bardziej poirytowana i negatywnie nastawiona do Reinsdorfa. Media i kibice zaczęli nazywać jego i Krausego „dwójką Jerrych", łajdaków, którzy chcą rozwalić Bulls. Krause był niemal stworzony do tej roli.

Iskra, która rozniecіła pożar, pojawiła się podczas dnia dla mediów, kiedy zawodnicy i trenerzy zazwyczaj odpowiadają na pytania dziennikarzy o nadchodzący sezon. Krause, jak to miał czasem w zwyczaju, też postanowił wziąć udział w tym spotkaniu. Odpowiadając na jedno z pytań, stwierdził, że to nie zawodnicy zdobywają tytuły mistrzowskie, tylko organizacje. Potem upierał się, że użył sformułowania: „Nie tylko zawodnicy zdobywają tytuły".

Może i nawet była to prawda, ale subtelne detale często giną, kiedy drobne utarczki przeobrażają się w walkę na gołe pięści. Po ponad dziesięciu latach pracy z Jordanem menedżer Bulls powinien był wiedzieć, że nawet drobne, z pozoru nieszkodliwe wypowiedzi mogą mu przysporzyć kłopotów. Przez to jedno zdanie Krause stał się LaBradfordem Smithem 1998 roku. Dziennikarze powtórzyli potem Jacksonowi wypowiedź Krausego. „Że też powiedział coś takiego...", stwierdził cierpko trener.

Krause dolał oliwy do ognia, ale największym problemem był tak naprawdę Pippen. Jerry Reinsdorf nie zamierzał zapłacić mu tyle, na ile Scottie w swojej opinii zasługiwał. Spośród wszystkich konfliktów, w które zamieszana była drużyna, ten był najtrudniejszy do rozwiązania. „To było niefortunne – mówił Jim Stack w 2012 roku. – Myślę, że największym problemem był kontrakt Scottiego i to, że nie chcieliśmy mu zapłacić tyle, na ile zasługiwał. Znaleźliśmy się w trudnej sytuacji. Scottie jeszcze nigdy w karierze nie podpisał kontraktu godnego supergwiazdy. Jego umowa kończyła się latem 1998 roku i Scottie ewidentnie oczekiwał wieloletniego kontraktu. A my nie byliśmy w stanie mu go zaproponować".

Mówiąc wprost, Reinsdorf i jego partnerzy, którzy w krótkim czasie zarobili na Bulls setki milionów dolarów, nie zamierzali zapłacić Pippenowi tyle, ile zarabiali inni zawodnicy podobnego kalibru, czyli około 15 milionów dolarów rocznie. Płacili mu mniej niż trzy miliony rocznie, czyli o wiele poniżej jego wartości. Pippen był kluczowym dla gry Jordana zawodnikiem, ale Reinsdorf zamierzał go sprzedać w zamian za tańsze aktywa. Może i dobrze by na tym wyszedł, ale trudno było zaakceptować, że tak traktuje się graczy w najwspanialszej drużynie w historii koszykówki. Cena za usługi Pippena wahała się w granicach 45 milionów dolarów za trzy sezony. Reinsdorf już teraz płacił Jordanowi 30 milionów za sezon i nie zamierzał zwiększać sumy płac w drużynie, która i tak była wówczas najwyższa w historii NBA. Rozmowy z Krausem i Reinsdorfem zawsze stawały w martwym punkcie, kiedy dochodziło do pytania, co będzie po zakończeniu epoki Jordana. Byli na to tak wyczuleni, że w ogóle nie zdawali sobie sprawy, co wciąż jeszcze posiadają.

Dla Pippena, który był typem strojącym fochy, było to oczywiste. Doznał kontuzji i zaraz po zakończeniu sezonu w 1997 roku miał przejść operację. Ale ponieważ był wściekły, że władze drużyny chcą się go pozbyć, poczekał z operacją do końca lata, co oznaczało, że na początku sezonu będzie musiał przez kilka tygodni pauzować. Sam Smith, który zawsze potrafił odczytywać subtelne sygnały, zauważył, że na Pippena jest też zły sam Jordan. Jeśli jednak nawet tak było, to dobrze to maskował, koncentrując uwagę na narastającej złości wobec Krausego i Reinsdorfa.

Jackson wiedział, że nieudolne ruchy Krausego mają stanowić idealną przykrywkę dla decyzji Reinsdorfa. Opinia publiczna miała uwierzyć, że konflikt powstał między Jordanem i/lub Jacksonem a Krausem, podczas gdy tak naprawdę chodziło o to, że Reinsdorf nie zamierzał zapłacić Pippenowi. Jordan nie rozmawiał z dziennikarzami podczas dnia dla mediów, ale zrobił to nazajutrz, po pierwszym treningu drużyny. Skomentował wypowiedź Krausego: „Jestem zawsze konsekwentny w tym, co mówię, a mówię to, co myślę. Jeśli Phila tu nie będzie, to mnie z całą pewnością także". Jeden z dziennikarzy zapytał, co w sytuacji, jeśli Jackson w kolejnym roku poprowadzi inną drużynę. Czy wówczas Jordan za nim pójdzie? „Nie – odparł Michael. – Na pewno nie. Zrezygnuję. To znaczy nie tyle zrezygnuję, co zakończę karierę". Kiedy zapytano go, czy wypowiedzi Krausego będą miały wpływ na grę drużyny, odpowiedział: „Nie, chyba że Jerry zagra. Ale zdaje się, że on nie gra".

Przesunięcie terminu operacji Pippena wywarło na Jordanie ogromną presję. Przez dwa poprzednie sezony jego występy na parkiecie sprawiały, że drużyna trzymała się razem. Michael wierzył, że dopóki Bulls zdobywają tytuły mistrzowskie, to Reinsdorf nie pozwoli Krausemu rozwalić drużyny. Jednak teraz, kiedy miało zabraknąć Pippena, musiał sam dźwigać ciężar gry na swoich barkach. Na swój sposób znalazł się w podobnej sytuacji jak przed laty, gdy jeszcze grał w Little League. Kiedy grał dobrze, to rodzice byli zadowoleni. Presja otoczenia towarzyszyła mu niemal przez całe życie.

Czysty umysł

Jesienią Bulls zaczęli słabo. W listopadzie osiągnęli bilans 6:5. Siódme zwycięstwo wywalczyli, kiedy Jordan zdobył 49 punktów, dzięki czemu udało im się odprawić Clippers po dwóch dogrywkach. Choć Pippen był kontuzjowany, to podróżował razem z zespołem. Po dwóch meczach pojawił się na lotnisku pijany. W autobusie zaatakował słownie Krausego. Od razu pojawiły się spekulacje, że Jerry, który przecież nie lubił Pippena, wykorzysta incydent jako pretekst do sprzedania go w lutym – jeszcze przed upływem terminu dokonywania transferów.

Ćwiczenia *mindfulness*, prowadzone przez Jacksona i George'a Mumforda, miały za zadanie nauczyć zawodników, żeby w pełni wykorzystywali każdą chwilę. Jordan podjął decyzję, że będzie to jego ostatni sezon, więc chciał pozostać skoncentrowany i maksymalnie się nim cieszyć. Na tydzień przed świętami Bożego Narodzenia grał już na tyle dobrze, że pomógł drużynie poprawić bilans na 14:9. Do Chicago przyjechali akurat Los Angeles Lakers, dzięki czemu miał okazję rzucić okiem na Kobego Bryanta, którego media ochrzciły mianem „kolejnego Michaela Jordana". Dziennikarze przez tyle lat zapowiadali nadejście nowych zawodników, którzy mieli być kolejnymi dominującymi supergwiazdami, że w końcu powstał przydomek „Dziedzic Jordan". Na początku lat 90. Harold Miner z Uniwersytetu w Kalifornii Południowej miał pecha, bo został nazwany „Baby Jordanem" i uwierzył, że nim jest. Jednym z kandydatów do tytułu był nawet Ron Harper, jednak doznał poważnej kontuzji kolana. Doszedł do siebie, ale nie latał już tak wysoko jak wcześniej. Grant Hill też miał swoje pięć minut, jeszcze jako debiutant w Detroit Pistons w 1994 roku, ale z czasem okazało się, że bliżej mu do kogoś pokroju Pippena. Następcą Hilla był Jerry Stackhouse, który musiał przez to znosić liczne upokorzenia. Aż w końcu, w grudniu 1997 roku, nadeszła pora na Kobe Bryanta.

Jordan zadawał sobie wiele trudu, żeby każdemu z pretendentów do tronu dać porządną lekcję. Jednak Bryant wydawał się pod wieloma względami tak do niego podobny, że zrobił wrażenie nawet na panującym królu. I tak jak Ray Allen, Bryant też latami studiował nagrania z akcjami Jordana – robił to z takim zapamiętaniem, że groziło mu, iż zostanie kolejną marną kopią mistrza. Tamtej nocy w Chicago pokazał jednak, że daje radę, zwłaszcza jeśli chodzi o naśladowanie ruchów Jordana w ataku. Sam mistrz przyznał: „Sporo potrafi".

Obrońca Lakers, Nick Van Exel, lubił żartować, że może to być jego zasługa, ponieważ pożyczył Bryantowi kasetę z najlepszymi akcjami Jordana jesienią 1996 roku, kilka dni po tym, jak Kobe dołączył do drużyny jako 18-letni żółtodziub z liceum Lower Merion w Filadelfii. Tamtej nocy było jasne, że Bryant spędził mnóstwo czasu, oglądając tę taśmę, bo umiał powtórzyć prawie wszystkie ruchy Michaela.

Jak Bryant radził sobie z Jordanem? To pytanie przynajmniej na chwilę odciągnęło uwagę Bulls od obaw związanych z Krausem, Pippenem, Michaelem i Jacksonem. Tej nocy Jego Powietrzność wyprowadził Bulls na wysokie prowadzenie już w pierwszej kwarcie. Przed drugą kwartą tak kierował przebiegiem spotkania, żeby doprowadzić do pojedynku między nim a Bryantem.

„Michael to uwielbia – mówił o tej rywalizacji Ron Harper. – Bryant jest młodziutkim zawodnikiem, który być może kiedyś zasiądzie na tronie zwolnionym przez Michaela. Ale myślę, że Jordan nie jest jeszcze gotów na oddanie tronu. Chce wszystkim pokazać, że wciąż jest Air Jordanem".

MJ zdobył 36 punktów, a Bryant odpowiedział 33 punktami, co było wtedy dla niego rekordem kariery. Tej nocy można było podziwiać wiele wspaniałych akcji obu zawodników tańczących pod koszem, trafiających jumpery z półdystansu i torujących sobie drogę do pięknych slam dunków. „Kiedy byłem młody, miałem w sobie podobną energię – powiedział Jordan dziennikarzom. – To ekscytujące, móc zestawić inteligencję z umiejętnościami fizycznymi, wiedząc, że gram już w koszykówkę na tyle długo, że jeśli będę musiał pokryć Kobego Bryanta... to wciąż jeszcze dam radę".

Jordan próbował zachować umiar, choć bardzo chciał rozstrzygnąć ten pojedynek jeden na jednego. „W związku z szumem wokół naszego starcia było to sporym wyzwaniem – przyznał. – Ale wyzwanie polega również na tym, żeby nie poddać się temu szumowi, żeby nie zrobił się z tego pojedynek jeden na jednego pomiędzy mną i Kobem. Kilka razy tak właśnie się poczułem i musiałem się powstrzymywać, zwłaszcza kiedy udało mu się rzucić mi punkty. Naturalnie, że miałem ochotę odpowiedzieć mu pod jego koszem w ten sam sposób".

Z całego pokolenia zawodników, którzy wyrośli na kulcie Jego Powietrzności, Bryant wydawał się jednym z jego najlepszych naśladowców, choć przecież ich style gry znacznie się różniły. „W obronie byłem przyzwyczajony do gry przeciwko zawodnikom, którzy mieli umiejętności podobne do moich – tłumaczył Jordan. – Próbowałem znaleźć u nich słabość i ją wykorzystać".

Kiedy walczyli przeciwko sobie w czwartej kwarcie, Bryant zatrzymał na chwilę Michaela. „Zapytał mnie o sposób, w jaki przemieszczam się pod koszem. »Czy trzymasz nogi szeroko, czy raczej blisko siebie?«. Byłem w lekkim szoku. I poczułem się jak stary dziad. Odpowiedziałem, że kiedy atakuję, to zawsze staram się wyczuć i dostrzec, gdzie znajduje się mój obrońca, a kiedy przemieszczam się pod koszem, żeby rzucić z wyskoku po obrocie, to zawsze wykorzystuję nogi". Jordan dodał, że największym wyzwaniem, stojącym przed Bryantem, będzie „wykorzystanie tego, co wie, spożytkowanie tego, co potrafi. Wdrożenie tego na parkiecie. To jest trudne. To kwestia doświadczenia. Tego właśnie nauczyli mnie Larry Bird i Magic Johnson. Nie mam jednak wątpliwości, że ma wystarczające umiejętności, żeby przejąć panowanie nad koszykówką".

Bryant, syn byłego koszykarza NBA, Joego „Jellybeana" Bryanta, bardzo chciał zaimponować Jordanowi. „Michael uwielbia wyzwania – powiedział. – Uwielbia na nie odpowiadać. Ale przecież mój ojciec zawsze mnie uczył, że nie wolno mi ustępować nikomu, niezależnie od tego, jak wspaniałym jest zawodnikiem. Jeśli jest pobudzony, to i ja się pobudzam. Wychodzę na parkiet i walczę, oko za oko, cios za cios".

Kiedy Jordan zobaczył, jak wysoko potrafi się wybić Bryant, przyznał, że był pod wrażeniem jego talentu. „Zapytałem Scottiego Pippena: »Czy myśmy też tak wysoko skakali? Bo już nie pamiętam«. Scottie odpowiedział: »Chyba tak, ale to było tak dawno temu, że też nie jestem pewien«. Poczułem się tak, jakbym znalazł się na miejscu niektórych przeciwników, z którymi mierzyłem się w przeszłości. Z pewnością pokazał swój potencjał i zrozumiałem, że kiedyś może stać się w tej lidze prawdziwą potęgą. Jest wielowymiarowy. Kiedy jesteś zawodnikiem atakującym, to twoja gra nie może być przewidywalna, żeby defensywa rywali musiała się nieustannie zastanawiać, co teraz zrobisz".

Bryant tak mówił o Jordanie: „To bardzo inteligentny zawodnik. Mógłbym powiedzieć, że myśli koszykówką. Nieważne, czy chodzi o szczegóły taktyczne, czy małe strategie, które wykorzystuje na parkiecie. Sprawdzałem go i analizowałem jego grę pod kątem tego, czy też to potrafię. Ale on jest w tym lepszy, bo robi to już od jakiegoś czasu. Jest bardzo inteligentny i świetnie wyszkolony technicznie. Nie da się takich umiejętności pozyskać w naturalny sposób... – Bryant na chwilę zamyślił się nad swoimi słowami, po czym dodał: – Ale jeśli do tego wszystkiego masz jeszcze talent, to wtedy można cię nazwać koszykarzem kompletnym".

Pomimo problemów w drużynie Jordan bił kolejne rekordy. 9 grudnia, podczas zwycięskiego meczu z Nowym Jorkiem, wyprzedził Mosesa Malone'a (27 409 punktów) i zajął trzecie miejsce na liście najlepszych strzelców wszech czasów. Niespełna dwa tygodnie wcześniej wyprzedził Elvina Hayesa (27 313). Ponadto 15 grudnia, w meczu przeciwko Phoenix, Bulls po raz 500. z rzędu wyprzedali wszystkie bilety, co było najdłuższą serią w lidze i niezbitym dowodem na to, jak wiele koszykówka zawdzięcza Jordanowi. Gdziekolwiek by nie pojechał, ludzie wszędzie pytali go, czy naprawdę odejdzie, jeśli Bulls nie przywrócą Jacksona. „Podchodzę do tego bez emocji: dziś jeden mecz, jutro kolejny – powtarzał konsekwentnie. – Co ma być, to będzie. Przecież nikt tak naprawdę nie wie, co się wydarzy".

2 stycznia Bulls podejmowali Raya Allena i Milwaukee. Jordan zdobył 44 punkty, trafiając 15 z 22 rzutów z gry. Potem rozgromił Knicks w hali Garden, rzucając 44 punkty – ale przecież Knicks rozgramiał zawsze. W ciągu trzech tygodni sześciokrotnie zdobył 40 punktów, między innymi rzucając 45 w meczu przeciwko Houston i swemu staremu kumplowi Charlesowi Barkleyowi. „Jeśli chce cię pobić, to cię o tym uprzedzi – powiedział Barkley, komentując trash-talking Jordana. – A kiedy już leżysz na ziemi, to jeszcze cię zdepcze".

Ponieważ szczególny stosunek Michaela do kolegów z drużyny był powszechnie znany, Toni Kukoč i Luc Longley zostali poproszeni o podzielenie się refleksjami, jak to jest być jego chłopcem do bicia. Longley przyznał, że krytyka bywała trudna do zniesienia. „Na początku było dość ostro. Z czasem zaczął mi jednak odpuszczać, bo mnie lepiej poznał, i stał się bardziej wyrozumiały. Wie już, gdzie znajduje się u innych granica tolerancji. Zobaczył, co jestem w stanie zrobić, a czego nie. Nie mam go dosyć. To stało się częścią atmosfery naszej drużyny". Kukoč za to przyznał, że nie miałby nic przeciwko temu, żeby Jordan wsadził sobie knebel do ust. „Czasami jest naprawdę trudno – mówił chorwacki skrzydłowy. – Nie zawsze jest to miłe, nie zawsze chce się tego słuchać". Wspomniał też, że kiedy Jordan robił się ostry, to odczekiwał, aż się uspokoi, a potem mu mówił, że przesadził. Michael zawsze z uwagą go słuchał: „Nie ma problemu z rozmową czy z dyskusją. Nie odciąłbym mu się. Nie jestem typem kolesia, który wdaje się w ostre pyskówki. Wolałem odczekać pięć czy dziesięć minut i potem spróbować z nim porozmawiać". Mimo to obaj koledzy przyznawali, że Jordan zawsze skupiał się na kwestiach, z którymi trudno było dyskutować.

Michael nieustannie szukał sposobów, które mogłyby mu pomóc w zaliczeniu kolejnego 40-punktowego meczu. Wiosną zarezerwował takie występy dla Gary'ego Paytona w Seattle i Michaela Finleya w Dallas. Im był starszy, tym częściej wydawało się, że młodzi zawodnicy dostarczają mu dodatkowej motywacji. W lutym, w tygodniu, w którym kończył 35 lat, znów zmierzył się z Bryantem w Meczu Gwiazd w Nowym Jorku i po raz kolejny odniósł zwycięstwo.

Zimą upłynął termin dokonywania transferów, a Krause nie sprzedał Pippena, który powrócił po wyleczeniu kontuzji. Bulls maszerowali po swoją ostatnią nagrodę. Przez całą wiosnę doświadczali sympatii tłumów. Nie miało znaczenia, gdzie grali – hale zawsze pełne były kibiców pragnących zobaczyć Jordana. Robili mnóstwo zdjęć Air Jordana w akcji, chcąc uwiecznić jego ostanie chwile na parkiecie. Michael już dawno temu nauczył się ignorować flesze z kamer podczas wykonywaniu rzutów wolnych, ale cała sytuacja miała jeszcze jeden aspekt. Jordan odegrał bowiem wielką rolę w tworzeniu nowej epoki, w której koszykówka stała się rozrywką dla mas. Każdej nocy dziesiątki tysięcy kibiców składały mu hołd. Kolejne setki, a czasami tysiące, gromadziły się na zewnątrz – przed halami i przed hotelami, w których się zatrzymywał, albo na ulicach – marząc o tym ułamku sekundy, kiedy dane im będzie dostrzec Jordana i jego kolegów wysiadających z autobusu. Niezliczone rzesze fanów wysyłały mu wyrazy uznania w postaci pocztówek, listów, kwiatów, prezentów i osobistych próśb. Nawet będąc w wieku, kiedy umiejętności sportowe większości zawodników zaczynają się dramatycznie pogarszać, raz jeszcze wygrał wyścig o tytuł najlepszego strzelca, zdobywając średnio ponad 28 punktów na mecz. I choć w ostatnich latach musiał bardziej polegać na swoim świetnym rzucie z wyskoku, to nadal był w stanie udowodnić, w jak niewiarygodnym stopniu kontroluje swoje ciało. Pokazał, że wciąż jest w stanie zdominować praktycznie każdy mecz. Podobną umiejętność miewało tylko niewielu spośród jego młodszych rywali. A może nawet nie miał jej żaden z nich.

„Czy Michael mógłby grać jeszcze lepiej? – zapytał którejś nocy przed meczem wieloletni fotograf Bulls Bill Smith. – Czy to 1987 rok? Jak on może chcieć odejść? Trudno mi będzie się z tym pogodzić".

„Przechodziliśmy przez to tysiące razy i nikt tak naprawdę nie wie, jaki jest plan – powiedział Steve Kerr, przyznając, że decyzje zarządu klubu sprawiły, że i on, i jego koledzy już się w tym wszystkim pogubili. – W Chicago, gdziekolwiek byśmy nie poszli, ludzie nas się pytają: »Jak oni w ogóle mogą myśleć o rozbiciu tej drużyny?«. I mówiąc szczerze, nie potrafimy im na to pytanie odpowiedzieć".

W lutym, kiedy drużyna grała w Utah, Krause znowu trafił na czołówki gazet, powtarzając w rozmowie z dziennikarzem „Chicago Tribune" Fredem Mitchellem, że to na pewno ostatni sezon Jacksona z drużyną. I kontrowersje powróciły. Terry Armour, również z „Chicago Tribune", stwierdził, że był to gigantyczny błąd: „Byliśmy wtedy w Utah, kiedy Krause powiedział: »Gorąco pragniemy, żeby Michael do nas wrócił, ale jeśli on chce, żeby wrócił też Phil, to do tego nie dojdzie«. Podczas tej serii meczów wyjazdowych, gdziekolwiek się nie zatrzymaliśmy, pojawiał się ktoś, kto pytał: »Hej, Michael, czy to twój ostatni sezon?«. A on odpowiadał: »Tak, może się tak okazać. Jeśli Phil nie wróci, ja również nie wrócę. Podchodzę do tego tak, jakby był to ostatni sezon«. Myślę, że Krause miał już dosyć czytania o tym i przyjął postawę: »Dobra, to może teraz ja zaatakuję i powiem: »Wiem, że chcecie, żeby Michael wrócił, ale nie wydarzy się to pod rządami Phila«".

„Moim zdaniem Krause po prostu chce mieć kontrolę – mówił Pippen. – Chce zdobyć tytuł bez Michaela. I chce go zdobyć bez Phila. A także beze mnie. Żeby móc mówić, że jest świetny w tym, co robi".

„Po co zmieniać trenera, który zdobył pięć tytułów mistrzowskich, który jest szanowany przez swoich zawodników, który świetnie się z nimi dogaduje i rozumie, co czują, kiedy codziennie wychodzą na parkiet i dają z siebie wszystko? – dopytywał Jordan. – Dlaczego chce zrobić coś takiego? Myślę, że to efekt konfliktu osobowości. Na pewno nie chodzi o pracę trenera, o to, co osiągnął ze swoimi zawodnikami, o szacunek, na który u nich zasłużył. Nie da się podważyć jego sukcesów trenerskich. Myślę, że nikt z tym nie będzie dyskutował. Uważam więc, że to coś osobistego".

Po tym, jak Jordan skrytykował zarząd klubu podczas konferencji w ramach Weekendu Gwiazd w Nowym Jorku, Reinsdorf ogłosił w końcu moratorium na publiczne poruszanie tych tematów. Była to najlepsza z możliwych decyzji, skoro nie dawało się wyjaśnić zawiłości konfliktu.

„Wszystkie dyskusje o zakończeniu kariery, zastępstwach i ewentualnych zmianach w składzie są przedwczesne – powiedział właściciel w oświadczeniu wydanym przez klub. – Zarząd zatrudnił w tym sezonie tego trenera i tych zawodników, żeby podjąć walkę o szóste mistrzostwo NBA. Przed nami jest jeszcze połowa sezonu zasadniczego i play-offy i na tym powinniśmy się wszyscy skoncentrować. Ja skupiam się wyłącznie na tym. I kropka".

Konflikt przerodził się w nieczystą wymianę ciosów. Zdaniem Jacksona jeden z problemów polegał na tym, że Jordan miał zwyczaj chodzenia przed meczami do łazienki. Jakoś tak się składało, że Krause zawsze musiał się udać do toalety w tym samym czasie, co złościło gwiazdora, który uważał to za pogwałcenie swojej prywatności. Wyszło też na jaw, że Jackson wykonał w tym roku kretyński ruch i kupił swojej kochance bieliznę, ale źle zaadresował przesyłkę. Paczka wróciła do jego biura, gdzie asystentka, myśląc, że to prezent dla jego żony, przesłała ją do domu państwa Jacksonów. Awantura, która z tego wynikła sprawiła, że Jackson musiał przez cały sezon mieszkać w hotelu.

Zawodnicy wspierali Jacksona podczas rodzinnego kryzysu, co spowodowało, że Krause zaczął sugerować, że trener wykorzystuje tę sytuację. „Phil jest z pewnością trenerem, dla którego najważniejsi są zawodnicy – zgodził się Tex Winter. – To oczywiste, że go kochają. Rzadko zdarza się taka sytuacja, w której supergwiazda pokroju Michaela Jordana gotowa jest skoczyć w ogień za swoim trenerem do tego stopnia, że deklaruje koniec kariery, jeśli nie będzie mogła dla niego grać. To fantastyczna relacja. Wszystko to pokazuje, jak starannie Phil ją pielęgnował".

„Jerry chce być najpotężniejszą osobą w całej organizacji i trudno mu przystać na to, żeby Michael był po prostu Michaelem – mówił Jackson. – Jordan nie chce władzy. Chce być jednym z zawodników, ale nie potrzebuje kogoś, kto będzie nim rządził, dyrygował, rozstawiał go po kątach i tak dalej. O to w tym wszystkim chodzi".

Im bliżej było do play-offów, tym bardziej Jackson zdawał się czuć winny, że jego konflikt z Krausem może spowodować przedwczesne zakończenie kariery Jordana. „Według mnie – mówił trener – jedynym minusem całej tej sytuacji jest fakt, że Michael Jordan nie jest jeszcze gotów na zakończenie kariery. Jeden z największych koszykarzy w historii, jeden z największych bohaterów naszego społeczeństwa ma odejść, a przecież mógłby jeszcze tak wiele osiągnąć. Mamy zostać pozbawieni możliwości oglądania kogoś naprawdę wyjątkowego, bo po prostu chce odejść i pragnie to zrobić w swoim stylu, na swoich warunkach. A przecież nigdy nie widzieliśmy, żeby ktoś w jego wieku w takim wymiarze cieszył się statusem supergwiazdy. Nie znam innego sportowca, który byłby w stanie grać na jego poziomie, mając tyle lat. Michael zmienił postrzeganie tego, co do tej pory uznawaliśmy za normalne, jeśli chodzi o umiejętności i możliwości ludzi w jego wieku. To jedyny minus całej sytuacji. Mam dobrą relację z Jerrym Reinsdorfem, rozumiemy się z Jerrym Krause. Może nie jesteśmy ze sobą tak blisko jak kiedyś, ale się dogadujemy. Wiem, że Krause chce podążać w określonym kierunku. On wie, że i ja mam swoje plany".

Koledzy Jordana nie mogli się nadziwić, że jest w stanie grać na poziomie mistrzowskim, mimo że losy jego dalszej kariery stoją pod znakiem zapytania.

„Michael jest profesjonalistą: przede wszystkim jest zawodnikiem i to grę w koszykówkę stawia na pierwszym planie – mówił Steve Kerr. – Nie wygłupia się, nie zwodzi. Po prostu robi swoje, grając w koszykówkę". Umiejętności PR-owe Jordana nie były gorsze od jego umiejętności fizycznych. Wykorzystywał je do przeciwdziałania staraniom Krausego, który chciał wyrzucić Jacksona. „Mając podpisane te wszystkie kontrakty reklamowe, Jordan z pewnością jest machiną PR-ową – mówił Kerr. – Wizerunek jest dla niego ogromnie ważny. I myślę, że wcale nie chce wyjść na kogoś, kto chce przejąć władzę w organizacji... Jest bardzo sprytny".

„Wokół naszej drużyny namnożyło się już całe mnóstwo bzdur – mówił Luc Longley. – Zawsze coś się dzieje. A to jakaś afera z Dennisem, a to Michael kończy karierę, a to Jerry znowu robi szum. W ciągu ostatnich trzech lat wokół zespołu było tyle kontrowersji i pojawiło się tyle dziwnych okoliczności, że na treningach musieliśmy ćwiczyć oczyszczanie umysłu z tych wszystkich bzdur".

Kiedy w marcu Jordan miał rozegrać swój ostatni mecz w Madison Square Garden, włożył na nogi parę swoich starych air jordanów i nie pozwolił, by ich za mały rozmiar powstrzymał go przed zdobyciem 42 punktów w starciu przeciwko drużynie prowadzonej przez Jeffa Van Gundy'ego. Potem to osiągnięcie powtórzył w Chicago, rzucając Knicksom 44 punkty w ostatnim meczu sezonu.

Magic Johnson, zapytany przed tamtym pojedynkiem o Jordana, odparł: „Zawsze uważałem siebie za najbardziej waleczną i ambitną osobę, jaką znam. Tak było dopóki nie poznałem Michaela".

Jordan nigdy nie zapomniał Krausemu jego niefortunnej wypowiedzi: „Zawodnicy nie zdobywają tytułów mistrzowskich...". A może jest po prostu tak, jak to opisywał Tim Hallam, który pracował z Michaelem przez wiele lat: „To naprawdę uparty skurwysyn".

Szósty zmysł

Koniec końców jedyną nadzieją Bulls na utrzymanie drużyny było kolejne zwycięstwo. Każdy, kto widział grę Jordana tej wiosny, dostrzegał, że ma całkiem sporą szansę raz jeszcze wymusić coś na zarządzie klubu. Wszystko ułożyło się tak, że znowu miało dojść do pojedynku z Utah, choć Indiana Pacers, trenowani przez Larry'ego Birda i prowadzeni przez Reggiego Millera, omal nie pokrzyżowali Bykom planów. Najlepsi w Konferencji Zachodniej Utah Jazz do końca walczyli z Chicago w wyścigu o przewagę własnego parkietu podczas play-offów na wypadek, gdyby obie drużyny miały się spotkać w wielkim finale. Utah potknęło się, przegrywając na wyjeździe z Minnesotą, dlatego ten wyścig wygrało Chicago. Bulls też jednak osłabli w końcówce. Lecz choć przegrali w Cleveland, pokonali Orlando i zostali pierwszą drużyną w lidze, która wygrała 60 meczów. Potem jednak do hali United Center przyjechali Pacers, którzy łatwo wygrali 114:105. Następnie Bulls przegrali raz jeszcze, na wyjeździe z Detroit, i zakończyli sezon z bilansem 62:20 – takim samym jak Utah, które jednak wygrało oba mecze z Chicago podczas sezonu zasadniczego.

Reggie Miller rozpalił w Pacers żądzę zwycięstw i już wkrótce zmusili Bulls do ciężkiego, siedmiomeczowego pojedynku w Finale Konferencji Wschodniej. Chicago wygrało tylko dzięki przewadze własnego boiska. Po pokonaniu Indiany w niedzielę 31 maja Bulls trenowali jeszcze w poniedziałek, po czym polecieli odrzutowcem do Utah na rewanż z Jazz o mistrzostwo NBA.

Trener Utah, Jerry Sloan, nadal zamierzał działać zgodnie ze swoim motto: „To prosta dyscyplina sportu pod warunkiem, że codziennie wychodzisz na parkiet i dajesz z siebie wszystko". John Stockton i Karl Malone stanowili uosobieniem tego etosu. Obrońca i silny skrzydłowy Jazz od dawna byli najlepszą machiną od pick-and-rolli w całej NBA. Stockton miał w przyszłości zostać najlepszym podającym w historii, a Malone trzecim koszykarzem, który zdołał rzucić ponad 30 tysięcy punktów. Jazz zawsze walczyli do upadłego, choć nie zawsze ładnie. Stosowali wszystkie możliwe chwyty i często powracały oskarżenia, że Stockton gra nieczysto. Mimo to Jordan podziwiał ich obu. Aby to udowodnić, marzył o tym, żeby znowu zadać im cios. W pojedynkach z Jazz nigdy nie chodziło o psychologiczne gierki: po prostu zapinamy pasy i sprawdzamy, kto jest lepszy.

W pierwszym meczu obie drużyny szarpały się nawzajem, doprowadzając do dogrywki, w której Stockton zrobił z Kerra ofiarę, trafiając w końcówce ponad nim i dając Jazz prowadzenie w całej serii 1:0. Jackson i jego sztab byli znani z tego, że potrafią dokonać korekt w ustawieniu, co zresztą zrobili w drugim meczu. Poszerzyli ustawienie ataku trójkątów, ułatwiając zdobywanie punktów z dystansu. W pierwszej połowie trójkąty działały lepiej niż kiedykolwiek.

„Dzisiaj naprawdę wszystko nam wychodziło – powiedział Jud Buechler. – W tym ataku każdy z zawodników ma mieć kontakt z piłką. Ma podawać, przecinać parkiet i biec do przeciwległego rogu. To właśnie robiliśmy, zamiast bez przerwy podawać do Michaela, żeby ten przedzierał się pod kosz. Od początku zaangażowaliśmy wszystkich i to nam bardzo pomogło".

„Pierwsza połowa był piękna – zgodził się Winter. – Dużo lepiej wypełnialiśmy założenia taktyczne. Przecinaliśmy parkiet, a Michael dzielił się piłką. Chętnie oddawał na dystans". W wypowiedzi starego trenera pobrzmiewała też nutka frustracji. „W drugiej połowie odpuściliśmy i zaczęliśmy grać inaczej – powiedział. – Zdecydowanie za dużo graliśmy jeden na jednego. Zwłaszcza Michael wymuszał zbyt wiele takich sytuacji". Winter uważał, że gdyby Bulls dalej robili swoje, to wygraliby różnicą kilkunastu punktów. Jordan jednak zaczął wchodzić pod kosz i łapać faule na obrońcach, ponieważ tym sposobem udało mu się wcześniej wywalczyć zwycięstwo w siódmym meczu z Indianą. Sędziowie nie gwizdali jednak przewinień. Jordan lądował na plecach, a Jazz przechwytywali piłkę i łatwo zdobywali punkty po kontratakach. Nagle, na niespełna dwie minuty przed końcem, siedmiopunktowa przewaga Chicago zamieniła się w prowadzenie Utah 86:85.

„Nie wiem, jak to jest – powiedział potem Winter, potrząsając głową. – Ale Michael ma w sobie tę cholerną pewność siebie".

Jordan wyprowadził Byki znowu na prowadzenie 88:86, trafiając layup na 47,9 sekundy przed końcem. Po chwili, przy remisie 88:88, kiedy ważyły się losy spotkania, Kerr znalazł się w kontrataku na wolnej pozycji do rzutu za trzy punkty. „Spudłowałem, ale piłka wróciła prosto do mnie – powiedział. – Fart. Kiedy tylko ją złapałem, zobaczyłem Michaela pod koszem, więc po prostu oddałem do niego".

Jordan trafił, został sfaulowany, potem rzucił jeszcze wolne i Bulls wygrali 93:88, odzyskując przewagę własnego parkietu.

Byki wróciły do Chicago, gdzie po treningu Winter przyznał, że choć wcześniej miał nadzieję na utrzymanie drużyny, to teraz widzi, że to bardzo mało prawdopodobne. „Wcale nie uważam, że rozpad zespołu musi oznaczać wstyd – powiedział. – Szkoda, że tak się musi stać, ale zmiany są potrzebne. Może właśnie teraz jest na nie dobry moment". Nie wyglądał na przekonanego, ale podobnie argumentował to Krause. Winter już wcześniej przypuszczał, że Bulls będą mieli problemy ze zdobyciem tytułu w 1997 roku, tymczasem znaleźli się na bardzo dobrej pozycji w finale i rządzili ligą. Trener argumentował, że gdyby drużyna powróciła w niezmienionym składzie, to w 1999 roku miałaby już pewnie najlepsze lata za sobą. Mogłaby nie być w stanie spełnić oczekiwań.

Jordan nadal zaskakiwał, ale Rodman sprawiał wrażenie, jakby się wypalił i zdziwaczał jeszcze bardziej. Pippen miał problemy z plecami, a niektórzy obserwatorzy zauważyli, że zaczyna odstawać od reszty. Z drugiej strony Jackson był znany z tego, że potrafił odnawiać swoje drużyny. Utrzymanie kluczowych elementów razem wymagałoby terapii, a zdaniem Wintera tylko Reinsdorf mógł naprawić relację pomiędzy Jacksonem i Krausem. Potem miało się okazać, że właściciel podjął w końcu taką próbę, tyle że było już za późno.

„Być może bardziej byśmy się z tego wszystkiego cieszyli, gdybyśmy mogli to docenić", mówił Jackson. Podczas play-offów przyznał, że pomimo obecnej szorstkiej relacji zawsze będą go z Krausem łączyły sukcesy Bulls. Równocześnie zaznaczył, że praktycznie nie ma szans, by wrócił. Mówił, że już w 1997 roku próbował wyjaśnić Reinsdorfowi, że jego współpraca z Krausem jest w zasadzie niemożliwa. Właściciel musiał więc wybrać – albo trener, albo dyrektor generalny – i stanął po stronie Krausego. Mimo to Jackson próbował jeszcze zostawić sobie otwartą furtkę. „Jeśli będzie od tego zależało, czy Michael będzie wciąż grał, jeśli na mnie spocznie odpowiedzialność za jego karierę, będę musiał to przemyśleć – powiedział. – Muszę być lojalny w stosunku do ludzi, którzy byli lojalni w stosunku do mnie. Nie mam co do tego wątpliwości. Jedyną rzeczą, która może sprawić, że się ostatecznie wycofam, jest moje samopoczucie, moje zdrowie fizyczne i psychiczne w obliczu wszystkiego, co się tu dzieje".

Pippen, Harper i Jordan dostarczyli mu najlepszych argumentów, dominując nad obrońcami Utah w trzecim meczu, zakończonym najwyższym zwycięstwem w historii NBA. Ten występ udowodnił, jakimi dominatorami potrafią być Bulls i sam Pippen jako obrońca. Byki wygrały 96:54. Różnica była tak wielka, że kibice Utah, którzy nie widzieli meczu, nie chcieli w to uwierzyć i potwierdzali wynik u różnych źródeł. Trener Utah, Jerry Sloan, też udawał zaskoczenie. „Naprawdę taki był wynik? – zapytał. – Myślałem, że zdobyli 196 punktów. Naprawdę, wyglądało to tak, jakby rzucili 196 punktów".

Tym jednym meczem Jordan i jego Bulls udowodnili, że plany Krausego, dotyczące przebudowy drużyny, są przedwczesne. Wcale nie byli za starzy, a Pippen był zbyt wyjątkowym koszykarzem, żeby pozbywać się go w jakimś transferze. „Prawie mi ich żal", mówił prywatnie Jackson o Jerrym i Reinsdorfie w kontekście tego, jak mocno ich plany zostały pokrzyżowane i jak będą ich teraz postrzegali kibice z Chicago.

Jak się okazało, to rzuty wolne Rodmana, których oglądanie zazwyczaj wymagało mocnych nerwów, przesądziły o wyniku czwartego meczu. Rodman trafił w ostatnich sekundach czterokrotnie, dorzucając do tego 14 zbiórek. Przypieczętował zwycięstwo Chicago 86:82. Byki prowadziły 3:1 i wydawało się, że nie sposób zaprzepaścić tej przewagi.

Niestety w piątym meczu, do którego Bulls przystąpili pewni wygranej, okazało się, że świętowanie rozpoczęto zbyt wcześnie. Żeby być uczciwym, trzeba zaznaczyć, że Stockton i Malone też zrobili swoje, żeby zapewnić ich drużynie zwycięstwo 83:81. Jordan przyznał, że za bardzo skupił się na oczekiwaniu na tytuł. „Nawet nie zarezerwowałem na następny dzień rundki w golfa – powiedział dziennikarzom – bo spodziewałem się, że wypiję tyle szampana, że nie będę w stanie wstać z łóżka". Trafił 9 z 26 rzutów z gry, a Pippen tylko 2 z 16.

To 30 punktów zdobytych przez Kukoča, który trafił 11 z 13 rzutów, dało im w końcówce szansę na zwycięstwo, pomimo 39 punktów rzuconych przez Malone'a. Na 1,1 sekundy przed końcem meczu Bulls byli w posiadaniu piłki. Trwała przerwa na żądanie, a Jordan siedział na ławce i skupiał się na tym, żeby „w pełni wykorzystać tę chwilę", jak uczyli go Jackson i George Mumford.

Niedługo później Jordan spudłował rzut, wypadając za linię boczną, ale i tak bardzo docenił ten moment. „Jestem przekonany, że ludzie mieli nadzieję, że trafię. Oczywiście z wyjątkiem kibiców Utah – powiedział. – Na 1,1 sekundy wszyscy wstrzymali oddech, co było całkiem urocze. Nikt nie wiedział, co się wydarzy: ani ja, ani ty, ani nikt, kto to oglądał. I to było właśnie fantastyczne. Uwielbiam takie momenty. Najlepsi sportowcy właśnie wtedy rozkwitają, bo mają okazję zdecydować o czyimś szczęściu bądź smutku. Po to żyjemy. I to jest w tym wszystkim najfajniejsze".

Rywalizacja powróciła do Utah, a Jazz przystąpili do szóstego pojedynku z takim samym planem jak do pozostałych – by położyć na szali absolutnie wszystko. Od początku atakowali i szybko przejęli kontrolę nad meczem. Pippena męczyły straszliwe bóle pleców i wylądował w szatni, gdzie masażysta robił, co mógł, by postawić go na nogi. Jeden z pracowników Bulls opowiadał potem, jak Krause stał w rogu szatni, niemal sparaliżowany, przyglądając się, jak Pippen cierpliwie przyjmuje na ciało kolejne ciosy masażysty. Scottie aż się gotował, by powrócić do gry i pomóc Jordanowi.

„Próbowałem to z siebie zrzucić – tłumaczył Pippen. – Czułem, że moja obecność na parkiecie będzie szczególnie ważna. Wiedziałem, że wrócę na drugą połowę, ale nie miałem pojęcia, jak wiele będę w stanie wnieść do gry".

Pippen znalazł sposób, jak pomóc Jordanowi, który wpadł w jeden ze swoich niemożliwych do powstrzymania transów. Zdobył 45 punktów, w tym jumpera z okolicy linii rzutów wolnych. Po ostatnim rzucie zastygł z uniesioną ręką, żeby wszyscy mogli go zobaczyć. Wyglądał posągowo.

Nie zamierzał oddać tej chwili nikomu innemu. Któż jednak mógłby go za to winić? Jego kosz dał Chicago zwycięstwo 87:86.

„Wszystko nagle spowalnia i dobrze widać, co dzieje się na parkiecie – powiedział, tłumacząc ostatnią akcję. – Zaczynasz przewidywać to, co zrobi obrona. Ja to dostrzegłem. Poczułem tę chwilę".

Stockton miał jeszcze jedną szansę, ale Ron Harper utrudnił mu rozegranie akcji i gwiazda Jazz spudłowała.

Jordan i jego trener podbiegli do siebie na parkiecie i kolejny, ostatni już raz, przytulili się. Nie byli ze sobą tak blisko już nigdy później.

Podczas powrotnego lotu Michael spokojnie spał, a wszyscy inni zastanawiali się, co teraz będzie. Jackson odrzucił złożoną przez Reinsdorfa propozycję zostania w drużynie, zamiast tego wybrał wyprawę motocyklową przez Amerykę. Kilka dni po meczu zawodnicy i trenerzy uczcili wspaniały sezon prywatną, pełną emocji kolacją. Wszyscy okazywali wzajemną miłość i szacunek. Nie obyło się bez łez.

Jackson powiedział potem Rickowi Telanderowi z „Chicago Sun-Timesa", że mógłby zostać: „Czułem, że to dobry moment, by zrobić sobie przerwę, ale pewnie zmieniłbym zdanie, gdyby członkowie zarządu powiedział coś w stylu: »Zostań do końca kariery Michaela«. Ale niczego takiego nawet nie zasugerowali". Jackson zdradził też, że wiosną 1996 roku razem ze swoim prawnikiem, Toddem Musburgerem, przedłożył Reinsdorfowi szkic pięcioletniego kontraktu, ale ten odrzucił ofertę. Potem trener zaproponował dwuletni kontrakt, według którego jego wynagrodzenie wynosiłoby około trzech milionów dolarów rocznie. Reinsdorf również odmówił.

„Pewnie mogliśmy spróbować powalczyć o kolejny tytuł w dotychczasowym składzie – powiedział Jim Stack w 2012 roku. – Ale kończyły nam się kontrakty i było mnóstwo kwasów w związku z tym, że Phil nastawił drużynę przeciwko zarządowi. Phil mówił wtedy publicznie, że skoro Sylvester Stallone dostaje dziesięć milionów dolarów za film, to on nie jest w stanie sobie wyobrazić, ile jest wart Michael, który rozgrywa 82 mecze rocznie. Powiedział pewnie wiele rzeczy, których nie należało mówić publicznie. Myślę, że zwłaszcza Jerry Reinsdorf miał tego dosyć i źle się z tym czuł, biorąc pod uwagę fakt, że uważał, iż Phil dostaje adekwatne do swoich osiągnięć, wysokie wynagrodzenie. Natomiast Jerry Krause musiał przez te wszystkie lata zmagać się z wykluczeniem z kręgu".

Najwyraźniej Reinsdorf wychodził z założenia, że Krause na tyle szybko odbuduje drużynę, że uda się zatrzymać zainteresowanie kibiców. Przyznał, że już rok wcześniej był bliski rozbicia zespołu, próbując w 1997 roku sprzedać Pippena: „Żeby móc rozpocząć proces przekształcania drużyny, byliśmy gotowi poświęcić szansę na zdobycie szóstego tytułu. Gdyby udało nam się wtedy przeprowadzić zadowalający nas transfer, to pewnie byśmy to zrobili. Rozważaliśmy rozbicie drużyny, bo chcieliśmy, żeby od ostatniego zdobytego tytułu do momentu, w którym nowa ekipa rozpoczyna walkę o najwyższe laury, minęło jak najmniej czasu". Innymi słowy: chciał możliwie skrócić okres pomiędzy epoką Jordana a kolejnym aktem spektaklu, rozgrywanego na scenie United Center. „Teraz mamy niewiele do sprzedania. Mamy mało zasobów, na których moglibyśmy oprzeć przebudowę. Michaela w ogóle nie obchodzi, co wydarzy się z tą drużyną, kiedy on odejdzie".

Innym razem właściciel klubu powiedział: „Tu nigdy nie chodziło o władzę. Nie zdarzyło się, by Phil zażądał, żebym usunął Krausego, by poskarżył mi się, że uważa nasz dom za podzielony. Mówił, że z Krausem pracuje się trudno, ale że jest to możliwe. Nigdy nie powiedział, że z Krausem nie da się pracować. Owszem, zaznaczał, że sytuacja jest bardzo napięta. Pytałem go, czy coś się zmieniło i czy zechce pracować z nami jeszcze przez rok. Ale odpowiedział, że nie".

Reinsdorf twierdził, że wrócił do Chicago i zadał to pytanie raz jeszcze. „W środę wieczorem w biurze świętowaliśmy zdobycie tytułu. Usiadłem z Philem i powiedziałem: »Jeśli zmieniłeś zdanie, to chcę, żebyś wiedział, że cię potrzebujemy«. Reinsdorf twierdzi, że z ofertą nie wiązały się żadne warunki i miała pozostać na stole niezależnie od tego, czy Jordan wróci. Phil odrzekł: »To bardzo wspaniałomyślne«. Odpowiedziałem: »To nie ma nic wspólnego ze wspaniałomyślnością. Zasłużyłeś na to«. Wziął głęboki oddech i stwierdził: »Nie. Muszę zrobić krok wstecz«".

Reinsdorf utrzymywał także, że zapewnił Jordana, iż jeśli zechce dalej grać, to oferta rocznego kontraktu (na ponad 36 milionów dolarów) wciąż jest aktualna.

Tex Winter od dawna obawiał się, że sława Jordana przyćmi jego grę w koszykówkę. Gwiazdor odniósł się do tych słów: „Myślę, że koszykówka jest o wiele potężniejsza niż Michael Jordan. Otrzymałem szansę od zawodników, którzy grali przede mną. Wymienię tylko kilku: Kareem Abdul-Jabbar, Dr. J, Elgin Baylor, Jerry West. Ci goście grali w kosza na długo przed narodzinami Michaela Jordana. Michael Jordan narodził się z ich gry i z tego wszystkiego, co zrobił dla ligi pan David Stern. Dzięki nim wszystkim dostałem szansę grania i robiłem to najlepiej, jak umiałem. Próbowałem też wpłynąć na rozwój tej dyscypliny. Starałem się być najlepszym koszykarzem, jakim tylko mogłem być".

Kiedy Steve Kerr spogląda w przeszłość, ma swoje ulubione wspomnienie związane z Michaelem Jordanem i tamtą drużyną Bulls. Dotyczy ono zadania, które zlecił zawodnikom Phil Jackson, kiedy sezon zasadniczy w 1998 roku dobiegał końca.

„Phil miał ten swój wspaniały moment – tłumaczy Kerr. – To był ostatni dzień sezonu zasadniczego, kiedy powiedział nam: »Jutro podczas treningu chcę, żeby wszyscy mieli spisane na kartkach kilka słów o swoim doświadczeniu z tą drużyną. To może być cokolwiek. Możecie napisać wiersz albo list do kolegów z drużyny, możecie wybrać kilka słów z ważnej dla was piosenki. Ale koniecznie przynieście coś takiego na jutro«. Połowa chłopaków coś przyniosła, połowa zapomniała. Ja zapomniałem. A Michael napisał wiersz o drużynie".

To był moment triumfu – efekt wysiłków wkładanych przez Jacksona przez te wszystkie lata w kształtowanie nastawienia zawodników do zespołu. Jordan, najgorszy człowiek w historii koszykówki, prawdziwy skurwiel, napisał wiersz. „Byłem w szoku – wspomina Kerr. – Każdy z nas jakoś wtedy zareagował, coś przeczytał albo powiedział coś od siebie. W czerwcu Phil wyznał mi, że to jego żona podpowiedziała mu ten pomysł. Kiedy już każdy z nas się wypowiedział, to wszyscy, którzy coś napisali, mieli zgnieść swoją kartkę i włożyć ją do wielkiej puszki po kawie (to była chyba puszka kawy Folgers). Następnie Phil wyjął zapałkę i podpalił zawartość puszki. Światła były zgaszone, więc widać było tylko ten płomień. Tak jakby chciał powiedzieć: »Wszystkie te wspomnienia, o których przed chwilą mówiliśmy, należą tylko do nas i nie pozna ich nikt inny«. Tak właśnie odebraliśmy ten gest. To było nasze i pozostanie w nas na zawsze".

Phil Jackson spalił wiersz Michaela Jordana?!

„Wiem, dziś byłby warty miliony, prawda? – powiedział Kerr ze śmiechem. – Wiersz Michaela był o tym, co dla nas wszystkich znaczy łączące nas doświadczenie. Mówił o tym, gdzie byliśmy i dokąd zmierzamy. Był fajny. Jeśli chodzi o dziedzictwo Phila, od momentu jego triumfu, to spośród wszystkich ten był chyba największy. Nigdy tego nie zapomnę. Płakałem. Wielu chłopaków ocierało łzy".

Bycie kolegą z drużyny Michaela Jordana przypominało długą, wyczerpującą i pełną wrażeń podróż, a chwile dominacji i triumfu nieustannie mieszały się z takim czy innym emocjonującym momentem.

„Nie chodzi tylko o Michaela – mówi Kerr. – Ale o całe doświadczenie. Wszyscy wiemy, że żyliśmy w epoce, która była wyjątkowa, że byliśmy szczęściarzami, mogąc być jej częścią. Tylu zawodników, tylu sportowców, tylu ludzi oddałoby wszystko za to, żeby być na naszym miejscu. Mieliśmy ogromne szczęście i zdawaliśmy sobie z tego sprawę. Geniusz Phila polega na tym, że… że tak nas ze sobą związał. Nauczył nas wzajemnej komunikacji i połączył nas ze sobą na wiele różnych sposobów. Bez niego nic by się nie udało. Sam Michael by tego nie dokonał, bo był ponad nami wszystkimi. Był od nas lepszy, zupełnie inny niż Scottie ze wszystkimi swoimi emocjami i słabościami, z którymi mogliśmy się identyfikować. Z Michaelem nie mogliśmy tego robić, ale Philowi udało się nas zjednoczyć w inny sposób".

Jackson włączył Jordana do kręgu – tego Jordana, który był niepewnym siebie nastolatkiem, gdy przechodził drogę od gwiazdy Little League do chłopaka, który rok później okazał się zbyt chudy, żeby móc grać w lidze Babe'a Rutha. Tego Jordana, który siedział samotnie na ławce rezerwowych jako jedyny czarnoskóry w kolejnych drużynach złożonych z białych. Tego Jordana, którego ojciec sprawiał wrażenie, jakby go odrzucał. Tego nakręconego Jordana, który nieustannie udowadniał swojemu ojcu, co potrafi, a potem, w NBA, każdej nocy udowadniał, jak wiele jest wart (na każdy z możliwych sposobów).

„Właśnie to sprawiło, że jest takim skurwielem – podsumowuje, śmiejąc się, Kerr. – On był nie tylko utalentowany. Trzeba wziąć pod uwagę wszystko: jego etykę pracy, jego podejście do gry, jego strategię. On miał to wszystko. I doskonale to rozumiał".

To tylko potęgowało smutek, który pomimo radości ze zdobycia sześciu tytułów mistrzowskich towarzyszył zakończeniu sezonu. Wszystko, przez co

Michael musiał przejść – śmierć ojca, upokorzenia baseballowe, wściekłość związana z procesem sądowym, alienacja od matki, gorzkie negocjacje z Reinsdorfem, głupie potyczki z Krausem, frustracja związana z Pippenem – nagle się skończyło. A on stał w blasku koszykarskiej chwały i… nie miał dokąd pójść.

CZĘŚĆ XI

ŻYCIE PO ŻYCIU

Rozdział 36

W ZAWIESZENIU

Wiele osób uważa, że Jordan powinien po prostu na zawsze zamrozić ten idealny obrazek z meczu przeciwko Utah: kiedy tak stał, sekundy upływały, jego ręka i nadgarstek zastygły w geście po oddaniu rzutu, piłka leciała w kierunku kosza, a morze twarzy przyglądało się temu w ogromnym napięciu, czekając na rezultat. Air Jordan, niepokonany i nieugięty do samego końca.

Trudno było sobie wyobrazić lepsze zwieńczenie kariery. Rozpoczął ją jeden słynny rzut w ostatnich sekundach meczu, a teraz, po dwóch zjawiskowych dziesięcioleciach, zakończyła ją taka scena. Inni słynni sportowcy też zapewniali kibicom ogrom cudownych przeżyć, ale żaden z nich nie dostarczył ich widowni aż tyle i żaden nie sprawił, że były tak spektakularne.

Zdaje się, że każdy, w tym i Jerry Reinsdorf, hołdował przekonaniu, że tak właśnie powinien wyglądać koniec kariery Jordana. „Nie rób już nic więcej – powtarzali mu przez kolejne miesiące. – Osiągnąłeś doskonałość. Co chciałbyś jeszcze ulepszyć?"

Ale gdyby ich posłuchał, nie byłby sobą.

Po tym, jak kilka dni wcześniej w Salt Lake City w tak wspaniały sposób zakończyły się finały NBA, po tym, jak poprowadził Chicago Bulls do kolejnych trzech tytułów mistrzowskich z rzędu, wciąż czuł głód zwycięstw.

Jordan spędził wiele godzin, grając w grę wideo, przedstawiającą jego ulubione wówczas pole golfowe, Fazio w Barton Creek koło Austin, ze wspaniałymi klifami, przepięknymi wodospadami i wapniowymi jaskiniami. Teraz, kiedy kolejny długi sezon NBA dobiegł końca, planował wreszcie dogodzić sobie nie wirtualnie, ale w realu, na prawdziwym polu golfowym.

I tak na scenie pojawia się Keith Lundquist. Jordan miał przyjechać do Austin w poniedziałek, żeby rozegrać kilka popołudniowych rundek w Barton Creek. Parę dni wcześniej zadzwonił, żeby sprawdzić, czy Lundquist, zawodowy golfista z Teksasu, będzie mógł do niego dołączyć na poniedziałkowej rozgrzewce w klubie Great Hills.

Okazało się, że w poniedziałki Great Hills jest zamknięte, co akurat było dobrą wiadomością, bo oznaczało, że Jordan wraz ze swoją paczką będzie mógł pograć nieniepokojony przez nikogo. Lundquist powiedział, że zadba, by wszystko było dla Jordana przygotowane. Zakładał, że 35-letni gwiazdor pojawi się na polu w wakacyjnym nastroju, chcąc się zrelaksować po męczącym sezonie NBA.

Ale w poniedziałek telefon Lundquista zadzwonił absurdalnie wcześnie. Dzwonił Jordan, który tłumaczył, że właśnie ląduje swoim prywatnym odrzutowcem i zaraz jedzie na pole golfowe. Lundquist błyskawicznie zerwał się z łóżka i pognał na miejsce, przywitać Jordana.

Michael już na niego czekał. Z całej siły wyrzucał kolejne piłki w ciemność. Lundquist grał zawodowo od dawna, ale nigdy nie widział, żeby ktoś robił coś takiego.

Kiedy uścisnęli sobie dłonie, golfista poczuł, że jego łapa tonie w wielkiej rękawicy Jordana. Zrozumiał, że to wszystko prawda. Że Jordan naprawdę jest większy niż życie.

Kiedy zaczęło się robić jasno, Jordan i czwórka jego kumpli, w tym były zawodnik NFL Roy Green, przenieśli się na właściwe pole i rozpoczęli grę. Jego Powietrzność chciał zdążyć rozegrać możliwie najwięcej dołków przed zaplanowaną na południe imprezą charytatywną.

Lundquist towarzyszył Jordanowi na polu golfowym. „Mówiłem mu, gdzie i jak ma uderzać, pomagałem ustalić odległość w jardach, opisywałem charakterystykę trawy – wspominał. – Na pierwszych dziewięciu dołkach nie grał jakoś szczególnie dobrze, ale palił cygara i dobrze się bawił. Towarzysząca mu czwórka też trochę pograła, ale na totalnym luzie. Bardzo dobrze uderzał piłkę, dużo lepiej, niż się spodziewałem. Naprawdę potrafi nieźle uderzyć, bez dwóch zdań".

Lundquist wspomina, że kiedy już doszli do kolejnych dziewięciu dołków, Jordan wyraźnie się pozbierał. „Pokazał, że potrafi świetnie uderzyć na trawie. Miał ogromne ręce, musiał mieć większe uchwyty w kijach. Koordynacja pomiędzy wzrokiem a precyzją ruchów też działała bardzo dobrze. Od razu widać, że jego umiejętności sportowe są wszechstronne".

Na kolejnych dziewięciu dołkach inni członkowie klubu odkryli już, że na zamkniętym torze przebywa Michael Jordan. Bardzo szybko pojawiło się tam 60 czy 70 osób. Takie sytuacje miały miejsce wszędzie, gdzie próbował grać. Mark NeJame, prawnik z Orlando, pamięta, jak kiedyś wyglądał przez okno na pole golfowe i dostrzegł jadący alejką wózek. „Po chwili zobaczyłem przynajmniej 15 kolejnych wózków, ścigających się po torze. W pierwszym jechał oczywiście MJ, w kolejnych 15 członków klubu ścigało się, żeby choć przez ułamek sekundy móc go zobaczyć".

Lundquist mówi, że Jordan był ujmujący i oczywiście przyzwyczajony do tego, że gdziekolwiek się ruszy, to wszyscy za nim podążają. „Podczas kolejnej rundki podjechał do mnie i przez chwilę rozmawialiśmy. Używał kijów Wilsona. Powiedziałem, że powinien sobie kupić lepsze". Jordan się z tym zgodził. „Ale oni mi płacą", powiedział, nawiązując do kontraktu reklamowego, który miał z producentem kijów.

Richard Esquinas zwrócił kiedyś uwagę, że Jordan grał w golfa tak, jakby grał w koszykówkę, zawsze starając się nadawać tempo i próbując uczynić z tego swoją przewagę. Tamtego dnia było podobnie. Lundquist przyglądał się, jak chodząc od dołka do dołka, czterech panów gra w szybkim tempie, które zmęczyłoby każdego. Potem, w południe, dołączył do imprezy charytatywnej i patrzył, jak ożywiony Jordan ma siłę na zabawę w pełnym słońcu z tłumem dzieci i dorosłych. Tego popołudnia zaliczył zresztą jeszcze jedną sporą porcję dołków golfowych na pięknym polu Fazio w Barton Creek. Skończył w samą porę, żeby zdążyć na przejazd do San Marcos, gdzie wieczorem wziął udział w charytatywnym meczu koszykarskim. „Nie zszedł w nim z boiska ani na minutę – opowiadał Lundquist. – Musiał spędzić na parkiecie przynajmniej dwie godziny. Nigdy w życiu czegoś takiego nie widziałem". Potem Jordan udał się do jednej ze znakomitych restauracji w Austin, gdzie został aż do rana, najpierw zajadając się stekami, a potem paląc cygara i popijając drogie wino. Wreszcie, kiedy na teksańskim niebie wstawało słońce, nadeszła pora, żeby jechać na lotnisko i odlecieć.

Jordan wyjechał, a Lundquist został, zastanawiając się, z jakim niezwykłym człowiekiem miał właśnie do czynienia.

Być może emerytura dobrze zrobiłaby Jordanowi. Zgromadził pokaźną fortunę, miał swój prywatny odrzutowiec i wypełniała go tak ogromna energia i ciekawość, że chciało mu się jechać na drugi koniec świata w poszukiwaniu idealnego pola golfowego. Dla postronnych obserwatorów, takich jak Lundquist, mógł uchodzić za ideał. Pozostawała jednak pewna drobna kwestia: bo czy jest możliwe, że ten facet kiedykolwiek będzie miał dość?

Porzucony

Jordan przyznał później, że decyzja Jacksona o opuszczeniu Bulls sprawiła, że poczuł się porzucony. Był jednak człowiekiem honoru, zamierzał dotrzymać słowa i także odejść z drużyny. Bliski współpracownik obu panów uważa, że trudno ocenić, w jakim stopniu istotne było jego rozstanie z Jacksonem: „Jeśli kimś manipulujesz, to dostajesz to, czego chcesz. Ale kiedy ten ktoś się o tym dowie, jeśli dotrze do niego, że był manipulowany, to może to doprowadzić do alienacji. To z kolei wpływa na wzajemną relację, niezależnie od tego, jak silna by się ona wydawała. Takie są konsekwencje manipulacji".

Potem, już po zdobyciu tytułu mistrzowskiego, Jordan dowiedział się, jaką rolę odegrał Jackson w zwolnieniu Johnny'ego Bacha i w innych tego typu historiach, ale najważniejsze było poczucie, że szkoleniowiec go opuścił. Jordanowi udało się doprowadzić do zniesienia edyktu Krausego o rozstaniu z Jacksonem, ale trener pozostawił jego i pozostałych zawodników samych i porzuconych.

Wkrótce Krause sprzedał Scottiego Pippena do Houston. W wyniku tego transferu Pippen w końcu stał się bogaty.

Rozpad związku z Jacksonem i pęknięcie wewnątrz drużyny spotęgowały u Jordana poczucie alienacji. Michael, który już wcześniej ufał bardzo niewielu ludziom, stał się jeszcze ostrożniejszy. Jeden z jego bliskich współpracowników i nielicznych przyjaciół wpadł na niego kilka miesięcy później. Natychmiast zrozumiał, że jakiekolwiek ciepłe uczucia, które ich wcześniej łączyły, odeszły w niepamięć. „Rozmawialiśmy – wspomina – ale odniosłem wrażenie, że mi nie ufa, a w każdym razie na pewno nie w taki sposób jak dawniej. Wcześniej byliśmy sobie bliscy, ale teraz było już inaczej".

Skoro jednak zaufanie łączące zawodników i najbliższe otoczenie Bulls odeszło w niepamięć, to czy oznaczało to, że wcześniejsze doświadczenie więzi i poczucie wspólnoty było jedynie mrzonką?

Skoro Pippen został sprzedany, a Jackson odszedł, to zakończenie kariery przez Jordana wydawało się przesądzone. Ta decyzja została jednak opóźniona przez spór pomiędzy właścicielami klubów NBA i zawodnikami. Jordanowi było łatwiej zniknąć w sytuacji, w której podczas przerwy w grze w 1998 roku w NBA zapanował lokaut, a obie strony próbowały ustalić szczegóły nowego układu zbiorowego, który stał się konieczny między innymi ze względu na wielomilionowy kontrakt samego Jordana. Właściciele nie zamierzali po prostu płacić podobnych pieniędzy gorszym koszykarzom. Cała sytuacja stworzyła mu więcej możliwości do zabawy, cały czas jednak poważnie zastanawiał się nad swoją przyszłością.

Podczas jednego z szalonych weekendów przypadkiem przeciął sobie ścięgno w dłoni, używając obcinarki do cygar. Musiał poddać się operacji, co dodatkowo postawiło jego przyszłość pod znakiem zapytania.

Jego relacje z matką i rodzeństwem wciąż były w taki czy inny sposób zawieszone. Sis nadal nie mogła sobie poradzić z uczuciami w stosunku do ojca. Niedługo po jego śmierci w 1993 roku zaczęła pisać książkę, ale po dwóch latach porzuciła ten projekt. Pozostała konsekwentnym krytykiem swojego bogatego i sławnego młodszego brata, zwłaszcza ogromnych sum, które przeznaczał na hazard w sytuacji, kiedy inni członkowie jego rodziny zmagali się z problemami finansowymi. Nie chodziło nawet o to, że im nie pomagał – kupił na przykład ciągnik z naczepą dla swojego wujka Gene'a, który mógł dzięki temu pracować jako kierowca ciężarówki jeszcze po siedemdziesiątce. Sis podliczyła, że brat dał jej przez te wszystkie lata w sumie przynajmniej 100 tysięcy dolarów i nie oczekiwała, że będzie traktował opiekę nad nią albo nad jej dziećmi jako swój obowiązek, ale zabolały ją rewelacje na temat wysokości sum, które obstawiał. Jej krytyka nie była w jej mniemaniu nieuzasadniona. Sis odnotowała bowiem, że każdy z członków rodziny, oprócz niej, otrzymał nowiutki samochód od przedstawicielstwa handlowego Nissana, którego właścicielem był Michael. Ona jako jedyna dostała kluczyki od używanego samochodu. Uznała to za dowód na to, że brat próbuje używać swojego bogactwa, żeby manipulować bliskimi.

W 1997 roku Sis i Michael przestali ze sobą rozmawiać. Jordan zawsze ofiarowywał każdemu członkowi najbliższej rodziny drogą biżuterię upamiętniającą każdy z jego tytułów mistrzowskich, ale w 1998 roku pominął swoją starszą siostrę. W 1999, już po zakończeniu kariery, zdenerwował się, kiedy się dowiedział, że wznowiła prace nad książką. Wedle jej relacji uznał, że chciała zepsuć jego wizerunek przez przesadzone roszczenia. Odpowiedziała, że nie zamierza być jednym z potakujących mu przez całe życie klakierów, którzy mówią tylko to, co chce usłyszeć, i dodała, że znała go i kochała na długo przed tym, jak stał się sławny, oraz że w przeciwieństwie do innych krewnych, którzy obgadywali go za jego plecami, ona jedna nie boi się mówić, co myśli.

Później w tym samym roku, gdy golfista Payne Stewart zginął w katastrofie lotniczej, niedługo po tym, jak wygrał US Open, Sis zaczęła się zastanawiać nad tym, jak wiele czasu spędza jej brat, latając po świecie swoim prywatnym odrzutowcem. Zadzwoniła do niego i nagrała mu wiadomość, że się o niego martwi i że ma nadzieję, że wszystko u niego w porządku. Odpowiedział przez matkę, że wszystko jest dobrze. Potem sugerowała, że nie chciał porozmawiać z nią osobiście, bo „ma tendencję do uciekania od rzeczy, którym nie potrafi stawić czoła, a jego bogactwo daje mu taką możliwość".

Jordan pozostawał w kontakcie z matką, ale zdaniem przyjaciół i znajomych nie byli już tak blisko jak kiedyś. Jesienią 1996 roku oboje pojawili się na Uniwersytecie Karoliny Północnej na pełnym emocji spotkaniu, na którym ogłosili powołanie do życia Jordan Institute for Families (Instytut Jordana na rzecz Rodzin) i ofiarowanie na ten cel miliona dolarów. Jeśli ktoś zastanawiał się, skąd Jordan czerpał swoją legendarną energię i napęd, wystarczyło, by spojrzał na Deloris Jordan – mama Michaela podróżowała po świecie i dawała wykłady o tematyce rodzinnej jeszcze długo po siedemdziesiątce. Jim Stack uważa, że swoją charyzmę Jordan w dużej mierze zawdzięcza właśnie matce. „Jest cudowna, bardzo serdeczna. Pod tym względem Michael jest do niej niezwykle podobny". Instytut Jordana na UNC był owocem jej wspaniałej, pozytywnej energii i kwintesencją jej przekazu. Zakładając go, być może chciała zwrócić uwagę na problemy, z którymi borykała się jako młoda matka.

Potem po Chapel Hill rozeszła się plotka, że uczelnia ma jakieś problemy w odebraniu dotacji. Czy chodziło o legendarne skąpstwo Michaela, czy też o rosnącą przepaść pomiędzy nim a matką, która stała się jednym z jego najostrzejszych krytyków? A może o jedno i drugie? W końcu dotacja została przekazana, a instytut zaczął oferować różne programy społeczne i stał się ważnym elementem dziedzictwa rodziny Jordanów.

Na lato 1999 roku przypadła szósta rocznica śmierci Jamesa Jordana. Z najbliższej rodziny to Michael był z ojcem najbliżej. James był jego stałym kompanem i doradcą, a także jego najbardziej zagorzałym wielbicielem. Zawsze stawał po jego stronie, sprawiał, że wszystko toczyło się w dobrym kierunku, pozytywnie go motywował i wspierał go w obliczu coraz większej presji, jaką z roku na rok Michael musiał się zmagać. Wydawało się oczywiste, że Jordan już na zawsze będzie rozdarty – do jednego ucha szeptała mu matka, która zachęcała go, by wiódł życie chrześcijańskie, do drugiego zaś ojciec, który kazał mu się po prostu dobrze bawić, jako że z pewnością sobie na to zasłużył.

Sis twierdzi, że po śmierci Jamesa matka i syn stoczyli kilka bitew, a konflikt okazał się na tyle poważny, że Michael zmienił w końcu zamki w biurach fundacji, by na jakiś czas zablokować Deloris możliwość wstępu. Starsza siostra twierdzi, że podjął nawet działania mające na celu ograniczenie możliwości używania swojego imienia w jej działalności. Niezależnie od tego nadal jednak płacił matce miesięczne stypendium, wspierał ją też finansowo na inne sposoby. I choć do pewnego stopnia nie byli w stanie przezwyciężyć dręczących ich konfliktów, to wiele wskazywało na to, że ich relacja przetrwała próbę czasu.

Mimo śmierci Jamesa wydawało się, że jego wpływ na Michaela był nawet większy niż za życia. Niektórzy uważali, że najlepszym dowodem na to był styl życia, który prowadził Jordan. Inni uważali, że izolując się od świata, po prostu szuka odskoczni i odreagowuje lata spędzone w klatce pokoi hotelowych. Niezależnie od tego, jaka była prawda, Sis twierdziła, że wiedziała, że tak się to skończy. Tak jak innym członkom rodziny, jej też się wydawało, że Michael wciąż jest czułym, wrażliwym chłopcem, którego kiedyś znała. „Wraz z narodzeniem się wizerunku większego-niż-życie stał się więźniem własnego statusu publicznego i swoich sukcesów – pisała. – W końcu presja nieustannego bycia na świeczniku oraz ciągłej konieczności sprostania oczekiwaniom opinii publicznej sprawiły, że trudniej mu było wyluzować, nawet w towarzystwie rodziny". Jak twierdzi, stał się „chodzącą i gadającą maszyną".

Mimo wszystko trzeba też dodać, że jego obrońcy utrzymywali, że to biznes stał się istotą jego dalszych sukcesów. To właśnie zaistnienie w roli biznesmena było tym, co odróżniało go od tłumów byłych sportowców, którzy próbowali to tu, to tam wycisnąć kilka dolarów, bazując na dawnej chwale.

W 1999 roku Jordan stanął przed kolejnym wyzwaniem. Według badań blisko 90 procent byłych koszykarzy NBA bankrutuje w ciągu kilku lat od zakończenia kariery. Wielu z nich zostaje oszukanych przez agentów i doradców finansowych, inni ponoszą konsekwencje wadliwego systemu edukacji, który w niewielkim – jeśli nie w żadnym – stopniu nauczył ich, jak zarządzać fortuną. Większość po prostu staje się ofiarami własnego sukcesu i kosztownego stylu życia, którego nie sposób utrzymać na stałym poziomie po zakończeniu kariery.

Natomiast w przypadku Jordana funkcja partnera biznesowego Nike, wraz z jego innymi kontraktami reklamowymi i inwestycjami, z każdym rokiem przynosiła mu kolejne miliony dolarów. Jego bogactwo szacowano na pół miliarda dolarów i często opisywano go jako pierwszego sportowca, którego majątek przekroczy miliard*. Osiągnął sukces pomimo kaprysów życia związanych z zawodową koszykówką, tak jak jego pradziadek Peoples, który dobrze prosperował pomimo teoretycznie to uniemożliwiającego systemu dzierżawy. Co więcej, wyczyny Jordana wciąż pozostawały w pamięci milionów. Przez wiele lat w wywiadach pytany był o swoje najbardziej spektakularne występy, ale odpowiadał niezmiennie: „Poczekam do końca kariery, zanim zacznę oceniać to, co osiągnąłem".

Odpowiedź była zrozumiała, choć publiczne okazywanie przez niego emocji sugerowało, że się tymi osiągnięciami upaja. Jego znakiem rozpoznawczym była pasja. Świętował sukcesy niesamowitymi wybuchami radości, które przykuwały uwagę opinii publicznej na całym świecie.

Podobnie jak inni, którzy pomogli stworzyć ikonę kulturową o nazwie MJ, Sonny Vaccaro też często dziwił się ogromem zasięgu i popularności Jordana. „Zanim pojawił się Michael, nikt inny nie był tak promowany. Dzięki nam stał się pierwszym indywidualnym sportowcem, który miał sprzedawać produkt w taki sposób".

W 1999 roku Jordan stał samotnie na szczycie hierarchii mitologizującej sportowców. Jak wielka była jego globalna popularność? „Financial Review" napisał z ogromnym zdziwieniem, że już w 1992 roku podczas badania przeprowadzonego wśród uczniów w Chinach Jordan okazał się jedną z dwóch najważniejszych postaci, obok wieloletniego premiera Chin, Zhou Enlai – a było to przecież przynajmniej na pięć lat przed premierą *Kosmicznego meczu* i na długo zanim jego kariera nabrała naprawdę wielkiego tempa, po jego pierwszym „zakończeniu kariery", szaleństwie związanym z powrotem do NBA i zdobyciu ostatnich trzech tytułów mistrzowskich w iście bajkowym stylu.

„Nominacja Jordana może się wydawać dziwna – napisał »Financial Review« – choć przecież sport w wykonaniu czarnoskórych oraz ich osiągnięcia to jeden z ważniejszych przełomów, jakie dokonały się w XX wieku".

* Miesięcznik „Forbes" ogłosił wiosną 2014 roku, że majątek Jordana jest już wart ponad miliard.

„Jak wielki jest Michael Jordan? – pytał tygodnik »Newsweek« w 1993 roku. – Wszyscy wiemy, że jest żywym bogiem dla dziesiątków milionów amerykańskich dzieciaków, najbardziej medialnym sportowcem w historii, jednoosobowym kombinatem, który jest w stanie sam sprzedawać produkty i usługi w taki sam sposób, jak kilka zdań wypowiedzianych przez szefa banku centralnego potrafi zmienić dynamikę na rynkach finansowych".

Powrót w 1995 roku wyniósł go jeszcze wyżej. Cztery lata później 800 dziennikarzy zgromadziło się w hali United Center w Chicago, żeby móc relacjonować drugą konferencję, na której miał ogłosić zakończenie kariery. Doskonale zdawali sobie sprawę, że są świadkami końca pewnej epoki. „Michael jest oczywiście jednym z najważniejszych sportowców. Ale jest też jedną z najważniejszych ikon kulturowych w historii Stanów Zjednoczonych – mówił wtedy Todd Boyd, profesor z Uniwersytetu Karoliny Południowej, specjalizujący się w sporcie i kulturze. – To nie ulega wątpliwości, jeśli mówimy o sportowcach, którzy naprawdę zdominowali swoją dyscyplinę albo zmienili ją, stali się marką i byli w stanie firmować produkty. Metamorfoza Michaela Jordana – ze zdolnego zawodnika w legendę sportu i prawdziwą machinę marketingową – była być może największą przemianą dokonaną przez kogokolwiek: od parkietu koszykarskiego po elitę amerykańskiej popkultury".

Kiedy był tak popularny, opinia publiczna często wyrażała zdziwienie, jeśli pojawiały się jakiekolwiek sygnały o jego nieprawidłowych zachowaniach. Ale Sonny Vaccaro uważa, że tak naprawdę dziwne było to, że tych sygnałów jest tak mało. „Jakim cudem miałby nie być zdemoralizowany? – pytał. – Przecież to by było niemożliwe. Bo niby jak? Pamiętacie, że w latach 90. robił te reklamy Spike'a Lee z Marsem Blackmonem? Były bardzo popularne. Potem zrobił film i reklamy z Królikiem Bugsem. Zdobył te wszystkie tytuły mistrzowskie i stał się najlepszym sportowcem na świecie. Po tym, jak go skomercjalizowaliśmy, to był już nowy Michael... W bardzo młodym wieku stracił przywilej prowadzenia normalnego życia. Nie wiem, jakim cudem miałby temu nie ulec".

Wielbiciele Jordana mówią, że biorąc pod uwagę inne przykłady ofiar bezgranicznego sukcesu, takich jak Elvis czy Michael Jackson, Jordan i tak poradził sobie całkiem dobrze w walce z czyhającymi na niego pokusami, które potrafią zniszczyć zagubionych i samotnych sławnych ludzi. Pewnie to prawda, nawet biorąc pod uwagę wiele burzliwych historii, które miały się stać jego udziałem w drugim akcie życia, kiedy był już działaczem koszykarskim i właścicielem klubu. Podczas gdy jego niewiarygodne występy na parkiecie zawsze pomagały mu przesłonić ewentualne niedoskonałości, to jako biznesmen już takich kryjówek nie miał. Tak naprawdę to Jordan miał się wkrótce przekonać, że negatywy nie tylko wyjdą na jaw, ale i staną się głównym obiektem zainteresowania opinii publicznej.

Lojalność Reinsdorfa

Lokaut NBA zakończył się w grudniu, a nowy sezon miał się rozpocząć w styczniu 1999 roku, co pozwoliło Jordanowi na ogłoszenie informacji o zakończeniu kariery przedstawicielom mediów z całego świata zebranym w hali United Center 13 stycznia. Ale i tym razem zostawił sobie furtkę – stwierdził, że jest „na 99,99 procent pewien", że nie wróci już do koszykówki. „Nigdy nie mów nigdy", zaznaczył.

Swoją decyzję tłumaczył następująco: „Jestem wyczerpany mentalnie. Nie czuję, żeby czekało na mnie jeszcze jakieś wyzwanie. Fizycznie czuję się świetnie. To dla mnie idealny moment, żeby odejść z koszykówki".

Niektórzy uważali, że nie brzmiał specjalnie przekonująco. „Myślę, że NBA sobie poradzi, choć przez ostatnie sześć miesięcy mieliśmy pewne kłopoty – powiedział, nawiązując do problemów z podpisaniem nowego układu zbiorowego, które doprowadziły do skrócenia sezonu 1998/99 prawie o połowę. – Myślę, że to dobry sprawdzian dla każdego z nas. To biznes, ale także zabawa. To nadal sport. I ludzie wciąż będą grać w koszykówkę".

Tyle że będą to musieli robić już bez niego.

„Zamierzam cieszyć się życiem i robić rzeczy, których nigdy przedtem nie robiłem", powiedział. Mówiąc w skrócie, jego nowo odnaleziona wolność miała być przeznaczona dla jego żony, trójki małych dzieci, dla jego miłości do golfa i wielu zobowiązań reklamowych.

„Mam nadzieję, że Michael będzie nas wszędzie podwoził", powiedziała tłumom dziennikarzy Juanita Jordan zapytana o swoją wizję przyszłości.

„Niestety – ciągnął Jordan – moja matka, moja rodzina, bracia i siostry nie mogli być dzisiaj z nami. Ale kiedy patrzycie na mnie, to widzicie ich. Mojego ojca, moją matkę, moich braci i moje siostry. Oni też tutaj są, poprzez mnie, i oni także bardzo wszystkim dziękują za to, że mnie przyjęliście, że przez wszystkie lata, które tu spędziłem, okazywaliście mi szacunek i wdzięczność.

W Chicago pozostanę do końca życia. Moja żona nie pozwoli mi się przeprowadzić nigdzie indziej. Będę w Chicago i będę wspierał drużyny z Chicago".

Jeden z dziennikarzy zapytał, czy Jordan nie zastanawiał się nad tym, czy mógłby wykorzystać swój talent, żeby zbawić świat. Jordan oświadczył, że nie jest zbawcą. I rzeczywiście, nie udało mu się przecież zbawić drużyny mistrzowskiej, którą tak rozpaczliwie próbował utrzymać. Podczas swojej konferencji prasowej nie zamierzał jednak zajmować stanowiska w sporze ani wskazywać na zarząd Bulls jako winnych rozpadu drużyny. „Ustanawiamy tu wysokie standardy", powiedział, uśmiechając się znacząco. Następnie przyszedł czas na podziękowania: „Chciałbym podziękować dwóm dżentelmenom, panu Sternowi i panu Reinsdorfowi, za to, że mogłem grać w koszykówkę, że mogłem przyjechać do Chicago i dzięki temu poznać moją piękną żonę oraz założyć w tym mieście rodzinę. Dziękuję też moim bliskim z Karoliny Północnej i wielu przyjaciołom, którzy wspierali mnie dziś w podjęciu tej decyzji, którzy zawsze mnie wspierają i wspierali od momentu, kiedy po raz pierwszy postawiłem nogę na koszykarskim parkiecie. Ba! – wspierali mnie nawet wtedy, kiedy nie grałem w koszykówkę. Dziękuję tym dwóm dżentelmenom i wszystkim kibicom w Chicago za to, że pozwolili mi tu przyjechać i przyjęli mnie, jakbym był jednym z nich... Mam nadzieję, że już na zawsze będziemy znani jako miasto mistrzów i że to dzieło będzie kontynuowane bez Michaela Jordana. Będę wspierał Chicago Bulls".

Później on i Juanita opowiadali, jak oddadzą się cichej i spokojnej egzystencji na łonie rodziny. MJ naprawdę uwielbiał swoje dzieci. Czekały na niego również pola golfowe i prywatny odrzutowiec Jump 23. Nadal jak szalony zaliczał kolejne dołki, nadal organizował orgie golfowo-karciane, z tą różnicą, że po problemach z początku lat 90. teraz trochę bardziej się hamował. Oskarżano go potem, że do tego stopnia wciągnął swojego kumpla Tigera Woodsa na tę dziwną, ekskluzywną orbitę, że Woods w końcu też doczekał się skandalu ze swoim udziałem, kiedy oskarżono go, że jest uzależniony od seksu. Jeden z reprezentantów golfisty narzekał, że to prowadzanie się z Jordanem i ich wspólne bachanalia doprowadziły do upadku Woodsa.

Choć Jordan zrezygnował z gry w koszykówkę, zachował ducha walki. Cały czas pragnął być w akcji i szukał kolejnych wyzwań, rozgrywając jedną rundkę golfa za drugą, nieraz od świtu do zmierzchu. Czy było to uzależnienie od adrenaliny, czy może rodzaj ucieczki od życia pod ostrzałem opinii publicznej, kiedy płacono mu krocie za bycie idealnym? Pewnie jedno i drugie, a może także coś więcej – na przykład to, że skoro nie mógł za bardzo pojawiać się publicznie, to napięty terminarz golfowy pozwalał mu spędzać czas razem z kumplami. Po 20 latach niewiele wiedział o życiu społecznym, obracał się więc wyłącznie w towarzystwie swojej świty, od czasu do czasu odbywał spotkania biznesowe i kręcił reklamy. A wszystko to przeplatał krótkimi pobytami w Chicago, które miały wystarczyć, żeby w życiu rodzinnym wszystko układało się jak trzeba.

Tak mu się przynajmniej wydawało.

Niezależnie od tego, co było tego przyczyną, dni spontanicznego świętowania mistrzostwa w Austin w czerwcu 1998 roku zamieniły się w tygodnie, potem w miesiące, aż wreszcie w nowy, prowadzony na pełną skalę styl życia. Lacy Banks zwrócił uwagę, że Jordan oddycha królewskim powietrzem i że to uwielbiająca go opinia publiczna nadała mu ten status. Po zakończeniu kariery nadal pragnął spełniać wysokie oczekiwania. Po eksperymentach z golfem i innymi rozrywkami doszedł do wniosku, że chce odnaleźć swoje miejsce w świecie koszykówki, żeby wciąż móc czerpać koszyści z wartości, które sam propagował jeszcze jako zawodnik. Tłumaczył dziennikarzom, że chciałby uczyć kolejne pokolenia ważnych rzeczy o grze w kosza.

Wstępnie postanowił, że zajmie jakąś pozycję w Bulls, czy to jako współwłaściciel, czy członek zarządu. Niektórzy mogli uznać za śmieszne, że oczekiwał czegoś takiego po burzliwych konfliktach, które miały miejsce podczas jego ostatnich lat spędzonych w Chicago. Sama złość Jordana wystarczyłaby, żeby wystraszyć nawet tak twardego gościa jak Reinsdorf. Ale jego doświadczenia z Nike sugerowały co innego. W ciągu tych wszystkich lat zdarzały mu się różnice zdań z Philem Knightem, jednak jego zaangażowanie w prowadzenie interesów przyniosło firmie olbrzymie bogactwo. W związku z tym został nagrodzony bezprecedensową pozycją i możliwością wpływu na strategię firmy.

Jego wysiłki i energia przyniosły oczywiście podobne wzrosty Bulls. Ale jeśli Jerry Reinsdorf rozważał kiedyś nagrodzenie Jordana w podobny sposób, to nie ma na to żadnych dowodów. Utrzymanie niezwykle popularnego bohatera w klubie mogłoby się nawet wydawać logiczne i może utorowałoby Jordanowi drogę do jeszcze jednego powrotu do Chicago. Ale przyznanie Jordanowi jakiejś pozycji w zarządzie Bulls oznaczałoby równocześnie zmianę albo zmniejszenie roli Krausego, jeśli w ogóle nie zakończenie z nim współpracy, biorąc pod uwagę animozje pomiędzy obydwoma panami. W 1999 roku wszystkie ich tarcia i konflikty były wciąż żywe w pamięci Krausego i Reinsdorfa – w końcu podczas sezonu 1997/98 raz jeszcze zostali przeczołgani przez chicagowskie media. Jordan miał rację zawsze, a oni – jak się wydawało – nigdy.

„Mieliśmy kiedyś takie powiedzenie – wspominał Krause w 2012 roku. – Mówiliśmy, że moglibyśmy ustawić przedstawicieli wszystkich mediów na ulicy State i Madison, Michael mógłby się na każdego z nich odlać, prosto na twarze, a oni wszyscy by powiedzieli: »Och, to nektar bogów!«. Tak właśnie owinął sobie wokół palca media w Chicago. Całkowicie je kontrolował".

Wzajemne żale oznaczały, że nigdy tak naprawdę nie było mowy o tym, by Jordan dołączył do Bulls jako mniejszościowy współwłaściciel, niezależnie od tego, ile dotychczas zarobił dla akcjonariuszy.

„Jerry nigdy mnie do tego nie namawiał – mówił Krause w 2012 roku. – Nawet o tym nie wspomniał". Pamięta, że wątek pojawił się w kilku gazetach. „Uśmiałem się tylko, bo znam Michaela. Udowodnił, jakie ma talenty menedżerskie".

Krause znał też dobrze Reinsdorfa. „Jerry jest bardzo upartym człowiekiem", tłumaczył, dodając, że lojalność jest dla właściciela klubu bardzo istotna – zwłaszcza jego własna lojalność względem akcjonariuszy Bulls. I choć wysiłki Jordana sprawiły, że stali się bogaci, to jego ewentualna pozycja w zarządzie mogłaby przynieść odwrotny skutek. „Mogłoby to oznaczać niewłaściwą odpowiedzialność powierniczą*. Michael pewnie myślał, że sobie z tym poradzi. Wyobrażał sobie, że poradzi sobie ze wszystkim. Ale nie wiedział, co to za praca. Nie miał pojęcia".

Krause twierdził również, że żal Jordana do zarządu związany z dwoma ostatnimi kontraktami też nie pozostawał bez znaczenia. „Mieliśmy z Michaelem różne doświadczenia, jeśli chodzi o negocjację jego kontraktów, i nie były to doświadczenia przyjemne". Krause uważał, że część problemów brała się z tego, w jaki sposób Falk traktował Reinsdorfa podczas negocjacji. Szybko dodał, że razem z Reinsdorfem szanują Falka, po części właśnie za to, że tak twardo negocjował. Ale szacunek nie zmieniał faktu, że żal w stosunku do Jordana pozostał.

Jim Stack, który odszedł z Bulls, żeby objąć stanowisko kierownicze w Minnesota Timberwolves, mówił, że kwestia pozostania Jordana w Chicago była jeszcze trudniejsza wobec tego, że przez te wszystkie lata naciskał na władze

* Odpowiedzialność względem udziałowców.

drużyny, żeby pozyskiwały zawodników z Karoliny Północnej. „A Jerry Reinsdorf naprawdę nam ufał i wierzył w to, co robimy jako zarząd – mówił o pracach administracji klubu, zarządzanej przez Krausego. – Pamiętał, jak Michael nalegał, żebyśmy ściągnęli Waltera Davisa, i jeszcze na kilka innych tego typu historii. Nie sądzę, żeby Michael był zadowolony, wracając do Bulls jako figurant. Chciałby mieć bezpośredni wpływ na podejmowanie decyzji, a to byłoby trudne. Nawet gdyby Jerry Reinsdorf chciał ściągnąć Michaela z powrotem, to nie sądzę, by mógł mu zaproponować w organizacji taką rolę, z której Michael byłby zadowolony i którą mógłby przyjąć".

Stack, bliski współpracownik zarówno Jordana, jak i Krausego, zadrżał na myśl, że ci dwaj mogliby się znaleźć w jednym zarządzie. „Nie ma mowy, żeby ci panowie mogli ze sobą pracować", powiedział. Dziennikarz David Aldridge, który przez wiele lat pisał o NBA, uważał, że Jordan nie powinien być zdziwiony tym, że Reinsdorf go odrzucił. „Nigdy nie odniosłem wrażenia, że Reinsdorf w ogóle pomyślał o Michaelu jako o członku kadry kierowniczej. Chodzi mi o to, że zazwyczaj to widać, jeśli ktoś jest przygotowywany do przeniesienia do dyrekcji. Nie potrzeba wiele, żeby się zorientować. A nigdy nie miałem poczucia, że Michael jest do takiej roli przygotowywany. Nigdy".

Pewnie można by obronić tezę, że ciągłość związków Jordana z klubem mogła nawet być akcjonariuszom na rękę. Był przecież główną atrakcją ligi, kimś, kogo Jerry West lubił nazywać „licencją na drukowanie pieniędzy".

Wartość Jordana była jednak związana nie tylko z niesamowitym wzrostem przychodów i wyceny klubu podczas trwania jego epoki, lecz również z miastem, zwłaszcza z rozkwitem niszczejącej wcześniej okolicy hali Chicago Stadium, która zmieniła się w tętniącą życiem społeczność, pełną barów, restauracji i innych przedsięwzięć biznesowych, jakie pojawiły się tam wraz z otwarciem nowej hali United Center, „budynku postawionego przez Michaela". Czy Reinsdorf pozwoliłby, żeby jego gniew stanął na drodze do podjęcia decyzji, która była w najlepszym interesie akcjonariuszy i całego miasta?

Na pytanie, czy właściciel był Jordanowi cokolwiek winien za niesamowite sukcesy klubu, do jakich ten się przyczynił, Krause odpowiadał krótko: „Zapłaciliśmy Michaelowi bardzo dużo pieniędzy za grę w koszykówkę". Ostatni kontrakt Jordana, w ramach którego zarobił 33 miliony dolarów za rok gry, to potwierdzał, ale rankingi sumarycznych zarobków zawodników NBA z całej kariery, opublikowane w 2012 roku, prezentują inny punkt widzenia. Na liście zarobków wszech czasów Jordan zajmuje 87. miejsce, tuż za Davidem Lee. Przez całą karierę zarobił stosunkowo skromne 90 milionów dolarów. Lista pokazuje, że jego sukcesy sprawiły, iż kolejne pokolenia gwiazd, które przyszły do NBA już po nim – Kevin Garnett, Kobe Bryant i Shaquille O'Neal – mogły się zbliżyć do zarobków na poziomie 300 milionów dolarów. Jordan często podkreślał, że jego sukces został zbudowany na pokoleniu, które grało w NBA przed nim i które zarabiało relatywnie psie pieniądze. Mówił, że to był właśnie powód tego, że zarabiał mniej niż ci, którzy przyszli po nim.

Jordan znajdował się w rankingu również daleko za zawodnikami sobie współczesnymi. Liderem grupy koszykarzy z epoki Jordana był Patrick Ewing, który zarobił w sumie 119 milionów dolarów. Scottie Pippen zgarnął łącznie 109 milionów, większość już po odejściu z Bulls. Hakeem Olajuwon zarobił 107 milionów, a Gary Payton, Reggie Miller i Karl Malone – powyżej 100 milionów.

Ranking pokazuje, że Bulls nie byli specjalnie hojni, jeśli chodzi o docenienie Jordana za bogactwo, które zapewnił akcjonariuszom. Na przykład właściciel Lakers, Jerry Buss, zapłacił Magicowi Johnsonowi 14 milionów dolarów już po zakończeniu kariery, między innymi by okazać mu wdzięczność za to, że pięciokrotnie poprowadził drużynę do mistrzostwa NBA i przyczynił się do znacznego zwiększenia wartości klubu.

Ale Bussa i Magica łączył związek, który można przyrównać do relacji pomiędzy ojcem i synem, podczas gdy silny niegdyś związek Reinsdorfa i Jordana bardzo ucierpiał podczas sporów o Pippena i Jacksona. Na tyle, że Reinsdorf szybko odrzucił Jordana, kiedy ten zakończył karierę koszykarską.

Niskie zarobki Jordana mogą być też tłumaczone jego podejściem. Zawsze twierdził, że gra „z miłości do koszykówki". Nawet potem, kiedy powrócił na parkiet, przystał na minimalną pensję. Był bardzo dumny z tego, że swoje bogactwo – zdaniem niektórych szacunków ponad miliard dolarów – osiągnął „poza boiskiem".

Odmawiając zatrudnienia Jordana, Jerry Reinsdorf prawie na pewno odebrał swoim partnerom biznesowym możliwość zwiększenia bogactwa. Zrobił jednak to, co na jego miejscu zrobiłby pewnie każdy. Miał już dosyć konfliktów i pozwolił Jordanowi odjechać w siną dal. „Michael czuł, że może jeszcze przydać się drużynie – mówił Jim Stack. – Ale koniec końców nie miał wyboru, musiał odejść i było mu z tym naprawdę źle".

Krause poprosił o jeszcze jedno spotkanie z Jordanem w dniu konferencji prasowej, podczas której Michael ogłosił zakończenie kariery. Pomyślał przy okazji o ich pierwszym spotkaniu, do którego doszło 14 lat wcześniej, wiosną 1985 roku. Potem miała miejsce kontuzja stopy Jordana i konflikty pomiędzy obydwoma panami już tylko się piętrzyły. „To wtedy pojawiła się wzajemna niechęć – wspomina Sonny Vaccaro. – Niechęć, która potem trwała już zawsze, aż zrobiło się naprawdę nieprzyjemnie". „Moja praca nie polegała na tym, żeby całować Michaela w tyłek", twierdzi Krause. W dniu ostatniej konferencji prasowej Jordana w Bulls dyrektor generalny odczuwał potrzebę pojednania, zamknięcia pewnego rozdziału, i miał nadzieję, że spotkanie pomoże oczyścić atmosferę. Poprosił więc Michaela, żeby przyszedł do jego gabinetu w Berto Center. Na wstępie przyznał, że przez wszystkie lata niepotrzebnie wbijał Jordanowi szpilki, mówiąc mu, że Earl „Pearl" Monroe był od niego lepszy, co przecież nie było prawdą. „Już na początku kariery go przewyższyłeś – zaznaczył. – Ale nie mogłem ci tego powiedzieć". „Wiem o tym", odpowiedział Jordan, jakby miał wreszcie powiedzieć: „Mam cię".

„Michael zareagował tak, że niby OK – wspomina tę rozmowę Krause. – To było bardzo krótkie spotkanie. Nigdy nie będziemy się razem łamać opłatkiem. On zapamiętuje sobie wszystkich, którzy kiedykolwiek uważali, że wcale nie będzie taki świetny. Zapamiętuje każdą negatywną historię, która kiedykolwiek została o nim napisana".

I na pewno pamiętał Jerry'ego Krause, nawet wtedy, gdy znajdował się już na zupełnie innym etapie życia.

Rozdział 37

CZARODZIEJ

Z początku wydawało się, że Jordan wyląduje w Milwaukee jako współwłaściciel Bucks. Ale Herb Kohl, współwłaściciel klubu, w ostatniej chwili się wycofał. Jak się okazało, nowym miejscem pracy Jordana stał się Waszyngton, gdzie związał się z Tedem Leonsisem, magnatem medialnym z America Online, właścicielem części udziałów w Washington Wizards, którzy znani byli kiedyś jako niesławni Washington Bullets. Jordan rozważał również Charlotte Hornets, ale właściciel, George Shinn, doprowadził właśnie kibiców do szału i ci masowo odwracali się od drużyny. Hornets mieli się przeprowadzić do Nowego Orleanu, pozostawiając za sobą miasto, które uważało, że NBA wobec niego dopuściła się zdrady.

Dziennikarz „Chicago Sun-Timesa" Jay Mariotti, utrzymywał, że Phil Jackson, który doprowadził Lakers do tytułu mistrzów NBA w 2000 roku, chciał, żeby Jordan dołączył do jego klubu. Pieniądze nie byłyby duże, ale zyskałby okazję, żeby stać się częścią drużyny Lakers, pewniaków do zdobycia kolejnych tytułów. Jordan miał odmówić, podobno dlatego, że Wizards proponowali mu również udziały w klubie i porozumienie, na mocy którego miał się w przyszłości stać właścicielem większościowym.

Waszyngton, w przeciwieństwie do Los Angeles, był miastem, któremu trzeba było przypomnieć, że w ogóle gra się tam w koszykówkę. Wizards / Bullets od ponad dwudziestu lat byli pogrążeni w przeciętności. To, że Michael związał się z klubem Abe'a Pollina, który od lat się z tym borykał, było dla wielu osób zaskoczeniem. Podczas trwającego kilka miesięcy wcześniej lokautu Jordan wdał się z właścicielem Wizards w ostrą wymianę zdań. Jej świadkami było kilku koszykarzy, między innymi Reggie Miller, który potem utrzymywał, że to dzięki

Jordanowi udało się przełamać impas w negocjacjach i uzyskać lepszą umowę zbiorową od właścicieli klubów.

„W sezonie 1998/99 odbyło się spotkanie w Nowym Jorku i mieli tam być wszyscy zawodnicy – wspomina Miller. – Wszystko wskazywało na to, że Michael Jordan właśnie skończył karierę. Jednak się pojawił, gotów na spotkanie oko w oko z niektórymi spośród właścicieli i z komisarzem Sternem. Niewiele brakowało, a wdałby się w awanturę ze wspaniałym, świętej pamięci, Abe'em Pollinem*. Jordan atakował komisarza Sterna i Pollina, mówiąc, że skoro ten drugi ciągle wypisuje wysokie czeki dla marnych zawodników, to może nie powinien być już właścicielem klubu". Pollin narzekał na problemy związane z zarządzaniem klubem. „To go sprzedaj", powiedział bezczelnie Jordan. „Ani ty, Michael, ani nikt inny nie będzie mi mówił, kiedy mam sprzedać klub", odciął się Pollin.

Współpraca tych dwóch panów wydawała się mało prawdopodobna. Ale Jordan był zbyt cenny, żeby drużyna taka jak Washington po prostu go odrzuciła. Łatwo było sobie wyobrazić, że ktoś tej rangi co Jego Powietrzność przywraca trochę blasku zawodowej koszykówce w stolicy. „Szum był niesamowity – mówił David Aldridge, wspominając ogłoszenie informacji, że Jordan dołączy do Wizards jako współwłaściciel z pakietem mniejszościowym i menedżer. – Pamiętam, jakby to miało miejsce wczoraj. Czołówka »Washington Post«, gazety, która obaliła prezydenta Nixona, głosiła: *Jordan przechodzi do Waszyngtonu*. To było coś wielkiego".

Jesienią 1999 roku, kiedy Leonsis rozpoczął starania w celu umieszczenia Jordana wśród akcjonariuszy oraz w zarządzie klubu, po wzajemnych żalach nie było już śladu. Abe Pollin tryskał energią, kiedy mówił publicznie, że najlepszy w historii koszykarz dołącza do jego drużyny. Wynegocjowane partnerstwo pomiędzy Pollinem a Jordanem było połączeniem starego świata NBA z nowym. Pollin, właściciel firmy konstrukcyjnej, miał ponad 40 lat, kiedy w 1964 roku kupił klub Baltimore Bullets. Jednym z jego pierwszych pracowników był grubawy młody skaut, Jerry Krause. Przez dziesięciolecia pozostali przyjaciółmi i powiernikami. Pollin zaprzyjaźnił się też z młodym prawnikiem pracującym dla NBA, niejakim Davidem Sternem, który w 1984 roku został komisarzem ligi.

* Abe Pollin zmarł w 2009 roku w wieku 86 lat.

Aldridge przyznaje, że Pollin miał powiązania przede wszystkim ze starą gwardią NBA, zwłaszcza z właścicielem Pistons Billem Davidsonem. „Był bardzo blisko ze starszymi właścicielami, którzy potrafili docenić to, że umiał wszystko pospinać finansowo. I na pewno czuł się mentorem Sterna. Wiem, że miał też dobre relacje z Jerrym Krause, i że dużo ze sobą rozmawiali na różne tematy".

W 2012 roku Aldridge wspominał ze śmiechem, że tego wielkiego szacunku dla Krausego raczej nie podzielali ci, którzy pracowali dla Pollina. „W Bullets było dużo ludzi, którzy uważali, że Jerry wyolbrzymiał swoją rolę w wybraniu w drafcie Earla Monroe'a. Jeśli pytałeś o Jerry'ego pracowników Bullets, to tylko przewracali oczami: »O tak, to niby ten gość, który odkrył Earla Monroe'a«". Ale Krause wciąż należał do sieci właścicieli i GM-ów, którzy utrzymywali ze sobą kontakt. Pollin i Krause często dzielili się opiniami na temat poszczególnych klubów. Potem miało się okazać, że właściciel klubu z Waszyngtonu miał wyrobione zdanie na temat Jordana na długo, zanim ten stał się częścią organizacji Wizards.

Dobrą wiadomością dla Pollina i Jordana było to, że łączyła ich przynajmniej jedna rzecz – obaj byli niezwykle lojalni w stosunku do starych przyjaciół. Biorąc pod uwagę to, że w 2000 roku Pollin rozpoczynał piąte dziesięciolecie jako właściciel drużyny, miał takich przyjaciół mnóstwo, a wielu spośród nich pracowało w jego klubie. Mimo że Wizards byli jedną z najbardziej nieszczęśliwych organizacji w NBA, to w pierwszej dekadzie rządów Pollina, jeszcze w Baltimore, udawało im się osiągać sukcesy. Drużyna prowadzona przez Monroe'a awansowała w 1971 roku do finału NBA, gdzie przegrała do zera z Knicks. Pomimo zwycięstw sprzedaż biletów w Baltimore pozostawała na niskim poziomie, co zmusiło Pollina do kontynuowania swojego oryginalnego planu i przeniesienia klubu do Waszyngtonu. W 1973 roku wybudował na przedmieściach Maryland halę Capital Centre, która miała stać się siedzibą Bullets i stworzonej przez niego drużyny hokejowej, Washington Capitals.

Lata 70. stanowiły apogeum sukcesów Bullets. Kierowani przez K.C. Jonesa zdominowali sezon zasadniczy w 1975 roku, ale w finale przegrali sensacyjnie do zera z Golden State Warriors. Pollin szybko obsadził na stanowisku trenera starego wroga Krausego, Dicka Mottę, i w 1978 roku Bullets powrócili do finału, prowadzeni przez młodego centra Wesa Unselda i gwiazdora Elvina Hayesa. Zdobyli wtedy swój jedyny tytuł mistrzowski, pokonując w siedmiu meczach

Seattle SuperSonics. W 1979 roku obie drużyny znowu spotkały się w finale, tym razem wygrało Seattle i na tym skończyły się lata chwały ekipy z Waszyngtonu.

Właściciel klubu stracił malutkiego syna i nastoletnią córkę, którzy chorowali na serce. Być może dlatego był tak blisko z Unseldem, centrem z czasów chwały Bullets, który pozostał w tej drużynie jako trener i menedżer, oraz z Susan O'Malley, córką swojego partnera biznesowego i sojusznika politycznego, przez wiele lat zarządzającą klubowym marketingiem i PR-em.

Zdaniem Aldridge'a jedną z największych wartości Pollina był jego stosunek do ludzi, z którymi pracował. Traktował ich wyjątkowo dobrze, choć z czasem ta lojalność zaczęła działać „na szkodę organizacji". „Zacząłem relacjonować mecze Bullets w 1988 roku – mówi Aldridge. – Mija 20 lat, przychodzisz na mecz, a większość, jakieś 60–70 procent pracowników, to są ci sami ludzie. Myślisz sobie: »Co tu się dzieje?«. Przecież na pewno nie są tu tyle czasu w nagrodę za odnoszone przez klub sukcesy, bo Bullets byli fatalną drużyną. Gorsi byli być może Clippers, ale to akurat żaden powód do dumy".

Inny właściciel podjąłby może decyzję o zmianie przywództwa klubu, choćby po to, żeby wstrząsnąć drużyną i jej kulturą. Ale nie Abe Pollin. „Przyglądałeś się temu i zadawałeś pytanie: »Dlaczego trzymasz tych wszystkich ludzi?« – mówił dalej Aldridge. – Cóż, Abe był po prostu człowiekiem niesamowicie lojalnym. Nie wyrzuciłby Wesa Unselda, choć jego wyniki nie były specjalnie imponujące. A przecież mówimy o człowieku, który spędził siedem czy osiem lat jako trener i dyrektor generalny".

Aldridge wspomina, śmiejąc się przy tym, że w najlepszym roku Waszygtonu, jaki pamięta, drużynie udało się zakończyć sezon z bilansem 40:42. „To był szczyt marzeń. Koszmar. Przez długi czas byli po prostu beznadziejni. Czy istniało wiele przyczyn takiego stanu rzeczy? Oczywiście. Część z nich nie była niczyją winą, ale wynik to wynik. NBA jest zorientowana na wyniki, prawda? Wiadomo było, że Abe jest niebywale lojalnym człowiekiem. Przez długi czas był lojalny w stosunku do Susan O'Malley. I w stosunku do Wesa. Nawet ludzie od PR-u nic byli wymieniani, chyba że odeszli z własnej woli. Nie przypominam sobie, żeby kogokolwiek zwolnił. Abe był lojalny i w zamian wymagał podobnej lojalności. Myślę jednak, że jeszcze ważniejsze było to, że oczekiwał szacunku".

Pollin wiele zrobił, żeby zdobyć szacunek waszyngtońskiej społeczności. Przekazał znaczące sumy na wsparcie najuboższych mieszkańców. Wybudowana przez niego w 1997 roku hala MCI Center w centrum Waszyngtonu stanowiła ogromny i bardzo potrzebny impuls dla ożywienia życia w stolicy. Jeśli jednak chodzi o koszykówkę, to jego drużyny były zazwyczaj do niczego. Tak przynajmniej wyglądało to pod koniec XX wieku. Właściciel wierzył, że zaangażowanie Jordana pomoże zerwać z tym wizerunkiem.

Mimo swych 37 lat Michael Jordan, rozpoczynając swoją przygodę z Wizards, nie miał żadnego doświadczenia menedżerskiego. Był naładowanym energią koszykarzem, którego jedynym sposobem na ocenę potencjału zawodnika była osobista konfrontacja z nim na parkiecie. Miał bezprecedensowe doświadczenie jako gracz i przywódca drużyny, ale nigdy, na żadnym poziomie, nie był odpowiedzialny za skompletowanie jej składu ani nawet jej trenowanie.

Abe Pollin wiedział o tym, jednak za wszelką cenę chciał poprawić sytuację zespołu i wywołać wokół niego trochę szumu, a to ustawiło Jordana na silnej pozycji negocjacyjnej. Pollin zgodził się na pewne ustępstwa, ale to Jordan na nie nalegał. Pogorszyło to ich relacje, zanim na dobre się zaczęły. Pierwszym problemem był czas. Jordan nie chciał się angażować na pełny etat, wolał zostawić sobie czas na inne przedsięwzięcia biznesowe, w tym zobowiązania reklamowe. Jego terminarz uwzględniał też grę w golfa i inne przyjemności. W ramach zobowiązań kontraktowych planował pojawiać się na około sześciu meczach w trakcie sezonu. Nie zamierzał też odgrywać dużej roli w działaniach promocyjnych meczów Wizards. Już samo to trudno było przełknąć dyrekcji klubu tkwiącego w permanentnym kryzysie, zwłaszcza biorąc pod uwagę magnetyzm Michaela.

„To był wielki news dla całego świata – tłumaczył David Aldridge. – Chodzi mi o wpływ, jaki mogło wywrzeć przejście Jordana do Washingtonu, niezależnie od tego, czy w roli działacza, czy w roli koszykarza. To było coś wielkiego. Wystarczyłoby, jeśli pokazano by na telebimie, jak siedzi w loży właścicielskiej, od razu dostałby owację na stojąco. To było »wow!«. A on tak jakby się bał, nie chciał tego robić i chował się w gabinecie, gdzie nikt go nie mógł zobaczyć".

Warunki, które postawił Michael, z miejsca zirytowały wieloletnich członków sztabu Wizards, zwłaszcza pupilków Pollina. Jordan sprowadził starego przyjaciela, Roda Higginsa, który miał doświadczenie i w roli trenera, i menedżera, żeby pomógł mu w pełnieniu obowiązków kierowniczych. Zatrudnił też Freda Whitfielda, który pracował wcześniej dla Nike, i dla Davida Falka oraz Curtisa Polka, wieloletniego współpracownika Falka. W Wizards roiło się od przepłaconych, podstarzałych zawodników, a ludzie Jordana otrzymali zadanie, żeby się ich pozbyć. Było to podręcznikowe podejście przy procesie przebudowy klubu, ale prawdziwe osiągnięcia miały być wkrótce przesłonione przez towarzyszące im zgrzyty.

Jordan ściągnął innego starego przyjaciela, Johnny'ego Bacha, który był już sporo po siedemdziesiątce. Miał zostać asystentem niezatrudnionego jeszcze trenera. Próbował skusić Johna Paxsona, żeby zamienił sztab szkoleniowy w Chicago na Waszyngton, ale ten odmówił. Starał się też zatrudnić jako trenera Mike'a Jarvisa. „Jarvis chciał zbyt dużo pieniędzy", wyjaśnił Aldridge. W końcu posadę pierwszego trenera zgodził się objąć Leonard Hamilton. Kości zostały rzucone. Z początku wszyscy się uśmiechali, ale Jordan i Pollin ewidentnie patrzyli sobie nawzajem na ręce. Obserwatorzy zastanawiali się, jak wymagająca natura Jordana i towarzysząca jej złość sprawdzą się w stolicy kraju. Jak się miało okazać, konfliktów było całe mnóstwo.

Michael był przez wiele lat prowadzony przez Phila Jacksona, który potrafił budować napięcie wewnątrz organizacji, krzewiąc mentalność pod hasłem „my-kontra-oni" pomiędzy drużyną a zarządem. Jackson wykorzystywał to w Bulls ze świetnymi skutkami, do tego stopnia, że w końcu stało się to toksyczne. To samo robił w Lakers. Wzajemne pretensje i urazy w Chicago pomiędzy Jacksonem i większością kierownictwa Bulls były na porządku dziennym. Podczas play-offów w 1994 roku w Nowym Jorku Jackson był chwalony za to, że poprawił drużynie humor, rezygnując któregoś dnia z treningu i zabierając ją autobusem na wycieczkę promem na Staten Island. Mało kto wie, że jedną przecznicę od hotelu, w którym zatrzymała się drużyna, trener poprosił kierowcę autobusu, żeby się zatrzymał, po czym wyprosił jedyną kobietę, która z nimi jechała, wieloletnią asystentkę z działu PR. Upokorzona, niewiele później złożyła rezygnację. Była to jedna z wielu zagrywek Jacksona, po której część członków sztabu Bulls go znienawidziła.

„Phil był w tym bardzo dobry – twierdzi Krause. – Nie był jedynym trenerem, który stosował strategię „my-kontra-oni". Wielu szkoleniowców NBA też w jakimś stopniu to robi, ale Phil był w tym naprawdę mistrzem".

Być może Jordan jako dyrektor do spraw operacji koszykarskich nie chciał budować takiej atmosfery w Waszyngtonie, ale znał ją z Chicago. Bardzo szybko Pollin i jego ludzie zaczęli wyczuwać głęboki podział i zrazili się do Michaela.

„To Pollin wypisywał czeki – mówił David Aldridge. – Należał mu się szacunek. Ludzie mogli w duchu uważać, że nie jest już młody, że nie wie, o czym mówi, i tak dalej, ale to on był właścicielem klubu. Kiedy pojawił się Michael i przyprowadził swoich ludzi: Higginsa, Whitfielda, Polka i innych, to zapanowała atmosfera w rodzaju: »OK, staruszku, odsuń się. Do roboty biorą się teraz prawdziwi wymiatacze. Daj sobie spokój, siedź cicho, to może raz na jakiś czas rzucimy ci jakąś kość«. Nie minęło wiele czasu i ludzie wewnątrz organizacji zaczęli o tym gadać. No wiesz: »Hej, Abe chciałby zjeść z Michaelem lunch«. Nie jedli razem lunchu od miesiąca czy dwóch. Słyszałeś coś takiego i myślałeś sobie: »Wow! No to będzie musiał tego dopilnować«. Ludzie Michaela próbowali też przeciągnąć innych na swoją stronę".

Susan O'Malley pracowała na wielu różnych stanowiskach, zanim została wiceprezesem klubu. Zawsze prowadziła agresywny marketing, najpierw dla Bullets, potem dla Wizards. Ponieważ jednak drużyna nie grała dobrze, zaczęła wraz ze swoimi ludźmi sprzedawać bilety na mecze, nie skupiając się na Wizards, ale promując słynnych zawodników i drużyny, które przyjeżdżały do Waszyngtonu.

„To właśnie robili – mówi Aldridge o pracy działu marketingu Wizards. – Promowali gości. »Przyjdźcie i zobaczcie, jak gra ta druga drużyna, bo nasza nie jest zbyt dobra...« Michael się temu sprzeciwił, ale to też się nie spodobało".

Jordan wolał starą szkołę, podobną do tej reprezentowanej przez szefa Boston Celtics, Reda Auerbacha, który wierzył, że siła drużyny i to, jak dobrze będzie grała, powinno nakręcać sprzedaż biletów. „Susan chciała wykorzystać Michaela w sposób, który mu się nie podobał – uważa Aldridge. – Powiedział: »Nie zamierzam być kucykiem na pokaz. Nie będę wychodził, żeby ściskać ludziom dłonie«. I na tym polegał problem".

Po tylu latach na świeczniku Jordan wprowadził ostrzejsze zasady PR-owe, które ograniczyły dziennikarzom dostęp do niego. To z kolei oznaczało, że media waszyngtońskie nie miały z nim utrzymywać tak osobistych kontaktów jak te z Chicago.

W swojej nowej roli nie chciał się angażować w akcje promocyjne i PR-owe. Rutynowo odmawiał prośbom O'Malley, co popsuło również ich relacje. Dowodem na to, jak bardzo zmieniło się podejście Jordana, było kilka ujęć telewizyjnych, ukazujących go wyjeżdżającego z parkingu przed halą samochodem o rejestracji z Illinois. Kiedy grał w koszykówkę, znany był jako pracoholik, teraz był zazwyczaj nieobecny.

Aldridge i jego koledzy dziennikarze próbowali to zrozumieć. „Bez przerwy o tym gadaliśmy z Tonym Kornheiserem i Michaelem Wilbonem. Kornheiser mówił: »On musi być na czele. Musi być bossem«. Ale ja zgadzałem się raczej z Wilbonem, który mawiał: »W Chicago też mają telewizory. Nieważne, gdzie jest, ważne, żeby robił to, co do niego należy«".

W sporcie znaczenie ma jednak tylko to, czy wygrywasz, czy przegrywasz. A drużyny Leonarda Hamiltona nie tylko przegrywały, ale też wdawały się w otwarte konflikty, nawet na ławce. Hamilton wielokrotnie udowodnił, że jest świetnym trenerem uniwersyteckim, ale nawet Johnny Bach nie był w stanie powstrzymać go przed awanturami z koszykarzami zawodowymi. Dno zostało osiągnięte pewnego wieczoru, kiedy Hamilton wezwał ochroniarzy, żeby zabrali z ławki jednego z zawodników, Tyrone'a Nesby'ego, po tym, jak doszło między nimi do ostrej sprzeczki.

„Michael miał swoje zdanie na temat tego, jak chce to poukładać – wspomina Johnny Bach. – Ale nigdy mu się to nie udało, bo zatrudnił trenera z uczelni, który dotychczas nie trenował w NBA. I nic nie układało się tak, jak należy".

Zastanawiając się nad sposobem poprowadzenia wszystkiego we właściwym kierunku, Jordan któregoś wiosennego dnia doszedł do wniosku, że najbardziej pomoże organizacji, jeśli zacznie grać, jeśli wróci i zacznie uczyć tych młodych chłopców szacunku dla koszykówki i ostrej gry. W ten sposób wyprowadził przecież z kłopotów Byki. To prawda, był wtedy młodszy, ale wychodził z założenia, że teraz wie znacznie więcej. Owszem, odkąd stał się działaczem, przytył, a kolana miał w fatalnym stanie, ale przecież mógł znowu zacząć pracować ze starym przyjacielem Timem Groverem, który miał własny ośrodek treningowy w Chicago, gdzie Jordan był inwestorem. Tak, Grover przywróci go do formy.

Johnny Bach uważał, że to fatalny pomysł, i od razu zaczął Michaela od niego odwodzić. „Robił to dla dobra klubu, próbował zadowolić Abe'a i grać – wspomina. – Dobrze wiedział, że w ten sposób nie wygra".

Pomysł zszokował Davida Aldridge'a. Jordan, dla którego zawsze liczyło się tylko wygrywanie, zamierzał położyć na szali swoją reputację, doskonale wiedząc, że drużyna nie jest w stanie wygrywać, a już na pewno nie w sposób, którego oczekiwałaby opinia publiczna. Mimo to zamierzał to zrobić, bo chciał odmienić losy klubu. Znowu było tak jak z baseballem – miał robić coś, co od początku będzie z góry skazane na porażkę.

„Nie chciałem, żeby grał – mówi Bach. – Mówiłem mu, że nie musi już w życiu niczego udowadniać. Widziałem, że go to męczy, że trudno będzie mu grać w koszykówkę tak jak kiedyś. Nie było to łatwe. Podczas treningów szybciej dostawał zadyszki. Musiał więcej pracować na rowerku, żeby wyrobić nogi. Nie był pewien, czy podoła. Myślę, że brał na siebie zbyt dużo. Wiem, jak wygląda taki powrót, nawet największych twardzieli. Widziałem, jak DiMaggio męczył się na środku boiska, a Joe Louis wyleciał z ringu. Rzadko kiedy kończy się to tak jak w przypadku Rocky'ego Marciano, który zgarnął wszystko i odszedł. Tak właśnie powinno to działać. Miałem nadzieję, że z Michaelem będzie tak samo. Co jeszcze mógłby wygrać? Mogłem tylko liczyć na to, że w Waszyngtonie będzie grał dobrze. I tak było. Zdobywał średnio 22 punkty na mecz i zapełniał halę".

Pollin był zadowolony, kiedy dowiedział się, że Jordan rozważa powrót do gry. Wiadomo było, że przyniesie to dziesiątki milionów dolarów przychodów dla drużyny, a co lepsze, Jordan będzie musiał zrzec się swoich mniejszościowych udziałów, bo przepisy NBA nie pozwalają czynnym zawodnikom być udziałowcami.

Plan Jordana zakładał, że kiedy skończy występy, z powrotem przejmie udziały i wykupi pakiet większościowy. Nie poprosił Falka o pomoc w wynegocjowaniu umowy. Nie mogło być żadnych umów, nic nie było pewne. Musiał zaufać Abe'owi Pollinowi, że ten utrzyma jego udziały, a potem, kiedy zakończy karierę, zwróci mu je. Michael, który po doświadczeniach w Chicago niechętnie komuś ufał, dla Pollina zrobił wyjątek. Przecież Abe nigdy nikogo nie zwolnił, przez lata trzymał przy sobie wszystkich współpracowników.

Wizards zakończyli w poprzednim roku kolejny smutny sezon, a potem wygrali loterię draftową i mieli wybierać z pierwszym numerem. Po losowaniu Jerry Krause wracał do domu tym samym samolotem co Fred Whitfield i Rod Higgins. Był przekonany, że skrycie śmieją się z niego. „Pomyślałem wtedy, że to spieprzą", wspomina. Liga nie wprowadziła jeszcze przepisów, które pozwalały wybierać zawodników w drafcie dopiero po ich przynajmniej rocznych rozgrywkach na uczelni, więc do wyboru było mnóstwo wysokich nastolatków. Wizards wybrali mierzącego 210 centymetrów ucznia ostatniej klasy liceum, Kwame Browna z Georgii, który był MVP meczu gwiazd McDonald's. Bulls mieli do dyspozycji dwa wysokie wybory w drafcie i Krause zdecydował się na niezdarnego Eddy'ego Curry i Tysona Chandlera. Jerry West, który wybierał dla Memphis Grizzlies, postawił na Hiszpana Pau Gasola.

„Był zdecydowanie najlepszym zawodnikiem wychodzącym z liceum w tamtym roczniku – mówił o Brownie Marques Johnson, była gwiazda uczelni

UCLA i dziennikarz zajmujący się koszykówką. – Oglądałem ten mecz gwiazd McDonald's: 17 punktów, 7 zbiórek i 4 czy 5 bloków".

„Znałem wszystkich trzech chłopaków, Curry'ego i Chandlera też – wspomina Sonny Vaccaro, który spędził mnóstwo czasu przy ocenie talentu gwiazd z liceum. – Michael radził się mnie i uważałem, że Kwame jest z nich najlepszy". Sztab Jordana wychodził z założenia, że w najgorszym razie wniesie do gry podkoszowej Wizards energię, zbiórki i siłę fizyczną.

Jordan namawiał również Charlesa Barkleya, żeby ten zaczął treningi, mając nadzieję, że razem wrócą do grania. Barkley się zgodził, co z perspektywy czasu powinno było stanowić dla Michaela sygnał ostrzegawczy. Nie było mowy, żeby Charles, obecnie wspaniały komentator telewizyjny, który po zakończeniu kariery przytył znacznie bardziej od Jordana, był w stanie odzyskać formę pozwalającą mu wyjść na parkiet NBA. Obaj zaczęli wywoływać skojarzenia z Mickiem Jaggerem i Keithem Richardsem, którzy próbują powrócić w krótkich spodenkach, paląc papierosy i dowcipkując przy linii rzutów wolnych, tyle że Jordan i Barkley nie byli Stonesami. Michael postanowił zaprosić do ekipy jeszcze jednego starszego pana.

„Nagle znalazł się tu Doug – mówi Bach. – Nie miałem pojęcia, że do nas dołączy".

Doug Collins przeszedł długą drogę, od kiedy został zwolniony przez Bulls. Zaliczył ciekawy, ale mało satysfakcjonujący epizod trenerski w Pistons, potem powrócił do telewizji, gdzie został być może najlepszym analitykiem i komentatorem NBA. Teraz człowiek, który nigdy nie potrafił odmówić Jordanowi, miał przybyć do Waszyngtonu dokładnie w momencie, kiedy ten potrzebował kogoś, kto powie mu: „Nie".

Jordan odmówił wydania oświadczenia o swoim powrocie, ale latem rozpoczął w Chicago treningi z Groverem. Nawet Collins nie był pewien, co zrobi Michael. Jednak koszykarski świat właściwie odczytywał sygnały. Oto Jordan, raz jeszcze rozpoczynający operę mydlaną, plotki o rzekomym powrocie, miasto, które potrzebuje zmiany i nowej tożsamości, i starsi panowie z kalkulatorami, podliczający, ile zarobią, jeśli raz jeszcze założy te warte 200 dolarów buty.

Latem atmosfera w Hoops the Gym, ośrodku szkoleniowym Grovera, zrobiła się gorąca, ale temperatura była znacznie niższa niż w 1994 i 1995 roku, kiedy Jordan wahał się pomiędzy baseballem i koszykówką. Tym razem nie było wozów transmisyjnych, tylko dziennikarz „Sun-Timesa" Jay Mariotti przesiadujący pod salą jako jednoosobowy, czuwający oddział reporterski. Każdego dnia Jordan mijał go, idąc ostrożnie z powodu obolałych kolan. Wymieniali uprzejmości, ale Mariottiemu nie udało się uzyskać potwierdzenia.

Jordan wykorzystywał stare tricki, próbując podgrzać atmosferę w sali gimnastycznej, używał mnóstwo trash-talkingu i zapowiadał upokorzenia, jeśli ktoś nie będzie w stanie grać wystarczająco ostro. Podczas meczów dołączali do niego kumple i gwiazdy NBA, niby żeby pomóc, ale także by sprawdzić się w pojedynku z ustępującą potęgą. Jordan chciał znaleźć potwierdzenie, że wciąż jeszcze daje radę, a to, co zobaczył i poczuł, dodało mu pewności siebie.

Któregoś dnia złamał dwa żebra w zderzeniu z Ronem Artestem. Kontuzja przyhamowała jego przygotowania na cztery tygodnie. Kto inny potraktowałby to jako znak, żeby dać sobie spokój. Tak jak Barkley, który porzucił już marzenia o powrocie. Ale Jordan wciąż zamierzał ogłosić swój powrót we wrześniu. Zrobił to później, po atakach terrorystycznych na World Trade Center. Odczekał z szacunkiem kilka dni, po czym ogłosił powrót do gry, przekazując całą swoją roczną pensję, milion dolarów, na pomoc ofiarom tragedii.

„Oczywiście, kiedy odchodziłem, coś na parkiecie zostawiłem – powiedział dziennikarzom, ogłaszając swoją decyzję. – Pewnie tego nie zrozumiecie. Po tym, jak zdobyliśmy ostatni tytuł, nie odszedłem dlatego, że miałem już dość. Nie chciałem po prostu przechodzić wtedy przez proces przebudowy drużyny. Gdyby Phil został, gdyby udało się utrzymać skład ekipy, pewnie grałbym do dzisiaj".

W specjalnie przygotowanym oświadczeniu powiedział: „Powracam jako zawodnik do gry, którą kocham. Jestem bardzo podekscytowany perspektywą grania dla Washington Wizards i jestem przekonany, że mamy podstawy do budowania drużyny, która powalczy o awans do play-offów".

1 października pojawił się na konferencji prasowej ubrany w dres Air Jordan i czarny kapelusz z wyszytym z przodu napisem JORDAN. Tego samego dnia NBA wypuściła do sklepów replikę jego koszulki Wizards wartą 140 dolarów.

Były trener Georgetown, John Thompson, był jednym z tych, którzy cały pomysł traktowali bardzo sceptycznie. „Martwię się o Michaela – powiedział. – Niby się cieszę, ale muszę powiedzieć, że byłem zdecydowanie przeciwny jego powrotowi. Myślę, że wobec standardów, które wyznaczał, oczekiwania będą bardzo nierealistyczne. No i skończyły się już te wszystkie loty i dunki z linii rzutów wolnych. Teraz będzie więcej grał na parkiecie. Zaczniemy go nazywać Floor Jordan*".

„Jeśli przegram, to przegram – powiedział dziennikarzom Michael, demonstracyjnie trzymając w ręku puszkę gatorade. – Wstajesz i idziesz dalej. Jeśli miałbym czegoś nauczyć swoje dzieci, byłoby to: »Mieć wizję i próbować«... Jeśli się uda, to super. Jeśli nie, to trudno, będę umiał z tym żyć".

Przyznał, że zdaje sobie sprawę, iż w NBA pojawiło się nowe pokolenie młodych, umięśnionych zawodników, którzy bardzo będą pragnęli pokazać mu, gdzie jest jego miejsce. „Wiem, co ryzykuję – stwierdził wprost. – Młode wilki będą mnie gonić. Ale nie boję się tego. Nie zamierzam uciekać. To będzie wspaniałe wyzwanie".

Chciał przede wszystkim uniknąć poczucia żalu, które gnębiło go, od kiedy musiał zrezygnować z gry w Chicago. „Wciąż czuję to swędzenie i muszę się podrapać – powiedział. – Chcę mieć pewność, że nie będzie mnie to nękać do końca życia".

Jego kontrakt zaskoczył wszystkich. Wynikało z niego, że daje drużynie, której nawet nie jest już właścicielem, 30 milionów dolarów w prezencie. Pojawili się nowi potencjalni autorzy, którzy chcieli opisywać jego powrót do NBA. Najbardziej zdeterminowany był dziennikarz „Washington Post" Michael Leahy, który jednocześnie pisał o Jordanie dla swojej gazety. Kiedy Bob Greene opublikował książkę *Rebound* („Zbiórka"), poświęconą czasom baseballa i powrotowi Michaela do Chicago, cieszył się jego przyjaźnią i dostępnością. Tymczasem związek Leahy'ego i Jordana daleki był od ideału i otwartej współpracy.

Leahy opisywał Jordana jako osobę zbyt egoistyczną i uzależnioną od adrenaliny, żeby mogła właściwie zadbać o swoją kondycję, w tym o kolana. Złamanie żeber poważnie opóźniło jego pracę nad powrotem do formy. Przekuśtykał obóz treningowy, który zorganizował w Wilmington, co było miłym gestem w stosunku do jego rodzinnych stron. Pod koniec października Leahy wyśledził Michaela w kasynie Mohegan Sun w Connecticut. Było to w trakcie rozgrywek przedsezonowych, w noc poprzedzającą mecz. Jordan, który w pewnym momencie był już pół miliona dolarów do tyłu, odegrał się, po czym zgarnął dodatkowe 600 tysięcy. Grał do białego rana, nieświadomy, że Leahy na bieżąco opisuje całe wydarzenie dla swoich waszyngtońskich czytelników.

* „Jordan Podłogowy", w przeciwieństwie do fruwającego w powietrzu Air Jordana.

Jordan i jego ludzie wypełnili skład Wizards głównie zawodnikami podróżującymi od klubu do klubu. Najjaśniejszym punktem drużyny był młody talent, rzucający obrońca Richard „Rip" Hamilton, ale jego konflikt z Jordanem wisiał w powietrzu. Z kolei Doug Collins z każdym dniem miał coraz silniejsze poczucie, że zawiedzie Jordana.

Mimo to wybudowana przez Pollina nowa hala, teraz nosząca nazwę Verizon Center, każdej nocy zapełniała się po brzegi mieszkańcami Waszyngtonu, którzy wcześniej przez wiele lat ignorowali Wizards. Teraz przybywali tłumnie, żeby zobaczyć, jak MJ próbuje wszystko odmienić.

Tymczasem Leahy odkrył, że zawodnicy byli w szoku, kiedy zrozumieli, co to znaczy być partnerem Jordana. Z początku myślano, że Kwame Brown będzie silnym graczem podkoszowym, takim jak kiedyś Horace Grant w Chicago. Kiedy przed jednym z meczów przedsezonowych zapytano Jordana, czy rzeczywiście wybrał w drafcie „Dobermana", podobnego do tego trenowanego przez Johnny'ego Bacha w Chicago, ten tylko zmarszczył brwi. „Musi się jeszcze wiele nauczyć", powiedział o Brownie.

Brown przybył na obóz treningowy Jordana jako beztroski chłopak, który przeżył trudne dzieciństwo. Jak na gracza podkoszowego miał dość małe ręce, no i zupełnie nie wiedział, jak zadowolić swojego nowego szefa. Po latach wspominał, że był wtedy kompletnie zielony, nie znał nawet niektórych pojęć koszykarskich, nie wiedział, co to znaczy „postawić zasłonę" czy „zagrać pick and roll". Ktoś powiedział Leahy'emu, że podczas treningu Jordan nawrzeszczał na nowego chłopaka i nazwał go w obecności kolegów z drużyny „ciotą". Nie zabrzmiało to dobrze ani w następnym wydaniu „Washington Post", ani w wydanej potem książce Leahy'ego *When Nothing Else Matters**.

Tymczasem Krause wykonywał mnóstwo telefonów, próbując wyciągnąć od swoich informatorów, co dzieje się w Wizards. „Kwame był fenomenalnie uzdolniony – wspominał. – Słyszałem, że Michael tak bardzo się go czepiał, że zrujnował talent tego dzieciaka. Ojciec Browna siedział, matkę dopiero czekało więzienie. Miał mnóstwo problemów rodzinnych. To nie był typ chłopaka, na którego powinno się krzyczeć. Ludzie, których znam i którzy pracowali wtedy w Wizards, twierdzą, że Michael go zniszczył".

* „Kiedy wszystko inne nie ma znaczenia".

Zdominowana przez żądzę rywalizacji postawa Jordana drażniła wieloletnich członków sztabu Wizards. Podczas rozmów telefonicznych współczuli Krausemu, który też miał do opowiedzenia niejedną historię na ten temat. „Cały sztab go nienawidził – wspomina Krause. – Wiele z tych informacji do mnie docierało. Mówili mi: »Jerry, ten facet to śmieć«. Wes Unseld go nienawidził. A Unseld był człowiekiem Pollina".

Brown miał ostatecznie spędzić w NBA kilkanaście lat. Okazał się solidnym rzemieślnikiem, ale nigdy nie został gwiazdą. „MJ wcale nie był taki straszny", powiedział w wywiadzie przeprowadzonym w 2011 roku, wspominając tamten burzliwy obóz treningowy. „Tak naprawdę to wsparcie weteranów i treningi Douga miały mi pomóc wyjść na prostą – mówił o swoim rozczarowującym pierwszym sezonie. – Nie chodzi o to, że krzyczeli, to nie były krzyki. Oni naprawdę próbowali mnie czegoś nauczyć. Nie wiedziałem mnóstwa rzeczy. Wychodząc z liceum, nie znałem nawet terminologii, nie miałem pojęcia o podstawowych sprawach, takich jak zasłony od piłki. Jeśli wybierasz w drafcie młodego chłopaka z liceum, to musisz być przygotowany na to, że trochę mu zajmie poznanie terminologii. I muisz mieć w sztabie ludzi, którzy będą odpowiedzialni za rozwój młodych zawodników".

Ludzie Jordana ściągnęli z Lakers wolnego agenta Ty'a Lue. Miał dodać drużynie szybkości i przyspieszenia na pozycji rozgrywającego. Bardzo szybko nawiązał z Jordanem dobre stosunki, ale obaj wiedzieli, że będzie musiał trochę zwolnić, mając w składzie podstarzałą gwiazdę z chorymi kolanami.

„To na nim ciążyła presja, bo to on tak bardzo chciał wygrywać – wspomina Lue. – Powrócił w wieku 38 lat, kładąc na szali swoje dziedzictwo i wszystko inne. Moim zdaniem to było coś wspaniałego. Grając razem z Michaelem, musiałeś przede wszystkim dawać z siebie wszystko. Jeśli co noc gryzłeś parkiet i wypruwałeś z siebie żyły, było OK. Ale jeśli odpuszczałeś, jeśli zaczynałeś zawalać, to przecież każdy miałby z tobą problem, nie tylko on. Kiedy wychodzisz na parkiet, masz dawać z siebie wszystko. Tego właśnie oczekiwał".

Z daleka przyglądali się temu jego dawni koledzy z drużyny. Scottie Pippen obserwował mecze i statystyki jako gracz Portland Trail Blazers. Regularnie rozmawiał z Jordanem przez telefon. „Teraz chyba rozumie, że to, co było w Chicago, już nie wróci – przyznał któregoś wieczoru, na początku sezonu. – Znajduje się teraz w innym środowisku, nie ma już wokół siebie zawodników i trenerów, którzy rozumieją jego i jego koszykówkę".

Pippen podkreślił, że dopiero teraz docierało do niego i reszty drużyny Bulls, z czym mieli do czynienia, grając w Chicago. Tex Winter nie tylko wdrożył odpowiednią strukturę gry w postaci ofensywy trójkątów, ale robił też wiele innych bezprecedensowych rzeczy. „Bardzo dbał o naukę podstaw koszykówki i drobiazgów z nią związanych. I nigdy się nie wahał. Mówiąc szczerze, to większość trenerów NBA zapomina o fundamentach, o pracy nóg, o podaniach półgórnych, o pozycji rzutowej. Nie chce im się tracić na to czasu. Tex wręcz przeciwnie: zawsze mówił, że koszykówka jest grą nawyków".

Przyglądanie się, jak Winter i Jordan pracują nad fundamentami, było przekomiczne. „Tex uwielbiał dzielić się swoją ogromną wiedzą, a Michael miał to głęboko w dupie – wspomina z uśmiechem Scottie. – Mówił: »W dzisiejszych czasach to nie zadziała. Może w latach 40. albo 50. by zadziałało, ale nie dzisiaj«. Oczywiście wiedział, że jest inaczej. Wbrew pozorom Tex i Michael świetnie się rozumieli".

Pippen jest przekonany, że Jordan doskonale zdawał sobie sprawę, jak wielką wartość ma podejście Wintera. To dlatego byli gotowi codziennie morderczo pracować nad podstawami koszykówki, a determinacja, z jaką to robili, stała się ich prawdziwym dziedzictwem. „Akceptowaliśmy wszystko, co miało nas wprowadzić na kolejny poziom. Mieliśmy pozytywne nastawienie do zadań stawianych przed nami na treningach, do podstaw, których wymagał od nas Tex. Dostrzegaliśmy, co jesteśmy w stanie osiągnąć, jeśli będziemy ciężko pracować i ostro trenować".

Co więcej, starcia z Jordanem na treningach pomogły Pippenowi się rozwinąć i stać się wielkim koszykarzem. „Myślę, że trochę wzięło się to z tego, że musiałem się do niego dostosowywać – mówi Scottie. – Uczyłem się dobierać właściwe miejsca, z których lepiej kontrolowałem sytuację i próbowałem dominować. Kiedy się tego nauczyłem, było mi łatwiej, gdy znajdowałem się na parkiecie już bez Michaela".

Pippen zauważył, że doświadczenia wyniesione z Bulls nauczyły Jordana radzić sobie z coraz gorszą sprawnością fizyczną. „Nie jest już w stanie wchodzić pod kosz tak, jak robił to trzy czy cztery lata temu. Ale trudno powiedzieć, jak wiele na tym stracił, bo wciąż potrafi wiele innych rzeczy, a jego wiedza o koszykówce jest ogromna. Nie sądzę, żeby zdobywanie dużej liczby punktów sprawiało mu problemy. Nadal to potrafi. Problemem może być teraz wygrywanie".

Obserwowanie Jordana niezmiennie skłaniało Pippena do refleksji, co mogłoby się wydarzyć, gdyby Bulls się nie rozpadli. „Myślę, że gdybyśmy zostali razem, to nadal trudno byłoby nas pokonać – mówił. – Wciąż mielibyśmy nad rywalami przewagę, jeśli chodzi o wiedzę i doświadczenie. Nadal bylibyśmy gotowi do walki".

Być może Chicago Bulls zdobyliby przynajmniej jeszcze jeden, jeśli nie dwa lub trzy tytuły mistrzowskie, gdyby trochę lepiej potraktowano zawodników. Bez Jordana organizacja miała ogromne problemy. Krause, który zawsze twierdził, że Charles Oakley jest jednym z jego ulubieńców, ściągnął go z powrotem do drużyny. Pippen uważał, że Oakley nie był zadowolony z powrotu. „Rozmawiałem z nim wczoraj – mówił. – Powiedział im: »Skoro nie potrafiliście zatroszczyć się o MJ-a i Scottiego, to na pewno nie będziecie się też troszczyć o mnie".

Młodym zawodnikom Wizards Pippen doradzał, żeby podczas treningów koncentrowali się na nauce i czerpaniu z doświadczenia Jordana. Steve Kerr zgadzał się z tą oceną. „Nie chodzi o to, jak będzie grał. Wiadomo, że Michael zdobędzie swoje punkty. Może nie będzie już tak często bohaterem dziesięciu najlepszych dunków tygodnia na »SportsCenter«. Ale podstawowe pytanie brzmi jak będzie znosił porażki? Czy ta drużyna jest w stanie wygrywać? Bo brak zwycięstw może go doprowadzić do szału. Będzie musiał nauczyć ich grać, ale nie jestem przekonany, czy będzie w stanie to zrobić. Myślę, że górę może wziąć jego duch walki i wola zwycięstwa. Ludzie nie zdają sobie sprawy, jak trudno jest grać obok Michaela. Musisz nauczyć się jak najwięcej wynosić z treningów, bo podczas meczów i tak wiadomo, że będzie miał tendencję do przejmowania kontroli, i że będzie od ciebie oczekiwał gry na jego poziomie".

Kerr nie ukrywał, że będzie to bardzo trudne. „Chodzi o to, że Michael i cała reszta muszą się ze sobą poznać, nauczyć się siebie, zacząć się nawzajem rozumieć – wyjaśniał. – Niełatwo im będzie się zgodzić na przykład co do tego, co to jest dobry rzut. Czy mam mu ulec? Czy po prostu wyjść na parkiet i grać swoje? Trudno będzie im odpowiedzieć na te pytania".

Jordan rzeczywiście miał problem z kilkoma zawodnikami, którym za granie płacono. „Chłopaki nie zawsze się przykładały – mówił Ty Lue. – Wyobraź sobie, że jesteś kimś takim jak on: przez całe życie byłeś cholernie ambitny i waleczny, decydujesz się wrócić do koszykówki w wieku 38 lat, codziennie rano przychodzisz na trening, zawsze wychodzisz jako ostatni, grasz pomimo bólu i kontuzji kolan, a potem, gdy któryś z twoich partnerów nie daje z siebie wszystkiego, to masz z tym problem".

Determinacja, z jaką Jordan pokonywał własne słabości, była imponująca, jednak brak odpowiedniego zaangażowania niektórych zawodników bolał go bardziej niż zmasakrowane kolana. „Nie był przyzwyczajony do meczów rozgrywanych dzień po dniu, no i na jakiś czas wypadł z obiegu – tłumaczy Lue. – Musiało być mu trudno, ale nigdy nie opuścił treningu ani żadnego meczu, grał pomimo kontuzji. Myślę, że najbardziej bolało go coś innego: wychodził na parkiet, dawał z siebie wszystko, a widział, że niektórzy koledzy grają na pół gwizdka".

Tym, co najbardziej wszystkich zaskoczyło, była cierpliwość Jordana. Brent Barry, wówczas obrońca San Antonio, od dawna analizował zachowanie MJ-a. Intrygowały go różnice, które dostrzegł podczas trzeciego i ostatniego rozdziału jego kariery. Wspomina, że choć nadal był pragmatyczny, to przeobraził się w nauczyciela. „Różnica polegała na metodologii. Był dużo bardziej cierpliwy przy posiadaniu piłki i wiedział, że może dyktować obrońcom, co mają robić, żeby on mógł rozegrać swoją akcję, z tym że teraz nie były to akcje, które miały na celu zdobywanie przez niego punktów, ale takie, które pomagały w stworzeniu pozycji dla kolegów. To tak, jakby mówił: »Hej, możesz zrobić to i to, a kiedy jesteś przy piłce, to możesz mieć wpływ na daną akcję poprzez rozegranie piłki i poprzez to, jak się przemieszczasz po parkiecie«".

Podczas meczów Michael był głównie coachem – wspierał Douga i pomagał mniej doświadczonym kolegom. „Mecze z jego udziałem stawały się przede wszystkim treningami, które miały pokazać młodym zawodnikom, jak bardzo mogą być skuteczni, jeśli nauczą się podstaw", tłumaczył Barry.

Z początku nieśmiało, ale z czasem coraz wyraźniej w grze Wizards zaczęła być widoczna poprawa. Potem, tuż przed Nowym Rokiem, u Jordana pojawiły się raptownie pierwsze oznaki dramatycznej zmiany. Doszedł do ściany i w przegranym meczu z Indiana Pacers zdobył tylko 6 punktów, najmniej w karierze. Ten wynik zakończył jego rekordową serię 866 meczów, w których zdobywał 10 lub więcej punktów. Odpowiedział natychmiast, już w następnym meczu przeciwko Charlotte Hornets w Waszyngtonie, zdobywając 24 punkty w czwartej kwarcie i 51 łącznie. Było to na sześć tygodni przed jego 39. urodzinami.

„Tak jakby powrócił dzisiaj w przeszłość", powiedział dziennikarzom po meczu skrzydłowy Charlotte P.J. Brown.

W ciągu 38 minut trafił 21 z 38 rzutów z gry, 9 z 10 rzutów wolnych, zebrał 7 piłek i zaliczył 4 asysty. Mógł pobić należący do Earla Monroe rekord klubu, 56 punktów, ale mecz zakończył się wysokim zwycięstwem Wizards i Collins posadził Jordana na ostatnie trzy minuty na ławce.

„Myśleliście, że koleś nie jest dumny? – mówił Collins. – W Indianie miał zły dzień i myślę, że po prostu chciał wrócić i pokazać wszystkim, kim jest... Widziałem już, jak robi niewiarygodne rzeczy, ale to, czego dokonał dziś, w wieku 38 lat, jest niesamowite".

Trafiał jednego fadeawaya za drugim, raz nawet zadunkował. „Minęło trochę czasu, od kiedy ktoś powiedział, że zawisłem w powietrzu – powiedział Jordan. – W pierwszej połowie czułem się naprawdę dobrze. Miałem świetny rytm, świetny timing i znakomicie odczytywałem obronę przeciwnika. To była po prostu jedna z t y c h nocy".

Ostatni raz rzucił co najmniej 50 punktów wiosną 1997 roku, kiedy podczas play-offów zdobył 55 w meczu z Waszyngtonem.

W kolejnym pojedynku był o włos od powtórzenia swojego osiągnięcia. „To było coś niesamowitego – wspomina David Aldridge. – Niewiele brakowało, a rzuciłby 50 punktów drugi raz, dzień po dniu. Widziałem oba te mecze. Po tym drugim był wściekły. To było bardzo śmieszne".

Na drugim spotkaniu pojawił się skrzydłowy New Jersey Kenyon Martin. Mówił w wywiadach, że chce kryć Jordana. „Pamiętam, jak Kenyon Martin zapowiadał: »Chcę go. Chcę go bronić« – wspomina Aldridge. – I Michael go ośmieszył. Zrobił to, bazując na swojej przebiegłości, na inteligencji i na wszystkim tym, co wie o koszykówce. Nie jest już taki sprawny fizycznie... wiadomo, że nie odzyska dawnych umiejętności, ale wciąż jest w stanie rzucić 50 punktów! To było niewiarygodne".

Aldridge wspomina, że podczas meczu pochylił się do siedzącego obok niego w sektorze dla mediów Jaya Mariottiego i zapytał: „Czy oglądasz ten sam mecz co ja? Czy wiesz, jak niesamowite jest to, co robi tutaj ten gość?".

Jordan zaczął budować u swoich kolegów poczucie pewności siebie. Udało mu się to do tego stopnia, że wielu z nich uwierzyło, iż są w stanie trafiać rzuty, których wcześniej nie odważyliby się oddać. Od grudnia do Meczu Gwiazd, drużyna wygrała 21 z 30 meczów. Jak się okazało, było to szczytowe osiągnięcie Wizards Michaela Jordana. Zaczął przegrywać ze swoimi kolanami, a w zespole nie było nikogo innego, kto byłby w stanie nadawać mu rytm. Od czasu obozu treningowego wśród niektórych zawodników narastało coraz większe niezadowolenie. Częściowo wynikało ono z apodyktycznego zachowania Jordana, a częściowo z tego, że był on właścicielem. Nawet jeśli nie na papierze, to w rzeczywistości. I to on własnoręcznie wybrał sobie swojego starego trenera, żeby poprowadził drużynę. Poza tym istniał narastający, choć jeszcze nie wyartykułowany, konflikt z Ripem Hamiltonem, najlepszym młodym strzelcem waszyngtońskiej ekipy.

Jakby tego było mało, w styczniu Juanita Jordan złożyła w Chicago papiery rozwodowe. Wkrótce w szatni Wizards pojawił się dziennikarz z „Sun-Timesa", żeby zapytać Jordana o rozpad jego małżeństwa. Od czasów, kiedy grał w Chicago, wywiady z nim zawsze koncentrowały się na kwestiach związanych z koszykówką. Teraz oglądanie konfrontacji, która nastąpiła tuż po zwycięstwie nad Los Angeles Clippers, było niestosowne, a dla niektórych bolesne. Dziennikarz zapytał, czy rozwód był nieuchronny. „Nie twoja sprawa", odburknął Jordan. Z kolei artykuł w jednej z waszyngtońskich gazet donosił, że po meczu Michael próbował poderwać jakąś kobietę w klubie nocnym, w czym pomagali mu ludzie z jego świty, między innymi Tim Grover.

W lutym został wybrany do gry w Meczu Gwiazd, ale jego występ zapamiętano głównie dlatego, że nie trafił slam dunku. Najgorszy w karierze wynik uzyskał 2 kwietnia – zdobył tylko 2 punkty w przegranym 113:93 meczu z Lakers. Dwa dni później władze klubu ogłosiły, że do końca sezonu będzie pauzował z powodu problemów z kolanami. Wizards zakończyli sezon, nie awansując do play-offów, z większą liczbą porażek niż zwycięstw.

„Pierwszy sezon był trudny, ale drugi był jeszcze trudniejszy – wspomina Johnny Bach. – Niełatwo było utrzymać dotychczasowy rytm i taką jak dotąd liczbę minut spędzanych na parkiecie. Zwłaszcza że przeciwnicy nadal grali tak, żeby powstrzymać Michaela. Mecze były siłowe. Myślę, że Michael dokonał znacznie więcej niż ktokolwiek inny, a ponieważ wcześniej był tak dobry, to 22 punkty, które rzucił w całym meczu, że nie satysfakcjonowały ani jego, ani opinii publicznej".

Latem 2002 roku Wizards sprzedali Ripa Hamiltona do Detroit za Jerry'ego Stackhouse'a, a Jordan przygotowywał się, żeby znowu powalczyć jesienią. „Tamten sezon był po prostu… o rany! No wiesz, było tak źle, jak można się było spodziewać – mówi David Aldridge. – To chyba wzmocniło u niektórych przekonanie, że Michael jest fatalnym menedżerem, bo to przecież on skompletował ten skład".

Plan na drugi rok zakładał, że Jordan będzie grał mniej minut, wchodząc z ławki jako szósty zawodnik*. „Powtarzał to bez przerwy podczas meczów przedsezonowych – wspomina Aldridge. – Mówił, że będzie szóstym graczem, że pozwoli Stackhouse'owi być liderem drużyny, a potem wejdzie i pozamiata wszystko razem z zawodnikami z drugiej piątki. Pomyślałem wtedy: »To ma sens!«. Przewidywałem nawet, że na koniec sezonu zostanie wybrany najlepszym rezerwowym ligi. Liczyłem na to, że zredukowany Michael Jordan, wychodząc na rezerwowych graczy przeciwnika, będzie zdobywał 16–17 punktów na mecz. Cały świat uważał, że to ma sens. A potem, po jakichś dwóch tygodniach sezonu, było po wszystkim. Nie wiem, czy chodziło o jego ego, czy o to, że uznał Stackhouse'a za niewystarczająco dobrego. Po prostu wstawił się z powrotem do pierwszej piątki".

Ten ruch wywołał kolejną falę narzekań, że Doug Collins znowu nie potrafił postawić się właścicielowi klubu. „Broniłem wtedy Douga i w prasie, i w telewizji – mówi Aldridge. – Nigdy nie zrozumiem, dlaczego Michael to zrobił, bo granie z ławki nawet dla niego samego miało mnóstwo sensu. Gdyby grał 24 minuty zamiast 37, zredukowałoby to liczbę minut spędzanych przez niego na parkiecie i zmniejszyłoby obciążenie jego schorowanych kolan. Myślę, że to by zadziałało. Ale widocznie nie był w stanie tylko siedzieć i się przyglądać".

Konflikt Jordana z Hamiltonem przyciągnął uwagę, gdy Wizards spotkali się z Detroit, w ramach rozgrywek sezonowych. „Rip był zły, kiedy został sprzedany do Detroit – wspomina Ty Lue. – Wyszedł na parkiet nabuzowany na maksa. Prowokował MJ-a trash-talkingiem, a on odpowiadał: »Rip, to nie było nic osobistego. Próbuję grać«. Rip dalej kłapał dziobem, więc MJ w końcu powiedział: »Słuchaj, Rip, jak możesz do mnie tak gadać, skoro grasz w moich butach? Masz na nogach buty marki Jordan. Dlaczego więc uprawiasz trash-talking?«. Wszyscy się z tego śmialiśmy. To był tylko biznes. Myślę, że Michael lubił Ripa. Może po prostu próbował pozyskać w osobie Stackhouse'a bardziej agresywnego strzelca, kolesia, który będzie w stanie sam wypracować sobie pozycję strzelecką, ściągnąć na siebie podwojenie i po prostu zwiększyć szanse drużyny na zwycięstwo. Myślę, że to właśnie próbował zrobić. Nie było w tym nic osobistego".

Tymczasem dla jego byłych kolegów i trenerów większym wydarzeniem był pojedynek z Pippenem, który miał miejsce na początku grudnia. „Uwierzcie

* Pierwszy rezerwowy.

mi, to będzie gorące starcie", zapowiadał Tex Winter. Okazało się jednak, że choć obaj rzucili po 14 punktów, mecz nie był zacięty. Prowadzeni przez Pippena Trailblazers wygrali 98:79. „Znam Pipa i wiem, że chciał po prostu wyjść na parkiet i dobrze zagrać – powiedział dziennikarzom Jordan. – Wierzcie mi, ja też chciałem wyjść na parkiet i dobrze zagrać. Ale jego konie były gotowe, a moje muły chore".

Jordan nadal miał problemy z kolanami. W meczu rozegranym 15 grudnia znowu zdobył tylko 2 punkty. Na szczęście powrócił do formy, a w lutym wystąpił w Meczu Gwiazd, nieoczekiwanie w pierwszej piątce*. Zdobył 20 punktów i przegonił Kareema Abdul-Jabbara w klasyfikacji najlepszych strzelców w historii Meczów Gwiazd. Niestety tamten wieczór był koszmarny, i to pod wieloma względami. Jordan spudłował pierwszych 7 rzutów, został 4 razy zablokowany, nie trafił slam dunku. Oddał celny rzut pod sam koniec, dając drużynie Wschodu prowadzenie, ale za chwilę Kobe Bryant doprowadził do wyrównania. W dwóch dogrywkach Jordan spudłował trzy rzuty i w końcu Wschód przegrał 155:145.

Sezon zamienił się w pożegnalne *tournée*, mimo że Michael obiecywał kiedyś nigdy nie doprowadzić do takiej sytuacji. Kiedy Wizards odwiedzili Los Angeles na jego ostatni mecz przeciwko Lakers, Kobe Bryant postanowił ofiarować mu szczególny prezent na pożegnanie. „Kobe od pierwszej kwarty dosłownie go miażdżył, zdobył chyba z 40 punktów w pierwszej połowie – wspomina J.A. Adande. – To było jak prawdziwy koniec i przekazanie pałeczki. Chodzi mi o to, że dla Michaela musiało to być naprawdę upokarzające. Nie mógł z tym po prostu nic zrobić".

Rok wcześniej, kiedy Kobe zaliczał serię meczów, w których zdobywał ponad 40 punktów, Jordan zwrócił uwagę, że jego i Bryanta łączy chyba jedna cecha – obaj próbują się dystansować wobec aktualnych zawodników. Dla Michaela znaczyło to przede wszystkim tyle co osiągnięcia większe od utalentowanego Clyde'a Drexlera, ale dla Bryanta celem był ewidentnie Jordan.

Sezon trwał, a relacje Jordana z niektórymi kolegami z drużyny systematycznie się pogarszały. W Chicago Phil Jackson wprowadzał w życie różne strategie, na przykład sesje *mindfulness* z George'em Mumfordem, mające pomóc

* Kibice wybrali w głosowaniu do pierwszej piątki Vince'a Cartera, który przez większość sezonu był kontuzjowany, media przed meczem naciskały na Cartera, żeby odstąpił miejsce startera Jordanowi, i Vince w ostatniej chwili tak właśnie zrobił.

Jordanowi we współpracy z mniej utalentowanymi graczami. Podejście Jacksona, dla którego tak ważna była dynamika grupy, koncentrowało się na wykorzystywaniu sił każdego z zawodników, przy umiarkowanym moderowaniu jego słabości. W Waszyngtonie nie było Phila Jacksona ani George'a Mumforda, nie było systemu ataku Texa Wintera i przede wszystkim nie było Pippena. Jordan nie mógł już liczyć na wsparcie, które otrzymywał w przeszłości, i sprawiał wrażenie, jakby nie do końca ufał swoim kolegom. „Jeśli wcześniej darzył kogoś jakimkolwiek zaufaniem, to już tak nie było – mówił jeden z pracowników. – Na pewno czuł się tu bardzo samotny".

Niestety miało być jeszcze gorzej. Mniej więcej na trzy tygodnie przed końcem sezonu Jerry Krause dowiedział się, że nadciągają kłopoty. „Zadzwoniłem do Abe'a Pollina – wspominał w 2012 roku. – Powiedział mi: »Zamierzam wydymać tego twojego przyjaciela. On myśli, że to on mnie dyma. Niech uważa. Nawet nie ma pojęcia, co mu szykuję«. Abe sam był niezłym skurwielem".

Niedługo potem Mark Wise, piszący o koszykówce w „New York Timesie", odebrał telefon od jednego ze swoich informatorów, który przekazał mu sensacyjną wiadomość, jakoby Pollin planował po zakończeniu sezonu pogonić Jordana. Wise zaczął prowadzić rozmowy i szybko się zorientował, że poza menedżerami, których sam zatrudnił, Jordan ma wśród pracowników klubu i zawodników niewielu zwolenników. I że przeszarżował w relacji z Pollinem.

„Wiedziałem, że są problemy – wspomina David Aldridge. – Dlatego uważałem, że jedna z pierwszych rzeczy, które powinien zrobić Michael, to pójść do Abe'a i powiedzieć: »Słuchaj, wiem, że mieliśmy różne okresy, może trochę dałem dupy. Zrobimy tak: ty jesteś właścicielem. Rozumiem to. Nie zrobię niczego, czego byś sobie nie życzył. Jeśli moi ludzie byli niemili dla twoich ludzi, jeśli się wywyższali, to przepraszam. To się więcej nie powtórzy«. Tyle że nigdy nie było okazji do tej rozmowy".

„New York Times" opublikowal historię kłopotów Jordana, zapowiadając, że Pollin zamierza go zwolnić. Ty Lue pamięta, że był zaskoczony tonem tego artykułu. „Jak można tak zgnoić Michaela Jordana? – powiedział. – Mówimy o facecie, który wrócił do gry w koszykówkę w wieku 40 lat, który wciąż zdobywa średnio 20 punktów na mecz, który wciąż trafia do kosza z wysoką skutecznością. Był naprawdę fantastyczny. Nie był to ten sam stary Michael, którego znaliśmy, ale jego wola zwycięstwa, jego miłość do koszykówki była wciąż takie same".

Brent Barry pamięta, jak bardzo był oburzony nastawieniem niektórych cytowanych zawodników. „To nie on powinien dźwigać ten krzyż – stwierdził wprost. – Jeśli ktoś taki jak on poświęca czas, żeby ich uczyć, co powinni robić, aby do maksimum wykorzystać swoje umiejętności, to oni powinni to robić. Bądźmy szczerzy, na tym polega ich praca. Oczywiście jeśli Michael tego wszystkiego nie robił, to inna historia".

„Uważałem, że mogą ze sobą pracować, że znajdą na to sposób – mówił Aldridge o Jordanie i Pollinie. – Ale nie po czymś takim. Kiedy tekst się ukazał, oczywiście mnóstwo ludzi tego żałowało. To było jak strzał ostrzegawczy, który okazał się znacznie poważniejszy, niż ktokolwiek mógłby się spodziewać".

Historia wydawała się tak naciągana, że ani Jordan, ani Falk nie wierzyli, by mogła być to prawda. Fatalnie się mylili. „Może Michael byłby w stanie to przetrwać, gdyby okazał Abe'owi Pollinowi więcej szacunku – uważa Aldridge. – Ten brak szacunku był chyba początkiem końca. Podejrzewam, że historię celowo nagłośniono, by dla wszystkich stało się jasne, jaki będzie ciąg dalszy. Jeśli nie planujesz czegoś na serio, to raczej nie publikujesz tego w »New York Timesie«, prawda? To było sprytne posunięcie, bo większość lokalnych mediów była Jordanowi zbyt przychylna, by chciała mu zaszkodzić".

Wise, który od wielu lat pisał o koszykówce, nigdy nie był zakochany w nowej wersji Jordana, jaką poznaliśmy w Waszyngtonie. Był pod wrażeniem tego, jak bardzo zagubiony wydawał się Michael, niczym Elvis w najgorszym okresie swego życia: sprawiał wrażenie, jakby stracił kontakt z rzeczywistością. W 2012 roku Wise mówił, że Jordan i jego współpracownicy byli w Waszyngtonie postrzegani jako kwintesencja arogancji.

Johnny Bach patrzył na to inaczej. Owszem, Jordan pewnie był oderwany od rzeczywistości, bywał też zamknięty w sobie, ale zachowywał się tak, jakby pragnął zadowolić Pollina, nawet za cenę własnej reputacji. Desperacko starał się pomóc zespołowi, mimo świadomości, że nie ma szans na odniesienie zwycięstwa. Już drugi rok z rzędu drużyna zakończyła z ujemnym bilansem, 37:45, i nie awansowała do play-offów. Ostatnia noc Michaela w stroju Wizards była pełna wzruszających chwil. Rozemocjonowani fani okazywali mu wiele ciepła i miłości. Wprawdzie zarówno ten sezon, jak cały waszyngtońskie doświadczenie okazały się dla Jordana potężnym rozczarowaniem, uśmiechał się szeroko i wyglądało na to, że tego ostatniego wieczoru autentycznie cieszy się z dowodów sympatii kibiców.

Pomimo historii opublikowanej w „Timesie" Jordan przyszedł na spotkanie z Pollinem. Oczekiwał, że zostanie nagrodzony za wszystko, co zrobił dla organizacji. Klub znajdował się przecież w fatalnej kondycji finansowej, kiedy tu się pojawił. Udało się pozbyć kilku koszmarnych kontraktów z zawodnikami oczyścić sytuację w wynagrodzeniach, dzięki czemu można było rozpocząć pozyskiwanie młodszych graczy. Grał przez dwa lata za minimalną pensję, która była przeznaczana na cele charytatywne. Przez ten czas bilety na mecze z jego udziałem co noc wyprzedawały się na pniu, ustanawiając bezprecedensowe rekordy frekwencji, które pozwoliły na wyjście ze strat i wygenerowanie zysku szacowanego na 30–40 milionów dolarów.

Komunikat Pollina był krótki i szorstki. Zaproponował Jordanowi rekompensatę za zerwanie umowy, podobno kilka milionów dolarów. Jordan miał dumnie zostawić pieniądze na stole i natychmiast wyjść ze spotkania.

Abe Pollin, człowiek, który nigdy nikogo nie zwolnił, zwolnił Michaela Jordana. Wiele osób w świecie zawodowej koszykówki było zszokowanych tym, jak się to wszystko potoczyło. Jordan był przez wielu postrzegany jako skarb narodowy, jako najważniejsza postać w historii dyscypliny, jako człowiek, który przyniósł NBA miliardowe zyski.

„To było okrutne – powiedział Pat Williams, który przez 40 lat pracował jako menedżer w NBA i znał ich obu. – Nagle się okazało, że te dwa obozy są kompletnie podzielone. Organizacja szła w dwóch różnych kierunkach. I Michael trafił na aut".

„Skończyło się to bardzo źle – wspomina Johnny Bach. – Nagle wyleciał. Z dnia na dzień straciliśmy pracę. Tego też nie rozumiem, niezależnie od tego, co zostało powiedziane. Michael jest typem człowieka, który dotrzymuje słowa, a jeśli ty mu dasz słowo, to też lepiej dla ciebie, żebyś go dotrzymał. Na coś się umawiali. To była dżentelmeńska umowa, nie wszystko mogło się znaleźć na piśmie".

Nawet zawodnicy ze składu Wizards byli zdumieni. „Trudno to było zrozumieć – przyznał Ty Lue. – Jak to: koleś wraca do gry i przez dwa lata odrabia wszystkie pieniądze, które straciłeś przez poprzednie pięć lat... poświęca się dla ciebie przez dwa lata, a ty mu się za to tak odpłacasz? To był naprawdę smutny dzień".

Nawet Waszyngton, miasto, które zna się na brudnych sztuczkach, wydawało się zszokowane takim obrotem spraw. „Teraz trwa w Waszyngtonie wielka debata: czy Abe z premedytacją wykorzystywał Michaela tak długo, jak było można, a gdy już było po wszystkim, to się go po prostu pozbył? – mówił Aldridge. – Myślę, że wiele osób tak właśnie uważało. Nie było tajemnicą, czego oczekiwał Michael. Miał wrócić i znowu zostać dyrektorem. Mówił o tym bardzo otwarcie przez cały czas, kiedy grał. To nie było tak, że wyskoczył z tym nagle, na trzy tygodnie przed podjęciem decyzji o zakończeniu kariery".

Aldridge skłaniał się ku tezie, że Pollin od początku nie miał zamiaru dotrzymać umowy o przywróceniu Jordana do zarządu. „Sądzę, że Abe raczej nigdy nie zamierzał przekazać Michaelowi jego pakietu większościowego, a tym samym sprzedać mu klubu. Nigdy w to nie uwierzyłem", powiedział.

Po tym, kiedy został zwolniony, Michael spędził w mieście jeszcze jedną noc. Zostało to udokumentowane w wielu internetowych relacjach, w których opisywano go jako zagubioną duszę. „Odszedł – wspomina David Aldridge. – Po prostu odszedł... Potem długo go nie widziałem".

Rozdział 38

KAROLINA

Przez długi czas nic nie wskazywało na to, że krokiem naprzód okażą się Charlotte Bobcats. Jordan ponownie pojawił się w rodzinnych stronach w 2004 roku. Robert Johnson, magnat prasowy, otrzymał przyzwolenie na budowę nowej drużyny w miejsce dotychczasowych Hornets, którzy kończąc jeden z najsmutniejszych rozdziałów w historii NBA, przeprowadzili się do Nowego Orleanu. Hornets byli jednym z czołowych klubów ligi z małego rynku, z nowiutką, wybudowaną w 1989 roku halą Charlotte Coliseum, każdej nocy wypełnioną po brzegi przez kibiców wiwatujących na cześć gwiazd drużyny – Alonzo Mourninga, Larry'ego Johnsona i Muggsy'ego Boguesa. Po dziesięciu latach właściciel, George Shinn, zaczął prowadzić kampanię na rzecz budowy nowej hali, z lożami biznesowymi, które mogłyby zwiększyć przychody i sprawić, że drużyna będzie jeszcze lepsza. Podczas przeciągającej się walki o fundusze na nową arenę atmosfera robiła się coraz gorsza. W pewnym momencie Shinn został oskarżony o molestowanie seksualne i zaczął się PR-owy koszmar, który okazał się gwoździem do trumny Hornets. Kibice odwrócili się od drużyny, Shinn się spakował i opuścił miasto razem z klubem, pozostawiając kibiców z głębokim poczuciem niesmaku.

Po tym wszystkim do NBA dołączyli Charlotte Bobcats, którzy mieli grać w sezonie 2004/05 w nowo otwartej hali w centrum miasta, ale fani zareagowali chłodno. Johnsonowi, jako pierwszemu Afroamerykaninowi, który został większościowym właścicielem klubu sportowego, bardzo zależało na dogadaniu się z Jordanem, żeby ten dołączył do klubu jako właściciel mniejszościowy, odpowiedzialny za podejmowanie decyzji koszykarskich. Jordanowi udało się poukładać życie małżeńskie, ale jego nowa posada miała od niego wymagać większego poświęcenia się obowiązkom zawodowym. To kolidowało z zamysłem, by więcej czasu spędzać z rodziną.

Bilard

Pod koniec 2004 roku Daniel Mock pracował jako kelner w Men's Club of Charlotte, zlokalizowanym na południu miasta ekskluzywnym klubie ze striptizem. Kiedy był dzieckiem, ubóstwiał Jordana, wieszał na ścianie jego plakaty i zbierał koszulki z jego numerem. Udało mu się nawet zdobyć autograf swego bohatera podczas jakiegoś turnieju golfowego dla celebrytów i wciąż z nostalgią wspominał, jak podążał za nim po torze golfowym. Był więc w szoku, kiedy dziesięć lat później zobaczył, jak Michael Jordan, Robert Johnson, Charles Oakley i właściciel Dallas Mavericks Mark Cuban wchodzą do Men's Club i zajmują miejsca w małej, prywatnej strefie przy barze, gdzie pracował. Był to duży klub, miał dwa piętra, cztery bary, trzy sceny i zatrudniał 60 tancerek erotycznych, które przez całą noc zabawiały klientów.

„Kiedy przyszli do Men's Club, byłem pod wrażeniem – wspomina, śmiejąc się, Mock. – Mało nie zwariowałem, wszystkie kelnerki się ze mnie nabijały. Weszli, usiedli, a ja przyjąłem ich zamówienie i wysłałem kilka dziewczyn, żeby dla nich zatańczyły".

Połączono dwa stoliki, żeby panowie mogli zjeść kolację w towarzystwie tancerek, które zmieniały się, urządzając prywatne pokazy dla Cubana, Jordana i Johnsona. Oakley przeszedł do baru, który nadzorował Mock. Usiadł tam i zaczął pogawędkę z kelnerem. Mock powiedział mu, że przez całe życie był fanem Jordana. „Serio? – zapytał Oakley. – Zaraz go tu przyprowadzę". Mock spanikował, jakby zaraz miał zostać przedstawiony najładniejszej dziewczynie w szkole. „Nie, nie rób tego", poprosił.

W przerwach między piosenkami tancerki siadały mężczyznom na kolanach. Zmieniały się, a przy stoliku Jordana było ich po sześć naraz. Tańczyły przez mniej więcej pięć minut, po czym przysiadały się do pozostałych panów.

W końcu Mock sam podszedł do stolika, żeby zagadać do Jordana. „Zapytałem: »Panie Jordan, czy wszystko w porządku?«. Palili ogromne cygara. »Chciałbym, żeby pan wiedział, że kiedy miałem 11 lat, to udało mi się zdobyć pański autograf nad jeziorem Tahoe. Był pan idolem mojej młodości«". „I nadal masz ten autograf, młody?", zapytał Jordan. Mock wyjaśnił, że pamiątka jest bezpiecznie schowana u niego w sejfie. „No to go lepiej dobrze pilnuj", powiedział ze śmiechem Jordan.

Grupka zjadła kolację i wypiła butelkę szampana. Było to miejsce, w którym można było wybrać homara bezpośrednio z akwarium, a także przyglądać się, jak przyrządzane są steki. Kiedy już zjedli – rachunek wynosił już ponad tysiąc dolarów – Jordan podniósł się, żeby przy pobliskim stole pograć z trzema tancerkami w bilard. Przechodząc, usłyszał, jak Oakley mówi Mockowi, że następnego ranka będą grali w golfa w klubie Firethorne. Mock, który też był zapalonym golfistą, pracował kiedyś w tym klubie.

„Jordan powiedział: »Oj tak, Firethorne jest ciężkie« – wspomina Mock. – Powiedziałem mu, że tam pracowałem". „Naprawdę? – spytał Jordan. – Opowiedz mi o tym".

Kelner zaczął dokładnie opisywać ukształtowanie terenu na torze i udzielał Jordanowi rad, jakich kijów powinien używać przy poszczególnych dołkach, tłumaczył, kiedy ma korzystać z 3Wooda*, a kiedy nie. „Siedział tak z pięć minut i tylko gapił się na mnie, jakby to wszystko nagrywał – opowiada Mock. – Potem zaczął grać w bilard. Grali parami, on był razem z taką młodą Chinką, grali przeciwko dwóm blondyneczkom w typie Pameli Anderson. Dziewczyny były topless. W jednej ręce trzymał wielkie cygaro, w drugiej kij. Kiedy miał uderzyć, wkładał cygaro do ust i jedną rękę trzymał za plecami. Przed każdym jego uderzeniem któraś z dziewczyn wspinała się na stół i kładła na nim cycki".

Mock wspomina z rozbawieniem, że kiedy siedział z Oakleyem, ten dogadywał: „No, jeszcze jedna taka noc Mike'a".

Johnson wyszedł wcześnie, ale Cuban, Jordan i Oakley zostali jeszcze długo po zamknięciu klubu o 2.00 w nocy. Mock był zdumiony, kiedy dowiedział się, że o 5.00 rano zamierzają grać w golfa.

Skoro świt Mock zadzwonił do znajomego z klubu i dowiedział się, że Jordanowi zaproponowano rozpoczęcie gry o 6.30, ale stwierdził, że to za późno, i przekonał personel, żeby wpuszczono go o 5:45, dokładnie o wschodzie słońca. „Powiedziałem do kumpla: »Byli na nogach przynajmniej do 3.00«. Nie chciał wierzyć: »Jak to? Spali tylko dwie godziny?«".

Mock opowiedział koledze o zabawie w Men's Club. „Był zaskoczony – wspomina. – Mówił, że kilku członków klubu chciało pograć zaraz po nich,

* Rodzaj kija golfowego.

więc Jordan wykupił cztery rozgrywki, żeby nikt im nie przeszkadzał. I to po tym, jak siedzieli do rana w klubie i wydali Bóg wie ile pieniędzy. Zdaje się, że rachunek wyniósł ostatecznie 1800 dolarów. Jestem przekonany, że to Cuban za wszystko zapłacił".

Kolega powiedział, że Jordan, Oakley i Cuban krzątali się po torze do jakiejś 9.30, ale wciąż nie mieli dosyć.

Kiedy Michael został menedżerem w Bobcats, rozpoczął się dla niego okres ciągłych podróży po świecie, gry w golfa, hazardu i imprezowania. To, że wkrótce znowu musiał się zmierzyć z pozwem rozwodowym i zakończeniem trwającego 17 lat małżeństwa z Juanitą, nie było specjalną niespodzianką. Rozwód został sfinalizowany w grudniu 2006 roku, a Forbes szacuje, że kosztował Jordana 150 milionów dolarów. Podobno ta ugoda była jedną z najdroższych w historii.

W ciągu kilku lat jego kiedyś nietykalny wizerunek doznał poważnego uszczerbku. Mnóstwo ludzi nieustannie używało sobie na nim w internecie, wytykając mu błędy. Kolejną porażką było wybranie przez Charlotte w drafcie w 2006 roku Adama Morrisona z trzecim numerem. Morrison okazał się ogromnym rozczarowaniem i kolejną rysą na otoczonym magiczną aurą wizerunku Michaela. Krytyka narastała, a niektórzy obserwatorzy zastanawiali się, dlaczego Jordan nigdy nie porozmawiał z Krausem o tym, jak trudno jest być w NBA dyrektorem do spraw kadrowych. Inni doskonale wiedzieli, że Jordan nigdy by tego nie zrobił. Uważano, że jest otoczony murem swojej sławy i że rozmawia o takich sprawach tylko w wąskim, wewnętrznym kręgu.

Tymczasem Jordan w tajemnicy zrobił coś innego, być może nawet mądrzejszego niż rozmowa z Krausem. Jim Stack odszedł z Bulls i został menedżerem Minnesoty Timberwolves. Często rozmawiał razem z Michaelem na tematy związane z zawodnikami.

„Między 2004 i 2008 rokiem przegadaliśmy wiele godzin", wspomina Stack, dodając że tak jak każdy menedżer Jordan rutynowo zasięgał opinii u różnych osób. Dyskutowali również na temat wyboru w drafcie Adama Morrisona. „Adam był bardzo utalentowany w ataku – wyjaśnia. – Potem okazało się, że cierpi na cukrzycę, i że to go ogranicza. Był dosyć cherlawym chłopcem i konieczność dostosowania się do napiętego terminarza NBA zaczęła się na nim niekorzystnie odbijać. Rozmawiałem o tym z MJ-em. Byliśmy ze sobą szczerzy. W tamtym momencie nie było żadnego pewniaka do wzięcia. To był po prostu kiepski draft".

Stack tłumaczy, że bycie menedżerem w NBA wymaga jednocześnie ciężkiej pracy i mnóstwa szczęścia. „Możesz się namęczyć, a na koniec dnia i tak możesz tylko mieć nadzieję, że ci się poszczęści, że będziesz miał okazję wybrać właściwego zawodnika".

Nowa praca zdawała się wybijać Jordana z rytmu i odbierać mu pewność siebie. Ludzie, którzy widywali go na campach przed draftem NBA, byli w szoku. Był jak zawsze sympatyczny, ale odnosiło się wrażenie, że źle sobie radzi z tym nowym doświadczeniem i że nie czuje się zbyt pewnie. Wyglądał na zmęczonego. Uświadomiło to jego znajomym, jak wiele przeżył, od kiedy zakończyły się dni jego chwały. Nawet jego język ciała wydawał się czasami nie na miejscu, dokładnie tak, jak wyglądało to wtedy, kiedy ponad dziesięć lat wcześniej znalazł się w obcym dla siebie świecie baseballu.

Bryant

Podczas campu przed draftem w 2008 roku siedział samotnie, wysoko u szczytu hali kompleksu sportowego Disneya w Orlando, przyglądając się młodym nadziejom z uczelni i wolnym agentom, wykonującym ćwiczenia i rozgrywającym sparingi. Był chyba trochę rozkojarzony, bo kiedy dziennikarz poprosił go udzielenie wywiadu, zgodził się i jakby odetchnął z ulgą, że nie będzie już musiał patrzeć na gorszych od siebie zawodników. Pytania dziennikarza zaczęły w końcu krążyć wokół Kobego Bryanta. Phil Jackson zdobył już wcześniej trzy tytuły mistrzowskie w Los Angeles, a tej wiosny Lakers znowu się odbudowali, właśnie pod wodzą Kobego. Jordan z zainteresowaniem przyglądał się, jak Bryant, pracując z Jacksonem i Winterem, wypełnia jego zadania w ofensywie trójkątów. Obrońca Lakers przez wiele lat próbował „być taki jak Mike"*, począwszy od ogolenia głowy, kiedy był jeszcze nastolatkiem, a na naśladowaniu zwyczajów Michaela skończywszy. Oczywiście zarzekał się, że go nie małpuje. Wydawał się najlepszym z całego pokolenia kiepskich naśladowców Jordana, z legionu zawodników, którzy pragnęli odziedziczyć jego berło. Był być może jedynym, który był w stanie to zrobić.

Sam Jordan od dawna przyglądał się widowiskom urządzanym przez Bryanta, Jackson i jego ludzie podobnie. Porównania tych dwóch zawodników wywoływały gorące dyskusje w internecie. Michael nie rozumiał, o co ta cała

* „Be Like Mike".

afera. Przecież zachowania ludzkie są mimetyczne*. Ludzie się nawzajem kopiują, naśladują, tak jak zespoły rockowe, próbujące być Beatlesami czy Stonesami, którzy sami czerpali z twórczości wielkich amerykańskich bluesmanów poprzednich pokoleń.

Jordan przyznał wtedy, że jego sposób gry rzeczywiście utorował Bryantowi drogę: „Tak samo jak wcześniej wielu ludzi utorowało drogę mnie. Na tym polega ewolucja koszykówki. Nie ma mowy, żebym był w stanie grać tak, jak grałem, gdybym nie oglądał wcześniej Davida Thompsona i innych zawodników, którzy byli przede mną. Tak samo to działa w przypadku Kobego i mnie".

Z rozmowy z dziennikarzem jasno wynikało, że Jordan szanuje Bryanta i że w jego stosunku do młodej gwiazdy nie ma żadnego protekcjonalizmu. Szanował każdego zawodnika, który ciężko pracował i który był twardy mentalnie. Uważał, że Bryant oba te testy zdaje celująco. „Może nie całkiem różni się ode mnie, ale jest inny. Ludzie muszą to po prostu zrozumieć, muszą zdać sobie sprawę, że choć jeśli widać między nami wiele podobieństw, to jesteśmy inni".

Nawet gdyby odłożyć na bok ewidentny dług Bryanta wobec Jordana, to porównania były dla Michaela tym bardziej interesujące, że Bryant grał w tym samym systemie *triangle offense*, z tymi samymi jego architektami, Jacksonem i Winterem, na ławce trenerskiej, co przed laty on sam. Podkreślał, że ten system tworzył dla supergwiazdy więcej przestrzeni. „Trójkąt idealnie się nadaje do tego, żeby zawodnicy mogli zrobić sobie więcej miejsca i stworzyć dogodną pozycję do oddania rzutu. Tak utalentowany zawodnik jak Kobe dobrze się w tym systemie odnajduje, a przez to wszyscy inni grają lepiej".

Winter, rozpoczynając pracę nad systemem, bazował na sześciu zasadach gry zespołowej. Jednak gdy w 1985 roku zaczął trenować Jordana, zrozumiał, że potrzebna jest jeszcze siódma zasada – wyjątkowo utalentowany zawodnik może złamać wszystkie inne zasady. Winter przez wiele lat podkreślał, że system trzeba dostosowywać do wybitnych zawodników.

„Tex ma całkowitą rację", powiedział tamtego dnia Jordan, uśmiechając się na wspomnienie wielu chwil podczas treningów Bulls, kiedy Winter zżymał się na niego z powodu różnych drobiazgów. Kobe musiał przechodzić przez to samo.

* Mimetyzm – termin oznaczający naśladowanie, upodabnianie się.

Jordan uważał, że pretensje niektórych kibiców, zarzucających Bryantowi upodabnianie się do niego, są absurdalne. „Jeśli chodzi o wielkość i sukcesy, to Kobe robi wszystko co trzeba. Niezależnie od okoliczności, sukces zawsze wygląda podobnie. Nie ma sensu dyskusja o kimś, kto był przed tobą, by zatriumfować, musisz mieć podobne cechy". Mówił też, że nie chodzi nawet o naśladownictwo stylu, ale o podobną pogoń za sprawdzoną formułą na sukces: „Odniósł ten sukces. I solidnie na niego zapracował".

Jordan podkreślał, że patrząc na Bryanta, momentami miał możliwość przeżywać swoją karierę na nowo. Obaj rozmawiali przez telefon o sprawach, które tylko oni byli w stanie zrozumieć. Kiedy podczas finałów 2008 roku Bryantowi powiedziano, że Jordan pochlebnie wypowiedział się na jego temat, natychmiast się ożywił, niczym dzieciak, który marzy o autografie gwiazdy. „MJ o mnie mówił? – dopytywał. – To jest gość!". Było oczywiste, że Bryant odnajdywał w relacji z Jordanem wsparcie i źródło pewności siebie.

Kilka lat wcześniej członkowie sztabu szkoleniowego Lakers doszli do wniosku, że Bryant i Jordan są do siebie niesłychanie podobni, zwłaszcza pod względem waleczności – typowej cechy samców alfa. Wszyscy się zgadzali, że obaj są bezlitośni w swojej żądzy wygrywania. Ich umiejętności też były podobne, tyle że Jordan miał większe dłonie. Podstawowa różnica pomiędzy nimi wynikała z odmiennych doświadczeń związanych z edukacją. Jordan grał w ramach systemu na uczelni w Karolinie Północnej i dlatego był lepiej przygotowany, by zaakceptować koncept trójkątów Wintera, natomiast Bryant przyszedł do NBA bezpośrednio z liceum, zapatrzony w koszykarskie sławy.

„Często się zastanawiam, jak bardzo są podobni – mówił Winter. – Obaj fantastycznie reagują, są bardzo szybcy i skoczni. Obaj są świetnymi strzelcami. Niektórzy twierdzą, że Kobe jest nawet lepszy, ale z czasem Michael bardzo się pod tym względem rozwinął. Nie potrafię powiedzieć, czy Kobe jest lepszym strzelcem niż Michael u szczytu formy". Jackson również przyznawał, że Kobe i Michael są podobni, ale podkreślał, że Jordan jest tylko jeden.

Obserwatorzy lubili zwracać uwagę na to, że Jordan grał w Bulls bez świetnego centra, ale Winter zawsze kontrował, mówiąc, że sam Jordan znakomicie grał tyłem do kosza, w związku z czym sam był fantastyczną bronią podkoszową. Bryant przyszedł do NBA również wyposażony w tę umiejętność, ale nie miał szans jej wykorzystywać, grając w jednej drużynie z Shaquillem O'Nealem, który okupował przestrzeń pod koszem przez wszystkie lata, które spędzili razem w Lakers.

Winter wątpił, czy Jordan dobrze pasowałby do O'Neala.

Uważał, że pod wieloma względami Bryant dorównywał Jordanowi, jeśli chodzi o grę tyłem do kosza. Wyjątkiem był jeden kluczowy element – Jordan był dużo silniejszy, więc lepiej utrzymywał się na parkiecie.

Podobnie jak Michael, Kobe odniósł wiele sukcesów, grając nie tylko jako obrońca, ale również jako niski skrzydłowy, dzięki czemu mógł operować bliżej obrońców. Winter dodaje, że nawet biorąc pod uwagę sukcesy ofensywne Bryanta, Lakers powinni byli wciąż dzielić się piłką, tymczasem zbyt często ulegali Kobemu, dokładnie tak, jak kiedyś miało to miejsce z Jordanem.

Zdaniem Wintera kolejną różnicą był styl przywództwa. Jordan znany był z ostrego, czasem wręcz okrutnego traktowania kolegów, które miało na celu przygotowanie ich do gry na wysokim poziomie, pod presją, podczas gdy Bryant prezentował podejście bardziej łagodne i uprzejme.

No i był jeszcze niezrównany Pippen. Winter często mówił, że nie wolno zapominać o wkładzie Pippena.

Springfield i dalej

Mniej więcej wtedy Jordan poznał supermodelkę Yvette Prieto, a jego życie zaczęło się zmieniać. Bobcats grali fatalnie, tracili co roku dziesiątki milionów dolarów, podczas gdy plotkarskie serwisy internetowe, takie jak TMZ, zaczęły się zachowywać względem Jego Powietrzności niczym chór grecki. Wyglądało na to, że kontrowersje i krytyka czają się na każdym kroku. W 2009 roku, kiedy tylko stało się to możliwe, trafił do koszykarskiej Hall of Fame – tak oto musiał dźwigać kolejny krzyż.

George Mumford powiedział kiedyś, że aby kogoś ocenić, trzeba zobaczyć, co robi, a nie słuchać, co mówi. W sierpniu, krótko przed terminem wprowadzenia go do Hall of Fame, Michael zdecydował, że to Johnny Bach będzie mu towarzyszył, a nie Phil Jackson. Wieloletni asystent trenera, obecnie osiemdziesięciokilkulatek, przechodził kryzys w związku z ugodą rozwodową, która pozbawiła go pensji NBA. Jordan opłacił obecność na uroczystości swojemu staremu trenerowi, który zawsze mówił mu: „Atakuj!". Zaprosił też dwóch pracowników Bulls, którzy pracowali tam od jego pierwszych dni spędzonych w klubie – kierownika do spraw sprzedaży biletów Joego O'Neila i PR-owca

Tima Hallama. Mieli polecieć jego prywatnym odrzutowcem razem z nim, Yvette i małą grupką, w której znajdował się między innymi George Koehler. Gala odbywała się w Springfield w stanie Massachusetts.

„To było naprawdę ekscytujące – mówił O'Neil. – Zaczałem pracę w Bulls wiele lat temu. Michael musiał być wtedy w pierwszej albo drugiej klasie szkoły średniej. Timmy Hallam i ja byliśmy jednymi z pierwszych ludzi, których Michael spotkał w Chicago. To były zupełnie inne czasy, nie był jeszcze supermegagwiazdą. Nie wiem, kto jest dziś najbardziej rozpoznawalną postacią na Ziemi, ale Michael na pewno znajduje się w czołówce. Nie jestem w stanie wam wytłumaczyć, co to dla mnie znaczy: siedzieć w jednym samolocie z Michaelem i jego dziewczyną, w drodze do Hall of Fame. Michael nie zapominał o ludziach. Ściągnął na ceremonię Johnny'ego Bacha. Myślę, że większość jego najbliższych przyjaciół nie była celebrytami. Oczywiście, ma też miliony przyjaciół wśród gwiazd, ale ludzie, którymi spędza na co dzień najwięcej czasu, to normalni goście. I myślę, że Michaelowi się to podoba".

Lot spędzili na rozmowach o pierwszym sezonie Jordana w lidze, o szalonym składzie Bulls, o meczach golfowych w biurze, kiedy próbowali trafić piłeczką do kosza na śmieci, o czekaniu w kolejce w sali treningowej Angel Guardian Gym, aż dzieciaki skończą grać. Wspominali i śmiali się, ale w pewnym momencie O'Neil zauważył, że im bardziej zbliżali się do Springfield, tym bardziej Jordan robił się nerwowy.

„Choć Michael tak często miał do czynienia z blaskiem reflektorów i ze splendorem, myślę, że czasami, kiedy to na nim skupiała się cała uwaga otoczenia, robił się nieśmiały – mówił O'Neil w wywiadzie przeprowadzonym w 2012 roku. – Czuł się niekomfortowo z powodu całego tego rozgłosu , że oto trafił do Hall of Fame. Sądzę, że pod pewnymi względami podchodził do tego tak samo jak wcześniej do zakończenia kariery".

Jeśli chodzi o samo wystąpienie, to O'Neil zauważył, że Jordan niczego sobie nie przygotował. „Nie miał tego w zasadzie spisanego – wspomina. – Nie był do końca pewien, co powie. Jadąc tam, był zdenerwowany".

Jordan poprosił swojego starego idola Davida Thompsona, żeby ten go wprowadził i razem z nim stał na scenie, dzieląc jego chwilę szczęścia. Na wystąpienie gwiazdy wieczoru czekała cała koszykarska elita. Wszyscy wydali ogromne pieniądze, żeby znaleźć się na koronacji i raz jeszcze zobaczyć Michaela w blasku chwały. I właśnie wtedy, pod wpływem emocji, Jordan postanowił zrzucić z siebie ciężar i raz jeszcze pokazał, że ma duszę wojownika, przypominając różne wydarzenia, te prawdziwe i te wyimaginowane, które napędzały go przez całe życie. Nawet dla jego wieloletnich obserwatorów, którzy uważali, że dobrze go znają, było to zaskakujące i rozczarowujące. Większość publiczności była zbulwersowana, słuchając opowieści o tym, jaki był wściekły, kiedy nie znalazło się dla niego miejsce w składzie reprezentacji liceum. I o tym, kiedy Dean Smith nie zgodził się, żeby jego zdjęcie, gdy był jeszcze debiutantem, trafiło na okładkę „Sports Illustrated". O tym, jak przekomarzał się z Texem Winterem w sprawie litery „i" w słowie „win". A także o swojej niechęci do Jerry'ego Krause i o sporze z Patem Rileyem o pokój w hotelu na Hawajach. Wydawało się, że próbując być szczerym, udało mu się obrazić przynajmniej tylu ludzi, ilu podziękował.

Phil Jackson oglądał całą uroczystość w telewizji w zatłoczonym barze sportowym i był świadkiem pełnych zaskoczenia reakcji zgromadzonych gości. Od razu jednak zrozumiał, że Jordan próbował się po prostu wytłumaczyć ze swej ponadprzeciętnej waleczności, wynikającej z potężnej potrzeby rywalizacji, a jedyny problem polegał na tym, że napędzały go wyłącznie sytuacje negatywne, czego wielu nie było w stanie pojąć. Niestety całość wypadła fatalnie.

„Występ Michaela Jordana w Hall of Fame był jak Exxon Valdez* wypowiedzi publicznych – napisał w »Sports Illustrated« Rick Reilly. – Był kolejno grubiański, mściwy i napastliwy. I to zwłaszcza wtedy, kiedy próbował być dowcipny. Jego występ był pozbawiony taktu i pełen egoizmu: wysoce niestosowny. Kiedy skończył, nikt już nie chciał być taki jak Mike".

Nikt nie był bardziej zszokowany, a potem uszczęśliwiony, niż Jerry Krause. „Siedziałem tam – wspominał w 2012 roku. – Byłem trochę, hm… zaskoczony. Ale cóż, to był właśnie Michael. Nie mogłem uwierzyć, że zrobił coś takiego na scenie. Byłem w szoku, że wbił szpilę Deanowi. A mnie? Tego można się było spodziewać, ale Deanowi? To było mocne, musiało nim solidnie wstrząsnąć. My musieliśmy z tym żyć długo, zdobyliśmy sześć tytułów mistrzowskich i wiedzieliśmy, z kim mamy do czynienia".

Krause skontrastował wypowiedź Jordana z pełnym emocji i samokrytyki wystąpieniem Dennisa Rodmana podczas podobnej ceremonii dwa lata później.

* Tankowiec znany ze spowodowania katastrofy ekologicznej i wylania milionów galonów ropy naftowej u wybrzeży Alaski w 1989 roku.

„Dennis mógł się przecież zachować strasznie – mówił – ale Dennis ma dobre serce. Sam się krzywdził, nigdy jednak nie skrzywdziłby innego człowieka. A Michael? Michael nie przejmował się tym, że rani ludzi. Nie twierdzę, że jest szalony. Wielokrotnie widziałem, jak łaskawy był w stosunku do innych. Podejrzewam, że każdy psychiatra z przyjemnością by go prześwietlił i spróbował złamać. To byłoby interesujące. Jest jednym z najinteligentniejszych koszykarzy, z jakimi pracowałem, ale tamta afera z Hall of Fame pomogła mi uświadomić ludziom, jaki jest głupi. Mnóstwo osób podchodziło do mnie po jego wystąpieniu, mówiąc: »Nie miałem pojęcia, że to taki dupek«".

Krause uważa, że Jackson był wybitnym psychologiem, który potrafił wydobyć z Jordana to, co najlepsze. „Mieliśmy bardzo dobrą drużynę pełną bardzo rozchwianych osobowości. On ustawił je do pionu i porozmieszczał we właściwych miejscach. Rozumiał zawodników i wiedział, jak ma z nimi postępować, żeby ze sobą współpracowali".

Zdaniem Krausego kolejnym kluczem do sukcesu był Winter. „W kwestii dążenia do doskonałości Tex traktował Michaela ostrzej niż ktokolwiek inny. Michael nie lubił trójkątów, mawiał: »I co niby ten pierdolony system ma nam dać?«. Zajęło przynajmniej rok, żeby je zaakceptował, ale potem zrozumiał, jak bardzo pomogą mu w grze pod koszem".

Im dłużej były dyrektor generalny (Reinsdorf zwolnił go w 2003 roku) opowiadał o przemowie w Hall of Fame, tym bardziej wyglądał na zrelaksowanego. Mówił, jakim wspaniałym wojownikiem był Jordan, podkreślał, że przez te wszystkie lata ani razu nie próbował się wykręcić od najtrudniejszych zadań i największych obciążeń. Dodał, że jest w posiadaniu archiwum wszystkich najwspanialszych występów Michaela, ale że jego doświadczenia z gwiazdą były na tyle gorzkie, iż nigdy żadnego z nich już nie oglądał. Powtórzył: „Jest, jaki jest. Nigdy się nie pogodzimy".

Krause jest przekonany, że wiele z tych nieuprzejmości wynikało z narcyzmu Jordana związanego z nieustannym zainteresowaniem mediów i wszechobecnym kultem. „Gdyby Michael grał w epoce Elgina, Oscara i innych, nie byłoby tego wszystkiego. Ale jeśli przenieślibyście Oscara i Elgina w czasy współczesne, to przytrafiłoby się im to samo. Bill Russell też by zarabiał 30 milionów dolarów za sezon".

Dla Jordana niezwykle ważne było odpowiednie wyczucie czasu, co zresztą sam wielokrotnie podkreślał. W blasku reflektorów zawsze był sobą – wyzywający i z wysoko podniesionym czołem. Sonny Vaccaro mówi wprost: „Był jakby namaszczony. Naprawdę, pod każdym względem. Nawet jeśli zrobił coś, co pozostawało w kontraście z tym, co powinien był zrobić, to i tak dobrze na tym wychodził".

Michael nie przejął się tym, co się wydarzyło w Springfield, mimo że felietoniści większych i mniejszych gazet, gospodarze programów radiowych, redaktorzy serwisów internetowych i komentatorzy telewizyjni w całym kraju skrytykowali jego wystąpienie. Najczęściej drapali się po głowie, osłupieni i źli, że odebrano im możliwość radosnego świętowania wraz z bohaterem, którego podziwiali przez wiele lat.

„Naprawdę myślę, że jego serce jest we właściwym miejscu", mówił David Aldridge, jednak opinia publiczna oczekiwała czegoś więcej od człowieka, który odmienił wszystko.

Właściciel

Michael skoncentrował się teraz na nowym zadaniu – zakupie Bobcats. Po raz pierwszy w historii były zawodnik miał zostać większościowym właścicielem klubu w NBA. David Stern i Jordan nigdy nie byli ze sobą specjalnie blisko, ale teraz Stern nieoficjalnie dokładał starań, żeby ułatwić transakcję, a kiedy już do niej doszło, pomagał dopracować szczegóły. W całym procesie przeoczono pewien szczegół, który niemal przyczynił się do rozwiązania tajemnicy, od kilkunastu lat dręczącej wiele osób.

Jack McCallum próbował znaleźć odpowiedź na pytanie, które zadawało wielu: czy w 1993 roku Jordan rzeczywiście został zmuszony do odejścia z NBA? On sam powtarzał w nieskończoność, że w teoriach spiskowych nie ma ani krzty prawdy, i zawsze żałował, że Stern też nie zabrał w tej sprawie głosu i nie zdementował plotek. Komisarz wiedział, że Jordan ma do niego żal, ale – jak zauważył McCallum – znalazł się w niezręcznej sytuacji. Gdyby powiedział zbyt wiele albo za bardzo protestował, byłoby to tylko wodą na młyn zwolenników teorii spiskowych, jednak Jordan odebrał podejście Sterna jako przejaw obojętności.

Cokolwiek panowie sobie powiedzieli, pozostało między nimi, nigdy o tym publicznie nie rozmawiali ani nie podali więcej szczegółów. Dowody były poszlakowe, choć mocne. Jeśli Jordan rzeczywiście zostałby zmuszony do rezygnacji, to komisarz Stern mógłby go z radością z powrotem przyjąć do NBA, natomiast z pewnością nie zgodziłby się na to, żeby został właścicielem klubu, zwłaszcza że Michael nigdy nie pokajał się za swoje grzechy. (W 2006 roku zawodnik NFL Adam „Pacman" Jones grał razem z Jordanem na wysokie stawki w kości w Las Vegas. Przez całą noc Jordan nalegał, żeby nikt poza nim nie dotykał kości. W wywiadzie przeprowadzonym w 2014 roku Jones wspominał, że wygrał tamtej nocy milion dolarów, podczas gdy Jordan przegrał pięć milionów). „Nie wiem, czy rzeczywiście ma jakiś większy problem z hazardem", mówił Krause. Gdyby miał, to wydaje się mało prawdopodobne, by Stern tak bardzo starał się, aby mu umożliwić objęcie klubu w posiadanie. Wobec braku innych przesłanek był to chyba najpoważniejszy dowód na to, że odejście Michaela do Birmingham wynikało tylko z jego smutku, poczucia wypalenia i pragnienia, by poprzez baseball poczuć więź ze zmarłym ojcem.

Dla Bobcats nastał okres poważnych zmian. W 2009 roku zwolniono większość personelu, więc teraz, kiedy Jordan był już właścicielem większościowym, klub zaczął na nowo zapełniać te stanowiska i brać się do spraw biznesowych. Nie sprzedano wcześniej praw do nazwy hali, więc czym prędzej dopięte zostały szczegóły umowy z Time Warner Cable. Pracownicy, jeden po drugim, zgłaszali wiele pomysłów, mających na celu poprawę sytuacji w klubie. Podczas spotkań szybko zauważyli, że Jordan potrafi wspaniale słuchać, co wcześniej doceniała najpierw jego matka, a potem Dean Smith. Zaczął się spotykać z właścicielami karnetów, zazwyczaj w trudnych chwilach, takich jak upokarzające porażki (a było ich wiele).

Na początku miał sporo szczęścia. Na stanowisku trenera zatrudnił innego członka Hall of Fame i absolwenta Uniwersytetu Karoliny Północnej, Larry'ego Browna. Przejął zarządzanie klubem na początku 2010 roku i przyglądał się, jak wiosną Bobcats po raz pierwszy w historii awansują do play-offów. Niestety, latem musiał podjąć trudną decyzję o pozbyciu się kilku najlepszych zawodników, żeby ściąć koszty. Obserwatorzy zauważyli, że strata rozgrywającego Raymonda Feltona i centra Tysona Chandlera przyczyniła się do problemów Bobcats w 2011 roku. To z kolei doprowadziło do gorzkiego rozstania z Brownem, który później w programie *Dan Patrick Show* narzekał, że ludzie otaczający Jordana nie mają pojęcia o koszykówce, że wszyscy są potakującymi mu klakierami, że robiło mu się od tego niedobrze i że Jordan posunął się nawet do umieszczenia szpiegów w otoczeniu trenerów.

Browna zastąpił emerytowany trener Paul Silas, ale drużyna nadal miała problemy i wiosną poszła na dno. To wtedy Jordan raz jeszcze założył strój meczowy i zaczął się pojawiać na treningach, żeby przetestować swoich zawodników. „Bardzo dużo wie o koszykówce – mówił wtedy Silas. – On już to zrobił, już zdobywał tytuły mistrzowskie, więc doskonale wie, czego to wymaga. Bardzo szanuje swoich zawodników i stara się wychodzić im naprzeciw, ale jest też stanowczy i twardy. Chce, żeby wszyscy czuli zagrożenie".

Rod Higgins, stary przyjaciel i główny menedżer drużyny, przed rozpoczęciem sezonu potrzebował centra i rozważał Kwame Browna, który był wtedy wolnym agentem. Brown reprezentował najbardziej przykry, waszyngtoński rozdział kariery Jordana, więc Higgins uznał, że będzie lepiej, jeśli przed zatrudnieniem go uzyska zgodę właściciela. Kwame miał w tym czasie opinię przyzwoitego rzemieślnika, który potrafi nieźle bronić i zbierać.

„Jeśli uważasz, że nam pomoże, to podpisz z nim kontrakt", powiedział Jordan. Raz jeszcze znalazł się na treningu oko w oko z Brownem. „Nasza relacja się nie zmieniła – powiedział tej wiosny Brown, zapytany o Jordana. – MJ to MJ, nigdy nie było inaczej. To jest relacja między szefem i zawodnikiem. Tak to właśnie wygląda. Nie zawsze będzie idealnie, zwłaszcza jeśli nie osiągasz zadowalających wyników. Ale jako człowiek MJ jest wspaniałym gościem. Bardzo fajnie się dla niego gra jako dla właściciela. Dlatego właśnie podpisałem ten kontrakt: żeby grać dla niego". Pytany o to, jak się prezentuje 48-letni Jordan na treningach, odparł: „Gra naprawdę ostro. Jest już trochę starszy... ale wciąż potrafi oddać rzut. Wciąż daje radę. Nie wiem, jak by to wyglądało, gdyby miał biegać po całym boisku, ale w grze na jeden kosz wciąż jest dobry".

A co, jeśli chodzi o niesławny trash-talk? „Wciąż to robi – odpowiedział, śmiejąc się. – Ludzie, przecież to MJ! Czy odpowiedzielibyśmy mu trash-talkiem? O nie, nie ma mowy. Ale jaki inny klub ma do dyspozycji właściciela, który pojawia się na treningu i wciąż potrafi grać? Kiedy przychodzi, to poziom gry i rywalizacji automatycznie wzrasta. Zachowuje się głośno, żartuje. Dobrze, że jest w pobliżu, bo od razu każdy chce dawać z siebie wszystko... i lepiej dawaj z siebie wszystko!"

Podczas gdy wiosną Bobcats nadal grali źle, Jordan zaczął być coraz częściej krytykowany jako właściciel. Zgodził się jednak zatrudnić Richa Cho, jednego z najbardziej uzdolnionych specjalistów od oceny młodych talentów, na stanowisko dyrektora do spraw operacji koszykarskich. Zdaniem obserwatorów było to z jego strony ogromne ustępstwo. Wielu mówiło, że choć nigdy specjalnie nikomu nie ufał, w końcu musiał to zrobić.

„W tym szaleństwie z pewnością jest metoda – mówi o Jordanie Jim Stack. – Michael jest bardzo, bardzo inteligentny, a do tego przebiegły i znakomicie poinformowany. Niczego, co robi, nie robi przypadkiem. Wszystko sobie kalkuluje, potrafi przewidywać kilka ruchów naprzód i szybko się uczy. Z łatwością dostosowuje się do nowych sytuacji. Jeśli jednak jesteś właścicielem czy menedżerem, to już nie jest praca na pół gwizdka. Do tego on wciąż jest Michaelem Jordanem, ikoną, ma w związku z tym mnóstwo innych zobowiązań, a to komplikuje sprawę. Zgodził się więc zrobić krok wstecz i oddać część władzy decyzyjnej komu innemu. W młodości pewnie by się upierał, aby samemu wszystko ogarnąć, ale dojrzał i zrozumiał, że czasem lepiej trochę odpuścić, niż być na linii ostrzału. Dostrzegam w nim coraz większą dojrzałość. Kiedyś z pewnością by się na to nie zgodził. Zawsze chciał wszystko robić na maksa, nieustannie szukał sposobów, żeby iść naprzód, tak jak to miało miejsce, kiedy pragnął w końcu pokonać Detroit, i w przypadku wszystkich innych wyzwań, które podejmował i którym potrafił sprostać".

Jordan szybko miał się dowiedzieć, że ustępstwa, na które się godził, miały przysporzyć mu dodatkowych problemów. Wiosną 2011 roku Bobcats na chwilę przełamali złą passę wizerunkową, po czym zgodzili się na sprzedanie weterana i przywódcy drużyny Geralda Wallace'a do Portland, w zamian za wybory w drafcie i dość kontrowersyjny zestaw zawodników. Ta decyzja miała na dłuższą metę pomóc w odbudowie drużyny. Zakładano, że nawet jeśli Bobcats będą częściej przegrywać, to w przyszłości zyskają możliwość pozyskania większej liczby młodych graczy. Zamiast tego utonęli w serii porażek. Wallace, dobry mąż i ojciec, ważna postać w społeczności Charlotte, powiedział potem dziennikarzom, że czuje się przez Jordana „zdradzony". Jak łatwo się domyślić, niektórzy zawodnicy Bobcats uważali podobnie. Jordan ich rozumiał. Niegdyś sam często siedział w szatni, czując się oszukanym, kiedy zarząd Chicago Bulls podejmował decyzję o sprzedaży jego przyjaciół i towarzyszy broni. Teraz to on był czarnym charakterem. W dniach, które nastąpiły po dokonaniu transferu, zachowywał wobec lokalnej społeczności całkowite milczenie, co niektórzy obserwatorzy uznali za przejaw braku wrażliwości i zrozumienia dla bezwzględności swojej decyzji. Tak naprawdę decyzja ta była dla Jordana bardzo trudna i nieprzyjemna. Być może ktoś bardziej dociekliwy doszedłby do wniosku, że sprzedanie Wallace'a było takim rodzajem transferu, którego byłby w stanie dokonać tylko twardziel pokroju Jerry'ego Krause.

Na stanowisko asystenta trenera Jordan zatrudnił starego przyjaciela, Charlesa Oakleya. „To dobry facet", powiedział po kolejnej porażce Oakley o Jordanie, dodając, że współcześni koszykarze NBA są zepsutymi beksami, które nie rozumieją, co to znaczy ciężko pracować i naprawdę się przykładać, żeby być twardszym. Jordan uśmiechnął się na to i zażartował, że gdyby Oakley był w stanie zebrać po dziesięć piłek na mecz, to on też by wrócił do koszykówki i zaczął zdobywać punkty. „Gdyby zebrał dziesięć, ja rzuciłbym 20", mówił buńczucznie. Zdawał sobie sprawę, że mając do dyspozycji drużynę z niewielkiego rynku, czeka go długa i wyboista droga do sukcesów, i że będzie musiał odzyskiwać szacunek krok po kroku.

Następnego dnia wstał wcześnie i zaprowadził swoich zawodników do lokalnych szkół, gdzie wzięli udział w akcji charytatywnej, wpłacając setki tysięcy dolarów, żeby pomóc w utrzymaniu zagrożonych zamknięciem programów sportowych.

Latem w lidze rozpoczął się kolejny lokaut, a obie strony były podzielone znacznie bardziej niż poprzednio. Dawniej Jordan stanął w bitwie z właścicielami po stronie zawodników. Teraz był już partnerem większościowym, który wraz z pozostałymi udziałowcami co roku tracił miliony dolarów. Tym razem opowiedział się więc po stronie właścicieli. Poza tym miał w stosunku do udziałowców zobowiązania powiernicze. Tymczasem dla opinii publicznej nadal był Air Jordanem, surowo ocenianym jako zdrajca swojej sprawy. Był przy tym jedynym czarnoskórym właścicielem większościowym.

To były kiepskie, bardzo kiepskie czasy.

Zimą lokaut dobiegł końca. W 2011 roku przyszłość malowała się w czarnych barwach, nikt jednak nie przypuszczał, że będzie aż tak fatalnie. Rok później Jordan zebrał bowiem kolejne baty. Młoda drużyna z Charlotte, pozbawiona przywództwa i talentu, poddała się bezprecedensowej rzezi, która sprawiła, że Jordan był bez końca wyśmiewany i zyskał miano Największego Przegranego w historii sportu.

Nieudacznik

Jedyny pozytywny znak w tym katastrofalnym sezonie miał miejsce podczas pojedynku z Pistons. Jordan rozmawiał akurat z jednym z dziennikarzy, kiedy dowiedział się, że na mecz przyjechał Joe Dumars, jeden z najważniejszych menedżerów Detroit. Natychmiast przerwał rozmowę i zszedł na korytarz przed szatnię Pistons, dokładnie wtedy, kiedy Dumars się tam pojawił. Ujął za ramię starego nieprzyjaciela, który miał w Detroit własne zmartwienia, i razem ruszyli korytarzem. Jordan chciał go poznać z Yvette Prieto, swoją narzeczoną, która – jak się wydawało – zapewniła mu szczęście i poczucie spokoju.

Kiedy w lutym zbliżały się 49. urodziny Michaela, prasa, internet i telewizja nazywali go najgorszym właścicielem w lidze. Szczytem ironii losu było to, że drużyna zakończyła sezon serią 23 porażek z rzędu, nadając nowe znaczenie numerowi 23. Przez wiele nocy Michael wyglądał jak lew uwięziony w klatce. Skrócony przez lokaut sezon Bobcats zakończyli z bilansem 7:59, co daje 10,6 procent zwycięstw. Był to najgorszy wynik w historii NBA. Poprzedni niechlubny rekord należał od 1973 roku do Philadelphii 76ers, którzy zanotowali wówczas bilans 9:73 (11 procent). W ramach strategii zmian, którą zarządzał Rich Cho, klub sprzedał wysoko opłacane gwiazdy i zdecydował się na młodszy, mniej doświadczony skład, który miał pozwolić drużynie pozyskać wysoki wybór w drafcie.

Jordan upierał się, że on i zarząd mają wizję, i mimo że nie spodziewali się tak fatalnej gry drużyny, nadal zamierzali trzymać się planu. Po zakończeniu sezonu zwolnił Paula Silasa z posady trenera. Silas zgodził się z tą decyzją i przyjął propozycję objęcia stanowiska w zarządzie.

Nagrodą w loterii draftowej miał być w tym roku Anthony Davis, gwiazda mistrzów kraju z Kentucky. Niestety, nawet przy tak katastrofalnym bilansie szczęście się do Jordana nie uśmiechnęło: pierwszy wybór w drafcie trafił do Nowego Orleanu. Bobcats mieli wybierać jako drudzy i zdecydowali się na Michaela Kidda-Gilchrista, kolejnego robiącego wrażenie młodego skrzydłowego z Kentucky.

Tymczasem w Charlotte krążyły plotki, jakoby Jordan zamierzał się poddać i sprzedać drużynę. Stanowczo temu zaprzeczał. Pokolenie zawodników, którzy zestarzeli się razem z nim, wciąż traktowało go jako wzór do naśladowania. Eddie Pinckney, Anthony Teachey i wielu innych wciąż mieli nadzieję, że ostatecznie wyjdzie na swoje. Byli też tacy, którzy mówili po cichu, że skoro nie daje rady, to lepiej będzie, jeśli sprzeda drużynę.

Lacy Banks, który zmarł w 2012 roku, wyraził wcześniej swoje rozczarowanie tym, jak potoczyło się życie Jordana po zakończeniu kariery. Jako przykład podawał własne doświadczenia z Muhammadem Alim. Uważał, że Jordan powinien znaleźć sposób, żeby zejść na ziemię, spróbować stać się lwem, jakim był Ali. Nie był w tej opinii odosobniony. Zdaniem Sonny'ego Vaccaro Jordan powinien znaleźć dla siebie coś, co naładuje go energią, jakieś nowe wyzwanie, które pozwoli mu wyjść poza własny hedonizm. Dodawał, że powinien wzorować się na swojej matce. Z kolei Jerry Krause twierdził, że Jordan jest zbyt skoncentrowany na sobie, żeby zrobić coś takiego: „On uważa, że świat jest mu coś winien".

Wydaje się, że to, czego dokonał w Charlotte, jest przez obserwatorów niedoceniane, podobnie jak nie doceniono jego wysiłków z okresu pobytu w Birmingham. Później, przy okazji filmu dokumentalnego poświęconego czasom, kiedy grał w baseball, różni eksperci zaczęli przyznawać, że nie zdawali sobie sprawy, jak wspaniałą robotę wykonał, nie poddając się i zostając zawodnikiem. Podobnie było z jego staraniami w Charlotte, które okazały się kluczowe dla ekonomicznego rozwoju regionu i zaczęły przynosić odczuwalne skutki. Wydawało się, że udowodnił to wybór przez prezydenta Baracka Obamę Time Warner Cable Arena w Charlotte jako miejsca konwencji wyborczej demokratów w 2012 roku, podczas której ogłosił decyzję o kandydowaniu na drugą kadencję.

Jednak przytłaczający pesymizm lokalnej społeczności spowodowany sezonem 2011/12 przyniósł nowe plotki na temat ewentualnej sprzedaży klubu. Jordan je dementował, publicznie oświadczając, że jego inwestycje w Charlotte są długoterminowe, niezależnie od tego, jak wiele czasu miałoby mu zająć odbudowanie silnej obecności NBA w regionie.

Latem czekała go jeszcze decyzja o wyborze trenera. Spekulowano, że zastanawia się nad twardym weteranem Jerrym Sloanem, facetem już po siedemdziesiątce, albo nad Brianem Shawem, który był najpierw zawodnikiem, a później asystentem Phila Jacksona w Lakers. Tymczasem Jordan podjął zaskakującą decyzję, wybierając praktycznie nieznanego Mike'a Dunlapa, trenera, który słynął z twardych treningów i ciężkiej pracy nad przygotowaniem kondycyjnym drużyny. Dzięki treningom Jordan zaistniał jako zawodnik i miał nadzieję, że również dzięki treningom odbije się od dna jako właściciel.

Jego młoda drużyna rozpoczęła sezon 2012/13 nadspodziewanie dobrze, wygrywając w ciągu kilku pierwszych tygodni więcej meczów niż poprzednie zespoły przez cały sezon. Niestety wkrótce dał o sobie znać brak doświadczenia i Bobcats popadli w serię 18 porażek z rzędu, choć nawet przegrywając, grali na tyle twardo, że wciąż można było mieć nadzieję na przełom. Mniej więcej wtedy uważni obserwatorzy zauważyli, że Jordan wygląda na szczęśliwszego. Rzadziej grywał w golfa i wydawał się bardziej skoncentrowany na pracy. Przyczyną było zawarcie związku małżeńskiego z Yvette. Para pobrała się w 2013 roku, tuż po hucznym świętowaniu 50. urodzin Jordana.

Pomimo pozytywnych sygnałów Bobcats wiosną znowu się posypali. Jordan podjął decyzję o kolejnej zmianie szkoleniowca. Zatrudnił asystenta trenera z Lakers, Steve'a Clifforda, po czym obserwował, jak jego drużyna, wciąż jeszcze jedna z najmłodszych w lidze, podczas jesiennych zaczyna wychodzić na prostą. Latem rozpoczął starania o zastrzeżenie nazwy Hornets. Nowy Orlean zmienił nazwę na Pelicans i w sezonie 2014/15 Jordan miał zarządzać w Charlotte drużyną Hornets. Poza tym spędził większość sezonu, próbując sprzedać swoją mierzącą ponad 5200 metrów kwadratowych posiadłość w Highland Park, na północ od Chicago – najpierw na otwartym rynku za 29 milionów dolarów, potem podczas aukcji za 18 milionów. W końcu znacznie obniżył cenę.

Pod koniec 2013 roku ogłoszono, że nowa pani Jordan spodziewa się dziecka. W życiu Michaela powoli, ale konsekwentnie, zaczynały następować pozytywne zmiany. Zaczął też ostro ćwiczyć, żeby pozbyć się zbędnych kilogramów. Oczywiście od razu pojawiły się plotki, że planuje wrócić do gry w koszykówkę. Nic dziwnego, od dawna bowiem wysyłał sygnały, że może to zrobić – powrócić na parkiet w wieku 50 lat.

Jeśli to, co Jordan napotkał w Charlotte, było kolejną próbą sił, to miało się okazać próbą sił jak każda inna – wygraną po długiej i ciężkiej batalii i wielu cierpieniach. Podczas ciemnych nocy spędzanych w Birmingham, często rozmyślał o swoim zmarłym ojcu, nietrudno więc się domyślić, że podczas najsmutniejszych nocy w Charlotte także siadał sam w ciemnej hali i wspominał wszystko, co przeżył z Jamesem Jordanem, opowiadając staruszkowi o swych rozwianych nadziejach i upokorzeniach.

Nietrudno też wyobrazić sobie, że podczas tych nocy marzył o tym, co mogłoby mu się przydarzyć jako właścicielowi. To tutaj, specjalnie dla niego, gdzieś w oddali, trwał ten wielki sezon, walka podczas play-offów w drodze po kolejne mistrzostwo. Podążając za jego wizją, moglibyśmy ujrzeć halę, a w niej zgromadzone dusze jego przodków, nawet Dawsona Jordana i przytulonej do jego ramienia ukochanej Clementine. Jest też Medward i kochana stara pani Bell. Tak naprawdę są tam wszyscy Jordanowie i Peoplesowie. Deloris i Sis, Larry i Roz, i wszyscy krewni. Wypełniają widownię i rozgorączkowani oczekują na mecz.

W połowie tej fantazji odzywa się syrena. Pojedynek za chwilę się rozpocznie, na hali wzmaga się podniecenie… ale nigdzie nie widać Michaela.

Jest w swoim biurze, gdzieś na tyłach hali, siedzi i rozmawia z Jamesem, tak jak to robił przez całe życie. Oczy syna są jasne i szeroko otwarte i zaczynają się koncentrować na jednym punkcie, jakby walczył o to, żeby dojrzeć swojego staruszka poprzez rozmazane kontury. Nagle decyduje się zadać dręczące go pytanie: „Co o mnie teraz myślisz, tato? Co sądzisz o tym wszystkim? Dalej mam wracać do domu?".

Możemy sobie też wyobrazić, że Jordan na chwilę się zatrzymuje, bo wreszcie dociera do niego to, co jego najbliżsi przyjaciele i liczni kibice zrozumieli już dawno temu: że nie musi już zadawać tego pytania. Trwająca od dawna dyskusja na zawsze odeszła w niepamięć. Odpowiedź znajduje się tuż przed nim, przed nami wszystkimi. I on też doskonale ją widzi*.

* Już po wydaniu książki, w sezonie 2013/14, Charlotte Bobcats wygrali 43 mecze i awansowali do play-offów, gdzie przegrali z późniejszymi finalistami, Miami Heat 0:4. Po zakończeniu ostatniego meczu Michael rozmawiał przez chwilę z LeBronem Jamesem, życząc mu szczęścia. Sam Michael wciąż czeka na pierwszy wygrany mecz Charlotte podczas play-offów.

PODZIĘKOWANIA

O Michaelu Jordanie napisano już tyle książek, że można je nazwać odrębnym gatunkiem literackim. Po co nam więc kolejna? Cóż, moja odpowiedź jest pewnie taka sama, jakiej udzieliłaby większość autorów: w tej znajdziecie mnóstwo nowych informacji.

Naprawdę. Ta książka *naprawdę* wzbogaca wiedzę na temat Michaela Jordana. Co ważniejsze, przedstawia też w nowym kontekście to, co do tej pory sądziliśmy o jego życiu, i pozwala spojrzeć na nie z wielu różnych perspektyw.

Nowa książka nie oznacza też, że te poprzednie stają się przestarzałe. Przeciwnie, wiele spośród nich nadal jest niezmiernie wartościowych. Były one dla mnie niezbędne do poskładania mozaiki życia Michaela – mozaiki, która była wielkim wyzwaniem, biorąc pod uwagę to, jak Jordanowie strzegą swojej prywatności i tajemnic. Któżby ich jednak za to winił, wiedząc, jaka jest natura sławy i jak wszechobecne są media.

Z tego punktu widzenia mało znana książka siostry Michaela, Deloris, *In My Family's Shadow*, opublikowana prywatnie w 2001 roku, rzuca nowe światło na problemy, z którymi Jordanowie musieli się zmagać przez lata.

Ważna była również wspólna praca Michaela z pisarzem Markiem Vancilem, gdyż dała mi dostęp do jego przemyśleń, podobnie jak prace licznych dziennikarzy, w tym Melissy Isaacson, Lacy'ego Banksa, Ricka Telandera, Jacka McCalluma i Sama Smitha.

The Jordan Rules Smitha to pierwsza publikacja, która zrzuciła zasłonę i pozwoliła spojrzeć na złożoną osobowość Jordana.

Rebound Boba Greene'a to kolejna fascynująca pozycja, często w literaturze MJ-owskiej pomijana, z uwagi na bardziej znany *Hang Time* tego samego autora.

Choć Davidowi Halberstamowi nigdy nie było dane przeprowadzić wywiadu z Jordanem, w *Playing for Keeps* także dostarcza ważnego poglądu na kontekst kulturowy, w którym działał Michael Jordan. Niektóre z moich własnych książek pokazują podobne tło, między innymi *Blood on the Horns*, historia tworzącego podziały sezonu 1998 w Bulls, *Mind Games: And Now, Your Chicago Bulls* oraz kilka innych pozycji poświęconych Jordanowi i NBA.

Chciałbym docenić pracę dziesiątków dziennikarzy, którzy pisali o koszykówce i o Jordanie na długo przede mną. Są to: Mitch Albom, Terry Armour, Lacy Banks, Greg Stoda, Chuck Carree, Mike McGraw, Terry Boers, Mike Wise, Clifton Brown, Dave Anderson, Phil Berger, Frank Deford, Bryan Burwell, David Dupree, Scott Ostler, Ira Berkow, Shelby Strother, Charlie Vincent, Mitch Chortkoff, Robert Falkoff, Bill Gleason, Bill Hall, Scott Howard-Cooper, Mike Imrem, Melissa Isaacson, John Jackson, Paul Ladewski, Bernie Lincicome, Bob Logan, Jay Mariotti, Kent McDill, Corky Meinecke, Mike Mulligan, Skip Myslenski, Glenn Rogers, Steve Rosenbloom, Eddie Sefko, Gene Seymour, Sam Smith, Ray Sons, Paul Sullivan, Mark Vancil, Bob Verdi, Bob Ryan, Roy S. Johnson, Tony Kornheiser, Dave Kindred, Pat Putnam, Sandy Padwe, Jack McCallum, Sam McManis, Doug Cress, Mike Littwin, John Papanek, Leonard Koppett, George Vecsey, Alex Wolff, Bruce Newman, Jackie MacMullan, Steve Bulpett, Peter May, Mike Fine, Will McDonough, Ailene Voisin, Drew Sharp, Terry Foster, Steve Addy, Dean Howe i wielu, wielu innych, których praca przyczyniła się do powstania tej książki.

Oprócz wspomnianych materiałów bezcennym źródłem informacji byli ludzie, którzy pomogli mi w stworzeniu tego wglądu w życie MJ-a. Wśród wielu, z którymi rozmawiałem, niektórzy zasługują na specjalne wyróżnienie, bo dzięki nim lepiej rozumiem Michaela Jordana. Są to między innymi: Maurice Eugene Jordan, William Henry Jordan, George Gervin, Ray Allen, Rod Higgins, James Worthy, Patrick Ewing, Joe Dumars, Bill Billingsley, Michael Taylor, George Mumford, Tex Winter,Johnny Bach, Steve Kerr, Sonny Vaccaro, Jerry Krause, Billy Packer, Kenny Gattison, Tim Hallam, Jim Stack, Joe O'Neil, Dick Neher, David Aldridge, Lacy Banks, Ed Pinckney, J. A. Adande, Kevin McHale, Bill Walton, David Mann, James Edwards, Ralph Sampson, Terry Holland, Don Sublett, Howard Garfinkel, Matt Guokas, Chuck Carree, Tom Konchalski, Brendan Malone, Brick Oettinger, Fred Whitfield, Charles Oakley, Kwame Brown, Daniel Mock, Brent Barry, Mike Wise, Eddie Jones, Jeff Davis, Ken Roberts, Walter Bannerman, Dick Weiss, Magic Johnson, Art Chansky, Scottie Pippen i wreszcie sam Michael Jordan. Wszystko to nie byłoby możliwe, gdyby nie moja żona Karen, moje córki Jenna i Morgan i mój zięć Mike Hollowell. Wszyscy oni, poza udzielaniem mi bieżącego wsparcia, poświęcali swój cenny czas na przepisywanie wywiadów z mnóstwa taśm, które zgromadziłem dla tego projektu.

Jestem wielkim dłużnikiem Dana Smitha i Mike'a Ashleya, którzy przeczytali znaczną część rękopisu, utwierdzając mnie w przekonaniu, że ta praca ma sens. Z kolei niezastąpiony Doug Doughty doradzał mi w kwestiach związanych z wywiadami. Dziękuję pracownikom bibliotek w Pender, Duplin i w New Hanover. Bardzo ważne były też zbiory specjalne, w szczególności Southern Folklife Collection w bibliotece Wilsona na Uniwersytecie UNC, oraz kolekcja filmów Adama Ryana Jordana.

Za przyjaźń i wsparcie dziękuję Henry'emu Lazenby'emu i zięciowi Jonowi Thumasowi. Proszę, by moje podziękowania przyjęli również moi przyjaciele, koleżanki i koledzy: Ran Henry, Lindy Davis, Steve Cox, David i Deloris Craig, Ric i Emmy Moore, Mudcat Saunders, Neal Turnage, Andy Mager, Scott i Sue McCoy, Pat i Sue Flynn, Billy i Kathleen Driver, Tonia i Jake Lucas, Beth Macy, Michael Hudson, Jorge Ribeiro, Bryan i Becky Tinsley, Gary Burns i wielu, wielu innych.

Mój agent, Mattheew Carnicelli, był jak zawsze nieoceniony przy pracach nad projektem, podobnie jak kluczowi pracownicy wydawnictwa Little, Brown – między innymi Michael Pietsch, Ben Allen, Malin von Euler-Hogan, Peg Anderson i Karen Wise. Wyjątkowe podziękowania należą się wydawcy, Johnowi Parsleyowi, za ogrom pracy i poświęcenia włożonego w tę książkę.

Na koniec specjalne podziękowania dla mojego rodzeństwa, Jeanie i Hamptona, a także dla naszych świętej pamięci rodziców, Williama Lowry Lazenby'ego i Virginii Hampton Lazenby, którzy od najmłodszych lat uczyli mnie miłości do książek i do koszykówki.

NOTATKI I ŹRÓDŁA

Wywiady

Chciałbym podziękować następującym osobom za udzielenie mi wywiadów, które wykorzystałem w tej książce. Byli to, w kolejności przypadkowej: Art Chansky, Ralph Sampson, Jerry Krause, George Mumford, Michael Jordan, James Worthy, Tex Winter, Ty Lue, Mike Wise, Jay Mariotti, Daniel Mock, Lindy Davis, Kwame Brown, Shaun Livingston, Rick Bonnell, Steve Kerr, Brent Barry, David Mann, William Henry Jordan, Maurice Eugene Jordan, Raphael Carlton, Dick Neher, Howard Garfinkel, Walter Bannerman, Joe Dumars, James Edwards, David Aldridge, Doug Collins, Kenny Gattison, Dee Brown, Chris Pika, Scottie Pippen, Jimmy Bain, Charles West, Sonny Vaccaro, Matt Guokas, Tim Hallam, Joe O'Neil, Jim Stack, Rod Higgins, Doc Rivers, Charles Oakley, Lacy Banks, George Gervin, Bill Walton, Kevin McHale, Mitch Lawrence, Chuck Carree, Jeff Davis, Pat Williams, Mike Taylor, Mary Faison, Bobby Jordan, William Billingsley, Ken Roberts, Johnny Bach, Marques Johnson, Jerry Sloan, Brick Oettinger, Anthony Teachey, Terry Holland, Bill Thacker, Tom Konchalski, Brendan Malone, Billy Packer, Ed Pinckney, Patrick Ewing, Ric Moore, Clarence Gaines, Jr., Fred Whitfield, Dick Weiss, Chip Schaefer, Phil Jackson, John McLendon, Clarence "Big House" Gaines, Doug Doughty, Alex Rivera, Dean Smith, Tom McMillen, John Thompson, Jonathan Kovler, Donald Sublett, Rod Thorn, Bill Blair, Irwin Mandel, Mark Pfeil, Kevin Loughery, Steve Schanwald, Jerry Reinsdorf, Bill Gleason, Cheryl Raye-Stout, Sidney Green, Jess Kersey, Bruce Levine, Tom Smithburg, John Paxson, John Ligmanowski, Will Perdue, Bob Logan, Isiah Thomas, Chuck Daly, Bill Laimbeer, Mike Ornstein, Shelby Strother, Tom Dore, Gary Vitti, Eddie Jones, Bill Wennington, Ron Harper, Nick Van Exel, Kobe Bryant, Bill Smith, Terry Armour, Jud Buechler, Luc Longley, Jason Caffey, Dennis Rodman, Keith Lundquist, Jack Haley, Doktor Jack Ramsay, Ray Allen, Jim Cleamons, Jerry West, Magic Johnson i Doktor Jerry Buss.

Spis treści

Prolog 7

Część I: Przylądek Strachu

Rozdział 1: Holly Shelter 15

Rozdział 2: Cholerne wilmington 25

Część II: Młode lata

Rozdział 3: Wpływy 37

Rozdział 4: Zawodnik 49

Rozdział 5: Diament 61

Część III: Oto jest

Rozdział 6: Pominięty 79

Rozdział 7: Numer 23 89

Rozdział 8: Przemiana 105

Rozdział 9: Five-star 115

Rozdział 10: Michael 127

Część IV: Na niebiesko

Rozdział 11: Na pierwszym roku 147

Rozdział 12: Coś nowego 179

Rozdział 13: Błąd systemu 201

Część V: Debiutant

Rozdział 14: Gorączka złota 217

Rozdział 15: Czarna siła 229

Rozdział 16: Pierwsze spojrzenie 243

Część VI: Szkoła latania

Rozdział 17: Młody więzień 263

Rozdział 18: Stopa 273
Rozdział 19: Do ataku! 293

Część VII: Cynik

Rozdział 20: To jest rozrywka 311
Rozdział 21: Sposób na Jordana 327
Rozdział 22: Wysoko, jeszcze wyżej 345
Rozdział 23: Ślub po drodze 363
Rozdział 24: Transformacja 381
Rozdział 25: Bóg koszykówki 399

Część VIII: Coś wywalczonego

Rozdział 26: Trójkąty 415
Rozdział 27: Hazard 433
Rozdział 28: Wszystko, co się świeci 449

Część IX: Tak daleko, daleko

Rozdział 29: Lexus 475
Rozdział 30: Diamentowe marzenie 483
Rozdział 31: Zapraszamy ponownie 495
Rozdział 32: Obóz treningowy 515

Część X: Wściekłość

Rozdział 33: Karnawał 533
Rozdział 34: Rozliczenie 549
Rozdział 35: Wesoły autobus 569

Część XI: Życie po życiu

Rozdział 36: W zawieszeniu 599
Rozdział 37: Czarodziej 615
Rozdział 38: Karolina 641

Podziękowania 661

Notatki i źródła 665

ROLAND LAZENBY jest autorem przyjętego z uznaniem przez krytykę bestsellera *Jerry West: Życie i legenda ikony koszykówki* oraz wielu innych książek. Spędził ostatnie trzy dekady, pisząc o NBA i robiąc wywiady z zawodnikami, trenerami, pracownikami klubów i innymi postaciami. Można go śledzić na Twitterze, gdzie pisze jako @lazenby. Mieszka w Wirginii.

Roland Lazenby nie ukrywa podziwu nad atletyką, umiejętnościami i boiskową inteligencją Michaela Jordana, ale z koszykarskiego artysty nie robi świętego. Dlatego poza opisem pamiętnych wsadów lub rzutów decydujących o tytułach znajdziemy tu także wizerunek Jordana samoluba, prowokatora, uzależnionego od hazardu oraz przesadnie rywalizującego w każdym aspekcie życia.
Andrzej Kotarski, Polimaty.pl

Biografia, jakiej jeszcze nie było. Próba kompleksowego wyjaśnienia czynników, które sprawiły, że Michael Jordan stał się najsłynniejszym koszykarzem i największym marketingowym fenomenem w historii sportu.
The Chicago Tribune

Zapierająca dech w piersiach niczym koszykarskie wsady jej bohatera.
Bob D'Angelo, Tampa Tribune

Wiele napisano już o największym koszykarzu wszech czasów, ale książka Rolanda Lazenby'ego to ostateczna wersja historii MJ-a. Dziennikarz śledził karierę Jordana od prawie trzydziestu lat, a jego koszykarska wiedza w połączeniu ze znajomością tego cudownego gracza składa się na najlepszą sportową biografię ostatnich lat.
Parade

Odkrywcza… Fascynujące spojrzenie na samotnego i dumnego człowieka, który skrywa się za obrazem światowej gwiazdy.
Publishers Weekly

Lazenby jest urodzonym badaczem, a sposób, w jaki podszedł do gromadzenia faktów i cytatów dotyczących Michaela Jordana, czyni z jego książki prawdziwą „Jordanopedię".
Colin Fleming, The Boston Globe

Niezwykła biografia Lazenby'ego jest imponującym portretem mężczyzny, którego zżera jego własna ambicja. Jest to zdecydowanie najbardziej kompletna z dotychczasowych książek o Michaelu Jordanie. Lektura dla wszystkich fanów sportu oraz tych, którzy fascynują się historią amerykańskiej popkultury.
Los Angeles Times

Kiedy światowej klasy pisarz bierze się za książkę o światowej klasy sportowcu, możesz być pewny, że otrzymasz wyjątkową biografię.
Pat Williams, wiceprezydent Orlando Magic

Olśniewająca. Wielowymiarowy portret człowieka i legendy oraz znaczący wkład w rozwój literatury sportowej.
Miriam Tuliao, BookReporter

Marzeniem każdego pisarza jest skazanie na niebyt kolejnych książek na ten sam temat. Lazenby'emu udało się osiągnąć ten cel: o Jordanie nie trzeba pisać już niczego więcej.
Adrian Lee, Macleans